Dunkerque (Dünkirchen)
Calais
Gent
Antwerpen
BRUXELLES BRUSSEL (BRÜSSEL)
BELGIEN
Lille
Arras
Norden und Picardie
Seiten 184–203
Amiens
St-Quentin
Beauvais
Charleville-Mézières
Sedan
LUX.
DEUTSCHLAND
Thionville
Reims
Paris
Seiten 70–163
PARIS
Châlons-en-Champagne
Verdun
Metz
Sarreguemines
Stuttgart
Nancy
Strasbourg (Straßburg)
Île-de-France
Seiten 166–183
Champagne
Seiten 204–215
Elsass und Lothringen
Seiten 216–231
Dreux
Chartres
Sens
Troyes
Chaumont
Mulhouse
Auxerre
Vesoul
Belfort
Orléans
Blois
Dijon
Zürich
Vierzon
Besançon
Zug
Nevers
Burgund und Franche-Comté
Seiten 312–337
Dole
BERN
Bourges
SCHWEIZ
Moulins
Lausanne
Mâcon
Genève (Genf)
Montluçon
Bourg-en-Bresse
Annecy
Clermont-Ferrand
Limoges
Lyon
Chambéry
Milano
St-Étienne
Vienne
Massif Central
Seiten 338–359
Grenoble
Torino
Brive-la-Gaillarde
Rhône-Tal und Französische Alpen
Seiten 360–391
Briançon
ITALIEN
Aurillac
Gap
Genova
Montélimar
Rodez
Alès
Avignon
Provence und Côte d’Azur
Seiten 490–531
Nice (Nizza)
Menton
Monaco
Albi
Nîmes
Montpellier
Arles
Cannes
Languedoc und Roussillon
Seiten 468–489
Aix-en-Provence
Marseille
Toulon
Carcassonne
Narbonne
Bastia
Perpignan
Korsika
Seiten 532–549
Mittelmeer
Girona
Ajaccio
Bonifacio

INSPIRIEREN / PLANEN / ENTDECKEN / ERLEBEN

# FRANKREICH

# FRANKREICH

# INHALT

Diese Seite: *Alte Schusterei in Südfrankreich*
Vorhergehende Doppelseite: *Lavendelfelder in der Provence*
Umschlag: *Der berühmte Mont-St-Michel in der Normandie* (siehe S. 240 – 243)

## FRANKREICH ENTDECKEN 6



## PARIS ERLEBEN 70



## FRANKREICH ERLEBEN 164



## REISE-INFOS 550

# FRANKREICH
# ENTDECKEN

Dinan im Rance-Tal (siehe S. 278)

# WILLKOMMEN IN FRANKREICH

**Märchenschlösser und traumhafte Landschaften, großartige Küche und fantastische Weine, Museen von Weltruhm und überwältigende prähistorische Monumente – all das, und dazu noch eine Prise *je ne sais quoi,* ist Frankreich. Was auch immer Sie dort unternehmen wollen, unser Vis-à-Vis Frankreich ist Ihr perfekter Begleiter, um eine Reise ganz nach Ihrem Geschmack zu planen und das Land zu erkunden.**

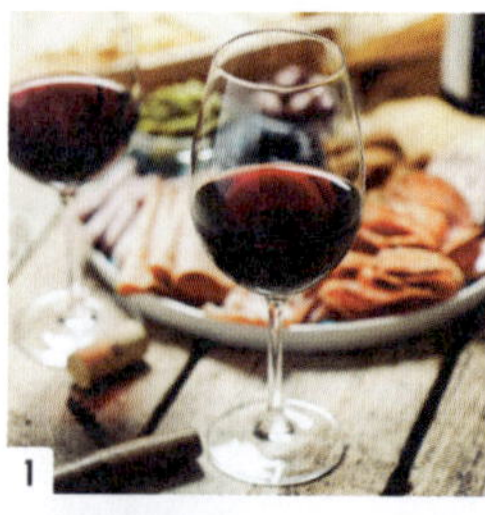

**1** *Kulinarische Köstlichkeiten der Auvergne*

**2** *Bummel durch die Straßen von Paris*

**3** *Märchenschloss Château de Sully-sur-Loire*

**4** *Terrassenrestaurants am Wasser in Colmar*

Nur wenige Länder regen die Fantasie so an wie Frankreich. Das Land steht für Romantik, kulinarischen Genuss, Eleganz und einen unvergleichlichen Stil. Doch auch die Landschaften sind wunderschön und abwechslungsreich: die Klippen der Bretagne, die Schluchten des Massif Central, die Lavendelfelder der Provence, sonnenverwöhnte Mittelmeerstrände und schroffe Alpengipfel.

Auch die Städte und Dörfer sollten Sie sich nicht entgehen lassen – das gastronomische Lyon, die Heimat einer der angesagtesten Feinschmeckerszenen der Welt, und das pulsierende Bordeaux, das für seine Weine berühmt ist. Im Süden liegt die Küstenstadt Nizza und im Norden Reims, berühmt für seinen Champagner und die gotische Kathedrale. Überall im Land liegen malerische Dörfer wie Riquewihr und Vézelay. Ganz zu schweigen von dem Juwel in Frankreichs Krone: dem überwältigend schönen Paris.

Die Geschichte wird in prähistorischen Monumenten, antiken Ruinen, großartigen Schlössern und Klöstern sowie Ehrfurcht gebietenden Kathedralen und Kirchen aus Mittelalter und Neuzeit spürbar. Doch Frankreich ist innovativ und ruht sich nicht auf seinen Lorbeeren aus.

Die vielen Angebote in so vielen Regionen scheinen schier überwältigend. Wir haben Frankreich deshalb für Sie in einzelne Kapitel mit detaillierten Beschreibungen unterteilt, sodass Sie *la belle France* erleben können, wie es Ihnen gefällt. *Bienvenu!*

# LIEBENSWERTES FRANKREICH

**Ist es die feine Küche, die reiche Kultur oder die Tatsache, dass man auf Schritt und Tritt an die stolze Geschichte des Landes erinnert wird? Jeder hat andere Gründe, Frankreich zu lieben. Hier sind unsere Favoriten.**

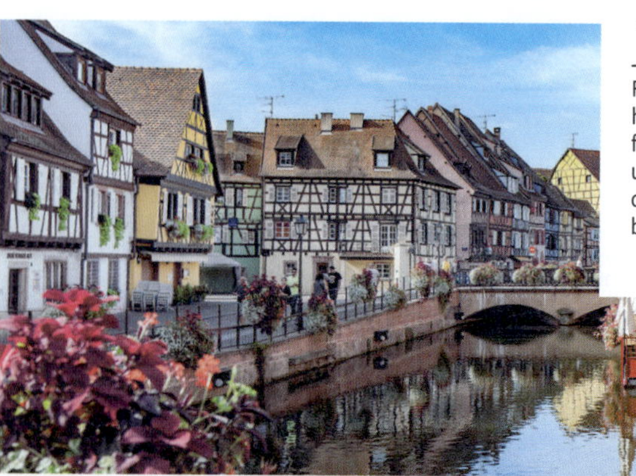

## 1 Wunderschöne Städte

Frankreich ist übersät mit hübschen Städten und Dörfern wie Colmar *(siehe S. 225)* und Montrésor *(siehe S. 304)*, die direkt aus einem Bilderbuch stammen könnten.

## Stolzer Mont Blanc 2

Mit 4808 Metern ist der Mont Blanc nicht nur Frankreichs, sondern sogar Europas höchster Berg und Anziehungspunkt für Bergsteiger und Skifahrer.

## 3 Faszinierende Geschichte

Überall in Frankreich stößt man auf Relikte einer großen Vergangenheit – von prähistorischen Höhlenmalereien über Amphitheater aus der Antike bis zu mächtig aufragenden Kathedralen.

## 4 Abwechslungsreiche Märkte

Egal, wie das Wetter ist – in Frankreich findet sich irgendwo immer ein Markt: lebhafte Bauernmärkte in den Dörfern, Märkte mit Kunstgewerbe oder herrliche Flohmärkte.

## Märchenhafte Schlösser 5

Frankreichs opulente Schlösser und Parks sind beeindruckend und märchenhaft, darunter etwa das betörend-prachtvolle Château de Chambord *(siehe S. 294f)*.

## Herausragende Küche 6

Das Essen wird in Frankreich regelrecht zelebriert – schon der Service ist eine Kunstform für sich, und jeder Gang eines Menüs wird vom perfekt passenden Wein begleitet.

**Duftender Lavendel** *7*

Im Sommer sieht man in der Provence schier bis zum Horizont reichende blauviolette Meere, mit deren »blauem Gold« Seifen, Honig oder Sorbets aromatisiert werden.

**Kunstwerke von Weltrang** *8*

Höchsten Kunstgenuss erlebt man nicht nur in den kleinen Galerien, sondern vor allem im einzigartigen Pariser Musée du Louvre *(siehe S. 106–109)*.

*9* **Stadt der Lichter**

Millionen Lichter lassen Paris nach Einbruch der Dunkelheit erstrahlen. Doch es sind auch die bekannten Galerien, prächtigen Boulevards und einladenden *café-terrasses*, die den Glanz der Stadt ausmachen.

## Legendäre Côte d'Azur 10

Die herrliche Landschaft und das klare, weiche Licht haben zahllose Künstler inspiriert. Die hübschen Bergdörfer und Häfen sind heute noch Ziele der Reichen und Schönen.

## Weinproben in Bordeaux 11

Bordeaux ist ein Paradies für Weinliebhaber. In den Anbaugebieten rund um die Stadt *(siehe S. 400f)* erfährt man von renommierten Winzern viel über die Weinproduktion.

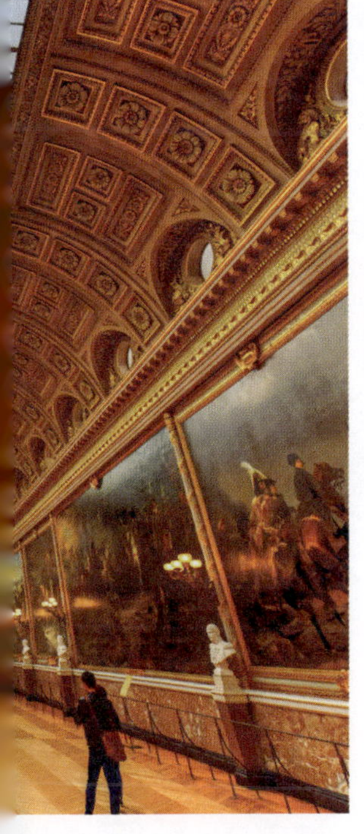

## Pâtisseries und Bäckereien 12

Der Duft frischer Croissants und Baguettes wabert durch die Straßen und ist ein Inbegriff französischer Lebensart. Kein Wunder, dass man da kaum widerstehen kann.

# FRANKREICH AUF DER KARTE

Für diesen Reiseführer wurde Frankreich in 17 Regionen eingeteilt, jede mit einer eigenen Farbe.

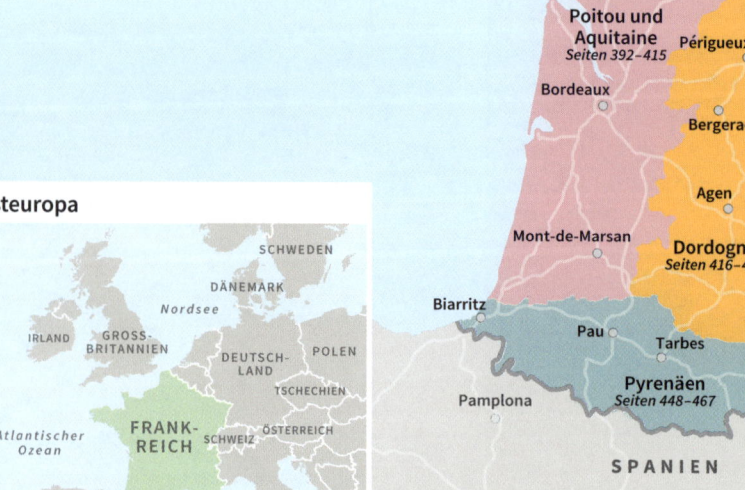

0 Kilometer 150
N
Antwerpen
Dunkerque (Dünkirchen)
Gent
BRUXELLES BRUSSEL (BRÜSSEL)
Köln
Calais
Boulogne
Lille
BELGIEN
Arras
Frankfurt am Main
Norden und Picardie
Seiten 184–203
Dieppe
Amiens
St-Quentin
Charleville-Mézières
Sedan
LUX.
DEUTSCHLAND
Rouen
Beauvais
Reims
Thionville
Paris
Seiten 70–163
Châlons-en-Champagne
Verdun
Metz
Sarreguemines
Stuttgart
PARIS
Nancy
Strasbourg (Straßburg)
Dreux
Île-de-France
Seiten 166–183
Champagne
Seiten 204–215
Elsass und Lothringen
Seiten 216–231
Chartres
Sens
Troyes
Chaumont
Mulhouse
Orléans
Auxerre
Vesoul
Belfort
Blois
Dijon
Zürich
Vierzon
Besançon
Nevers
Burgund und Franche-Comté
Seiten 312–337
Dole
BERN
Zug
Bourges
SCHWEIZ
Châteauroux
Moulins
Lausanne
Mâcon
Montluçon
Genève (Genf)
Bourg-en-Bresse
Annecy
Clermont-Ferrand
Limoges
Lyon
Chambéry
Milano (Mailand)
St-Étienne
Vienne
Massif Central
Seiten 338–359
Torino (Turin)
Grenoble
Brive-la-Gaillarde
Rhône-Tal und Französische Alpen
Seiten 360–391
ITALIEN
Briançon
Aurillac
Genova (Genua)
Montélimar
Gap
Rodez
Alès
Montauban
Avignon
Nîmes
Provence und Côte d'Azur
Seiten 490–531
Nice (Nizza)
Menton
Monaco
Albi
Toulouse
Montpellier
Arles
Cannes
Languedoc und Roussillon
Seiten 468–489
Aix-en-Provence
Marseille
Carcassonne
Narbonne
Toulon
Bastia
Perpignan
Korsika
Seiten 532–549
ANDORRA
Mittelmeer
Girona
Ajaccio
Bonifacio
Barcelona

# DIE REGIONEN FRANKREICHS

*Ah, la belle France!* Das weltberühmte Essen und der Wein sind so abwechslungsreich wie die traumhaften Landschaften. Von den Alpen bis zu den Küsten von Atlantik und Mittelmeer hat jede Region ihre eigene Geschichte und einzigartige Kultur. Wer einmal dort war, kommt immer wieder.

Seiten 70–163

## Paris

Die Metropole Paris mit ihren vielen unterschiedlichen Stadtvierteln ist einfach unwiderstehlich. Der historische Kern der Stadt der Lichter liegt am Ufer der Seine. In seinem mittelalterlichen Zentrum, der Île de la Cité, pulsiert auch heute noch das Leben. Weiter westlich befinden sich Cafés und Bars sowie großartige Galerien und weltberühmte Wahrzeichen wie der Eiffelturm und der Arc du Triomphe. Das hügelige Viertel Montmartre lockt mit Boutiquen und erstklassigen Restaurants, der Cimetière du Père-Lachaise ist eine Oase der Stille.

**Entdecken**
Kultur, Mode, Nightlife, Literatur, Romantik

**Sehenswert**
Musée du Louvre, Centre Pompidou, Ste-Chapelle, Arc de Triomphe, Eiffelturm, Sacré-Cœur, Cimetière du Père-Lachaise, Musée d'Orsay

**Genießen**
Ein Bummel über den Pont des Arts im Sonnenuntergang

Seiten 166–183

## Île-de-France

Die Île-de-France umgibt die Hauptstadt Paris. Es ist eine beschauliche Gegend mit ruhigen Städten, Wäldern und Feldern. Künstler wie Corot und Cézanne holten sich dort Inspiration, Könige und Aristokraten suchten Erholung von der Großstadt. Bis heute erinnern herrliche Schlösser wie Versailles und Fontainebleau an diese Zeit. Prinzessinnen der anderen Art, etwa Aschenputtel und Schneewittchen, trifft man dagegen heute im Disneyland® an.

**Entdecken**
Schlösser, Kirchen und Klöster

**Sehenswert**
Palast und Park von Versailles, Disneyland®, Château de Fontainebleau

**Genießen**
Ein Spaziergang durch die herrlichen ornamentalen Gärten von Fontainebleau

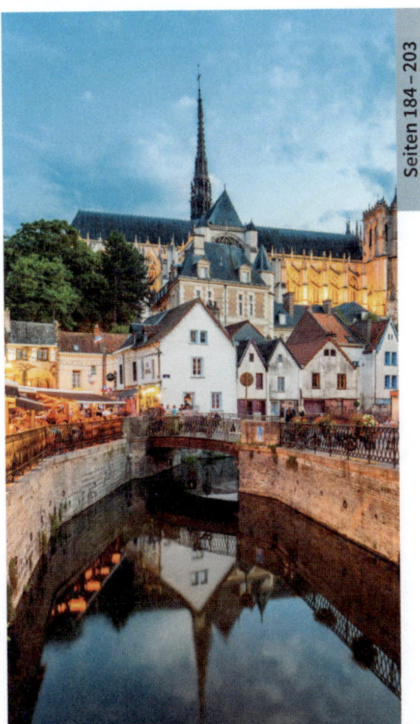

Seiten 184–203

## Norden und Picardie

Giebelhäuser und gutes Bier lassen den flämischen Einfluss auf Frankreichs Norden erkennen. Dies ist eine Region der Kontraste: hier das lässige, urbane Lille mit zahllosen kleinen Boutiquen und schönen Museen mit moderner Kunst, dort Badeorte aus der Belle Époque wie Le Touquet mit seinen Badehütten und hübschen Villen. Calais ist Frankreichs quirligste Hafenstadt, weiter südlich in Amiens und Beauvais stehen großartige gotische Kathedralen, an der Somme erinnert vieles an die Weltkriege.

**Entdecken**
Bier, gotische Kathedralen, glamouröse Badeorte

**Sehenswert**
Kathedrale von Amiens

**Genießen**
Strand in Le Touquet

→

Seiten 204 – 215

## Champagne

Jedes Kind weiß, wofür diese Gegend berühmt ist. Der köstliche Champagner steht rund um die Welt für Genuss und Festlichkeiten. Das »heilige Dreieck« der Champagne bilden die Städte Épernay, Châlons-en-Champagne und Reims. In Reims steht auch eine der schönsten gotischen Kathedralen Frankreichs. Die hügelige Landschaft der Champagne prägen Weinberge; historische Städte und hübsche Seen laden zu Ausflügen ein. Weiter östlich lohnen die geheimnisvollen alten Wälder, Täler und Schluchten der Ardennen einen Abstecher.

**Entdecken**
Champagner, historische Städte

**Sehenswert**
Kathedrale von Reims

**Genießen**
Ein erfrischendes Glas Champagner nach einer Wanderung in den Ardennen

Seiten 216 – 231

## Elsass und Lothringen

Die geografische Lage an der Grenze zu Deutschland spiegelt sich hier in Kultur und Küche wider. Das elegante und kosmopolitische Straßburg ist die größte Stadt der Region, in der viele mittelalterliche Dörfer inmitten grüner Hügel zu entdecken sind. Das Elsass ist berühmt für seine Weine, die man am besten in einer gemütlichen *winstub* probiert, produziert aber auch über die Hälfte des in Frankreich hergestellten Biers. Das benachbarte Lothringen präsentiert sich französischer und ist beschaulicher. Seine Hauptstadt Metz ist bekannt für ihre vielen Grünflächen.

**Entdecken**
Weinkeller, mittelalterliche Dörfer, unberührte Natur

**Sehenswert**
Straßburg

**Genießen**
Eine Verkostung bei einem Weinfest

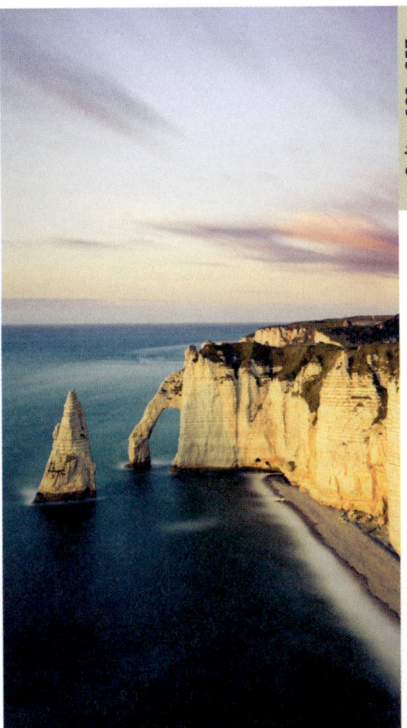

Seiten 232 – 257

## Normandie

Die Normandie ist ein landschaftliches Idyll mit sanften Hügeln, ausgedehnten Apfelplantagen und Dörfern voller Fachwerkhäuser. In seinem Garten in Giverny, der noch heute Besucher in Scharen anlockt, malte Claude Monet seine berühmte *Seerosen*-Bilderserie. Vor der in dieser Gegend sehr rauen Atlantikküste ragt die UNESCO-Welterbestätte Mont-St-Michel auf. Die malerischen Hafenstädte und Badeorte an der Côte Fleurie erkundet man am besten per Fahrrad. Dann kann man problemlos köstliche Menüs und Spezialitäten wie Camembert und Calvados genießen.

**Entdecken**
Cidre und Käse, Fachwerkhäuser, endlose Strände

**Sehenswert**
Mont-St-Michel, Caen, Rouen

**Genießen**
Spaziergang durch Monets Garten in Giverny

Seiten 258 – 285

## Bretagne

Die Bretagne ist mit ihren vom Atlantik umtosten Klippen wild und schön. Ihr keltisches Erbe wird in der Musik, der bretonischen Sprache und vor allem natürlich in regionalen Spezialitäten von Cidre bis Crêpes gepflegt. Entdecken Sie in den Hafenstädten St-Malo und Roscoff die bretonische Seefahrertradition, und genießen Sie köstliche Fischgerichte. In der Hauptstadt Rennes lockt ein schönes mittelalterliches Zentrum, in Carnac und am Golfe du Morbihan kann man geheimnisvolle prähistorische Megalithen erkunden.

**Entdecken**
Atemberaubende Küsten und Inseln, Kultur der Kelten, prähistorische Megalithen

**Sehenswert**
St-Malo, Côte de Granit Rose

**Genießen**
Die gewaltigen Steilküsten und wilden Strände an der Côte de Granit Rose

Seiten 286 – 311

## Loire-Tal

Traumhafte Schlösser wie aus dem Märchen liegen verstreut im üppig grünen Loire-Tal, wo sich lange Zeit die französische Aristokratie vergnügte. Mehr als 40 der schönsten Schlösser wurden zu UNESCO-Welterbestätten erklärt. Chambord, nach Entwürfen von Leonardo da Vinci für François I erbaut, ist das berühmteste, Azay-le-Rideau vielleicht das romantischste. Die großartigen Gärten sind ebenso sehenswert wie die gut erhaltenen Dörfer und Städtchen der Region. Hier werden hervorragende Weine produziert, die man unbedingt probieren sollte.

**Entdecken**
Weine, Schlösser, Gärten

**Sehenswert**
Tours, Château de Chenonceau, Château de Chambord, Kathedrale von Chartres

**Genießen**
Ein abendlicher Besuch der herrlich illuminierten Gärten im Château de Chenonceau

Seiten 312 – 337

## Burgund und Franche-Comté

All das, was Frankreich so besonders macht – Weine von Weltruhm, köstliches Essen, traumhafte Landschaften und schöne historische Städte –, findet man in Burgund und Franche-Comté. Herrliche Städte wie Beaune und Dijon und die bemerkenswerten romanischen Bauten in Vézelay, Fontenay und Cluny tragen zur historischen Bedeutung Burgunds bei. In der ruhigeren Franche-Comté mit ihren Wäldern, Wasserfällen und Berggipfeln fühlen sich vor allem Wanderer, Wassersportler und andere Outdoor-Fans sehr wohl.

**Entdecken**
Köstliche Speisen und Weine, romanische Architektur, herrliche Landschaften

**Sehenswert**
Abbaye de Fontenay, Basilique Ste-Madeleine, Dijon

**Genießen**
Schwimmen in natürlichen Teichen und an Wasserfällen in der Franche-Comté

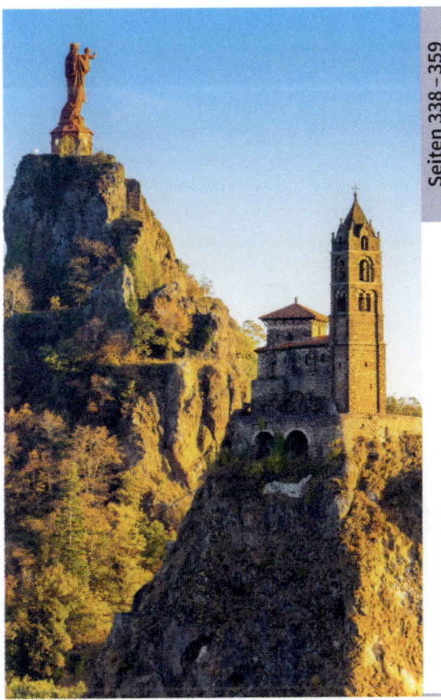

Seiten 338 – 359

## Massif Central

Das Massif Central ist das gewaltige, aber erstaunlich wenig besuchte Bergmassiv im Herzen Frankreichs. Dabei birgt die Region mittelalterliche Schlösser, romanische Kirchen und vulkanische Landschaften, in denen man viel unternehmen kann. Entdecken Sie Gebiete wie die idyllische Auvergne oder das wilde Hochland der Cevennen, ein wahres Paradies für Wanderer mit alten Pilgerpfaden und einer der tiefsten Schluchten in ganz Frankreich.

**Entdecken**
Aktivitäten im Freien, weite, dramatische Landschaften, regionale Speisen und Wein

**Sehenswert**
Le Puy-en-Velay, Abbaye de Ste-Foy, Schluchten des Tarn

**Genießen**
Wandern in den Schluchten des Tarn

Seiten 360 – 391

## Rhône-Tal und Französische Alpen

Die mächtige Rhône kommt aus den schneebedeckten Alpen und fließt im östlichen Frankreich durch fruchtbare Ebenen und Weideland. Lange war sie eine wichtige Verbindung zwischen Nord und Süd. An ihren Ufern liegen die Weinberge der Gebiete Beaujolais und Côtes du Rhône sowie die hinreißende Kunststadt Lyon, Frankreichs gastronomische Hauptstadt. In den Französischen Alpen findet man schicke Wintersportorte, oder man lässt sich in den hübschen Ortschaften in einer der Wellnessoasen verwöhnen.

**Entdecken**
Köstliche Speisen und Weine, unberührte Landschaften, Bade- und Wintersportorte

**Sehenswert**
Lyon, Grenoble

**Genießen**
Die regionalen Zutaten und Gewürze sowie die kulinarischen Höhenflüge in Lyons pulsierender Restaurantszene

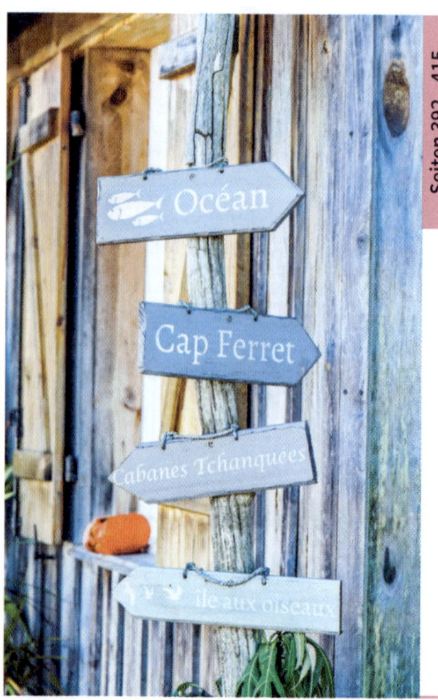


Seiten 392 – 415

## Poitou und Aquitaine

Grandiose Strände, Pilgerpfade und schmucke Dörfer kennzeichnen die Region. An der Atlantikküste beeindrucken wilde Klippen, die Sandstrände sind ein Paradies für Badeurlauber. In Bordeaux sind weltbekannte Weingüter zu Hause, aber auch die innovative Restaurantszene ist spannend. Und im Hinterland bieten mittelalterliche Dörfer und dichte Wälder Ruhe und Erholung.

**Entdecken**
Großartige Strände, Weltklasse-Weine, üppige Landschaften, traditionelle Dörfer

**Sehenswert**
Poitiers, Bordeaux

**Genießen**
Ein Ausflug zu den bekannten Weingütern von Bordeaux

Seiten 416–447

## Dordogne

Viele prähistorische Höhlen zeugen davon, dass die grünen Täler schon vor Jahrtausenden besiedelt waren. In Lascaux wurden vor etwa 20 000 Jahren unglaublich lebhaft wirkende Jagdszenen gemalt, und in Höhlen rund um Les Eyzies wurden die »Liebesgöttinnen«, prähistorische Statuen, gefunden. Die Dordogne schlängelt sich durch Schluchten und Weideland, am Ufer ragen Städte wie Rocamadour auf, die sich bis heute kaum verändert haben. Die herzhaften Spezialitäten wie *magret de canard* (Entenbrust) passen hervorragend zu den kräftigen Weinen aus Cahors.

**Entdecken**
Regionale Küche, schöne Täler und Flüsse, großartige Höhlenmalereien

**Sehenswert**
Sarlat, Rocamadour, Abbaye de St-Pierre, Toulouse

**Genießen**
Stöbern in alten Höhlen auf der Suche nach prähistorischer Kunst

→

Seiten 448–467

## Pyrenäen

Die Pyrenäen erstrecken sich vom Atlantik bis zum Mittelmeer und bilden eine natürliche Grenze zwischen Frankreich und Spanien. Die schroffen Gipfel und gewundenen Täler bieten seltenen Tieren und Pflanzen eine Heimat – und Wanderern großartige Wege, auf denen sie diese entdecken können. Schlösser und Festungen wie Foix und Montségur erinnern an die strategische Bedeutung der Region und die Jahrhunderte der Belagerung. Die Sprache und Kultur der Basken, der frühesten Bewohner des Gebirges, kann man in Bayonne und St-Jean-de-Luz erleben.

**Entdecken**
Berglandschaften, Wildtiere, historische Zitadellen, regionale Speisen und Wein

**Sehenswert**
Parc National des Pyrénées

**Genießen**
Eintauchen in baskische Kultur und Küche in Bayonne

Seiten 468–489

## Languedoc und Roussillon

Die sonnenverwöhnte Region Languedoc und Roussillon verfügt über kilometerlange Sandstrände am Mittelmeer, während sich im Inland weite Sonnenblumenfelder und Weinberge erstrecken. Hier gibt es viel zu entdecken – etwa Montpellier, eine der hübschesten Städte in Frankreich, oder die gut erhaltene Festung von Carcassonne, schwindelerregende Katharer-Schlösser und bemerkenswerte römische Bauwerke – allen voran der Pont du Gard.

**Entdecken**
Küstenstädte, Schlösser der Katharer, römische Ruinen

**Sehenswert**
Carcassonne, Montpellier, Nîmes

**Genießen**
Wandern in den schroffen Bergen und Wäldern des Landes der Katharer

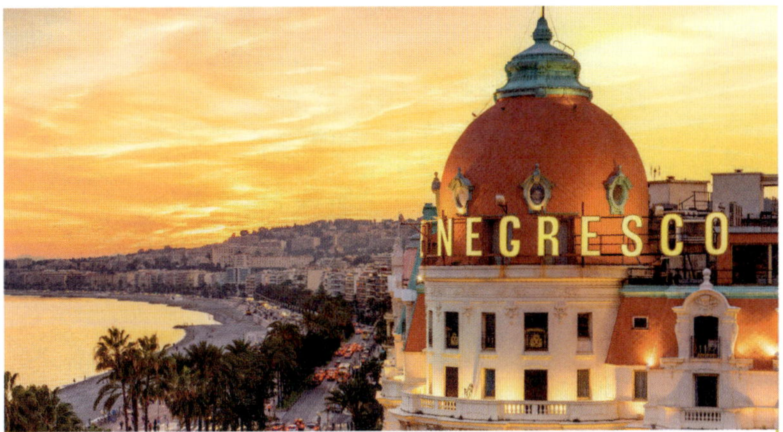


Seiten 490 – 531

## Provence und Côte d'Azur

Hört man Provence, denkt man an endlose Lavendelfelder oder Städte wie Orange und Avignon mit ihren römischen Monumenten und mittelalterlichen Palästen. An der Mittelmeerküste bilden Buchten mit weißem Sand und das türkisblaue Wasser den perfekten Hintergrund für Glamour und Chic, Orte wie Cannes und St-Tropez sind nach wie vor ein Treffpunkt für die Reichen und Schönen. Künstler schufen, begeistert von dem intensiven Licht , wunderbare Werke, die man u. a. in Museen in Nizza erlebt.

**Entdecken**
Glamouröse Badeorte, schöne Strände, Kunstmuseen, mediterrane Landschaften

**Sehenswert**
Arles, die Camargue, St-Paul-de-Vence, Nizza, Monaco, Palais des Papes

**Genießen**
Ausritte und Flamingo-Beobachtung in der Camargue

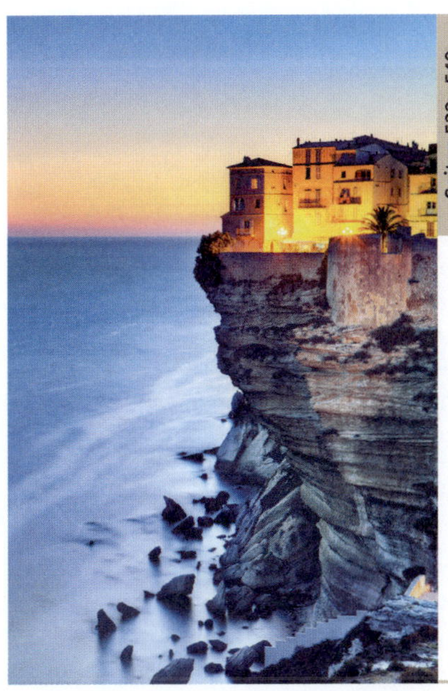

Seiten 532 – 549

## Korsika

Korsika ist einzigartig. Eine wilde, schöne Insel, die von Nord nach Süd von einer Bergkette durchzogen wird. An den Hängen erstrecken sich dichte Wälder, in den tieferen Lagen Weinberge und Zitronenhaine. Die Strände mit ihren verborgenen Buchten oder endlos scheinenden goldenen Sandstränden sind atemberaubend. Ajaccio und Bastia sind lebhafte Hafenstädte, Bonifacio liegt wunderschön an der Südspitze der Insel.

**Entdecken**
Fantastische Strände, Outdoor-Sport

**Sehenswert**
Bonifacio

**Genießen**
Eine Bootsfahrt zur Réserve Naturelle de Scandola

1

2

3

4

*1 Notre-Dame mit Vierungsturm vor dem Brand von 2019*

*2 Im Garten von Versailles*

*3 Wandteppich von Bayeux*

*4 Spektakulär: in der Glaskuppel des Louvre*

**So viele herrliche Dinge gibt es in Frankreich zu entdecken! Erkunden Sie das Land von Norden nach Süden und von Osten nach Westen, erleben Sie bei Ihrer ganz persönlichen Tour de France lebhafte Städte und wunderbare Natur. Wir haben Ihnen auf den folgenden Seiten verschiedene Reisevorschläge zusammengestellt, mit denen Sie nichts versäumen.**

# 2 WOCHEN

## *Tour de France*

### *Tag 1*

Genießen Sie auf der Brücke zur Île de la Cité den Blick auf Notre-Dame *(siehe S. 86–89)*, dann laufen Sie ein Stück nach Norden und essen bei Le Bouillon Chartier *(siehe S. 111)*. An der Seine entlang geht es zurück zum Louvre *(siehe S. 106–109)* und der *Mona Lisa*. Übernachten Sie im gemütlichen Hôtel Saint-Marcel *(siehe S. 151)*.

### *Tag 2*

Brechen Sie zeitig auf nach Versailles *(siehe S. 170–173)*. Das Schloss von Louis XIV ist der Inbegriff royaler Pracht. Schlendern Sie durch die Schlafräume des Sonnenkönigs und den beeindruckenden Spiegelsaal. Dann besichtigen Sie den herrlichen Park mit seinen Brunnen, dem Trianonschloss und dem Dorf der Königin Marie-Antoinette.

### *Tag 3*

Früh geht es weiter nach Bayeux *(siehe S. 251)*, wo Sie den wunderbaren Wandteppich von Bayeux besichtigen. Er dokumentiert die Eroberung Englands durch Wilhelm den Eroberer 1066. In Bayeux können Sie auch Frankreichs größten Friedhof der Commonwealth-Soldaten aus dem Zweiten Weltkrieg besuchen. Übernachten Sie im Churchill Hotel *(siehe S. 255)*.

### *Tag 4*

Heute fahren Sie nach Mont-St-Michel *(siehe S. 240–243)*. Die Insel mit ihrer mittelalterlichen Abtei, eine UNESCO-Welterbestätte, ragt steil aus dem Meer. Schlendern Sie hinauf zur Abtei, und genießen Sie den Blick aufs Wasser und den Gezeitenwechsel. Dann fahren Sie nach St-Malo *(siehe S. 268f)*. Bummeln Sie zu Méson Chalut *(siehe S. 285)*, wo es köstliches Seafood gibt, und genießen dort den Abend.

### *Tag 5*

Gegen Mittag erreichen Sie Tours *(siehe S. 290f)*. Checken Sie im Hôtel de Biencourt *(siehe S. 290)* ein, ehe Sie zum schönen Château de Chambord *(siehe S. 294f)* fahren, dessen Türmchen sich im Le Cosson spiegeln. Probieren Sie in einem *salon de thé tarte tatin*, eine köstliche Spezialität an der Loire, und erkunden Sie dann Schloss und Park. Zurück in Tours bummeln Sie durch die Stadt, vorbei an der riesigen Kathedrale St-Gatien *(siehe S. 291)*, in das hübsche alte Viertel an der Place Plumereau *(siehe S. 290)*.

### *Tag 6*

In Richtung Nordosten geht es zum Château de Chenonceau *(siehe S. 292f)*, das oft als »Schloss der Frauen« bezeichnet wird, da ihm viele adelige Damen ihren Stempel aufdrückten. Halten Sie auf der Rückfahrt nach Tours in Amboise *(siehe S. 304)*. Besichtigen Sie Clos-Lucé, wo Leonardo da Vinci seine letzten drei Lebensjahre verbrachte, und das kunsthistorisch bedeutende Château d'Amboise *(siehe S. 304)*, das das Stadtbild prägt.

### *Tag 7*

Fahren Sie nach Poitiers *(siehe S. 398f)*. Nach einem zweiten Frühstück genießen Sie einen Moment der Stille in Notre-Dame-la-Grande *(siehe S. 398)*, ehe Sie gemütlich durch herrliche Landschaften und Weinberge fahren. Sie kaufen an einem der Straßenstände Obst, bummeln durch kleine Dörfer und erreichen schließlich Toulouse.

→

1

2

## Tag 8

Toulouse *(siehe S. 430f)*, bekannt als wichtiges Zentrum des Flugzeugbaus, hat eine charmante Altstadt. Zu den herausragenden historischen Gebäuden gehören die Basilique St-Sernin *(siehe S. 431)*, Frankreichs größte romanische Kirche, und Les Jacobins *(siehe S. 430)*, berühmt für sein Rippengewölbe. In etwas mehr als einer Stunde erreicht man von dort Carcassonne *(siehe S. 472f)*, eine sorgfältig restaurierte mittelalterliche Stadt mit hohen Mauern und verwinkelten Gassen. Erkunden Sie das Château Comtal, und laufen Sie auf den Festungsmauern, ehe Sie im La Marquière *(siehe S. 473)* typisch okzitanisch essen.

## Tag 9

In Nîmes *(siehe S. 476f)* besichtigen Sie imposante römische Monumente. Von der Maison Carrée *(siehe S. 477)*, einem eleganten Tempel, gehen Sie zu Les Arènes *(siehe S. 477)*, einem Amphitheater mit knapp 14 000 Sitzplätzen; beide sind sehr gut erhalten. Holen Sie sich in Les Halles Proviant für ein Picknick in Les Jardins de la Fontaine *(siehe S. 476)*. Fahren Sie dann nach Marseille *(siehe S. 528f)*, wo Sie in der Cantine de Lynn (3 Rue Audemar Tibido) zu Abend essen.

## Tag 10

Entdecken Sie in Marseilles Musée des Civilisations de l'Europe et de la Méditerranée (MuCEM) die faszinierenden Einflüsse verschiedenster Kulturen. Auf der D559 durch den Nationalpark Calanques sehen Sie die schmalen, nur vom Meer zugänglichen Buchten und erreichen dann das lebhafte Cassis *(siehe S. 518)*. Bei Angelina *(siehe S. 523)* genießen Sie köstliches Seafood.

## Tag 11

Eine gewundene Küstenstraße bringt Sie nach Nizza *(siehe S. 506f)*. Im Musée Matisse *(siehe S. 507)* und im Musée National Marc Chagall *(siehe S. 506)* sehen Sie, wie Künstler das besondere Licht und die Farben der Côte d'Azur ausgedrückt haben. Schlendern Sie anschließend die Promenade des Anglais entlang, und essen Sie in La Cucina Nice (9 Rue Commandant Raffalli).

3

4

5

1 *Kathedrale von Carcassonne* ↑
2 *In den Straßen von Nizza*
3 *Baden in einer Calanque*
4 *Gastraum eines* bouchon *in Lyon*
5 *Panthéon in Paris*

## Tag 12

Avignon *(siehe S. 510f)*, drei Stunden nordwestlich von Nizza, ist mit den Steinmauern, hübschen Plätzen und dem warmen Sonnenlicht eine typisch südfranzösische Stadt. Berühmt ist vor allem das Palais des Papes aus dem 14. Jahrhundert *(siehe S. 510f)*. Fahren Sie am Nachmittag durch das Rhône-Tal bis Valence *(siehe S. 382)*. Besuchen Sie die romanische Cathédrale St-Apollinaire und die mit Köpfen und Büsten antiker Griechen verzierte Maison des Têtes aus der Renaissance. Abends essen Sie im Têtedoie *(siehe S. 371)* in Lyon *(siehe S. 370–375)*. Übernachten Sie dann im Le Royal (www.lyonhotel-leroyal.com), einem Boutiquehotel aus dem 19. Jahrhundert, in dem schon die Beatles und Sophia Loren abstiegen.

## Tag 13

Ein perfekt zubereiteter Kaffee im La Boîte à Café (3 Rue de l'Abbé Rozier) weckt die Lebensgeister. Lyon ist eine von Frankreichs kulinarischen Hauptstädten *(siehe S. 366f)* mit Märkten und netten *bouchons* (Bistros). Laufen Sie durch Vieux Lyon (Altstadt) und das Zentrum Presqu'île, eine schmale Halbinsel am Zusammenfluss von Saône und Rhône zum Markt Les Halles de Lyon (102 Cours Lafayette). Kaufen Sie dort für ein Picknick ein, und gehen Sie danach über den Pont Lafayette zum Musée de l'Imprimerie *(siehe S. 370)*, wo die Geschichte der Druckerei anhand faszinierender Exponate sichtbar gemacht wird.

## Tag 14

Bummeln Sie durch das großartige Musée des Beaux-Arts *(siehe S. 372f)* – suchen Sie unbedingt Paul Gauguins *Nave Nave Mahana* (»herrliche Tage« in der Sprache der Māori). Dann essen Sie in Paul Bocuse' bekannter L'Auberge du Pont de Collonges *(siehe S. 371)*. Anschließend fahren Sie zurück nach Paris. Von der Gare de Lyon gehen Sie über den Pont d'Austerlitz ins Quartier Latin zum Panthéon *(siehe S. 142)*. Laufen Sie dann bei Sonnenuntergang Richtung Westen zum Eiffelturm *(siehe S. 122f)*. Allmählich macht die Stadt der Lichter ihrem Namen alle Ehre. Lassen Sie Ihre Tour de France in aller Ruhe ausklingen.

1

2

3

# 8 TAGE

## *im Land des Weins*

### *Tag 1*

Die Tour beginnt in Reims bei der Cathédrale Notre-Dame *(siehe S. 208f)*, in der 30 französische Könige gekrönt wurden. Im Café du Palais *(siehe S. 215)* gönnen Sie sich zu wundervollem Jugendstilambiente einen Kaffee und Gebäck, dann fahren Sie nach Süden bis Épernay *(siehe S. 210)*, die selbst ernannte Hauptstadt des Champagners. In La Cave à Champagne *(siehe S. 215)* genießen Sie typische Gerichte der Region und heimischen Champagner.

### *Tag 2*

Fahren Sie nach Troyes. Machen Sie eine kleine Pause im French Coffee Shop (Rue Champeaux 36), und schlendern Sie durch das malerische Fachwerkzentrum. Gegen Mittag erreichen Sie Vézelay *(siehe S. 318f)*. Erklimmen Sie den »ewigen Hügel«, um die zum UNESCO-Weltkulturerbe gehörende Basilique Ste-Madeleine zu erreichen. Am Abend checken Sie im SY La Terrasse Hotel (www.vezelay-laterrasse.com) ein, bevor Sie im Restaurant das Abendessen genießen.

### *Tag 3*

Kaufen Sie in einer *boulangerie* Croissants und fahren dann eine Stunde in westlicher Richtung. In Auxerre *(siehe S. 322)* werden die Wunden der vergangenen Kriege sichtbar. Weiter geht es nach Orléans *(siehe S. 308)*, der Stadt von Jeanne d'Arc. Gehen Sie zu Les Becs à Vin (www.lesbecsavin.com) in der Altstadt, und genießen Sie *rillons* (langsam gekochtes Schweinefleisch) mit einem Glas Wein. Laufen Sie in 15 Minuten vorbei an der Statue von Jeanne d'Arc auf der Place du Martroi zum Hôtel de l'Abeille *(siehe S. 305)*, wo Sie übernachten.

### *Tag 4*

Stärken Sie sich in dem mit zahlreichen Kunstwerken ausgestatteten Frühstücksraum und fahren anschließend zum herrlichen Château de Chambord *(siehe S. 294f)*. Tauchen Sie dort ein in das Leben in einem Schloss. Am Dorfplatz, nicht weit von dieser prachtvollen Anlage, gibt es hübsche Cafés. Übernachten Sie in einer der Selbstversorger-*gîtes* (www.chambord.org) vor Ort.

1 *Grüne Weinberge* ↑
2 *Alte Stadtmauer in Vézelay*
3 *Château de Chambord am Cosson*
4 *Hauptplatz in Amboise*
5 *Gartenkunst im Park des Château de Villandry*

## *Tag 5*

Laufen Sie noch einmal durch die überaus eindrucksvolle Schlossanlage, danach fahren Sie die Loire entlang in das schöne Amboise *(siehe S. 304)*. Das großartige Château Royal d'Amboise hat zwar eine blutige Vergangenheit, bietet aber fantastische Ausblicke. Sonntagvormittags findet in Amboise am Fluss ein Markt mit rund 200 Ständen statt. Bummeln Sie abends durch die nahen Weinberge rund um das Château de Chenonceau *(siehe S. 292f)*.

## *Tag 6*

Bleiben Sie vormittags noch in Amboise. Im Clos-Lucé verbrachte Leonardo da Vinci seine letzten drei Lebensjahre, im Garten sind Modelle seiner außergewöhnlichen Erfindungen zu sehen. Am Nachmittag machen Sie eine Weinprobe in den Caves Ambacia (www.caves-ambacia.fr), in den Kellergewölben lagern noch Flaschen von 1874. Wenden Sie das Gelernte dann gleich bei einem köstlichen Abendessen im Restaurant Le 36 (36 Quai Charles Guinot) an.

## *Tag 7*

Zum Frühstück verwöhnen Sie sich in der Pâtisserie Bigot (2 Rue nationale) mit dem Blätterteiggebäck *puits d'amour*, anschließend fahren Sie zum Château de Villandry *(siehe S. 302)*, das von einem weitläufigen Park umrahmt wird. Fahren Sie danach weiter bis Saumur, wo Bouvet Ladubay (www.bouvet-ladubay.fr) Radtouren mit Verkostung zu den unterirdischen Weinkellern anbietet. Übernachten Sie in Saumur im eleganten Hôtel Anne d'Anjou (www.hotel-anneanjou.com).

## *Tag 8*

Eine gemütliche Rückfahrt durch die eindrucksvolle von Weinbergen geprägte Landschaft bringt Sie zur lebhaften Universitätsstadt Nantes *(siehe S. 299)*. Verbringen Sie in der ehemaligen Hauptstadt der Bretagne den Vormittag im Château des Ducs de Bretagne, wo Sie viel über die Geschichte der Stadt erfahren. Zu Abend speisen Sie im La Cigale (www.lacigale.com), wo die Menüs wahre Meisterwerke sind.

1

2

3

# 7 TAGE
## *von Küste zu Küste*

### *Tag 1*
In Marseille *(siehe S. 528f)* bummeln Sie durch die Stadt bis ins Musée des Civilisations de l'Europe et de la Méditerranée (MuCEM). Schauen Sie sich die benachbarte Villa an und fahren dann vom Quai du Port mit einem Boot zum Château d'If. Die Gefangeneninsel wurde bekannt durch Alexandre Dumas' *Der Graf von Monte Christo* (1844). Nach einem Spaziergang auf der Insel geht es zurück in die Stadt, wo Sie im Chez Madie Les Galinettes im Vieux Port köstlich essen.

### *Tag 2*
90 Minuten Fahrt bringen Sie nach Nîmes *(siehe S. 476f)* – nirgendwo sonst in Frankreich stehen so viele römische Monumente. Besichtigen Sie die Maison Carrée, einen alten Tempel, und das Amphitheater Les Arènes. In Les Halles (dem Markt) holen Sie sich eine Stärkung, dann fahren Sie in die Universitätsstadt Montpellier *(siehe S. 474f)*. Nach einem Bummel durchs Zentrum checken Sie im Hotel Domaine de Biar ein und essen im hauseigenen Restaurant zu Abend.

### *Tag 3*
Besorgen Sie sich Croissants und Marmelade, und verbringen Sie den Morgen in der ehemaligen Katharer-Festung Béziers *(siehe S. 482)*. Anschließend geht es weiter nach Narbonne *(siehe S. 482f)*, wo ebenfalls römische Bauten zu entdecken sind – etwa die gotische Kathedrale mit Kloster aus dem 14. Jahrhundert. Probieren Sie die Spezialität *vin citronné* (Weißwein mit Zitrone), und achten Sie auf die »Korallenseen« – rötliche Becken zur Salzgewinnung. Abends essen Sie in Carcassonne *(siehe S. 472f)* im La Marquière *(siehe S. 473)* und übernachten im prunkvollen Hotel de la Cité *(siehe S. 481)*.

### *Tag 4*
Mit festen Schuhen erkunden Sie das von einer Stadtmauer umgebene Carcassone. Gehen Sie durch die Porte Narbonnaise, das Haupttor, in das Gewirr aus gewundenen Gassen mit ihren modernen Restaurants und Souvenirläden. Besichtigen Sie das Château Comtal und die gotische Basilique St-Nazaire. Fahren Sie rechtzeitig weiter

1 *Pont du Gard, Nîmes* ↑
2 *Mittelalterliches Carcassonne*
3 *Typisch für Marseille:* bouillabaisse
4 *La Cité du Vin in Bordeaux*
5 *In der Altstadt von Toulouse*

nach Toulouse *(siehe S. 430f)*, damit Sie bei Michel Sarran das hervorragende Degustationsmenü genießen können.

## Tag 5

Toulouse ist modern und dynamisch, was nicht zuletzt an der Universität und an der Produktion von Flugzeugen liegt. Das Werk kann nach Voranmeldung auch besichtigt werden, aber die meisten Besucher kommen, um das uralte Stadtzentrum zu besuchen. Von der Basilique St-Sernin, Frankreichs ältester romanischer Kirche, gehen Sie zum Konvent Les Jacobins und weiter zum Musée des Augustins. In dem ehemaligen Kloster sind schöne Skulpturen und Gemälde zu besichtigen. Abends geht es in die Brasserie Flo, eine lokale Institution mit großer Auswahl an Gerichten.

## Tag 6

Früh geht es weiter durch Pflaumenhaine – für die berühmten Pruneaux d'Agen – nach Agen *(siehe S. 444)*. Besuchen Sie das Musée Municipal des Beaux-Arts, wo Bilder von Goya und die *Vénus de Mas* zu sehen sind, eine Marmorstatue aus dem 1. Jahrhundert v. Chr. Auf gewundenen Straßen vorbei an malerischen Dörfern erreichen Sie Bordeaux *(siehe S. 400f)*. Besuchen Sie unterwegs Bergerac *(siehe S. 434)* und sein Musée du Tabac sowie das hübsche St-Émilion *(siehe S. 413)*. In Bordeaux essen Sie bei Kerzenschein bei Tante Charlotte (7 Rue des Bahutiers) und gönnen sich danach einen Cocktail.

## Tag 7

Vom Grand Théâtre aus dem 18. Jahrhundert bummeln Sie zur Place de la Bourse. Die mächtigen klassizistischen Gebäude spiegeln sich schön im Mirroir d'Eau (»Wasserspiegel«). Besuchen Sie dann das CAPC Musée d'Art Contemporain *(siehe S. 400)* – moderne Kunst in einem alten Lagerhaus. Nach einer Pause im Le Café Madd beim Musée des Arts Décoratifs *(siehe S. 401)* nehmen Sie die Tram zu La Cité du Vin, einem dem Wein gewidmeten Museum. Zum Abschluss der Rundreise essen Sie in der Brasserie Bordelaise Ente und köstliche Profiteroles.

1

2

3

4

←

1 *Häuser am Fluss in Lyon*

2 *Palais des Papes, Avignon*

3 *Pralinen in der Maison Pic in Valence*

4 *Châteauneuf-du-Pape: Weinberge im Morgenlicht*

# 4 TAGE
## *an der Rhône*

### *Tag 1*

**Vormittags** Erkunden Sie nach einem *pain au chocolat* die wunderschöne Stadt Lyon *(siehe S. 370–375)*. Besichtigen Sie das alte Viertel am Westufer der Saône. Auch die Renaissance-Häuser in Rue du Bœuf und Rue Juiverie sind sehenswert. Haben Sie nun Appetit bekommen, dann stärken Sie sich in einem typischen *bouchon* (Bistro).
**Nachmittags** Laufen Sie den Fourvière hinauf, und besichtigen Sie das römische Grand Théâtre. Noch mehr über das römische Lugdunum (Lyon) erfahren Sie danach im informativen Musée Lugdunum *(siehe S. 370)*. Gehen Sie dann zur Basilique Notre-Dame de Fourvière und genießen dort den Ausblick.
**Abends** Ein kulinarischer Höhepunkt ist L'Auberge du Pont de Collonges *(siehe S. 371)* – auch nach dem Tod von Starkoch Paul Bocuse im Jahr 2018 eines der berühmtesten Restaurants Frankreichs.

### *Tag 2*

**Vormittags** Fahren Sie früh los nach Vienne *(siehe S. 378f)*. Viele römische und mittelalterliche Bauwerke erwarten Sie, darunter auch der Temple d'Auguste et Livie und die romanisch-gotische Cathédrale de St-Maurice. 30 Minuten südlich von Vienne liegt Valence, wo Sie in L'Épicerie (www.restaurant-lepicerie-valence.eatbu.com) einkehren.
**Nachmittags** Erkunden Sie das historische Zentrum Valence' *(siehe S. 382)*, und machen Sie Fotos am Kiosque Peynet. Er inspirierte Raymond Peynet zu seinem romantischen Bild zweier junger Liebender, *Les Amoureux* (1942).
**Abends** Ein hervorragendes Abendessen erwartet Sie bei Maison Pic, Anne-Sophie Pics renommiertem Restaurant. In dem prächtigen Haus können Sie auch übernachten. Fragen Sie nach einem Zimmer mit Blick auf den schönen mediterranen Garten.

### *Tag 3*

**Vormittags** Sie fahren entlang der üppig grünen Hänge der Côtes du Rhône nach Orange *(siehe S. 512)*, wo Sie unbedingt ein Eis bei Régal Tendance essen sollten. Dann besichtigen Sie das antike römische Theater, eine UNESCO-Welterbestätte.
**Nachmittags** Weiter geht es nach Châteauneuf-du-Pape *(siehe S. 513)*, in dessen Weinbergen der weltbekannte Wein produziert wird. Von den Ruinen des Château des Papes oberhalb des Dorfes hat man einen grandiosen Blick. Nehmen Sie im Château Fortia beim angeblich weltbesten Weinproduzenten an einer Führung durch Weinberge und -keller teil und verkosten einige der handverlesenen Tropfen.
**Abends** In 30 Minuten fahren Sie nach Avignon *(siehe S. 510f)* und lassen dort den Tag im La Vielle Fontaine bei einem fantastischen Abendessen ausklingen. Danach übernachten Sie im Au Cœur d'Avignon.

### *Tag 4*

**Vormittags** Stehen Sie früh auf, um die Schlangen am Palais des Papes *(siehe S. 510f)* zu vermeiden. Besichtigen Sie die Räume begleitet von einer guten Audiotour. Anschließend gibt es bei La Cabane d'Oléron in Les Halles, Avignons überdachtem Markt, köstliches Seafood.
**Nachmittags** Über den Fluss geht es nach Villeneuve-lez-Avignon, wo bei Weitem kein so großer Rummel herrscht wie in Avignon selbst. Klettern Sie die 176 Stufen auf die Tour Philippe le Bel, die Aussicht von oben ist schier atemberaubend.
**Abends** Eine kulinarische Abwechslung bietet das Restaurant Naturabsolu, in dem aus feinsten frischen Zutaten vegane Gerichte zubereitet werden. Übernachten Sie im L'Atelier, einem charmanten Boutiquehotel mit begrüntem Innenhof.

## Verführerische Märkte

Jede Stadt und jedes Dorf in Frankreich hat seinen eigenen Markt, und ein Besuch auf dem Markt ist ein gesellschaftlicher Anlass – selbst in Großstädten gibt es in fast jedem Viertel regelmäßige Märkte. Nirgendwo kann man die regionalen Spezialitäten besser kennenlernen als hier – vom pikanten Blauschimmelkäse in der Auvergne über die schmackhaften Canistrelli auf Korsika bis zum mit Lavendel gewürzten Gebäck, Honig und den Likören, die in der Provence angeboten werden.

→ *Große Auswahl: Fleisch, Wurst und Käse am Markt in Ajaccio*

# FRANKREICH FÜR FOODIES

**Der Duft frisch gebackener Baguettes zieht durch die Gassen, im Champagnerglas perlen die Bläschen, dazu der salzige Geruch von frisch geöffneten Austern: In Frankreich schlägt das Foodie-Herz höher. Bei den köstlichen regionalen Spezialitäten kann man einfach nicht widerstehen.**

### Immaterielles Kulturerbe

Im Jahr 2010 wurde die französische Küche von der UNESCO zum immateriellen Kulturerbe ernannt. In Frankreich gehören einheimische Spezialitäten zu jeder Feier dazu. Das zeigt, wie sehr sich die Franzosen mit ihrer Küche identifizieren. Beginnend mit einem Aperitif gibt es bei einem festlichen Essen in der Regel vier Gänge und den jeweils dazu passenden Wein. Zum abschließenden Kaffee gehört dann noch ein Gläschen Likör. Das Ritual des gemeinsamen Essens ist genauso wichtig wie die angebotenen Gerichte.

## Kochkurse

Lernen Sie in Paris, wie Macarons gemacht werden, versuchen Sie sich in Lyon an Haute Cuisine, oder steigen Sie auf einem Bauernhof in die traditionelle Küche ein. Die Kurse wie etwa im La Cuisine in Paris (www.lacuisineparis.com) beginnen oft mit einem Besuch auf dem Markt, wo frische Zutaten gekauft werden.

→ *Volle Konzentration: Kochkurs in einem Pariser Edelrestaurant*

## Sternensuche

Gut essen kann man in ganz Frankreich, aber die besten Restaurants sind die, die eine große Auszeichnung erhalten haben: den Michelin-Stern. 2023 wurden 630 Restaurants geehrt, der größte Teil davon in Paris. Auch Lyon trägt zum guten Ruf der französischen Küche bei. Die Stadt gilt als Hochburg für Feinschmecker *(siehe S. 366f)* – das sehen auch die Michelin-Juroren so. In Lyon bekommt man immer und überall köstliches Essen, vom Fünf-Sterne-Festmahl bis hin zu sorgfältig komponierten meisterhaften Menüs.

← *Gericht in der L'Auberge du Pont de Collonges in Lyon*

## Käse aus Frankreich

**Maroilles**
Stark riechender Käse mit einer orangefarbenen Haut – gut zum Frühstück.

**Comté**
Der in Alpenluft gereifte, fruchtige Hartkäse ist ideal für müde Wanderer.

**Époisses**
Ein intensiver Weichkäse, der sehr gut mit Burgunder harmoniert.

**Roquefort**
Der Blauschimmelkäse reift in den Höhlen des Plateau du Larzac.

**Camembert**
Herrlich weicher Käse aus der Normandie.

## Ein Gericht für jede Region

Wohin Sie auch kommen – überall gibt es besondere regionale Spezialitäten, die sich im Lauf der Jahrhunderte entwickelt haben. In der Normandie ist es das fangfrische Seafood – etwa *moules marinières* (Muscheln in Weißweinsauce) –, in den östlichen Landesteilen die *tarte flambée*. In den Alpen gibt es viele deftige Speisen: Den herzhaften *pot-au-feu*, einen Eintopf mit Rindfleisch und Gemüse, sollte man unbedingt probieren.

↑ *Muschelgericht aus der Normandie*

**Die *chansons* auf Festivals**

Die beste Jahreszeit, um *chansons* zu genießen, ist definitiv der Sommer. Dann finden im ganzen Land zahlreiche Festivals statt, die neue Talente präsentieren und die Lieder der Vergangenheit feiern. Im Juli treffen sich *Chanson*-Enthusiasten im Pause Guitare in Albi und im Barjac M'en Chante in Barjac. Im selben Monat findet auch das Festival de Montjoux in Thonon-les-Bains statt, das einen offenen Rahmen bietet, in dem Menschen französische Musik genießen können. Les Francofolies de La Rochelle hingegen versammeln fast 150 000 Musikfans in La Rochelle, die ein paar Tage lang ununterbrochen *chansons* von bekannten Gesichtern und aufstrebenden Künstlern genießen. Auf über die ganze Stadt verteilten Bühnen finden während des Festivals fast 100 Konzerte statt.

→

*Begeisterte Zuschauer drängen zur Bühne beim Festival Francofolies de La Rochelle*

# FRANKREICHS CHANSONS

**Die *chansons* - ergreifende, lyrische, leidenschaftliche Lieder - sind die beliebteste Musikform des Landes. Seit dem Beginn des 20. Jahrhunderts wurden sie zum Soundtrack des französischen Lebens. Von Konzertstätten bis hin zu kleinen Cafés ist die Luft erfüllt von bewegenden *chansons*.**

**Livebühnen**

Cafés und Bars sind der Nährboden für *chansons*. Auch wer kein Französisch versteht, lässt sich von einem *chanteur* oder einer *chanteuse* mitreißen. In Paris findet man die besten Lokale mit *chansons* in Montmartre, Pigalle und in Édith Piafs Lieblingsviertel Belleville. Doch die melancholischen Weisen kann man in ganz Frankreich hören, etwa in Tulle, der »Stadt des Akkordeons«, oder in Narbonne, wo Charles Trenet sein wunderbares *La Mer* schrieb.

*Der in Belgien geborene Singer-Songwriter Tamino im Café de la Danse in Paris*

## TOP 5 Größte Chansons

*La Mer* (1946)
Charles Trenet

*La Vie en Rose* (1946)
Édith Piaf

*Tous les Garçons et les Filles* (1962)
Françoise Hardy

*Je t'aime … moi non plus* (1968)
Serge Gainsbourg und Jane Birkin

*Les Champs-Élysées* (1970)
Joe Dassin

→ *Erinnerungsstücke im Musée Édith Piaf in Paris; Jane Birkin und Serge Gainsbourg* (Detail)

### Das Erbe erhalten: Le Hall de la Chanson

In Le Hall de la Chanson oder »Le Hall« (www.lehalldelachanson.com) wird die meistgeliebte Musikform Frankreichs weiter gepflegt. Mit ihrer Lage im Pariser Parc de la Villette und den 140 Sitzplätzen ist die Bühne geradezu ideal für Konzerte und andere Events. Beim wöchentlichen Café Chantant im Cabaret-Restaurant kann man mitsingen.

### Auf der Suche nach Legenden

In Paris huldigen Gainsbourg-Fans ihrem Idol an seinem früheren Wohnort (5 bis Rue de Verneuil), Teil der Maison Gainsbourg, zu dem auch eine Buchhandlung und Le Gainsbarre, ein Café, das sich abends in eine Pianobar verwandelt (www.maisongainsbourg.fr), gehören. Beim Cimetière du Père-Lachaise liegt das Musée Édith Piaf (5 Rue Crespin du Gast). Die Kultstätte ist voller Erinnerungsstücke und öffnet nur nach Voranmeldung. In Avignon können Sie den Wegen von Mireille Mathieu folgen. Im nahen Fischerort Sète sind die Straßen erfüllt von Melodien von Georges Brassens, der sich dort niederließ.

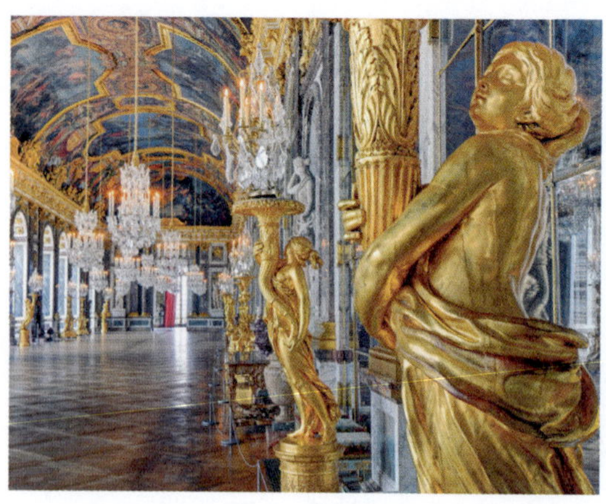

### Auf den Spuren des Sonnenkönigs

Louis XIV ließ den Park und das opulente Schloss Versailles *(siehe S. 170–173)* bauen, in dessen üppigem Goldschmuck und dem Spiegelsaal sich seine Dekadenz ausdrückt. Besuchen Sie auch seinen Geburtsort in Saint-Germain-en-Laye, heute das Nationalmuseum für Archäologie.

*Der überwältigende Spiegelsaal – Inbegriff von Glanz und Prestige in Versailles*

# FRANKREICH FÜR GESCHICHTSFANS

**Wo auch immer Sie in Frankreich unterwegs sind, stoßen Sie auf beeindruckende Relikte aus der langen und wechselhaften Vergangenheit des Landes: großartige Höhlenmalereien, rätselhafte Megalithen, römische Theater, prächtige Renaissance-Schlösser oder bewegende Kriegerdenkmäler.**

### Auf den Spuren der Römer

Vor allem im südlichen Frankreich finden sich herrliche römische Monumente. In Nîmes *(siehe S. 476f)* gibt es ein fantastisches Museum der römischen Geschichte und ein gut erhaltenes Amphitheater, in dem jeden Sommer das Festival de Nîmes stattfindet. Auch im römischen Theater in Orange finden Konzerte statt. Nicht weit entfernt bietet der 2000 Jahre alte Pont du Gard *(siehe S. 489)* großartige Ausblicke.

**Schon gewusst?**

**Napoléon ließ an Straßen Bäume pflanzen, damit die Soldaten im Schatten marschieren konnten.**

### Prähistorische Stätten

Die vor 20 000 Jahren entstandenen Malereien in den Höhlen von Lascaux *(siehe S. 434)* im Vézère-Tal sind fesselnde Spuren der Frühgeschichte. Besuchen Sie auch die über 3000 Menhire in Carnac *(siehe S. 279)* in der Bretagne – die Steinfelder sind weltweit die größten ihrer Art.

Entdeckertipp

**Einmal Römer sein**

Im MuséoParc Alésia laufen Sie durch ein rekonstruiertes Römerlager, beobachten nachgespielte gallisch-römische Schlachten und können an spannenden Workshops für die ganze Familie teilnehmen.

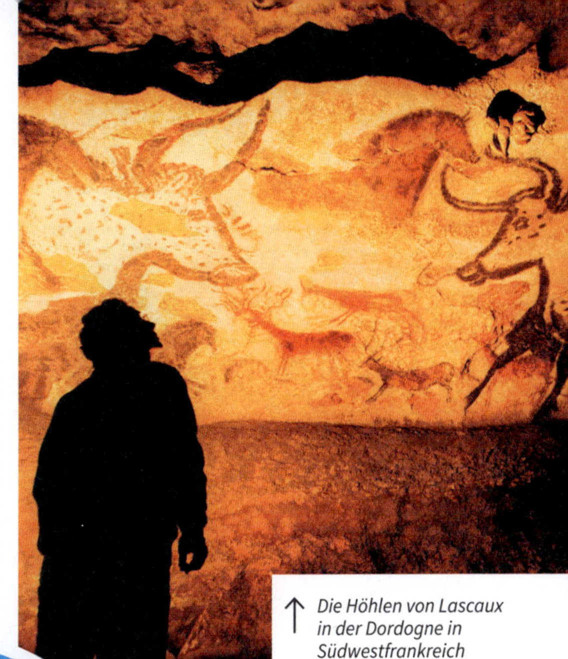

↑ *Die Höhlen von Lascaux in der Dordogne in Südwestfrankreich*

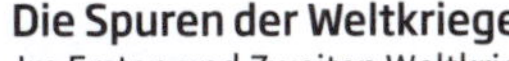

### Die Spuren der Weltkriege

Im Ersten und Zweiten Weltkrieg mussten viele Millionen von Soldaten ihr Leben lassen – viele davon im Norden Frankreichs. Jedes Jahr kommen Tausende von Besuchern im Gedenken an und auf der Suche nach Information über ihre Angehörigen zu Orten wie dem Thiepval-Denkmal an der Somme *(siehe S. 191)* oder zum amerikanischen Friedhof von Meuse-Argonne in Montfaucon.

← *Ein Meer von Grabsteinen am Pozières-Denkmal an der Somme*

### Auf Napoléons Spuren

Napoléon Bonaparte kehrte 1815 für 100 Tage aus dem Exil auf Elba zurück nach Paris, wurde dann aber in Waterloo endgültig besiegt. Verfolgen Sie seinen Weg auf der Route Napoléon, einer 325 Kilometer langen Straße durch die Provence, vorbei an Denkmälern und Gedenktafeln, nach Grenoble *(siehe S. 376f)*, wo der General seine Armee zusammenzog.

→ *Napoléon blickt von seinem Sockel bei Laffrey auf die Route Napoléon*

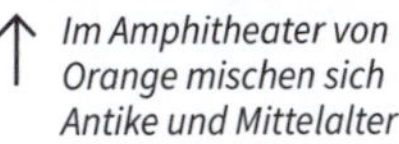

↑ *Im Amphitheater von Orange mischen sich Antike und Mittelalter*

**Mekka des Radsports**
Radwege ziehen sich kreuz und quer durch Frankreich. Kein Wunder, dass der Sport dort so beliebt ist. Das berühmteste Radrennen ist sicher die Tour de France: In 23 Tagen werden jedes Jahr im Juli 21 Etappen gefahren. Die Route durch Frankreich und die Nachbarländer variiert von Jahr zu Jahr ein wenig, führt aber immer durch die Pyrenäen und die Alpen und endet in Paris. Sie können es natürlich gemütlicher angehen lassen: Stellen Sie sich Ihre eigene Tour zusammen, und lernen Sie Frankreich vom Rad aus kennen.

→

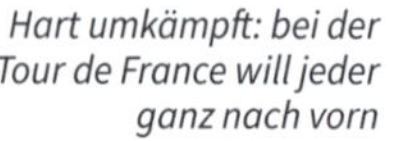

*Hart umkämpft: bei der Tour de France will jeder ganz nach vorn*

**Schon gewusst?**
Bei der Tour de France trägt der in der Bergwertung Führende das gepunktete Trikot.

# SPORTEVENTS
## IN FRANKREICH

**Frankreich ist ein überaus sportbegeistertes Land. Fußball ist eine nationale Leidenschaft, auch Rugby und Tennis sind äußerst populär. Die traditionsreiche Tour de France ist das weltweit größte Ereignis im Radsport. Daneben gibt es auch einige typisch französische Sportarten wie etwa Pétanque.**

**Allez les Bleus!**
Nirgends kocht die französische Leidenschaft so hoch wie beim Rugby, vor allem in Südfrankreich. Das Six-Nations-Turnier ist ein Höhepunkt im Sportkalender, knapp gefolgt vom Rugby World Cup. Das französische Team, »Les Bleus« (die Blauen), hat schon viele Preise abgeräumt. Die Turniere finden im Stade de France in Paris statt. Dort wurde auch das Finale des Rugby World Cup 2023 ausgetragen.

*Voller Einsatz: England gegen Frankreich beim großen Rugbyturnier Six Nations*

## TOP 5 Kuriose Sportarten

**Gouren**
Bretonisches Ringen, Teilnehmer sind barfuß.

**Jeu de Paume**
Vorläufer des Tennis; jedes Jahr findet eine Meisterschaft statt.

**Ballon au poing**
Eine Art Handball, sehr populär in der Picardie.

**Bont**
Ein Ball wird durch Crocket-ähnliche Bogen geschlagen.

**Schneckenrennen**
Das Rennen findet jedes Jahr in Lagardère statt.

### Mittendrin beim Grand Slam

Die French Open sind eines der renommiertesten Tennisturniere der Welt. Fiebern Sie mit, oder spielen Sie selbst im Nice Lawn Tennis Club (www.niceltc.com) oder auf dem Dach der Gare Montparnasse (www.paris.fr).

→

*Die Russin Daria Kasatkina auf dem berühmten Sandplatz bei den French Open in Paris*

### Pétanque

Das leise Klicken der Kugeln an einem milden Sommerabend – so klingt Frankreich! Das Spiel entstand im späten 19. Jahrhundert in der Provence. Setzen Sie sich in ein Straßencafé, und beobachten Sie die Einheimischen. Vielleicht dürfen Sie auch mitspielen. Im Baskenland wird dagegen *pelota* gespielt: eine Art Squash im Freien.

←

*Eine Partie Pétanque in Cannes*

### Wunderbare Galerien

Auch außerhalb von Paris findet man in Frankreich viele außergewöhnliche Museen und Galerien. Im Centre Pompidou in Metz *(siehe S. 228)* wird zum Beispiel interessante moderne Kunst ausgestellt, bei Roubaix steht das kuriose La Piscine bzw. Musée d'Art et d'Industrie. Das ehemalige Jugendstilschwimmbad zeigt Kunst aus dem 19. und 20. Jahrhundert. Musée Matisse *(siehe S. 507)* und Musée National Marc Chagall *(siehe S. 506)*, zwei von Frankreichs beliebtesten Künstlern gewidmete Museen, locken Besucher nach Nizza.

→

*Im Museum La Piscine stehen die Kunstwerke in einem ehemaligen Schwimmbad*

**Schon gewusst?**

**In vielen der größeren Galerien ist am ersten Sonntag des Monats der Eintritt frei.**

# FRANKREICH FÜR KUNSTFANS

**In ganz Frankreich erlebt man Kunst von Weltrang. Sehen Sie mit eigenen Augen die herrlichen Landschaften, die Cézanne, Picasso und van Gogh zu Meisterwerken inspirierten, und besuchen Sie einige der besten Museen der Welt, in denen Gemälde, Skulpturen und andere Objekte ausgestellt sind.**

### Mit Block und Pinsel

In den meisten großen Museen in Frankreich ist es erlaubt, zu zeichnen und zu malen. Nur für eine Staffelei braucht man unter Umständen eine Genehmigung. Dafür gibt es überraschend wenige Workshops in den Museen, aber immerhin Zeichen- und Malklassen unter künstlerischer Leitung im Louvre und anderen Kunsttempeln. Monets Heim in Giverny und das besondere Licht an der Riviera ziehen Maler magisch an, Tourismusbüros bieten Kurse – oder Sie finden allein Ihren perfekten Platz zum Malen.

*Inspirationsquelle Natur: eine Künstlerin in Claude Monets Garten in Giverny*

### Impressionismus

Die bekannteste in Frankreich entstandene Stilrichtung kam Ende des 19. Jahrhunderts auf. Ihre ersten Vertreter waren Monet, Degas und Renoir, die sich von Manet inspirieren ließen und mit der bis dato vorherrschenden formalen Tradition brachen. Sie malten viel im Freien und drückten flüchtige Momente mit feinem Pinselstrich aus, wobei sie Licht und Farbe auf faszinierende Art und Weise festhielten.

### Kunstwerke im Freien

Von Wandmalereien bis zu hinreißenden Statuen, von Graffiti bis zu Lichtinstallationen – Kunst im Freien bringt Kultur in den Alltag. Wandmalereien des Kollektivs CitéCréation finden sich in vielen Städten, etwa in Lyon, Marseille und Paris. Das spannende Festival Le Voyage à Nantes bringt jedes Jahr neue Kunst in die Stadt *(siehe S. 299)*.

↑ *Rodins* Der Kuss *im Jardin des Tuileries, Paris*

### Bei den Künstlern zu Hause

Die ehemaligen Wohnhäuser einiger der bekanntesten Künstler Frankreichs, darunter auch Monet und Rodin, wurden zu Museen umgestaltet. Dort erhält man auch einen guten Eindruck vom Arbeitsprozess des jeweiligen Künstlers. Vor allem an der Riviera wird man fündig, zum Beispiel in den Häusern von Picasso und van Gogh oder in Monets Giverny *(siehe S. 255)*, dessen atemberaubende Gartenanlage ein wahrlich magischer Ort ist.

↑ *Besucher im populären Musée Picasso in Antibes*

### Im Champagner-Keller

Ein prickelndes Glas Champagner gehört in der Region Champagne einfach dazu. Spannend ist es, wenigstens einen Teil der insgesamt rund 250 Kilometer langen Keller zu besichtigen, in denen der edle Tropfen reift. Reims ist das Epizentrum der Champagner-Herstellung, weltberühmte Produzenten wie Veuve Clicquot und Taittinger sind dort zu Hause. Ruinart, 1768 gegründet, ist der älteste Hersteller der Welt. Laufen Sie durch die *crayères* (Kalkkeller) – ein einzigartiges Erlebnis. Wer es gern biodynamisch hat, besucht die Keller von de Sousa in dem charmanten Dorf Avize.

Expertentipp

**Auf Ihr Wohl!**

Beim Zuprosten sagen die Franzosen meist *»santé«*, also »auf gute Gesundheit«. Es ist auch üblich, sich beim Anstoßen mit Gläsern in die Augen zu blicken – dies zu unterlassen, soll Unglück bringen.

*Besucher in einem der vielen Champagner-Keller in Reims* ↑

# FRANKREICHS GETRÄNKE

**Frankreichs Weinberge sind berühmt, bringen sie doch seit vielen, vielen Jahren einige der weltbesten Weine hervor – aber das ist noch nicht alles. Aus Obstplantagen und Hopfenfeldern kommen Grundstoffe für feine Getränke wie Cidre und Bier sowie spannende Cocktails.**

### Cocktails

Frankreich, die spirituelle Heimat des *bon viveur*, ist ein Dorado für Freunde von Cocktails. In Paris gehen sie ins berühmt-berüchtigte Lulu White *(siehe S. 159)*, die Top-Adresse in Nizza ist das Hotel Negresco *(siehe S. 507)*. Wer gern selber mischt, findet entsprechende Workshops. Holen Sie sich Tipps von Pariser »Mixologen« aus dem Four Seasons Hotel George V oder dem Ritz, wo der Mimosa erfunden wurde.

*Ein Cocktail mit viel Zitrone, zubereitet in einem Pariser Spitzenrestaurant*

## Bier, Cidre & Co.

In Frankreich wird nicht nur Wein, sondern auch viel Bier, Cidre, Likör und *eaux de vie* (Obstbrände) getrunken. Beschließen Sie den Abend in der Normandie mit einem feinen Cognac oder im Elsass mit einem Glas *eau de vie*. In der Bretagne trinkt man gern einen Cidre zu den Crêpes. Ein milder Sommerabend im Süden ist ideal, um vor dem Essen ein Glas *pastis* (ein Likör aus Anis) zu genießen.

←

*Bei einem Gläschen Cognac*

## Weinfeste

In ganz Frankreich wird die gute Ernte gefeiert. Zu den besten Festen gehören das Bordeaux Wine Festival und der Marathon du Médoc. Bei Letzterem laufen die Teilnehmer durch Weinberge und machen an den Trinkstellen Pause, um Wein und lokale Köstlichkeiten zu genießen.

→

*Der Marathon du Médoc führt durch die Weinberge*

### Im Herzen Frankreichs

Die gebirgige Auvergne liegt mitten in Frankreich und ist doch relativ unbekannt. Sie ist ideal für Outdoor-Aktivitäten wie Wandern oder Mountainbiken, es gibt dort sogar ein paar kleine Skiorte. Wem das zu anstrengend klingt, der macht Urlaub in der eleganten Spa-Stadt Vichy *(siehe S. 350)*.

→

*Gipfelerlebnis: Sonnenaufgang in der Auvergne*

# FRANKREICH ABSEITS DES TRUBELS

**Weltbekannte Sehenswürdigkeiten gibt es in Frankreich zuhauf - aber auch viele schöne Möglichkeiten, den Massen zu entgehen. Tauchen Sie ein in die herrliche Natur, genießen Sie mit den Einheimischen die köstliche regionale Küche, und nehmen Sie sich Zeit - wie es Franzosen auch tun.**

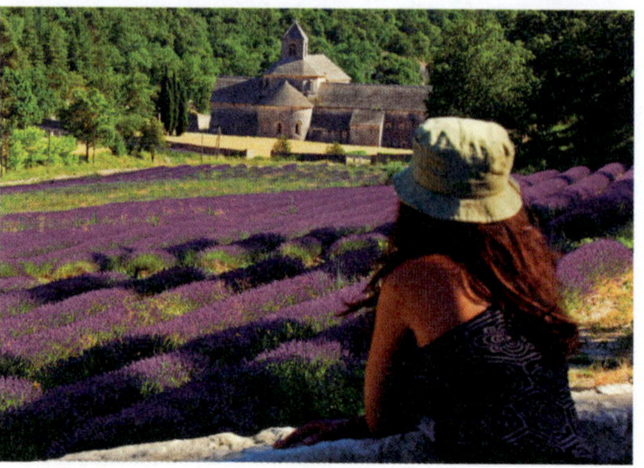

### Unbekannter Süden

Wenn Sie tief in die Provence hineinfahren, werden Sie eine völlig andere Welt entdecken – ganz weit weg von den Promi-Hotspots an der Küste. Belohnt werden Sie mit schönen Dörfern und endlosen Lavendelfeldern rund um Gordes *(siehe S. 515)*.

*Man kann sich kaum sattsehen – Lavendelfeld bei der Abtei in Gordes*

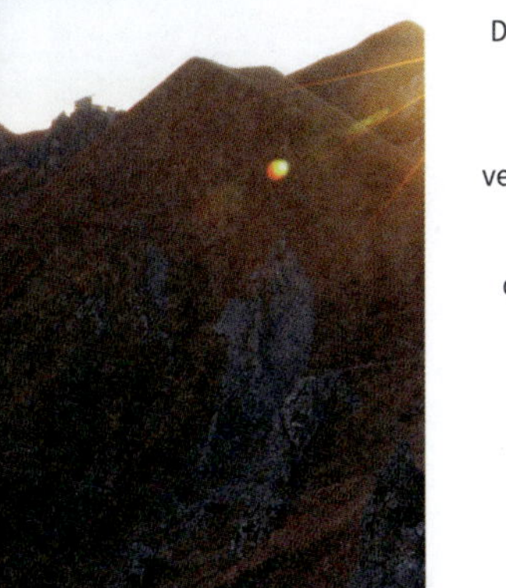

### Stille Täler

Das Tal des Lot *(siehe S. 357)* ist perfekt, um das Leben in aller Ruhe zu genießen. Bummeln Sie sich durch verschlafene Steindörfer wie etwa Puy-l'Évêque oder St-Cirque-Lapopie, auch das mittelalterliche Cahors *(siehe S. 436f)* mit seinen Sonnenblumenfeldern ist bezaubernd. Gute Radwege am Fluss führen zu familienfreundlichen Badeplätzen.

→ *St-Cirque-Lapopie, hübsches Dorf hoch über dem Lot*

### Deftiges Vergnügen für Foodies

Die an die Schweiz grenzende Franche-Comté ist ein fast unberührtes Paradies, in dem man die herrlichsten französischen Spezialitäten bekommt – fantastische Fleischprodukte, exzellente Käsesorten und Weine. Der größte Anziehungspunkt ist die Uhrmacherstadt Besançon *(siehe S. 337)*, in der Gourmetrestaurants die Straßen säumen und viele Märkten köstliche lokale Produkte anbieten.

← *Käse – Spezialität aus der Franche-Comté*

### Camping – ein heimliches Vergnügen

Während der Sommermonate sind die großen Städte wie ausgestorben, da tout France hinaus in die Natur flüchtet. Camping ist in Frankreich sehr beliebt – sowohl auf ganz einfachen wie auch auf schicken Plätzen, gern auch mit Jurte oder Baumhaus. Unter *camping à la ferme* (www.campingfrance.com) finden Sie hübsche kleine Campingplätze auf Bauernhöfen, wo es nur ein paar Stellplätze gibt und Ihre einzigen Nachbarn meist nur ein paar neugierige Hühner sind.

### Einsame Pyrenäen

Sie suchen Berge, Täler, Wasserfälle, aber keine Menschenmassen? Dann nichts wie in die Pyrénées Orientales. Der Canigou *(siehe S. 478)*, der heilige Berg der Katalanen, liegt abseits der Hauptwege. Collioure *(siehe S. 480f)* weiter südlich ist berühmt durch Anchovis, Matisse und André Derain.

↑ *Familien wandern in den Pyrénées Orientales*

### Schlossparks

Viele Parks in Frankreich, z. B. Villandry *(siehe S. 302)* oder Versailles *(siehe S. 170–173)*, waren einst dem Adel vorbehalten. Sehenswert sind auch der Manoir d'Eyrignac (www.eyrignac.com) in der Dordogne, das Château de Digoine (www.chateaudedigoine.fr) in Burgund oder das Château de La Napoule am Meer (www.chateau-lanapoule.com).

→ *Die wunderschön gepflegten Gärten des Château de Villandry*

# FRANKREICHS GRÜNE OASEN

**Schlendern Sie durch gepflegte städtische Idyllen, spazieren Sie durch königliche Anlagen, die die Revolutionen überlebt haben, oder beobachten Sie die Tierwelt in den Baumkronen. In ganz Frankreich tragen mehr als 400 Gärten die Auszeichnung *Jardin remarquable* (»bemerkenswerter Garten«).**

### Jeanne Baret

Jeanne Baret (1740–1807) war im 18. Jahrhundert eine der führenden Botanikerinnen Frankreichs und vermutlich die erste Frau, die die Welt umsegelte. Als junger Mann getarnt, schloss sie sich Expeditionen in entfernte Länder wie Madagaskar und Tahiti an. Ihre wissenschaftlichen Errungenschaften und die Herausforderungen, denen sie sich als Frau stellen musste, sind eine faszinierende Geschichte, die selten gewürdigt wird. Barets Grab befindet sich in der Nähe des prächtigen Château Pierrail, einem *Jardin remarquable* (www.chateau-pierrail.fr).

### Botanische Gärten

Von den auf Alpenflora spezialisierten Jaÿsinia-Gärten (www.mnhn.fr) in den Französischen Alpen bis zum Jardin des Plantes *(siehe S. 475)* in Montpellier knüpfen zahlreiche botanische Gärten an die Tradition der italienischen Renaissance an. Im Jardin Botanique de la Villa Thuret *(siehe S. 523)* an der Mittelmeerküste wächst eine schillernde Vielfalt an atemberaubenden Pflanzen aus aller Welt.

*Lotusblätter in einem Teich im Jardin des Plantes in Montpellier* ↑

### Exotische Pflanzen

Im Süden liegen der winzige, an einer Klippe hängende Jardin Exotique de Monaco *(siehe S. 509)*, der mit Sukkulenten bewachsene Garten in Èze *(siehe S. 527)* und der Jardin Botanique Exotique du Val Rahmeh in Menton *(siehe S. 528)* mit vielen seltenen tropischen Pflanzen. Der Jardin George Delaselle (www.jardin-georgesdelaselle.com) in der Bretagne scheint zwar nicht das richtige Klima für subtropische Pflanzen zu haben, aber sie gedeihen hier auch sehr gut.

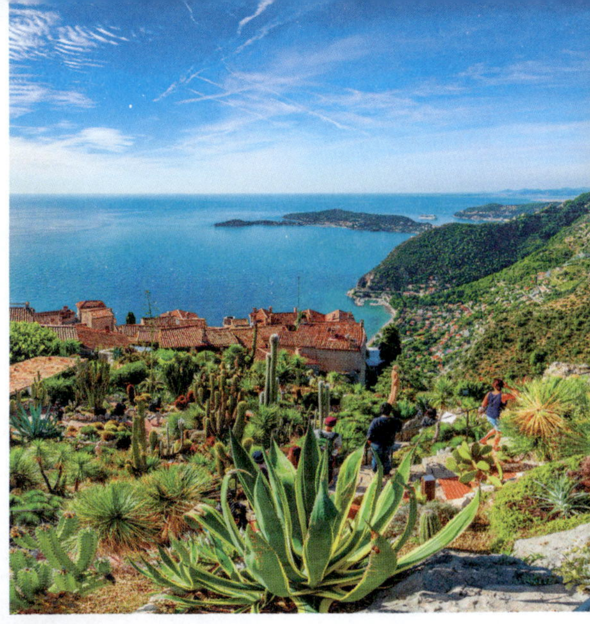

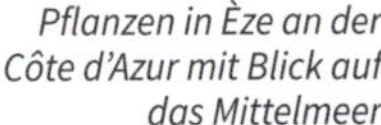

→ *Pflanzen in Èze an der Côte d'Azur mit Blick auf das Mittelmeer*

### Schmetterlingsgärten und Vogelparks

In Frankreichs Gärten stößt man nicht nur auf Labyrinthe aus Buchsbaum und plätschernde Springbrunnen. Der Jardin des Papillons *(siehe S. 521)* und der Tropique du Papillon (www.tropique-du-papillon.com) bezaubern mit vielen prächtigen Schmetterlingsarten. Im Parc des Oiseaux (www.parcdesoiseaux.com) bei Lyon erfreuen sich Kinder und Erwachsene gleichermaßen an den dortigen Vögeln.

← *Prächtiger Scharlachsichler im Parc des Oiseaux in Villars-les-Dombes*

### Gärten in der Stadt

Frankreichs städtische Gärten liegen mitunter etwas versteckt. Suchen Sie nach blühenden Oasen wie den Prébendes d'Oé in Tours oder Les Jardins de la Fontaine in Nîmes *(siehe S. 476)*. Sie bieten eine erholsame Pause vom Stadtleben. Ein beeindruckendes Ausflugsziel der Hauptstadt ist der Jardin du Luxembourg *(siehe S. 140f)*. Dorthin entfliehen viele Pariser dem Straßenverkehr.

→ *Entspannen und Leute beobachten im Jardin du Luxembourg*

**Reisen mit den lieben Kleinen**

Mit ganz kleinen Kindern ist das Reisen in Frankreich mitunter etwas schwierig, denn oft findet man keinen Platz zum Wickeln oder Stillen. Zum Glück gibt es viele Parks, in denen Kinder sich austoben können. Obwohl viele Restaurants familienfreundlich sind, gibt es möglicherweise keine Kindermenüs – informieren Sie sich am besten im Voraus, ob auch für Ihre Kleinen etwas dabei ist. Hochstühle sind nicht überall erhältlich, daher sollten Sie vielleicht eine Reiseversion mitnehmen.

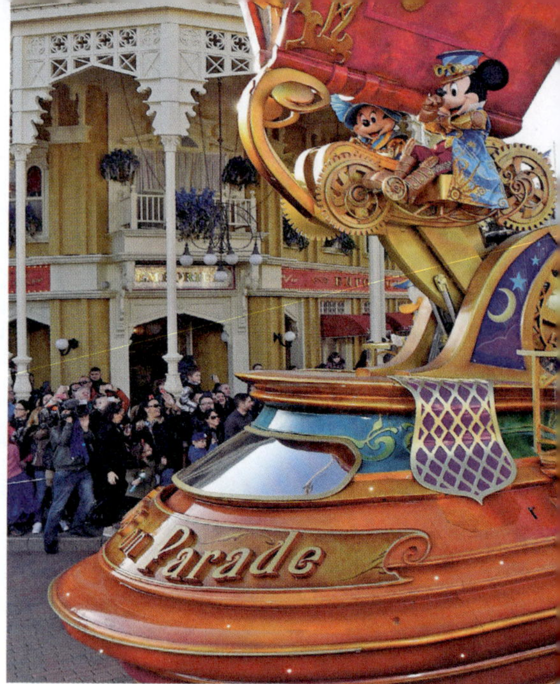


# FRANKREICH FÜR FAMILIEN

**Märchenschlösser, Freizeitparks und Zirkusse - Frankreich macht auch Kindern Spaß. Selbst in den Großstädten ist der nächste Park nicht weit, wo sie sich austoben können. Die meisten Sehenswürdigkeiten sind auf Kinder eingestellt. Ob Berge oder Meer - viel Vergnügen für alle ist jedenfalls garantiert.**

## Nichts wie raus

In Frankreich bleibt keiner drinnen: Natürliche Felsenschwimmbecken an der Küste und Gletscher wie das Mer de Glace faszinieren kleinere Kinder. Die Größeren können in den Calanques schnorcheln oder bei Biarritz *(siehe S. 458)* Surfen lernen. Die Surfschule Jo Moraiz (www.jomoraiz.com) bietet spezielle Kinderkurse an. Wer lieber an Land bleibt, macht auf den idyllischen Voies Vertes Radtouren kreuz und quer durch die Bretagne.

*Mer de Glace – gewaltiger Alpengletscher*

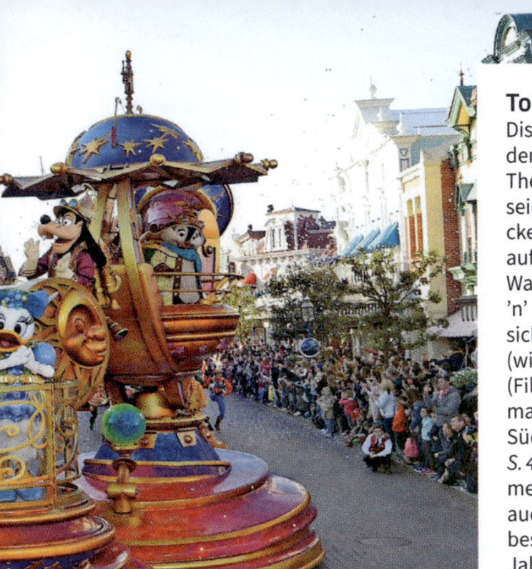

## Tolle Themenparks

Disneyland® Paris *(siehe S. 174–177)* vor den Toren der Stadt ist der meistbesuchte Themenpark in Europa. Hier findet jeder seine Lieblingsfigur, von Paraden mit Mickey Mouse und Cinderella bis zu richtig aufregenden Angeboten wie dem Star Wars Hyperspace Mountain und dem Rock 'n' Roller Coaster. Eigentlich handelt es sich um zwei Parks in einem: Disneyland® (wie in den USA) und Walt Disney Studios® (Film und Fernsehen gewidmet) – das macht die Wahl nicht leichter. Weiter im Süden bei Poitiers liegt Futuroscope *(siehe S. 404)*, ein futuristisch-zauberhafter Themenpark rund um die Filmkunst, der sich auch mit Medientechnologien der Zukunft beschäftigt. Die Angebote wechseln von Jahr zu Jahr, sodass Groß und Klein keine Ausreden brauchen, um immer wieder dort hinzufahren.

←

*Beliebt: Disney-Figuren fahren in einer bunten Parade durch Disneyland® Paris*

## Für Regentage

Auch bei schlechtem Wetter ist für Unterhaltung gesorgt. Frankreich hat viele kinderfreundliche Museen – etwa in Paris die Cité des Enfants in der Cité des Sciences et de l'Industrie *(siehe S. 157)* oder in Lyon das gleichermaßen unterhaltsame Le Petit Musée Fantastique de Guignol. Man kann aber auch die herrlich gespenstischen Katakomben von Paris erkunden.

→

*Aktiv werden in der Cité de Sciences et de l'Industrie*

## Für Jugendliche

Kunstinteressierte Jugendliche werden von den Museen und Galerien begeistert sein, vom Pariser Centre Pompidou *(siehe S. 90f)* bis zu La Piscine in Roubaix *(siehe S. 200)*. Adrenalinjunkies finden ihren Spaß eher beim Surfen, Canyoning oder Heliskiing. Musikfans haben die Wahl zwischen vielen Festivals, vom Calvi on the Rocks auf Korsika bis zur Fête de la Musique am 21. Juni.

←

*Nervenkitzel: Canyoning in der Provence*

### Glanz und Glamour

Die französische Riviera war immer schon der Inbegriff von Glamour. In den Villen an der grandiosen Südküste wohnen heute Milliardäre und Filmstars, in den Marinas in St-Tropez *(siehe S. 520)* und Cannes *(siehe S. 521)* liegen riesige Luxusjachten – vor allem während des Filmfestivals. Doch man findet auch ruhige Buchten, in denen man gemütlich ankern kann.

← *Ankerplatz im ruhigen Wasser einer Calanque bei Marseille*

# FRANKREICHS STRANDLEBEN

**Frankreich hat mehr als 5000 Kilometer Küste, da findet jeder seinen Platz. Sie haben die Wahl zwischen glamourösen Stränden - ideal zum Promi-Beobachten - an der französischen Riviera oder wilden Stränden mit Sanddünen auf den Inseln Ré oder Oléron. Sogar Paris hat im Sommer seinen Strand.**

### Wilde Alternative

Weg von den Massen – das ist an den atemberaubenden Stränden der schier magischen Bretagne ganz einfach. An der Côte de Granit Rose *(siehe S. 270f)* verbindet der Sentier des Douaniers (»Zöllnerweg«) die Dörfer Ploumanac'h und Perros-Guirec. Unterwegs gibt es einige Höhlen zu entdecken.

↑ *Der Leuchtturm von Ploumanac'h an der bretonischen Küste*

## Strandparadies Riviera

Deauville war einst das Juwel der »Pariser Riviera«. Ende des 19. Jahrhunderts strömten wohlhabende Pariser in Scharen in den Ort an der Côte Fleurie *(siehe S. 252)*, der immer noch alten Charme versprüht. Die Strände reichen bis nach Trouville, das beschaulicher, aber ebenso attraktiv ist. Das verträumte Étretat küstenaufwärts inspirierte mit weißen Stränden und steilen Klippen die Impressionisten.

*Stylishe Art-déco-Strandhütten in Deauville*

Expertentipp
**Stadtstrand**

Jeden Sommer macht Paris die Ufer der Seine und am Canal St-Martin zu etlichen schönen Stränden mit Sand, Pools, Bars und vielen Angeboten für Kinder und Erwachsene.

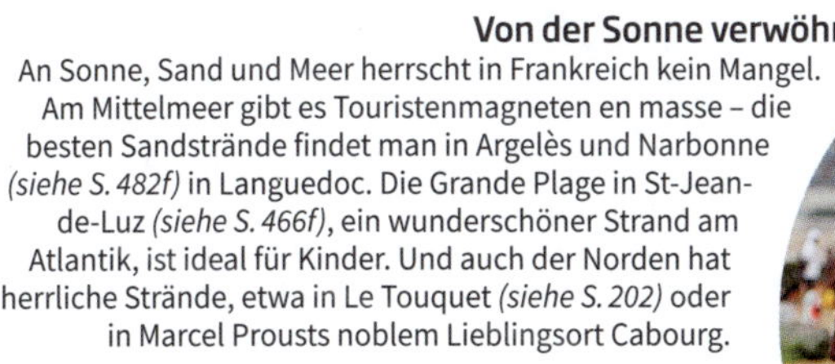

## Von der Sonne verwöhnt

An Sonne, Sand und Meer herrscht in Frankreich kein Mangel. Am Mittelmeer gibt es Touristenmagneten en masse – die besten Sandstrände findet man in Argelès und Narbonne *(siehe S. 482f)* in Languedoc. Die Grande Plage in St-Jean-de-Luz *(siehe S. 466f)*, ein wunderschöner Strand am Atlantik, ist ideal für Kinder. Und auch der Norden hat herrliche Strände, etwa in Le Touquet *(siehe S. 202)* oder in Marcel Prousts noblem Lieblingsort Cabourg.

### TOP 4 Ruhige Strände

**Îles Lavezzi**
Granitfelsen und kristallklares Wasser im Süden von Korsika.

**Calanque de Saint-Barthélémy**
Spektakulärer Küstenabschnitt mit vielen winzigen Stränden.

**Plage de la Bastide Blanche**
Goldener Sand und kristallklares Wasser.

**Plage de Notre Dame**
Wunderbar ruhiger Strand im Inselparadies Porquerolles.

↑ *Türkisblaues Wasser an der französischen Riviera und spielende Kinder* (Detail)

**Überraschungen im öffentlichen Raum**
Lob und Kritik erntete das Centre Pompidou *(siehe S. 90f)* bei der Eröffnung im Jahr 1977. Heute bestaunen die Besucher die außen liegenden Versorgungsleitungen. In Rennes wagte Christian de Portzamparc Neues mit dem futuristischen Kulturzentrum Champs-Libres (www.leschampslibres.fr).

← *Hingucker: Beim Centre Pompidou ist das Innenleben nach außen gekehrt*

# FRANKREICHS MODERNE ARCHITEKTUR

**Das Land, das berühmt ist für seine Schlösser und historischen Gebäude, ist auch in Sachen moderner Architektur ganz vorn dabei. Von Le Corbusier bis Jean Nouvel kreierten viele Große der Branche in ganz Frankreich außergewöhnliche Bauwerke, die die Funktion der Architektur neu definierten.**

**Meisterleistungen der Ingenieurskunst**
Der luftige Viaduc de Millau, mit 343 Metern eine der höchsten Brücke der Welt, überspannt das Tal des Tarn *(siehe S. 346f)* in Südfrankreich und gewann zahlreiche Auszeichnungen für sein Design. Die Tignes-Talsperre in den Französischen Alpen war einst die größte der Welt, heute ist sie berühmt für ihr riesiges Herkules-Bild auf der Mauer.

↑ *Spitze Pfeiler des Viaduc de Millau in Südfrankreich*

## Erstaunliche Wohnhäuser

Zu den ikonischen Wohnhaus-Designs, die Architekturfreunde nach Frankreich locken, gehört das E.1027 in Roquebrune-Cap-Martin *(siehe S. 527)*. Die lichtdurchflutete Villa von 1929 gilt als Meisterwerk des Modernismus. Licht spielt auch eine große Rolle in Pierre Chareaus Maison de Verre (31 Rue Saint-Guillaume) in Paris mit seiner transparenten Fassade.

← *Auffällig anders: modernistische Villa E.1027 von Eileen Gray*

↑ *Beleuchtete Fassade der Fondation Louis Vuitton in Paris*

### Modernist: Jean Nouvel

Mit der »Dematerialisierung« des Raums auf unkonventionelle Weise geht Jean Nouvel (* 1945) ganz neue Wege. Das erste Gebäude des mehrfach ausgezeichneten Architekten war das Institut du Monde Arabe (www.imarabe.org) in Paris, dessen Fassade – inspiriert von der arabischen Architektur – von mechanischen »oculi« bedeckt ist, die sich je nach Sonnenstand öffnen und schließen. Nouvel erhielt im Jahr 2008 den renommierten Pritzker-Preis.

↑ *Besucher erkunden das spektakuläre MuCEM in Marseille*

## Außerordentliche Ausstellungsräume

Der Architekt Rudy Ricciotti beschrieb in seinem Entwurf für das MuCEM *(siehe S. 529)* in Marseille ein Gebäude aus »Stein, Wasser und Wind«. Das großartige Museum an der Küste ist umhüllt von einer filigranen Haut, die das Licht filtert und das Innere interessant erleuchtet. Nachts wird es von Yann Kersalés Lichtinstallationen angestrahlt. La Fondation Louis Vuitton *(siehe S. 150)* in Paris, Bühne für moderne Kunst von Weltrang, ist eine Glas-Titan-Konstruktion von Frank Gehry.

## Legendäre Romane

*Candide* **von Voltaire**
1759 herausgegeben und jahrelang verboten.

*Die drei Musketiere* **von Alexandre Dumas**
Dumas' berühmtes Heldenepos.

*Madame Bovary* **von Gustave Flaubert**
Roman von 1856, dessen Hauptfigur nach wie vor berühmt ist.

*Die Prinzessin von Clèves* **von Madame de La Fayette**
Frankreichs wohl erster historischer Roman wurde 1678 veröffentlicht.

*Viel zu stöbern gibt es bei Shakespeare and Company*

# FRANKREICH FÜR BÜCHERWÜRMER

**Wenn Sie Literatur lieben, dann sind Sie in Frankreich genau richtig. Besuchen Sie Literaturfestivals, stöbern Sie in gemütlichen Buchläden, oder spüren Sie auf den Straßen, die Schauplatz einer Geschichte sind, Ihren Helden nach. Kaum ein Land bietet dem Bibliophilen so viel.**

### Literaturfestivals

Die Pariser Buchmesse ist Frankreichs größte Literaturveranstaltung, sie lockt großartige Autoren aller Genres in Scharen an. Krimifans sollten nach Lyon *(siehe S. 370–375)* fahren: Das internationale Festival Quais du Polar kombiniert Bücher, Kino und Kunst. Am jährlich stattfindenden Marathon des Mots in Toulouse nehmen Autoren von Belletristik und Sachbüchern aus Frankreich und dem Ausland teil.

*Viel Neues: Die Pariser Buchmesse findet jedes Frühjahr statt*

## Massenhaft Buchläden

Vom Anbieter seltener Bücher bis zu Nischenprodukten findet man in Frankreichs Secondhand-Buchläden fast alles. Shakespeare and Company, der berühmteste Laden für englische Bücher in Paris, hat ausgebaut und in der Stadt auch einen neuen Laden am Rive Gauche eröffnet. Librairie Maupetit, Marseilles älteste Buchhandlung, richtet Veranstaltungen und Workshops für Leser jeder Altersstufe aus. Und in Straßburg organisiert die Librairie Kléber salonartige Diskussionsabende mit Autoren, Historikern und Künstlern.

Expertentipp
**Buchautomaten**

Vergessen Sie sprudelnde Getränke – in Frankreich kommen Kurzgeschichten aus den Automaten. Der erste wurde 2015 in Grenoble aufgestellt, heute stehen sie in ganz Frankreich.

## Geschichten hautnah

In ganz Frankreich kann man literarische Spaziergänge machen. Begeben Sie sich auf die Spuren Ihres Helden, lassen Sie Madame Bovary in Ry wieder lebendig werden, oder besuchen Sie in St-Sauveur-en-Puisaye das Haus, in dem Colette *(siehe S. 322f)* als Kind wohnte.

→

*Das lichtdurchflutete Haus von Colette ist heute ein Museum*

## Städte für Schreiber

In Frankreich gibt es insgesamt acht *villages du livre* (Buchstädte). Dort versammelt sich alles, was mit Schreiben und Büchern zu tun hat: Buchbinder, Restauratoren, Kalligrafen, Autoren und viele mehr. In die vielen Buchläden von Montmorillon *(siehe S. 405)* strömen alljährlich Scharen von Besuchern. Auch im hübschen Bécherel in der Bretagne findet man fantastische Buchläden.

→

*Schreibecke in Montmorillon*

### Monumentale Berge

Der Mont Blanc ist mit seinen 4808 Metern der höchste Berg der Alpen und Europas. Sein zerklüftetes Massiv ist fast das ganze Jahr mit Schnee bedeckt und schon von Weitem zu erkennen. Die Barre des Écrins, westlichster Viertausender der Alpen, ist ein Mekka sowohl für Wintersportler als auch für Kletterer und Biker. Auch die französischen Pyrenäen sind großartig und bieten dem Besucher herrliche Anblicke, darunter auch die spektakulären Gavarnie-Wasserfälle im Nationalpark Pyrenäen.

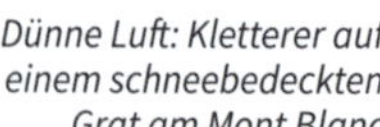

*Dünne Luft: Kletterer auf einem schneebedeckten Grat am Mont Blanc*

# FRANKREICHS TRAUMHAFTE LANDSCHAFTEN

**So viele spektakuläre Landschaften wie in Frankreich findet man in kaum einem anderen Land. Zwischen den Alpen im Osten, dem Atlantik im Westen und dem Mittelmeer im Süden eröffnen sich dramatische Landstriche – von leuchtenden Lavendelfeldern bis zu sturmumtosten Klippen in der Bretagne.**

### Bunte Felder

Den Sommer über blühen in ganz Frankreich die Lavendelsträucher und verbreiten ihren betörenden Duft. Das hübsche Sault gilt als Zentrum der Lavendelproduktion, aber die malerischen Felder verzaubern auch felsige Hügel – etwa rund um Grignan *(siehe S. 384)* – und mittelalterliche Dörfer wie Gordes *(siehe S. 515)* mit ihrem violetten Strahlen.

*Schönes Lichtspiel – Sonnenuntergang über einem Meer von violetten Lavendelblüten*

## Tiefe Schluchten

Spektakuläre Schluchten schneiden sich in die französische Landschaft. Die Gorges du Verdon sind die tiefsten und vielleicht spektakulärsten: Dunkelgrünes Wasser gräbt sich den Weg durch helle Kalksteinfelsen. Die Gorges du Tarn sind ebenso eindrucksvoll, hoch oben stehen kleine, mit Steinhäusern bestückte Dörfer. Beide Schluchten sind ein wahres Dorado für Outdoor-Fans.

→ *Nur für Mutige: Kajakfahren in den engen Gorges du Verdon*

### Monets Lichtstudien in Rouen

In den 1890er Jahren fertigte Claude Monet eine 33 Bilder umfassende Serie von der Kathedrale von Rouen an. Einige sind heute im Musée d'Orsay zu sehen *(siehe S. 136f)*. Er studierte den Effekt des wechselnden Lichts an der Westfassade und legte mehr Wert auf Farbe als auf Form. »Die Sonnenstrahlen lösten allmählich den Nebel auf, der den Stein wunderbar umhüllte«, erzählte der Impressionist. Das habe ihn auf die Idee zu der Bilderserie gebracht.

↑ *Spektakuläre Felsen in Étretat an der französischen Nordküste*

## Fantastische Küsten

Die vielleicht glamouröseste Küste der Welt, die Côte d'Azur, erstreckt sich von Menton bis Toulon. Seit je zieht es die Reichen und Schönen dorthin, wie man an den prächtigen Villen und den Häfen voller Luxusjachten sehen kann. Wenn Sie es wilder mögen, fahren Sie an die Côte de Granit Rose in der Bretagne oder an die herrlich zerklüftete Küste bei Biarritz.

# DAS JAHR IN FRANKREICH

## Januar

△ **Paris Fashion Week** *(Mitte – Ende Jan).* Die weltbesten Designer und Models zeigen neue Kreationen.

**Fête de la Truffe** *(Mitte – Ende Jan).* In Sarlat-la-Canéda wird der schwarze Périgord-Trüffel mit einem riesigen Fest gefeiert.

## Februar

**Rugby Six Nations** *(Anf. – Ende Feb).* Eines der wichtigsten Sportereignisse Frankreichs.

△ **Carnaval de Nice** *(Mitte Feb – Anf. März).* Das größte Straßenfestival an der Riviera mit aufwendigen Festwagen, gefiederten Kostümen und Tanzen Tag und Nacht.

## Mai

**Nuit des musées** *(Mitte Mai).* Über 1200 Museen haben bei freiem Eintritt bis 1 Uhr morgens geöffnet.

△ **Festival de Cannes** *(Mitte – Ende Mai).* Das weltweit führende Event der Filmbranche.

**Roland Garros** *(Ende Mai – Anf. Juni).* Die French Open gehören zu den vier Grand-Slam-Tennisturnieren.

## Juni

**24 Heures du Mans** *(Mitte Juni).* Eines der wichtigsten Autorennen der Welt, das Wagen und Fahrer auf eine harte Probe stellt.

△ **Marche des Fiertés** *(Mitte – Ende Juni).* Zum Höhepunkt strömen Tausende in die Hauptstadt, um die LGBTQ+ Community mit Stil zu feiern.

## September

**Braderie de Lille** *(Anf. Sep).* Der Flohmarkt aus dem 12. Jahrhundert ist mit 10 000 Händlern Europas größter.

△ **Journées du Patrimoine** *(Mitte Sep).* In ganz Frankreich sind rund 16 000 Wahrzeichen, die normalerweise für Besucher geschlossen sind, kostenlos geöffnet.

## Oktober

△ **La Rochelle Jazz Festival** *(Anf. – Mitte Okt).* Jazzstars aus ganz Frankreich kommen nach La Rochelle, um Musik zu machen.

**Festival Lumière** *(Mitte – Ende Okt).* Das internationale Filmfestival in Lyon zeigt sowohl große Klassiker als auch weniger bekannte Werke.

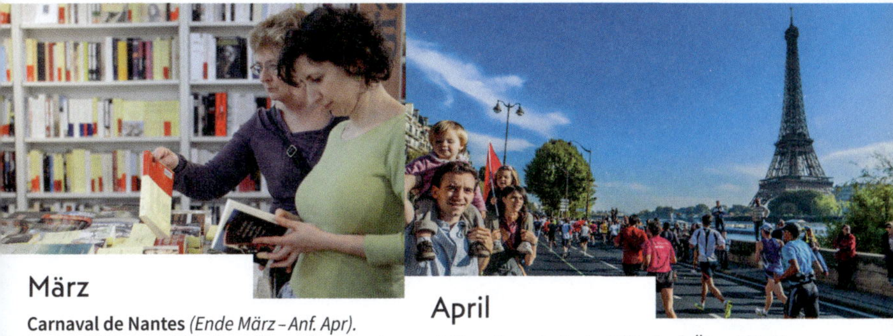

## März

**Carnaval de Nantes** *(Ende März – Anf. Apr).* Wagen, Tänzer und Blaskapellen ziehen durch die Straßen von Nantes.

△ **Salon du Livre de Paris** *(Mitte März).* Eine der größten Buchmessen Europas, die von britischen und amerikanischen Schriftstellern rege besucht wird.

## April

△ **Marathon de Paris** *(Mitte Apr).* Über 40 000 Teilnehmer laufen durch die Straßen von Paris.

**Les Journées Romaines de Nîmes** *(letztes Wochenende).* Schauspieler in römischer Kleidung stellen Gladiatorenkämpfe in der Arena von Nîmes nach.

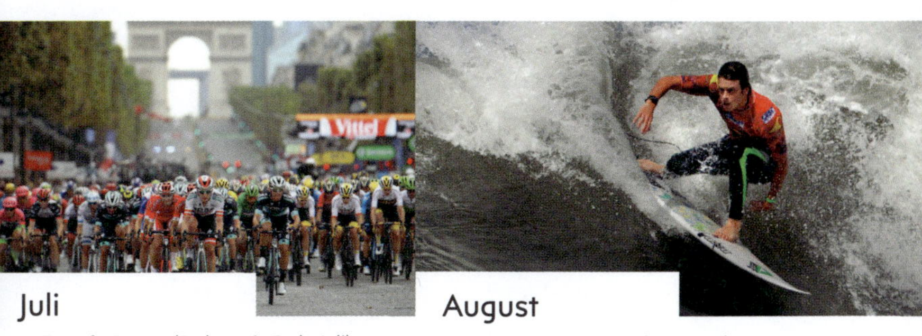


## Juli

△ **Tour de France** *(Ende Juni – Ende Juli).* Die meistbesuchte Sportveranstaltung der Welt, bei der 15 Millionen Zuschauer die Straßen säumen, um Radfahrer anzufeuern.

**Paris-Plages** *(Anf. Juli – Ende Aug).* In Paris wird mit Sandstränden für Sommerfeeling gesorgt.

**Fête nationale** *(14. Juli).* Nationalfeiertag anlässlich des Sturms auf die Bastille.

## August

△ **Sooruz Lacanau Pro** *(Mitte Aug).* Europas ältester Profi-Surfwettbewerb in der Nähe von Cap Ferret an der Westküste.

**Sommerferien.** Viele Fabriken sind den ganzen Monat lang geschlossen, und es scheint, als würde das ganze Land an die Strände fahren. Attraktionen und Museen verlängern die Öffnungszeiten entsprechend.

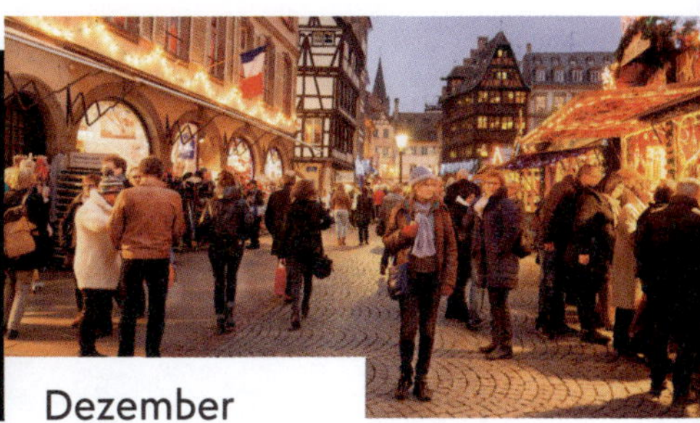

## November

△ **Fête du Beaujolais Nouveau** *(3. Do).* Feier des neuen Jahrgangs.

**Les Trois Glorieuses** *(3. Wochenende).* Die »Drei glorreichen Tage« in Burgund locken Weinliebhaber aus der ganzen Welt zu Verkostungen neuer Jahrgänge, Prozessionen und einer Auktion an.

## Dezember

△ **Weihnachtsmärkte** *(bis 24. Dez).* Hunderte von Städten und Dörfern haben spezielle Märkte, die schönsten sind die in Colmar und Straßburg im Elsass.

**Critérium de la Première Neige** *(Anf. – Mitte Dez).* Erster Skiwettkampf der Saison in Val d'Isère.

1

# KURZE GESCHICHTE

**Frankreich, einer der ältesten Nationalstaaten Europas, ist seit Jahrtausenden ein kultureller Schmelztiegel und war den unterschiedlichsten Einflüssen ausgesetzt. Es überstand Invasionen, Revolutionen und Epidemien und präsentiert sich heute auf der Weltbühne als stolzes, selbstbewusstes Land.**

## Prähistorie

Im Tal von Hérault (Südfrankreich) wurden Artefakte gefunden, die beweisen, dass Frankreich schon vor mindestens 1,5 Millionen Jahren bewohnt war. Vor etwa 400 000 Jahren breiteten sich die Neandertaler in Frankreich aus, deren Werkzeuge man u. a. in der Schlucht von Verdon fand. Ein etwa 28 000 v. Chr. bei Cro-Magnon gefundener Schädel gab dem ältesten bekannten *Homo sapiens*, der in Höhlen wie denen in Lascaux herrliche Kunst hinterließ, seinen Namen. Etwa 6000 v. Chr., nach dem Ende der Eiszeit, änderte sich das Leben komplett, als Menschen als Hirten und Bauern sesshaft wurden.

### Schon gewusst?

**Die Höhle bei Cro-Magnon wurde von Édouard Lartet entdeckt, dem »Vater der Paläontologie«.**

*Chronik*

*28 000 v. Chr.*
Erste Venusfigurinen, vermutlich Fruchtbarkeitsgöttinnen

*15 000 v. Chr.*
Prähistorische Künstler bemalen die Höhlen von Lascaux

*7000–4500 v. Chr.*
Kelten kommen von Westen her

*600 v. Chr.*
Griechische Kolonie in Marseille

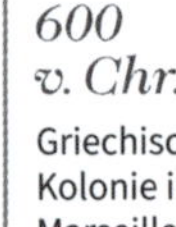

*500 v. Chr.*
Keltische Adlige begraben ihre Toten mit Reichtümern wie dem Schatz von Vix

## Gallorömisches Frankreich

Im 1. Jahrtausend v. Chr. entwickelten von Osten eingewanderte Kelten eine Hierarchie von Druiden, Kriegern, Bauern und Künstlern. Für die Römer, die das Gebiet zwischen 125 und 51 v. Chr. eroberten, waren sie »Gallier«. Die Römer bauten Straßen, Brücken und Aquädukte, Tempel und Amphitheater. Doch als rivalisierende Stämme, darunter Franken und Westgoten, in der zweiten Hälfte des 5. Jahrhunderts n. Chr. um die Vorherrschaft kämpften, zerfiel ihr Reich in Gallien.

## Das Frankenreich

In der Folge entstand das Frankenreich, regiert zunächst von den Merowingern (486 – 751), dann von den Karolingern (751–987), deren Macht über Jahrhunderte hinweg durch Invasionen der Araber bedroht war. Das karolingische Reich erreichte 800 seinen Höhepunkt, als Karl der Große (742 – 814) Kaiser des Heiligen Römischen Reichs wurde. Er dehnte es über ganz Westeuropa aus, 843 wurde es aber nach langen Thronkämpfen zwischen seinen drei Enkeln aufgeteilt. Einer, Karl der Kahle (823 – 877), wurde König von Westfranken, dem späteren Frankreich.

**1** *Historische Karte von Frankreich von 1787* ↑

**2** *Die prähistorische Zeichnung eines Stiers ist Teil der herrlichen Kunstwerke in den Höhlen von Lascaux.*

**3** *Das Amphitheater in Orange erbauten die Römer im 1. Jahrhundert n. Chr.*

**4** *Ölporträt des Heiligen Römischen Kaisers Karl des Großen, gemalt von Albrecht Dürer etwa um 1512*

*125–51 v. Chr.*

Rom erobert und kolonisiert Gallien

*31 v. Chr.*

Augustus teilt die gallischen Provinzen ein: *Gallia Celtica*, *Gallia Aquitania* und *Gallia Belgica*

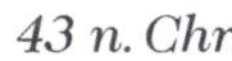

*43 n. Chr.*

Lugdunum (Lyon) wird Hauptstadt der drei gallischen Provinzen

*508*

Paris wird Hauptstadt des Königreichs Frankreich

*843*

Vertrag von Verdun: Das Westfrankenreich wird Vorläufer Frankreichs

1

2

## Mittelalter

Der Franke Chlodwig, getauft 496, war der erste Herrscher, der konvertierte. Als das Frankenreich zu einem mittelalterlichen Nationalstaat wurde, wuchsen Reichtum und Einfluss großer Klöster wie Cluny *(siehe S. 332)* und Fontenay *(siehe S. 316f)*. Im Hundertjährigen Krieg (1337–1453) kämpften die Franzosen gegen die englischen Herrscher aus dem Haus Anjou-Plantagenet und versuchten gleichzeitig, Okzitanien und die Herzöge von Burgund zu unterwerfen, die ein eigenes Königreich zwischen Frankreich und Deutschland gründen wollten.

## Renaissance

Nach der französischen Invasion in Italien 1494 verbreiteten sich Ideale und Ästhetik der italienischen Renaissance auch in Frankreich. François I lud Künstler wie Leonardo da Vinci und Cellini an den Hof. Catherine de Médicis, Witwe seines Sohnes Henri II, regierte quasi das Land durch ihre Söhne François II, Charles IX und Henri III. In ihrer Regentschaft zerrissen die Religionskriege das Land, bis Henri IV, der erste Bourbone, mit dem Edikt von Nantes (1598) einen Kompromiss erreichte.

↑ *Catherine de Médicis regierte Frankreich stellvertretend*

*Chronik*

*1154*
Henri Plantagenet, Graf von Anjou und (als Henry II) König von England, gründet das Angevinische Reich

*1337*
Beginn des Hundertjährigen Kriegs, der 1453 endet; nur Calais bleibt in englischer Hand

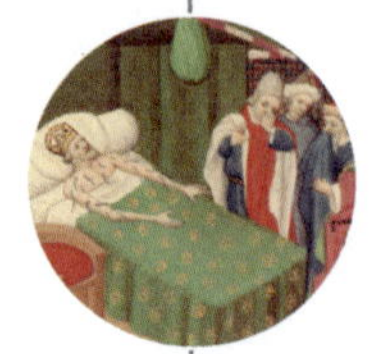

*1348–52*
Pestepidemie: In einigen Städten stirbt die Hälfte der Bewohner

*1415*
Schlacht von Agincourt: Henry V von England schlägt die Franzosen

*1593*
Henri IV konvertiert zum katholischen Glauben; Ende der Religionskriege

## Der Sonnenkönig

Im 17. Jahrhundert begann in Frankreich eine Epoche großer Macht. Kolonien wurden in Kanada, Indochina und der Karibik errichtet. Die Kardinäle Richelieu und Mazarin ebneten dem »Sonnenkönig« Louis XIV den Weg zur Macht. Sein Hof in Versailles *(siehe S. 170–173)* war in ganz Europa berühmt. Er ließ während seiner Kriege mit Spanien, den Niederlanden, England, Österreich und Savoyen mächtige Zitadellen bauen.

## Revolution und Empire

Unter Louis XIV war Frankreich eine Weltmacht, aber Kriege belasteten die Staatskasse enorm. Im 18. Jahrhundert stellten Philosophen wie Voltaire und Rousseau die aristokratische Autorität infrage. Letztlich führte die Arroganz der Monarchie gegenüber dem Bürgertum zur Revolution von 1789 und der Hinrichtung von Louis XVI und seiner Frau Marie-Antoinette. Im Zuge der »Schreckensherrschaft« wurden Tausende Aristokraten durch die Guillotine hingerichtet. 1804 krönte sich der junge Offizier Napoléon Bonaparte zum Kaiser. Bis zu seiner Abdankung 1815 herrschte er über weite Teile Europas.

**1** Die Schlacht von Formigny *(1450)* ↑

**2** *Henri IV unterzeichnet das Edikt von Nantes.*

**3** *Das prachtvolle Schloss Versailles*

**4** *Napoléon 1814*

### Schon gewusst?

**Allgemein sagt man, Napoléon sei sehr klein gewesen. Tatsächlich maß er etwa 1,70 Meter.**

*1682*
Der französische Hof zieht nach Versailles

*1756–63*
Frankreich verliert Kanada und andere Überseebesitztümer an England

*1789*
Beginn der Französischen Revolution und Ende der Feudalordnung

*1792*
Louis XVI wird gestürzt; Errichtung der Ersten Republik

*1804*
Napoléon wird zum Kaiser gekrönt; elf Jahre später Niederlage bei Waterloo

## Turbulentes 19. Jahrhundert

Mit der Restauration der Bourbonen nach der Niederlage bei Waterloo begann ein Jahrhundert mit vielen Veränderungen. 1830 wurde Charles IX gestürzt und durch seinen Cousin Louis-Philippe ersetzt, der 1848 abgesetzt wurde. Die Zweite Republik begann. Deren Präsident Louis-Napoléon Bonaparte nannte sich ab 1852 Kaiser Napoléon III. Unter seinem »Second Empire« weitete Frankreich seine Kolonien in Nordafrika aus, Nizza und Savoyen wurden annektiert. Nach der Niederlage im Deutsch-Französischen Krieg 1870/71 fiel Elsass-Lothringen an Deutschland. Nach einer weiteren Revolution entstand 1871 die Dritte Republik, wieder wurden die Kolonien ausgeweitet. Gegen Ende des Jahrhunderts begann die Belle Époque, eine Blütezeit der Künste und Kultur.

**1** *Kämpfe während der Französischen Revolution* ↑

**2** *Ruinen von St-Lô (1944)*

**3** *Der letzte Flug der Concorde (2003)*

**4** *Eiffelturm nach den Anschlägen 2015*

## Erster und Zweiter Weltkrieg

Im Ersten Weltkrieg (1914–1918) erlitt Frankreich herbe Verluste, fast 1,5 Millionen Soldaten fielen. Im Zweiten Weltkrieg wurde Frankreich von den Deutschen besiegt und besetzt. Widerstandskämpfer hielten Stand bis zur Befreiung durch die Alliierten 1944.

### Schon gewusst?

**Beim Anmarsch alliierter Truppen auf Paris 1944 befahl Hitler die Zerstörung der Stadt – der Befehl wurde missachtet.**

### *Chronik*

*1848*
Ende der Julimonarchie und Errichtung der Zweiten Republik

*1870/71*
Niederlage im Deutsch-Französischen Krieg; Verlust von Elsass-Lothringen

*1889*
Bau des Eiffelturms in Paris

*1914*
Beginn des Ersten Weltkriegs; deutsche Invasion in Frankreich

*1940*
Deutschland besetzt Frankreich im Zweiten Weltkrieg

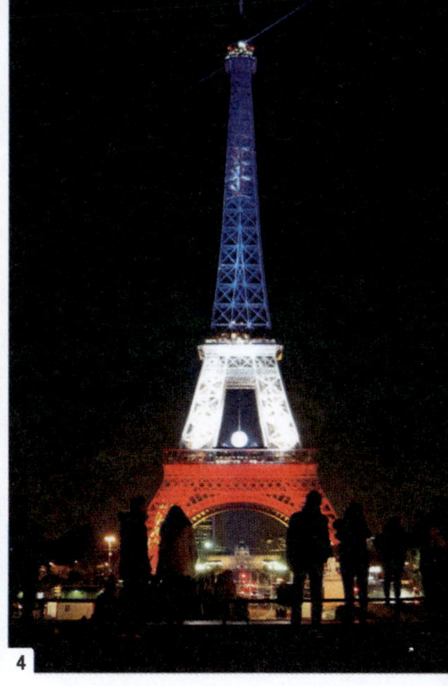

4

## Modernes Frankreich

Nach dem Zweiten Weltkrieg zerfiel das Kolonialreich Frankreichs. In den 1960er Jahren gingen alte Industriezweige zurück, neue Technologien entwickelten sich, und Frankreich wurde führend auf dem Gebiet der Luftfahrt. Politische Unruhen 1968, angeführt von linken Studentengruppen und Gewerkschaften, hätten die Regierung fast gestürzt. 1994 wurde der Eurotunnel zwischen England und Frankreich eröffnet. Frankreich ist eine der sechs Gründernationen der Europäischen Wirtschaftsgemeinschaft und heute eines der einflussreichsten Mitglieder der Europäischen Union.

## Frankreich heute

Im 21. Jahrhundert wird der internationale Terrorismus für Frankreich zu einer neuen Gefahr. In Nantes, Nizza, Marseille und Paris gab es Dutzende Anschläge. In der Folge erstarkte der rechtsextreme Front National (heute Rassemblement National). Bei den Präsidentschaftswahlen 2017 und 2022 gewann jedoch Emmanuel Macron, Kandidat der von ihm gegründeten Bewegung En Marche.

↑ *Emmanuel Macron nach seinem Wahlerfolg im Jahr 2022*

*1945*

Ende des Zweiten Weltkriegs und Beginn der Vierten Republik; Frauen erhalten Wahlrecht

*1954*

Kolonialherrschaft Frankreichs in Laos, Kambodscha und Vietnam endet

*1957*

Frankreich gründet mit fünf anderen Nationen die EWG, Vorläufer der EU.

*2003*

Letzter Flug des britisch-französischen Überschalljets Concorde

*2024*

Frankreich ist Gastgeber der Olympischen Spiele

# PARIS
# ERLEBEN

Blick über das Zentrum von Paris

# PARIS AUF DER KARTE

**Paris wird in diesem Buch in vier attraktiven Stadtteilen dargestellt. Ein weiteres Kapitel widmet sich den Sehenswürdigkeiten in der Umgebung von Paris. Alle fünf Gebiete werden auf den folgenden Seiten vorgestellt.**

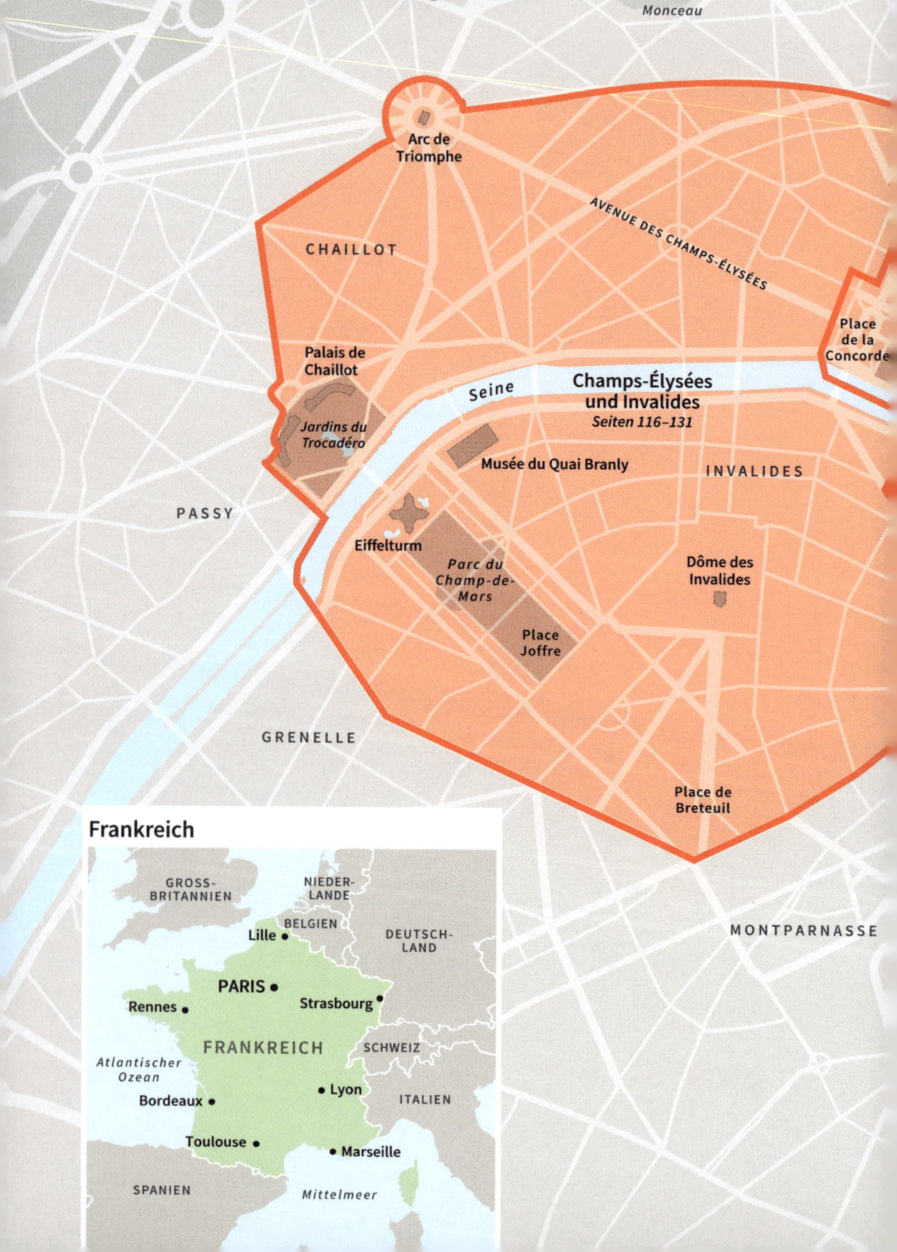

BATIGNOLLES
Parc Monceau
Arc de Triomphe
CHAILLOT
AVENUE DES CHAMPS-ÉLYSÉES
Place de la Concorde
Palais de Chaillot
Jardins du Trocadéro
Seine
Champs-Élysées und Invalides
Seiten 116–131
Musée du Quai Branly
INVALIDES
PASSY
Eiffelturm
Parc du Champ-de-Mars
Dôme des Invalides
Place Joffre
GRENELLE
Place de Breteuil
MONTPARNASSE
Frankreich
GROSS-BRITANNIEN
NIEDER-LANDE
BELGIEN
Lille
DEUTSCH-LAND
PARIS
Rennes
Strasbourg
FRANKREICH
SCHWEIZ
Atlantischer Ozean
Lyon
Bordeaux
ITALIEN
Toulouse
Marseille
SPANIEN
Mittelmeer

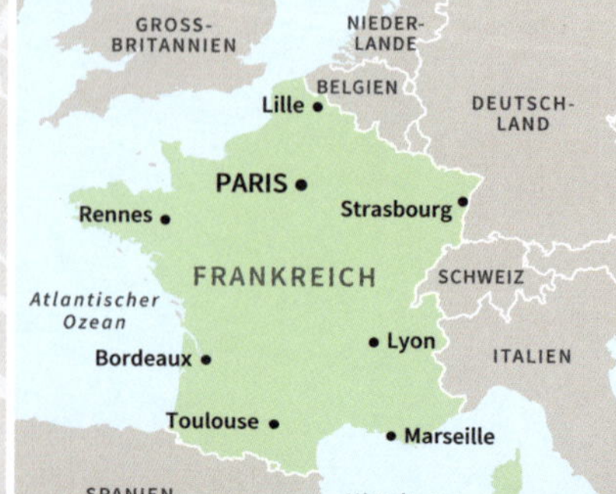

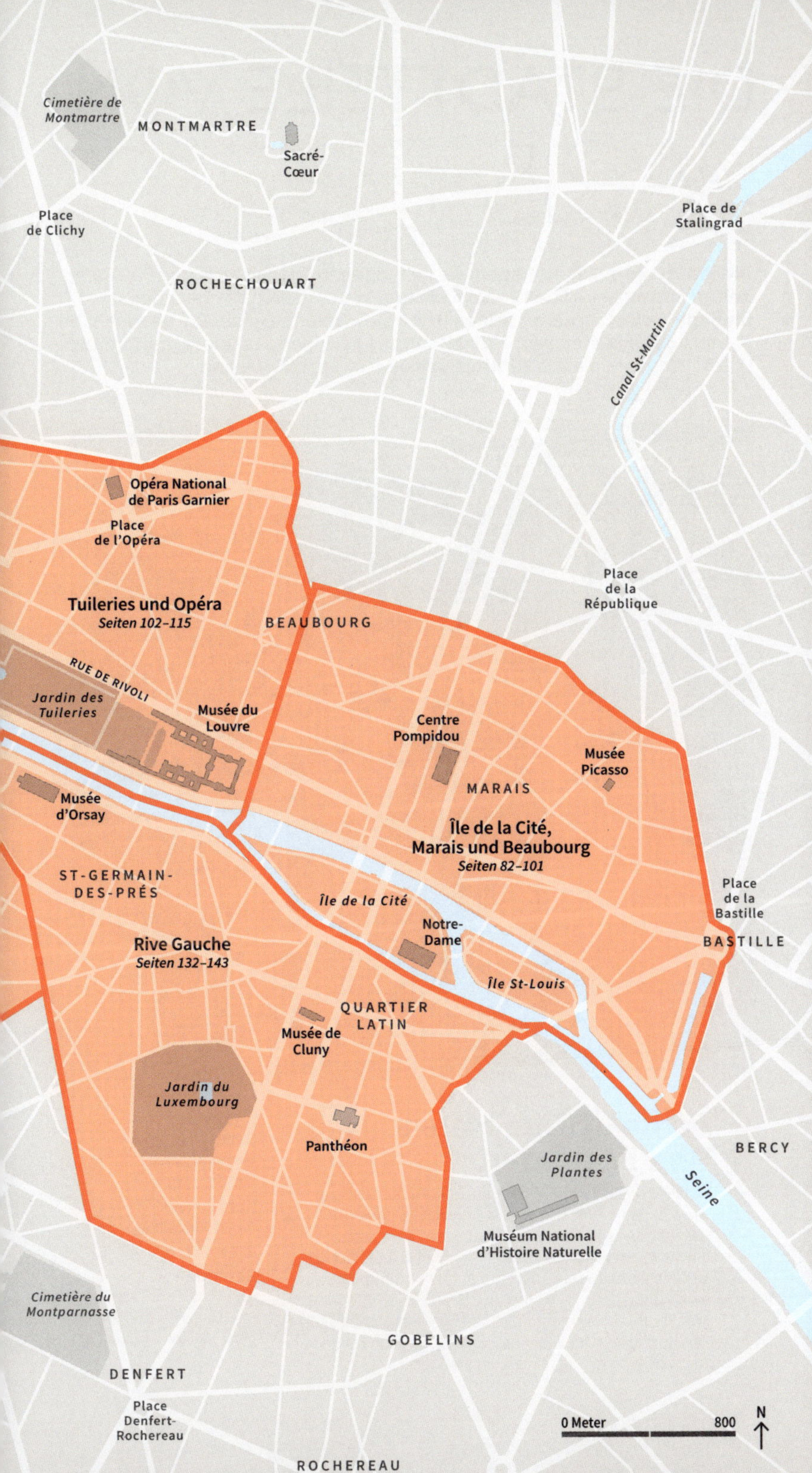

Cimetière de Montmartre
MONTMARTRE
Sacré-Cœur
Place de Clichy
Place de Stalingrad
ROCHECHOUART
Canal St-Martin
Opéra National de Paris Garnier
Place de l'Opéra
Place de la République
Tuileries und Opéra
Seiten 102–115
BEAUBOURG
RUE DE RIVOLI
Jardin des Tuileries
Musée du Louvre
Centre Pompidou
Musée Picasso
MARAIS
Musée d'Orsay
Île de la Cité, Marais und Beaubourg
Seiten 82–101
ST-GERMAIN-DES-PRÉS
Île de la Cité
Place de la Bastille
Notre-Dame
BASTILLE
Rive Gauche
Seiten 132–143
Île St-Louis
QUARTIER LATIN
Musée de Cluny
Jardin du Luxembourg
Panthéon
BERCY
Jardin des Plantes
Seine
Muséum National d'Histoire Naturelle
Cimetière du Montparnasse
GOBELINS
DENFERT
Place Denfert-Rochereau
0 Meter
800
N
ROCHEREAU

# DIE STADTTEILE VON PARIS

Die Stadtteile von Paris haben alle ihre eigenen Geschichten und Besonderheiten und machen Paris so abwechslungsreich. Durch das Herz der Stadt fließt die Seine, an deren beiden Ufern sich vieles abspielt. Die allermeisten Sehenswürdigkeiten liegen innerhalb des Périphérique, einer ringförmigen Stadtautobahn, die das Zentrum von den Vorstädten trennt.

Seiten 82–101

## Île de la Cité, Marais und Beaubourg

Sehenswürdigkeiten – vom Centre Pompidou bis zur Ste-Chapelle –, Meisterwerke gotischer Architektur und ehemalige Paläste, die heute Verwaltungssitze sind, prägen die Île de la Cité. Hier trifft man meist nur wenige Einheimische, die eher auf den großen Boulevards und Alleen im Marais und Beaubourg unterwegs sind. Entlang des rechten Seine-Ufers findet man schicke Boutiquen und Restaurants, der Duft von Falafel und köstlichem Gebäck liegt in der Luft.

**Entdecken**
Sightseeing, Geschichte, Shopping, gut essen, LGBTQ+ Szene

**Sehenswert**
Centre Pompidou, Notre-Dame, Ste-Chapelle

**Genießen**
Besichtigung des architektonischen Meisterwerks Ste-Chapelle

Seiten 102–115

# Tuileries und Opéra

Das Musée du Louvre mit seiner Glaspyramide und der *Mona Lisa* liegt gleich vor den prächtigen Tuileries, die dem Viertel seinen Namen geben. Am anderen Ende des Bezirks mit seinem herrlichen Park und den Cafés und Galerien steht die prachtvolle Opéra Garnier. Die Gegend mit ihren vielen Theatern ist beispielhaft für die Pläne, die Baron Haussmann für Paris hatte: ein Monument an jeder Kreuzung. Die großzügigen Alleen, schönen Kirchen und verlockenden Kaufhäuser werden auch von den Parisern gern besucht. Hier wird gebummelt, eingekauft und geschlemmt – seien es Macarons mit Rosenaroma bei Ladurée oder eine Luxustasche aus dem Kaufhaus Printemps.

**Entdecken**
Großartige Monumente Pariser Kunst und Kultur, Shopping, Unterhaltungsangebot

**Sehenswert**
Musée du Louvre

**Genießen**
Ein Besuch bei *Mona Lisa* und Gebäck an der Rue Montorgueil

Seiten 116–131

## Champs-Élysées und Invalides

Dieser von der vergoldeten Kuppel des Invalidendoms überragte Teil der Stadt ist einfach großartig und prachtvoll. Doch alle historischen und künstlerischen Highlights werden von einem Bauwerk in den Schatten gestellt: dem hoch aufragenden Eiffelturm am Flussufer. Gleich gegenüber liegen die prachtvollen Champs-Élysées und an deren Ende der Arc de Triomphe. Weit weg von Touristenchaos und Busparkplätzen kann man in diesem Bezirk sehr schön – und sehr teuer – shoppen und essen.

**Entdecken**
Sightseeing und köstlich essen

**Sehenswert**
Arc de Triomphe, Eiffelturm

**Genießen**
Ein Abstecher in die Ausstellungshalle im Petit Palais und danach ein Kaffee an den Champs-Élysées

Seiten 132–143

## Rive Gauche

Am linken Seine-Ufer stehen römische Ruinen wie das großartige Panthéon und Sehenswürdigkeiten wie das Musée de Cluny und die Kirche St-Étienne-du-Mont. Touristen lieben die Gegend mit ihren vielen Museen und Kirchen, die Einheimischen schätzen und pflegen diese Bohemien-Enklave. An jeder Ecke ist ein Buchladen, und die kleinen, gewundenen Straßen sind voll von Crêpes-Ständen und kleinen Bars. Im kultigen St-Germain-des-Prés sind Straßen und Plätze von Cafés gesäumt – hier gibt es mit die besten Schokoladen und Kuchen der Stadt.

**Entdecken**
Leute beobachten und historischen Spuren folgen

**Sehenswert**
Musée d'Orsay

**Genießen**
Das Stadtleben in einem der legendären Cafés, während man bei köstlichen Macarons wie ein Student über Gott und die Welt diskutiert

Seiten 144–163

# Abstecher

Paris, das sind nicht nur Monumente, Paris ist eine lebendige Stadt – ganz besonders außerhalb des Zentrums. Am berühmten Moulin Rouge vorbei geht es in die malerischen Viertel Montmartre und Pigalle mit ihren gepflasterten Straßen. Kaufen Sie dort wie die Einheimischen das beste Gebäck der Stadt, oder schlendern Sie durch das Gewirr von Straßen am Canal St-Martin. Weiter außerhalb finden Sie die grünen Lungen der Stadt: Bois de Vincennes und Bois de Boulogne. Holen Sie noch mal tief Luft, ehe Sie in die gruseligen Labyrinthe der Catacombes hinabsteigen.

**Entdecken**
Im eigenen Tempo neue Wege gehen

**Sehenswert**
Sacré-Cœur, Cimetière du Père-Lachaise

**Genießen**
Die Straßenmusiker auf der Treppe von Sacré-Cœur bei Sonnenuntergang

1

2

3

4

**1** *Prächtiger Spiegelsaal im Schloss Versailles*

**2** *Schifffahrt auf der Seine*

**3** *Klassisches Frühstück in Paris*

**4** *Place du Tertre, Montmartre*

# 3 TAGE
## *in Paris*

### *Tag 1*

**Vormittags** Nach Kaffee und Croissant in einem Café in St-Germain-des-Prés bummeln Sie durch den Jardin du Luxembourg *(siehe S. 140f)*. Schauen Sie sich in der Kirche St-Sulpice *(siehe S. 143)* die Bilder von Eugène Delacroix an, ehe Sie am Boulevard St-Germain shoppen gehen.
**Nachmittags** Gehen Sie zur Seine, und machen Sie eine Pause im La Palette, wo es köstliche *croques monsieur* gibt. Vorbei an der Île St-Louis geht es zu Notre-Dame *(siehe S. 86–89)*. Dann fahren Sie mit einem Vélib'-Leihfahrrad Richtung Westen und erkunden den Eiffelturm *(siehe S. 122f)*. Sollte die Schlange am Aufzug zu lang sein, können Sie auch die Treppe nehmen.
**Abends** Gehen Sie zum Hôtel des Invalides *(siehe S. 128)*, genießen Sie ein Abendessen mit Haute Cuisine im Arpège *(siehe S. 129)*, und unternehmen Sie eine Bootsfahrt auf der Seine im Sonnenuntergang.

### *Tag 2*

**Vormittags** Beginnen Sie im hügeligen Montmartre und besuchen die Basilika Sacré-Cœur *(siehe S. 146f)*, ehe Sie sich das Angebot der Künstler an der Place du Tertre *(siehe S. 162)* ansehen. Im Musée de Montmartre *(siehe S. 162)* entdecken Sie Werke lokaler Künstler aus dem 19. Jahrhundert, die das Viertel bekannt machten.
**Nachmittags** Essen Sie im Le Sancerre an der Rue des Abbesses und gehen dann hinunter zur Rue des Martyrs mit ihren vielen Patisserien und Boutiquen. Vielleicht besuchen Sie am späten Nachmittag noch den Louvre *(siehe S. 106–109)* und statten *Mona Lisa* und der *Venus von Milo* einen Besuch ab. Lassen Sie bei einem Getränk im Café Marly unter den Arkaden im Richelieu-Flügel die Eindrücke noch einmal Revue passieren.
**Abends** Nach dem Essen in Les Halles bei Champeaux (Rue Rambuteau) verbringen Sie den Rest des Abends in der charmanten Rue Montorgueil bei einem Glas Wein. Sehen Sie den Menschen zu, und genießen Sie den Blick vom Ufer der Seine aus sowie stündlich die Lichtshow des Eiffelturms.

### *Tag 3*

**Vormittags** In einer knappen Stunde erreichen Sie Versailles *(siehe S. 170–173)*. Wandeln Sie durch die weltberühmte Parkanlage und das Schloss aus dem 17. Jahrhundert mit dem prächtigen Spiegelsaal.
**Nachmittags** Nach dem Essen im Ore, einem kleinen Restaurant im Schloss, schauen Sie sich die Außenanlagen und vor allem das Dorf der Königin Marie-Antoinette an.
**Abends** Zurück in Paris gönnen Sie sich ein Glas Wein in einer kleinen Bar wie Willi's Wine Bar an der Rue des Petits Champs unweit vom Louvre. Wenn Sie einmal richtig stylish essen wollen, gehen Sie in eines der herrlichen Jugendstilrestaurants – vielleicht in das glamouröse La Rotonde (105 Blvd du Montparnasse).

**Schon gewusst?**

**2015 ließ die Stadt ca. eine Million »Liebesschlösser« wegen des Gewichts vom Pont des Arts entfernen.**

# PARIS FÜR ROMANTIKER

**Paris, das ist Romantik pur. Die ganze Stadt scheint dafür gemacht zu sein: von verzauberten Gärten bis zu lauschigen Spazierwegen an der Seine. Viele kleine Cafés sind perfekt für ein Tête-à-Tête. Wohin Sie auch kommen, die Mischung aus Eleganz, Leidenschaft und Kultur ist einzigartig.**

### Stille Plätze

Was gibt es Romantischeres, als sich an einem beschaulichen Ort ungestört zu zweit zu treffen? Das verträumte Montmartre *(siehe S. 162f)* mit seinen hügeligen Straßen ist voll von verborgenen Treppen und kleinen Plätzen mit herrlichen Ausblicken über die Stadt. Oder der Parc des Buttes-Chaumont *(siehe S. 157)*: einer der wenigen Parks in Paris, wo man im Gras sitzen kann – ideal für ein lauschiges Picknick. Und anschließend genießen Sie vielleicht im Schatten der Trauerweiden den Blick über den See.

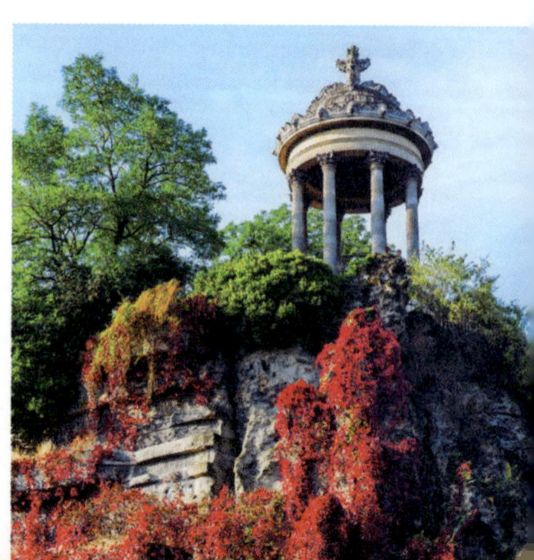

→ *Der korinthische Tempel im Parc des Buttes-Chaumont*

## Besondere Ausblicke

Bummeln Sie Hand in Hand die malerischen Seine-Ufer entlang. Am linken Ufer, beiderseits des Musée d'Orsay *(siehe S. 136f)*, können Sie auf dem autofreien Parc Rives de Seine wunderschöne Ausblicke auf die zwei romantischsten Brücken der Stadt genießen: Pont des Arts und Pont Neuf *(siehe S. 94)*. Lassen Sie auf einer der Bänke die Seele baumeln, oder nehmen Sie einen Fensterplatz in einem der dort vertäuten Boots-Restaurants.

← *Eiffelturm – ein Wahrzeichen der Metropole*

## TOP 4 Tipps für Romantiker

**Musée de la Vie Romantique**
Sehr hübsches Kunstmuseum mit Café.

**Cocktails bei Kerzenlicht**
Am besten im stimmungsvollen Lulu White *(siehe S. 159)*.

**Fesselballon**
Heben Sie ab in einem angebundenen Ballon im Parc André-Citroën.

**Lauschige Kinos**
Nehmen Sie die »Loveseats« im Kino MK2 Bibliothèque.

↑ *Ein Hoch auf die Liebe: ein Glas Champagner über den Dächern von Paris*

## Romantisch tafeln

Nach einem Nachmittag in kleinen Pariser Galerien braucht auch der überzeugteste Romantiker eine Stärkung. Das Gartencafé im Petit Palais *(siehe S. 125)* liegt eher versteckt, im Loulou im Musée des Arts Décoratifs *(siehe S. 114f)* hingegen genießt man das einzigartige Flair in den Tuileries.

↑ Bon appétit: *In prachtvollen Restaurants lässt es sich gut speisen*

Coca-Cola
UNION DES PROPRIETAIRES DE NICE
SIÈGE SOCIAL
NICE
MAISON DE VENTE
PARIS
PICON
Anis de l'Abbaye de Flavigny
Véritable Marque des Anis
EN VENTE ICI

Blechdosen mit nostalgischen Motiven

# Île de la Cité, Marais und Beaubourg

Die Île de la Cité ist die Keimzelle der französischen Metropole. Im 3. Jahrhundert v. Chr. besiedelten keltische Stämme die ovale Insel in der Seine, da sie einen bequemen Flussübergang auf der Route zwischen Nord- und Südgallien bot und leicht zu verteidigen war. Nach dem Stamm der Parisier (lat. *Parisii*) wurde schließlich die Stadt benannt. Später bauten Römer, Franken und Kapetinger die Siedlung aus, die heute das Herz der Stadt bildet. Der Pont Saint-Louis am östlichen Ende bildet die Verbindung zur Île Saint-Louis.

Zum nördlich der Île de la Cité am rechten Ufer der Seine gelegenen Stadtteil Marais gehört auch das Viertel Beaubourg. Das einstige Moorgebiet (*marais* heißt »Sumpf«) gewann vom 14. Jahrhundert an wegen seiner Nähe zum Louvre, der bevorzugten Residenz von Charles V, an Bedeutung. Seine Blüte erlebte es im 17. Jahrhundert als Viertel der vermögenden Klassen. Nach der Französischen Revolution 1789 verfiel der Marais zu architektonischem Brachland und wurde erst in den 1960er Jahren wiederentdeckt. Heute findet man hier Kunstgalerien, Boutiquen, elegante Stadthäuser und nette Cafés. Größter Besuchermagnet in diesem Gebiet ist das Centre Pompidou.

G
H
J
3
4
5
6
Tuileries und Opéra
Seiten 102–115
Rive Gauche
Seiten 132–143
Île de la Cité, Marais und Beaubourg
RUE DU CROISSANT
RUE DE CLERY
RUE D'ABOUKIR
RUE REAUMUR
Bourse
RUE DE LA BANQUE
RUE DU MAIL
RUE DU LOUVRE
RUE MONTMARTRE
RUE DU CAIRE
RUE ST-DENIS
RUE ST-MARTIN
BOULEVARD ST-MARTIN
RUE MESLAY
RUE NOTRE-DAME DE NAZARETH
RUE DU VERTBOIS
Musée des Arts et Métiers
Sentier
RUE LÉOPOLD BELLAN
RUE MONTORGUEIL
RUE ST-SAUVEUR
RUE DUSSOUBS
RUE MANDAR
RUE GRENETA
PGE DU GRAND CERF
RUE TIQUETONNE
RUE DE PALESTRO
Réaumur Sébastopol
GRENETA
RUE DE TURBIGO
Arts et Métiers
RUE RÉAUMUR
RUE DU TEMPLE
RUE AU MAIRE
RUE DES VERTUS
RUE DES GRAVILLIERS
RUE CHAPON
RUE DE MONTMORENCY
RUE PORTEFOIN
RUE PASTOURELLE
RUE ÉTIENNE MARCEL
Étienne Marcel
RUE J. J. ROUSSEAU
St-Eustache
RUE DU LOUVRE
Bourse de Commerce Pinault Collection
Jardin Nelson Mandela
Les Halles
RUE LESCOT
RUE RAMBUTEAU
BOULEVARD DE SEBASTOPOL
RUE AUX OURS
RUE DU GRENIER ST-LAZARE
RUE QUINCAMPOIX
RUE B. DE CLAIRVAUX
RUE BEAUBOURG
Westfield Forum des Halles
RUE BERGER
RUE SAUVAL
PLACE M. QUENTIN
RUE DE LA COSSONNERIE
PL J. DU BELLAY
RUE ST-HONORÉ
Louvre Rivoli
Fontaine des Innocents
PLACE GEORGES POMPIDOU
Centre Pompidou
Rambuteau
Musée d'Art et d'Histoire du Judaïsme
Musée de la Chasse et de la Nature
RUE DES HAUDRIETTES
RUE CHARLOT
RUE DES 4 FILS
Hôtel de Soubise
MARAIS
PLACE DU LOUVRE
St-Germain-l'Auxerrois
RUE DU PONT NEUF
RUE BOURDONNAIS
SQ DES INNOCENTS
PLACE E. MICHELET
PLACE STE-OPPORTUNE
PLACE IGOR STRAVINSKY
RUE DES HALLES
RUE DE LA MONNAIE
RUE DES PRÊTRES ST-GERMAIN L'AUXERROIS
RUE BERTIN POIRÉE
RUE J. LANTIER
Châtelet
RUE DE RIVOLI
RUE PERNELLE
RUE ST-BON
RUE DU RENARD
RUE DU TEMPLE
RUE DES ARCHIVES
RUE DES FRANCS BOURGEOIS
RUE DES BLANCS MANTEAUX
RUE DU PLATRE
RUE STE-CROIX DE LA BRETONNERIE
Pont Neuf
QUAI DE LA MEGISSERIE
AVE VICTORIA
Tour St-Jacques
RUE DE LA VERRERIE
RUE DE MOUSSY
RUE VIEILLE DU TEMPLE
RUE DU TRÉSOR
RUE DES ROSIERS
Square du Vert-Galant
PLACE DU CHATELET
Hôtel de Ville
QUAI DE L'HORLOGE
Pont au Change
RUE DE LA TACHERIE
PL DE L'HOTEL DE VILLE
RUE DU ROI DE SICILE
RUE F. DUVAL
QUAI DES GRANDS AUGUSTINS
QUAI DES ORFÈVRES
Conciergerie
QUAI DE GESVRES
Hôtel de Ville
Palais de Justice
QUAI DE CORSE
Pont Notre-Dame
QUAI DE L'HOTEL DE VILLE
RUE FRANCOIS MIRON
St-Gervais–St-Protais
St-Paul
Sainte-Chapelle
BLVD DU PALAIS
Cité
RUE DE LA CITE
Pont d'Arcole
RUE DU PONT LOUIS PHILIPPE
Maison Européenne de la Photographie
RUE DAUPHINE
Île de la Cité
Hôtel Dieu
RUE D'ARCOLE
QUAI AUX FLEURS
Quai de l'Hôtel de Ville
Pont Marie
Pont-St Michel
RUE SÉGUIER
RUE CHANOINESSE
RUE DU CLOITRE-NOTRE-DAME
Pont Louis-Philippe
Hôtel des archevêques de Sens
RUE ST-ANDRÉ DES-ARTS
St-Michel
Petit Pont
Crypte Archéologique
QUAI DE BOURBON
QUAI DES CÉLESTINS
Notre-Dame
RUE ST-LOUIS EN L'ÎLE
Pont Marie
Odéon
Pont St-Louis
QUAI D'ORLÉANS
RUE DES DEUX PONTS
Île St-Louis
QUAI D'ANJOU
BOULEVARD ST-MICHEL
Cluny–La Sorbonne
Mémorial des Martyrs de la Déportation
BOULEVARD ST-GERMAIN
QUAI DE LA TOURNELLE
QUAI DE BETHUNE
Maubert Mutualité
Pont de la Tournelle
QUARTIER LATIN
Square Barye
Pont de Sully
RUE DES FOSSES SAINT-BERNARD
Institut du Monde Arabe
RUE DES ÉCOLES
RUE MONGE
Musée de la Sculpture en Plein Air
RUE JUSSIEU
Cardinal Lemoine
PLACE JUSSIEU
Jussieu
RUE DESCARTES
RUE DU CARDINAL LEMOINE
Arènes de Lutèce
RUE LINNÉ
RUE CUVIER
PLACE DE LA CONTRESCARPE
RUE LACEPEDE
Ménagerie
Jardin des Plantes

Île de la Cité, Marais und Beauborg
Highlights
1 Notre-Dame
2 Centre Pompidou
3 Sainte-Chapelle
Sehenswürdigkeiten
4 Conciergerie
5 Palais de Justice
6 Pont Neuf
7 Crypte Archéologique
8 Île St-Louis
9 Hôtel des archevêques de Sens
10 St-Gervais – St-Protais
11 Westfield Forum des Halles
12 St-Eustache
13 Bourse de Commerce Pinault Collection
14 Musée d'Art et d'Histoire du Judaïsme
15 Hôtel de Soubise
16 Hôtel de Ville
17 Musée Picasso
18 Musée Carnavalet
19 Place des Vosges
20 Maison de Victor Hugo
21 Place de la Bastille
Hotels
① Paris Perfect La Place Dauphine
② Hôtel Saint-Louis en l'Isle
③ Hôtel du Jeu de Paume
K
L
2
3
4
5
6
République
Place de la République
Temple
Carreau du Temple
Oberkampf
Filles du Calvaire
St-Sébastien Froissart
Richard Lenoir
Chemin Vert
Musée Picasso
Musée Carnavalet
Place des Vosges
Hôtel de Sully
Maison de Victor Hugo
Place de la Bastille
Bastille
Colonne de Juillet
Port de l'Arsenal
Opéra Bastille
Roquette
Ledru-Rollin
Arsenal
Sully-Morland
Pavillon de l'Arsenal
Préfecture de Paris
Quai de la Rapée
Place Mazas
Pont d'Austerlitz
Place Valhubert
Gare de Lyon
Bercy
Boulevard Jules Ferry
Avenue de la République
Boulevard du Temple
Boulevard Voltaire
Boulevard Beaumarchais
Boulevard Richard Lenoir
Rue Saint-Antoine
Boulevard Henri IV
Rue du Faubourg Saint-Antoine
Rue de Lyon
Rue de Charenton
Boulevard de la Bastille
Bassin de l'Arsenal
Boulevard Morland
Quai Henri IV
Quai Saint-Bernard
Avenue Ledru Rollin
Boulevard Diderot
Avenue Daumesnil
Coulée Verte René-Dumont (Promenade Plantée)
Quai de la Rapée
0 Meter 500
N

1

# Notre-Dame

H5 Parvis Notre-Dame – Place Jean-Paul II +33 1 4234 5610 Cité 21, 38, 47, 58, 70, 72, 81, 82 Notre-Dame bis Dezember 2024 notredamedeparis.fr

**Kein anderes Bauwerk ist mit der Geschichte von Paris enger verwoben als Notre-Dame. Die Kathedrale thront auf der Île de la Cité, der Keimzelle der Stadt. Mit ihren Rosettenfenstern, Strebepfeilern und Wasserspeiern gilt Notre-Dame als Meisterwerk der Gotik. Bei einem Großbrand im April 2019 erlitt das Bauwerk schwere Schäden, der Vierungsturm stürzte ein.**

Papst Alexander III. legte 1163 den Grundstein dort, wo in der Antike ein römischer Tempel erbaut worden war. Um den anspruchsvollen Entwurf von Bischof Maurice de Sully umzusetzen, arbeiteten Heerscharen von Baumeistern, Steinmetzen und Hilfskräften 170 Jahre lang. Bei ihrer Fertigstellung (um 1334) war die Kathedrale 130 Meter lang und wurde von 69 Meter hohen wuchtigen Türmen überragt.

Hier wurden Könige und Kaiser gekrönt und Kreuzritter gesegnet. Doch Notre-Dame war auch Zeuge von Aufruhr: Während der Französischen Revolution wurde die Kirche geplündert und zum »Tempel der Vernunft« erklärt, später dann als Weinlager genutzt. Napoléon ließ die Religionsausübung wieder zu, und der Architekt Viollet-le-Duc begann mit der Restaurierung.

2019 verwüstete ein verheerendes Feuer das Dach der Kathedrale. Nach einer Flut hochkarätiger Spenden versprach Emmanuel Macron, Notre-Dame vor den Olympischen Spielen 2024 in Paris wieder aufzubauen. Die Arbeiten verzögern sich jedoch, und nun ist die Eröffnung im Dezember 2024 geplant.

↑ *Jean Ravys imposante Strebepfeiler an der Ostseite weisen eine Spannweite von 15 Metern auf*

**Papst Alexander III. legte 1163 den Grundstein, danach arbeiteten Heerscharen von Baumeistern, Steinmetzen und Hilfskräften 170 Jahre lang.**

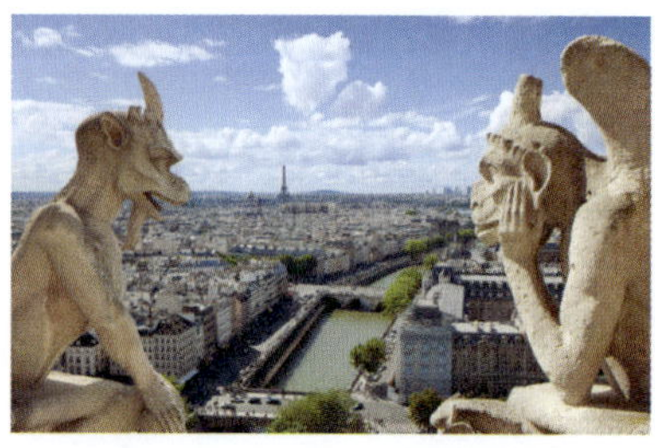

↑ *Die Wasserspeier und* chimères *waren von der Verbindungsgalerie zwischen den Türmen aus der Nähe zu sehen*

*Chronik*

*1163*
△ Grundsteinlegung durch Papst Alexander III.

*1708*
△ Umgestaltung des Chors, ein Versprechen des Vaters von Louis XIV

*1793*
△ Revolutionäre plündern die Kirche und erklären sie zum Tempel der Vernunft

*2013*
△ Notre-Dame feiert 850. Geburtstag

*2019*
Großbrand

*Highlight*

*Westfassade der imposanten Kathedrale Notre-Dame mit ihren beiden Türmen* ↑

# Notre-Dame: Innenraum

**Notre-Dame beeindruckte jeden Besucher sofort mit seinem hohen, gewaltigen Hauptschiff. Das nicht minder imposante Querschiff wird durch schöne Rosettenfenster mit einem Durchmesser von 13 Metern begrenzt. Werke großer Bildhauer, darunter Jean Ravys Lettner, Nicolas Coustous *Pietà* und Antoine Coysevox' Statue von Louis XIV, waren früher zu sehen.**

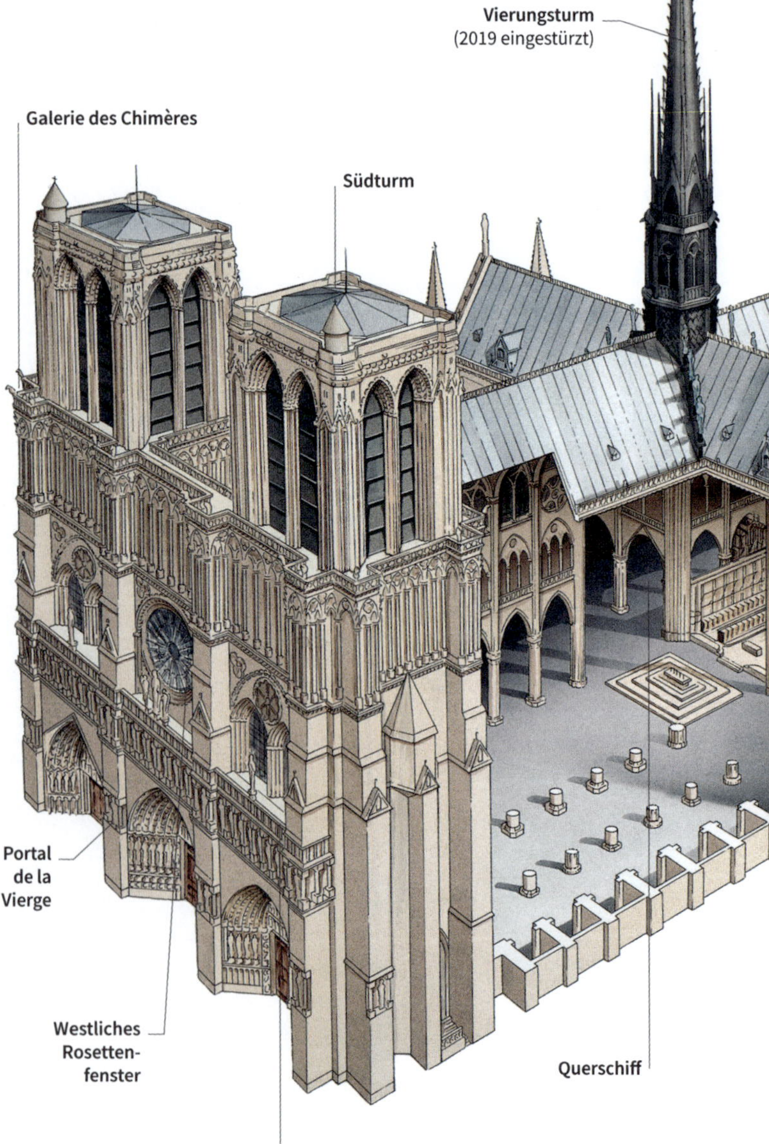


↑ *Illustration der Kathedrale Notre-Dame, eines Wahrzeichens der Stadt*

Highlight

**180 000**

Bienen leben in drei Bienenstöcken im Dach von Notre-Dame.

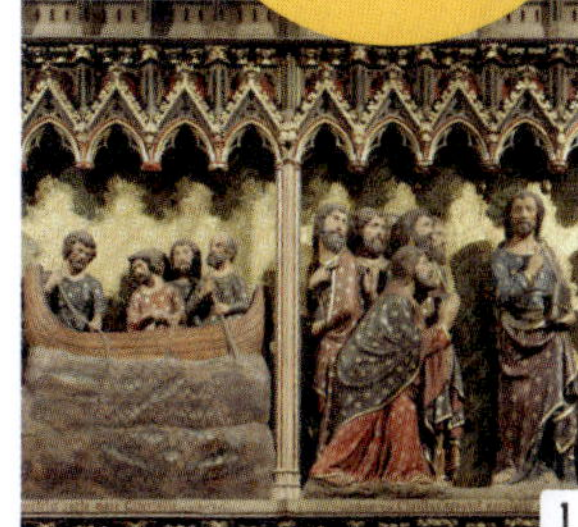

**1** *Ein Lettner umschließt seit dem 14. Jahrhundert den Chor. Er verschaffte den Stiftsherren Ruhe während des Gebets.*

**2** *Hinter dem Hauptaltar steht Nicolas Coustous* Pietà *(1712–28) auf einem vergoldeten Sockel von François Girardon.*

**3** *Im Nordfenster ist das Buntglas aus dem 13. Jahrhundert erhalten.*

### Mittelalterliche Romanze

In den Kreuzgängen von Notre-Dame begann die Romanze zwischen Abélard und Héloïse. Der Mönch Pierre Abélard, wohl der begabteste Philosoph und Theologe des 12. Jahrhunderts, wurde als Lehrer für die 17-jährige Nichte eines Kanonikers angestellt. Lehrer und Schülerin verliebten sich ineinander. In seinem Zorn ließ der Onkel den Gelehrten entmannen.

# Centre Pompidou

H3 Pl Georges Pompidou +33 1 4478 1233 Rambuteau, Châtelet, Hôtel de Ville 29, 38, 47, 75 MNAM und Wechselausstellungen: Mi–Mo 11–21 (Ebene 6: Do bis 23); Bibliothek: Mi–Mo 12–22 (Sa, So ab 10); Atelier Brâncuşi: Mi–Mo 14–18 1. Mai centrepompidou.fr

Das »Centre national d'art et de culture Georges Pompidou« wirkt, als sei sein Inneres nach außen gekehrt: Versorgungs-, Lift- und Lüftungsschächte sowie die Stahlkonstruktion wurden sichtbar gemacht. Dies ermöglichte den Architekten (Richard Rogers, Renzo Piano, Gianfranco Franchini), den Raum für das Musée National d'Art Moderne mit der weltweit größten Sammlung moderner Kunst sowie die anderen Einrichtungen flexibel zu gestalten. Neben den ständigen Ausstellungen sind spannende Wechselausstellungen zu sehen. Auf dem Vorplatz sorgen Straßenkünstler für Unterhaltung.

Blau: Lüftungsschächte

**Schon gewusst?**

Die Sammlung des Centre Pompidou war ursprünglich im Palais de Tokyo ausgestellt.

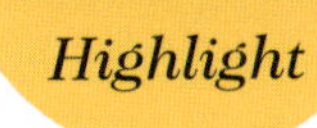


*Mit dem schwarzen Bogen (1912) von Wassily Kandinsky*

*Le Rhinocéros (1999) von Xavier Veilhan*

## Kurzführer

Mit über 60 000 Werken von mehr als 5000 Künstlern deckt das Centre Pompidou alle Bereiche moderner Kunst ab. Die »historischen« Sammlungen umfassen die großen Kunstströmungen der ersten Hälfte des 20. Jahrhunderts, vom Fauvismus über den abstrakten Expressionismus bis hin zu den sich wandelnden Trends der 1950er Jahre. Die reiche Sammlung kubistischer Werke ist ebenso ausgestellt wie Gemälde der großen Meister des 20. Jahrhunderts. Matisse, Picasso, Braque, Duchamp, Kandinsky, Léger, Miró, Giacometti und Dubuffet machen große Bereiche aus. Die Sammlung zeigt auch die Bewegungen, auf denen die Entwicklung der modernen Kunst basiert, darunter Dada, die abstrakte und die informelle, gegenstandsfreie Kunst.

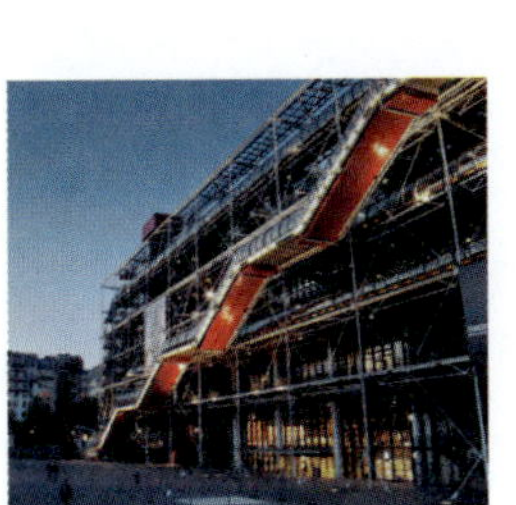

*Rolltreppen führen in Stufen nach oben*

Die Abteilung für zeitgenössische Kunst nimmt den vierten Stock des Centre Pompidou ein. Die Sammlung umfasst Arbeiten führender französischer Künstler wie Louise Bourgeois, Pierre Soulages, Jean-Pierre Raynaud, François Morellet und Bertrand Lavier. Von einem zentralen Flur gehen die einzelnen Säle ab. Die Ausstellungsbereiche sind nicht allein nach Schulen oder Richtungen gegliedert, sondern widmen sich häufig einem bestimmten Thema unter Zusammenführung verschiedener Disziplinen. Es gibt auch einen Videobereich.

*Die farbigen Röhren sind das charakteristische Merkmal des Centre Pompidou. Die Farben dienen der Funktionsunterscheidung.*

### Atelier Brâncuși

Dies ist eine originalgetreue Rekonstruktion des Ateliers von Constantin Brâncuși (1876–1957). Der in Rumänien geborene Bildhauer lebte seit 1904 in Paris. Seine abstrakten Skulpturen waren für die Moderne wegweisend. Unter den Exponaten befinden sich Brâncușis Skulpturen, Fotografien Möbel und seine Bibliothek.

3

# Sainte-Chapelle

G4 Blvd du Palais +33 1 5340 6080 Cité 21, 27, 38, 85, 96 bis Île de la Cité RER St-Michel Notre-Dame Apr – Sep: tägl. 9 –19; Okt – März: tägl. 9 –17 1. Jan, 1. Mai, 25. Dez sainte-chapelle.fr

**Zart und zauberhaft mutet Sainte-Chapelle an. Mit ihren einzigartigen Buntglasfenstern, die das Dach zu tragen scheinen und im Innenraum für magisches Licht sorgen, zählt die »Heilige Kapelle« zu den großen architektonischen Meisterwerken des Abendlands. Sainte-Chapelle wurde 1244 – 48 als Aufbewahrungsort für die heiligsten (und teuersten) Reliquien des Mittelalters erbaut und ist beispielhaft für den hochgotischen Stil.**

## Gotisches Meisterwerk

Den Gläubigen des Mittelalters war Sainte-Chapelle das »Tor zum Himmel«. 14 schlanke Strebepfeiler und die 15 Meter hohen Maßwerkfenster scheinen mit ihrem Spiel von Licht und Farbe die Schwerkraft aufzuheben – ein einzigartiger Eindruck.

Über 1000 religiöse Szenen – von der Genesis bis zur Kreuzigung – sind in vielen Farben, unter denen Blau vorherrscht, auf den Fenstern dargestellt. Neben vielen anderen Reliquien beherbergte Sainte-Chapelle lange die Dornenkrone Christi, die dann in die Schatzkammer von Notre-Dame gebracht wurde.

↑ *Das Fenster zeigt eine Darstellung der Apokalypse*

## Schon gewusst?

**Der 75 Meter hohe Spitzturm wurde 1853 errichtet, nachdem vier Türme abgebrannt waren.**

**1** *In der Unterkapelle beteten Diener und Bürger, während die Oberkapelle dem König und seiner Familie vorbehalten war.*
**2** *Die Oberkapelle weist insgesamt 600 Quadratmeter Buntglas auf.*
**3** *Statuen der zwölf Apostel schmücken die Pfeiler der Oberkapelle.*

### Die Reliquien von Louis IX

König Louis IX war sehr fromm und hatte den Beinamen »der Heilige«. 1239 erwarb er vom Kaiser in Konstantinopel die Dornenkrone Christi (später in Notre-Dame), 1241 weitere Reliquien, darunter einen Splitter des Kreuzes Christi. Der 1297 heiliggesprochene König ließ eine prächtige Kapelle bauen, um diese Schätze würdig zu verwahren. Die Reliquien kosteten den frommen König dreimal so viel wie der Bau von Sainte-Chapelle.

↑ *Illustration der eindrucksvollen Kirche Sainte-Chapelle*

# SEHENSWÜRDIGKEITEN

## Conciergerie

**G4 2 Blvd du Palais 75001 +33 1 5340 6080 Cité tägl. 9:30–18 1. Jan, 1. Mai, 25. Dez paris-conciergerie.fr**

Heute ist die Conciergerie Teil des ausgedehnten Justizpalast-Komplexes. 1391–1914 diente sie als Gefängnis. 1610 wurde hier François Ravaillac, der Mörder Henris IV, gefangen gehalten. Zur Zeit der Revolution saßen in der Conciergerie mehr als 4000 Gefangene, unter ihnen befanden sich auch Marie-Antoinette, die 1793 in einer winzigen Zelle auf ihre Hinrichtung wartete, und Charlotte Corday, die den Revolutionär Marat in der Badewanne erstochen hatte.

In der gotischen Salle des Gens d'Armes wohnten die Garden. Durch die Renovierung im 19. Jahrhundert blieben Folterkammer (11. Jh.), Bonbec-Turm sowie Uhrenturm (14. Jh.) erhalten.

Expertentipp
**Kombi-Ticket**

Wenn Sie Conciergerie und Sainte-Chapelle *(siehe S. 92f)* an einem Tag besichtigen wollen, lohnt sich ein Kombi-Ticket (buchbar auf den Websites der beiden Sehenswürdigkeiten).

5

## Palais de Justice

**G4 4 Blvd du Palais 75001 +33 1 4431 5252 Cité, Châtelet Mo–Fr 9–18 Feiertage und Ferien im Aug cours-appel.justice.fr/paris**

Der monumentale Gebäudekomplex des Justizpalasts erstreckt sich über die gesamte Breite der Île de la Cité. Mit seinen gotischen Türmen bietet er einen beeindruckenden Anblick. Die Stätte diente als Gouverneurssitz. Bis Charles V nach einer Revolte den Hof 1358 in den Marais verlegte, war sie königliche Residenz.

Im April 1793 begann das Revolutionstribunal von der Première Chambre Civile (Oberster Gerichtshof) aus Recht zu sprechen. Heute verkörpert der Ort Napoléons bedeutendstes Vermächtnis – das französische Gesetzbuch.

## Pont Neuf

**G4 75001 Pont Neuf, Cité**

Trotz seines Namens (Neue Brücke) ist der Pont Neuf, den Künstler unsterblich machten, die älteste Brücke der Stadt. Den Grundstein legte 1578 König Henri III, eingeweiht wurde er im Jahr 1607 von Henri IV, dessen Statue den mittleren Brückenteil ziert.

*Conciergerie mit ihren gotischen Türmen am Ufer der Seine* ↑

## Schon gewusst?

Die Bartform Henriquatre (Oberlippen-Kinnbart) ist nach König Henri IV benannt.

### Crypte Archéologique

H5 · 7 Parvis Notre-Dame – Pl Jean-Paul II 75004 · +33 1 5542 5010 · M Cité, Saint-Michel · Di – So 10 – 18 · Feiertage · W crypte.paris.fr

Unter dem *parvis* (Vorplatz) von Notre-Dame erstreckt sich die 120 Meter lange Krypta, die 1980 als Archäologiemuseum öffentlich zugänglich gemacht wurde.

Die Gebäude und Straßen datieren fast alle aus gallorömischer Zeit. Erhalten sind Teile der Stadtmauer von Lutetia (3. Jh. v. Chr.) und Reste der ersten Kathedrale, die hier erbaut wurde. Modelle erklären die Stadtentwicklung seit ihren Ursprüngen (3. Jh. v. Chr.).

↑ *Innenraum der Barockkirche St-Louis-en-l'Île (1726)*

### 8 Île St-Louis

J5 · 75004 · M Pont Marie, Sully-Morland

Geht man von der Île de la Cité über den Pont St-Louis, gelangt man auf die Île St-Louis. Auf der ruhigen Insel befinden sich exquisite Restaurants und Läden, darunter der berühmte Eiscreme-Hersteller Berthillon. Fast jedes Gebäude stammt aus dem 17. Jahrhundert.

Die Pläne für die 1726 fertiggestellte Kirche **St-Louis-en-l'Île** entwarf Louis Le Vau. Sehenswert sind vor allem die Eisenglocke (1741) und die eiserne Turmspitze. St-Louis-en-l'Île ist Schwesterkirche der Kathedrale von Karthago (Tunesien), in der St-Louis (hl. Ludwig) beigesetzt ist.

**St-Louis-en-l'Île**

**19 Rue St-Louis-en-l'Île · +33 1 4634 1160 · Di – Fr 10 – 13, 14 – 19:30, Sa 9:30 – 13, 14 – 19:30, So 9 – 13, 14 – 19 · W saintlouisenlile.catholique.fr**

### 9 Hôtel des archevêques de Sens

J5 · 1 Rue du Figuier 75004 · +33 1 4278 1460 · M Pont Marie · Di – Sa 14 – 18 · Feiertage

Der Sitz der Kunstbibliothek Forney ist eines der wenigen mittelalterlichen Gebäude, die in Paris erhalten sind. Das Palais wurde im 16. Jahrhundert befestigt und diente anschließend den Bourbonen, den Guises und Kardinal de Pellevé als Residenz.

### 10 St-Gervais - St-Protais

J4 · 13 Rue des Barres 75004 · +33 1 4887 3202 · M Hôtel de Ville · Mo – Fr 7:30 – 12:30, 13 – 17:30, Sa, So 8:30 – 12:30, 13 – 17:30

Die Ursprünge der Kirche liegen im 6. Jahrhundert. Benannt ist sie nach zwei römischen Soldaten, die unter Nero den Märtyrertod erlitten. Die Kirche von 1621 besitzt die älteste klassizistische Fassade der Stadt – mit dorischen, ionischen und korinthischen Säulen. Für die Orgel der spätgotischen Kirche dahinter komponierte François Couperin (1668 – 1733), der Hofkomponist von Louis XIV, seine beiden Messen.

Die majestätische Fassade der gotischen Kathedrale St-Eustache ↑

## 11 Westfield Forum des Halles

H3 101 Porte Berger 75001 M Les Halles, Châtelet RER Châtelet – Les Halles Mo – Sa 10 – 20:30, So 11 – 19 (Kinos/Restaurants 9:30 – 23) W forumdeshalles.com

Der große, größtenteils unterirdische Gebäudekomplex, der unter dem Namen Les Halles bekannt ist und auf dem Gelände eines berühmten Obst- und Gemüsemarkts errichtet wurde, hat ein wellenförmiges Dach, das 2016 fertiggestellte »La Canopée«.

Es gibt zahlreiche Läden und Restaurants, zwei Kinos mit mehreren Sälen, ein Fitnessstudio, ein Schwimmbad sowie ein Kinozentrum, das **Forum des Images**. Dessen Archiv umfasst Tausende Filme, von denen viele in Paris spielen bzw. die Geschichte der Stadt dokumentieren.

Auf der Oberfläche wurden Gärten, Pergolen und Mini-Pavillons angelegt.

**Forum des Images**
2 Rue du Cinéma Di – So (Zeiten siehe Website) W forumdesimages.fr

## 12 St-Eustache

G3 2 Impasse St-Eustache 75001 M Les Halles, Châtelet RER Châtelet – Les Halles siehe Website W saint-eustache.org

Mit ihrem extravaganten gotischen Grundriss und ihrem klassizistischen und Renaissance-Dekor gehört St-Eustache zu den schönsten Kirchen in Paris. Das imposante fünfschiffige Innere ist Notre-Dame nachempfunden, hier fand sogar die Ostermesse 2019 statt, als Notre-Dame wegen des Brands ausfiel. Die 105-jährige Bauzeit (1532 –1637) fiel in die Blüte der Renaissance, was sich in den harmonischen Bogen, Pfeilern und Säulen spiegelt.

St-Eustache war Schauplatz zahlreicher feierlicher Ereignisse, darunter die Taufen von Kardinal Richelieu und Madame de Pompadour sowie die Beerdigung des Fabeldichters Jean de La Fontaine.

Berlioz brachte hier im Jahr 1855 sein *Te Deum* zur Uraufführung. Heute treten regelmäßig talentierte Chöre auf, und es finden häufig Orgelkonzerte statt.

## 13 Bourse de Commerce Pinault Collection

G3 2 Rue de Viarmes 75001 M Les Halles, Louvre – Rivoli RER Châtelet – Les Halles Mi – Mo 11 –19 (Fr bis 21); 1. Sa im Mo 17 – 21 freier Eintritt 1. Mai W pinaultcollection.com

Das Museum für zeitgenössische Kunst birgt die Sammlung des Unternehmers François Pinault und zeigt über 10 000 Kunstwerke – Skulpturen, Fotos, Gemälde, Videos und Performance-Kunst, darunter Arbeiten von Damien Hirst und Marlene Dumas.

Das Gebäude selbst ist beeindruckend: Die zentrale Rotunde wird von einer Kuppel aus Glas und Metall gekrönt, unter der sich ein Fresko aus den 1880er Jahren befindet. Im Inneren der Rotunde wurde ein Betonzylinder errichtet, der einen auffälligen Kontrast zur Architektur des 18. Jahrhunderts bildet und als Ausstellungsfläche für großformatige Installationen dient.

→ Galerie im Musée d'Art et d'Histoire du Judaïsme

**Schon gewusst?**

Im Winter wird auf dem Platz vor dem Hôtel de Ville eine Eislaufbahn angelegt.

### 14 Musée d'Art et d'Histoire du Judaïsme

**J3 · Hôtel de St-Aignan, 71 Rue du Temple 75003 · M Rambuteau · Di–Fr 11–18, Sa, So 10–18 · jüd. Feiertage · W mahj.org**

Eines der weltweit wichtigsten Museen über das Judentum erinnert an die Kultur der französischen, aschkenasischen (Deutschland und Osteuropa), sephardischen (Spanien, Portugal, Nordafrika), italienischen und niederländischen Juden vom Mittelalter bis in die Gegenwart. Ausgestellt sind u. a. Silberarbeiten, Chanukka-Leuchter, Hüllen für die Thora und andere religiöse Objekte sowie Fotografien, Gemälde und historische Dokumente, u. a. zeitgenössische Berichte über die Dreyfus-Affäre, die Ende des 19. Jahrhunderts Frankreich stark bewegte.

### 15 Hôtel de Soubise

**J3 · 60 Rue des Francs-Bourgeois 75003 · Führungen: +33 1 4027 6029 · M Rambuteau · Mo, Mi–Fr 10–17:30, Sa, So 14–17:30 · Feiertage**

Das Palais wurde 1705–09 für die Princesse de Rohan erbaut. Sehenswert sind der Innenhof und die Innenausstattung, an der berühmte Künstler des 18. Jahrhunderts mitwirkten. Unter den Highlights sind Natoires *Rocaille*-Arbeiten im Schlafzimmer der Prinzessin und Napoléons Testament.

### 16 Hôtel de Ville

**H4 · Pl de l'Hôtel de Ville, 29 Rue de Rivoli 75004 · M Hôtel de Ville · für Ausstellungen · W paris.fr**

Das Hôtel de Ville, Sitz der Stadtverwaltung, entstand im 19. Jahrhundert als Rekonstruktion des 1871 während der Commune de Paris niedergebrannten Rathauses. Seine figurenverzierte Fassade und die Türme sind ein Beispiel für die Architektur der Dritten Republik.

## Hotels

**Paris Perfect La Place Dauphine**

In diesen Apartments genießt man den Service eines Hotels.

**G4 · 25 Pl Dauphine 75001 · W parisperfect.com**

€€€

**Hôtel Saint-Louis en l'Isle**

Das elegante Hotel bietet viel Komfort zu angemessenen Preisen.

**H5 · 75 Rue St-Louis-en-l'Île 75004 · W saintlouisenlisle.com**

€€€

**Hôtel du Jeu de Paume**

Das historische Gebäude (17. Jh.) verströmt ganz besonderes Flair.

**J5 · 54 Rue St-Louis-en-l'Île 75004 · W jeudepaumehotel.com**

€€€

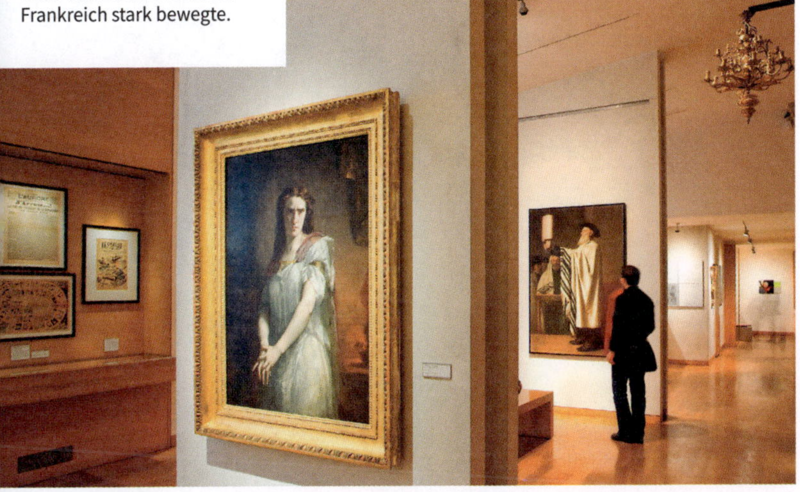

17

## Musée Picasso

**J4 Hôtel Salé, 5 Rue de Thorigny 75003 M St-Sébastien – Froissart, St-Paul, Chemin Vert Di – Sa 10:30 – 18, Sa, So 9:30 – 18; Buchung im Voraus empfohlen 1. Jan, 1. Mai, 25. Dez W museepicassoparis.fr**

Mit dem Tod Pablo Picassos (1881–1973) fiel rund ein Viertel seiner Werke an den französischen Staat. Der vom Franco-Regime geächtete Künstler hatte einen Großteil seines Lebens in Frankreich verbracht. Mit seinem Erbe richtete man das 1985 eröffnete Musée Picasso ein. Es befindet sich im Hôtel Salé (*salé* heißt »salzig«).

Unter den ca. 5000 Objekten sind über 200 Gemälde, 158 Skulpturen, 88 Keramiken sowie 3000 Zeichnungen und Radierungen. Die Sammlung bietet einen Überblick über das Werk Picassos. Highlights sind sein *Selbstporträt* aus der Blauen Periode, das er im Alter von 20 Jahren malte, *Stillleben mit Flechtstuhl*, das die Technik der Collage innerhalb der Kubisten einführte, das neoklassizistische Bild *Flöten des Pan* und *Die Kreuzigung*.

18

## Musée Carnavalet

**J4 16 Rue des Francs-Bourgeois 75003 +33 1 4459 5858 M St-Paul, Chemin Vert Di – So 10 – 18 1. Jan, 1. Mai, 25. Dez W carnavalet.paris.fr**

Die umfangreiche Sammlung zur Geschichte der Stadt seit prähistorischer Zeit verteilt sich auf zwei Palais. Zu bewundern sind mit Stilmöbeln und Kunstobjekten ausgestattete Räume. Viele Gemälde und Skulpturen stellen Persönlichkeiten dar. Anhand von Stichen kann der Besucher die Pariser Baugeschichte nachvollziehen.

### Picasso in Frankreich

Der in Málaga geborene Pablo Picasso kam erstmals 1904 nach Paris, wo er sich der dortigen Künstlerszene anschloss. Später ließ er sich in Südfrankreich nieder. Mit seiner offenen Ablehnung des spanischen Franco-Regimes im Jahr 1934 war eine Rückkehr in seine Heimat ausgeschlossen. Doch auch in Frankreich setzte sich Picasso in vielen seiner Werke mit spanischen Themen auseinander, darunter mit Stieren und spanischen Gitarren.

*Picassos* Frauenkopf mit Haarknoten

Das Hôtel Carnavalet ließ sich Nicolas Dupuis 1548 als Stadtpalais errichten. Die Schriftstellerin Madame de Sévigné wohnte 1677 – 96 in dem Haus und hielt hier ihre literarischen Zirkel ab. Im Obergeschoss, das der Zeit Louis' XIV gewidmet ist, sind Stücke aus ihrem Besitz zu sehen.

Das 1989 eröffnete benachbarte Hôtel le Peletier (17. Jh.) enthält Rekonstruktionen von Mobiliar aus dem frühen 20. Jahrhundert sowie Exponate aus der Zeit der Revolution und Napoléons. In der Orangerie gibt es eine Abteilung zur Frühgeschichte und zur gallo-römischen Zeit.

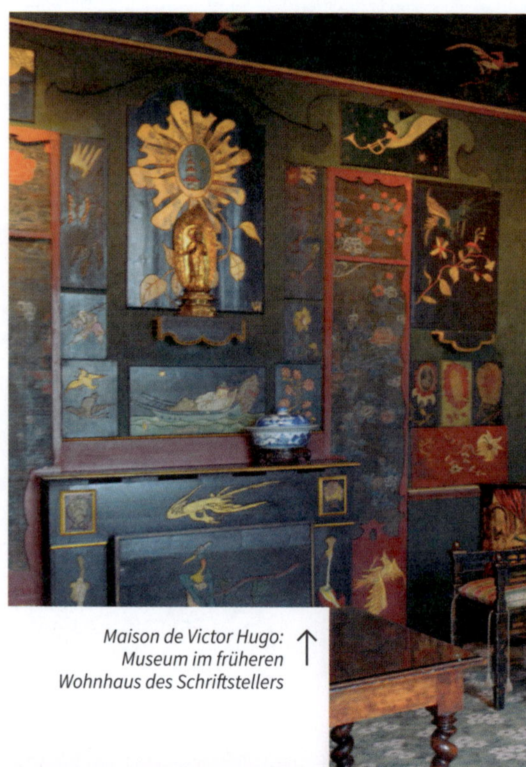

*Maison de Victor Hugo: Museum im früheren Wohnhaus des Schriftstellers* ↑

Im Parc de Bercy wurde 1992 ein Dorf aus der Jungsteinzeit entdeckt. Die Fundstücke, darunter Einbäume, sind hier zu sehen.

## 19 Place des Vosges

K4 · 75003, 75004 · M Bastille, St-Paul

Die 1605 von Henri IV angelegte symmetrische Place des Vosges (140 mal 140 Meter) gilt als einer der schönsten Plätze der Welt. Die 36 Häuser – neun auf jeder Seite – sind über Arkaden errichtet, die heute Antiquitätenläden und Cafés beherbergen. 1615 fanden auf dem Platz die Feierlichkeiten zur Hochzeit von Louis XIII mit Anna von Österreich statt.

## 20 Maison de Victor Hugo

K4 · 6 Pl des Vosges 75004 · +33 1 4272 1016 · M Bastille · Di – So 10 –18 · 1. Jan, 1. Mai, 25. Dez · maisonsvictorhugo.paris.fr

Von 1832 bis 1848 lebte der französische Dichter, Dramatiker und Romancier (1802 – 1885) im zweiten Stock des ehemaligen Hôtel de Rohan-Guéménée, des größten Hauses an der Place des Vosges. Hier verfasste Hugo größere Passagen von *Die Elenden* und vollendete andere Werke. Das Museum zeigt die Rekonstruktion seiner Wohnung mit seinem Schreibtisch und selbst gefertigten Möbeln sowie Zeichnungen und Dokumenten seines Lebens – von der Kindheit bis zum Exil 1852 –70 in England.

**Die 1605 von Henri IV angelegte symmetrische Place des Vosges (140 mal 140 Meter) gilt als einer der schönsten Plätze der Welt.**

Expertentipp
**Oasen der Ruhe**

Das Hôtel de Lamoignon und das Hôtel de Sully im Marais sind mit ihren herrlichen Gärten, die für Besucher zugänglich sind, ideale Rastplätze.

## 21 Place de la Bastille

K5 · 75004 · M Bastille

Das berühmt-berüchtigte Gefängnis, das der revolutionäre Mob am 14. Juli 1789 stürmte, steht nicht mehr. Die 50 Meter hohe Colonne de Juillet erinnert an die Opfer der Julirevolution von 1830. An der Südseite des Platzes steht die 1989 eröffnete Opéra National de Paris Bastille.

# Spaziergang über die Île de la Cité

**Länge** 1,5 km **Dauer** 20 Min. **Métro** Cité

Die Wurzeln der Stadt Paris liegen auf der Île de la Cité. Die Insel in der Seine wurde vor über 2000 Jahren von Kelten besiedelt und war schon in der Antike von enormer strategischer Bedeutung. Überreste der Gebäude aus jener Epoche sind in der Crypte Archéologique zu finden. Ein Bummel über die Insel führt auch zu zwei herausragenden Kirchenbauten – Notre-Dame und Sainte-Chapelle.

Während der Revolution war die **Conciergerie** das Vorzimmer zur Guillotine *(siehe S. 94)*.

Der farbenprächtige **Marché aux Fleurs Reine Elizabeth II** ist einer der letzten Pariser Blumenmärkte.

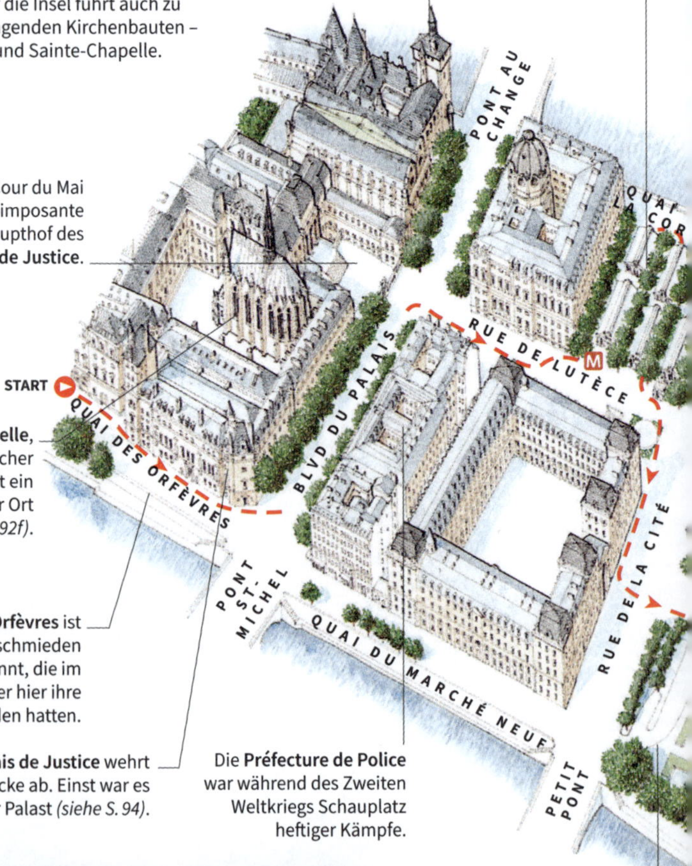

Die Cour du Mai ist der imposante Haupthof des **Palais de Justice**.

START

PONT AU CHANGE

QUAI DE LA CORSE

RUE DE LUTÈCE

M

BLVD DU PALAIS

QUAI DES ORFÈVRES

RUE DE LA CITÉ

PONT ST-MICHEL

QUAI DU MARCHÉ NEUF

PETIT PONT

**Sainte-Chapelle**, das Juwel gotischer Architektur, ist ein magischer Ort *(siehe S. 92f)*.

Der **Quai des Orfèvres** ist nach den Goldschmieden *(orfèvres)* benannt, die im Mittelalter hier ihre Läden hatten.

Das massive **Palais de Justice** wehrt jegliche Einblicke ab. Einst war es ein königlicher Palast *(siehe S. 94)*.

Die **Préfecture de Police** war während des Zweiten Weltkriegs Schauplatz heftiger Kämpfe.

In der **Crypte Archéologique** sind Reste von 2000 Jahre alten Gebäuden zu sehen *(siehe S. 95)*.

*Ansicht der Conciergerie vom Fluss aus*

↑ *Kleine Cafés mit Tischen im Freien in der Rue Chanoinesse*

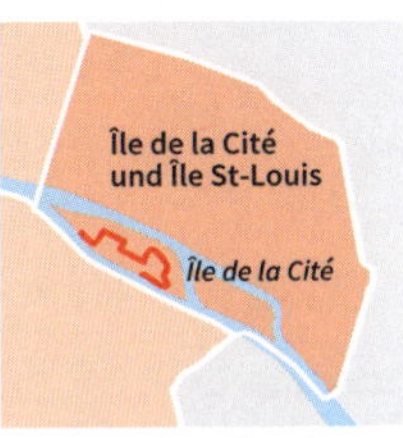


**Zur Orientierung**
*Siehe Stadtteilkarte S. 84f*

## Schon gewusst?

**Die Insel erleichterte schon den Römern vor 2000 Jahren die Überquerung der Seine.**

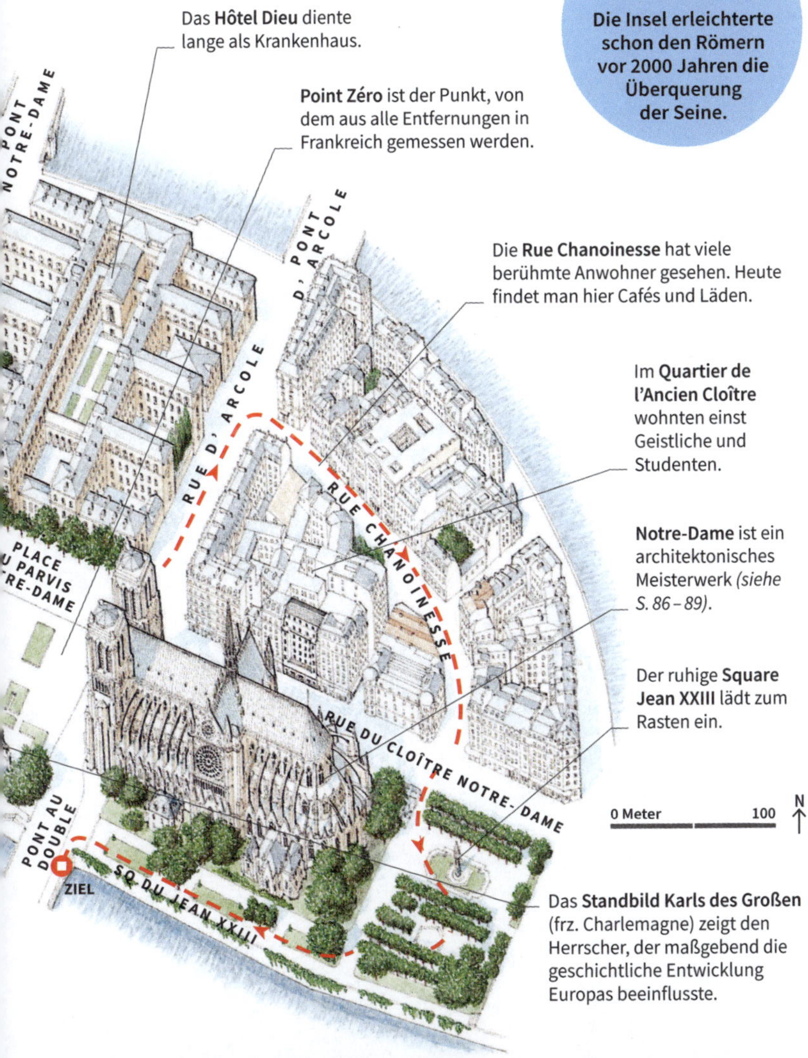

Das **Hôtel Dieu** diente lange als Krankenhaus.

**Point Zéro** ist der Punkt, von dem aus alle Entfernungen in Frankreich gemessen werden.

Die **Rue Chanoinesse** hat viele berühmte Anwohner gesehen. Heute findet man hier Cafés und Läden.

Im **Quartier de l'Ancien Cloître** wohnten einst Geistliche und Studenten.

Notre-Dame ist ein architektonisches Meisterwerk *(siehe S. 86–89)*.

Der ruhige **Square Jean XXIII** lädt zum Rasten ein.

Das **Standbild Karls des Großen** (frz. Charlemagne) zeigt den Herrscher, der maßgebend die geschichtliche Entwicklung Europas beeinflusste.

PONT NOTRE-DAME

PONT D'ARCOLE

RUE D'ARCOLE

RUE CHANOINESSE

PLACE DU PARVIS NOTRE-DAME

RUE DU CLOÎTRE NOTRE-DAME

PONT AU DOUBLE

ZIEL

SQ DU JEAN XXIII

0 Meter 100

N

Foyer der Opéra National de Paris Garnier (siehe S. 111)

# Tuileries und Opéra

Philippe Auguste, König von Frankreich, baute 1190 am Rand des mittelalterlichen Paris die Schutzburg Louvre, um die sich städtisches Leben entwickelte. 1528 ließ sich François I hier nieder, riss einen Großteil des ursprünglichen Gebäudes ein und ließ eine große Residenz im Renaissance-Stil errichten. In den folgenden Jahrhunderten erweiterten Herrscher das Gebiet durch die Errichtung von Gebäuden und Gärten. Unter ihnen war Marie de Médicis, die 1564 die formalen Gärten der Tuilerien neben dem Louvre anlegte. Nach der Französischen Revolution wurden sie der Öffentlichkeit zugänglich gemacht. 1793 wurde auf der Place de la Concorde eine Guillotine errichtet; hier wurden König Louis XVI und seine Gemahlin Marie-Antoinette hingerichtet. Wenige Monate später öffnete man auch die Pforten des Louvre als »Zentrales Kunstmuseum der Republik« für die Bevölkerung.

Auch nach der Revolution blieb die Gegend wohlhabend. Ihre breiten Prachtboulevards und eleganten Plätze waren Teil der umfassenden Modernisierung der Stadt durch Baron Haussmann im 19. Jahrhundert. 1875 wurde nördlich der Tuilerien das prächtige Palais Garnier erbaut. Heute zieht die Gegend Besucher und Einheimische gleichermaßen an, die hierher kommen, um durch die Gärten zu schlendern, die berühmten Kunstwerke des Louvre zu bewundern oder eine Opernaufführung im Palais Garnier zu sehen.

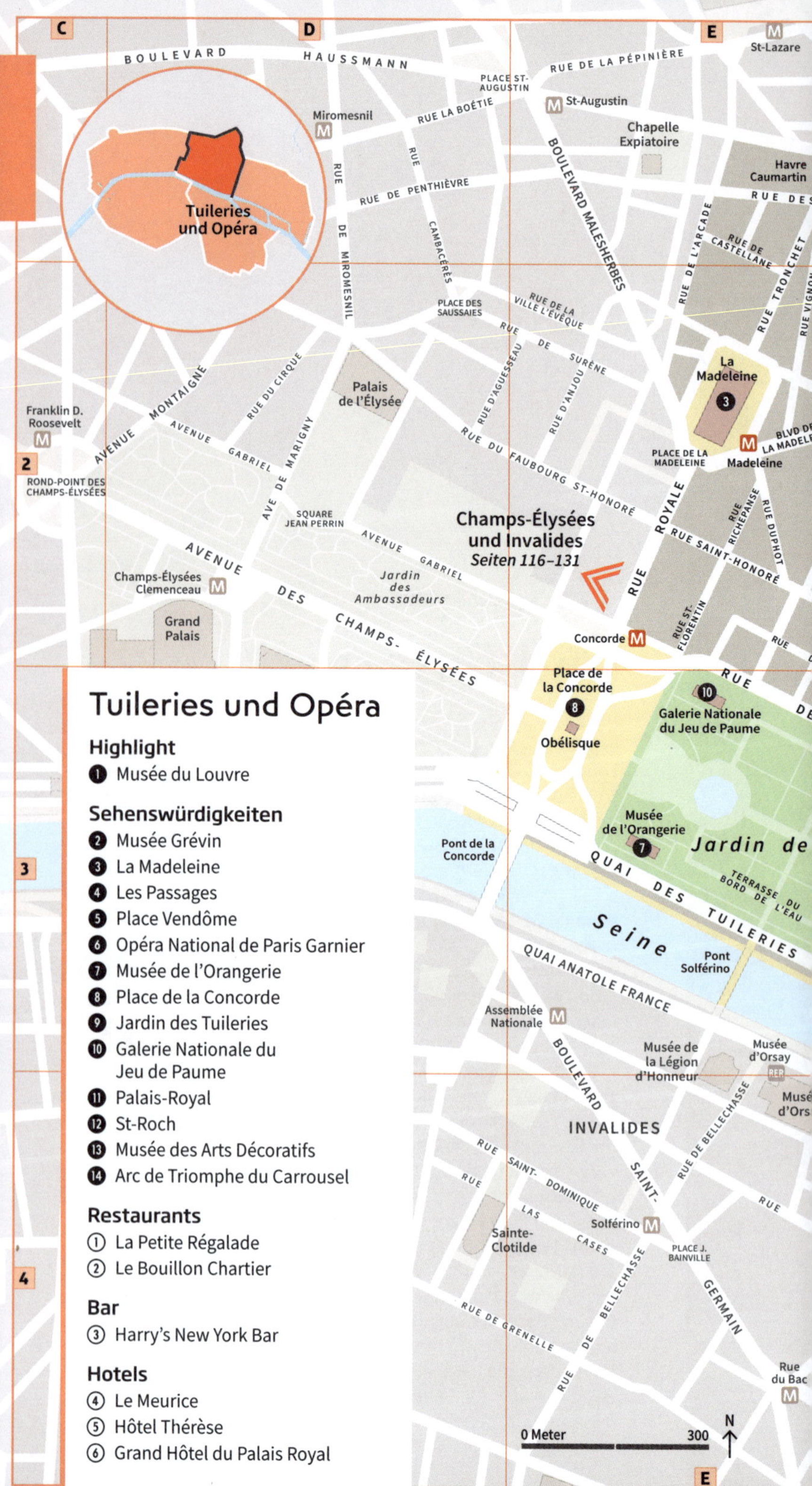


# Tuileries und Opéra

## Highlight

1 Musée du Louvre

## Sehenswürdigkeiten

2 Musée Grévin
3 La Madeleine
4 Les Passages
5 Place Vendôme
6 Opéra National de Paris Garnier
7 Musée de l'Orangerie
8 Place de la Concorde
9 Jardin des Tuileries
10 Galerie Nationale du Jeu de Paume
11 Palais-Royal
12 St-Roch
13 Musée des Arts Décoratifs
14 Arc de Triomphe du Carrousel

## Restaurants

① La Petite Régalade
② Le Bouillon Chartier

## Bar

③ Harry's New York Bar

## Hotels

④ Le Meurice
⑤ Hôtel Thérèse
⑥ Grand Hôtel du Palais Royal

Théâtre Mogador
Printemps
Galeries Lafayette
Chaussée d'Antin
Le Peletier
Auber
Opéra National de Paris Garnier
Richelieu Drouot
Musée Grévin
Grands Boulevards
Opéra
L'Olympia
Quatre Septembre
Palais Brongniart
Bourse
Ministère de la Justice
Colonne Vendôme
Place Vendôme
Bibliothèque Nationale
Les Passages
Pyramides
St-Roch
Tuileries
Jardin du Palais-Royal
Banque de France
MARAIS
Tuileries
Musée des Arts Décoratifs
Palais-Royal Musée du Louvre
Palais-Royal
Jardin des Tuileries
Jardin du Carrousel
Musée de la Publicité
Louvre des Antiquaires
Arc de Triomphe du Carrousel
Pyramide
Louvre-Rivoli
Île de la Cité, Marais und Beaubourg
Seiten 82–101
Musée du Louvre
Rive Gauche
Seiten 132–143
Quai du Louvre
Pont du Carrousel
St-Germain-l'Auxerrois
Quai de Malaquais
Pont des Arts
Pont Neuf
Monnaie de Paris
ÎLE DE LA CITÉ
Palais de Justice
QUARTIER LATIN

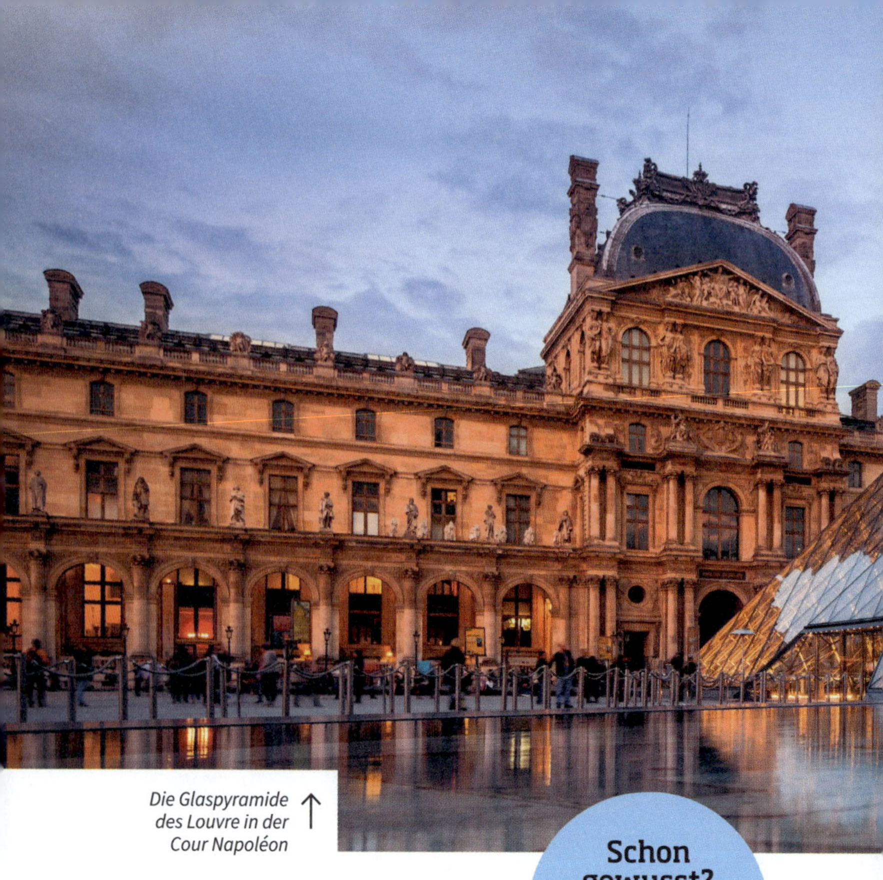

Die Glaspyramide des Louvre in der Cour Napoléon ↑

**Schon gewusst?**

Napoléon ließ die *Mona Lisa* in sein Schlafzimmer hängen.

1

# Musée du Louvre

**F4 +33 1 4020 5317 Palais-Royal – Musée du Louvre 21, 24, 27, 39, 48, 68, 69, 72, 81, 95 RER Châtelet – Les Halles Louvre Mi – Mo 9 – 18 (Fr bis 21:45) 1. Jan, 1. Mai, 14. Juli, 25. Dez louvre.fr**

**Der Louvre birgt eine der wichtigsten Kunstsammlungen der Welt. Öffentlich zugänglich wurde er nach der Französischen Revolution.**

Die Baugeschichte des Louvre reicht bis ins Mittelalter zurück. Er wurde 1190 von König Philippe Auguste als Schutzburg errichtet und unter François I im Renaissance-Stil umgebaut. Danach betätigten sich französische Könige und Kaiser vier Jahrhunderte lang als Bauherren. Die 1989 von I. M. Pei gestaltete Glaspyramide ist der Haupteingang zum Museum.

Die Schätze des Louvre gehen auf François I (1515 – 47) zurück, der viele italienische Gemälde, darunter auch Leonardo da Vincis *Mona Lisa (La Gioconda)*, erwarb. Zur Zeit von Louis XIV (1643 – 1715) umfasste die Sammlung nur 200 Werke, gewann jedoch durch Schenkungen und Käufe schnell an Umfang. Der Louvre ist seit 1793 für alle offen und enthält so viele Exponate, dass man bei einem einzigen Besuch unmöglich alle sehen kann.

### Kurzführer

Auf vier Stockwerken gibt es acht Hauptabteilungen: antike Artefakte aus dem Nahen Osten; Ägypten; Griechenland, Rom und Etrusker; Islamische Kunst; Skulpturen; *Objets d'art*; Malerei; Drucke und Zeichnungen.

Highlight

**1** *Die frei schwebende Wendeltreppe ist Teil der Eingangshalle, die I. M. Pei entwarf.*

**2** *Früher stand der für Schloss Marly bestimmte* Rossebändiger *von Guillaume Coustou nahe der Place de la Concorde. Dort sieht man heute eine Replik, das Original ist im Hof des Louvre.*

**3** Le Sacre de Napoléon *(1807) von Jacques-Louis David ist 6,20 auf 9,80 Meter groß.*

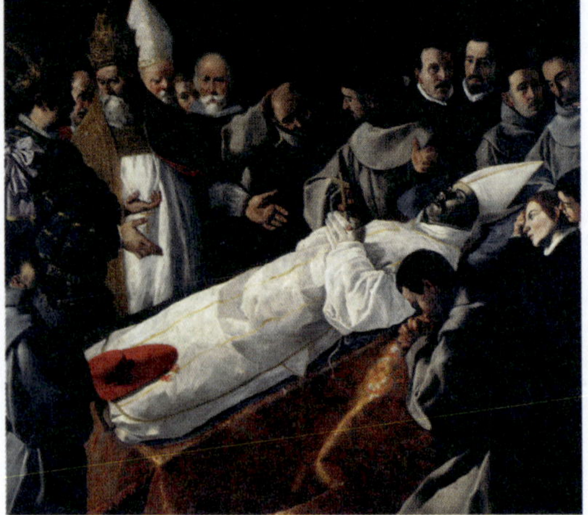

Der hl. Bonaventura auf dem Totenbett *(um 1629) von Francisco de Zurbarán*

## Was ist so besonders an der Mona Lisa?

König François I erwarb das Porträt einer nicht eindeutig identifizierten jungen Frau. Es war unter den ersten Gemälden des Musée du Louvre, aber eben nur eines unter mehreren Werken von Leonardo da Vinci. Das änderte sich, als das Bild 1911 gestohlen wurde. Die Zeitungen berichteten, Reproduktionen wurden in der ganzen Welt bekannt. Von ihrer Popularität hat die *Mona Lisa* seitdem nichts eingebüßt.

# Europäische Malerei 1200 bis 1850

Nordeuropäische Malerei aus Holland, Deutschland und England ist gut vertreten. Unter anderem sieht man Werke von Jan van Eyck, Vermeer, Dürer, Lucas Cranach, Hans Holbein und J. M. W. Turner.

In der spanischen Sammlung sind die düsteren Bilder El Grecos und Francisco de Zurbaráns ebenso vertreten wie die heiteren Porträts, die Goya schuf.

Die Sammlung italienischer Gemälde ist riesig. Unter den Meistern der Renaissance sind Giotto und Raffael, aber auch Leonardo da Vinci mit Werken, die ebenso bezaubern wie seine *Mona Lisa*.

Die Kollektion französischer Malerei reicht vom 14. Jahrhundert bis 1848 mit Arbeiten von Jean Fouquet, Georges de La Tour, Jean Watteau und J. H. Fragonard.

# Europäische Skulpturen 1100 bis 1850

Unter den frühen flämischen und deutschen Skulpturen sind Meisterwerke wie Tilman Riemenschneiders *Mariä Verkündigung* (Ende 15. Jh.) und Gregor Erharts *Maria Magdalena oder La Belle Allemande*, eine lebensgroße Nacktdarstellung aus Lindenholz.

Die französische Abteilung beginnt bei frühen romanischen Arbeiten, etwa der Christusgestalt eines burgundischen Bildhauers (12. Jh.) und einem Petrushaupt.

Die Werke von Pierre Puget wurden in der glasüberdachten Cour Puget versammelt. Zu ihnen zählt die Statue des Milon von Kroton. *Der Rossebändiger* steht unter dem Glasdach der Cour Marly, umgeben von anderen Meistern.

Unter den italienischen Skulpturen sind Arbeiten von Duccio und Donatello sowie Highlights wie Cellinis *Nymphe von Fontainebleau* und Canovas *Amor und Psyche*.

Maria Magdalena oder La Belle Allemande *(um 1515) von Gregor Erhart*

Highlight

## Objets d'art

↑ *Teller aus Serpentinstein mit Goldeinlegearbeiten (1. Jh. n. Chr. und 9. Jh.)*

Der Begriff *objets d'art* beschreibt Kunsthandwerkliches und umfasst ein Spektrum von Möbeln und Gobelins über mechanische und Sonnenuhren, Miniaturen, Silber- und Glaswaren, kleine Bronzen, Elfenbeinschnitzerei, Emaille, Porzellan und Schnupftabakdosen bis hin zu wissenschaftlichen Instrumenten und Waffen. Die Räume des Louvre bieten über 8000 Objekte aus verschiedenen Zeiten, Ländern und Regionen.

Viele Objekte stammen aus der Abtei St-Denis, in der die französischen Könige gekrönt wurden. Zu den Schätzen zählt ein Serpentinsteinteller (1. Jh. n. Chr.) mit acht goldenen Delfinen und einer Einfassung aus Gold und Edelsteinen (9. Jh.).

Zum französischen Kronschatz gehören die Kronen von Louis XV und Napoléon, Zepter und Schwerter. Zu sehen ist auch der »Regent«, einer der reinsten Diamanten der Erde. Er wurde 1717 erworben, Louis XV trug ihn 1722 zur Krönung.

2012 wurde eine Abteilung mit islamischer Kunst in der Cour Visconti eröffnet. Sie enthält 18 000 Objekte aus über drei Jahrtausenden und drei Kontinenten.

**Zum französischen Kronschatz gehören die Kronen von Louis XV und Napoléon. Zu sehen ist auch der »Regent«, einer der reinsten Diamanten der Erde.**

## Naher Osten, Ägypten, Griechenland, Rom und etruskische Exponate

Der Bestand an antiken Exponaten im Louvre beeindruckt. Die Stücke reichen von der Jungsteinzeit (um 6000 v. Chr.) bis zum Niedergang des römischen Imperiums. Zu den wichtigen Werken mesopotamischer Kunst gehört die Statue des Verwalters Ebih-il (2400 v. Chr.).

Die kriegerischen Assyrer sind durch feine Reliefarbeiten und durch eine Rekonstruktion eines Teils des Palasts von Sargon II. (722–705 v. Chr.) mit riesigen, geflügelten Stieren vertreten.

Der Großteil ägyptischer Kunst diente dem Totenkult. Zu den Grabbeigaben zählten sehr lebendig wirkende Wiedergaben des Alltagslebens. Ein Beispiel dafür ist die winzige Grabkapelle eines hohen Beamten (um 2500 v. Chr.). Eine dem Gott Osiris geweihte Grabkammer des Neuen Reichs (1555–1080 v. Chr.) enthält wuchtige Sarkophage und mumifizierte Tiere.

Die Abteilung griechischer, römischer und etruskischer Altertümer bietet viele außergewöhnliche Fragmente, darunter einen großen Kopf von den Kykladen (2700 v. Chr.). Die beiden berühmtesten griechischen Statuen, die *Venus von Milo* und die *Nike von Samothrake*, entstammen der Hellenistischen Epoche (spätes 3.–2. Jh. v. Chr.), als »natürlichere« Darstellungen bevorzugt wurden.

Highlight der etruskischen Sammlung ist der Terrakotta-Sarkophag eines Ehepaars, das einem ewigen Festmahl beizuwohnen scheint.

→ Nike von Samothrake *(Griechenland, um 190 v. Chr.)*

# SEHENSWÜRDIGKEITEN

**2**

## Musée Grévin

**G2 · 10 Blvd Montmartre 75009 · +33 1 4770 8505 · M Bourse, Grands Boulevards · Mo–Fr 10–18, Sa, So, Feiertage 9–19 · W grevin-paris.com**

Das 1882 eröffnete Wachsfigurenkabinett präsentiert historische Szenen, etwa Louis XIV in Versailles oder die Verhaftung von Louis XVI, sowie Stars aus Kunst, Politik, Film und Sport.

Das Holografiemuseum überrascht mit optischen Tricks. Im Museum gibt es darüber hinaus ein Theater mit 212 Plätzen. Hier werden häufig Vorträge und Lesungen veranstaltet.

**3**

## La Madeleine

**E2 · Pl de la Madeleine 75008 · +33 1 4451 6900 · M Madeleine · tägl. 9:30–19 · W eglise-lamadeleine.com**

Mit dem Bau der Kirche, die einem griechischen Tempel nachempfunden ist, wurde 1764 begonnen. 1845 wurde La Madeleine geweiht. Zwischenzeitlich wollte man sie in eine Bank, eine Börse, ein Theater oder einen Ruhmestempel zu Ehren Napoléons verwandeln. Eine Kolonnade umgibt den Bau.

**4**

## Les Passages

**G2 · 75002 · M Bourse**

Die meisten der im frühen 19. Jahrhundert entstandenen überdachten Einkaufspassagen (*galeries* oder *passages*) liegen zwischen Boulevard Montmartre und Rue St-Marc. Sie beherbergen eine bunte Mischung kleiner Läden, die von Designerschmuck bis zu antiquarischen Büchern und Künstlerbedarf alles verkaufen. Besonders sehenswert ist die Galerie Vivienne mit ihrem hübschen Mosaikboden.

**5**

## Place Vendôme

**F2 · 75001 · M Tuileries**

Als anschauliches Beispiel für die Eleganz der Stadt im 18. Jahrhundert kann dieser Platz des Architekten Jules Hardouin-Mansart gelten, der 1698 angelegt wurde. Er war vorgesehen, hinter den mit Arkaden geschmückten Fassaden Akademien und Botschaften unterzubringen, doch stattdessen richteten sich Bankiers prunkvoll ein.

Berühmte Anwohner des Platzes waren Frédéric Chopin, der 1849 im Haus Nr. 12 starb, und César Ritz, der 1898 in Nr. 15 sein Hotel gründete. Dort war Coco Chanel oft zu Gast.

←

*Marochettis* Erhebung der Maria Magdalena in den Himmel, *La Madeleine*

↑ *Tänzerinnen bei der* Sinfonie in drei Sätzen *an der Opéra National de Paris Garnier und ein begeistertes Publikum* (Detail)

6

## Opéra National de Paris Garnier

**F1 Place de l'Opéra 75009 +33 1 7125 2423 Opéra siehe Website 1. Jan, 1. Mai und bei besonderen Veranstaltungen operadeparis.fr**

Als gigantische Hochzeitstorte bezeichneten boshafte Stimmen das Gebäude, das Charles Garnier im Jahr 1862 entwarf. Der Krieg und die Aufstände von 1871 verzögerten die Eröffnung, sie fand erst 1875 statt. Sein einzigartiges Erscheinungsbild verdankt das Opernhaus der Verwendung verschiedener Materialien, darunter Stein, Marmor und Bronze, sowie der Vielfalt der architektonischen Stile – von Klassizismus bis Barock – mit vielen Säulen, Friesen und Skulpturen an der Fassade.

Der Bau besitzt ein grandioses Treppenhaus aus weißem Carrara-Marmor mit einem prächtigen, acht Tonnen schweren Kronleuchter und einen in Rot und Gold gehaltenen Zuschauerraum. Das wunderschöne Deckengemälde schuf Chagall im Jahr 1964.

Die Opéra Garnier bietet viele Ballettaufführungen. Opern werden mit der Opéra National de Paris Bastille koproduziert.

**Der Bau besitzt ein grandioses Treppenhaus aus Carrara-Marmor mit einem prächtigen, acht Tonnen schweren Kronleuchter und einen in Rot und Gold gehaltenen Zuschauerraum.**

## Restaurants und Bar

**La Petite Régalade**
Leckere Crêpes mit kreativen Füllungen.

**F2 14 Rue Daunou 75002 +33 1 4260 1100 So, Mo**

€€€

**Le Bouillon Chartier**
Köstliche französische Küche zu angemessenen Preisen.

**G2 7 Rue du Faubourg Montmartre 75009 bouillon-chartier.com**

€€€

**Harry's New York Bar**
Hier wurde angeblich der Cocktail Bloody Mary erfunden.

**F2 5 Rue Daunou 75002 harrysbar.fr**

## 7 Musée de l'Orangerie

E3 Jardin des Tuileries, Place de la Concorde 75001 +33 1 4477 8007
Concorde Mi–Mo 9–18
1. Mai, 14. Juli, 25. Dez
musee-orangerie.fr

Ein Teil von Claude Monets berühmten *Seerosen*-Gemälden bedeckt die Wände zweier ovaler Räume des Museums. Die meisten seiner *Seerosen* entstanden zwischen 1899 und 1912 im Garten des Künstlers in Giverny bei Paris.

Zudem birgt das Museum die Walter-Guillaume-Sammlung: 27 Bilder von Renoir, darunter auch *Junge Mädchen am Klavier*, ausdrucksstarke Arbeiten von Soutine, 14 Werke von Cézanne, frühe Werke von Picasso und neun Gemälde von Rousseau, darunter *Die Hochzeit*. Es sind auch einige Werke von Sisley und Modigliani zu sehen.

## 8 Place de la Concorde

E3 75008 Concorde

Der Platz, der zu den historisch bedeutendsten und größen Europas zählt, war bis Mitte des 18. Jahrhunderts ein ausgedehntes Sumpfgebiet. 1775 beauftragte Louis XV den Architekten Jacques-Ange Gabriel mit der Planung eines würdigen Standorts für ein Reiterstandbild seiner Majestät. Daraufhin wurde der acht Hektar große, damals nach dem König benannte Platz angelegt.

Keine 20 Jahre später ersetzte man das Denkmal durch die Guillotine (die sogenannte »Schwarze Witwe«). Der Platz erhielt den Namen Place de la Révolution. Am 21. Januar 1793 wurde König Louis XVI hier hingerichtet. In den folgenden Jahren rollten mehr als 1300 Köpfe, darunter die von Marie-Antoinette, Madame du Barry, Charlotte Corday (der Mörderin Marats), aber auch die der Revolutionsführer Danton und Robespierre. Als die Schreckensherrschaft 1794 vorüber war, tauften die Stadtväter den Platz in Place de la Concorde (Eintracht) um. Jahrzehnte später erhielt Louis-Philippe

**Schon gewusst?**

**Ca. 60 der rund 250 *Seerosen*-Gemälde Monets sind im Musée de l'Orangerie zu sehen.**

→ *Besucher spazieren durch den herrlich gestalteten Jardin des Tuileries*

←
*Farbintensiv und groß: Monets Gemälde im Musée de l'Orangerie*

vom ägyptischen Vizekönig einen 3300 Jahre alten Obelisken und ließ ihn hier aufstellen.

An der Nordseite der Place de la Concorde befinden sich zwei der klassizistischen Palais von Gabriel: das Hôtel de la Marine und das Hôtel Crillon.

## 9 Jardin des Tuileries

**F3 75001 M Tuileries, Concorde Apr – Sep: tägl. 7 – 21 (Juni – Aug: bis 23); Okt – März: tägl. 7:30 – 19:30**

Die klassizistische Parkanlage, Teil des Grüngürtels zwischen Louvre und Champs-Élysées, gehörte früher zum Palais des Tuileries, den die Kommunarden 1871 zerstörten. Im 17. Jahrhundert entwarf der Hofgärtner Le Nôtre die Allee sowie die Formbäume und -sträucher. Im Zug von Überholungsarbeiten wurde nun ein neuer Garten mit Bäumen und modernen Skulpturen angelegt.

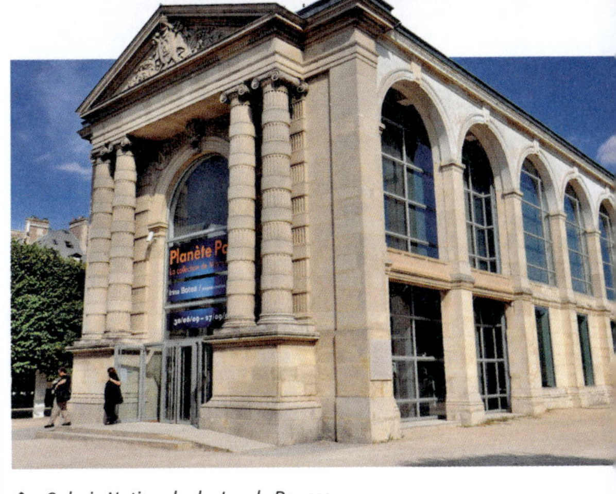

↑ *Galerie Nationale du Jeu de Paume – Sitz des Centre National de la Photographie*

## 10 Galerie Nationale du Jeu de Paume

**E3 Jardin des Tuileries, 1 Place de la Concorde 75008 M Concorde siehe Website 1. Jan, 1. Mai, 25. Dez W jeudepaume.org**

Für Jeu de Paume – ein am französischen Hof beliebtes Ballspiel – ließ König Napoléon III im Jahr 1851 an der Nordseite der Tuilerien zwei Tennisplätze errichten. Später wurde auf diesem Gelände ein Museum für Werke des französischen Impressionismus gebaut. Es beherbergt das Centre National de la Photographie und präsentiert Kunstausstellungen für Fotografie, Video und Film sowie Künstlergespräche. Sein Gegenstück ist das Hôtel de Sully.

### Jeu de Paume

Der französische Adel vertrieb sich die Zeit gern bei dem Ballspiel *jeu de paume* (»Spiel mit den Handinnenflächen«), das auf dem Gelände der heutigen Galerie Nationale du Jeu de Paume praktiziert wurde. Später benutzte man für das Treffen des Balls Schläger, weshalb das Spiel als ein Vorläufer von Tennis und Squash angesehen wird. Im Jahr 1908 war *jeu de paume* in London sogar olympische Disziplin. Außerhalb von Frankreich wird der Sport heute noch vor allem in Großbritannien, in den USA und in Australien ausgeübt.

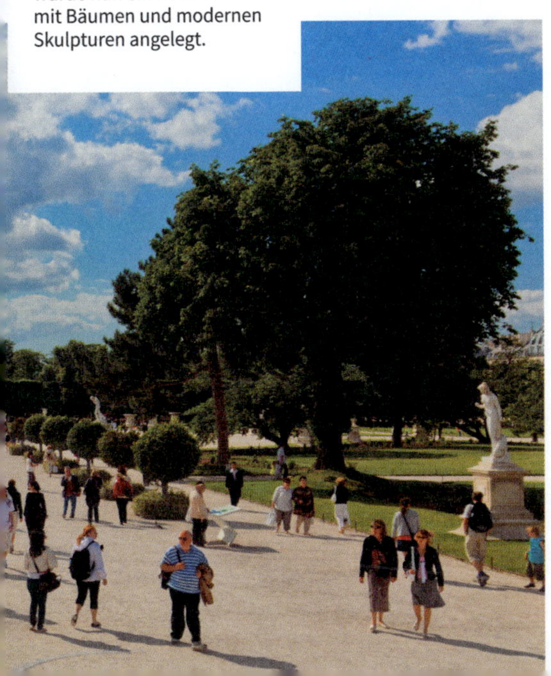

## 11 Palais-Royal

**F3 Palais: Pl du Palais-Royal 75001; Gärten: 6 Rue de Montpensier Palais-Royal Apr, Mai: tägl. 8–22:15; Juni–Aug: tägl. 8–23; Sep: tägl. 8–21:30; Okt–März: tägl. 8–20:30 domaine-palais-royal.fr**

Das ehemalige königliche Palais erlebte eine stürmische Geschichte. Im frühen 17. Jahrhundert war es Richelieus Kardinalspalais, nach dessen Tod fiel das Gebäude an die Krone. Hier verbrachte der Sonnenkönig Louis XIV seine Kindheit. Im 18. Jahrhundert diente es den königlichen Herzögen von Orléans für glänzende Veranstaltungen, aber auch für Glücksspiele. Hier ertönte der Ruf nach Freiheit, der am 14. Juli 1789 zum Sturm auf die Bastille führte.

Nach der Restaurierung (1872–76) ging der Palast an den Staat und beherbergt heute sowohl den Staatsrat (Oberstes Verwaltungsgericht) als auch den Verfassungsrat. In einem anderen Flügel befindet sich das Kultusministerium. Das Theater des Kardinals, in dem Molière gewirkt hatte, brannte 1763 nieder und wurde durch die Comédie-Française ersetzt.

Die heutige Gartenanlage ist um etwa ein Drittel kleiner als die ursprüngliche aus den 1630er Jahren. Dies liegt auch an der Randbebauung mit 60 Häusern, die zwischen 1781 und 1784 erfolgte. Den Platz umrahmen zudem Restaurants, Kunstgalerien und Boutiquen. Zu den berühmtesten Bewohnern gehörten Jean Marais und Jean Cocteau.

Seit 1986 ziert Daniel Burens Installation *Les Deux Plateaux* aus 260 kleinen schwarz-weißen Säulen den Innenhof des Palais-Royal. Hier tummeln sich Kinder und Erwachsene.

### Schon gewusst?

**Burens Installation im Hof des Palais-Royal zählt zu den umstrittensten Kunstwerken in Paris.**

## 12 St-Roch

**F3 296 Rue St-Honoré 75001 +33 1 4244 1320 Tuileries, Pyramides Sep–Juni: tägl. 8:30–19; Juli, Aug: Di–So 9–19 nichtreligiöse Feiertage paroissesaintroch.fr**

König Louis XIV legte 1653 den Grundstein zu dieser überaus imposanten Kirche, die nach dem Entwurf von Jacques Lemercier, dem Architekten des Louvre, erbaut wurde. St-Roch ist voller sakraler Kunstwerke, von denen viele aus abgerissenen Kirchen und Klöstern stammen.

Der Dramatiker Pierre Corneille (1606–1684), der Hofgärtner André Le Nôtre und der Philosoph Denis Diderot (1713–1784) sind hier beigesetzt.

→ Kunsthandwerk im Musée des Arts Décoratifs

## 13 Musée des Arts Décoratifs

**F3 Palais du Louvre, 107–111 Rue de Rivoli 75001 +33 1 4455 5750 Palais-Royal, Tuileries Museum: Di–So 11–18 (Do bis 21); Bibliothek: Mo, Do 13–18, Di, Mi, Fr 10–18 1. Jan, 1. Mai, 25. Dez madparis.fr**

Das interessante Museum im Nordwestflügel des Palais du Louvre (mit Musée de la Publicité und Musée de la Mode et du Textile) präsentiert dekorative und ornamentale Kunst vom Mittelalter bis

→ *Arc de Triomphe du Carrousel (1806) – ein Siegesdenkmal Napoléons*

heute. Sehenswert sind vor allem die Jugendstil- und Art-déco-Räume, die Glas- und Schmuckabteilung, aber auch die Möbel im Louis-XIV-, Louis-XV- und Louis-XVI-Stil. Die Wohnung der Modeschöpferin Jeanne Lanvin (1876–1946) wurde detailgenau rekonstruiert, und auch die Moderne ist vertreten. Vom Restaurant blickt man auf die Tuileries-Gärten. Der Besuch der Bibliothek erfordert eine Voranmeldung.

14

## Arc de Triomphe du Carrousel

**F3 Pl du Carrousel 75001 M Palais-Royal**

Napoléon ließ den Triumphbogen 1806 aus rosafarbenem Marmor zur Erinnerung an seine Siege – vor allem an die Schlacht von Austerlitz im Jahr 1805 – errichten.

Die Quadriga, die 1828 hinzukam, zeigt Kopien der Pferde von San Marco, die Napoléon aus Venedig mitbrachte und 1815 nach der Niederlage bei Waterloo an die Dogenstadt zurückgeben musste.

## Hotels

**Le Meurice**
Rokoko-Ausstattung trifft auf modernsten Komfort (u. a. ein Sternerestaurant).

**E3 228 Rue de Rivoli 75001**
**W dorchestercollection.com**

€€€

**Hôtel Thérèse**
Die Zimmer des Boutiquehotels sind wahre Oasen nach einem Tag voller Sightseeing.

**F3 5 Rue Thérèse 75001**
**W hoteltherese.fr**

€€€

**Grand Hôtel du Palais Royal**
Luxushotel mit viel Privatsphäre und wundervollem Gartenblick.

**G3 4 Rue de Valois 75001**
**W grandhoteldupalaisroyal.com**

€€€

CAFE
30

*Prachtvoll illuminierter Eiffelturm* (siehe S. 122f)

# Champs-Élysées und Invalides

Das von der Seine durchschnittene Gebiet war im Mittelalter ein Vorort von Paris. Die Rue du Faubourg St-Honoré begann als mittelalterliche unbefestigte Straße, die abgelegene westliche Dörfer mit dem städtischen Markt verband. 1616 ließ Königin Marie de Médicis eine von Bäumen gesäumte Zufahrt parallel dazu errichten. Sie verlief durch die Landschaft zum ehemaligen Palais des Tuileries. Die Straße erhielt im 18. Jahrhundert den Namen Champs-Élysées, und ihr krönender Abschluss, der Arc de Triomphe, wurde 1806 von Napoléon I nach seinem Sieg in der Schlacht von Austerlitz in Auftrag gegeben. Der Bau des barocken Hôtel des Invalides zur Unterbringung verwundeter Militärveteranen wurde 1706 abgeschlossen und führte zur anschließenden Urbanisierung des Gebiets.

Das Viertel war besonders bei Adligen beliebt, die beeindruckende Paläste errichteten, und hatte auch starke militärische Verbindungen als Sitz der 1750 gegründeten École Militaire. Im Jahr 1889 fand auf deren Exerzierplatz die Weltausstellung zum Gedenken an den 100. Jahrestag der Revolution statt mit dem mittlerweile berühmten Eiffelturm als Hauptattraktion. Heute ist die Gegend einer der prestigeträchtigsten Bezirke der Hauptstadt mit einer Vielzahl von Luxushotels, erstklassigen Restaurants, teuren Wohnstraßen und beeindruckenden Denkmälern.

A
B
C
1
2
3
4
5
6
Avenue de la Grande Armée
Argentine
Avenue Foch
Ave de Wagram
Rue du Faubourg St-Honoré
Avenue Hoche
Rue Beaujon
Rue de Courcelles
Boulevard
Charles de Gaulle-Étoile
RER
Arc de Triomphe
Avenue de Friedland
Rue Lord Byron
Rue Balzac
Rue Washington
Rue d'Artois
Rue du Faubourg St-Honoré
Place Chassaigne-Goyon
St-Philippe-du-Roule
Avenue Victor Hugo
Kléber
Rue de Presbourg
Rue Vernet
George V
Avenue des Champs-Élysées
Rue de Berri
Rue La Boétie
Rue du Colisée
Rue Jean Mermoz
Rue L. de Vinci
Rue Lauriston
Rue Paul Valéry
Ave Kléber
Rue La Pérouse
Rue Dumont d'Urville
Rue Galilée
Rue de Bassano
Avenue Marceau
Ave George V
Rue Bauchart
Avenue des Champs-Élysées
Franklin D. Roosevelt
Rue de Ponthieu
Victor Hugo
Rue Copernic
Rue Boissière
Rue de Belloy
Avenue d'Iéna
Rue Quentin Bauchart
Ave Pierre 1er de Serbie
Rue Marbeuf
Rue François 1er
Rue de Marignan
Rond-Point des Champs-Élysées
Avenue Montaigne
Champs-Élysées Clemenceau
Grand Palais
Avenue Raymond Poincaré
Boissière
Rue Hamelin
Place Amiral de Grasse
Rue de Lübeck
Rue Freycinet
Place François 1er
Rue Bayard
Rue Jean Goujon
Rue Saint-Didier
Musée Galliera
Avenue du Président Wilson
Alma-Marceau
Cours Albert 1er
Rue de Longchamp
Chaillot
Iéna
Palais de Tokyo
Musée d'Art Moderne de la Ville de Paris
Port de la Conférence
Pont des Invalides
Ave d'Eylau
Trocadéro
Cité de l'Architecture et du Patrimoine
Rue Fresnel
Rue Debilly
Pont de l'Alma
Musée des Égouts
Berges de Seine
Passerelle Debilly
Pont de l'Alma
Quai d'Orsay
Palais de Chaillot
Avenue de New York
Port Debilly
Quai Branly
Place de la Résistance
Rue Cognacq Jay
Rue Surcouf
Rue Fabert
Musée de l'Homme
Jardins du Trocadéro
Port de la Bourdonnais
Avenue Rapp
Rue de l'Université
Rue Malar
Rue Jean Nicot
Boulevard de la Tour Maubourg
Passage Landrieu
Rue Le Tasse
Rue Le Nôtre
Pont d'Iéna
Port de la Bourdonnais
Musée du Quai Branly
Rue de Monttessuy
Rue Saint-Dominique
Rue Amélie
Rue de la Comète
Blvd Delessert
Port de Passy
Port de Suffren
Eiffelturm
Avenue Bosquet
Rue de Grenelle
Passy
Ave Gustave Eiffel
Allée
Place du Général Gouraud
Rue Augereau
Rue Cler
La Tour Maubourg
Hôtel des Invalides
Seine
RER
Champ de Mars Tour Eiffel
Parc du Champ-de-Mars
Avenue de la Bourdonnais
Rue du Champ de Mars
Rue Duvivier
Avenue de la Motte-Picquet
Ave du Président Kennedy
Port de Suffren
Avenue Charles Floquet
Ave Émile Deschanel
Allée Adrienne Lecouvreur
Avenue J. Bouvard
Place Jacques Rueff
École Militaire
Blvd de la Tour Maubourg
Dôme des Invalides
Rue Jean Rey
Rue Chevert
Avenue de Suffren
Allée Thomy Thierry
Ave Charles Risler
Place de l'École Militaire
Ave de Tourville
Port de Grenelle
Bir-Hakeim
Rue de la Fédération
Rue Desaix
Ave E. Acollas
Place Joffre
Place Vauban
Quai de Grenelle
Rue St-Saëns
Place Alfred Sauvy
Avenue de la Motte-Picquet
École Militaire
Avenue Duquesne
Avenue de Lowendal
Avenue de Ségur
Esplanade du Souvenir Français
Rue Saint-Charles
Place Dupleix
Rue Dupleix
Rue Alasseur
Rue d'Estrées
Place El Salvador
Place de Brazzaville
Rue D. Stern
Place de Fontenoy
Rue Viala
Rue de Lourmel
Blvd de Grenelle
Ave de la Motte-Picquet
La Motte-Picquet-Grenelle
Rue du Laos
UNESCO
Avenue de Breteuil
Dupleix
Square Cambronne
Avenue de Saxe
Rue Saint-Charles
Rue Letellier
Rue du Commerce
Rue du Théâtre
Place Cambronne
Rue Mario Nikis
Ségur
Rue Pérignon
Rue Bouchut
Place de Breteuil
Rue Frémicourt
Cambronne
Boulevard Garibaldi
Ave de Suffren
Avenue Émile Zola
Avenue Émile Zola
Rue de la Croix Nivert
Rue Cambronne
Rue Miollis
Sèvres Lecourbe
Rue Lecourbe
0 Meter
500
N

Champs-Élysées und Invalides
Highlights
1 Arc de Triomphe
2 Eiffelturm
Sehenswürdigkeiten
3 Pont Alexandre III
4 Avenue des Champs-Élysées
5 Palais de l'Élysée
6 Grand Palais
7 Petit Palais
8 Palais de Chaillot
9 Musée des Égouts
10 Musée d'Art Moderne de la Ville de Paris
11 Jardins du Trocadéro
12 Dôme des Invalides
13 Hôtel des Invalides
14 Musée Rodin
15 École Militaire
16 UNESCO
17 Musée du Quai Branly
18 Musée Maillol
Restaurants
① Café 52
② Pierre Gagnaire
③ Relais de l'Entrecôte
④ Mariette
⑤ David Toutain
⑥ Arpège
Bars
⑦ Le Bar im Four Seasons Hotel
⑧ Bar de l'Hôtel Belmont
⑨ Le Bar Kléber im Peninsula Hotel
⑩ Le Bar Botaniste im Shangri-La Hotel
⑪ Le Bar du Bristol
Champs-Élysées und Invalides
Tuileries und Opéra
Seiten 102–115
Rive Gauche
Seiten 132–143
D
E
F
G
1
2
3
4
5
6
Église St-Augustin
Gare St-Lazare
St-Lazare
Haussmann St-Lazare
St-Augustin
Chapelle Expiatoire
Miromesnil
Galeries Lafayette
Opéra National de Paris Garnier
Opéra
Madeleine
BLVD DES CAPUCINES
Quatre Septembre
RUE DU QUATRE SEPTEMBRE
HAUSSMANN
BLVD MALESHERBES
RUE DU FAUBOURG ST-HONORÉ
Palais de l'Élysée
Espace Pierre Cardin
AVENUE GABRIEL
CHAMPS-ÉLYSÉES
Obélisque
PLACE DE LA CONCORDE
RUE DE RIVOLI
COURS LA REINE
Port des Champs-Élysées
Musée de l'Orangerie
Jardin des Tuileries
Pont Alexandre III
Pont de la Concorde
QUAI DES TUILERIES
QUAI D'ORSAY
Pont Solférino
QUAI ANATOLE FRANCE
Assemblée Nationale Palais-Bourbon
Assemblée Nationale
Musée d'Orsay
INVALIDES
RUE SAINT-DOMINIQUE
BLVD SAINT-GERMAIN
Solférino
Sainte-Clotilde
RUE DE GRENELLE
Varenne
Musée Rodin
Musée Maillol
Rue du Bac
RUE DE VARENNE
Hôtel Matignon
BOULEVARD DES INVALIDES
RUE DE BABYLONE
Square Boucicaut
St-François Xavier
Jardin Catherine Labouré
Le Bon Marché
RUE DE SÈVRES
Vaneau
RUE DU CHERCHE MIDI
Duroc
St-Placide
BOULEVARD DU MONTPARNASSE
RUE DE VAUGIRARD
RUE DE RENNES
Falguière

30
Schilde direkt unterhalb des Dachs tragen die Namen der siegreichen Schlachten Napoléons.


*Von den Strahlen der untergehenden Sonne wird der Bogen eindrucksvoll golden beleuchtet* ↑

Highlight

1

# Arc de Triomphe

B1 Pl Charles de Gaulle +33 1 5537 7377 M RER Charles de Gaulle – Étoile
22, 30, 31, 52, 73, 92 bis Pl Charles de Gaulle tägl. 10 – 22:30 (Apr – Sep: bis 23)
1. Jan, 1. Mai, 18. Juli, 25. Dez; nur vormittags: 8. Mai, 14. Juli, 11. Nov
paris-arc-de-triomphe.fr

**Als Endpunkt der Champs-Élysées sollte der Arc de Triomphe die militärische Vormachtstellung von Napoléons Armee demonstrieren. Von der Aussichtsplattform hat man einen der schönsten Blicke auf Paris.**

Nach seinem größten Sieg bei Austerlitz 1805 versprach Napoléon seinen Soldaten, sie würden »durch Triumphbogen heimkehren«. Der Grundstein des berühmtesten Triumphbogens der Welt wurde im folgenden Jahr gelegt. Die Vollendung des Monumentalwerks verzögerte sich jedoch bis 1836, weil die Pläne des Architekten Jean-François Chalgrin geändert und Napoléon abgesetzt und verbannt wurde. Heute ist das 50 Meter hohe Monument Ausgangspunkt für Feiern und Paraden.

### Hochzeitszug

1809 verstieß Napoléon Joséphine, da sie ihm keine Kinder gebar. 1810 wurde die Heirat mit Marie-Louise, der Tochter des österreichischen Kaisers, arrangiert. Um seine Braut zu beeindrucken, wollte Napoléon unter dem Triumphbogen hindurchziehen. Da die Arbeiten kaum begonnen hatten, errichtete Chalgrin ein Modell in Originalgröße, durch das das Paar schreiten konnte.

← *Zwölf Avenuen führen sternförmig zur Place Charles de Gaulle*

*Die symbolische Ewige Flamme am Grab des Unbekannten Soldaten* →

*Chronik*

*1806*
▽ Ein Jahr nach Austerlitz beauftragt Napoléon Chalgrin mit dem Bau des Triumphbogens

*1815*
Nach der Schlacht bei Waterloo muss Napoléon abdanken; die Arbeiten werden eingestellt

*1836*
Unter König Louis-Philippe wird der Triumphbogen vollendet

*1919*
Die Siegesparade der Alliierten führt durch den Bogen

*1944*
△ Befreiung von Paris; de Gaulle geht ab dem Arc an der Spitze der Menge

2

# Eiffelturm

B4 Quai Branly und Champ de Mars M Bir-Hakeim 42, 69, 72, 82, 87 bis Champ de Mars RER Champ de Mars – Tour Eiffel tägl. 9:30 – 23:45; unbedingt vorab online buchen 14. Juli W toureiffel.paris

**Er ist das bekannteste Wahrzeichen von Paris: Der Eiffelturm ragt 330 Meter in die Höhe und bietet eine unvergleichliche Aussicht.**

Der Eiffelturm (la Tour Eiffel) wurde anlässlich der Weltausstellung 1889 erbaut und sollte die Pariser Skyline eigentlich nur vorübergehend prägen. Das Werk des Ingenieurs Gustave Eiffel wurde von vielen geschmäht. So speiste Guy de Maupassant oft hier – nur um den Turm beim Essen nicht im Blick haben zu müssen. Erst 1931 machte das New Yorker Empire State Building dem Eiffelturm den Rang des höchsten Baus der Welt streitig. Bei der Renovierung 2012 –14 wurde auf der unteren Plattform ein Glasboden eingezogen. Hier ist auch ein Besucherzentrum und ein kleines interaktives Turmmuseum. Nachts macht der Turm mit Lightshows auf sich aufmerksam.

## Der Turm in Zahlen

**324 Meter:** Gesamthöhe mit Antenne

**276 Meter:** Höhe der dritten Aussichtsplattform

**1665:** Zahl der Stufen bis zur dritten Aussichtsplattform

**2,5 Millionen:** Zahl der Nieten, die den Turm zusammenhalten

**7 Zentimeter:** Maximale seitliche Schwingung

**10 100 Tonnen:** Gesamtgewicht des Turms

**60 Tonnen:** Farbe für den Anstrich

**18 Zentimeter:** Maximale Dehnung an heißen Tagen

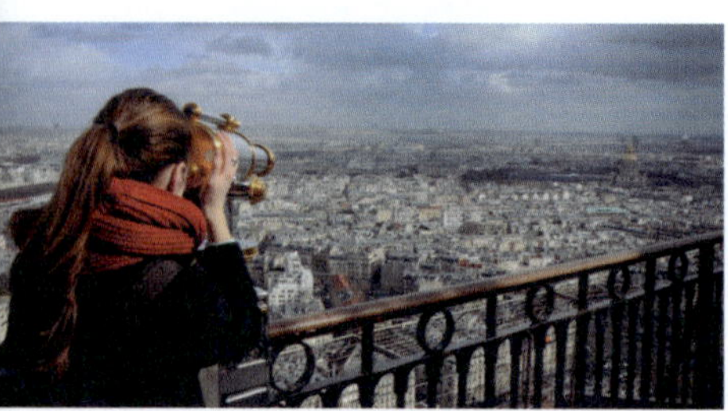

↑ *Der Blick vom Turm reicht bis zu 70 Kilometer weit*

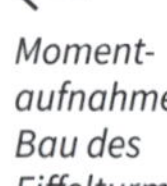

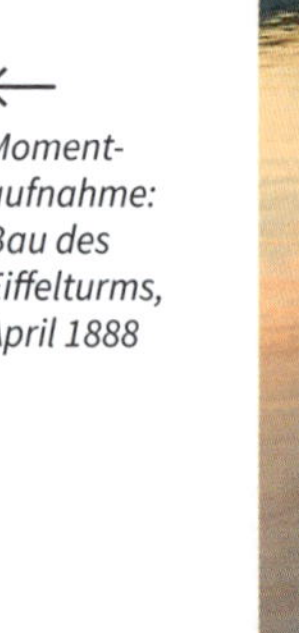

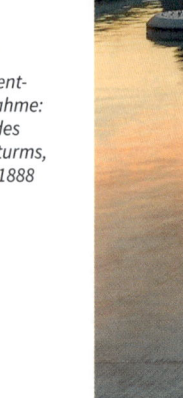

← *Momentaufnahme: Bau des Eiffelturms, April 1888*

**Schon gewusst?**

Der Eiffelturm wird alle sieben Jahre neu angestrichen.

↑ *Blick auf den Eiffelturm von den Jardins du Trocadéro* (siehe S. 127)

# SEHENSWÜRDIGKEITEN

3

## Pont Alexandre III

D3 75008 M Champs-Élysées – Clemenceau, Invalides

Mit dem üppigen Dekor zwischen Neobarock und Jugendstil – vergoldete und bronzene Laternen, Putten, Nymphen und geflügelte Pferde schmücken beide Enden – ist die 1896–1900 erbaute Brücke die reizvollste der Stadt. Sie wurde zur Weltausstellung von 1900 vollendet und sollte an die französisch-russische Allianz von 1892 erinnern. Benannt ist der Pont Alexandre III nach Zar Alexander III., der 1896 den Grundstein legte.

Die Konstruktion ist ein technisches Wunderwerk des 19. Jahrhunderts: Ohne Zwischenpfeiler spannt sie sich in einem sechs Meter hohen Bogen über die Seine. Bei der Planung wurde penibel darauf geachtet, dass die Brücke nicht den Blick auf die Champs-Élysées oder Les Invalides verdeckt – Besucher wissen dies zu schätzen.

4

## Avenue des Champs-Élysées

C2 75008 M Charles de Gaulle – Étoile, George V, Franklin D. Roosevelt, Champs-Élysées – Clemenceau, Concorde

Die majestätische Avenue wurde vom Landschaftsarchitekten André Le Nôtre um 1660 entworfen. Er benannte sie nach den elysischen Gefilden (in der griechischen Mythologie der Himmel für Helden). Die drei Kilometer lange Straße führt in einer geraden Linie von der Place de la Concorde bis zum Arc de Triomphe. Im 19. Jahrhundert wurde der damalige Reiterweg in einen eleganten Boulevard umgewandelt. Am ersten Sonntag im Monat ist er Fußgängern vorbehalten. Heute liegen an der Straße mit dem starken Verkehrsaufkommen zahlreiche Läden, Restaurants und Cafés. Die Gartenanlage mit Kastanien und Blumenbeeten vor der Place de la Concorde ist der schönste Teil.

Die breiten Champs-Élysées haben einen ganz besonderen Platz im Herzen der Franzosen. Hier finden an den bedeutenden Nationalfeiertagen Paraden statt, außerdem endet auf den Champs-Élysées die Tour de France.

5

## Palais de l'Élysée

D2 55 Rue du Faubourg St-Honoré 75008 M St-Philippe-du-Roule für Besucher W elysee.fr

Der im Jahr 1718 erbaute Élysée-Palast dient seit 1848 als offizieller Wohnsitz des französischen Staatspräsidenten. Im Lauf der Jahrhunderte wurde er stark verändert. Madame de Pompadour, die Mätresse von Louis XV, ließ ihn prunkvoll erweitern. Nach der Revolution fanden hier Bälle statt. Napoléons Frau Joséphine und seine Schwester Caroline lebten hier. Heute residiert der Staatspräsident in einer Wohnung im ersten Stock.

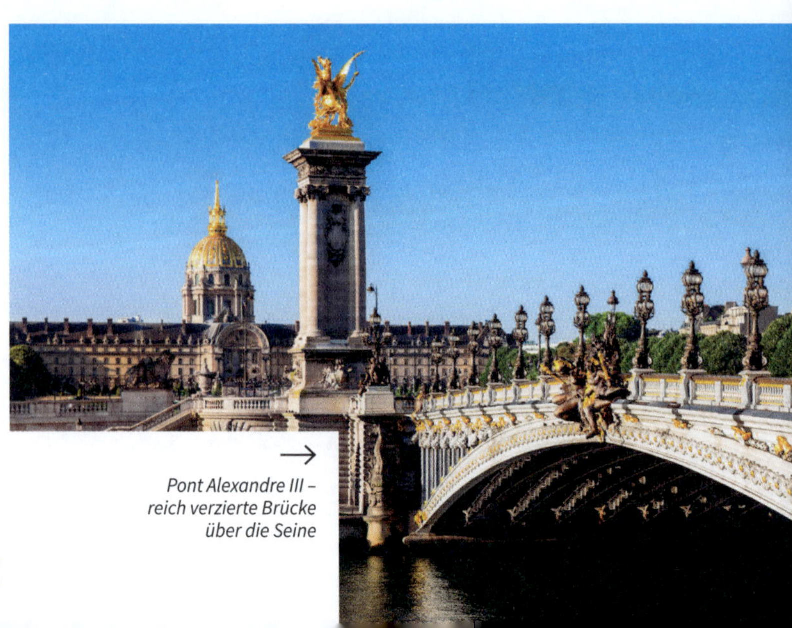

→ *Pont Alexandre III – reich verzierte Brücke über die Seine*

→

*Mit Säulen und Skulpturen geschmücktes Portal des Petit Palais*

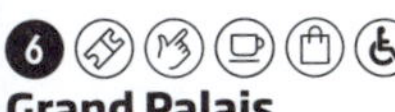

## Grand Palais

D2 Porte A, 3 Ave du Général Eisenhower 75008 M Champs-Élysées – Clemenceau wegen Renovierung bis 2025 W grandpalais.fr

Bei dem Gebäude treffen eine klassizistische Fassade und eine Jugendstileisenkonstruktion aufeinander. Es wurde mit dem Petit Palais errichtet und wird von einem Glasdach bedeckt. Bei Ausstellungen können die große Halle und die Glaskuppel besichtigt werden.

Im Westflügel des Grand Palais befindet sich das **Palais de la Découverte**, ein spannendes Wissenschaftsmuseum für Kinder.

**Palais de la Découverte**

Ave Franklin D. Roosevelt 75008 +33 1 5643 2020 M Franklin D. Roosevelt wegen Renovierung bis 2025 W palais-decouverte.fr

## Petit Palais

D3 Ave Winston Churchill 75008 +33 1 5343 4000 M Champs-Élysées – Clemenceau Di – So 10 – 18 (Fr bei Ausstellungen bis 21) Feiertage W petitpalais.paris.fr

Das für die Weltausstellung 1900 als Pavillon für französische Kunst erbaute Palais beherbergt das Musée des Beaux-Arts de la Ville de Paris. Charles Girault plante zudem einen halbkreisförmigen Hof und Garten, ähnlich der Anlage des Grand Palais. Die Dauerausstellung befindet sich auf der Champs-Élysée-Seite, darunter die Dutuit-Sammlung mit Kunsthandwerk und Gemälden aus Mittelalter und Renaissance. Möbel (18. Jh.) bilden den Grundstock der Tuck-Kollektion. Die Städtischen Sammlungen beeindrucken mit Werken von Ingres, Delacroix, Courbet und den Landschaftsmalern der Schule von Barbizon. Wechselausstellungen finden im Flügel an der Seine statt.

## Restaurants

**Café 52**

Hier werden hervorragende biologische und nachhaltige Gerichte serviert.

C2 52 Rue François 1er 75008 W hotelgrandpowersparis.com

**Pierre Gagnaire**

Eines der besten Pariser Restaurants mit zeitgenössischen Gerichten.

B1 6 Rue Balzac 75008 W pierregagnaire.com

€€€

**Relais de l'Entrecôte**

Für Steakliebhaber eine gute Adresse.

C2 15 Rue Marbeuf 75008 W relaisentrecote.fr

8

## Palais de Chaillot

A3 Pl du Trocadéro 75116 M Trocadéro

In dem Palais gibt es drei sehenswerte Museen und ein Theater. Der *parvis* (Hof) zwischen den beiden Pavillons weist Skulpturen, Zierteiche und Springbrunnen auf. Von hier führen Stufen zum **Théâtre National de Chaillot** hinab.

Das **Musée de l'Homme** im Westflügel, Nachfolger des Musée d'Ethnographie du Trocadéro, präsentiert diverse Aspekte der Menschheitsgeschichte.

Das Musée National de la Marine nebenan widmet sich der französischen Seefahrt. Im Ostflügel ist die **Cité de l'Architecture et du Patrimoine** untergebracht.

**Théâtre National de Chaillot**
1 Place du Trocadéro
+33 1 5365 3000
theatre-chaillot.fr

**Musée de l'Homme**
17 Place du Trocadéro
Mi–Mo 11–19
museedelhomme.fr

**Cité de l'Architecture et du Patrimoine**
1 Place du Trocadéro Mi–Mo 11–19 (Do bis 21)
citedelarchitecture.fr

9

## Musée des Égouts

C3 Pont de l'Alma, gegenüber 93 Quai d'Orsay 75007 +33 1 5368 2781 M Alma–Marceau RER Pont de l'Alma Di–So 10–16 musee-egouts.paris.fr

Zu den verdienstvollsten Taten von Baron Haussmann zählt der Ausbau der Pariser Kanalisation. Heute sind die Katakomben eine Besucherattraktion. Man kann ein kleines Gebiet um den Quai d'Orsay besichtigen, im Museum das unterirdische Paris genauer kennenlernen und historische Geräte sehen.

**Schon gewusst?**

Die 2100 Kilometer Abwasserkanäle *(égouts)* würden von Paris bis Istanbul reichen.

10

## Musée d'Art Moderne de la Ville de Paris

B3 Palais de Tokyo, 11 Ave du Président-Wilson 75116 +33 1 5367 4000 M Iéna, Alma–Marceau Di–So 10–18 (Do bis 22 bei Wechselausstellungen) Feiertage mam.paris.fr

Das große Museum im Ostflügel des Palais de Tokyo zeigt wichtige Kunstrichtungen des 20. Jahrhunderts. Unter den 10 000 Werken sind die Fauvisten und Kubisten gut vertreten. Zu den Höhepunkten des Museums zählen Raoul Dufys giganti-

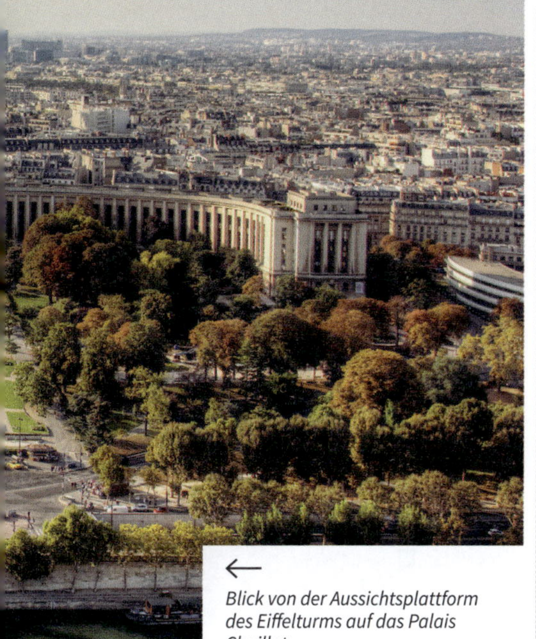

← *Blick von der Aussichtsplattform des Eiffelturms auf das Palais Chaillot*

sches Wandgemälde *Die Fee Elektrizität* für die Weltausstellung 1937 und Matisse' *Tanz* (1931–1933). Sehenswert sind auch die Art-déco-Möbel.

## 11 Jardins du Trocadéro

**A3 · 75016 · M Trocadéro · Gärten: tägl. 24 Std.; Aquarium de Paris: tägl. 10–19 (Sa bis 21) · W aquariumdeparis.com**

Das Herzstück der wunderschönen Gärten ist ein langes rechteckiges Zierbecken, das von Statuen und Skulpturen aus Stein und vergoldeter Bronze gesäumt wird. Nachts ist es ein spektakulärer Anblick, wenn die Brunnen beleuchtet sind. Zu den Werken gehören *Frau* von Daniel Bacqué sowie Georges Lucien Guyots *Pferd*.

Auf beiden Seiten des Beckens fallen die Hänge des Chaillot-Hügels sanft hinunter zur Seine und zum Pont d'Iéna. In den Gärten befindet sich auch das Aquarium de Paris, das Europas größte Quallenausstellung, 700 Korallenkolonien und Tausende von Fischen birgt.

## 12 Dôme des Invalides

**D4–5 · Hôtel des Invalides, 129 Rue de Grenelle 75007 · M La Tour-Maubourg, Varenne, Invalides · 28, 63, 69, 80, 82, 83, 87, 92, 93 · RER Invalides · tägl. 10–18 (Di bis 21 für Wechselausstellungen) · 1. Mo im Monat, 1. Jan, 1. Mai, 25. Dez · W musee-armee.fr**

Baumeister Jules Hardouin-Mansart erhielt 1676 von Louis XIV den Auftrag, die für Kriegsversehrte dienende Anlage von Libéral Bruand um einen Dom zu erweitern. Die Kirche war ausschließlich als königliche Grablege und privates Bethaus des Sonnenkönigs bestimmt. Der Dom ist ein Highlight französischer Baukunst des *grand siècle* (17. Jh.). Der Plan, die königliche Familie hier zu bestatten, wurde nach dem Tod Louis' XIV im Jahr 1715 verworfen.

Hauptattraktion ist das Grabmal von Napoléon I. 20 Jahre nach seinem Tod auf St. Helena überführte man seine Gebeine auf Befehl von König Louis-Philippe nach Frankreich. Von sechs Särgen umgeben, liegen seine sterblichen Überreste in einem Sarkophag aus rotem Porphyr auf einem Granitpodest in der Krypta.

## Bars

Diese Hotelbars zählen zu den besten in der Umgebung der Champs-Élysées.

**Le Bar im Four Seasons Hotel**
**B2 · 31 Ave George V 75008 · W fourseasons.com**

**Bar de l'Hôtel Belmont**
**B2 · 30 Rue de Bassano 75116 · W belmont-paris-hotel.com**

**Le Bar Kléber im Peninsula Hotel**
**A2 · 19 Ave Kléber 75116 · W peninsula.com**

**Le Bar Botaniste im Shangri-La Hotel**
**A3 · 10 Ave d'Iéna 75116 · W shangri-la.com**

**Le Bar du Bristol**
**D2 · 112 Rue du Faubourg St-Honoré 75008 · W oetkercollection.com**

13

## Hôtel des Invalides

**D4 6 Blvd des Invalides 75007 +33 1 4442 3877 M La Tour-Maubourg, Invalides, Varenne RER Invalides siehe Website W musee-armee.fr**

Das imposante Bauwerk, das dem ganzen Viertel den Namen gab, wurde 1670 im Auftrag von Louis XIV als Unterkunft für die Kriegsversehrten errichtet. Der Entwurf stammte von Libéral Bruand. Die Fertigstellung erfolgte 1676 durch Jules Hardouin-Mansart, der für Louis XIV später den Invalidendom *(siehe S. 127)* mit der golden glänzenden Kuppel als persönliches Bethaus anbauen ließ. Damals waren dort fast 6000 Soldaten untergebracht. Heute sind es kaum noch 100. Im Gebäude widmet sich das Musée de l'Armée der Geschichte des französischen Militärs. Zu den Highlights zählt ein Modell der Landung der Alliierten in der Normandie 1944.

Südlich steht die Kirche St-Louis-des-Invalides (1679–1708). Sie wurde nach einem Entwurf von Bruand durch Hardouin-Mansart erbaut. Die Orgel (17. Jh.) wurde am 5. Dezember 1837 bei der Uraufführung von Berlioz' *Requiem* gespielt.

14  

## Musée Rodin

**D4 77 Rue de Varenne 75007 +33 1 4418 6110 M Varenne, Invalides RER Invalides Di–So 10–18:30 1. Jan, 1. Mai, 25. Dez W musee-rodin.fr**

Der französische Bildhauer Auguste Rodin (1840–1917) lebte von 1908 bis zu seinem Tod im Hôtel Biron, einem Haus aus dem 18. Jahrhundert. Als Dank für die Überlassung der Villa als Atelier vermachte der Künstler sein Werk dem Staat. Seit 1916 kann man das Atelier besichtigen. Einige Skulpturen Rodins sind im Park zu sehen: *Die Bürger von Calais*, *Der Denker*, *Das Höllentor* und *Balzac*. Die chronologisch geordneten Exponate im Museum umfassen alle Perioden des Künstlers. Highlights sind *Der Kuss* und *Eva*.

↑ *Auguste Rodins Skulptur* Die drei Schatten *im Musée Rodin*

15

## École Militaire

**C5 1/21 Pl Joffre 75007 M École Militaire während der European Heritage Days (Sep)**

Die Militärakademie wurde 1751 von Louis XV und Madame de Pompadour für verarmte Offizierssöhne gegründet. Jacques-Ange Gabriel sollte einen Bau entwerfen, der sich mit dem Hôtel des

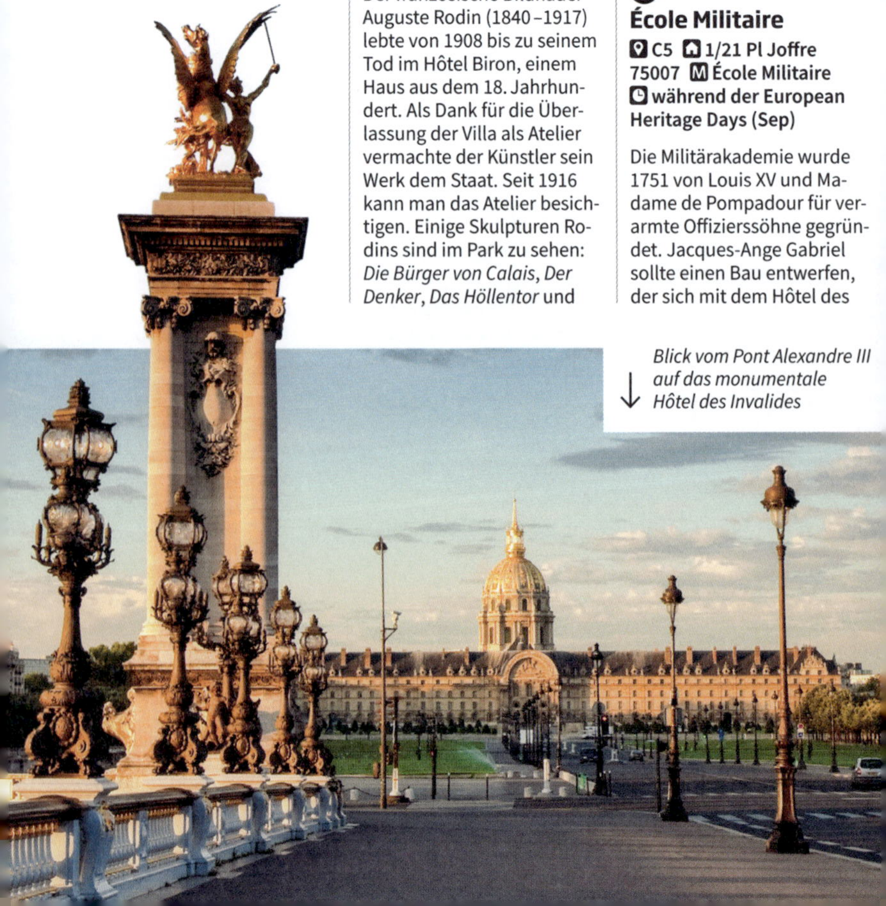

↓ *Blick vom Pont Alexandre III auf das monumentale Hôtel des Invalides*

Invalides Louis' XIV messen konnte. Mit acht korinthischen Säulen und einer viereckigen Kuppel sticht der mittlere Pavillon ins Auge – ein Beispiel für den französischen Klassizismus.

Einer der Kadetten der Akademie war Napoléon I. In seinem Abschlusszeugnis stand: »Sofern es die Umstände gestatten, steht ihm eine große Zukunft bevor.«

**UNESCO**

**C5 7 Pl de Fontenoy 75007 Ségur, Cambronne nur Führungen (Anmeldung unter www.cultival.fr) unesco.org**

Hier liegt das Hauptquartier der UNESCO. Ihr Ziel ist es, durch Förderung von Erziehung, Wissenschaft und Bildung zur Sicherung des Friedens beizutragen. Das Gebäude birgt moderne Kunst: Wandbilder von Picasso und Skulpturen von Henry Moore prägen den Charakter.

**Musée du Quai Branly**

**B4 37 Quai Branly 75007 +33 1 5661 7000 Alma – Marceau RER Pont de l'Alma Di – So 10:30 – 19 (Do bis 22); Buchung im Voraus empfohlen 1. Mai, 25. Dez quaibranly.fr**

Das Museum zeigt Sammlungen afrikanischer, asiatischer, ozeanischer und amerikanischer Kunst – mit mehr als 300 000 Exponaten ist es ein imposanter Kontrapunkt zu den vielen Museen mit westlicher Kunst. Besonders gut vertreten ist Afrika, etwa mit Stein-, Holz- und Elfenbeinmasken sowie zeremoniellen Werkzeugen. Der Gebäudekomplex nach einem Entwurf von Jean Nouvel steht auf Stelzen. Der Glasbau bezieht seine grüne Umgebung als natürliche Kulisse mit ein.

↑ *Glasfassade des Musée du Quai Branly*

**18**

**Musée Maillol**

**E4 – 5 61 Rue de Grenelle 75007 +33 1 4222 5958 Rue du Bac, Sèvres – Babylone bei Ausstellungen tägl. 10:30 – 18:30 (Fr bis 20:30) musee maillol.com**

Dina Vierny, die Muse von Aristide Maillol (1861–1944), schuf dieses Museum. Werke Maillols sind hier zu sehen – Gemälde, Skulpturen sowie dekorative Kunst. Das Museum zeigt jedes Jahr auch zwei temporäre Ausstellungen. Auch der Bouchardon-Brunnen vor dem Haus mit allegorischen Figuren der Stadt Paris und den vier Jahreszeiten ist sehenswert.

**Der Gebäudekomplex nach einem Entwurf von Jean Nouvel steht auf Stelzen. Der Glasbau bezieht seine grüne Umgebung als natürliche Kulisse mit ein.**

## Restaurants

**Mariette**

Kreatives, köstliches Essen in einer intimen Atmosphäre in der Nähe der École Militaire.

**C4 24 Rue Bosquet 75007 mariette-paris.com**

**David Toutain**

Das minimalistische, mit zwei Michelin-Sternen ausgezeichnete Restaurant bietet eine überwiegend vegetarische Speisekarte.

**C4 29 Rue Surcouf 75007 Sa, So davidtoutain.com**

**Arpège**

Alain Passards mit drei Michelin-Sternen prämiertes Restaurant ist ein Star der Pariser Gastronomie.

**D4 84 Rue de Varenne 75007 Sa, So alain-passard.com**

# Spaziergang um die Champs-Élysées

**Länge** 2 km **Dauer** 25 Min. **Métro** Invalides

Die französischen Gärten entlang der Champs-Élysées zwischen der Place de la Concorde und dem Rond-Point haben sich seit ihrer Anlage 1838 durch den Architekten Jacques Hittorff kaum verändert. Sie bildeten den Rahmen für die Weltausstellung 1855, zu der das Palais de l'Industrie errichtet wurde. Grand Palais und Petit Palais, die Visitenkarten der Dritten Republik für die Weltausstellung von 1900, traten an die Stelle dieses Palais. Heute sind sie Teil der Ansicht von der Place Clemenceau über den Pont Alexandre III zum Dôme des Invalides.

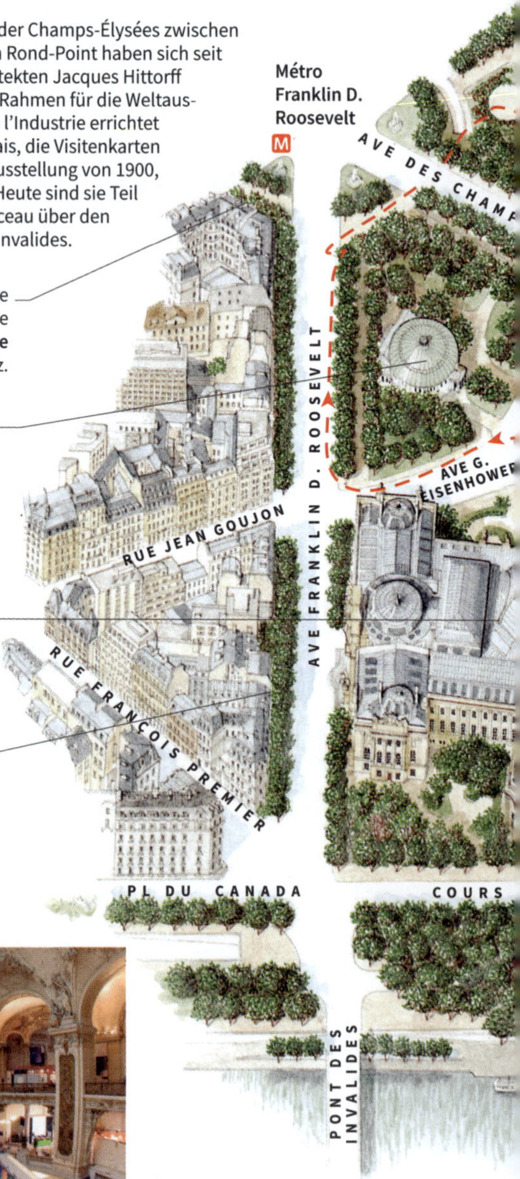

**Métro Franklin D. Roosevelt**

Christian Dior und andere Häuser der Haute Couture haben in der **Avenue Montaigne** ihren Sitz.

Tafeln an der rückwärtigen Tür des **Théâtre du Rond-Point** erinnern an Napoléons Feldzüge.

Das **Grand Palais** *(siehe S. 125)* von Charles-Louis Girault wird bis 2025 renoviert.

Das Restaurant **Lasserre** erinnert an einen Luxusdampfer der 1930er Jahre.

AVE DES CHAMP
AVE FRANKLIN D. ROOSEVELT
AVE G. EISENHOWER
RUE JEAN GOUJON
RUE FRANÇOIS PREMIER
PL DU CANADA
COURS
PONT DES INVALIDES

←
*Im Palais de la Découverte widmet sich ein Museum naturwissenschaftlichen Entdeckungen*

Die **Avenue des Champs-Élysées** war Schauplatz von Siegesfeiern, Paraden, der 200-Jahre-Revolution-Feier 1989 – und sie ist jedes Jahr Ziel der Tour de France.

**Métro Champs-Élysées – Clemenceau**

**Zur Orientierung**
*Siehe Stadtteilkarte S. 118f*

Die **Jardins des Champs-Élysées** mit ihren Brunnen, Blumenbeeten und Pavillons waren gegen Ende des 19. Jahrhunderts sehr beliebt. Das elegante Paris traf sich hier, einer der Flaneure war Marcel Proust.

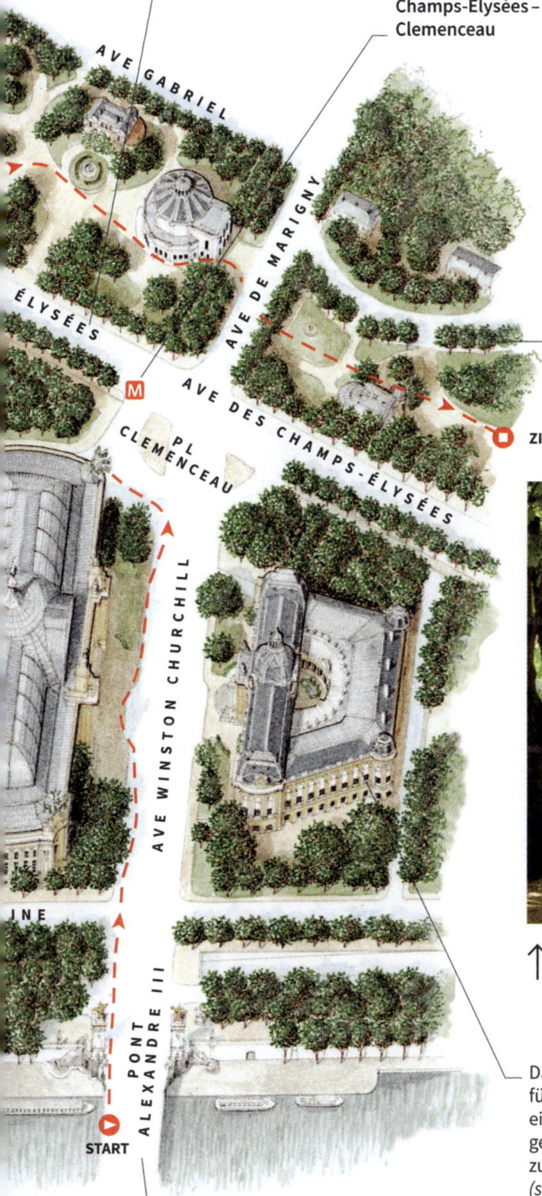

AVE GABRIEL
AVE DE MARIGNY
ÉLYSÉES
AVE DES CHAMPS-ÉLYSÉES
PL CLEMENCEAU
AVE WINSTON CHURCHILL
PONT ALEXANDRE III
INE
ZIEL
START

↑ *Im Jardin des Champs-Élysées kann man schön unter alten Bäumen spazieren*

Das **Petit Palais** ist ein Kunstwerk für sich und mit dem vielen Glas ein idealer Ort für die Sammlungen – von antiken Skulpturen bis zu impressionistischen Gemälden *(siehe S. 125)*.

Die vier Pylonen des **Pont Alexandre III** tragen zur Stabilität der Brücke bei. Sie dienen der Konstruktion ohne Zwischenpfeiler als Gegengewicht *(siehe S. 124)*.

0 Meter 100
N

SHAKESPEARE AND CO
PARIS WALL NEWSPAPER 1999
STEVENSON
PARIS
ELOISE in PARIS
The Bugle

Buchhandlung *Shakespeare and Company* (siehe S. 139)

# Rive Gauche

Rive Gauche (»linkes Ufer«) ist eines der ältesten Gebiete der Stadt. Um das 1. Jahrhundert n. Chr. gründeten die Römer hier eine Siedlung namens Lutetia und errichteten ein Forum, eine Arena und Thermalbäder. Im Jahr 864 n. Chr. erweiterte der karolingische Herrscher Karl der Kahle das linke Ufer, als er die Pariser Münze gründete, heute eine der ältesten Institutionen Frankreichs.

Im 13. Jahrhundert wurde die Gegend zu einem Zentrum des Lernens, als die Sorbonne, Frankreichs erste Universität, gegründet wurde. Das umliegende Viertel wurde bald als Quartier Latin bekannt, da Lehrer und Schüler lateinisch sprachen. Im 16. Jahrhundert errichtete Marie de Médicis hier den Jardin du Luxembourg, um an ihre Heimat Florenz zu erinnern. Seine Entwicklung zum Künstlerviertel verdankt das Areal maßgeblich der Förderung durch die Regentin. Künstler, Schriftsteller, Philosophen und radikale Denker ließen sich hier nieder. Das Viertel gilt auch als Keimzelle der Pariser Kommune, die als revolutionärer Stadtrat 1871 zwei Monate die Stadt regierte.

Nach dem Ende des Ersten Weltkriegs wurde die Gegend zu einem Treffpunkt für diejenigen, die einen Boheme-Lebensstil suchten, und ihre tolerante Haltung zog Schriftsteller, Künstler und Jazzmusiker an. Dieser Ruf wuchs nach dem Ende des Zweiten Weltkriegs, als das Viertel zum Synonym für die Pariser Intellektuellengesellschaft und dann für die Politik wurde, als 1958 der französische Senat in das Palais du Luxembourg einzog. Zehn Jahre später wurde das linke Ufer zum Schauplatz von Studentendemonstrationen, ist aber seitdem für die vielfältigen Läden und avantgardistischen Theater bekannt, die die verwinkelten Straßen säumen.

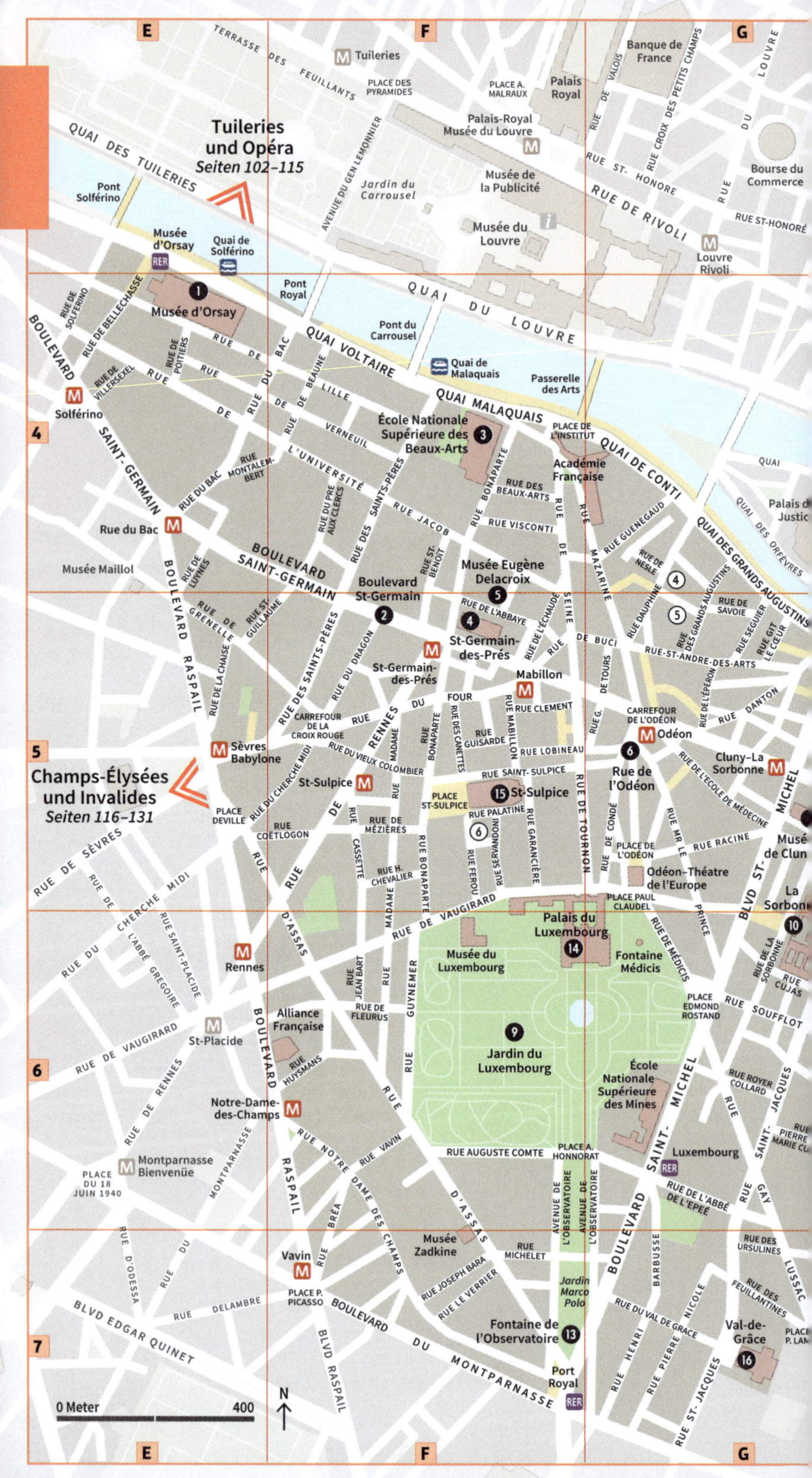
Tuileries und Opéra
Seiten 102–115
Champs-Élysées und Invalides
Seiten 116–131
Musée d'Orsay
École Nationale Supérieure des Beaux-Arts
Boulevard St-Germain
Musée Eugène Delacroix
St-Germain-des-Prés
Rue de l'Odéon
St-Sulpice
Palais du Luxembourg
Jardin du Luxembourg
Fontaine de l'Observatoire
Val-de-Grâce
Musée du Louvre
Palais Royal
Académie Française
Musée du Luxembourg
Fontaine Médicis
Odéon-Théatre de l'Europe
École Nationale Supérieure des Mines
Musée Zadkine
Jardin Marco Polo
Alliance Française
Musée Maillol
0 Meter 400

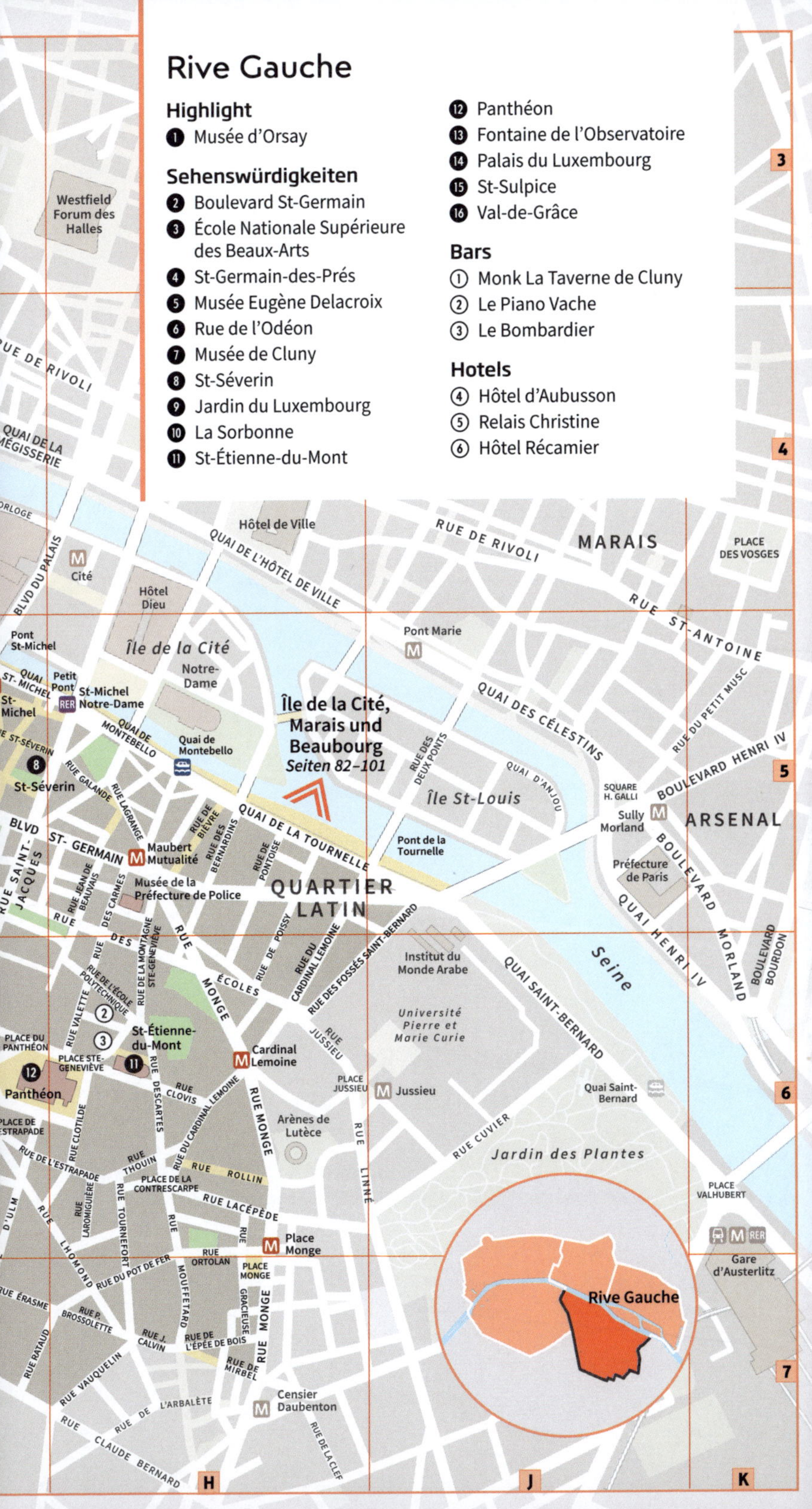
Rive Gauche
Highlight
1 Musée d'Orsay
Sehenswürdigkeiten
2 Boulevard St-Germain
3 École Nationale Supérieure des Beaux-Arts
4 St-Germain-des-Prés
5 Musée Eugène Delacroix
6 Rue de l'Odéon
7 Musée de Cluny
8 St-Séverin
9 Jardin du Luxembourg
10 La Sorbonne
11 St-Étienne-du-Mont
12 Panthéon
13 Fontaine de l'Observatoire
14 Palais du Luxembourg
15 St-Sulpice
16 Val-de-Grâce
Bars
① Monk La Taverne de Cluny
② Le Piano Vache
③ Le Bombardier
Hotels
④ Hôtel d'Aubusson
⑤ Relais Christine
⑥ Hôtel Récamier
Westfield Forum des Halles
Hôtel de Ville
Quai de l'Hôtel de Ville
Rue de Rivoli
Marais
Place des Vosges
Rue St-Antoine
Cité
Hôtel Dieu
Île de la Cité
Notre-Dame
Pont Marie
Pont St-Michel
Petit Pont
St-Michel Notre-Dame
Quai St-Michel
Quai de Montebello
Île de la Cité, Marais und Beaubourg
Seiten 82–101
Quai des Célestins
Rue du Petit Musc
Boulevard Henri IV
Île St-Louis
Quai d'Anjou
Square H. Galli
Sully Morland
Arsenal
St-Séverin
Blvd St-Germain
Maubert Mutualité
Quai de la Tournelle
Pont de la Tournelle
Préfecture de Paris
Musée de la Préfecture de Police
Quartier Latin
Rue des Écoles
Rue Monge
Institut du Monde Arabe
Université Pierre et Marie Curie
Quai Saint-Bernard
Quai Henri IV
Boulevard Morland
Boulevard Bourdon
Seine
St-Étienne-du-Mont
Cardinal Lemoine
Place du Panthéon
Place Ste-Geneviève
Panthéon
Place Jussieu
Jussieu
Quai Saint-Bernard
Arènes de Lutèce
Rue Cuvier
Jardin des Plantes
Place de la Contrescarpe
Rue Lacépède
Place Monge
Place Valhubert
Gare d'Austerlitz
Rue Mouffetard
Censier Daubenton
Rue Claude Bernard
Rive Gauche
3
4
5
6
7
H
J
K

# Musée d'Orsay

E4 Esplanade Valéry Giscard d'Estaing +33 1 4049 4814 Solférino 24, 68, 69, 84 bis Quai A. France; 73 bis Rue Solférino; 63, 83, 84, 94 bis Blvd St-Germain RER Musée d'Orsay Di–So 9:30–18 (Do bis 21:45) 1. Mai, 25. Dez musee-orsay.fr

**Das Musée d'Orsay knüpft dort an, wo der Louvre aufhört: Hier sieht man Kunst aus der Zeit von 1848 bis 1914. Die Sammlungen, die präsentiert werden, sind einzigartig, unter anderem mit Werken von Monet, Renoir, Manet, Degas, Seurat, Gauguin und van Gogh.**

Der prunkvolle Bahnhof von Victor Laloux im Stil der Zeit um 1900 wurde 1986, 47 Jahre nach seiner Stilllegung, als Musée d'Orsay wiedereröffnet. Der Bau, einst Endstation der Bahnlinie Paris–Orléans, entging in den 1970er Jahren um Haaresbreite der Zerstörung. Die Umgestaltung berücksichtigte die ursprüngliche Architektur. Vor einiger Zeit erfolgte eine erneute Renovierung, bei der die oberen Ebenen neu gestaltet wurden.

Das Museum widmet sich den Kunstrichtungen von der Februarrevolution 1848 bis zum Ersten Weltkrieg und bezieht auf spannende Art den gesellschaftlichen Rahmen und andere künstlerische Ausdrucksformen der jeweiligen Zeit mit ein.

↑ *Die lichte Eingangshalle mit ihrer gewölbten Glasdecke*

Schöne Aussicht
**Stadtpanorama**

Fahren Sie mit der rückwärtigen Rolltreppe ganz hinauf. Von der kleinen Dachterrasse haben Sie einen großartigen Blick auf Seine und Rive Droite.

**1** *Vom fünften Stock, wo die Uhr ist, blickt man über die Seine bis zum Jardin des Tuileries.*

**2** Le Déjeuner sur l'herbe *(1863) von Manet löste einen Skandal aus, als es im Salon des Refusés ausgestellt wurde.*

**3** *Monets unvollendetes Bild* Le Déjeuner sur l'herbe *(1865/66) war als Antwort auf Manets Bild zu verstehen.*

**Kurzführer**

Die Sammlung verteilt sich über drei Ebenen und einen Pavillon. Im Erdgeschoss sind Werke des Realismus, des Akademismus und der Schule von Barbizon ausgestellt. In der mittleren Etage liegt der Schwerpunkt auf Symbolismus, Naturalismus und Jugendstil. Die obere Ebene zeigt impressionistische und postimpressionistische Kunst, pointillistische Gemälde von Seurat und Signac sowie die tahitianischen Gemälde von Paul Gauguin.

*Den ehemaligen Bahnhof am Seine-Ufer entwarf Victor Laloux für die Weltausstellung 1900*

# SEHENSWÜRDIGKEITEN

## 2 Boulevard St-Germain

**F5 75006, 75007**
**Solférino, Rue du Bac, St-Germain-des-Prés, Mabillon, Odéon, Cluny – La Sorbonne, Maubert – Mutualité**

Der berühmteste Boulevard des linken Seine-Ufers, der Rive Gauche, durchquert drei Stadtteile vom Pont de Sully zum Pont de la Concorde. Hinter der homogenen Architektur – das Ergebnis der Stadtplanung von Baron Haussmann – verbirgt sich die gesamte Vielfalt unterschiedlicher Lebensstile von der Boheme bis zum Bürgertum. Von Osten her führt der Boulevard am Musée National du Moyen Âge und an der Sorbonne vorbei. Verkehrsreich ist die Kreuzung St-Michel und St-Germain-des-Prés.

Expertentipp
**Macaron-Mekka**
Macarons in ungewöhnlichen Geschmacksrichtungen wie etwa Kastanie-Rosenblüte, Trüffel-Haselnuss oder Himbeere-Litschi gibt es in der Konditorei Pierre Hermé in der Rue Bonaparte (www.pierreherme.com).

## 3 École Nationale Supérieure des Beaux-Arts

**F4 14 Rue Bonaparte 75006 +33 1 4703 5000**
**St-Germain-des-Prés**
**siehe Website**
**beauxartsparis.fr**

Die französische Kunsthochschule liegt an der Seine, Ecke Rue Bonaparte/Quai Malaquais. Zum Komplex gehört auch das Palais des Études (19. Jh.). Studenten aus aller Welt strömen durch den Innenhof, vorbei an einer Kapelle (17. Jh.), um in die Ateliers zu gelangen.

## 4 St-Germain-des-Prés

**F5 3 Pl St-Germain-des-Prés 75006**
**+33 1 5542 8118**
**St-Germain-des-Prés**
**So, Mo 9 – 20, Di – Sa 8:30 – 20 eglise-sgp.org**

Die älteste Pariser Kirche wurde 542 als Basilika zur Aufbewahrung von Reliquien erbaut. Unter den Benediktinermönchen entwickelte sie sich zur mächtigen Abtei. Im 11. Jahrhundert wurde sie umgebaut. 1794 brannte sie fast ganz nieder und wurde im 19. Jahrhundert wiederaufgebaut.

Frankreichs ältester Glockenturm ist noch erhalten. Marmorsäulen (6. Jh.), gotische Gewölbe und romanische Bogen im Inneren bilden eine faszinierende Mischung an Baustilen.

Führungen werden von September bis Juni jeweils am Dienstag und Donnerstag sowie am dritten Sonntag im Monat um 15 Uhr angeboten.

↑ *Gemälde im Musée Eugène Delacroix, dem früheren Wohnhaus des Künstlers*

## 5 Musée Eugène Delacroix

**F4–5 · 6 Rue de Furstemberg 75006 · M St-Germain-des-Prés, Mabillon · 39, 63, 70, 86, 95, 96 · Mi–Mo 9:30–17:30 · 1. Jan, 1. Mai, 25. Dez · musee-delacroix.fr**

Hier lebte Eugène Delacroix von 1857 bis zu seinem Tod 1863. Der nonkonformistische Maler der Romantik schuf hier die *Grablegung* und *Der Weg nach Golgatha*. Zudem malte er Fresken für eine Seitenkapelle in St-Sulpice. Ausgestellt sind Selbstbildnisse des Künstlers und Skizzen. Außerdem finden Wechselausstellungen statt.

## 6 Rue de l'Odéon

**G5 · 75006 · M Odéon**

Die 1779 eröffnete Zufahrt zum Théâtre de l'Odéon besaß als erste Pariser Straße Rinnsteine. Viele Häuser jener Zeit sind noch erhalten. Shakespeare and Company, die Buchhandlung von Sylvia Beach, hatte ihren Sitz von 1921 bis 1940 im Haus Nr. 12 – sie war ein Anziehungspunkt für Schriftsteller wie James Joyce, Ezra Pound und Ernest Hemingway.

### TOP 5 Shoppingmeilen

**Rue Lobineau**
Ein Shoppingcenter und der überdachte Lebensmittelmarkt sind Highlights der Straße.

**Rue Bonaparte**
Eine Ansammlung eleganter Läden wie der Patisserie von Meisterkonditor Pierre Hermé.

**Rue du Bac**
Hier reihen sich Konditoreien mit köstlichem Gebäck aneinander.

**Rue de Sèvres**
Standort des ersten Shoppingcenters in Paris (1852).

**Rue de Buci**
Ehemalige Marktstraße mit vielen Cafés und coolen Boutiquen.

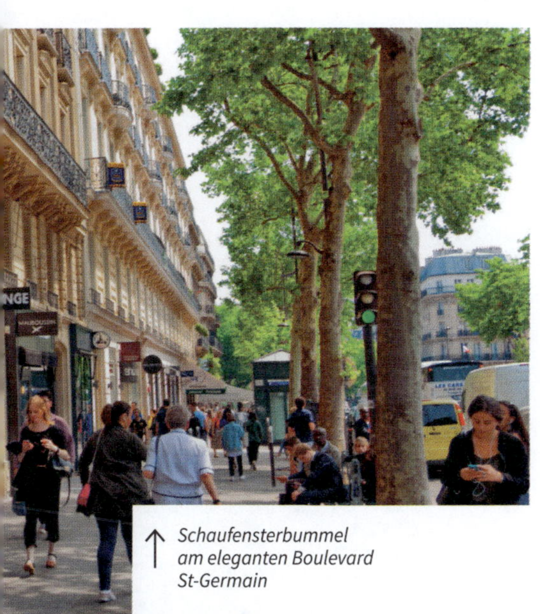

↑ *Schaufensterbummel am eleganten Boulevard St-Germain*

*Skulpturen in der Galerie der Könige des Musée de Cluny*

## Musée de Cluny

**G5 28 Rue du Sommerard 75005 +33 1 5373 0173 St-Michel, Odéon, Cluny – La Sorbonne RER St-Michel Mi – Mo 9:30 –18:15 1. Jan, 1. Mai, 25. Dez musee-moyenage.fr**

Offiziell heißt das Museum Musée National de Moyen Âge. Es bietet eine einzigartige Mischung: gallorömische Ruinen in einer mittelalterlichen Villa mit einer der weltweit schönsten Kunstsammlungen zum Mittelalter. Es wurde nach dem burgundischen Abt von Cluny, Pierre de Chalus, benannt. Er erwarb die Ruine 1330. Der heutige Bau entstand 1498.

Zu den Höhepunkten der Sammlung gehören kostbare Gobelins von bestechender Schönheit. Zu den beeindruckendsten zählen die sechs Wandteppiche von *La Dame à la licorne*, die um 1500 gewebt wurden und als Meisterwerk westlicher Kunst gelten. Höhepunkt der Skulpturenabteilung ist die Galerie der Könige. Die Goldschmiedeabteilung enthält eines der wertvollsten Relikte von Cluny, die *Goldene Rose von Basel* von 1330

**900**

**Buchhändler *(bouquinistes)* verkaufen an der Seine seltene und gebrauchte Bücher.**

## St-Séverin

**G5 3 Rue-des-Prêtres-St-Séverin 75005 St-Michel Mo – Sa 11–19:30, So 9 – 20 saint-severin.com**

Die Kirche, ein perfektes Beispiel für den spätgotischen Flamboyant-Stil, verdankt ihren Namen einem Eremiten, der im 6. Jahrhundert hier lebte. Der im frühen 16. Jahrhundert vollendete Bau besitzt ein Doppelschiff, das den Altarraum umschließt. Das Beinhaus im Garten hat noch ein mittelalterliches Giebeldach.

## Jardin du Luxembourg

**F6 Blvd St-Michel/Rue de Vaugirard/Rue Guynemer Odéon RER Luxembourg tägl. Sonnenauf- bis -untergang senat.fr/visite**

Die grüne Oase der Rive Gauche umgibt das Palais du Luxembourg auf einer Fläche von 25 Hektar. Blickfang und Zentrum des beliebtesten Parks der Pariser ist ein achteckiger Teich.

Der Jardin du Luxembourg wurde zwischen 1612 und 1631 auf Wunsch von Marie de Médicis angelegt. Sie hatte Heimweh nach ihrem geliebten Florenz, und so nahm sie die Boboli-Gärten als Vorbild für den Park. Zur Augenweide fügen sich die geometrisch angelegten Terrassen, die breiten Spazierwege und die vielen großteils um 1848 aufgestellten Statuen harmonisch zusammen. Insgesamt sind es 106 Statuen von Regenten, Schriftstellern und Künstlern.

Für Kinder bietet der Jardin du Luxembourg ein Puppentheater, einen umzäunten Spielplatz und ein Karussell. Erwachsene freuen sich über Tennisplätze, gelegentliche Open-Air-Foto-

*Jardin du Luxembourg – beliebtes Freizeitareal in der Rive Gauche*

ausstellungen oder die Gelegenheit, auf einem der verstreuten grünen Metallstühle zu entspannen.

Seit die Sorbonne 1969 in 13 Teiluniversitäten gegliedert wurde, finden hier nur noch wenige Vorlesungen statt.

## 10 La Sorbonne

**G6 1 Rue Victor Cousin 75005 M Cluny – La Sorbonne, Maubert – Mutualité Führungen Mo – Fr und ein Sa im Monat (nur nach Buchung unter: visites.sorbonne@ac-paris.fr) Feiertage W sorbonne.fr**

Die Sorbonne, bis zum Jahr 1969 Hauptsitz der Pariser Universität, wurde 1253 von Robert de Sorbon, Beichtvater Louis' IX, für mittellose Theologiestudenten gegründet. Aus den bescheidenen Anfängen entwickelte sich ein Zentrum für Theologie.

1469 entstand hier mit drei Druckerpressen aus Mainz die erste französische Druckerei. Weil sie die liberalen Ideen ablehnte, schloss man die Sorbonne während der Revolution. Napoléon ließ sie 1806 wieder öffnen.

## 11 St-Étienne-du-Mont

**H6 Pl Ste-Geneviève 75005 +33 1 4654 1179 M Cardinal Lemoine siehe Website W saintetiennedumont.fr**

Die Kirche birgt den Schrein der Sainte Geneviève, der Schutzheiligen von Paris, sowie die sterblichen Überreste des Dramatikers Jean Racine und des Physikers Blaise Pascal.

Gotik und Renaissance prägen dieses Architekturjuwel gleichermaßen, wobei die 1610 – 22 errichtete Fassade nur Renaissance-Merkmale trägt. Die Innenausstattung der Kirche ist vor allem wegen ihres Lettners aus weißem Marmor aus dem Jahr 1545 bekannt, der wie eine Brücke das Kirchenschiff quert.

## Hotels

**Hôtel d'Aubusson**

Gemütliche Lobby und schöne Zimmer.

**G4 33 Rue Dauphine 75006 W hoteldaubusson.com**

€€€

**Relais Christine**

Erstklassiger Service, beste Ausstattung.

**G5 3 Rue Christine 75006 W relais-christine.com**

€€€

**Hôtel Récamier**

Eleganz in Perfektion.

**F5 3 bis Place St-Sulpice 75006 W hotelrecamier.com**

€€€

*Innenraum des Panthéon mit dem Foucaultschen Pendel an der Kuppel*

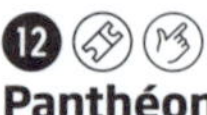

## 12 Panthéon

**G6 Pl du Panthéon 75005 M Maubert – Mutualité, Cardinal Lemoine RER Luxembourg 21, 27, 38, 82, 84, 85, 89 Apr–Sep: tägl. 10–18:30; Okt–März: tägl. 10–18 1. Jan, 1. Mai, 1., 11. Nov, 25. Dez W paris-pantheon.fr**

Nachdem Louis XV 1744 von einer schweren Krankheit genesen war, ließ er eine Kirche zu Ehren der hl. Geneviève errichten. Der neoklassizistische Entwurf stammte von Jacques-Germain Soufflot. Die Arbeiten begannen 1764 und wurden 1790 unter der Leitung von Guillaume Rondelet abgeschlossen. Da dieses Jahr im Zeichen der Revolution stand, wandelte man die Kirche in eine Begräbnis- und Gedenkstätte für die Helden des Umsturzes um. 1806 ließ Napoléon den Bau erneut weihen, 1885 wurde das Panthéon endgültig säkularisiert.

Die nach dem Pantheon in Rom gestaltete Fassade besitzt im Ziergiebel ein Relief von David d'Angers mit der weiblichen Allegorie des Vaterlands. Dorische Säulen stützen die Krypta. Zu den berühmten Persönlichkeiten, die hier bestattet sind, gehören Voltaire, Émile Zola, Victor Hugo, Marie Curie und Josephine Baker. Die Kuppel, an der ein 67 Meter langes Foucaultsches Pendel hängt, kann nach Vereinbarung besichtigt werden.

## 13 Fontaine de l'Observatoire

**F7 Pl Ernest Denis, Ave de l'Observatoire 75006 RER Port Royal**

Am Südende des Jardin du Luxembourg befindet sich einer der schönsten Brunnen der Metropole. 1873 schuf Jean-Baptiste Carpeaux das bronzene Mittelstück: Vier Frauen halten die Weltkugel mit den vier Kontinenten (Ozeanien entfiel aus Gründen der Symmetrie). Darum gruppieren sich Delfine, Pferde, Schildkröten und andere Figuren.

## 14 Palais du Luxembourg

**F6 15 Rue de Vaugirard 75006 +33 1 4234 2000 M Odéon RER Luxembourg siehe Website W senat.fr/visite W museeduluxembourg.fr**

Das Palais, Sitz des französischen Senats, wurde für Marie de Médicis, die Witwe von Henri IV, in Erinnerung an ihre Heimatstadt Florenz gebaut. Der Entwurf von Salomon de Brosse imitierte den dortigen Palazzo Pitti. Obwohl Marie vor der Fertigstellung (1631) aus Paris ver-

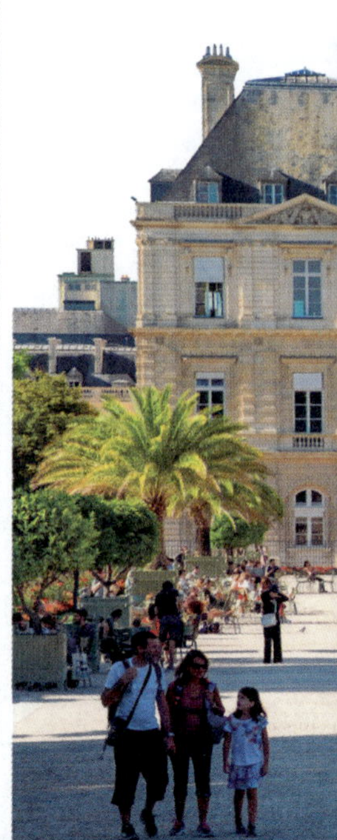

bannt worden war, blieb das Palais bis zur Revolution Königsresidenz. Danach diente es vorübergehend als Gefängnis. Im Zweiten Weltkrieg war es Hauptquartier der deutschen Luftwaffe. Das Musée du Luxembourg im Ostflügel zeigt Kunstausstellungen.

15

## St-Sulpice

F5 · 2 Rue Palatine, Place St-Sulpice 75006 · +33 1 4633 2178 · M St-Sulpice · tägl. 8–19:45 · paroissesaintsulpice.paris

Mehr als ein Jahrhundert dauerte der 1646 begonnene Bau dieser gewaltigen Kirche. Die schlichte Fassade hat zwei elegante Säulenreihen und zwei unterschiedliche Türme. Tageslicht fällt durch Bogenfenster. In der Seitenkapelle rechts vom Eingang sind eindrucksvolle Fresken von Eugène Delacroix zu sehen, darunter auch *Jakobs Kampf mit dem Engel* und *Die Vertreibung des Heliodorus aus dem Tempel*. Führungen durch die Krypta finden regelmäßig statt, und zwar am zweiten und vierten Sonntag im Monat um 15 Uhr.

16

## Val-de-Grâce

G7 · 1 Pl Alphonse-Laveran 75005 · +33 1 4051 5192 · M Les Gobelins · RER Port Royal · Di–Do, Sa, So 12–18 · Aug · valdegrace.org

Die schöne Kirche ist Teil eines Militärkrankenhauses und war ein Geschenk an Anna von Österreich, als sie ihrem Gemahl Louis XIII den Thronfolger gebar. Den Grundstein für das Bauwerk legte der junge Louis XIV im Jahr 1645 selbst. Als Architekten konnte er den berühmten Baumeister François Mansart gewinnen.

Die Kirche besticht durch ihre vergoldete Kuppel. Das enorme Fresko mit mehr als 200 Figuren stammt von Pierre Mignard. Die sechs riesigen Marmorsäulen um den Altar erinnern an Berninis Säulen für den Petersdom in Rom.

## Bars

**Monk La Taverne de Cluny**
Bar mit großer Auswahl an Biersorten. Häufig steht Livemusik auf dem Programm.

G5 · 51 Rue de la Harpe 75005 · latavernedecluny.com

**Le Piano Vache**
Laute Rockmusik ist das Markenzeichen der vor allem bei Studenten beliebten Bar.

H6 · 8 Rue Laplace 75005 · So · +33 1 4633 7503

**Le Bombardier**
Typische Pubs gibt es in Paris nur wenige. Le Bombardier zählt zu den authentischsten.

H6 · 2 Place du Panthéon 75005 · bombardierpub.fr

↓ *Die Gärten vor dem Palais du Luxembourg eignen sich gut zum Flanieren*

*Fondation Louis Vuitton* (siehe S. 150)

**Highlights**

1. Sacré-Cœur
2. Cimetière du Père-Lachaise

**Sehenswürdigkeiten**

3. La Défense
4. Bois de Boulogne
5. Fondation Louis Vuitton
6. Fondation Le Corbusier
7. Rue Jean de La Fontaine
8. Moulin Rouge
9. St-Alexandre-Nevsky
10. Musée Marmottan Monet
11. Parc Monceau
12. Atelier des Lumières
13. Canal St-Martin
14. Cimetière de Montmartre
15. Marché aux Puces de St-Ouen
16. Parc des Buttes-Chaumont
17. Cité des Sciences et de l'Industrie
18. Bercy
19. Musée National de l'Histoire de l'Immigration
20. Château de Vincennes
21. Bibliothèque Nationale de France
22. Parc Montsouris
23. Muséum National d'Histoire Naturelle
24. Grande Mosquée de Paris
25. Catacombes
26. Jardin des Plantes
27. Montparnasse

# Abstecher

Das Gebiet jenseits der Pariser Stadtmauern war einst weitgehend ländlich und versorgte die Stadt jahrhundertelang mit Lebensmitteln. Hier lebten auch die aus der Stadt Vertriebenen. Viele Pestkrankenhäuser, Leprakolonien und Friedhöfe prägten einst die Landschaft. 1860 wurden die elf Gemeinden, darunter auch Montmartre, die Paris umgaben, im Rahmen der Bemühungen Napoléons III um eine Neuorganisation der Infrastruktur der Hauptstadt eingegliedert. In dieser Zeit zogen die preisgünstigen Wohnungen in Montmartre sowohl die Arbeiterklasse als auch Künstler und Intellektuelle an. In den 1970er Jahren wurden die Schlachthöfe und Viehmärkte von La Villette in der Nähe von Montmartre geschlossen und das Gebiet in einen Park umgewandelt.

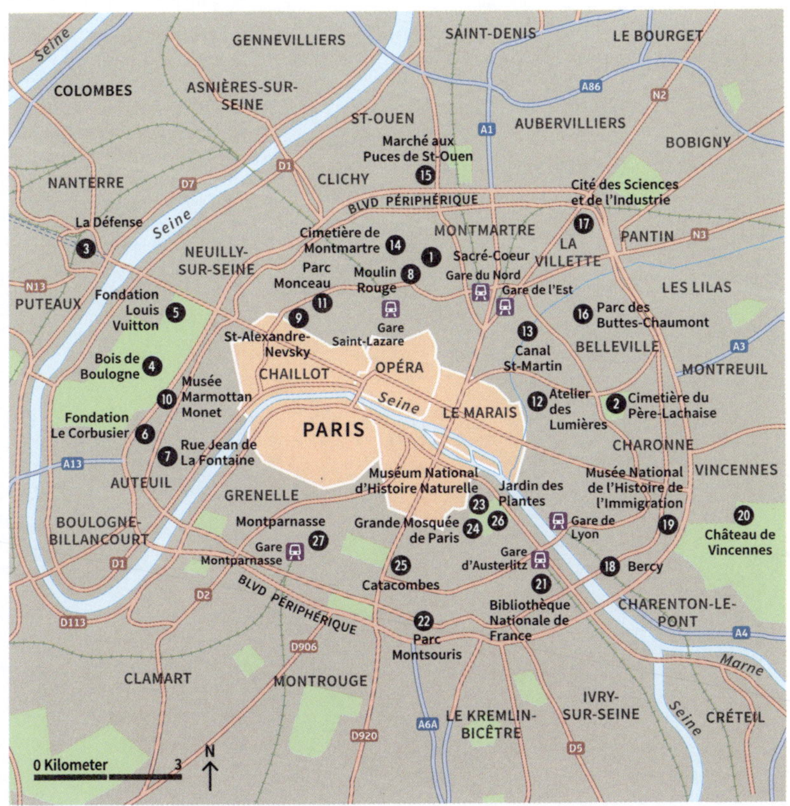

# Sacré-Cœur

33 Rue du Chevalier-de-la-Barre 75018 M Abbesses (weiter mit dem Funiculaire zu den Stufen von Sacré-Cœur), Anvers, Barbès–Rochechouart, Lamarck–Caulaincourt 30, 31, 54, 80, 85 Basilika: tägl. 6:30–22:30; Kuppel: März–Mai: tägl. 9:30–19; Juni–Feb: tägl. 10:30–20:30; Vesper: tägl. 16 W sacre-coeur-montmartre.com

**Die weiße Basilika von Sacré-Cœur (»Heiliges Herz«), eines der meistfotografierten Motive der Stadt, wacht vom höchsten Punkt über Paris. Sie wurde im Gedenken an die 58 000 französischen Soldaten errichtet, die im Deutsch-Französischen Krieg (1870/71) ihr Leben ließen.**

Zwei katholische Geschäftsleute, Alexandre Legentil und Hubert Rohault de Fleury, gelobten, eine dem Heiligen Herzen Christi geweihte Kirche zu erbauen – als Sühne für die »spirituelle Verkommenheit« der Franzosen, die zur Niederlage im Deutsch-Französischen Krieg von 1870/71 geführt habe, aber auch im Gedenken an die Opfer des Kriegs. Das Projekt wurde schließlich vom Pariser Erzbischof Guibert aufgegriffen, 1875 begannen die Arbeiten nach Entwürfen von Paul Abadie. Sie waren inspiriert von der romanisch-byzantinischen Kirche St-Front in Périgueux. 1914 wurde die Basilika vollendet, doch der Erste Weltkrieg verhinderte ihre Weihe, die erst 1919 erfolgte.

### Belagerung von Paris

1870 besetzten die Deutschen Frankreich. Bei der viermonatigen Belagerung von Paris, die Otto von Bismarck anordnete, zwang der Hunger die Einwohner von Paris, fast alle Tiere in der Stadt zu schlachten.



↑ *Die Basilika greift verschiedene Stile auf*

*Highlight*

Schöne Aussicht
**Die Stadt und ihre Basilika**

Den besten Blick auf Sacré-Cœur hat man von den Gärten aus, aber für einen Panoramablick über Paris sollte man die 300 Stufen zur Kuppel hinaufsteigen.

↑ *Die wunderschöne Basilika mit ihrer eleganten charakteristischen Kuppel*

# Cimetière du Père-Lachaise

Blvd de Ménilmontant +33 1 5525 8210 Père Lachaise, Alexandre Dumas 60, 61, 64, 69, 26 bis Pl Gambetta Mo – Fr 8 –17:30, Sa 8:30 – 17:30, So 9 –17:30 (Mitte März – Okt: bis 18) pere-lachaise.com

**Der bekannteste Friedhof von Paris umfasst über 70 000 Gräber. Berühmtheiten wie Honoré de Balzac und Frédéric Chopin wurden hier beigesetzt, auch Jim Morrison, der Leadsänger der Doors, die Chansonnière Édith Piaf sowie das Schauspielerpaar Yves Montand und Simone Signoret.**

Der Cimetière du Père-Lachaise liegt auf einem bewaldeten Hügel, der einen Blick über die Stadt gewährt. Das Areal gehörte einst Père de la Chaise, dem Beichtvater von Louis XIV. Unter Napoléon wurde es 1803 aufgekauft, um einen Friedhof anzulegen, den ersten mit Krematorium. Dieser Friedhof wurde bei den Parisern so beliebt, dass er im 19. Jahrhundert sechsmal erweitert werden musste.

Die schöne Parklandschaft mit den alten Bäumen und die oft erstaunliche Vielfalt und künstlerische Originalität der Gräber machen den Cimetière du Père-Lachaise zum idealen Ort für einen romantischen Spaziergang.

**Schon gewusst?**

**1817 wurden die sterblichen Überreste von Molière hierher überführt, um dem neuen Friedhof Glanz zu verleihen.**

→

*Spaziergang entlang der Mausoleen und Grabsteine auf dem Cimetière du Père-Lachaise*

Highlight

← *Théodore Géricaults Grab mit einer Darstellung seines Gemäldes* Das Floß der Medusa

### Mur des Fédérés

Die »Mauer der Föderierten« gilt bei der französischen Linken als ein Symbol für den Freiheitskampf des Volkes. Auf dem Cimetière du Père-Lachaise hatten sich am 28. Mai 1871 die letzten Kämpfer der Commune de Paris verschanzt, eines revolutionären Stadtrats, der sich nur 72 Tage gegen die konservative Zentralregierung halten konnte. 147 Kommunarden wurden hier erschossen und in einem Massengrab verscharrt.

## Bekannte Verstorbene

### Allan Kardec

▷ Kardec gründete im 19. Jahrhundert einen spirituellen Kult. Seine Anhänger legen oft Blumen aufs Grab.

### George Rodenbach

Der Dichter ist dargestellt, wie er sich mit ausgestrecktem Arm und einer Rose in der Hand aus dem Grab erhebt.

### Oscar Wilde

◁ Der irische Dramatiker, Denker und Ästhet lebte im Exil und starb 1900 alkoholkrank und vereinsamt in Paris. Der Bildhauer Jacob Epstein schuf Wildes Grab.

### Marcel Proust

Der Schriftsteller hat in *Auf der Suche nach der verlorenen Zeit* die Belle Époque dokumentiert.

### Sarah Bernhardt

▷ Die gefeierte Schauspielerin, einer der ersten Weltstars, starb 1923 mit 78 Jahren.

### Édith Piaf

Wegen ihrer geringen Körpergröße wurde die Chansonsängerin »Spatz von Paris« genannt, aber ihre Stimme und ihre Ausstrahlung waren riesengroß.

### Jim Morrison

▷ Der Leadsänger der Doors starb 1971 mit nur 27 Jahren in Paris. Die genauen Umstände seines Todes wurden nie ganz geklärt.

*Ruderboote zum Verleih auf dem Lac Inférieur, dem größten See im Bois de Boulogne* ↑

# SEHENSWÜRDIGKEITEN

## 3 La Défense

**La Grande Arche, 1 Parvis de la Défense M La Défense RER La Défense 73, 141, 158, 159 La Grande Arche: tägl. 10–19 (Apr–Aug: bis 20) W parisladefense.com**

Auf über 80 Hektar ragen die Hochhäuser der Bürostadt auf. Als Standort für Unternehmen wurde das Viertel in den 1960er Jahren hochgezogen. Seit 1989 steht hier La Grande Arche de La Défense, ein ausladender Kubus von Johan Otto von Spreckelsen. Dort gibt es neben dem Blick auf die historische Achse von Paris auch ein Restaurant und einen Ausstellungsbereich für Fotojournalismus. Im Skulpturenpark stehen Werke von César, Miró und Calder.

## 4 Bois de Boulogne

**75016 M Porte Maillot, Porte Dauphine, Porte d'Auteuil, Les Sablons 24 Std. tägl.**

Im 865 Hektar großen Park zwischen den westlichen Ausläufern der Stadt und der Seine kann man wandern, Rad und Boot fahren, reiten oder die Pferderennbahn besuchen. Früher war er Teil der Forêt de Rouvray. Mitte des 19. Jahrhunderts beauftragte Napoléon III Baron Haussmann mit der Neugestaltung in Anlehnung an den Londoner Hyde Park. Die Anlage umfasst u. a. den Jardin d'Acclimatation, einen Vergnügungspark für Kinder, den Pré Catelan, die Gärten von Bagatelle mit architektonischen Gags sowie eine Villa (18. Jh.) mit Rosengarten.

Nach Einbruch der Dunkelheit sollte man den ansonsten familienfreundlichen Park meiden.

## 5 Fondation Louis Vuitton

**8 Ave du Mahatma Gandhi, Bois de Boulogne 75116 M Les Sablons Shuttlebus von der Place Charles de Gaulle Mo, Mi, Do 11–20, Fr 11–21, Sa, So 10–20 1. Jan, 1. Mai, 25. Dez W fondationlouisvuitton.fr**

In der Nähe des Jardin d'Acclimatation im Bois de Boulogne gelegen, scheint Frank Gehrys dramatische Glasstruktur aus zwölf gläsernen Segeln auf dem Wasser zu schweben. Der Bau ist ein markantes Beispiel moderner Architektur und birgt eine Galerie moderner Kunst mit Platz für riesige Installationen und Klangausstellungen. Es gibt auch einen Raum für Ausstellungen und Veranstaltungen zeitgenössischer Kunst sowie eine Reihe von Aktivitäten für alle Altersgruppen, von Kunstworkshops bis zu Erzählveranstaltungen für jüngere Besucher.

## Hotels

**Hôtel des Grandes Écoles**
Gemütliches, charmantes Landhaus.

**75 Rue du Cardinal Lemoine 75005**

**hoteldesgrandes ecoles.com**

**Seven Hôtel**
Das Dekor ist eine wahre Augenweide.

**20 Rue Berthollet 75005**
**sevenhotelparis.com**

**Hôtel Saint-Marcel**
Stilvolle Zimmer in toller Lage.

**43 Boulevard St-Marcel 75013**
**hotel-saint-marcel-paris.com**

### 6 Fondation Le Corbusier

**8–10 Square du Docteur-Blanche 75016 M Jasmin**
**Villa La Roche: Di–Sa 10–18 Aug; Feiertage**
**fondationlecorbusier.fr**

In einer ruhigen Ecke von Auteuil stehen die Villen La Roche und Jeanneret, die ersten beiden Pariser Häuser eines der einflussreichsten Architekten des 20. Jahrhunderts: Charles-Édouard Jeanneret, besser bekannt als Le Corbusier (1887–1965). Die kubistisch geformten Gebäude wurden Anfang der 1920er Jahre aus weißem Beton auf Pfählen erbaut. Ihre Fenster verlaufen über die gesamte Länge. Im Inneren der Villen gehen die Räume ineinander über und ermöglichen so ein Höchstmaß an natürlichem Licht und Akustik.

Während Villa Jeanneret nicht für die Öffentlichkeit zugänglich ist, ist Villa La Roche bereits geöffnet.

### 7 Rue Jean de La Fontaine

**75016 M Michel-Ange–Auteuil, Jasmin RER Avenue du Président Kennedy**

Die Rue Jean de La Fontaine und die Straßen ringsum wirken wie das Aushängeschild für preiswerte Architektur mit dekorativen Details, wie sie Anfang des 20. Jahrhunderts verbreitet waren. Haus Nr. 14 ist das Castel Béranger. Das Haus wurde überwiegend aus einfachen Materialien errichtet, um die Kosten gering zu halten. Dennoch verfügt es über sehenswerte Details wie etwa Mosaiken, schmiedeeiserne Elemente und Balkone. Mit diesem Werk gelang dem Architekten Hector Guimard der Durchbruch. Er gestaltete auch die Fassade des Hôtel Mezzara (Nr. 60) sowie einige Jugendstileingänge der Pariser Métro.

→ *Blick von der Fondation Louis Vuitton*

← *Frank Gehrys Fondation Louis Vuitton im Bois de Boulogne*

*Skyline des Pariser Bürohauskomplexes La Défense* (siehe S. 150)

## Shopping

**Maison Arnaud Delmontel**
Die Bäckerei produziert köstliche Backwaren.
**39 Rue des Martyrs**
**arnaud-delmontel.com**

**Mamiche**
Probieren Sie den fabelhaften Schokoladen-Babka und die Buttercroissants.
**45 Rue Condorcet**
**mamiche.fr**

**Popelini**
Mit Sahne gefüllte Windbeutel *(choux)*.
**44 Rue des Martyrs**
**popelini.com**

**Henri Le Roux**
Ein Traum für passionierte Naschkatzen.
**24 Rue des Martyrs**
**chocolatleroux.com**

8 

### Moulin Rouge

**82 Blvd de Clichy 75018**
**+33 1 5309 8282**
**Blanche** **Dinner: tägl. 19; Shows: tägl. 21 und 23**
**moulinrouge.fr**

Vom einstigen Nachtclub, der 1885 erbaut und 1900 in eine Tanzhalle umgewandelt wurde, sind nur die roten Windmühlenflügel geblieben. Der Cancan kam ursprünglich aus den Polka-Gärten der Rue de la Grande Chaumière in Montparnasse, wird aber stets mit dem Moulin Rouge verbunden bleiben, dessen Tanzshows durch die Plakate von Toulouse-Lautrec unsterblich wurden. Die Darbietungen von Jane Avril oder Yvette Guilbert finden heute ihre Fortsetzung in einer Glitzerrevue à la Las Vegas mit Licht- und Magiershow.

9 

### St-Alexandre-Nevsky

**12 Rue Daru 75008**
**Courcelles, Ternes** **Di, Fr, Do, So 15–18** **cathedrale-orthodoxe.com**

Die imposante russisch-orthodoxe Kirche mit den fünf Kuppeln aus Kupfergold ist das Wahrzeichen der russischen Gemeinde in Paris. Entworfen wurde die 1861 vollendete Kathedrale von Mitgliedern der Akademie der schönen Künste in St. Petersburg. Zar Alexander II. und in Paris ansässige Russen finanzierten sie.

Eine bemerkenswerte Ikonenwand (Ikonostase) teilt die Kirche in zwei Teile. Der Grundriss in Form des griechischen Kreuzes sowie die Mosaiken und Fresken sind neobyzantinisch, die Fassade und die Goldkuppel traditionell russisch-orthodox. Führungen umfassen auch eine Besichtigung der Krypta.

10 

### Musée Marmottan Monet

**2 Rue Louis-Boilly 75016**
**+33 1 4496 5033** **La Muette** **Di–So 10–18 (Do bis 21)** **1. Jan, 1. Mai, 25. Dez** **marmottan.fr**

Die im 19. Jahrhundert erbaute Villa des Kunsthistorikers Paul Marmottan wurde im Jahr 1932 in ein Museum

↑ *Impressionistische Gemälde im Musée Marmottan Monet*

umgewandelt, das eine der besten Sammlungen impressionistischer Kunst in Frankreich zeigt. Der Eigentümer vermachte sie mitsamt Bildern und Mobiliar aus der Zeit von der Renaissance bis zum Ersten Kaiserreich dem Institut de France.

Im Jahr 1966 erhielt das Museum eine der bedeutendsten Sammlungen des Malers Claude Monet, eine Schenkung des Sohns von Monet. Sie enthält einige seiner berühmtesten Bilder, darunter auch *Impression – Sonnenaufgang* (daher der Name »Impressionismus«), die *Kathedrale von Rouen* *(siehe S. 246)* und mehrere Werke aus der *Seerosen*-Serie *(siehe S. 112)*. Zu besichtigen sind auch spätere, in Giverny entstandene Arbeiten, darunter *Die japanische Brücke* und *Die Trauerweide* – Bilder mit einem ungestüm-ausdrucksvollen Pinselstrich und einer leuchtenden Farbgebung.

Auch ein Teil der privaten Sammlung Monets wurde dem Museum überlassen. Sie enthält Werke von Degas, Pissarro, Renoir und Sisley. Zudem sind mittelalterliche Handschriften und burgundische Gobelins (16. Jh.) zu sehen.

Alle Exponate werden in sehr stilvoll eingerichteten Räumen präsentiert. Am dritten Dienstag im Monat finden Kammermusikkonzerte statt.

← *Moulin Rouge (»rote Windmühle«) – Anziehungspunkt im Pariser Nachtleben*

**11**

## Parc Monceau

**35 Blvd de Courcelles 75017 Ⓜ Monceau tägl. 7–20 (Sommer: bis 22; Sep: bis 21)**

Die grüne Oase wurde schon 1778 angelegt. Der Duc de Chartres beauftragte den Künstler, Philosophen und Landschaftsgärtner Louis Carmontelle mit der Gestaltung des Gartens. Das Ergebnis war eine exotisch anmutende Landschaft mit einigen Parkbauten im deutschen und englischen Stil.

1852 wurde der Park öffentliche Grünanlage. Aus dem 18. Jahrhundert haben noch einige Originalelemente überdauert, etwa das Naumachia-Becken, die Nachbildung eines Bassins, das die Römer zur Inszenierung von Seegefechten nutzten.

**12** 

## Atelier des Lumières

**38 Rue Saint-Maur 75011 Ⓜ Voltaire, Saint-Ambroise Rue Saint-Maur, Père Lachaise Juli, Aug: tägl. 10–20 (So bis 19); Sep–Juni: tägl. 10–17 (Fr, Sa bis 22, So bis 19) atelier-lumieres.com**

Das digitale Kunstzentrum in einer ehemaligen Eisengießerei zeigt völlig immersive Lichtshows. Über 140 Videoprojektoren beleuchten Boden, Decke und Wände mit ständig wechselnden Bildern der Werke berühmter Künstler, alles unterlegt mit einem Original-Soundtrack.

**Schon gewusst?**

**Die Impressionisten Monet und Renoir waren befreundet und malten oft gemeinsam.**

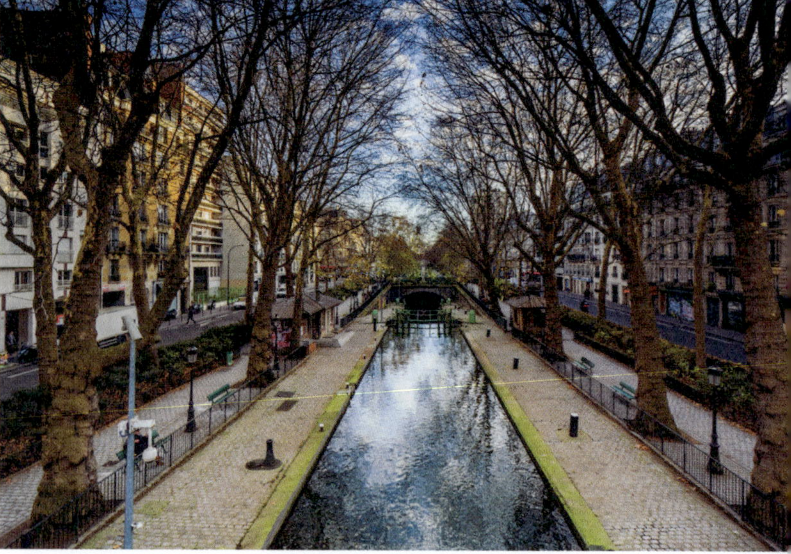

*Schöner Quai mit Bäumen am Canal St-Martin* ↑

## Cafés

Hier sind fünf der besten Cafés am Canal St-Martin.

**Ten Belles**
**10 Rue de la Grange aux Belles 75010**
**tenbelles.com**

**Holybelly**
**5 und 19 Rue Lucien, Sampaix 75010**
**holybellycafe.com**

**Caoua Coffee Stop**
**98 Quai de Jemmapes 75010**
**+33 9 50 73 47 17**

**Radiodays**
**15 Rue Alibert 75010**
**radiodays.cafe**

**Bonjour Jacob**
**28 Rue Yves Toudic 75010**
**bonjourjacob.com**

13

## Canal St-Martin

**M Jaurès, Jacques Bonsergent, Goncourt**

Ein Spaziergang über die Quais am Canal St-Martin vermittelt noch heute einen Eindruck davon, wie das Arbeiterviertel Ende des 19. Jahrhunderts aussah. Am Quai de Jemmapes sieht man Reste alter Lagerhallen und Fabriken aus Backstein und Eisen. Dort stößt man auch auf das Hôtel du Nord, Schauplatz des 1930 entstandenen gleichnamigen Films von Marcel Carné.

Der Kanalbetrieb ist auf einige Lastkähne reduziert. Bei Jaurès trifft der Kanal auf den Canal de l'Ourcq. Von hier aus kann man zum Parc de la Villette spazieren.

14 ♿

## Cimetière de Montmartre

**20 Ave Rachel 75018**
**M Blanche Mo–Fr 8–18, Sa 8:30–18, So 9–18 (Winter: bis 17:30)**

Seit Anfang des 19. Jahrhunderts ist dieser Friedhof die letzte Ruhestätte vieler Künstler. Die Komponisten Hector Berlioz und Jacques Offenbach (Meister des Cancan), der deutsche Dichter Heinrich Heine, der russische Tänzer Vaslav Nijinsky, der Regisseur François Truffaut sind nur einige Prominente, die hier begraben sind.

Am Square Roland-Dorgelès auf dem Montmartre gibt es noch den Friedhof St-Vincent. Hier hat der Maler Maurice Utrillo seine letzte Ruhestätte gefunden.

15

## Marché aux Puces de St-Ouen

**Rue des Rosiers 93406**
**M Porte de Clignancourt, Garibaldi Mo 11–17, Sa, So 10–18 (Mitte Aug kürzer)**
**pucesdeparissaintouen.com**

Der älteste und größte Pariser Flohmarkt an der Porte de Clignancourt bedeckt eine Fläche von etwa sechs Hektar. Im 19. Jahrhundert kamen Lumpenhändler und Landstreicher hier, außerhalb der Stadttore, zusammen, um ihre Waren feilzubieten. Heute ist das Areal in verschiedene Märkte gegliedert. Sehenswert sind Möbel und Objekte im Stil des Zweiten Kaiserreichs.

### Baron Haussmann

Georges-Eugène Haussmann wurde Mitte des 19. Jahrhunderts von Napoléon III beauftragt, Paris in eine moderne Stadt umzuwandeln, Boulevards, Parks und Plätze anzulegen sowie ein funktionierendes Abwassersystem einzurichten. Zu dieser Zeit wurde Haussmann für seine extravaganten Projekte und die Zerstörung der mittelalterlichen Stadt verschrien. Heute wird das einheitliche Stadtbild von Paris gefeiert. Haussmann ist auf dem Cimetière du Père-Lachaise begraben.

Schnäppchen sind rar, aber das schreckt Kauflustige nicht ab, am Wochenende in Massen einzufallen.

16

## Parc des Buttes-Chaumont

**Rue Botzaris, Rue Manin (Hauptzugang Pl Armand-Carrel) 75019 M Botzaris, Buttes-Chaumont tägl. 7–20 (Sommer: 24 Std.)**

Für viele ist dies der schönste Pariser Park. In den 1860er Jahren verwandelte Baron Haussmann die Geröllhalde in Gärten nach englischem Vorbild. Der Landschaftsgärtner Adolphe Alphand leitete später die Umgestaltung der von Georges-Eugène Haussmann angelegten großen Pariser Straßen, die man mit Bänken, Laternen und Kiosken versah.

An der Parkgestaltung waren auch der Ingenieur Darcel und der Landschaftsgärtner Barillet-Deschamps beteiligt. Es entstanden ein See mit einer Insel aus Natur- und Kunstgestein, ein römischer Tempel, ein Wasserfall und Bachläufe mit Fußgängerbrücken zur Insel. Heute können Besucher hier auch Boote mieten, für Kinder gibt es ein Puppentheater *(guignol)*. Oder man ruht sich einfach auf dem gepflegten Rasen aus.

17   

## Cité des Sciences et de l'Industrie

**30 Ave Corentin Cariou 75019 +33 1 4005 8000 M Porte de la Villette 75, 139, 150, 152, 375 T3b Di–Sa 9:30–18, So 9:30–19 1. Jan, 1. Mai, 25. Dez W cite-sciences.fr**

Das populäre Museum für Wissenschaft und Technik liegt im größten der einstigen Schlachthöfe von La Villette. Hier entstand ein urbaner Park mit fünfstöckiger Hightech-Architektur (40 Meter hoch, über drei Hektar groß), deren Inneres Adrien Fainsilber mit Wasserspielen, Licht und Vegetation belebt hat.

Herzstück des Museums ist die Explora-Ausstellung. Hier erweitern multimediale Exponate unser Verständnis von Technik, Weltraum, Ozean und Erde. Man kann spielerisch etwas über Licht, Klang und Raum erfahren. Die Cité des Sciences et de l'Industrie bietet auch Kinos, ein Doku-Zentrum, eine Bibliothek und Läden.

### Schon gewusst?

**Das Kino La Géode in der Cité des Sciences hat eine halbrunde Riesenleinwand (1000 m²).**

*Cité des Sciences et de l'Industrie: ein Ort zum Staunen* ↑

## 18 Bercy

**75012 · M Bercy, Cour St-Émilion · Bus 24, 64, 87. Cinémathèque Française: 51 Rue de Bercy**

Der ehemalige Weinhandelsort Bercy hat eine radikale Umgestaltung erlebt: Die Stadt Paris sanierte das östliche Viertel von Grund auf. Die Métro-Linie 14 führt von Bercy direkt ins Zentrum. Zahlreiche Weinlager und Kellereien an der kopfsteingepflasterten Cour St-Émilion haben als Bars, Restaurants und Läden wieder geöffnet.

Die Skyline Bercys weist spannende Bauwerke auf, z. B. Chemetovs Gebäude für das Finanzministerium oder Frank Gehrys futuristischen Bau, in dem seit 2005 die Cinémathèque Française zu Hause ist. Sie beherbergt ein Programmkino, ein Museum zur Filmgeschichte, eine Filmbibliothek und eine Buchhandlung.

## 19 Musée National de l'Histoire de l'Immigration

**Palais de la Porte Dorée, 293 Ave Daumesnil 75012 · M Porte Dorée · Bus 46 · Di–Fr 10–17:30, Sa, So 10–19 (Juni–Aug: Mi bis 21) · Geschlossen: 1. Jan, 1. Mai, 25. Dez · W histoire-immigration.fr**

Das Museum im Palais de la Porte Dorée widmet sich der Geschichte der Einwanderung nach Frankreich. Das Palais liegt in einem 1931 von Albert Laprade und Léon Jaussely entworfenen Art-déco-Gebäude.

Die drei Themenbereiche widmen sich den Motiven der Einwanderer sowie ihrer Integration und ihrem Beitrag zur Bereicherung des alltäglichen Lebens in Frankreich.

**Schon gewusst?**

**Der Parc de Bercy liegt auf dem Gelände ehemaliger Weinlager.**

## 20 Château de Vincennes

**1 Ave de Paris, 94300 Vincennes · Tel. +33 1 4808 3120 · M Château de Vincennes · RER Vincennes · Bus 46, 56, 86 · tägl. 10–17 (Mitte Mai–Sep: bis 18) · Geschlossen: 1. Jan, 1. Mai, 1., 11. Nov, 25. Dez · W chateau-de-vincennes.fr**

Bis zum 17. Jahrhundert war das Château de Vincennes die Residenz der französischen Könige. Die größte mittelalterliche Festung Europas, die gotische Kapelle und die Pavillons (17. Jh.) sind sehenswert.

Jenseits des Schlossgrabens liegt der Bois de Vincennes. In den einstigen Jagdgründen befinden sich heute ein angelegter Forst mit Seen und eine Trabrennbahn.

## 21 Bibliothèque Nationale de France

**Quai François-Mauriac 75013 · Tel. +33 1 5379 5959 · M Bibliothèque François-Mitterrand, Quai de la Gare · RER Bibliothèque François-Mitterand · Bus 62, 64, 89, 132, 325 · Di–Sa 9–20, So 13–19 · Geschlossen: Feiertage, eine Woche im Sep · W bnf.fr**

Die vier Türme in Buchform beherbergen insgesamt rund zehn Millionen Bücher. Die Leihbibliothek umfasst

Der große See mitten im idyllischen Parc Montsouris ist von Bäumen umgeben

400 000 Nachschlagewerke, digitalisierte Bilder und ein Tonarchiv. Die Bibliothek präsentiert Wechselausstellungen.

22

## Parc Montsouris

**2 Rue Gazan, Blvd Jourdan 75014 M Porte d'Orléans RER Cité Universitaire Sonnenaufgang bis -untergang**

Der englische Garten zählt zu den Lieblingsplätzen vieler Bewohner von Paris. Die schöne Grünanlage, nach dem Bois de Vincennes die zweitgrößte der Stadt, wurde 1865–78 vom Stadtplaner und Ingenieur Adolphe Alphand nach Plänen von Georges-Eugène Haussmann *(siehe S. 157)* gestaltet.

Auf dem Gelände stehen viele Skulpturen und eine meteorologische Messstation. Am großen Parksee kann man zahlreiche Vogelarten beobachten.

Zu den Besuchern des Parc Montsouris zählen viele Familien. Attraktionen für Kinder sind eine Bühne, ein Puppentheater sowie mehrere Spielplätze.

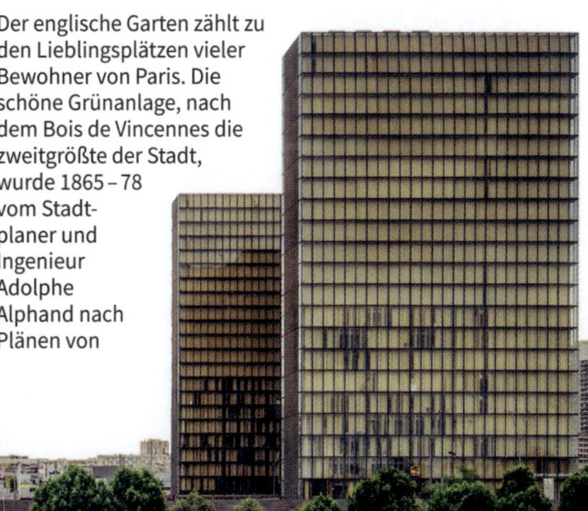

Türme der Bibliothèque Nationale de France am Ufer der Seine in Bercy

## Bars

**Mini Pong Bar**
Die Bar überzeugt mit spezieller Einrichtung und großer Auswahl an Cocktails.

**64 Rue Jean-Baptiste Pigalle 75009 So, Mo minipongbar.com**

**Lulu White**
Der perfekte Ort für einen Drink zu später Stunde.

**12 Rue Frochot 75009 So – Di luluwhite.bar**

**New Rose**
Auf einer kleinen Insel in der Seine gibt es ausgezeichnete Cocktails.

**1 Île Seguin 92100 So, Mo newrosecocktailbar.fr**

23

## Muséum National d'Histoire Naturelle

**Grande Galerie de l'Évolution und Galerie de Minéralogie et de Géologie: 36 Rue Geoffroy St-Hilaire 75005; Galerie de Paléontologie et d'Anatomie: 2 Rue Buffon 75005 M Jussieu, Gare d'Austerlitz Mi–Mo 10–18 mnhn.fr**

Die Grande Galerie de l'Évolution des Museums widmet sich der Evolutionsgeschichte. Die vier anderen Abteilungen befassen sich mit Paläontologie, Paläobotanik, Mineralogie und Entomologie – Letztere präsentiert einige der ältesten jemals gefundenen versteinerten Insekten.

24

## Grande Mosquée de Paris

**2 Place du Puits de l'Ermite 75005 +33 1 4535 9733 M Place Monge Sa–Do 9–18 islamische Feiertage mosqueedeparis.net**

Die Gebäudegruppe mit ihren religiösen und Bildungseinrichtungen wurde von 1922 bis 1926 errichtet. Sie ist das geistige Zentrum der islamischen Gemeinde.

Die Moschee wurde im spanisch-maurischen Mudéjar-Stil mit einem 33 Meter hohen Minarett erbaut. Mosaiken und Brunnen zieren den Innenhof, der – von der Alhambra in Granada inspiriert – von Bogen mit Flechtwerkmuster umgeben ist.

Der Hammam ist Frauen vorbehalten. Ein Teesalon im begrünten, mit Feigenbäumen bewachsenen Innenhof lockt mit orientalischen Spezialitäten und Minztee. Der Besuch des Museums muss vorab gebucht werden.

↑ *33 Meter hohes Minarett der Grande Mosquée de Paris*

25

## Catacombes

**1 Ave du Colonel Henri Rol-Tanguy 75014 M Denfert-Rochereau Di–So 9:45–20:30 1. Jan, 1. Mai, 25. Dez catacombes.paris.fr**

Haufenweise Schädel und Knochen lagern in den Katakomben, einem Labyrinth von Tunneln aus der Zeit der Römer. In den 1680er Jahren wurden die Gebeine vom Friedhof von Les Halles hierher überführt.

26

## Jardin des Plantes

**57 Rue Cuvier 75005 +33 1 4079 5601 M Gare d'Austerlitz RER Gare d'Austerlitz 24, 57, 61, 63, 67, 89, 91 tägl. 8–20 (Winter: bis 17:30) jardindesplantesdeparis.fr**

Der botanische Garten entstand 1626. Jean Hérouard

Grande Galerie de l'Évolution im Muséum National d'Histoire Naturelle

Entdeckertipp
**Musée Zadkine**

Das Museum widmet sich dem weißrussisch-französischen Maler und Bildhauer Ossip Zadkine (1890–1967). In dessen Wohnhaus werden Werke aus allen Schaffensperioden des Künstlers gezeigt – vom Kubismus bis zum Impressionismus (www.zadkine.paris.fr).

und Guy de La Brosse, die Leibärzte Louis' XIII, legten den königlichen Heilkräutergarten an. Es folgte eine Schule für Botanik, Naturgeschichte und Heilkunde. 1640 wurde der Garten öffentlich zugänglich. Er gehört zu den größten Pariser Parks und enthält ein naturgeschichtliches Museum und **La Ménagerie, le Zoo du Jardin des Plantes**, einen der ältesten Zoos der Welt.

Neben von Statuen flankierten Wegen gibt es auch eine Anlage mit Gebirgsflora aus Korsika, Marokko, den Alpen und dem Himalaya sowie Wild- und Heilpflanzen.

**La Ménagerie, le Zoo du Jardin des Plantes**
 **tägl. 9–18 (So, Feiertage bis 18:30) zoodujardindesplantes.fr**

**27**

## Montparnasse

**75014, 75015 Montparnasse, Vavin, Raspail, Edgar Quinet**

Der Name des Viertels geht auf einen Scherz zurück, der daran erinnert, dass im 17. Jahrhundert Kunststudenten ihre Arbeiten auf einem »Berg« aus Trümmern präsentierten. Im antiken Griechenland war der Berg Parnass der Poesie und Musik gewidmet. Im 19. Jahrhundert lockten Cabarets und Bars Besucher an. Kunst prägte die 1920er/1930er Jahre, als Hemingway, Picasso, Giacometti, Cocteau, Matisse und Modigliani »Montparnos« waren.

Heute wird das Viertel von der etwas unbeliebten **Tour Montparnasse** dominiert, obwohl die Aussicht vom 56. Stock – mit Restaurant und Aussichtsplattform – spektakulär ist.

**Tour Montparnasse**
**33 Ave du Maine tägl. 9:30–22:30 (Fr, Sa bis 23) tourmontparnasse56.com**

Breite Allee im Jardin des Plantes – ideal zum Flanieren

# Spaziergang durch Montmartre

**Länge** 1,5 km **Dauer** 20 Min. **Métro** Abbesses

Seit mehr als 200 Jahren gilt Montmartre als Inbegriff des Künstlerviertels. Zu Beginn des 19. Jahrhunderts lebten Théodore Géricault und Camille Corot hier, später dann viele bekannte Maler und Literaten. Im 20. Jahrhundert verliehen die Bilder von Maurice Utrillo den Straßen Unsterblichkeit. Heute leben die Straßenmaler von den Besuchern, die es zu dem pittoresken Stadtteil mit der Vorkriegsatmosphäre und der schönen Kirche zieht.

Der **Clos Montmartre** ist einer der letzten Weinberge von Paris. Am ersten Samstag im Oktober wird der Beginn der Weinlese gefeiert.

**Métro Lamarck – Caulaincourt**

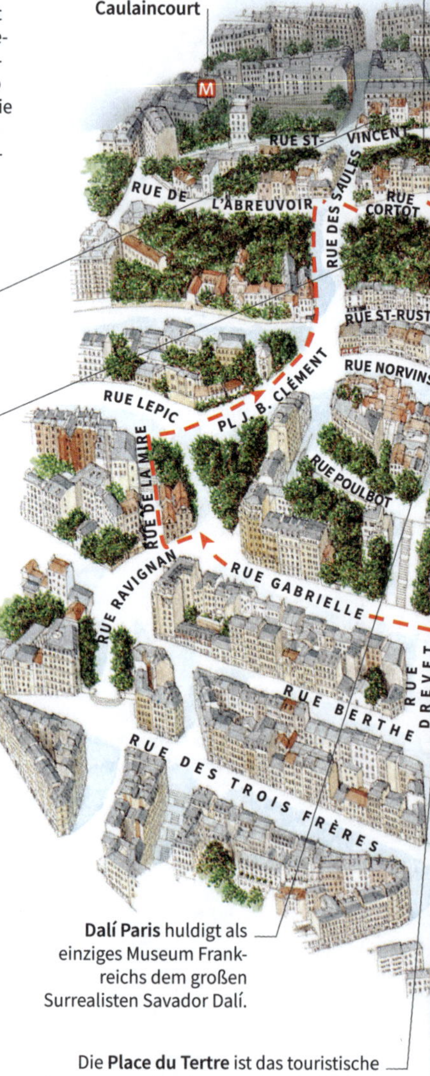


**Au Lapin Agile** war von 1910 an ein Treffpunkt der Literaten und Maler.

Das **Musée de Montmartre** zeigt Werke von Künstlern, die in dem Viertel gelebt haben, etwa das *Porträt einer Frau* vom italienischen Maler und Bildhauer Amedeo Modigliani.

**Dalí Paris** huldigt als einziges Museum Frankreichs dem großen Surrealisten Savador Dalí.

Die **Place du Tertre** ist das touristische Zentrum von Montmartre. Hier findet man Porträtisten und andere Künstler sowie zahlreiche Cafés und Bars.

↑ *Besucher und Straßenmaler an der Place du Tertre*

0 Meter 100 N ↑

**La Mère Catherine** war 1814 das bevorzugte Lokal der russischen Kosaken. Sie pflegten auf die Tische zu schlagen und *bistro* (russ. für »schnell«) zu brüllen – daher der Name »Bistro«.

**St-Pierre de Montmartre** wurde während der Revolution zum Tempel der Vernunft.

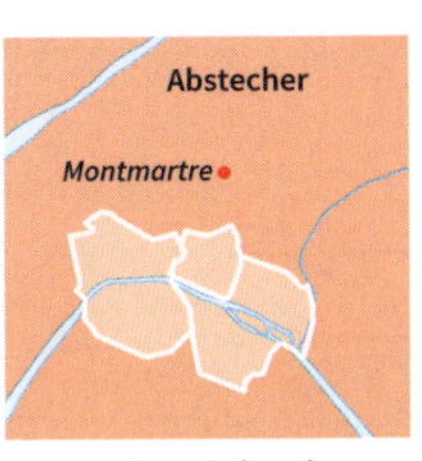


**Zur Orientierung**
*Siehe Karte S. 145*

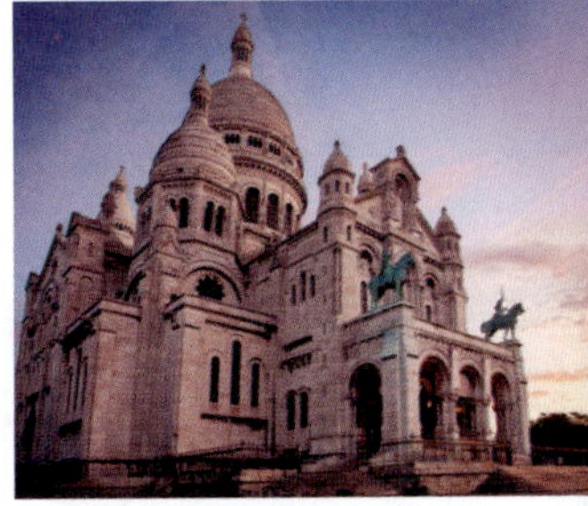

↑ *Sacré-Cœur in den Farben des Sonnenaufgangs*

Die neoromanisch-byzantinische Kirche **Sacré-Cœur** wurde 1870 begonnen und 1914 vollendet *(siehe S. 146f)*.

Die **Halle St-Pierre** stellt Art brut und Naive Malerei aus.

**Schon gewusst?**

**Der Name Montmartre kommt vom lateinischen *mons martyrium*, »Berg der Märtyrer«.**

Der **Funiculaire** (Zahnradbahn) am Ende der Rue Foyatier führt hinauf zu Sacré-Cœur. Métro-Fahrscheine gelten auch hier.

Der **Square Louise-Michel** unterhalb des Vorplatzes von Sacré-Cœur ist in Form einer Reihe absteigender Terrassen angelegt.

# FRANKREICH
# **ERLEBEN**

Abtei Mont-St-Michel in der Normandie

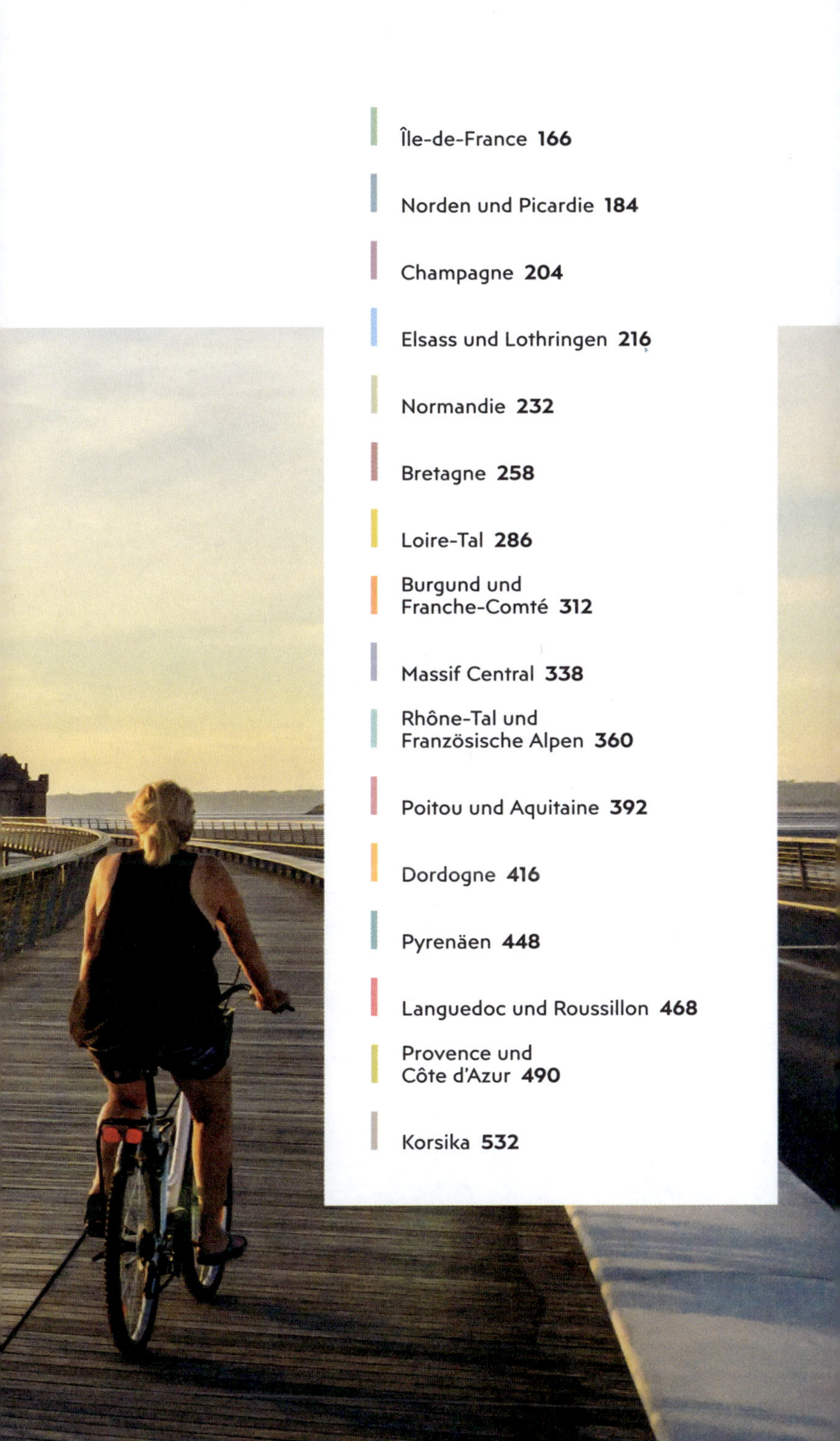

*Fliesenschmuck im Château de Rambouillet* (siehe S. 182)

# Île-de-France

Mitten im Herzen Frankreichs erstreckt sich das Gebiet der Île-de-France weit über die Vororte von Paris hinaus. Malerische Landschaften prägen eine geschichtsträchtige Region, die für Frankreich seit je von großer Bedeutung ist.

Nachdem König François I 1528 Fontainebleau in ein Renaissance-Schloss umgebaut hatte, stieg der Stellenwert der Region beim Adel. Als 1661 Louis XIV mit dem Bau von Versailles begann, war auch die Rolle der Île-de-France als politisches Zentrum des Landes gesichert. Schloss Versailles, an dem Le Nôtre, Le Vau, Le Brun und Jules Hardouin-Mansart ihre Talente ohne Rücksicht auf Kosten verwirklichen konnten, wurde zum Symbol der Macht des Sonnenkönigs. Das opulent gestaltete Anwesen ist noch heute Schauplatz von wichtigen Staatsempfängen und eine der berühmtesten Sehenswürdigkeiten Frankreichs.

Auch abseits von Versailles bietet die Île-de-France architektonische Pracht. Rambouillet etwa ist eng mit dem Namen von Louis XVI verbunden. Das Schloss war von 1896 bis 2009 Sommerresidenz der französischen Präsidenten und Ort einiger wichtiger Konferenzen.

Auf einen industriellen Aufschwung im 19. Jahrhundert folgten im 20. Jahrhundert zahlreiche große Bauprojekte, darunter Sozialwohnungen und die Périphérique (eine Ringstraße um das Pariser Stadtzentrum). Heute lebt die große Mehrheit der Pariser in den abwechslungsreichen Vierteln der Vororte.

Île-de-France
PICARDIE
HAUTE-NORMANDIE
ÎLE-DE-FRANCE
Normandie
Seiten 232–257
Loire-Tal
Seiten 286–311
Paris
Seiten 70–163
Abbaye de Royaumont 4
Musée National de la Renaissance 5
Basilique St-Denis 6
St-Germain-en-Laye 7
Château de Malmaison 8
Sèvres: Cité de la Céramique 13
Versailles 1
Château de Sceaux 11
Château de Rambouillet 10
Grandvilliers
Breteuil
Montdidier
Marseille-en-Beauvaisis
Froissy
Wavignies
Maignelay
Beauvais
Bresles
Clermont
Noailles
Rantigny
Étrépagny
Gisors
Chaumont-en-Vexin
Chantilly
Vernon
Magny-en-Vexin
Marines
L'Isle-Adam
Luzarches
Vigny
Pontoise
Bonnières-sur-Seine
Pacy-sur-Eure
Mantes-la-Jolie
Les Mureaux
Seine
Montmorency
Poissy
Argenteuil
Ivry-la-Bataille
Bobigny
Nonancourt
Houdan
Créteil
Antony
Dreux
Palaiseau
Flughafen Orly
Le Boullay-Mivoye
Nogent-le-Roi
Épernon
Rambouillet
Montlhéry
Évry
Arpajon
Corbeil-Essonnes
Châteauneuf-en-Thymerais
Maintenon
Gallardon
Eure
Ablis
Dourdan
Chartres
La Ferté-Alais
Étampes
Maisse
Milly-la-Forêt
Allonnes
Angerville
Méréville
Illiers-Combray
Malesherbes
Voves
Allaines-Mervilliers
Brou
Bonneval
Janville
Pithiviers
Puiseaux
Orgères-en-Beauce
Artenay
Châteaudun
Chilleurs-aux-Bois
Beaune-la-Rolande
Neuville-aux-Bois
Patay
Loury

Île-de-France
Highlights
1 Versailles
2 Disneyland® Paris
3 Château de Fontainebleau
Sehenswürdigkeiten
4 Abbaye de Royaumont
5 Musée National de la Renaissance
6 Basilique St-Denis
7 St-Germain-en-Laye
8 Château de Malmaison
9 Château de Vaux-le-Vicomte
10 Château de Rambouillet
11 Château de Sceaux
12 Provins
13 Sèvres: Cité de la Céramique
Norden und Picardie
Seiten 184–203
Champagne
Seiten 204–215
Burgund und Franche-Comté
Seiten 312–337
CHAMPAGNE-ARDENNE
2 Disneyland® Paris
9 Château de Vaux-le-Vicomte
3 Château de Fontainebleau
12 Provins
Ressons-sur-Matz
Compiègne
Verberie
Betz
La Ferté-Milon
Neuilly-Saint-Front
Fère-en-Tardenois
Reims
Montagne de Reims
Champillon
Hautvillers
Épernay
Château-Thierry
Dormans
Saint-Soupplets
Meaux
Marne
Trilport
Charly-sur-Marne
Montmort-Lucy
Vertus
Chessy
Montmirail
Crécy-en-Brie
Rebais
Coulommiers
La Ferté-Gaucher
Fère-Champenoise
Esternay
Sézanne
Courgivaux
Fontenay-Trésigny
Courtacon
Coubert
Rozay-en-Brie
Guignes
Villiers-Saint-Georges
Mormant
Nangis
Melun
Nogent-sur-Seine
Méry-sur-Seine
Seine
La Fontaine-les-Grès
Marigny-le-Châtel
Montereau-Fault-Yonne
Bray-sur-Seine
Marcilly-le-Hayer
Nemours
Lorrez-le-Bocage
Estissac
Loing
Villeneuve-l'Archevêque
Bouilly
Ferrières
Villeneuve-sur-Yonne
Courtenay
Montargis
D1017
A1
N31
A4
N2
N3
D951
N4
D619
D605
A5
D606
A19
A6
A77
N77
D2060
0 Kilometer 20
N

# Versailles

D2 Place d'Armes, 78000 Versailles Versailles-Express vom Eiffelturm RER Versailles-Château–Rive Gauche, Versailles Chantiers siehe Website 1. Jan, 1. Mai, 25. Dez chateauversailles.fr

**Die atemberaubende königliche Residenz in Versailles, der Nachbarstadt von Paris, zählt zu den größten Palastanlagen Europas und gilt als ein Höhepunkt der Schlossarchitektur. In ihrer geradezu verschwenderischen Pracht ist sie schier überwältigend. Nach dem Schloss sollten Sie sich auch die gepflegten Gärten ansehen.**

## Schloss

Aus dem zunächst vorhandenen kleinen Anwesen, einem bescheidenen Jagdsitz seines Vaters, machte Louis XIV in mehreren Bauphasen ab den 1660er Jahren eine opulente Schlossanlage, in der rund 20 000 Menschen Platz fanden. Die Architekten Louis Le Vau und Jules Hardouin-Mansart entwarfen die Gebäude. Unter Louis XV wurde 1770 die Opéra Royal gebaut. Seit dem 19. Jahrhundert wird die Anlage als Museum genutzt, 1979 wurde Schloss Versailles UNESCO-Welterbe.

Die Prunkgemächer befinden sich im ersten Stock. Um die Cour de Marbre liegen die Privatgemächer des Königs und der Königin, auf der Parkseite die von Charles Le Brun überaus kostbar ausgestatteten Staatsräume. Im weltberühmten Spiegelsaal stehen den 17 Rundbogenfenstern zu den Gärten 17 Spiegelbogen mit 357 Spiegelelementen gegenüber.

### TOP 5 Säle im Schloss

**Salon de Vénus**
Inmitten von Marmorverzierungen steht eine Statue von Louis XIV.

**Salon d'Apollon**
Der Thronsaal von Louis XIV wurde von Le Brun entworfen und ist Apollo gewidmet.

**Salon de la Guerre**
Das große Relief *Louis XIV wird vom Sieg gekrönt* von Antoine Coysevox befindet sich an der Eingangswand.

**Galerie des Glaces**
Der Spiegelsaal erstreckt sich 73 Meter an der Westseite entlang.

**Chambre de la Reine**
In diesem Raum wurden viele Prinzen und Prinzessinnen geboren – vor den Augen des gesamten Hofstaats.

*Versailles begründete den Ruhm des Sonnenkönigs in ganz Europa* ↓

Highlight

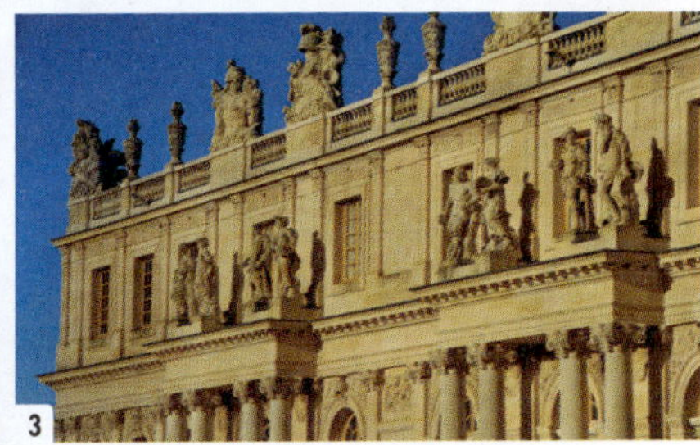

**1** *Die Cour de Marbre ist mit Marmor gepflastert. Urnen, Büsten und Gold umgeben sie.*

**2** *Die barocke Chapelle Royale, Mansarts letztes großes Werk, war auch die letzte Erweiterung von Versailles unter Louis XIV.*

**3** *Im Südflügel, wo ursprünglich die Wohnungen des Hochadels waren, richtete Louis-Philippe ein historisches Museum ein.*

*Formgärten mit ornamentalen Bepflanzungen und Brunnen sind charakteristisch für Versailles* ↑

## Gärten

Die Formgärten von Versailles sind nicht weniger beeindruckend als das Schloss. Der große Landschaftsarchitekt André Le Nôtre schuf damit sein Meisterwerk. Prunkvasen und Statuen schmücken ornamentale Blumen- und Strauchbepflanzungen. Zwischen kunstvoll beschnittenen Hecken und Bäumen sind Salons eingerichtet, die man mit Skulpturen und Springbrunnen ausstaffierte.

Der 1,7 Kilometer lange Grand Canal führt von den Gärten zum Park. Hier verlaufen Wege zwischen Hainen und Rasenflächen. Grand Trianon und Petit Trianon sind Lustschlösser von Louis XIV und Louis V. Den Hameau de la Reine (»Weiler der Königin«) ließ Marie-Antoinette anlegen.

> **Die Formgärten von Versailles sind nicht weniger beeindruckend als das Schloss. André Le Nôtre schuf damit sein Meisterwerk.**

↑ *Das Grand Trianon ließ Louis XIV 1687/88 erbauen, um den Zwängen des Hoflebens zu entkommen*

Highlight

## Restaurants

**Ore**

Im Pavillon Dufour kann man die edle Kochkunst von Alain Ducasse in königlichem Ambiente goutieren.

**Château de Versailles, 78000 Versailles**

**ducasse-chateau versailles.com**

**Angelina**

Der bekannte Pariser *salon de thé* Angelina betreibt in Versailles zwei Restaurant-Cafés, eines im Pavillon d'Orléans und eines im Petit Trianon.

**Château de Versailles, 78000 Versailles**

**angelina-paris.fr**

**Schon gewusst?**

**Die Brunnen kosteten ein Drittel des Budgets. Heute sprudeln sie nur im Sommer.**

1

2

3

**1** *Die Gebäude im Hameau de la Reine wirken von außen wie französische Landhäuser, sind innen jedoch mit prachtvollem Mobiliar ausgestattet.*

**2** *Die Grands Eaux Nocturnes, aufwendig illuminierte Wasserspiele mit Barockmusik, finden von Mitte Juni bis Mitte September samstags statt.*

**3** *Das 1764–68 für Louis XV erbaute Petit Trianon wurde der Lieblingsort von Marie-Antoinette.*

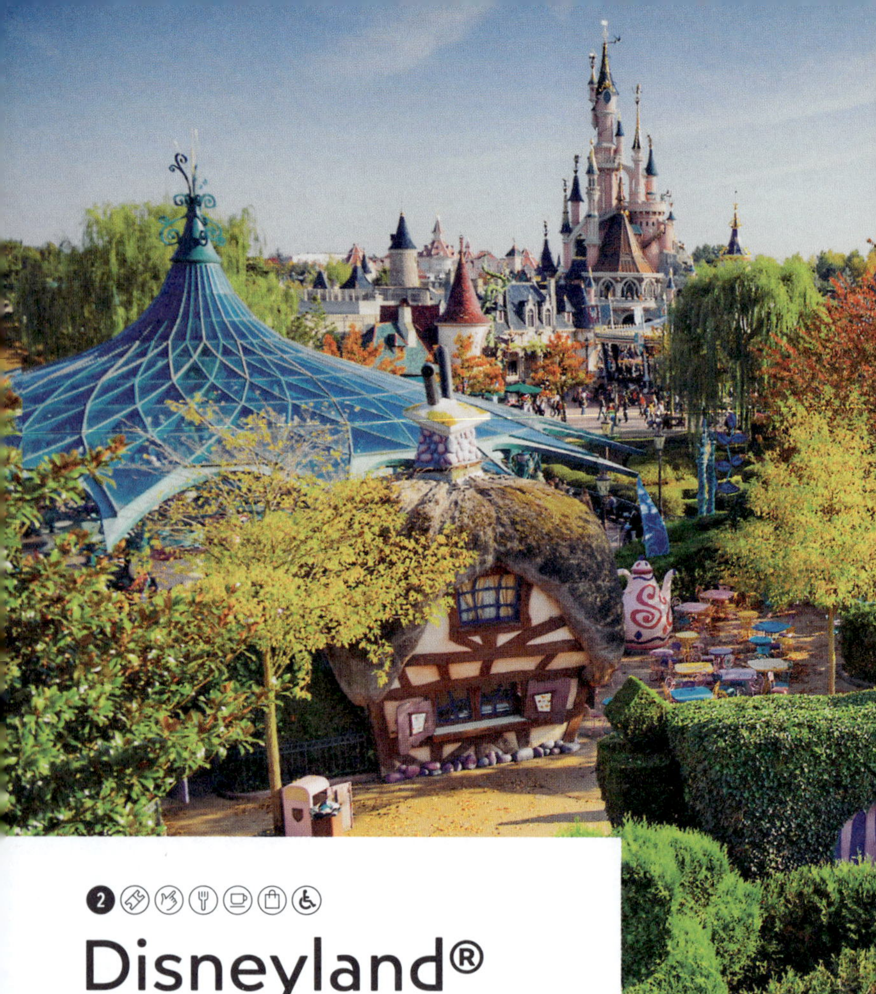

2

# Disneyland® Paris

**E2 · Marne-la-Vallée 77777 · Disneyland® Paris Express von Gare du Nord, Opéra und Châtelet · RER Marne-la-Vallée/Chessy · siehe Website · disneylandparis.com**

**Wer Disneyland® Paris besucht, begibt sich in eine Fantasiewelt mit Adrenalinschüben bei wilden Fahrten und Staunen über visuelle Effekte. Hier wirkt der Zauber der guten Laune.**

Disneyland® Paris, eine riesige Anlage auf insgesamt rund 22 Quadratkilometer Fläche, besteht aus zwei Themenparks, sieben Hotels, von denen einige Swimmingpools haben, einem Shopping-, Restaurant- und Unterhaltungsbereich, einer Eislaufbahn, mehreren Seen, zwei Kongresszentren und einem Golfplatz.

Die Themenparks umfassen zwei große Bereiche: Disneyland® Park und Walt Disney Studios® Park. Ersterer beschwört – à la Hollywood – eine vergangene Zeit oder einen sagenumwobenen Ort herauf, in Letzterem begegnen Sie der Welt von Film, Fernsehen und Animation.

### Disney Village

Der Spaß hört nicht auf, wenn die zwei Parks schließen. Disney Village bietet eine Vielzahl an abendlichen Unterhaltungsmöglichkeiten, darunter ein Kino, Konzerte und Buffalo Bill's Wild West Show. Restaurants und Läden haben sowieso lange geöffnet. Besondere Events finden das ganze Jahr über statt, etwa an Neujahr, Ostern und Halloween.

*Highlight*

## Schon gewusst?

Das Dornröschen-Schloss wurde so entworfen, dass es sich deutlich von einem grauen Himmel abhebt.

↑ *Ausblick über Alice's Curious Labyrinth im Disneyland® Park*

**1** *Eingang zu Crush's Coaster® im Walt Disney Studios® Park*

**2** *The Mad Hatter's Tea Cups im Fantasyland®, Disneyland® Park*

**3** *Parade im Disneyland® Park mit Figuren aus Filmen wie* Toy Story

# Disneyland® Park

Disneyland® Park besteht aus fünf Bereichen: Main Street verkörpert das Musterbild einer amerikanischen Kleinstadt. Hinter den viktorianischen Fassaden verbergen sich Läden. Frontierland® ist eine Hommage an Amerikas Wilden Westen und hat einige der beliebtesten Attraktionen. Wilde Fahrten und Audio-Animatronics erwarten Sie im Adventureland®. Auf Märchen-Trickfilmen basieren die Gebäude im Fantasyland®. Viele seiner Attraktionen üben auf jüngere Kinder eine große Anziehungskraft aus. Science-Fiction und die Zukunft sind das Thema im Discoveryland® mit der Achterbahn Star Wars Hyperspace Mountain.

← *Der Park bietet Achterbahnen wie Indiana Jones™ and the Temple of Peril* (unten)

## Fahrten im Disneyland® Park

**Star Wars Hyperspace Mountain**
Die Neuinterpretation des früheren Space Mountain® nimmt noch mehr Fahrt auf. Die Warteschlangen sind lang, aber am Ende des Tages können Sie oft bis zum Einstieg durchgehen.

**Big Thunder Mountain**
Ein wild gewordener Bergwerkszug rast um einen Geisterberg.

**Pirates of the Caribbean**
Hier sind Sie auf atemberaubender Plündertour mit Kapitän Jack Sparrow und seiner Seeräuber-Crew.

Eingang zum Walt Disney Studios® Park mit dem Earful Tower

Rasant ist die Rundstrecke der Cars Quatre Roues Rallye

Crush's Coaster® basiert auf dem Animationsfilm Findet Nemo

## Walt Disney Studios® Park

Die fünf Bereiche des Walt Disney Studios® Park enthüllen die Geheimnisse des Filmemachens: Hinter den Studiotoren des Front Lot sehen Sie im Disney Studio 1 eine komplette Filmkulissenstraße, spazieren zwischen den Fassaden und können unter anderem den Club Swankedero im Stil der 1930er Jahre entdecken.

In Toon Studio® und Worlds of Pixar® können Sie die Geschichte des Trickfilms und der 3-D-Technik verfolgen, etwa wenn Sie in *Ratatouille: L'Aventure totalement toquée de Rémy* mit dem »Ratmobile« durch die Küche und den Speisesaal eines Pariser Restaurants fahren. Im Production Courtyard® werfen Sie einen Blick hinter die Kulissen von Film- und TV-Produktionen, etwa auf der Studio Tram Tour®. Mit den Fahrgeschäften auf dem Avengers Campus® kann man mit Marvel-Helden die Welt retten.

Mickey Mouse und der Zauberhut regieren das Toon Studio®

3

# Château de Fontainebleau

E3 Seine-et-Marne +33 1 6071 5070 Schloss: Apr – Sep: Mi – Mo 9:30 –18; Okt – März: Mi – Mo 9:30 –17; Gärten: März, Apr, Okt: tägl. 9 –18; Mai – Sep: tägl. 9 –19; Nov – Feb: tägl. 9 –17 1. Jan, 1. Mai, 25. Dez chateaudefontainebleau.fr

**Schloss Fontainebleau ist nicht einer einzigen Stilepoche zuzuordnen, sondern das Produkt unterschiedlicher Kunststile. Mehrere Monarchen ließen das Anwesen nach ihrem Geschmack um- bzw. ausbauen. Seine Faszination bezieht es neben seiner Pracht auch aus seiner schönen Lage inmitten eines Waldgebiets.**

Bereits im 12. Jahrhundert nutzte das französische Königshaus Fontainebleau – Louis VII ließ hier eine Abtei errichten, die Thomas Becket 1169 weihte. Von dieser Anlage ist noch ein mittelalterlicher Turm erhalten, doch das heutige Schloss geht auf François I zurück, der als erster französischer Monarch der Renaissance angesehen wird. Der Jagdliebhaber ließ das Schloss im florentinischen Stil erbauen und engagierte dafür die besten Baumeister und Handwerker jener Zeit. Zu den eindrucksvollsten Bereichen gehört die von Rosso Fiorentino gestaltete Galerie François I mit zwölf spektakulären Fresken. Seine Nachfolger ließen das Anwesen erweitern. 1634 wurde die berühmte Escalier en Fer-à-Cheval, eine hufeisenförmige Treppe, ergänzt. Ein guter Einstieg in eine Besichtigung des Schlosses sind die Prunkgemächer.

### Schule von Barbizon

Künstler zieht es bereits seit den 1840er Jahren nach Fontainebleau. Damals beschloss eine Gruppe von Landschaftsmalern um Théodore Rousseau und Jean-François Millet, nur noch naturalistisch zu malen. Die Malergruppe ließ sich im Dorf Barbizon nieder. Dieser Ort und seine Umgebung inspirierten sie zu zahlreichen Bildern, zu den bekanntesten Werken gehört Millets (1814 –1875) *Frühling in Barbizon (unten)*. Die Auberge Ganne, das ehemalige Atelier von Rousseau, ist in ein Museum umgewandelt worden.

**Schon gewusst?**

**François I soll den Schlüssel für die nach ihm benannte Galerie um seinen Hals getragen haben.**

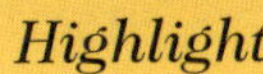

← Porzellantafeln schmücken die 1838 gestaltete Galerie des Assiettes

→ Die Fassade von Schloss Fontainebleau ziert fein gearbeiteter Reliefschmuck

↑ Unter der Escalier en Fer-à-Cheval genannten Treppe konnten Pferdegespanne hindurchfahren

↑ *Gewölbe des Klosters in der Abbaye de Royaumont* (Detail)

# SEHENSWÜRDIGKEITEN

## 4 Abbaye de Royaumont

**D2 Fondation Royaumont, Asnières-sur-Oise, Val-d'Oise März–Okt: tägl. 10–18; Nov–Feb: tägl. 10–17:30 royaumont.com**

Royaumont, die schönste Zisterzienserabtei der Île-de-France, ist von Wäldern umgeben und liegt 35 Kilometer nördlich von Paris. Das Mauerwerk und die strengen Formen der Abtei spiegeln die asketischen Lehren des hl. Bernhard wider. Doch anders als die Abteien in Burgund wurde diese 1228 von den Gründern Louis IX und dessen Mutter Blanche de Castille großzügig angelegt. »St-Louis« überhäufte sie mit Reichtümern und erwählte sie zur königlichen Grablege. Die Abtei behielt ihre Verbindungen zur Königsfamilie bis zur Revolution, dann wurden große Teile zerstört. Anschließend dienten die Gebäude als Baumwollspinnerei und Waisenhaus, bis sie als Kulturzentrum wiederbelebt wurden. Die Säulen der Abtei sind noch vorhanden, zusammen mit einem Eckturm und dem größten Kreuzgang in Frankreich, der einen klassisch angelegten Garten umgibt.

### Schon gewusst?

**Louis XIII komponierte das *Ballet de la Merlaison* 1635 in der Abbaye de Royaumont.**

## 5 Musée National de la Renaissance

**D2 Rue Jean Bullant, Château d'Écouen, Val-d'Oise Mi–Mo 9:30–12:45, 14–17:15 (Mitte Apr–Sep: bis 17:45) 1. Jan, 1. Mai, 25. Dez musee-renaissance.fr**

Das eindrucksvolle, von einem Graben umgebene Schloss von Écouen ist heute ein Renaissance-Museum und bietet das adäquate Ambiente für die Sammlung von Gemälden, Wandteppichen, Truhen und Täfelungen aus dem 16. Jahrhundert.

Écouen wurde im Jahr 1538 für Anne de Montmorency erbaut, den Berater von François I, Oberbefehlshaber der Armee und zweitmächtigsten Mann im Königreich. Er ließ sein Schloss von Künstlern und Handwerkern der Schule von Fontainebleau ausschmücken. Deren Einfluss ist an den mit Bibelszenen und klassischen Motiven verzierten Kaminen zu erkennen. Besonders imposant ist die Kapelle, deren Decke mit dem Wappen von Montmorency bemalt ist.

Die Ausstellung im ersten Stock bietet eine der prächtigsten Kollektionen von Wandteppichen des 16. Jahrhunderts. Überwältigend sind die fürstlichen Gemächer, die Bibliothek und die Keramiken aus Lyon, Nevers, Venedig, Faenza und Iznik sowie eine Ausstellung von mathematischen Instrumenten. Neu erworben wurden 153 Kupferstiche (16./17. Jh.) aus Frankreich, Italien und Deutschland.

### Parc de Malmaison

Joséphine Bonaparte, die Ehefrau Napoléons, war eine Gartenliebhaberin und engagierte sich sehr für Anlage und Gestaltung der Gärten des Château de Malmaison. Dabei ließ sie auch viele Blumen und Sträucher anpflanzen, die man in Frankreich noch nicht kannte (u. a. Magnolien, Kamelien und Hibiskus). Der Rosengarten der Kaiserin zählte insgesamt rund 250 Arten. Die über viele Jahre vernachlässigten Gärten wurden restauriert und um mehrere Hektar erweitert.

6

## Basilique St-Denis

**D2 1 Rue de la Légion d'Honneur, 93200 Saint-Denis Basilique de St-Denis (Linie 13) siehe Website 1. Jan, 1. Mai, 25. Dez saint-denis-basilique.fr**

Die Kathedrale (1137–1281), einer der Gründungsbauten der Gotik, ist dem hl. Denis, dem Schutzpatron und ersten Bischof von Paris, geweiht. Hier befinden sich auch die Grabstätten des im Jahr 250 enthaupteten Heiligen sowie die der meisten französischen Könige vom 11. bis 19. Jahrhundert. Während der Französischen Revolution wurden viele Königsgräber geplündert, einige Grabmale wie die von Dagobert I und Louis XVI wieder restauriert.

7

## St-Germain-en-Laye

**D2 Yvelines 44 400 Maison Claude Debussy, 38 Rue au Pain; +33 1 3287 2063 Di, Mi, Fr–So seine-saintgermain.fr**

Wahrzeichen von St-Germain-en-Laye ist das Château, der Geburtsort von Louis XIV. Die Burg wurde 1122 von Louis VI erbaut. Davon sind heute noch der Hauptturm und die Kapelle St-Louis vorhanden. Unter François I und Henri II wurden die oberen Stockwerke geschleift. Übrig blieb ein fünfeckiger Bau mit Burggraben. Henri IV ergänzte das Gartenhaus und die Terrassen, bevor er 1682 nach Versailles zog. Louis XIV beauftragte Le Nôtre mit der Gestaltung des Parks.

Heute ist hier das **Musée d'Archéologie Nationale**, das Funde von vorgeschichtlicher Zeit bis zur Zeit der Merowinger zeigt – u. a. eine 22 000 Jahre alte Frauenfigur, ein Megalithgrab, keltischen Schmuck, einen Bronzehelm aus dem 3. Jahrhundert v. Chr. und einen gallorömischen Mosaikfußboden.

**Musée d'Archéologie Nationale**

**Château de St-Germain-en-Laye, Pl Charles de Gaulle +33 1 3910 1300 Mi–Mo 10–17 1. Jan, 1. Mai, 25. Dez musee-archeologie nationale.fr**

8

## Château de Malmaison

**D2 Rueil-Malmaison, Hauts-de-Seine, Ave du Château de Malmaison +33 1 4129 9555 siehe Website musees-nationaux-malmaison.fr**

Das Anwesen (17. Jh.) liegt 15 Kilometer westlich von Paris und ist für seine napoleonischen Assoziationen bekannt. Kaiserin Joséphine war von der bezaubernden ländlichen Anlage angezogen und kaufte das Anwesen als Rückzugsort.

Die schönsten Räume sind die mit Fresken und Gewölben geschmückte Bibliothek, der überdachte Wahlkampfraum und der sonnige Salon de Musique. Napoléons einfaches, gelbes Schlafzimmer mit Baldachin steht im Kontrast zum üppigen Schlafgemach, in dem Joséphine starb. Viele Zimmer bieten Blick in den Rosengarten, den Joséphine nach ihrer Scheidung angelegt hat. Es gibt viele Erinnerungsstücke – vom Reichsadler bis zum Napoléon-Porträt von Jacques-Louis David.

Im nahe gelegenen Château Bois Préau ist ein faszinierendes Museum, das Napoléons Exil und Tod gewidmet ist.

↑ *Schlafgemach von Kaiserin Joséphine im Château de Malmaison*

## 9 Château de Vaux-le-Vicomte

**E3 Maincy, Seine-et-Marne Shuttle vom Bahnhof in Melun (März – Nov: tägl.; Dez – Feb: Mi – So) siehe Website vaux-le-vicomte.com**

Das Schloss liegt nördlich von Melun. Nicolas Fouquet, unter Louis XIV Geldgeber des Hofs, hatte Le Vau und Le Brun beauftragt, ein Schloss zu errichten. Das Ergebnis, einer der schönsten französischen Prachtbauten des 17. Jahrhunderts, führte aber auch zu seinem Untergang. Da der Luxusbau sämtliche Königsschlösser in den Schatten stellte, ließen der erzürnte Louis und seine Minister Fouquet verhaften.

Das Innere ist eine vergoldete Komposition aus Fresken, Stuck, Säulenfiguren und Büsten. Der Salon des Muses besticht mit Le Bruns Deckenfresken, die Nymphen und Sphingen darstellen. Die Grande Chambre Carrée ist im Louis-XIII-Stil ausgeführt.

**Bei den grandiosen Terrassen, künstlichen Seen und Brunnen kommt die Malerausbildung des Landschaftsgärtners André Le Nôtre zur Geltung.**

Die Räume dieses Schlosses sind, anders als in Versailles oder Fontainebleau, überschaubar. Bekannt ist es auch für die Gärten, die Le Nôtre gestaltete. Bei den Terrassen, künstlichen Seen und Brunnen kommt die Malerausbildung des Landschaftsgärtners zur Geltung. Tickets für das Schloss müssen im Voraus online gekauft werden. Dies wird auch für die Gärten empfohlen.

## 10 Château de Rambouillet

**D3 Domaine National de Rambouillet, Rambouillet +33 1 3483 0025 Mi – Mo 10 –12, 13:30 –17 (Apr – Sep: bis 18) 1. Jan, 1. Mai, 1. Nov, 25. Dez chateau-rambouillet.fr**

Das Schloss grenzt an die Forêt de Rambouillet, ein früheres königliches Jagdrevier. Der Ziegelbau hat fünf Türme und diente als feudale Burg, als Landhaus sowie als königliche und kaiserliche Residenz. Von 1897 bis 2006 war er Sommerwohnsitz des Präsidenten. Die Räume zieren Möbel im Empire-Stil und Aubusson-Tapisserien.

**Umgebung:** Etwa 28 Kilometer nördlich kann man auf dem Gelände von Château de Thoiry auf Safari gehen.

## 11 Château de Sceaux

**D3 Domaine de Sceaux, Hauts-de-Seine RER Bourg-la-Reine, Sceaux, Parc de Sceaux 192, 197 siehe Website 1. Jan, 1. Mai, 25. Dez domaine-de-sceaux.hauts-de-seine.fr**

Das Schloss wurde im Jahr 1670 für den Finanzminister Colbert erbaut, später abgerissen und 1856 schließ-

## André Le Nôtre

Le Nôtre (1613–1700) gilt als größter französischer Landschaftsarchitekt. Seiner Gartenbaukunst verdankt die Île-de-France viele Parkanlagen. In Vaux perfektionierte er das Konzept des französischen Gartens: Wege, die von Statuen und Formbüschen gesäumt sind, Wasserspiele mit Springbrunnen und Bassins sowie Terrassen und geometrisch bepflanzte Beete, die wie Stickereien erscheinen. In der Gartenanlage von Versailles hat Le Nôtre seine geniale Begabung am perfektesten verwirklicht.

lich neu errichtet. Seit 2010 beherbergt der stilvolle Umbau das gegen eine geringe Gebühr zugängliche Musée de l'Île-de-France, das sich Landschaft und Schlossanlagen der Region widmet und darüber hinaus eine reich bestückte Porzellansammlung präsentiert.

Der von eleganten Villen umgebene Parc de Sceaux ist eine Mischung aus französischem Garten, Waldflächen und Parkanlagen, die von André Le Nôtre geschaffen wurden. Hier wird Wasser überaus wirkungsvoll eingesetzt. Es gibt Wasserfälle und einen Springbrunnen in Form einer beweglichen Treppe, von der das Wasser in ein achteckiges Becken herabfließt. Von dort gelangt es in den Grand Canal, der den Blick auf den Pavillon de Hanovre lenkt. Das elegante Gartenhaus ist eines von mehreren im Park. Dort steht auch Mansarts klassische Orangerie.

*Breiter Spazierweg in der Parkanlage des Château de Rambouillet*

12

### Provins

**E3 Seine-et-Marne 12 000 4 Chemin de Villecran; +33 1 6460 2626 provins.net**

Als Außenposten des Römischen Reichs sicherte Provins die Grenze zwischen der Île-de-France und der Champagne. Die von der UNESCO zum Welterbe erklärte Stadt hat ihr mittelalterliches Aussehen bewahren können. Die Ville Haute (Oberstadt) liegt zwischen mit Verteidigungsgräben bewehrten Befestigungsanlagen (12. Jh.). Die Mauern im Westen sind am besten erhalten. Hier, zwischen den Stadttoren Porte de Jouy und Porte St-Jean, wird der Mauerring durch viereckige und runde Türme ergänzt.

Die Tour César, ein Wehrturm, prägt das Stadtbild. Der Graben und Teile der Befestigungen wurden im Hundertjährigen Krieg von den Engländern ergänzt. Durch das Wachhäuschen gelangt man zum Wehrgang mit Blick über die von Giebelhäusern umsäumte Place du Châtel.

Provins ist stolz auf seine purpurnen Rosen. Jedes Jahr findet im Juni im Rosengarten ein mittelalterliches Fest mit Falknern und Ritterspielen statt.

13   

### Sèvres: Cité de la Céramique

**D2 2 Place de la Manufacture, Sèvres**
**+33 1 4629 2205**
**Mi–Mo 10–13, 14–18**
**1. Jan, 1. Mai, 25. Dez**
**sevresciteceramique.fr**

Das sehenswerte Museum illustriert anhand von mehr als 50 000 Exponaten die Geschichte des Porzellans von der Antike bis in die Gegenwart. Das Gebäude wurde 1756 von Louis XV als königliche Porzellanmanufaktur gegründet. 1824 wurde hier das erste Porzellanmuseum der Welt eröffnet.

Die Sammlung umfasst Werke aus Europa, Japan und Nordamerika und dokumentiert eindrucksvoll die Veränderung der Produktions- und Gestaltungstechniken von Porzellan über die Jahrhunderte.

←

*Ornamentales Gefäß, Cité de la Céramique*

*Amiens mit der berühmten Kathedrale* (siehe S. 192f)

# Norden und Picardie

Die nördlichen Gebiete Frankreichs wurden während der Steinzeit von einer Reihe keltischer Stämme besiedelt. Die kleinen Fischer- und Bauerndörfer, die sie errichteten, wurden schließlich um 1 n. Chr. in das Römische Reich eingegliedert. Der Norden gehörte einst zu Flandern, allerdings war die Kontrolle darüber aufgrund des Zugangs zum Meer und zu Handelsrouten sehr umstritten. Das Gebiet geriet im 15. Jahrhundert unter die Kontrolle der Burgunder, gefolgt von den Spaniern im 16. bis 18. Jahrhundert. Im 17. Jahrhundert brachte der französische König Louis XIV den Norden zum Königreich Frankreich und nannte ihn Französisch-Flandern. In der Zwischenzeit befand sich die Picardie, der südliche Teil dieser Region, abwechselnd im Besitz französischer Herzöge und sogar der Engländer, bis sie 1477 von Louis XI unter französische Kontrolle gebracht wurde.

Nach dieser Zeit florierten in beiden Regionen die Landwirtschaft und die Kleinindustrie, insbesondere die Textilindustrie. Gewebte Stoffe aus Arras, zarte Spitzen aus Chantilly und Wandteppiche aus Beauvais waren in Paris sehr begehrt. Im 18. Jahrhundert führte der Aufstieg des Kohlebergbaus zur Anlage von Kanälen und machte Calais und Dunkerque zu wichtigen Hafenstädten. Die Region wurde in den beiden Weltkriegen arg in Mitleidenschaft gezogen, im Anschluss daran wurden bewegende Gedenkstätten für diejenigen errichtet, die ihr Leben verloren hatten. Die Eröffnung des Eurotunnels im Jahr 1994 machte Calais erneut zu einem Wirtschaftszentrum.

# Norden und Picardie

**Highlight**

1. Kathedrale von Amiens

**Sehenswürdigkeiten**

2. Boulogne-sur-Mer
3. St-Omer
4. Calais
5. Flandre Maritime
6. Baie de Somme
7. Vallée de la Somme
8. Arras
9. Compiègne
10. Dunkerque
11. Noyon
12. Senlis
13. Lille
14. Parc Astérix
15. Laon
16. Chantilly
17. Château de Pierrefonds
18. Le Touquet
19. Beauvais

Oostende
0 Kilometer 25
N
Nieuwpoort
Gent
Torhout
Tielt
Merelbeke
10 Dunkerque
Aalst
Bourbourg
Roeselare
BELGIEN
5
Flandre Maritime
Wormhout
Ieper (Ypern)
Ninove
Oudenaarde
Kortrijk
Cassel
Ronse
3 St-Omer
Tourcoing
Hazebrouck
Lille
13 Roubaix
Armentières
Ath
NORD-PAS-DE-CALAIS
Estaires
Soignies
Hauboudin
Tournai
Leuze-en-Hainaut
Flughafen Lille
Béthune
Seclin
La Bassée
La Louvière
Pont-à-Marcq
Saint-Amand-les-Eaux
Bruay-la-Buissière
Lens
Hénin-Beaumont
Mons
Marchiennes
Tincques
Douai
Denain
Valenciennes
Saint-Pol-sur-Ternoise
Aniche
Avesnes-le-Comte
8 Arras
Vitry-en-Artois
Hautmont
Maubeuge
Le Quesnoy
Bouquemaison
Beaumetz-lès-Loges
Marquion
Cambrai
Solesmes
Aulnoye-Aymeries
Sambre
Doullens
Avesnes-sur-Helpe
Bapaume
Cateau-Cambrésis
Beauval
Acheux-en-Amiénois
Caudry
Escaut
Nouvion-en-Thiérache
Somme
Longueval
Fourmies
Albert
Rancourt
Le Catelet
Bohain-en-Vermandois
Villers-Bocage
La Capelle-en-Thiérache
Bray-sur-Somme
Hirson
Péronne
Roisel
Guise
1 Kathedrale von Amiens
Vermand
Oise
Étréaupont
Rosières-en-Santerre
Saint-Quentin
Vervins
Aubenton
Chaulnes
Ribemont
Essertaux
Moreuil
Ham
Marle
Rozoy-sur-Serre
Bouchoir
Crécy-sur-Serre
Roye
Montcornet
Avure
PICARDIE
Breteuil
Tergnier
Montdidier
Chauny
Lassigny
Saint-Gobain
15 Laon
Sissonne
Wavignies
11 Noyon
Froissy
Cuvilly
Blérancourt
Anizy-le-Château
Maignelay
Ressons-sur-Matz
Saint-Just-en-Chaussée
Ribécourt
Coucy-Auffrique
Chavignon
Neufchâtel-sur-Aisne
Craonne
Asfeld
9 Compiègne
Aisne
Soissons
Bresles
Clermont
Vailly-sur-Aisne
Pierrefonds
Rantigny
Noailles
17 Château de Pierrefonds
Verberie
Fismes
Mouy
Reims
Creil
Pont-Sainte-Maxence
Villers-Cotterêts
Oulchy-le-Château
Montagne de Reims
Chantilly 16
12 Senlis
Fère-en-Tardenois
CHAMPAGNE-ARDENNE
14 Parc Astérix
Betz
La Ferté-Milon
Neuilly-Saint-Front
L'Isle-Adam
Nanteuil-le-Haudouin
Champagne
Seiten 204–215
Château-Thierry
Athis
Flughafen Charles de Gaulle
Saint-Soupplets
Meaux
Argenteuil
Charly-sur-Marne
Aulnay-sous-Bois
Île-de-France
Seiten 166–183
Montmort-Lucy
Vertus
PARIS
Montmirail
ÎLE-DE-FRANCE

1 *Strand in Le Touquet*

2 *Imposante gotische Kathedrale von Amiens*

3 *Köstlich:* carbonnade flamande

4 *Straßencafé in der Altstadt von Lille*

# 3 TAGE

## *im Norden und in der Picardie*

### *Tag 1*

**Vormittags** Nach der Ankunft in Lille *(siehe S. 200)* geht es direkt zum grandiosen Palais des Beaux-Arts. Highlights dort sind Gemälde von Rubens, Manet und Picasso, Skulpturen von Rodin und Claudel sowie sakrale Kunst des Mittelalters und Modelle von Festungen in Frankreich und Belgien.

**Nachmittags** Essen Sie in einer der autofreien Straßen, die von der Place du Général de Gaulle abgehen, und nehmen dann ein Taxi zur Maison Natale Charles de Gaulle, wo der berühmte Präsident aufwuchs. Bummeln Sie durch die Altstadt mit ihrem flämischen Touch, vorbei an den Boutiquen an der Rue de la Grande Chaussée zu Meert *(siehe S. 197)*, wo es feine Waffeln gibt.

**Abends** Essen Sie in einem *estaminet*, einem flämischen Restaurant, und kosten Sie *carbonnade flamande* (Rindereintopf). Anschließend relaxen Sie in einem der großzügigen, hellen Räume des Château de Beaulieu *(siehe S. 199)*.

### *Tag 2*

**Vormittags** Gestärkt mit *tartine* (belegtes Brot) geht es ans Meer nach Le Touquet, vorbei an den Gedenkstätten des Ersten Weltkriegs in Ypres und Dunkerque *(siehe S. 198f)*.

**Nachmittags** In Le Touquet *(siehe S. 202)* trinken Sie Kaffee im A L'Arôme Colonial (98 Rue de Metz) – das Angebot an Kaffeesorten ist riesig. Le Touquet-Paris-Plage (Paris am Meer, so heißt es offiziell) ist seit je ein beliebtes Seebad. Die Gebäude aus der Zwischenkriegszeit und die Hütten mit den bunten Türen am weiten Strand mit seinem feinen Sand spiegeln noch etwas vom verblichenen Glanz der 1920er Jahre.

**Abends** Am Strand nehmen Sie einen Aperitif im Le Sand (Blvd Thierry Sabine) beim Naturpark, danach genießen Sie innovative französische Küche im romantischen Restaurant Les 2 Moineaux (www.restaurant-les-2moineaux.com). Schlendern Sie am Strand zurück zum Le Westminster *(siehe S. 194)*. Am eleganten Pool des Luxushotels ruhen Sie sich aus.

### *Tag 3*

**Vormittags** Durch das Tal der Somme geht es nach Amiens. Die gotische Kathedrale *(siehe S. 192f)* ist eine der schönsten Europas. Schauen Sie sich die Statue L'Ange Pleureur (weinender Engel) und die Schatzkammer an, wo der angebliche Schädel von Johannes dem Täufer zu sehen ist. Lassen Sie sich von den 307 Stufen nicht abschrecken, und steigen Sie auf den Nordturm, um den spektakulären Blick zu genießen. Zur Erholung gibt es traditionelle Brasserie-Gerichte im La Coupole (Place Longueville).

**Nachmittags** Spüren Sie am Nachmittag in der wirklich außergewöhnlichen Maison de Jules Verne den Gedanken des Science-Fiction-Autors nach, der seiner Zeit eigenartig weit voraus war.

**Abends** Ein gemütlicher Spaziergang am Fluss bringt Sie ins Leu Duo (www.leuduo.fr) im hübschen Viertel St-Leu mit seinen malerischen Kanälen. Dort bekommen Sie klassische französische Speisen. Sollten Sie im Sommer oder im Dezember dort sein, dürfen Sie sich keinesfalls Chroma entgehen lassen, eine Projektion mit Ton und Licht auf der Fassade der Kathedrale. Übernachten Sie im luxuriösen Marotte *(siehe S. 194)*, einem ruhigen Haus im Herzen der Stadt.

### Große Schlachtfelder

Frankreich war Schauplatz entscheidender Schlachten. An der Marne, 50 Kilometer vor Paris, wurde das vorrückende deutsche Heer im September 1914 von französischen Truppen gestoppt. Zwei Jahre später fielen an der Somme mehr als 600 000 Soldaten der Alliierten und rund 465 000 Deutsche. Von diesem Schlachtfeld ist es nicht weit bis Amiens: Dort unterstützten Hunderte Panzer und Tausende Flugzeuge die alliierte Infanterie in der Schlacht, die 1918 die letzte Offensive im Ersten Weltkrieg einläutete. In der Schlacht bei Arras im Jahr 1917 gipfelte eine alliierte Offensive.

→ *Auf dem Friedhof von Ovillers nahe dem Schlachtfeld an der Somme liegen mehr als 3000 Soldaten aus dem Ersten Weltkrieg*

# GEDENKSTÄTTEN
## IM NORDEN UND IN DER PICARDIE

**Der Nordteil Frankreichs war Schauplatz zahlreicher Schlachten und wird noch heute sowohl von Hinterbliebenen als auch von Menschen besucht, die an Militärgeschichte interessiert sind. In dem heute so friedlichen Landstrich findet man bewegende Monumente und Museen, die die historischen Zusammenhänge anschaulich darstellen, und eine der umfangreichsten Datenbanken des Landes zu den Kriegsgefallenen.**

### Commonwealth War Graves Commission

Die Commonwealth War Graves Commission (www.cwgc.org) wurde im Jahr 1917 eingerichtet, um der im Ersten Weltkrieg gefallenen Soldaten der britischen Armee und ihrer Bündnispartner zu gedenken. Ihre Statuten zur Errichtung, Bebauung und Betreuung der Soldatenfriedhöfe waren für den damaligen Zeitpunkt überaus egalitär: Für jeden Soldaten sollte es ein Namensschild geben, die Gräber sollten gleich aussehen – unabhängig von Rang oder Herkunft der Gefallenen.

*Berührend: Exponate im Historial de la Grande Guerre* ↑

### Kriegsmuseen

Einige der besten, sorgfältig kuratierten Museen rund um den Ersten Weltkrieg befinden sich im Norden Frankreichs. Das bewegende Historial de la Grande Guerre (www.historial.fr) zeigt den Ersten Weltkrieg sowohl aus der Sicht der Alliierten als auch der Achsenmächte. In Arras *(siehe S. 197)* können Besucher im Carrière Wellington (www.carrierewellington.com) die unterirdischen Gänge sehen, wo die Offensive 1917 vorbereitet wurde. Südlich, im Wald von Compiègne *(siehe S. 198)*, steht der Waggon (heute ein Denkmal), in dem im November 1918 der Waffenstillstand unterzeichnet wurde.

← *Das Newfoundland-Mahnmal in Beaumont-Hamel für kanadische Soldaten*

## TOP 3 Gedenkstätten

**Thiepval-Denkmal**
Das von Sir Edward Lutyens entworfene Denkmal erinnert an die an der Somme gefallenen Soldaten.

**Britisches Normandie-Mahnmal**
Das 2021 eröffnete Denkmal ist den britischen Soldaten gewidmet, die bei der Landung in der Normandie ums Leben kamen.

**Newfoundland-Mahnmal in Beaumont-Hamel**
Der Friedhof an der Somme ist den gefallenen Soldaten der kanadischen Provinz Newfoundland gewidmet.

### Denkmäler und Friedhöfe

Hunderttausende Kriegsgefallene liegen unter schlichten weißen Kreuzen auf den Friedhöfen an der Westfront. Wer dort einen Angehörigen sucht, dem liefert die Datenbank der Commonwealth War Graves Commission Details zu allen Gefallenen der britischen Streitkräfte und der Armeen des Commonwealth.

↑ *Das Thiepval-Denkmal entwarf Sir Edwin Lutyens*

1

# Kathedrale von Amiens

D2 30 Pl Notre-Dame +33 3 0280 0341 Kathedrale: Apr – Sep: tägl. 8:30 – 18:30; Okt – März: tägl. 8:30 – 17:30; Turm: Mo, Mi – Sa, So nachmittags cathedrale-amiens.fr

**Der Bau der größten Kathedrale Frankreichs wurde um 1220 begonnen. Die Kirche sollte den Kopf Johannes' des Täufers bewahren, den die Kreuzfahrer 1206 nach Frankreich gebracht hatten und der noch heute zu besichtigen ist. Schon nach 50 Jahren war der Kirchenbau vollendet.**

Das Meisterwerk gotischer Baukunst wurde in den 1850er Jahren von Viollet-le-Duc *(siehe S. 202)* restauriert. Das UNESCO-Welterbe überstand zwei Weltkriege. Berühmt sind insbesondere die wertvollen Skulpturen und Reliefs. Während der überaus spektakulären Light- und Sound-Show *La Cathédrale en Couleurs* im Sommer und an Weihnachten erstrahlen die Statuen rund um das Westportal in ihren Originalfarben.

## Weitere Attraktionen in Amiens

Das Zentrum von Amiens, Hauptstadt der Picardie, ist das malerische Viertel St-Leu, eine Fußgängerzone mit niedrigen Häusern und Kanälen mit Restaurants am Wasser und Kunsthandwerksläden. Weiter östlich liegen die farbenfrohen Les Hortillonnages, ein Flickenteppich aus Gärtnereien, die einst von Bauern mit Kähnen gepflegt wurden, die heute Besucher durch das Naturgebiet befördern. Weitere Höhepunkte sind das Musée de Picardie, das viele Skulpturen und Gemälde zeigt, und die Maison de Jules Verne, die den Autor feiert, der hier von 1882 bis 1900 lebte.

Die **Westfassade** hat zwei unterschiedlich hohe Türme.

Die **Galerie der Könige** umfasst 22 Kolossalstatuen.

Das **Portal des hl. Firmin** ist mit Szenen des ersten Bischofs von Amiens geschmückt.

Der **Kalender** zeigt die Sternzeichen mit monatlich zu verrichtenden Arbeiten.

→ *Kathedrale von Amiens – ein Juwel gotischer Baukunst*

Highlight

Das Maßwerk der **Rosettenfenster** stammt aus dem 16. Jahrhundert.

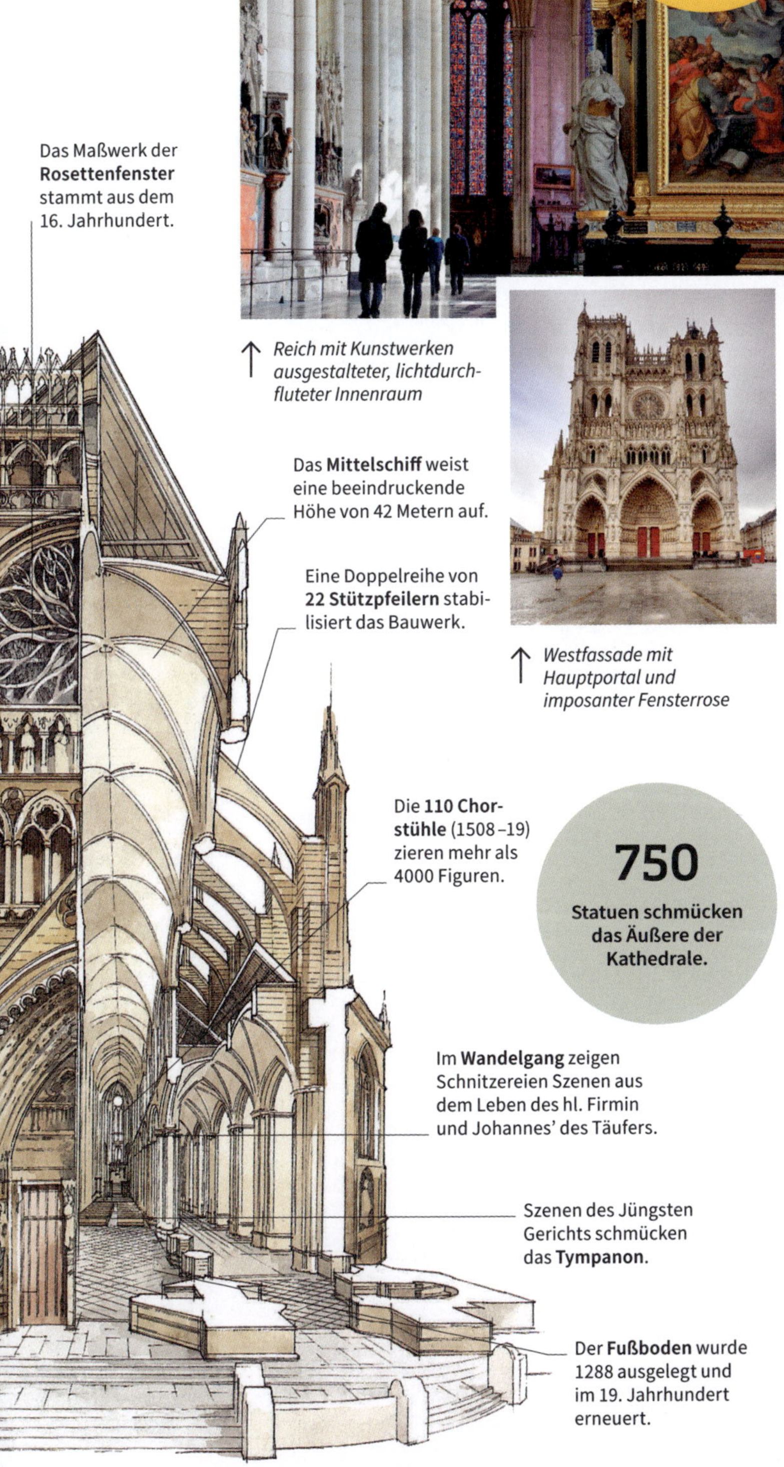

↑ *Reich mit Kunstwerken ausgestalteter, lichtdurchfluteter Innenraum*

↑ *Westfassade mit Hauptportal und imposanter Fensterrose*

Das **Mittelschiff** weist eine beeindruckende Höhe von 42 Metern auf.

Eine Doppelreihe von **22 Stützpfeilern** stabilisiert das Bauwerk.

Die **110 Chorstühle** (1508–19) zieren mehr als 4000 Figuren.

**750**

**Statuen schmücken das Äußere der Kathedrale.**

Im **Wandelgang** zeigen Schnitzereien Szenen aus dem Leben des hl. Firmin und Johannes' des Täufers.

Szenen des Jüngsten Gerichts schmücken das **Tympanon**.

Der **Fußboden** wurde 1288 ausgelegt und im 19. Jahrhundert erneuert.

*Boote im Hafen des hübschen Städtchens Boulogne-sur-Mer* ↑

# SEHENSWÜRDIGKEITEN

**2**

## Boulogne-sur-Mer

**D1 Pas-de-Calais 40 600 30 Rue de la Lampe Mi, Sa, So boulonnaisautop.com**

Die Attraktionen liegen alle innerhalb der alten Stadtmauer der Haute Ville. Durch die Porte des Dunes geht es zur Place de la Résistance mit Palais de Justice, Bibliothèque und Hôtel de Ville.

Die Kuppel der Basilique de Notre-Dame aus dem 19. Jahrhundert ist weithin sichtbar. In der Kirche findet sich eine edelsteinverzierte Holzstatue der Schutzheiligen der Stadt: Notre-Dame de Boulogne.

In der Nähe erhebt sich das **Château de Boulogne-sur-Mer**, das im 13. Jahrhundert für die Grafen von Boulogne errichtet wurde und in dem heute ein interessantes Geschichtsmuseum untergebracht ist.

Im Zentrum säumen viele Läden, Hotels und Fischrestaurants den Quai Gambetta am Ostufer des Flusses Liane. Im Norden erstreckt sich der Strand. **Nausicaá** ist ein riesiges Meeresmuseum mit Aquarium.

Nördlich der Stadt erinnert die 1841 errichtete Colonne de la Grande Armée an die von Napoléon geplante Invasion Englands. Von ihrer Spitze aus hat man einen großartigen Blick entlang der Küste nach Calais. Mit den Felsnasen Cap Gris-Nez und Cap Blanc-Nez ist dies der landschaftlich reizvollste Abschnitt der Côte d'Opale (Opalküste).

**Château de Boulogne-sur-Mer**
**Rue de Bernet Mi–Mo 9:30–18 (Okt–Apr: 9:30–12:30, 14–17:30) 1. Jan, 1. Mai, 24., 25., 31. Dez musee.ville-boulogne-sur-mer.fr**

**Nausicaá**
**Blvd Sainte-Beuve tägl. 9:30–18:30 (Juli, Aug: bis 19:30) drei Wochen im Jan, 25. Dez nausicaa.fr**

### Schon gewusst?

**Unter der Basilique de Notre-Dame in Boulogne ist eine der größten Krypten Frankreichs.**

## Hotels

**Marotte**
Das Hotel in einer Villa aus dem 19. Jahrhundert verströmt Luxus und Romantik.

**D2 3 Rue Marotte, Amiens hotel-marotte.com**

**Meurice**
Das seit 1771 betriebene Hotel wurde Mitte des 20. Jahrhunderts neu erbaut und ist eine Adresse für Nostalgiker.

**D1 5–7 Rue Edmond Roche, Calais hotel-meurice.fr**

**Le Westminster**
Ein Traum von Art déco. Das Haus aus den 1920er Jahren bietet elegante Zimmer sowie einen Pool und ein gut ausgestattetes Spa.

**D1 Ave du Verger, Le Touquet-Paris-Plage hotelsbarriere.com**

### 3
## St-Omer

D1 Pas-de-Calais
14 800 7 Pl Victor Hugo Mi, Do, Sa
tourisme-saintomer.com

In St-Omer stößt man auf mit Pilastern verzierte Häuser. Eines von ihnen, das Hôtel Sandelin, ist heute ein Museum. Die **Bibliothèque d'Agglomération** besitzt seltene Handschriften aus der Abtei St-Bertin (15. Jh.).

Außerhalb von St-Omer liegt der umgebaute Bunker **La Coupole**, ein Museum über den Zweiten Weltkrieg und ein 3-D-Planetarium.

**Bibliothèque d'Agglomération**
**40 Rue Gambetta Di, Mi, Fr, Sa 9–12, 13–18 Feiertage biblio theque-agglo-stomer.fr**

**La Coupole**
**Rue Clabaux, 62570 Wizernes tägl. 9–17:30 (Juli, Aug: bis 19) zwei Wochen im Jan, 24., 25. Dez lacoupole-france.com**

*Eine V2-Rakete im Museum La Coupole in St-Omer*

*Galerie im Musée des Beaux-Arts in der Hafenstadt Calais*

### 4
## Calais

D1 Pas-de-Calais
67 500 12 Blvd Clemenceau; +33 3 2196 6240 Mi, Do, Sa
calais-cotedopale.com

Calais ist ein Ausgangspunkt für Kanalüberquerungen. Das **Musée des Beaux-Arts** zeigt Werke der niederländischen und flämischen Schule. Zu sehen sind Vorstudien zu Rodins Denkmal *Die Bürger von Calais* (1895), das vor dem im Stil der flämischen Renaissance erbauten Hôtel de Ville steht. Die Cité Internationale de la Dentelle et de la Mode erinnert an das Spitzenhandwerk der Stadt. Das **Musée Mémoire 1939–1945** informiert über den Zweiten Weltkrieg.

**Musée des Beaux-Arts**
**25 Rue Richelieu +33 3 2146 4840 Di–So 13–17 (Apr–Okt: bis 18) Feiertage**

**Musée Mémoire 1939–1945**
**Parc St-Pierre Mai–Sep: tägl. 10–18; Ferien: Mo, Mi–Sa 11–17 Jan, Dez musee-memoire-calais.com**

5

## Flandre Maritime

**D1 Nord Lille Bergues Dunkerque Bergues, Le Beffroi, Pl Henri Billiaert; +33 3 2868 7106 bergues.fr**

Die landwirtschaftlich genutzte Ebene südlich von Dunkerque ist das Urbild einer flämischen Landschaft mit Kanälen, Radfahrern und Windmühlen. Die Noordmeulen (1127) nördlich von Hondschoote gilt als die älteste Windmühle Europas. Von Hondschoote führt die D3 westlich den Canal de la Basse Colme entlang nach Bergues, einer wollverarbeitenden Stadt mit flämischen Kunstwerken (16./17. Jh.) im **Musée du Mont-de-Piété**.

Weiter südlich liegt Cassel mit kopfsteingepflasterter Grand'Place und Häusern aus dem 16. bis 18. Jahrhundert. Vom Jardin Public sieht man bis nach Belgien.

**Musée du Mont-de-Piété**
**1 Rue du Mont de Piété, Bergues Mi–So 14–18 Nov–Apr bergues-musee.fr**

## Baie de Somme

**D1 Quai Lejoille, St-Valery-sur-Somme; +33 3 2224 2792 tourisme-baiedesomme.fr**

Die Bucht *(baie)* der Somme im trichterförmigen Mündungsgebiet des Flusses ist

Blick über das ausgedehnte Mündungsgebiet der Somme

Lebensraum für eine reiche Vogelwelt, rund 300 Arten wurden bisher gesichtet. Im **Parc du Marquenterre** gibt es drei Wanderwege mit vielen Beobachtungspunkten. Vogelbeobachter sollten auch das Museum in der Maison de la Baie de Somme im nahen Lanchères besuchen. Dort werden Wander- und Radtouren sowie Ausflüge zur Beobachtung von Robben organisiert. Beliebt sind auch Kanufahren (www.mabaiedesomme.fr) und Ausritte (www.henson.fr).

**Parc du Marquenterre**
**25 Chemin des Garennes, Saint-Quentin-en-Tourmont siehe Website baiedesomme.fr**

Fotomotiv
**Vögel**

Die Pointe du Hourdel in der Nähe von St-Valery-sur-Somme ist eine schmale Landzunge mit Blick auf die Baie de Somme, eine Flussmündung, die reich an Vögeln ist, darunter Kiebitze und Eisvögel.

## Vallée de la Somme

**D2 Somme Amiens 1 Rue Louis XI, Péronne somme-tourisme.com**

Bekannt wurde die Somme wegen der Schlachten, die hier im Ersten Weltkrieg tobten *(siehe S. 68)*. Doch das Somme-Tal besitzt auch eine herrliche Landschaft, ausgedehnte Feuchtgebiete und eine vielfältige Tierwelt. Die Seen und Wälder laden zum Campen, Wandern und Angeln ein. Schlachtfelder liegen an der Somme und ihren Nebenflüssen nördlich und nordöstlich von Amiens und erstrecken sich bis Arras. Das Gebiet ist von Commonwealth-Friedhöfen aus dem Ersten Weltkrieg bedeckt. Das **Historial de la Grande Guerre** in Péronne bietet Informationen. Der Parc Mémorial Beaumont-Hamel bei Albert ist ein echtes Schlachtfeld, das im Lauf der Zeit verschwinden wird. Das Canadian National Vimy Memorial bei Arras erinnert an das dortige Blutbad. Notre-Dame de Lorette ist der französische Nationalfriedhof.

Westlich von Amiens liegt **Samara**, Frankreichs größter archäologischer Park, der 600 000 Jahre zurückführt und Rekonstruktionen prähistorischer Behausungen sowie Ausstellungen bietet, die frühe Handwerke erklären.

St-Valery-sur-Somme ist ein Hafenort mit einer historischen Oberstadt und einer von Bäumen gesäumten Promenade mit Blick auf die Flussmündung. Von St-Valery aus fährt ein Dampfzug (www.chemindefer-baiedesomme.fr) die ganze Bucht entlang zum hübschen Fischerdorf Le Crotoy.

*Place des Héros in Arras mit dem Hôtel de Ville und Straßencafés*

## Schon gewusst?

St-Valery-sur-Somme war einst ein Urlaubsort für Kreative wie Jules Verne und Edgar Degas.

**Historial de la Grande Guerre**
 Château de Péronne Apr–Sep: tägl. 9:30–18; Okt–März: Do–Di 9:30–17:30 Mitte Dez–Mitte Jan historial.fr

**Samara**
La Chaussée-Tirancourt siehe Website samara.fr

8

### Arras

E1 Pas-de-Calais 42 300 Hôtel de Ville Mi, Do, Sa, So arraspaysdartois.com

Das Zentrum besitzt zwei malerische Plätze, die von Häusern mit flämischen Fassaden umrahmt werden. Jedes Haus an der Grand'Place und an der Place des Héros unterscheidet sich von seinem Nachbarn.

Das monumentale **Hôtel de Ville** steht an der Westseite der Place des Héros. Vom Keller aus kann man per Aufzug in den Glockenturm fahren und die Aussicht genießen oder eine Führung durch die unterirdischen Gänge *(les boves)* machen. Diese wurden schon im 10. Jahrhundert aus dem Kalkstein gehauen und dienten im Ersten Weltkrieg als Armeelager.

Die riesige Abbaye St-Vaast beherbergt das **Musée des Beaux-Arts**. Das Museum enthält einige schöne mittelalterliche Skulpturen, darunter ein Paar wunderschöner Engel aus dem 13. Jahrhundert.

Etwa 18 Kilometer nördlich von Arras liegt die ehemalige Bergbaustadt Lens. Dort zeigt **Louvre-Lens**, eine Außenstelle des Pariser Louvre, in einem mit Aluminium verkleideten Gebäude ausgewählte Kunstwerke von der Prähistorie bis zum 19. Jahrhundert.

**Hôtel de Ville**
Pl des Héros Gebäude: So nachmittags, Juli, Aug: Mo–Fr nachmittags; Tunnel: siehe Website; Glockenturm: tägl. 1. Jan, 25. Dez arraspaysdartois.com

## Lokale

**Le Bistrot de Flandre**
Das populäre Bistro im Zentrum von Compiègne bietet moderne französische Küche.
E2 2 Rue d'Amiens, Compiègne bistrotdeflandre.fr

**Meert**
Die seit 1839 nahezu unveränderte Konditorei in Lille ist berühmt für leckere Vanille-*gaufres* (Waffeln).
E1 27 Rue Esquermoise, Lille meert.fr

**Musée des Beaux-Arts**
22 Rue Paul Doumer +33 3 2171 2643 Di–So 10–18 Feiertage

**Louvre-Lens**
99 Rue Paul Bert, Lens Mi–Mo 10–18 1. Jan, 1. Mai, 25. Dez louvrelens.fr

Pracht und Eleganz in den Räumen des Château de Compiègne

9

## Compiègne

**E2 Oise 40 400 Pl de l'Hôtel de Ville; +33 3 4440 0100 Di – Sa compiegne-tourisme.fr**

In Compiègne nahmen die Burgunder 1430 Jeanne d'Arc gefangen. Das Hôtel de Ville beherrscht mit seinem Turm das Zentrum, doch die Stadt ist vor allem wegen des **Château de Compiègne** bekannt. Das Schloss wurde von Jacques-Ange Gabriel als Sommerresidenz für Louis XV entworfen und unter Louis XVI fertiggestellt. Napoléon ließ es restaurieren, Napoléon III und Kaiserin Eugénie liebten es. Führungen zeigen die offiziellen und privaten Gemächer, u. a. die Schlafzimmer von Napoléon I und Marie-Louise.

### Schon gewusst?

**Der berühmte Wagen von Compiègne wurde 1945 vermutlich von SS-Leuten zerstört.**

Im Schloss befinden sich das Musée du Second Empire und das Musée de l'Impératrice, in denen Möbel und Porträts ausgestellt sind. Das Musée de la Voiture zeigt Kutschen und Automobile.

Im Süden und Osten breitet sich die Forêt de Compiègne mit alten Baumbeständen bis Pierrefonds aus. Nördlich der N31 liegt die Clairière de l'Armistice: die Stelle, an der am 11. November 1918 der Waffenstillstand unterzeichnet wurde, der den Ersten Weltkrieg beendete. Im **Musée Wagon de l'Armistice** befindet sich ein Nachbau des Eisenbahnwaggons, in dem die Zeremonie stattfand. Am 22. Juni 1940 ließ Hitler hier von Frankreich die Kapitulation unterschreiben.

**Château de Compiègne**
**Pl du Général de Gaulle +33 3 4438 4700**
**Mi – Mo 10 – 18**
**1. Jan, 1. Mai, 25. Dez**
**chateaudecompiegne.fr**

**Musée Wagon de l'Armistice**
**Clairière de l'Armistice, Route de Soissons**
**tägl. 10 – 17:30 (Apr – Sep: tägl. bis 18) musee-armistice-14-18.fr**

10

## Dunkerque

**D1 Nord 86 500 Le Beffroi, Rue de l'Amiral Ronarc'h; +33 3 2866 7921 Mi, Sa dunkerque-tourisme.fr**

Dunkerque (Dünkirchen) ist ein Industriehafen, aber auch eine charmante

Statue des Seeräubers Jean Bart im Zentrum von Dunkerque

flämische Stadt. Die Place du Minck mit ihren Fischständen eignet sich als Ausgangspunkt für Sightseeing. Das **Musée Portuaire** informiert über die maritime Geschichte der Stadt. Im Zentrum erinnert eine Statue an den Seeräuber Jean Bart (17. Jh.), der in der Église St-Éloi beigesetzt ist. Vom Glockenturm (1440) hat man eine gute Aussicht.

Das **Musée Dunkerque 1940** erinnert an die Evakuierung von 350 000 britischen und französischen Soldaten. **Lieu d'Art et d'Action Contemporaine (LAAC)** zeigt eine schöne Sammlung von Keramik und Glaswaren.

**Musée Portuaire**
**9 Quai de la Citadelle · siehe Website · 1. Jan, zwei Wochen im Jan, 1., 8. Mai, 25. Dez · museeportuaire.com**

**Musée Dunkerque 1940**
**Rue des Chantiers de France · tägl. 10–18 · Mitte Nov–Jan · dynamo-dunkerque.com**

**Lieu d'Art et d'Action Contemporaine (LAAC)**
**Jardin des Sculptures, 302 Ave des Bordées · Di–Fr 9–18, Sa, So 11–18 · Feiertage · museesdunkerque.eu**

## 11 Noyon

**E2 · Oise · 13 200 · Pl Bertrand Labarre; +33 3 4444 2188 · Mi, Sa · noyon-tourisme.com**

Noyon ist seit Langem ein religiöses Zentrum. Die Cathédrale de Notre-Dame (1150–1290) zeigt den Übergang vom romanischen zum gotischen Baustil. Das **Musée du Noyonnais** in einem Teil des ehemaligen Bischofspalais widmet sich der Geschichte der Region. In einem Fachwerkhaus aus dem Jahr 1506 am östlichen Ende der Kathedrale befindet sich die Bibliothek des Domkapitels.

In Noyon wurde 1509 der berühmte Reformator Jean (Johannes) Calvin geboren. Das Musée Jean Calvin erinnert an ihn.

**Musée du Noyonnais**
**Ancien Palais Episcopal, 7 Rue de l'Évêché · +33 3 4409 4341 · Di–So 10–12, 14–17 (Apr–Okt: bis 18) · 1. Mai, 11. Nov, 23. Dez–2. Jan**

## 12 Senlis

**E2 · Oise · 15 000 · Pl du Parvis Notre-Dame; +33 3 4453 0640 · Di, Fr · senlis-tourisme.fr**

In Senlis, zehn Kilometer östlich von Chantilly, lohnt sich ein Besuch der gotischen Kathedrale und der gut erhaltenen Altstadt. Die Cathédrale Notre-Dame wurde im 12. Jahrhundert erbaut. Ihr Hauptportal mit Szenen der Himmelfahrt Mariä hat den Bau anderer Kathedralen, z. B. in Amiens *(siehe S. 192f)*, beeinflusst. Die Spitze des Südturms stammt aus dem 13. Jahrhundert. Das verzierte Querschiff aus dem 16. Jahrhundert kontrastiert deutlich mit der Strenge früherer Bauabschnitte.

Gegenüber der Westfassade führt ein Tor zu den Ruinen und Gartenanlagen des Château Royal. Auf diesem Gelände befindet sich in einem ehemaligen Priorat das **Musée de la Vénerie** mit Jagdbildern, alten Waffen und Trophäen.

**Musée de la Vénerie**
**Pl du Parvis Notre-Dame · Mi–So 10–13, 14–18 · 1. Jan, 1. Mai, 25. Dez · musees.ville-senlis.fr**

→

*Gemälde und Jagdtrophäen im Musée de la Vénerie*

## Hotels

**Un Parfum de Campagne**
Das in einem schönen Haus des 19. Jahrhunderts untergebrachte B&B liegt in der Nähe vieler Attraktionen an der Somme.
**D2 · 35 Grand'Rue, Méaulte · unparfumdecampagne.com**

**Château de Beaulieu**
Das Hotel in einem Château (17. Jh.) bietet geräumige Zimmer und ein Restaurant mit zwei Michelin-Sternen.
**E1 · 1098 Rue de Lillers, Busnes · lechateaudebeaulieu.fr**
€€€

**Les Tourelles**
Maritimes Flair prägt das bodenständige Hotel an der Baie de Somme.
**D1 · 2–4 Rue Pierre Guerlain, Le Crotoy · lestourelles.com**
€€€

## Lille

E1 Nord 236 300
Palais Rihour; +33 8 5957 9400 Di – So
lilletourism.com

Lille pflegt seine historische flämische Identität – der flämische Name Rijsel wird noch immer verwendet, und einige Einwohner der Region sprechen französisch-flämisches Patois. Nach dem Niedergang der Schwerindustrie hat sich die Stadt als kulturelles Zentrum neu erfunden, mit blühender Kunstszene, tollen Restaurants und Märkten und dank der vielen Studenten regem Nachtleben.

Der Charme der Stadt liegt in der Altstadt Vieux Lille, einem Gewirr aus gepflasterten Plätzen und Gassen mit vielen Läden, Cafés und Restaurants. Herzstück ist der Place du Général de Gaulle mit der prächtigen Börse (17. Jh.), in deren Innenhof Straßenmusiker spielen und Einheimische an Buchständen stöbern. Im **Palais des Beaux-Arts** sind bedeutende flämische Werke von Rubens und de Hooch sowie Gemälde der französischen Meister Delacroix, Manet und Courbet zu sehen. **La Piscine**, mit der Métro 20 Minuten entfernt in Roubaix, ist ein Art-déco-Schwimmbad, das in ein Museum verwandelt wurde. Es beherbergt Skulpturen und Gemälde des 19. und 20. Jahrhunderts.

**Palais des Beaux-Arts**
Pl de la République Mo 14 – 18, Mi – So 10 – 18 pba.lille.fr

**La Piscine**
23 Rue de l'Espérance, Roubaix Di – So 11–18 (Sa, So ab 13) Feiertage
roubaix-lapiscine.com

14 

## Parc Astérix

E2 Plailly Apr – Okt (Zeiten siehe Website)
parcasterix.fr

Einer der beliebtesten Themenparks Frankreichs ist Asterix, dem Gallier, und all den anderen von Goscinny und Uderzo geschaffenen Comichelden gewidmet.

Doch in dem Park geht es auch um französische Geschichte. Ein Gang entlang der Via Antiqua und durch die Römerstadt ist lehrreich.

### Schon gewusst?

**Für die Figur des Asterix ließen sich deren Erfinder vom gallischen Anführer Vercingetorix inspirieren.**

Die Rue de Paris zeigt, wie sich Paris im Lauf der Jahrhunderte verändert hat.

Die neuzeitlichen Vergnügungen reichen bis zur Highspeed-Achterbahn.

15

## Laon

E2 Aisne 24 000
Hôtel-Dieu, Pl du Parvis Gaultier de Mortagne; +33 3 2320 2862 Di – Sa
tourisme-paysdelaon.com

Die Hauptstadt des Département Aisne liegt auf einer Anhöhe inmitten weiter Ebenen. Auf dem höchsten Punkt befindet sich die Altstadt. Am besten erreicht man sie mit der Poma, einer automatischen Standseilbahn, die vom Bahnhof zur Place du Général-Leclerc hinauffährt.

↑ *Der Parc Astérix bietet mit seinen vielen Fahrgeschäften Spaß für die ganze Familie*

Die Fußgängerzone Rue Châtelaine führt zur Cathédrale de Notre-Dame. Zwar hat die 1235 fertiggestellte Kathedrale während der Revolution zwei ihrer sieben Türme eingebüßt, dennoch ist sie ein Meisterwerk der Frühgotik. Sehenswert sind die Portale, das vierstöckige Mittelschiff und die Renaissance-Umgrenzungen der Seitenkapellen. An den Westtürmen befinden sich Ochsenfiguren – zur Erinnerung an die Tiere, die die zum Bau benötigten Steine den Berg hinaufzogen.

Eine Promenade umgibt die Citadelle (16. Jh.) im Osten. Im Süden führt der Wall vorbei an der Porte d'Ardon und der Porte des Chenizelles zur Église St-Martin.

Südlich von Laon liegt der Chemin des Dames, ein 40 Kilometer langer Bergrücken, der die Täler Aisne und Ailette trennt. Er war Schauplatz vieler Schlachten im Ersten Weltkrieg und ist von Friedhöfen und Denkmälern gesäumt.

## Chantilly

**D2 Oise 10 600 73 Rue du Connétable; +33 3 4467 3737 Mi, Sa chantilly-tourisme.com**

Die Hauptstadt des Pferderennsports in Frankreich ist mit Schloss, Park und Wäldern ein beliebtes Ausflugsziel. Das Schloss hat gallorömische Ursprünge. Es geht auf das Jahr 1528 zurück, als der Oberbefehlshaber von Frankreich, Anne de Montmorency, die alte Burg ersetzen und das Petit Château bauen ließ. Unter dem Prinzen von Condé (1621–1686) wurde es renoviert. Le Nôtre legte einen Garten an, der sogar bei Louis XIV Neid erregte. Nach der Zerstörung während der Revolution und dem Wiederaufbau wurde das Grand Château in den 1820er und 1830er Jahren bei der Oberschicht beliebt. Später ersetzte man es durch ein Schloss im Stil der Neorenaissance.

↑ *Musée Condé – Chantillys Kunstmuseum*

Heute bilden Grand und Petit Château das **Musée Condé** für die Sammlung des letzten Eigentümers, des Herzogs von Aumale, darunter Arbeiten von Raffael, Botticelli, Poussin und Ingres sowie eine Reproduktion der illuminierten Handschrift *Les Très Riches Heures du Duc de Berry* (15. Jh.).

Die Stallungen (Grandes Écuries), entworfen 1719 von Jean Aubert, boten 240 Pferden und 500 Hunden Platz. Neben der Rennbahn beherbergen sie heute das **Musée du Cheval**, in dem man viel über Pferde und ihre (Zucht-) Geschichte erfährt.

**Musée Condé**

**Château de Chantilly +33 3 4427 3180 Apr – Okt: Mi – Mo 10 –18; Nov – März: Mi – Mo 10:30 –17 Jan chateaudechantilly.fr**

**Musée du Cheval**

**Grandes Écuries du Prince de Condé, Chantilly +33 3 4427 3180 Apr – Okt: Mi – Mo 10 –18; Nov – März: Mi – Mo 10:30 –17 chateau dechantilly.fr**

### Pferderennen in Chantilly

Das erste Rennen in Chantilly wurde 1834 abgehalten. Heute werden auf dem Land und in den umliegenden Wäldern ca. 2000 Pferde trainiert. Jedes Jahr im Juni richten die Freunde des Galopprennsports ihre Blicke nach Chantilly. Die Elite der Jockeys und ihre Vollblüter kämpfen dann um die begehrten historischen Trophäen.

Château de Pierrefonds liegt exponiert auf einem Hügel

17 

## Château de Pierrefonds

**E2 Oise Sep – Apr: tägl. 10 –17:30; Mai – Aug: tägl. 9:30 –18 1. Jan, 1. Mai, 25. Dez**
**chateau-pierrefonds.fr**

Das Schloss thront über dem Dorf. Louis d'Orléans ließ im 14. Jahrhundert eine mächtige Burg erbauen. 1813 kaufte Napoléon I die Ruine, Napoléon III beauftragte Viollet-le-Duc 1857 mit der Restaurierung – 1884 wurde Pierrefonds als Museum für Festungsbau eröffnet.

Äußerlich ist das Schloss mit Burggraben, Ziehbrücke, Türmen und Wehrgängen die Rekonstruktion einer mittelalterlichen Befestigung. Die Innenräume sind fast unmöbliert, eine Ausstellung informiert über die Geschichte.

### Viollet-le-Duc

Der Architekturtheoretiker (1814 – 1879) würdigte in seinem 1854 veröffentlichten Architekturlexikon mittelalterliche Bautechniken. Er zeigte, dass Bogen und Maßwerkformen nicht nur Schmuck, sondern auch Lösungen für bauliche Herausforderungen waren. Viollet-le-Duc restaurierte u. a. das Château de Pierrefonds und Notre-Dame in Paris *(siehe S. 86 – 89)*.

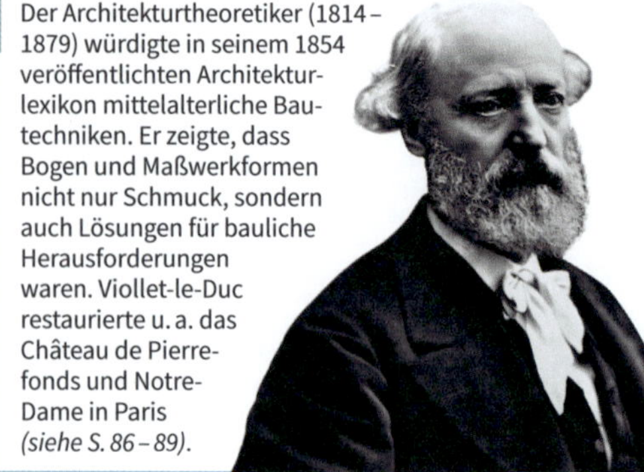

18

## Le Touquet

**D1 Pas-de-Calais 4200 Jardin des Arts, Ave du Verger; +33 3 2106 7200 Do, Sa**
**letouquet.com**

Der Ferienort – eigentlich Le Touquet-Paris-Plage – wurde im 19. Jahrhundert gegründet und war vor allem zwischen den beiden Weltkriegen bei Reichen und Berühmten sehr beliebt. Ein 1855 angelegter Pinienwald umgibt die Stadt und schützt die Luxusvillen.

Am Sandstrand im Westen findet man Hotels der gehobenen Preiskategorien und Ferienhäuser neben eleganten Läden und Restaurants. Der Pferderennbahn und zwei Casinos tragen zur luxuriösen Atmosphäre von Le Touquet bei, die von diversen exzellenten Unterhaltungs- und Sportanlagen, z. B. für Golf, Reiten und Strandsegeln, zusätzlich unterstrichen wird.

**Schon gewusst?**

**Die astronomische Uhr in der Cathédrale St-Pierre in Beauvais besteht aus über 90 000 Teilen.**

19

## Beauvais

**D2 Oise 57 000 1 Rue Beauregard; +33 3 4415 3030 Mo, Mi, Do, Sa visitbeauvais.fr**

Beauvais ist eine moderne Stadt mit einem besonderen Juwel: Die Cathédrale St-Pierre wurde zwar nie vollendet, doch sie ist ein Musterbeispiel des himmelstürmenden Strebens der gotischen Architektur. Im Jahr 1227 begannen die Arbeiten an dem Gotteshaus, dessen Höhe alle Vorgänger in den Schatten stellen sollte. Eine ungenügende Abstützung ließ Anfang des 14. Jahrhunderts das Chorgewölbe noch vor der Fertigstellung der Kirche zweimal einstürzen. Aufgrund von Kriegen und Geldmangel konnte das Querschiff erst 1550 fertiggestellt werden.

Das heute vorhandene Gebäude ist ein Meisterwerk, dessen Gewölbe 48 Meter über dem Boden schwebt. Im Querschiff sind noch Buntglasfenster aus dem 16. Jahrhundert erhalten. In der Nähe des Nordportals befindet sich eine zwölf Meter hohe astronomische Uhr aus den 1860er Jahren.

Das Bischofspalais beherbergt **Le MUDO – Musée de l'Oise**, das archäologische Funde, mittelalterliche Skulpturen und Gobelins ausstellt.

**Le MUDO – Musée de l'Oise**
**Ancien Palais Épiscopal, 1 Rue du Musée +33 4410 4050 Mi – Mo 10 – 13, 14 – 18 1. Jan, Ostern, 1. Mai, 9. Juni, 1. Nov, 25. Dez mudo.oise.fr**

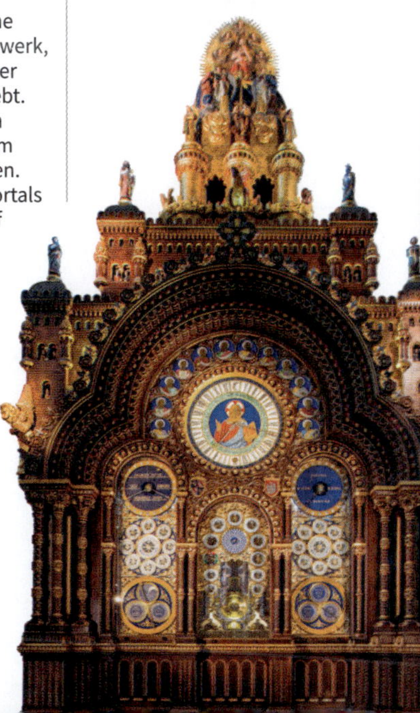

→

*Astronomische Uhr in der Cathédrale St-Pierre, Beauvais*

*Morgenstimmung in einem Weinbaugebiet der Champagne*

# Champagne

Die Römer waren im 5. Jahrhundert die Ersten, die Weinreben in den Kalkhügeln der Champagne anpflanzten. Im frühen Mittelalter verbreiteten Hugo Capet, der 987 in Reims zum König gekrönt wurde, und Papst Urban II. den Ruf der Weinberge der Region, indem sie bei Zeremonien den Weißwein servierten. Ab dem Mittelalter brachten die Weinberge der Champagne, die sich im Besitz von Päpsten und europäischen Königen befanden, Wohlstand in die Region, während Messen in Troyes und florierende Textil- und Metallindustrien in Reims und St-Dizier die Region als Wirtschaftsstandort etablierten. Im 18. Jahrhundert entwickelte die britische Aristokratie, gefolgt vom französischen Adel, eine Vorliebe für den Schaumwein der Champagne, und die Weinherstellung wurde zum Hauptwirtschaftszweig der Region.

Als die Souveränität der Champagne im Jahr 1790 zusammen mit der der übrigen französischen Provinzen abgeschafft wurde, brachte die Region ihren Wohlstand in den französischen Nationalstaat mit ein. Der Frieden war jedoch immer wacklig, denn als Grenzregion wurde die Champagne immer dann überfallen, wenn Frankreich von einer Ostfront angegriffen wurde. Im Jahr 1870 kapitulierte Napoléon III im Deutsch-Französischen Krieg; die Weinberge der Region wurden in beiden Weltkriegen zum Schlachtfeld. 2023 hat die UNESCO einen wesentlichen Teil der Weltkriegserinnerungsstätten – Friedhöfe und Mahnmale für vermisste Soldaten – zum Weltkulturerbe erklärt. Heute haben sich die Weinkeller der Region erholt, und der berühmte Schaumwein wird weiterhin im In- und Ausland genossen.

BELGIEN
CHAMPAGNE-ARDENNE
Norden und Picardie
Seiten 184–203
Île-de-France
Seiten 166–183
Elsass und Lothringen
Seiten 216–23
Burgund und Franche-Comté
Seiten 312–337
1 Kathedrale von Reims
2 Épernay
3 Vallée de la Meuse
4 Rocroi
5 Chaumont
6 Châlons-en-Champagne
7 Argonne
8 L'Épine
10 Troyes
11 Sedan
12 Charleville-Mézières
Ardennen
Marne
Aube
Aisne
Serein
Givet
Philippeville
Avesnes-sur-Helpe
Cateau-Cambrésis
Couvin
Fumay
Hirson
Étréaupont
Guise
Saint-Quentin
Vervins
Revin
Nouzonville
Rumigny
Rouvroy-sur-Audry
Marle
Montcornet
Signy-l'Abbaye
Poix-Terron
Carignan
Mouzon
Neufchâte
Novion-Porcien
Château-Porcien
Raucourt-et-Flaba
Stenay
Laon
Rethel
Attigny
Le Chesne
Asfeld
Buzancy
Soissons
Juniville
Vouziers
Monthois
Pontfaverger-Moronvilliers
Sommepy-Tahure
Fismes
Oulchy-le-Château
Montagne de Reims
Ville-sur-Tourbe
Verdu
Verzenay
Neuilly-Saint-Front
Ludes
Mourmelon-le-Grand
Sainte-Menehould
Hautvillers
Champillon
Souilly
Château-Thierry
Aÿ
Athis
Matougues
Givry-en-Argonne
Montmort-Lucy
Vertus
Montmirail
Sermaize-les-Bains
Fère-Champenoise
Sommesous
Esternay
Sézanne
Vitry-le-François
Ligny-en-Barrois
Mailly-le-Camp
Saint-Dizier
Arcis-sur-Aube
Chevillon
Méry-sur-Seine
Montier-en-Der
Wassy
Romilly-sur-Seine
La Fontaine-les-Grès
Lesmont
Joinville
Poiss
Bray-sur-Seine
Marigny-le-Châtel
Brienne-le-Château
Feuges
Soulaines-Dhuys
Marcilly-le-Hayer
Piney
Vignory
Andelot
Pont-sur-Yonne
Colombey
Estissac
Bar-sur-Aube
Bologne
Sens
Bouilly
Juzennecourt
Saint-Parres-lès-Vaudes
Auxon
Bar-sur-Seine
Essoyes
Châteauvillain
Brienon-sur-Armançon
Chaource
Ervy-le-Châtel
Les Riceys
Arc-en-Barrois
Pontigny
Tonnerre
Auxerre
Long
Auberive
Toucy
Saint-Marc-sur-Seine
Aignay-le-Duc
Prautho
Courson-les-Carrières
Vermenton
Noyers-sur-Serein
Montbard
Baigneux-les-Juifs
Selongey
A4
A5
A6
A19
A26
A31
A34
N2
N3
N4
N5
N44
N51
N60
N67
N77
N92
N151
D396
D428
D442
D444
D373
D374
D384
D606
D619
D643
D671
D864
D933
D947
D951
D964
D966
D977
D980
D982
D985
D1029
D1043
D8043

0 Kilometer 25
N
Champagne
Diekirch
Echternach
LUXEMBURG
Arlon
LUXEMBOURG
Flughafen Luxembourg
Virton
Longwy
Mettlach
DEUTSCHLAND
Longuyon
Thionville
Metzervisse
Dillingen
Neunkirchen
Spincourt
Flughafen Saarbrücken
Hagondange
Saarbrücken
Briey
Boulay-Moselle
Forbach
Étain
Metz
Jarny
Saint-Avold
Sarreguemines
Chambley-Bussières
Noméný
Saint-Mihiel
Domèvre-en-Haye
Liverdun
Commercy
Toul
Nancy
Neuves-Maisons
Colombey-les-Belles
Damelevières
Domrémy-la-Pucelle
LOTHRINGEN
Neufchâteau
Mirecourt
Dompaire
Saint-Blin
Contrexéville
Bourmont
Meuse
Darney
Lamarche
Bains-les-Bains
Bourbonne-les-Bains
Langres
Laferté-sur-Amance
Amance
Fayl-Billot
Port-sur-Saône
Scey-Saint-Albin
Vesoul
Champagne
Highlight
1 Kathedrale von Reims
Sehenswürdigkeiten
2 Épernay
3 Vallée de la Meuse
4 Rocroi
5 Chaumont
6 Châlons-en-Champagne
7 Argonne
8 L'Épine
9 Langres
10 Troyes
11 Sedan
12 Charleville-Mézières

1

# Kathedrale von Reims

E2 Place du Cardinal Luçon Reims +33 3 2647 8179 Kathedrale: tägl. 7:30–19:30; Türme: siehe Website 1. Jan, 1. Mai, 1., 11. Nov, 25. Dez cathedrale-reims.fr

**Die gotische Cathédrale Notre-Dame in Reims ist vor allem wegen ihrer Größe und vollendeten Harmonie berühmt.**

Die Bauarbeiten begannen 1211, Vorgängerbauten gab es hier jedoch bereits seit 401. Reims war der Schauplatz vieler Krönungen – vom Mittelalter bis 1825 (Krönung von Charles X). Als Charles VII 1429 die Krone aufgesetzt wurde, war auch Jeanne d'Arc anwesend. Während der Revolution wurde einiges zerstört. Die Renovierung der Schäden des Ersten Weltkriegs war erst 1996 abgeschlossen – rechtzeitig zur 1500-Jahr-Feier anlässlich der Taufe des Frankenkönigs Chlodwig in Reims. Das Gotteshaus wird wegen der vielen Engelsstatuen (u. a. am großartigen Rosettenfenster) auch »Kathedrale der Engel« genannt. Im Innenraum faszinieren Buntglasfenster von Chagall.

**Reims war der Schauplatz vieler Krönungen – vom Mittelalter bis 1825. Als Charles VII 1429 die Krone aufgesetzt wurde, war auch Jeanne d'Arc anwesend.**

↑ *Westfassade der Kathedrale von Reims – ein Meisterwerk französischer Gotik*

### Weitere Attraktionen in Reims

Reims hat mehr zu bieten als die Kathedrale. Geschichtsinteressierte sollten das Musée de la Reddition (www.musees-reims.fr) besuchen, das dort errichtet wurde, wo die Streitkräfte des Dritten Reichs vor den Alliierten kapitulierten, und die Porte de Mars, einen verzierten Dreifachbogen, der an die römische Zeit der Stadt erinnert. Kunstliebhaber können das Musée-Hôtel Le Vergeur (www.musees-reims.fr) mit Originaldrucken von Dürer oder das Musée des Beaux-Arts (www.musees-reims.fr) mit Porträts der Cranachs und Landschaften von Corot besichtigen.

**Schon gewusst?**
Die Königsgalerie der Westfassade umfasst 56 Skulpturen französischer Könige.

↑ *Mittelschiff der Kathedrale mit Buntglasfenster von Marc Chagall* (Detail)

# SEHENSWÜRDIGKEITEN

↑ *Riesiges Holzfass (Ende 19. Jh.) bei Mercier in Épernay*

## 2 Épernay

**E2 Marne 22 400**
**7 Ave de Champagne**
**Mi, Do, Sa, So**
**epernay-tourisme.co**

Der Hauptgrund, Épernay zu besuchen, sind die Kellereien. Die Stadt lebt von der Champagnerindustrie. Die Gegend um die Avenue de Champagne ist voller Renaissance-Villen. Die Villa **Moët & Chandon** stammt allerdings aus dem Jahr 1743. Sie ist die größte *maison* und im Besitz von Moët-Hennessy. Zum Unternehmen gehören noch weitere Marken, z. B. Mercier, Krug, Veuve Clicquot und Ruinart. Die Wahl zwischen einem Besuch bei Moët & Chandon oder bei **Mercier** fällt nicht leicht. Bei Mercier steht das große Fass, das 1889 für die Pariser Weltausstellung gebaut wurde. Man fährt mit einer Bahn durch die Keller. **De Castellane** in der Avenue de Verdun bietet eine persönlich gestaltete Tour mit *dégustation.*

Schöne Aussicht
**Mont Malgré Tout**

Der Blick auf Revin vom Gipfel des Mont Malgré Tout (»Hügel trotz allem«) ist großartig. Der Hügel ist relativ leicht zu erklimmen, und man kann ihn auch mit dem Auto erreichen.

### Moët & Chandon

**20 Ave de Champagne +33 3 2651 2020**
**Jan – Mitte Nov: tägl.; Mitte Nov – Dez: Mo, Do – So**
**moet.com**

### Mercier

**70 Ave de Champagne +33 3 2651 2222**
**Feb, März: Do – Mo; Apr – Mitte Nov: tägl.**
**champagnemercier.com**

### De Castellane

**57 Rue de Verdun +33 3 2651 1919**
**Mitte März – Mitte Dez: tägl. castellane.com**

## 3 Vallée de la Meuse

**F2 Ardennes Monthermé Pl Jean Baptiste Clément, Monthermé; +33 3 2440 1959 ardennes.com**

Landschaftlich reizvoll windet sich die Meuse (Maas) durch die Schluchten, Wälder und Felsformationen der Ardennen. In einer doppelten Flussschleife liegt die Stadt Revin, deren Vieille Ville (Altstadt) von der nördlichen Biegung der Meuse umschlossen wird. Vom Quai aus blickt man zum Mont Malgré Tout und auf eine Route mit Aussichtspunkten. Etwas weiter im Süden ragt der Felsen Dames de la Meuse auf.

Beiderseits der Meuse liegt Monthermé mit der Vieille Ville am linken Ufer. Kletterer und Wanderer schätzen die Felsenschluchten um die Roche à Sept Heures.

**Landschaftlich reizvoll windet sich die Meuse (Maas) durch die wilden Schluchten, dichten Wälder und markanten Felsformationen der Ardennen.**

## Rocroi

**E2 Ardennes 2200**
**Monthermé**
**1 Rue du Pavillon**
**Di rocroi.fr**

Die auf einem Plateau liegende sternförmige Zitadelle von Rocroi wurde 1555 unter Henri II errichtet und 1675 von Vauban ausgebaut. Der *sentier touristique* führt an den Wällen entlang. Rocroi ist ein guter Ausgangspunkt für die Erkundung des Parc Naturel Régional des Ardennes mit seinen abwechslungsreichen Landschaften, darunter Moore und üppig bewaldete Hügel.

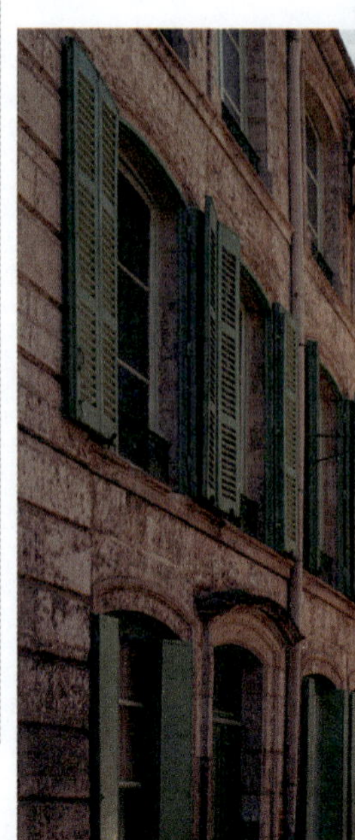

**5**

## Chaumont

F3 Haute-Marne 21 700 7 Ave du Général de Gaulle; +33 3 2503 8080 Mo – Sa tourisme-chaumont-champagne.com

Die ehemalige Residenz der Grafen der Champagne genoss im 13. Jahrhundert großes Ansehen. Sehenswert sind die Altstadt am Abhang einer Schlucht mit dem Palais de Justice, die Mittelalterburg und die Renaissance-Bürgerhäuser im Zentrum.

Die Basilique St-Jean-Baptiste bietet innen ein dichtes Netz von Gewölberippen und eine imposante Treppe mit Turmaufsätzen. Nahe beim Eingang befindet sich eine kleine Kapelle mit einer *mise au tombeau* (1471), einer Grablegung Jesu. Das linke Querschiff weist eine bizarre Wurzel Jesse auf. Ein Renaissance-Steinrelief zeigt den liegenden Jesus, aus dessen Körper ein Familienbaum wächst.

**Umgebung:** 23 Kilometer nordwestlich liegt Colombey-les-Deux-Églises, das vor allem mit Charles de Gaulle (1890 – 1970) verbunden ist. Die Familie de Gaulle kaufte 1933 das Gut **La Boisserie**, das im Krieg schwer beschädigt wurde. Nach dessen Instandsetzung kam de Gaulle regelmäßig aus Paris hierher, um seine Memoiren zu verfassen und seine Rückkehr in die Politik vorzubereiten. Am 9. November 1970 starb er hier. Heute ist das Gebäude ein Museum. Sein Grab auf dem Dorffriedhof ist schlicht, doch dafür ragt ein im Jahr 1972 errichtetes Lothringer Kreuz aus Granit in den Himmel. Am Sockel widmet sich das **Mémorial Charles de Gaulle** dessen Leben.

**La Boisserie**

Rue Général de Gaulle, Colombey-les-Deux-Églises +33 3 2501 5252 Apr – Sep: tägl.; Okt – März: Mi – Mo Jan

**Mémorial Charles de Gaulle**

Colombey-les-Deux-Églises +33 3 2530 9080 Apr – Sep: tägl.; Okt – März: Mi – Mo Jan, 24., 25., 31. Dez memorial-charlesdegaulle.fr

### Flaschengärung

Nur Schaumweine aus der Champagne mit zweifacher Gärung dürfen sich Champagner nennen. Nach Abfüllung in Flaschen wird *liqueur de tirage* (Zucker, Wein und Hefe) beigemischt. Die Flaschen werden kühl gelagert. Die Hefe verwandelt dabei den Zucker in Alkohol, Kohlensäure setzt sich dann ab. Die schräg liegenden Flaschen werden täglich gedreht und leicht gerüttelt, damit sich der Hefesatz in den Hals der Flasche absenkt *(remuage)*. Dann wird die abgelagerte Hefe entfernt. Vor dem Einsetzen des Korkens kommt zur Regulierung der Süße etwas Zuckersirup *(liqueur d'expédition)* hinzu.

↑ *Eingang der eindrucksvollen Basilique St-Jean-Baptiste in Chaumont*

6

## Châlons-en-Champagne

**E2 Marne 44 300**
**3 Quai des Arts**
**Mi, Sa; Fr, So vormittags**
**chalons-tourisme.com**

Vom Wasser der Marne und einigen kleineren Kanälen umgeben, entfaltet Châlons mit seinen Fachwerkhäusern viel Charme. In den Weinbergen der Umgebung wächst ein Blanc de Blancs.

Der Quai de Notre-Dame bietet eine schöne Aussicht auf alte Brücken und die Türme von Notre-Dame-en-Vaux, einem Meisterwerk zwischen Romanik und Gotik. Hinter der Kirche liegen die mittelalterliche Altstadt und das **Musée du Cloître de Notre-Dame-en-Vaux**. Die gotische Cathédrale St-Étienne am Kanal hat ein barockes Portal und eine romanische Krypta. Am Fluss sieht man die Gartenanlagen des Petit Jard, von denen man auf das Château du Marché, ein von Henri IV erbautes Zollhaus, blickt. Das örtliche Tourismusbüro organisiert schöne Bootsfahrten auf dem Fluss.

**Musée du Cloître de Notre-Dame-en-Vaux**
**Rue Nicolas Durand +33 3 2669 9961**
**Mi – Mo 10 –12, 14 –18**
**1. Jan, 1. Mai, 1., 11. Nov, 25. Dez**

## Argonne

**F2 Ardennes und Meuse Châlons Ste-Menehould 6 Pl de la République, Clermont-en-Argonne; +33 3 2988 4222**
**tourisme-argonne-meuse.fr**

Östlich von Reims liegen die Argonnen mit malerischen Tälern und Wäldern sowie vielen Abteien und Prioraten, da das Gebiet Grenzland der Bistümer Lothringen und Champagne war. Die ehemalige Benediktinerabtei Beaulieu-en-Argonne aus dem 13. Jahrhundert ist heute eine Ruine mit einer imposanten Weinpresse, von der aus man einen schönen Blick über die Wälder hat.

Nördlich liegt das für Fliesen und Fayencen bekannte Les Islettes. Die hügelige Gegend war im Deutsch-Französischen Krieg umkämpft und im Ersten Weltkrieg ein Abschnitt der Westfront. Im Gebiet Butte de Vauquois nördlich von Les Islettes steht ein Kriegsdenkmal.

### TOP 5 Champagnerhäuser

**Moët & Chandon**
Das Haus bietet eine spannende Führung durch seine Weinkeller (www.moet.com).

**Mumm**
Die Produktionsstätte nahe dem Zentrum von Reims lüftet Geheimnisse des Kelterns (www.mumm.com).

**Pommery**
101 Stufen führen vom Eingang in die aus der Antike stammenden Keller, die heute mit Kunstwerken bestückt sind. (www.vrankenpommery.com).

**Joseph Perrier**
Die Kellergänge in dem Anwesen in Châlons-en-Champagne sind drei Kilometer lang (www.josephperrier.com).

**Taittinger**
Bei Führungen durch die Keller in Reims sieht man sogar gallorömische Steinbrüche (www.taittinger.com).

↑ *Cathédrale St-Étienne in Châlons-en-Champagne, eine der bedeutendsten Kirchen der Region*

## L'Épine

**F2 Marne 660**
**Châlons 3 Quai des Arts, Châlons-en-Champagne chalons-tourisme.com**

Ein Besuch von L'Épine erfolgt meist wegen der Basilique de Notre-Dame de l'Épine. Die im Stil einer Kathedrale erbaute spätgotische Kirche ist seit dem Mittelalter ein Wallfahrtsort. Sogar französische Könige

↑ *Cafés auf einem der kopfsteingepflasterten Plätze von Langres*

kamen hierher, um der Jungfrau Maria zu huldigen.

Die drei Portale der Fassade erinnern an die Kathedrale von Reims. Eine Vielzahl schauriger Wasserspeier symbolisiert böse Geister und die Todsünden, die durch die Präsenz des Heiligen im Inneren verscheucht werden. Leider sind die gewagtesten Figuren zerstört, da sie im 19. Jahrhundert als obszön galten. Im Halbdunkel des gotischen Innenraums befinden sich ein Lettner aus dem 15. Jahrhundert und die Wunder wirkende Marienstatue.

## Langres

**F3 Haute-Marne 7800 Square Olivier Lahalle; +33 3 2587 6767 Fr tourisme-langres.com**

Langres liegt auf einem Felsen hinter Chaumont im Süden der Champagne. Die alte Bischofsstadt ist der Geburtsort von Denis Diderot (1713–1784). Langres wirbt damit, ein Kurort zu sein, dessen Nähe zu den Quellen der Seine und der Marne mystische Kräfte verleiht. Nahezu die ganze Stadt ist umgeben von mittelalterlichen Befestigungsmauern. Von den Türmen und Wehrgängen aus erblickt man romantische Stadttore und schmucke Renaissance-Villen. Auf den Mauern genießt man freien Blick über das Marne-Tal, auf das Plateau von Langres, die Vogesen und gelegentlich sogar auf den Mont Blanc.

Bei der Porte Henri IV steht die Cathédrale St-Mammès. Das Dunkel des burgundisch-romanischen Innenraums wird von den Säulenkapitellen der Apsis, die angeblich aus einem Jupiter-Tempel stammen, ausgeglichen. Das **Musée d'Art et d'Histoire** wartet mit archäologischen Funden, Gemälden und Skulpturen auf.

In der Sommersaison ist Langres gut besucht und bietet historische Festspiele, Theater und Feuerwerk.

**Musée d'Art et d'Histoire**
**Pl du Centenaire 52 +33 3 2586 8686 Apr–Nov: Mi–Mo 9–12, 13:30–18:30; Dez–März: Mi–Mo 13:30–17:30 1. Jan, 1. Mai, 1. Nov, 25. Dez musees-langres.fr**

### Fachwerkkirchen in der Champagne

Etwa eine Autostunde südlich von L'Épine stehen zwölf bemerkenswerte Fachwerkkirchen aus der Zeit von der Romanik bis zur Renaissance. Markant sind die spitz zulaufenden Giebel und die fast zerbrechlich wirkenden hölzernen Vordächer *(caquetoirs)*. Im Inneren entdeckt man fein gearbeitete Schnitzereien und in leuchtenden Farben gestaltete Buntglasfenster.

↑ *Fachwerkkirche (16. Jh.) in Bailly-le-Franc*

10

## Troyes

**E3 Aube 62 600 16 Rue Aristide Briand; +33 8 2582 6270 tägl. troyeslachampagne.com**

Troyes ist eine Stadt mit prächtigen gotischen Kirchen und schönen Fachwerkhäusern aus dem 16. Jahrhundert in einem historischen Zentrum in Form eines Champagnerkorkens. Die Stadt ist berühmt für ihr Erbe an Glasmalereien und *andouillettes* (Würstchen) sowie für ihre seit Langem etablierte Strumpfwarenindustrie. Troyes ist auch für seine Factory-Outlets bekannt, in denen Designerkleidung zu reduzierten Preisen verkauft wird. Die größte Filiale ist McArthurGlen am Stadtrand.

Hinter der spätgotischen Westfassade der Cathédrale St-Pierre-et-St-Paul verbirgt sich ein mit Skulpturen und Buntglasfenstern ausgestalteter Innenraum. Das Mittelschiff ist in lilarotes Licht getaucht, das durch das Rosettenfenster (16. Jh.) einfällt. Es wird wirkungsvoll ergänzt durch das aus der Apsis herüberscheinende tiefe Blau und das Türkis des Fensters mit der Wurzel Jesse.

Nicht weit entfernt glitzert die Église St-Nizier mit ihrem burgundischen Ziegeldach im Viertel hinter der Kathedrale. Die gotische Basilique St-Urban weist mächtige Strebebogen und schöne Glasfenster (13. Jh.) auf.

Die Église Ste-Madeleine ist wegen ihres mit Blattwerk, Trauben und Feigen besetzten Lettners berühmt. Sehenswert sind auch einige Buntglasfenster. Die malerisch überdachte Ruelle des Chats verbindet die Rue Charbonnet mit der Rue Champeaux.

In einem der am besten erhaltenen Teile der Altstadt von Troyes steht die Église St-Pantaléon direkt gegenüber einem herrschaftlichen Renaissance-Haus. Der recht düster wirkende Innenraum der Kirche ist im Stil der Gotik und der Renaissance gehalten und beherbergt Plastiken aus dem 16. Jahrhundert.

## Sedan

**F2 Ardennes 16 400 15 Place d'Armes; +33 3 2427 7373 Mi, Sa charleville-sedan-tourisme.fr**

Östlich von Charleville liegt das Château de Sedan aus dem 11. Jahrhundert, die größte Burganlage Europas. Im Deutsch-Französischen Krieg kapitulierte Napoléon III in Sedan. 83 000 französische Soldaten kamen in preußische Gefangenschaft. Eine Woche nach dem Fall von Sedan im Mai 1940 erreichten deutsche Truppen die französische Küste.

Teile des sieben Stockwerke hohen Hauptturms entstammen noch dem Mittelalter. Sehenswert sind die Schutzwälle und die Befestigungen aus dem 16. Jahr-

*Seitenschiff der imposanten Cathédrale St-Pierre-et-St-Paul in Troyes*

Die blumengeschmückte Place Ducale im Zentrum von Charleville-Mézières

hundert sowie der großartige Dachstuhl aus dem 15. Jahrhundert in einem der Türme. Das **Musée du Château** widmet sich der Militärgeschichte und umfasst ein Wachsfigurenkabinett.

Die ganze Anlage ist von Schieferdachhäusern umgeben. Sie spiegeln den einstigen Reichtum der Stadt wider – zu der Zeit, als Sedan noch eine Hochburg der Hugenotten war.

**Musée du Château**
**Château Fort du Sedan, Cours du Château**
**tägl. chateau-fort-sedan.fr**

⑫

## Charleville-Mézières

**F2 Ardennes 46 400**
**4 Pl Ducale; +33 3 2455 6990 Di, Do, Sa**
**charleville-sedan-tourisme.fr**

An dem auch als »Tor zu den Ardennen« bekannten Flussübergang hat sich das noch heute mittelalterlich geprägte Mézières 1966 mit dem gegenüberliegenden klassizistischen Charleville vereint. Mézières schmiegt sich an die Biegung der Meuse. Von der Avenue de St-Julien sieht man die Befestigungen, die die gotische Notre-Dame de l'Espérance umgeben.

Mittelpunkt von Charleville ist die schön gestaltete Place Ducale. Das Meisterwerk der Stadtplanung unter Louis XIII erinnert an die berühmtere Place des Vosges in Paris. Der Dichter Arthur Rimbaud wurde 1854 unweit von hier geboren.

Ein Stück den Kai entlang befindet sich Vieux Moulin, das Rathaus, das Rimbaud zum Gedicht *Das trunkene Schiff* inspiriert hat. Es beherbergt das kleine **Musée Rimbaud** mit Manuskripten und Fotos des Dichters. In der Maison des Ailleurs hat Rimbaud seine Kindheit verbracht. Das Gebäude ist dem Musée Rimbaud angegliedert und zeigt Wechselausstellungen.

**Musée Rimbaud**
**Quai A. Rimbaud**
**Di–So musee-arthurrimbaud.fr**

## Restaurants

**La Cave à Champagne**
Köstliche Spezialitäten der Region und ein erlesenes Angebot an Champagner sind Markenzeichen des populären Restaurants.

**E2 16 Rue Gambetta, Épernay**
**cave-champagne.fr**

**Café du Palais**
Typische Bistrogerichte und eine große Auswahl edler Tropfen genießt man in prachtvollem Art-déco-Ambiente.

**E2 14 Place Myron Herrick, Reims**
**cafedupalais.fr**

**Mittelpunkt von Charleville ist die Place Ducale. Das Meisterwerk der Stadtplanung unter Louis XIII erinnert an die berühmtere Place des Vosges in Paris.**

*Farbenprächtige Häuser in Colmar, Elsass* (siehe S. 225)

# Elsass und Lothringen

Durch das Elsass im Nordosten von Frankreich (mit dem Rhein als Grenzfluss) verläuft die Wasserscheide zwischen den Vogesen und dem Schwarzwald. Das hügelige Lothringen wirkt französischer als das Elsass.

Bedingt durch die Deutsch-Französischen Kriege mussten das Elsass und Teile Lothringens seit 1871 viermal die Nationalität wechseln. Die jahrhundertelangen Auseinandersetzungen haben in Lothringen befestigte Grenzstädte wie Metz, Toul und Verdun entstehen lassen. Im Elsass dagegen sind viele mittelalterliche Burgen erhalten. Die Region als Ganzes verbindet ein starkes Identitätsbewusstsein. Man ist stolz auf das regionale Brauchtum und pflegt die Dialekte. Die elsässische Route des Vins führt durch die Ausläufer der Vogesen vorbei an Weingütern und Dörfern. Die Hauptstadt Straßburg (Strasbourg) ist eine moderne Metropole mit einem pittoresken Zentrum aus dem 16. Jahrhundert.

In Nancy, der historischen Hauptstadt Lothringens, herrschen elegante Gebäude aus dem 18. Jahrhundert vor. Überregional berühmt ist die Küche der Region. Lothringen bietet sehr gute Biersorten und Quiche Lorraine. Im Elsass serviert man in gemütlichen Weinstuben Sauerkraut und Weißweine wie Riesling oder Gewürztraminer.

Elsass und Lothringen
Highlight
1 Straßburg (Strasbourg)
Sehenswürdigkeiten
2 Verdun
3 Toul
4 Nancy
5 Mulhouse (Mülhausen)
6 Guebwiller (Gebweiler)
7 Colmar
8 Riquewihr (Reichenweier)
9 Ribeauvillé (Rappoltsweiler)
10 Obernai (Oberehnheim)
11 Sélestat (Schlettstadt)
12 Neuf-Brisach (Neubreisach)
13 Metz
14 Betschdorf
15 Gérardmer
16 Eguisheim (Egisheim)
17 Saverne (Zabern)
Champagne
Seiten 204–215
CHAMPAGNE-ARDENNE
LUXEMBURG
LORRAINE
FRANCHE-COMTÉ
LUXEMBOURG
Flughafen Luxembourg
Sedan
Arlon
Poix-Terron
Carignan
Mouzon
Virton
Le Chesne
Longwy
Stenay
Montmédy
Attigny
Buzancy
Longuyon
Dun-sur-Meuse
Damvillers
Spincourt
Piennes
Audun-le-Roman
Hayange
Florange
Thionville
Cattenom
Sierck-les-Bains
Metzervisse
Machault
Montfaucon-d'Argonne
Hagondange
Briey
Sommepy-Tahure
Charny-sur-Meuse
Étain
Varennes-en-Argonne
Verdun
Metz
Ville-sur-Tourbe
Haudainville
Jarny
Montigny-lès-Metz
Mourmelon-le-Grand
Mars-la-Tour
Sainte-Menehould
Chambley-Bussières
Verny
Souilly
Châlons-en-Champagne
Vigneulles-lès-Hattonchâtel
Thiaucourt
Pagny-sur-Moselle
Chaumont-sur-Aire
Pont-à-Mousson
Nomény
Saint-Mihiel
Pierrefitte-sur-Aire
Revigny-sur-Ornain
Dieulouard
Domèvre-en-Haye
Moncel-sur-Seille
Geville
Liverdun
Commercy
Bar-le-Duc
Nancy
Vitry-le-François
Thiéblemont-Farémont
Saulvaux
Void
Toul
Saint-Nicolas-de-Port
Saint-Dizier
Ligny-en-Barrois
Neuves-Maisons
Anceville
Vaucouleurs
Gondrecourt-le-Château
Colombey-les-Belles
Dameleviè
Domrémy-la-Pucelle
Vézelise
Montier-en-Der
Wassy
Coussey
Neufchâteau
Mirecourt
Vittel
Bourmont
Contrexéville
Clefmont
Darney
Lamarche
Bains-les-Bains
Bourbonne-les-Bains
Vauvillers
Amance
Jussey
Fayl-Billot
Combeaufontaine
Champlitte-la-Ville
Vesou
Fontaine-Française
Gray
Montbozo
Rioz
Meuse
Argonne
Aisne
Marne
A4
A30
A31
A13
A34
A1
N4
N44
N19
N52
N57
N67
D864
D8043
D643
D618
D964
D905
D906
D998
D603
D903
D958
D966
D674
D164
D67
D683
0 Kilometer 25
N

Elsass und Lothringen
Birkenfeld
Nohfelden
Mettlach
Sankt Wendel
Lebach
Neunkirchen
Dillingen
Flughafen Saarbrücken
Zweibrücken
Saarbrücken
Pirmasens
Forbach
Sarreguemines (Saargemünd)
Saint-Avold
Faulquemont
Puttelange-aux-Lacs
Bitche
Wissembourg (Weißenburg)
Niederbronn-les-Bains (Bad Niederbronn)
Sarralbe
Grostenquin
Wœrth
Betschdorf
Morhange
La Petite-Pierre
Ingwiller
Haguenau (Hagenau)
Soufflenheim (Sufflenheim)
Baden-Baden
Fénétrange
Bouxwiller
Bischwiller (Bischweiler)
Château-Salins
Dieuze
Phalsbourg
Saverne (Zabern)
Brumath
Moyenvic
Sarrebourg
ALSACE
Arracourt
Maizières-lès-Vic
Hertzing
Wasselonne
Dabo
Marlenheim
Ittenheim
Straßburg (Strasbourg)
Flughafen Strasbourg
Oberkirch
Lunéville
Cirey-sur-Vezouse
St-Quirin
Molsheim
Offenburg
Blâmont
Niederhaslach
Badonviller
Schirmeck
Obernai (Oberehnheim)
Meurthe
Baccarat
Raon-l'Étape
Barr
Benfeld
Lahr
Senones
Andlau
Hausach
Rambervilliers
Villé
Saint-Dié
Sainte-Marie-aux-Mines
Sélestat (Schlettstadt)
Ribeauvillé (Rappoltsweiler)
Marckolsheim
Riquewihr (Reichenweier)
Kaysersberg
Épinal
Gérardmer
Wintzenheim
Colmar
DEUTSCHLAND
Freiburg im Breisgau
Vosges
Eguisheim (Egisheim)
Neuf-Brisach (Neubreisach)
Remiremont
Rouffach
La Bresse
Rupt-sur-Moselle
Bad Krozingen
Hinterzarten
Guebwiller (Gebweiler)
Grand Ballon 1423 m
Le Val-d'Ajol
Saint-Amarin
Ensisheim
Le Thillot
Müllheim
Thann
Cernay
Masevaux
Mulhouse (Mülhausen)
Burgund und Franche-Comté
Seiten 312–337
Lörrach
Waldshut
Flughafen Basel Mulhouse Freiburg
Belfort
Dannemarie
Altkirch
Basel
Rhein
Hirsingue
Baden
Villersexel
Delle
Aarau
Ferrette
Montbéliard
Liestal
Lenzburg
Delémont
SCHWEIZ
Bassecourt
Clerval
Olten
Saint-Hippolyte
Solothurn
Saignelégier
Langenthal
A1
B327
A62
B41
A6
A8
D31
D674
D620
D662
D263
A35
D1062
A4
D955
B500
N4
N333
B28
D1083
D1420
D468
N59
B33
D46
D415
A5
D417
D83
B31
A36
A98
B34
D419
D683
N19
D432
A2
A3

↑ *Fachwerkhäuser in Straßburgs Altstadt bieten ein stimmungsvolles Bild*

❶

# Straßburg

**G3 Bas-Rhin 290 600 12 km südwestl. Place de la Gare Pl des Halles 17 Pl de la Cathédrale; +33 3 8852 2828 Mi, Fr, Sa Internationales Musikfestival (Juni/Juli) visitstrasbourg.fr**

**Straßburg (Strasbourg), einer der Hauptsitze der EU, ist kosmopolitisch. Das futuristisch anmutende Palais de l'Europe (Europaparlament) steht abseits des historischen Zentrums. Bei einer Bootsfahrt auf den Wasserwegen kann man die Altstadt erkunden. Dabei kommt man an den Ponts-Couverts vorbei, überdeckten Brücken mit mittelalterlichen Wachtürmen, von denen aus die vier Kanäle der Ill einzusehen sind, und am früheren Gerberviertel Petite France. Hier gibt es noch alte Mühlen und viele Brücken über das Wasser.**

## Cathédrale Notre-Dame

**Place de la Cathédrale Mo–Sa 8:30–11:15, 12:45–17:45, So, Feiertage 14–17:15 cathedrale-strasbourg.fr**

Das aus Sandstein erbaute Straßburger Münster ist einer der eindrucksvollsten Sakralbauten Europas. Die Bauarbeiten begannen im 11. Jahrhundert und wurden 1439 mit Fertigstellung der Westfassade abgeschlossen. Die drei Portale sind mit Statuen verziert. Die Krönung bildet das Rosettenfenster. Neben der astronomischen Uhr bewegen sich jeden Tag zu bestimmten Zeiten mechanische Figuren nach der Musik eines Glockenspiels.

## Palais Rohan

**2 Pl du Château Mi–Mo 10–13, 14–18 1. Jan, Karfreitag, 1. Mai, 1., 11. Nov, 25. Dez visitstrasbourg.fr**

Das klassizistische Palais wurde 1730 von Robert de Cotte, dem königlichen Architekten, geplant und war für die Fürstbischöfe von Straßburg vorgesehen. Der Bau beherbergt drei Museen: Musée des Beaux-Arts, Musée Archéologique und Musée des Arts Décoratifs mit einer der schönsten Porzellansammlungen Frankreichs.

## Musée Historique

**2 Rue du Vieux-Marché-aux-Poissons +33 3 8852 5000 Di, Do–So 10–13, 14–18 1. Jan, Karfreitag, 1. Mai, 1., 11. Nov, 25. Dez musees.strasbourg.eu**

Das Museum behandelt die politische, wirtschaftliche und militärische Geschichte Straßburgs. Zur Ausstattung des Museums gehören interaktive Stationen.

**Schon gewusst?**

**Rouget de Lisle schrieb die französische Nationalhymne *La Marseillaise* in Straßburg.**

Highlight

④ 
## Musée Alsacien

23 Quai St-Nicolas
Mi, Fr – Mo 10 –13, 14 –18
1. Jan, Karfreitag, 1. Mai, 1., 11. Nov, 25. Dez
musees.strasbourg.eu

In Renaissance-Gebäuden sind Exponate zu Brauchtum, Volkskunst und Handwerk zu sehen. Sehenswert ist auch die Ausstellung zum Leben der jüdischen Gemeinde im Elsass.

⑤
## Musée de l'Œuvre Notre-Dame

3 Pl du Château Di, Do – So 10 –13, 14 –18
1. Jan, Karfreitag, 1. Mai, 1., 11. Nov, 25. Dez
musees.strasbourg.eu

Das Museum der Kathedrale präsentiert viele der Originalskulpturen sowie Buntglasfenster. In dem Giebelhaus ist eine umfangreiche Sammlung von Werken elsässischer Kunst aus Mittelalter und Renaissance zu sehen.

⑥ 
## Musée d'Art Moderne et Contemporain

1 Pl Hans-Jean Arp
Di – So 10 –13, 14 –18
1. Jan, Karfreitag, 1. Mai, 1., 11. Nov, 25. Dez
musees.strasbourg.eu

Adrien Fainsilbers Kultur-Flaggschiff für das 21. Jahrhundert ist ein Wunder aus Glas und Licht, vor allem nachts, wenn es auf dem Wasser zu schweben scheint. Die Sammlung reicht von 1860 bis zur Gegenwart. Auch das Art Café lohnt einen Besuch.

⑦ 
## MM Park Museum

4 Rue Gutenberg, La Wantzenau 67610 tägl. 9 –18:30 1. Jan, Karfreitag, 1. Mai, 1., 11. Nov, 24.– 26., 31. Dez mmpark.fr

Die größte Privatsammlung in Europa zum Zweiten Weltkrieg umfasst 120 Fahrzeuge sowie zahlreiche Uniformen und Waffen.

## Hotels

**Régent Petite France**
Das Fünf-Sterne-Hotel in einer umgebauten Mühle verfügt über stilvolle Zimmer, ein grandioses Spa und ein Restaurant mit regionalen Spezialitäten.

5 Rue des Moulins
regent-petite-france.com
€€€

**Carpe Diem Home**
Das Hotel in einem historischen Anwesen bietet geräumige Apartments mit einem gelungenen Mix aus traditionellem Flair und moderner Einrichtung.

28 Rue des Orfèvres
carpediemhome.fr

# SEHENSWÜRDIGKEITEN

## Verdun

**F2 Meuse 16 900 Pl de la Nation; +33 3 8335 2241 Fr tourisme-verdun.com**

Die Stadt wird immer mit der grausamen Schlacht bei Verdun 1916/17 in Verbindung gebracht werden, bei der in einem Jahr ungefähr eine Million Soldaten starben.

Die Gegend in den Hügeln nördlich von Verdun ist heute mit Mahnmalen übersät. Neun Dörfer wurden zerstört. Das Musée-Mémorial de Fleury erzählt ihre Geschichte. Im Ossuaire de Douaumont haben 130 000 französische und deutsche Soldaten ihre letzte Ruhestätte gefunden. Die eindrücklichste Erinnerung an die Schlacht ist Rodins geflügelte Siegesgöttin in Verdun, die sich nicht triumphierend in die Lüfte erheben kann, weil sie sich in einem toten Soldaten verfangen hat.

Verdun wurde im Lauf der Jahrhunderte zum Schutz vor Eindringlingen immer weiter befestigt. Die mit Zinnen bewehrte Porte Chaussée, ein mittelalterliches Tor beim Fluss, bewacht noch immer den östlichen Zugang.

Obwohl die Citadelle de Verdun im Krieg schwer beschädigt wurde, ist ihr im 12. Jahrhundert erbauter Turm noch vorhanden.

Heute zeigt das Museum **Citadelle Souterraine** eine audiovisuelle Darstellung von den Schrecken des Stellungskriegs. Die Führung endet mit der Erläuterung, wie die Wahl des »Unbekannten Soldaten« für das symbolische Grabmal unter dem Arc de Triomphe in Paris *(siehe S. 120f)* zustande kam.

Das Stadtzentrum wird von der Kathedrale dominiert, in der nach Bombenangriffen 1916 romanische Elemente entdeckt wurden.

**Citadelle Souterraine**

**Ave du Soldat Inconnu siehe Website 24., 25., 31. Dez citadelle-souterraine-verdun.fr**

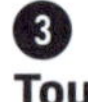

## Toul

**F3 Meurthe-et-Moselle 15 900 1 Pl Charles de Gaulle Mi, Fr, Sa lepredenancy.fr**

Die achteckige Festungsstadt liegt zwischen Mosel und Canal de la Marne und ist von Wäldern umgeben. Toul war schon im 4. Jahrhundert Bistum. Im frühen 18. Jahrhundert baute Vauban die Zitadelle, von der noch der Verteidigungsring und die Porte de Metz erhalten sind.

Der Bau der Cathédrale St-Étienne wurde im 13. Jahrhundert begonnen und zog sich über 300 Jahre hin. Die Kathedrale wurde im Zweiten Weltkrieg beschädigt, doch der Champagne-Stil blieb in den Arkaden und Galerien erhalten. Die spätgotische Fassade wird von zwei achteckigen Türmen flankiert. In der Rue du Général-Gengoult hinter der gotischen Église St-Gengoult stehen Renaissance-Häuser.

Die Weingüter nördlich der Stadt produzieren die bekannten »grauen« Côtes-de-Toul-Weine der Region.

**Umgebung:** In der Nähe von Neufchâteau südlich von Toul liegt Domrémy-la-Pucelle, Geburtsort von Jeanne d'Arc. Neben ihrem Geburtshaus gibt es auch eine Ausstellung zum Leben der Nationalheldin.

Von Metz oder Toul aus erreicht man den riesigen Parc Régional de Lorraine. Er umfasst Wälder, Weinberge, Sümpfe, Getreidefelder, Weiden und Seen.

**Schon gewusst?**

**Toul wurde vom keltischen Stamm der Leuker gegründet, die den Ort Tullum nannten.**

*Die Citadelle Souterraine in Verdun zeigt eine multimediale Ausstellung*

Eine Brunnenanlage und vergoldete Tore zieren die Place Stanislas in Nancy

## 4 Nancy

F3 Meurthe-et-Moselle 104 000
14 Pl Stanislas; +33 3 8335 2241 Di – Sa
nancy-tourisme.fr

Die historische Hauptstadt Lothringens liegt an der Meurthe und am Canal du Marne. Im 18. Jahrhundert ließ Stanislaus Leszczynski, Herzog von Lothringen, Nancy ausbauen und machte es zu einem Vorbild für die Stadtplanung. Eine zweite Blütezeit erlebte die Stadt zu Beginn des 20. Jahrhunderts, als der Glaskünstler Émile Gallé die Schule von Nancy gründete, eine Vorläuferin der Jugendstilbewegung in Frankreich.

Wichtigster Anziehungspunkt in Nancy ist die Place Stanislas, die in den 1750er Jahren angelegt wurde. Der stimmungsvolle Platz ist von vergoldeten schmiedeeisernen Gittern und Toren umgeben und wird von schönen *hôtels particuliers* und Restaurants gesäumt. Ein Arc de Triomphe führt von hier zur Place de la Carrière, einem von Bäumen eingefassten Platz. Hier liegt das gotische Palais du Gouvernement, das an der Seite Arkaden besitzt.

Im Parc de la Pépinière kann man Rodins Statue des in Nancy geborenen Landschaftsmalers Claude Lorrain sehen. Die Grande Rue gewährt einen Blick auf das mittelalterliche Nancy. Von den Befestigungen ist heute nur noch die nach der Revolution als Gefängnis genutzte Porte de la Craffe erhalten.

Die Herzöge von Lothringen sind in der Krypta der **Église et Couvent des Cordeliers** beigesetzt. Das benachbarte ehemalige Kloster beherbergt das Musée Lorraine (bis 2025 wegen Renovierung geschlossen), das Volkskunst, Möbel, Trachten und Handwerksgegenstände ausstellt.

Nach Erweiterung besitzt das **Musée des Beaux-Arts** rund 40 Prozent mehr Ausstellungsfläche. Es präsentiert eine Sammlung europäischer Kunst vom 14. bis zum 20. Jahrhundert, darunter befinden sich Werke von Delacroix, Manet, Monet, Utrillo und Modigliani. Bezaubernd ist die Glaskunst von Daum.

Das im Jugendstil eingerichtete **Musée de l'École de Nancy** zeigt eine sehenswerte Sammlung von Möbeln, Stoffen und Schmuck sowie Glasobjekte von Émile Gallé *(siehe oben)*.

**Église et Couvent des Cordeliers**
**Grande Rue +33 3 8332 1874 Di – So 10 – 12:30, 14 – 18 Feiertage musee-lorrain.nancy.fr**

**Musée des Beaux-Arts**
**3 Pl Stanislas Mi – Mo 10 – 18 Feiertage musee-des-beaux-arts.nancy.fr**

**Musée de l'École de Nancy**
**36 – 38 Rue de Sergent Blandan Mi – So 10 – 18 Feiertage musee-ecole-de-nancy.nancy.fr**

### Weißstörche

Weißstörche galten im Elsass Mitte der 1970er Jahre als bedroht, doch mittlerweile hat sich ihr Bestand durch gezielte Ansiedlung und Zucht wieder stabilisiert. Heute leben hier Schätzungen zufolge wieder mehr als 600 Weißstörche. Man sieht sie am Himmel fliegen oder in Nestern auf Hausdächern sitzen und mit den Schnäbeln klappern. In Munster, Hunawihr und Eguisheim gibt es Aufzuchtstationen für Störche.

Terrasse eines Cafés vor dem imposanten Rathaus von Mulhouse

## 5 Mulhouse

**G3 Haut-Rhin 108 000 1 Ave Robert Schuman; +33 3 8935 4848 Di, Do, Sa tourisme-mulhouse.com**

Die Industriestadt Mulhouse (Mülhausen) besitzt viele technische Museen und Einkaufspassagen, elsässische Gasthäuser und Schweizer Weinstuben. Für Besucher ist Mülhausen meist Ausgangspunkt für Fahrten in die Berge des Sundgau an der Schweizer Grenze.

Das Musée de l'Impression sur Étoffes (14 Rue Jean-Jacques Henner) stellt seltene und kostbare Textilien aus. Im Musée Français du Chemin de Fer (2 Rue Alfred de Glehn) sind Lokomotiven zu sehen. In der Cité de l'Automobile (17 Rue de la Mertzau) stehen einige Bugattis und Ferraris sowie der Rolls-Royce von Charlie Chaplin. An der Place de la République beherbergt das ehemalige Rathaus das Musée Historique.

**Umgebung:** In Ungersheim zeigt das **Écomusée d'Alsace** bäuerliches Leben anhand von Originalbauten. Man sieht u. a. ein Mülhauser Wohnhaus (12. Jh.) mit gotischem Garten. Die Bauernhöfe wirtschaften hier auf althergebrachte Weise. Handwerker arbeiten nach traditionellen Methoden in Originalwerkstätten.

**Écomusée d'Alsace**
**Chemin du Grosswald siehe Website Jan – März, Nov ecomusee.alsace/fr**

## 6 Guebwiller

**G3 Haut-Rhin 11 000 45 Rue de la République; +33 3 8076 8041 Di, Fr tourisme-guebwiller.fr**

Guebwiller (Gebweiler) ist umgeben von Weinbergen und blumenübersäten Tälern und deshalb auch als »Tor zum Tal der Blumen« bekannt. Die Industriestadt hebt sich von ihrer ländlichen Umgebung deutlich ab. Weinkeller und Kirchen lohnen einen Besuch.

Die Église Notre-Dame vereint barocke Verspieltheit mit klassizistischer Eleganz, die Église des Dominicains birgt gotische Fresken und einen prachtvollen Lettner. Am interessantesten ist die reich verzierte romanische Église St-Léger.

**Umgebung:** Das Lauch-Tal nordwestlich von Guebwiller ist wegen seiner Blumenpracht als »Le Florival« bekannt. Im Dorf steht eine

Entdeckertipp
**Tapetenmuseum**

Mulhouse ist ein Industriestandort, der jedoch Überraschungen birgt – z. B. das Musée du Papier Peint (www.museepapierpeint.org) mit einer Sammlung von Tapeten seit dem 18. Jahrhundert. Zudem wird hier die Produktion von Wanddekor illustriert.

rosafarbene romanische Kirche, deren Portal eine Allegorie der Leidenschaft zeigt. Vom Kirchplatz gelangt man zum Fluss, zu einem Stauwehr und zu einem öffentlichen Waschplatz *(lavoir)*.

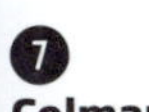

## Colmar

**G3 Haut-Rhin**
**68 300 Pl Unterlinden; +33 3 8920 6892**
**Mo, Mi, Do, Sa**
**tourisme-colmar.com**

Colmar ist die am besten erhaltene Stadt im Elsass. Im 16. Jahrhundert war sie ein bedeutendes Handelszentrum mit Binnenhafen. Weinhändler transportierten ihre Ware auf den Wasserwegen des Kanalviertels, das auch als Petite Venise bezeichnet wird. Dieses »Klein-Venedig« lässt sich schön auf einer der Bootsfahrten erkunden, die vom Gerberviertel bis zur Rue des Tanneurs führen. Hier, an der Place de l'Alsacienne Douane, steht auch das Koïfhus, ein von Fachwerkhäusern umgebenes Zollhaus mit Galerie und burgundischem Ziegeldach.

Das Viertel um die Place de la Cathédrale birgt Wohnhäuser aus dem 16. Jahrhundert. An der Place des Dominicains steht die gotische Église Dominicaine. Im Inneren kann man die Madonna im Rosenhag (1473) des aus Colmar stammenden Martin Schongauer bewundern.

Das Musée d'Unterlinden befindet sich an der Place d'Unterlinden. Das ehemalige Dominikanerkloster stellt Werke der frühen oberrheinischen Kunst aus. Das interessanteste Objekt der Sammlung ist der Isenheimer Altar, ein Wandelaltar mit drei Schautafeln (16. Jh.) von Matthias Grünewald.

In der historischen Altstadt findet man in der malerischen Rue des Têtes die ehemalige Weinbörse. Das Musée Bartholdi widmet sich Frédéric-Auguste Bartholdi, dem Erbauer der New Yorker Freiheitsstatue.

### Schon gewusst?

**Das Feriendorf Colmar Tropicale in Malaysia ist ein Nachbau der Altstadt von Colmar.**

## Restaurants

**Buerehiesel**
Das mit Michelin-Stern ausgezeichnete Restaurant in einem historischen Gebäude serviert elsässische Küche.

**G3 4 Parc de l'Orangerie, Straßburg**
**buerehiesel.fr**

**Wistub Brenner**
In der Weinstube wird Gastlichkeit gepflegt.

**G3 1 Rue de Turenne, Colmar**
**wistub-brenner.fr**

**La Réserve**
Hier wird Gourmetküche geboten mit traditionellen Gerichte im »Néo-Lorrain«-Stil.

**F2**
**5 Ave Ney, Metz**
**lareserve-metz.com**

**Brasserie Excelsior**
Austern sind der Hit in diesem Belle-Époque-Restaurant.

**F3 50 Rue Henri Poincaré, Nancy**
**excelsior-nancy.fr**

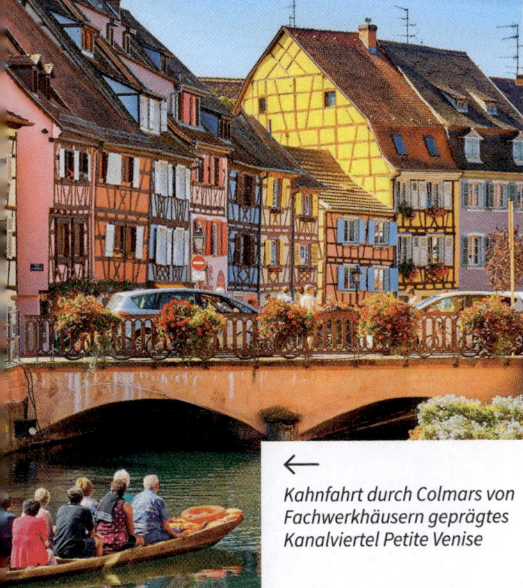

←
*Kahnfahrt durch Colmars von Fachwerkhäusern geprägtes Kanalviertel Petite Venise*

## 8 Riquewihr

G3 Haut-Rhin 1060 2 Rue de la 1ère Armée; +33 3 8973 2323 Fr ribeauville-riquewihr.com

Der Wein wächst bis an den Ortsrand von Riquewihr (Reichenweier), dem charmantesten Dorf an der Route des Vins *(siehe S. 230f)*. Die Winzer pflanzen am Ende jeder Rebenzeile Rosen – nicht nur weil sie schön anzusehen sind, sondern weil sie Parasitenbefall ankündigen. Das Dorf gehörte bis zur Revolution den Grafen von Württemberg und ist durch Wein zu Wohlstand gekommen. Angebaut werden Pinot Gris, Gewürztraminer und Riesling. Riquewihr ist eine bunte Mischung aus Gassen, Balkonen und schmucken Innenhöfen. Mit den Mauern und Wachtürmen wirkt es wie ein Freilichtmuseum.

Vom Hôtel de Ville führt die Rue du Général de Gaulle an Fachwerk- und Steinhäusern aus Mittelalter und Renaissance vorbei. Erker, verzierte Portale und mittelalterliche Wirtshausschilder bestimmen das Bild. Rechts liegt die idyllische Place des Trois Églises. Hinter der Wehranlage gelangt man zu den Weinbergen und zum Dolder, einem Turm aus dem 13. Jahrhundert, sowie zur Tour des Voleurs (beides Museen), wo sich der zweite Befestigungsring befindet. Sehenswert ist die Cour des Bergers, ein um die Befestigungen (16. Jh.) angelegter Garten.

**Schon gewusst?**

**Das historische Zentrum von Riquewihr ist fast komplett für den Autoverkehr gesperrt.**

## 9 Ribeauvillé

G3 Haut-Rhin 4700 1 Grand'Rue; +33 3 8973 2323 Sa ribeauville-riquewihr.com

Ribeauvillé (Rappoltsweiler) wird von drei Burgruinen überragt und erscheint etwas überladen und herausgeputzt. Zum Teil dürfte dies mit dem Verkauf der elsässischen *grands crus*, vor allem des Rieslings, begründet sein. In der Nähe des Parks und im unteren Teil der Stadt gibt es reichlich Möglichkeiten für Weinproben.

In der Oberstadt winden sich Gassen an den Läden von Kunsthandwerkern und Weinhändlern vorbei. Zudem gibt es Renaissance-Brunnen, bemalte Fassaden und die gotische Pfarrkirche St-Grégoire-le-Grand. Von diesem Teil des Orts führt ein ausgeschilderter Weg in die Weinberge.

Ribeauvillé ist bekannt für den Pfifferdaj, ein mittelalterliches Fest im September.

## 10 Obernai

G3 Bas-Rhin 12 000 Pl du Beffroi; +33 3 8895 6413 Do tourisme-obernai.fr

Am nördlichsten Punkt der Route des Vins liegt Obernai (Oberehnheim). Hier ist viel vom ursprünglichen Elsass erhalten: Die Einwohner sprechen Elsässisch, an Festtagen tragen die Frauen Tracht, und die Gottesdienste in der neogotischen Église St-Pierre-et-St-Paul sind gut besucht. An der Place du Marché gibt es noch einen Renaissance-Brunnen. In der Halle aux Blés (16. Jh.), einem früheren Getreidespeicher, ist ein Restaurant untergebracht. Die benachbarte Place de la Chapelle ist Standort des Hôtel de Ville und des gotischen Kapell-

↑ *Regale mit kostbaren Büchern und Manuskripten in der Bibliothèque Humaniste, Sélestat*

turms. In den Seitenstraßen sieht man Fachwerkhäuser aus Mittelalter und Renaissance. Ein Spaziergang an den Cafés der Rue du Marché vorbei führt zum Park an der Stadtmauer.

Odile, Schutzpatronin des Elsass, wurde im 7. Jahrhundert in Obernai geboren und westlich der Stadt auf dem Mont Sainte-Odile bestattet.

⓫

## Sélestat

**G3 Bas-Rhin 19 300 10 Blvd Leclerc; +33 3 8858 8720 Di, Sa selestat-haut-koenigsbourg.com**

Sélestat (Schlettstadt) war in der Renaissance der geistige Mittelpunkt des Elsass, auch durch das Wirken von Beatus Rhenanus, einem Freund von Erasmus von Rotterdam. Die **Bibliothèque Humaniste** besitzt eine Sammlung früher Drucke, darunter das erste Buch, das Amerika erwähnt (1507). In der Nähe liegen Cour des Prélats und Tour de l'Horloge (mittelalterlicher Uhrturm). Die Église Ste-Foy (12. Jh.) hat einen achteckigen Glockenturm, die Église St-Georges ein Dach mit glänzenden »burgundischen Ziegeln«.

**Umgebung:** Eine durch Weinberge führende Straße verbindet das mittelalterliche Dambach-la-Ville mit Andlau und Itterswiller mit den roten Ziegeldächern.

**Bibliothèque Humaniste**
**1 Pl Dr Maurice Kubler siehe Website Jan, 1. Mai, 25., 26. Dez bibliotheque-humaniste.fr**

⓬

## Neuf-Brisach

**G3 Haut-Rhin 2000 Palais du Gouverneur, 6 Pl d'Armes; +33 3 8972 5666 Sa selestat-haut-koenigsbourg.com**

Nahe der deutschen Grenze steht die achteckige Zitadelle von Neuf-Brisach (Neubreisach), das Meisterwerk des Militärarchitekten Vauban. Das mit symmetrischen Türmen angelegte Bauwerk wurde 1698–1707 erbaut. Mittelpunkt ist die Place d'Armes mit der Église St-Louis (1731–36). Diese zeigt die gewohnte Ehrerbietung Vaubans gegenüber seinem Gönner Louis XIV. Ihre Stellung im Zentrum brachte zum Ausdruck, dass die Kirche dem Sonnenkönig, und nicht dem Heiligen, geweiht war.

Das **Musée Vauban** in der Porte de Belfort präsentiert ein Modell der Zitadelle, das auch die heute von Wald bedeckten Außenanlagen zeigt.

**Musée Vauban**
**7 Pl de Belfort +33 3 86 32 26 30 tel. informieren**

← *Das malerische Städtchen Riquewihr liegt mitten in einem Weinbaugebiet*

## Hotels

**Hôtel Le Maréchal**
Seit 1565 betriebenes Hotel mit farbenfrohen Zimmern im Herzen des Viertels Petite Venise.

**G3 4/5 Place des Six Montagnes Noires, Colmar hotel-le-marechal.com**

**Chambard**
Das schicke Hotel überzeugt mit viel Luxus, einem sehr guten Restaurant und einer gemütlichen Weinstube.

**G3 9–13 Rue du Général de Gaulle, Kaysersberg lechambard.fr**

**L'Oriel**
Von den Zimmern des Hotels in einem Fachwerkhaus blickt man auf den hübschen Innenhof.

**G3 3 Rue Écuries Seigneuriales, Riquewihr hotel-oriel.com**

13

## Metz

F2 Moselle 120 000 Pl d'Armes; +33 3 8755 5376 Di, Do, Sa tourisme-metz.com

Metz liegt am Zusammenfluss von Mosel und Seille. Es gibt 20 Brücken über die Flüsse und Kanäle. Die gallorömische Gründung, heute Verwaltungssitz des Département Moselle, war häufig umkämpft: 1871 wurde die Stadt von Deutschland annektiert, 1918 von Frankreich zurückgewonnen.

Auf einem Berg oberhalb der Altstadt liegt die gotische Cathédrale St-Étienne. Im Inneren erhellt das durch gotische und moderne Buntglasfenster (einige von Chagall) einfallende Licht die Wände. Nordwestlich der Kathedrale führt eine Brücke zur Insel Petit Saulcy, auf der das älteste noch bespielte Theater Frankreichs steht. Auf der anderen Seite wirkt die den Fluss überspannende Porte des Allemands mit den Wehrtürmen (13. Jh.) wie eine mittelalterliche Burg. In der Vieille Ville (Altstadt) säumen Bürgerhäuser (14. Jh.) die Place St-Louis. Hier steht eine der ältesten Kirchen Frankreichs, die Église St-Pierre-aux-Nonnains. Mauern und Fassade stammen aus römischer Zeit, einige Bereiche gehörten zu einem Nonnenkloster (7. Jh.). Nahebei sieht man die von Tempelrittern erbaute Chapelle des Templiers (13. Jh.; mit Führung zu besichtigen).

Das **Centre Pompidou Metz** ist eine Zweigstelle des Centre Pompidou in Paris *(siehe S. 90f)*. Im sechseckigen Gebäude wird moderne europäische Kunst gezeigt.

Das **Musée de la Cour d'Or** ist im Petits-Carmes genannten Kloster (17. Jh.) mit gallorömischen Thermen und mittelalterlicher Scheune für den Zehnten untergebracht. Zu sehen sind merowingische Steinmetzarbeiten, gotische Decken sowie deutsche, flämische und französische Gemälde.

**Centre Pompidou Metz**
**1 Parvis des Droits de l'Homme +33 3 8715 3939 Mi – Mo 10 – 18 (Apr – Okt: Fr – So bis 19) 1. Mai centre pompidou-metz.fr**

**Musée de la Cour d'Or**
**2 Rue du Haut-Poirier +33 3 8720 1320 Mi – Mo 10 –12:45, 14 –18 Feiertage musee. eurometropolemetz.eu**

↑ *Tonwaren am Eingang zum Töpferstädtchen Betschdorf*

14

## Betschdorf

**G2 Bas-Rhin 4200 1 Rue des Francs, La Mairie; +33 3 8854 4800 betschdorf.com**

Betschdorf (45 km nördlich von Straßburg) grenzt an die Forêt de Haguenau. Die vielen Fachwerkhäuser aus dem 18. Jahrhundert erinnern an die Zeit, in der die Keramikindustrie dem Städtchen Wohlstand brachte. Generationen von Töpfern haben die Technik der blaugrauen Glasierung an ihre Söhne weitergegeben. Die Frauen übernahmen die kobaltblaue Bemalung. Ein Töpfereimuseum zeigt das ländliche Handwerk.

**Umgebung:** Ein weiterer Töpferort, Soufflenheim, liegt zehn Kilometer südwestlich. Die angebotenen Tonwaren sind meist mit Blumenmotiven bemalt. Im Norden, nahe der deutschen Grenze, liegt das malerische, von vielen Fachwerkhäusern geprägte Städtchen Wissembourg (Weißenburg).

15

## Gérardmer

**G3 · Vosges · 7800 · 4 Pl des Déportés; +33 3 2927 2727 · Do, Sa · gerardmer.net**

Die »Perle der Vogesen«, die sich malerisch am Ufer eines Sees an die nach Lothringen hin abfallenden Hänge der Vogesen schmiegt, wirkt wie eine Postkartenidylle. Im November 1944, kurz vor seiner Befreiung, wurde Gérardmer von den Deutschen zerstört, später wiederaufgebaut.

Die traditionellen Erwerbszweige Holzverarbeitung und Schnitzerei sind noch lebendig. Die Textilindustrie ist jedoch vom Tourismus verdrängt worden. Im Winter kann man in den Vogesen Ski fahren. Im Sommer bietet der See Möglichkeiten für Wassersport.

Attraktiv ist die Stadt auch wegen der Spazierwege um den See und der Bootsausflüge. Begehrt ist der hier produzierte Käse. Der Géromé schmeckt ähnlich wie der berühmte Munster.

In Gérardmer wurde 1875 das älteste Tourismusbüro Frankreichs eingerichtet. Besucher werden von den Wandermöglichkeiten in den Vogesen angelockt. Beliebt ist der Weg entlang der Route des Crêtes, auf die man am Col de la Schlucht trifft.

16

## Eguisheim

**G3 · Haut-Rhin · 1700 · 22a Grand'Rue; +33 3 8923 4033 · tourisme-eguisheim-rouffach.com**

Eguisheim (Egisheim) ist ein bezaubernder Ort, der von drei konzentrischen Befestigungsringen umgeben ist. Im Zentrum des Orts steht die achteckige Burg der Grafen von Eguisheim. Die Statue davor zeigt Bruno Eguisheim, der im Jahr 1002 hier geboren wurde und als Papst Leo IX. in die Geschichte einging. Später wurde er heiliggesprochen.

Die Grand'Rue ist von Fachwerkhäusern gesäumt, auf manchen ist das Datum ihrer Entstehung festgehalten. Nahe der Burg steht der Marbacherhof, früher ein klösterlicher Getreidespeicher und Abgabestelle für den Zehnten. Die Pfarrkirche in der Nähe hat ein romanisches Tympanon.

Der Ort hat etwas Märchenhaftes und ist zugleich sehr weltlich: In einladenden Hinterhöfen werden Kostproben verschiedener *grands crus* angeboten. Ein ausgeschilderter Spazierweg führt von der Rue de Hautvillers außerhalb der Stadtmauern durch Weingärten.

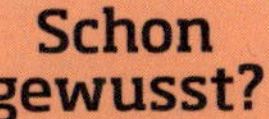

**Schon gewusst?**

**Wegen seiner Lage im Regenschatten der Vogesen ist das Elsass die trockenste Region des Landes.**

## Saverne

**G2 · Bas-Rhin · 11 300 · 37 Grand'Rue; +33 3 8891 8047 · Di, Do · tourisme-saverne.fr**

Saverne (Zabern) liegt im Hügelland zwischen dem Fluss Zorn und dem Marne-Rhein-Kanal. Die Stadt war ein Lehen der Fürstbischöfe von Straßburg, das aus Sandstein erbaute Château des Rohan eine beliebte Sommerresidenz. Heute beherbergt es das **Musée du Château des Rohan** mit einer Sammlung, die die Vergangenheit von Saverne nachzeichnet. Die Grand'Rue wird von zahlreichen Spezialitätenrestaurants und gepflegten Renaissance-Fachwerkhäusern geprägt.

**Musée du Château des Rohan**

**Château des Rohan · +33 3 8871 6395 · Mi, Sa, So 10–12, 14–18, Do, Fr 14–18 · Feiertage**

←

*Über das Fluss- und Kanalnetz von Metz verlaufen 20 Brücken*

# Elsässer Route des Vins

**Länge** 180 km **Etappenziele** Molsheim, Dambach-la-Ville, Ribeauvillé, Riquewihr, Turckheim und Guebwiller

Zwischen Marlenheim und Thann kann man auf der malerischen Weinstraße historische Städte mit mittelalterlichen Fachwerkhäusern, Kopfsteinpflaster und Renaissance-Brunnen bewundern. Romantische Weinstuben laden zu traditioneller *choucroute garnie* und Elsässer Weißwein ein. Weinliebhaber können im Lauf von mehreren Tagen die Straße nach Belieben abfahren oder auch von Colmar aus kürzere Ausflüge in die eine oder andere Richtung unternehmen. Eine Abwechslung zum Bummel durch die Orte sind die *sentiers viticoles*, die Spazierwege durch die Weinberge.

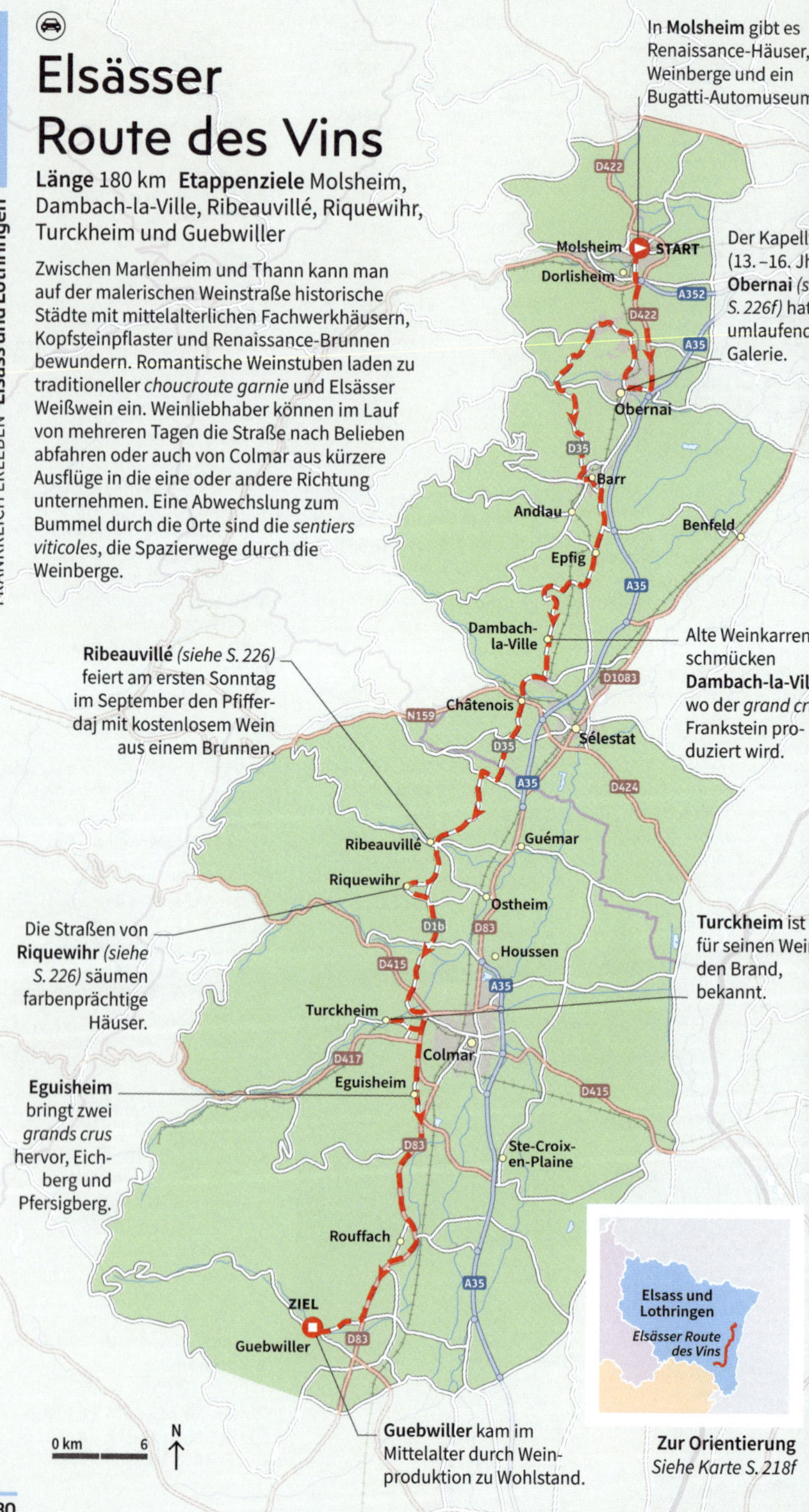

In **Molsheim** gibt es Renaissance-Häuser, Weinberge und ein Bugatti-Automuseum.
Der Kapellt (13.–16. Jh. **Obernai** *(sie S. 226f)* hat umlaufende Galerie.
Alte Weinkarren schmücken **Dambach-la-Vill** wo der *grand cru* Frankstein produziert wird.
**Ribeauvillé** *(siehe S. 226)* feiert am ersten Sonntag im September den Pfifferdaj mit kostenlosem Wein aus einem Brunnen.
Die Straßen von **Riquewihr** *(siehe S. 226)* säumen farbenprächtige Häuser.
**Turckheim** ist für seinen Wein den Brand, bekannt.
**Eguisheim** bringt zwei *grands crus* hervor, Eichberg und Pfersigberg.
**Guebwiller** kam im Mittelalter durch Weinproduktion zu Wohlstand.
D422
Molsheim
START
Dorlisheim
A352
D422
A35
Obernai
D35
Barr
Andlau
Benfeld
Epfig
A35
Dambach-la-Ville
D1083
Châtenois
N159
Sélestat
D35
A35
D424
Ribeauvillé
Guémar
Riquewihr
Ostheim
D1b
D83
Houssen
D415
A35
Turckheim
Colmar
D417
Eguisheim
D415
D83
Ste-Croix-en-Plaine
Rouffach
A35
ZIEL
Guebwiller
D83
0 km
6
N
Elsass und Lothringen
*Elsässer Route des Vins*

**Zur Orientierung**
*Siehe Karte S. 218f*

**Schon gewusst?**

Viele Winzer öffnen ihre Keller gelegentlich für Ausstellungen und andere Events.

↑ *Riquewihr: kopfsteingepflasterte Gassen und Häuser in warmen Farbtönen*

*Felsformation Porte d'Aval an der Côte d'Albâtre* (siehe S. 256f)

# Normandie

Die Normandie erhielt ihren Namen von den Wikingern, den wilden »Nordmännern«, die im 9. Jahrhundert die Seine hinaufsegelten. Im Lauf der Zeit wurden aus den Plünderern Siedler, die als Hauptstadt Rouen wählten. Die Stadt im Osten der Region wird von einer Kathedrale geprägt. Hier windet sich die Seine bis zur Küste, die im 19. Jahrhundert das Freiluftatelier der Maler des Impressionismus war.

Nördlich von Rouen ragen die Kreidefelsen der Côte d'Albâtre auf. Landeinwärts erstreckt sich das Pays d'Auge mit seinen hübschen Fachwerkhäusern. Der westliche Teil der Normandie ist vor allem ländlich geprägt, eine *Bocage*-Landschaft mit kleinen, von Hecken umgebenen Feldern und Buchenwäldern.

Caen besitzt zwei große Abteien aus dem 11. Jahrhundert, die zur Zeit von Guillaume le Conquérant (William the Conqueror, Wilhelm der Eroberer) und seiner Gattin Matilda erbaut wurden. Im nahe gelegenen Bayeux erzählt der weltberühmte Wandteppich die Historie der Eroberung Englands durch Guillaume le Conquérant.

Erinnerungen an eine andere Invasion, die D-Day-Landung von 1944, werden an der Côte de Nacre und auf der Halbinsel Cotentin wach. Tausende von alliierten Soldaten drangen hier zu der von deutschen Truppen besetzten Küste vor und leiteten das Ende des Zweiten Weltkriegs ein. An der Spitze der Halbinsel Cotentin liegt der Hafen von Cherbourg. Am westlichsten Punkt der Normandie befindet sich der berühmte Mont-St-Michel.

# Normandie

## Highlights

1. Mont-St-Michel
2. Caen
3. Rouen

## Sehenswürdigkeiten

4. Cherbourg
5. Cotentin
6. Coutances
7. Granville
8. Suisse Normande
9. Parc Naturel Régional Normandie-Maine
10. Bayeux
11. Côte de Nacre
12. Côte Fleurie
13. Honfleur
14. Le Havre
15. Dieppe
16. Basse-Seine
17. Giverny
18. Évreux
19. Avranches
20. Côte d'Albâtre
21. Pays d'Auge
22. Haute-Seine

0 Kilometer 25
N
Ärmelkanal
Côte d'Albâtre
Pays de Caux
Basse-Seine
Haute-Seine
HAUTE-NORMANDIE
Pays d'Auge
Collines du Perche
Norden und Picardie
Seiten 184–203
Île-de-France
Seiten 166–183
Normandie
Montreuil-sur-Mer
Berck-sur-Mer
Hesdin
Fort-Mahon-Plage
Vron
Nouvion
Saint-Valery-sur-Somme
Auxi-le-Château
Abbeville
Ailly-le-Haut-Clocher
Ault
Fressenneville
Le Tréport
Eu
Biville-sur-Mer
Gamaches
Blangy-sur-Bresle
Dieppe
Veules-les-Roses
Offranville
Saint-Valery-en-Caux
Béthune
Londinières
Longueville-sur-Scie
Fécamp
Doudeville
Aumale
Poix-de-Picardie
Neufchâtel-en-Bray
Tôtes
Yerville
Fauville-en-Caux
Goderville
St-Saëns
Grandvilliers
Clères
Forges-les-Faux
Yvetot
Bolbec
Pavilly
Buchy
Barentin
Caudebec-en-Caux
Harfleur
Argueil
Songeons
Le Havre
Vascœuil
Gournay-en-Bray
Beauvais
Rouen
Honfleur
Flughafen Rouen-Vallée de Seine
Boos
Lyons-la Fôret
Bourg-Achard
Pont-Audemer
Bourgtheroulde
Étrépagny
Elbeuf
Pont-de-l'Arche
Risle
Cormeilles
Lieurey
Méru
Brionne
Louviers
Chaumont-en-Vexin
Les Andelys
Lisieux
Seine
Le Neubourg
Giverny
Bernay
Orbec
Évreux
Livarot
Broglie
Pacy-sur-Eure
Mantes-la-Jolie
Vimoutiers
Conches-en-Ouche
Poissy
Monnai
La Neuve-Lyre
Ivry-la-Bataille
Gacé
L'Aigle
Verneuil-sur-Avre
Versailles
Le Merlerault
Brezolles
Moulins-la-Marche
La Ferté-Vidame
Courtomer
Tourouvre
Senonches
Mortagne-au-Perche
Pervenchères
Rémalard
La Loupe
Huisne
Bellême
Mamers
Illiers-Combray
Nogent-le-Rotrou
Marolles-les-Braults
A16
A28
A29
A131
A13
A151
A11
D1001
D939
D1029
D901
D926
D20
N27
D915
D929
D6015
N31
D6014
D613
N154
D840
N13
D830
D438
D926
N12
D923
20
15
16
3
13
21
22
17
18

1

2

3

4

1 *Mont-St-Michel in der Dämmerung*

2 *Rouens gotische Kathedrale*

3 *Kriegerdenkmal am Omaha Beach*

4 *Im Hafen von Honfleur*

# 5 TAGE
## *in der Normandie*

### *Tag 1*

**Vormittags** Besuchen Sie in Giverny die Fondation Claude Monet *(siehe S. 255)* und schlendern dort durch den Garten mit den farbenprächtigen Blumen.
**Nachmittags** Fahren Sie in das lebhafte Rouen *(siehe S. 246f).* Besichtigen Sie die herrliche gotische Kathedrale Notre-Dame *(siehe S. 246)*, die Monet immer wieder gemalt hat, und bummeln Sie anschließend an den Quais und der Seine entlang zum Pont Jeanne d'Arc.
**Abends** In der Nähe der Place du Vieux Marché essen Sie zu Abend – etwa im Gourmetrestaurant La Marmite *(siehe S. 247).*

### *Tag 2*

**Vormittags** Fahren Sie zur Seine-Mündung in die Hafenstadt Honfleur *(siehe S. 252f).* Bummeln Sie am Vieux Bassin, dem Hafenbecken, und dann die kurze Strecke zur außergewöhnlichen Église Ste-Catherine, Ende des 15. Jahrhunderts ganz aus Holz gebaut.
**Nachmittags** Nach einer Stärkung mit köstlichen *galettes* und Cidre im La Cidrerie (26 Pl Hamelin) fahren Sie nach Deauville. Bei einem Spaziergang entlang der schönen Strandpromenade haben Sie auf einer Seite das Meer und auf der anderen eindrucksvolle Gebäude aus der anglonormannischen Belle Époque.
**Abends** Französisch-asiatisch speisen Sie im L'Essentiel *(siehe S. 253)*, dann übernachten Sie im Hôtel Normandy Barrière *(siehe S. 255)*, einem ehemaligen Palast.

### *Tag 3*

**Vormittags** Nach dem Frühstück im blumenübersäten Hotelgarten geht es nach Caen *(siehe S. 244f)*. Dort verbringen Sie ein paar Stunden bei einer Audiotour im beeindruckenden Mémorial de Caen.
**Nachmittags** Nach einem Essen im Museumsrestaurant fahren Sie zum Militärfriedhof Cimetière américain (www.abmc.gov/cemeteries-memorials) mit Blick auf Omaha Beach, wo am D-Day die blutige Schlacht stattfand. Besichtigen Sie das Museum und machen dann einen Spaziergang an den Klippen.
**Abends** Fahren Sie nach Bayeux *(siehe S. 251)*, und übernachten Sie im grandiosen Churchill Hotel *(siehe S. 255).*

### *Tag 4*

**Vormittags** Bewundern Sie den prächtigen Wandteppich von Bayeux *(siehe S. 251),* der von der Battle of Hastings erzählt, und gehen dann weiter zum Musée Mémorial de la Bataille de Normandie.
**Nachmittags** Nach einem Bummel durch Bayeux essen Sie in der Nähe der Kathedrale. Dann geht es zum Militärfriedhof, wo britische und Soldaten des Commonwealth begraben sind, die in der Schlacht um die Normandie fielen.
**Abends** Fahren Sie nach Mont-St-Michel *(siehe S. 240–243)*, und übernachten Sie im Hotel Les Terrasses Poulard *(siehe S. 255).*

### *Tag 5*

**Vormittags** Ganz früh erkunden Sie die atemberaubende und verwinkelte Abtei *(siehe S. 242f)* – eventuell mit Führung.
**Nachmittags** Nach einem Picknick an der Tour du Nord gehen Sie die Befestigungswälle entlang und genießen den Blick aufs Meer, ehe Sie durch die schmalen Gässchen schlendern.
**Abends** Essen Sie an der Grande Rue (einst Pilgerweg). Dann gehen Sie zur Porte du Roy und die drei Kilometer über die Stelzenbrücke. Toll ist der Sonnenuntergang, wenn sich Mont-St-Michel im Wasser spiegelt.

### Architektur der Belle Époque

An der Küste der Normandie sieht man herrliche Villen, prächtige Hotels, elegante Casinos und malerische Strandhütten – Überbleibsel aus dem frühen 20. Jahrhundert, als die Badeorte an der Côte Fleurie *(siehe S. 252) en vogue* waren. Die Hotels und Strandhütten aus den 1920er Jahren (jede nach einem Schauspieler benannt) in Deauville sind unübersehbar, in Houlgate stehen etliche gut erhaltene Strandvillen. Und im reizvollen Honfleur *(siehe S. 252f)* findet man »anglo-normannische« Villen und Hotels am Meer.

Expertentipp
**Viele Stars**

Jedes Jahr strömen Tausende Filmfreunde nach Deauville zum hochkarätigen Festival du Film Asiatique de Deauville (www.deauvilleasia.com) und zum Festival du Cinéma Américain (www.festival-deauville.com).

*Üppig verziert: das Hotel Normandy in Deauville* ↑

# NORMANDIE UND DIE PARISER RIVIERA

**Die Nähe zur Hauptstadt brachte der attraktiven normannischen Küste zwischen Étretat und Cabourg den Namen »Pariser Riviera« ein. Ab dem späten 19. Jahrhundert zog es vor allem Nordfrankreichs Prominenz im Sommer dorthin – und das ist auch bis heute so geblieben.**

### Charmante Casinos

Elegante Casinos zeugen von der dekadenten Vergangenheit der Côte Fleurie. Das 1912 eröffnete Casino Barrière de Deauville (www.casinosbarriere.com) ist reich verziert mit Marmor und Kristalllüstern. Das 1862 erbaute Casino de Cabourg (www.casinocabourg.com) war einst Favorit berühmter französischer Sänger. Trinken Sie in dessen Bar La Belle Époque ein Glas auf die beliebte Édith Piaf.

*Prachtvolles Casino Barrière de Deauville am Meer*

## Herrliche Strände

Die ganze Küste entlang ziehen sich weite, sandige Buchten mit unzähligen bunten Schirmen und Pop-up-Bars. Le Havre *(siehe S. 253)* ist bekannt für den zwei Kilometer langen Point Plage – perfekt für jede Art von Wassersport. Der Kiesstrand von Étretat *(siehe S. 256)* ist begrenzt von außergewöhnlichen verwitterten Klippen.

← *Boote am Kiesstrand von Étretat*

## Malerische Fischerdörfer

Früher waren die hübschen Fischereihäfen an der normannischen Küste vor allem bei Künstlern beliebt, zum Beispiel das bodenständige Trouville-sur-Mer. Im Hafen von Deauville an der Côte Fleurie stehen zahlreiche bunte Seafood-Restaurants, wo Sie fangfrische Austern bekommen.

→ *Die charmante Stadt Trouville-sur-Mer*

# Mont-St-Michel

B3 Manche 30 bis Pontorson, dann Bus
+33 2 3389 8000 siehe Website 1. Jan, 1. Mai, 25. Dez
abbaye-mont-saint-michel.fr

**Das UNESCO-Welterbe Mont-St-Michel gehört zu den Top-Sehenswürdigkeiten Frankreichs. Die Silhouette der Anlage in spektakulärer Lage auf der Insel Mont-Tombe (Hügelgrab), die später mit dem Festland durch einen Damm verbunden wurde, ist weit über die Landesgrenzen berühmt.**

Mont-St-Michel liegt strategisch günstig an der Grenze zwischen Normandie und Bretagne und entwickelte sich von einem bescheidenen Oratorium im 8. Jahrhundert zu einem Benediktinerkloster, das im 12. und 13. Jahrhundert seinen größten Einfluss hatte. Pilger reisten aus der Ferne an, um den hl. Michael zu ehren, und das Kloster war ein renommiertes Zentrum mittelalterlicher Gelehrsamkeit. Die Grande Rue, einst der Pilgerweg, führt an der Église St-Pierre vorbei zum Tor der Abtei. Viele Jahre war die Insel über einen Damm mit dem Festland verbunden, 2014 wurde er durch eine Brücke ersetzt, die das Wasser wieder ungehindert fließen lässt.

*Auf dem Weg zur Abtei Mont-St-Michel sind viele Stufen zu überwinden*

Fotomotiv
**Inselblick**

Die klassische Aufnahme des Mont-St-Michel stammt von der Brücke an der Mündung des Flusses Couesnon. Überprüfen Sie die Gezeiten, um sicherzustellen, dass die Insel von Wasser umgeben ist.

*Chronik*

*708*
△ St-Aubert baut auf dem Mont-Tombe ein Oratorium

*966*
Gründung der Benediktinerabtei durch Herzog Richard I

*1017*
Beginn der Bauarbeiten für die Kirche

*1067–70*
▽ Mont-St-Michel wird im Teppich von Bayeux dargestellt

*1434*
△ Letzter Angriff englischer Streitkräfte

Highlight

## Schon gewusst?

Gassen, gerade einmal schulterbreit, führen von der Grande Rue zu einer kleinen Kirche hinauf.

↑ *Der malerische Mont-St-Michel bei Flut, Normandie*

*1789*
▽ Revolution: Die Abtei wird zum Gefängnis

*1874*
Die Abtei wird zum Nationaldenkmal erklärt

*1877–79*
△ Bau des Damms zwischen Festland und Insel

*1895–97*
Glockenturm, Spitzturm und Michael-Statue

*1922*
Rekonstruktion der Abteikirche

*2014*
▽ Damm wird durch eine Stelzenbrücke ersetzt

## Überblick

Die drei Ebenen der Abtei spiegeln die klösterliche Hierarchie wider. Die Mönche lebten auf höchstem Niveau. Auf der mittleren empfing der Abt seine Gäste. Soldaten und Pilger weiter unten auf der sozialen Skala wurden auf der untersten Ebene aufgenommen. Die heutigen Gebäude zeugen von der Zeit, als die Abtei sowohl als Benediktinerkloster als auch nach der Revolution 73 Jahre lang als Gefängnis diente. 1017 begannen die Arbeiten an einer romanischen Kirche auf dem höchsten Punkt der Insel, die über der Vorgängerkirche aus dem 10. Jahrhundert, der heutigen unterirdischen Kapelle Unserer Lieben Frau, errichtet wurde. Ein auf drei Ebenen erbautes Kloster, La Merveille (Das Wunder), wurde im frühen 13. Jahrhundert an der Nordseite angebaut.

### Anreise

Der nächste Bahnhof ist Pontorson, sechs Kilometer entfernt und mit einem kostenlosen Pendelbus verbunden. Dieser fährt sogar direkt bis Mont-St-Michel. Sie können auch über die Stelzenbrücke spazieren. Autos müssen auf dem Festland parken.

Der neogotische **Turm** mit dem Erzengel wurde in den 1890er Jahren hinzugefügt.

Die exponierte Position von Abtei und Kirche wird durch **hohe Mauern** geschützt.

Im **Refektorium**, einem langen, schmalen Raum, der durch hohe Fenster Licht erhält, nahmen die Mönche ihr Mahl ein.

Rippengewölbe im **Rittersaal** sind typisch für die Gotik.

Die kleine **Chapelle St-Aubert** (15. Jh.) wurde auf einem Felshügel errichtet.

Von der **Tour Gabriel** (16. Jh.) zielten drei Reihen Kanonen in alle Richtungen.

**Eingang**

Highlight

1 *Der Kreuzgang der Abtei ist ein wundervolles Beispiel für den anglonormannischen Stil des frühen 13. Jahrhunderts.*

2 *Der Friedhof bei der Église St-Pierre liegt unterhalb der Abtei und etwas abseits des größten Trubels.*

3 *Die Chapelle St-Aubert ist St-Aubert, dem Gründer des Mont-St-Michel, gewidmet.*

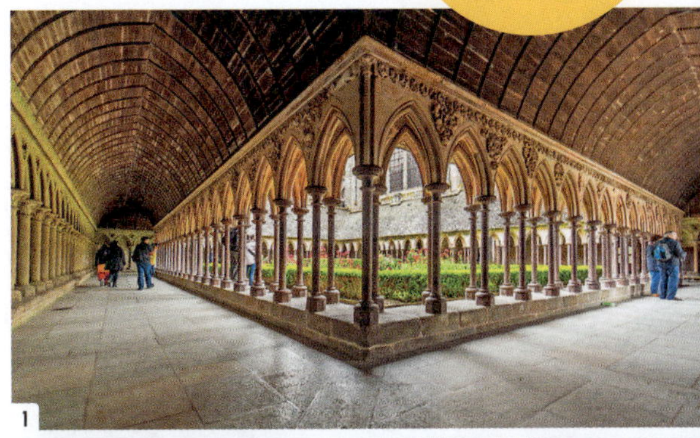

Die **Wohnung des Abts** lag direkt neben dem Eingang.

**Grande Rue**, die einstige Pilgerstraße, ist heute voller Restaurants.

**Schon gewusst?**

**Die 4,50 Meter hohe Figur des Erzengels Michael auf der Spitze des Abteiturms ist ein Blitzableiter.**

Die **Église St-Pierre** stammt aus dem 15. Jahrhundert.

**Arkadenturm**

↑ *Mont-St-Michel auf der vorgelagerten Insel Mont-Tombe*

❷

# Caen

C2 · Calvados · 107 200 · 12 Place Saint-Pierre; +33 2 3127 1414 · Fr, So · caenlamer-tourisme.fr

**Mitte des 11. Jahrhunderts war Caen die bevorzugte Residenz von Guillaume le Conquérant (William the Conqueror; 1028–1087) und seiner Gattin Matilda. Obwohl die Stadt im Zweiten Weltkrieg weitestgehend zerstört wurde, blieben noch einige Zeugnisse aus früheren Zeiten erhalten. Das Herrscherpaar ließ zwei Abteien und ein Schloss am Nordufer der Orne errichten – Sehenswürdigkeiten, die einen Besuch von Caen trotz seiner Industriegebiete und der Nachkriegsbauten lohnen. Im Vieux Quartier bildet die enge Rue du Vaugueux, heute Fußgängerzone, mit ihren Fachwerkhäusern das historische Herz.**

## Restaurant

**Ivan Vautier**

Genießen Sie ausgezeichnete moderne französische Küche in stilvollem Ambiente.

**3 Ave Henry Chéron, So abends, Mo, ivanvautier.com**

① 

### Mémorial de Caen

**Esplanade Général Eisenhower · siehe Website · Jan, 25. Dez · memorial-caen.fr**

Das Museum führt Besucher durch die Ereignisse, die zur Invasion der Alliierten in der Normandie am D-Day 1944 führten, und erzählt die Geschichte anhand von Artefakten, Fotos und Filmen. Ein besonderer Schwerpunkt liegt auf den Bemühungen der Alliierten zur Befreiung Frankreichs und dem Leid der französischen Zivilbevölkerung. Besuchen Sie auch die friedlichen Jardins du Souvenir.

②

### Château de Caen

**Esplanade du Château · tägl. 9:30–18 · einige Feiertage**

Die normannische Burg von Caen wurde von Wilhelm dem Eroberer erbaut und ist eine der größten befestigten Anlagen Europas mit massiven Stadtmauern und einem Torhaus. Die Burgmauer bieten einen tollen Blick auf Caen. Sie umschlossen ursprünglich einen Bergfried, der von den Herzögen der Normandie als Palast genutzt wurde, aber während der Französischen Revolution zerstört wurde.

Auf dem Schlossgelände sind zwei Museen untergebracht: Das **Musée de Normandie** illustriert Geschichte und Kultur der Region. Das **Musée des Beaux-Arts** präsentiert eine Sammlung mit einem Schwerpunkt auf Werken europäischer Künstler des 16./17. Jahrhunderts.

↑ *Blick über die von schlanken Kirchtürmen geprägte Silhouette von Caen*

**Musée de Normandie**
Di–Fr 9:30–18, Sa, So 11–18 musee-de-normandie.caen.fr

**Musée des Beaux-Arts**
Di–Fr 9:30–18, Sa, So 11–18 1. Jan, 1. Mai, 25. Dez mba.caen.fr

③

## Abbaye-aux-Hommes

Esplanade Jean-Marie Louvel +33 2 3130 4281 tägl. 8–18 (Sa, So ab 9:30) 1. Jan, 1. Mai, 25. Dez

Das 1063 begonnene Männerkloster war bei Williams Tod 20 Jahre später fast vollendet. Die Abteikirche Église St-Étienne ist ein Meisterwerk normannischer Romanik mit einer strengen Westfassade, die von Spitztürmen (13. Jh.) überragt wird.

④

## Abbaye-aux-Dames

Pl de la Reine Mathilde +33 2 3106 9845 tägl. 14–17:30 Feiertage abbayes-normandie.com

Das Frauenkloster wurde von Matilda, Frau von Wilhelm dem Eroberer, gegründet und nach sechs Jahren Bauzeit 1066 geweiht. Matilda ist im Chor unter schwarzem Marmor begraben.

*Highlight*

### Befreiung von Caen

Für den Tag der Landung der Alliierten am 6. Juni 1944 *(siehe S. 248)* war auch die Befreiung Caens geplant. Doch erst einen Monat später hatten britische und kanadische Einheiten die Kontrolle über Caen erlangt. Bei den Kämpfen und Bombardierungen wurden 70 Prozent der Stadt zerstört, 2000 französische Zivilisten starben.

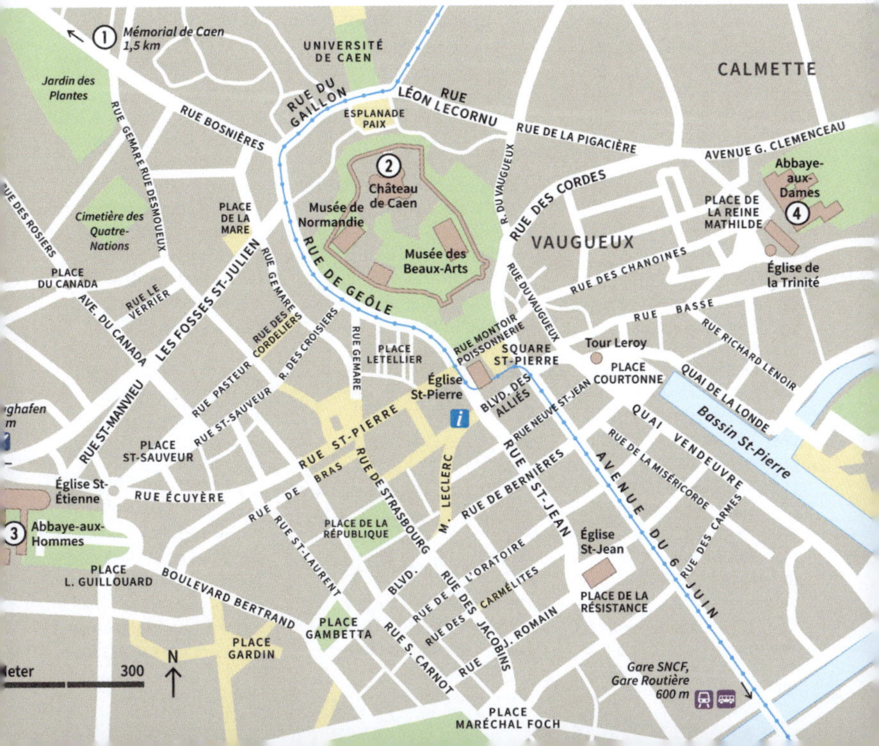

① Mémorial de Caen 1,5 km
Jardin des Plantes
Université de Caen
Calmette
Rue du Gaillon
Rue Léon Lecornu
Esplanade Paix
Rue Bosnières
Rue de la Pigacière
Avenue G. Clemenceau
② Château de Caen
Musée de Normandie
Musée des Beaux-Arts
Rue Gemare
Rue Desmoueux
Cimetière des Quatre-Nations
Place de la Mare
R. du Vaugueux
Rue des Cordes
Vaugueux
Abbaye-aux-Dames ④
Place de la Reine Mathilde
Église de la Trinité
Rue des Rosiers
Place du Canada
Av. du Canada
Rue le Verrier
Les Fosses St-Julien
Rue de Geôle
Rue des Chanoines
Rue Basse
Rue Richard Lenoir
Rue du Vaugueux
Rue des Cordeliers
R. des Croisiers
Rue Montoir Poissonnerie
Square St-Pierre
Tour Leroy
Place Courtonne
Quai de la Londe
Bassin St-Pierre
Place Letellier
Église St-Pierre
Blvd. des Alliés
Rue Neuve St-Jean
Rue Pasteur
Rue St-Sauveur
Rue St-Manvieu
Place St-Sauveur
Rue St-Pierre
Rue de Bras
Rue de Strasbourg
M. Leclerc
Rue St-Jean
Rue de Bernières
Quai Vendeuvre
Rue de la Miséricorde
Avenue du 6 Juin
Rue des Carmes
Église St-Étienne
Rue Écuyère
③ Abbaye-aux-Hommes
Rue St-Laurent
Place de la République
Église St-Jean
Place L. Guillouard
Boulevard Bertrand
Blvd.
Rue de l'Oratoire
Rue des Carmélites
Rue des Jacobins
Place de la Résistance
Place Gambetta
Rue S. Carnot
Rue J. Romain
Place Gardin
Gare SNCF, Gare Routière 600 m
Place Maréchal Foch
300 Meter
N

↑ *Hafen und historische Altstadt von Rouen an der Seine*

3

# Rouen

D2 Seine-Maritime 114 200 11 km südöstl. von Rouen Gare Rive Droite, Pl B. Tissot 25 Rue des Charrettes 25 Pl de la Cathédrale; +33 2 3208 3240 Di–So Jeanne-d'Arc-Festival (Mai) visiterouen.com

**Rouen wurde am niedrigsten Punkt, an dem die Seine überbrückt werden konnte, gegründet. Im Hundertjährigen Krieg wurde die Stadt 1419 von Henri V eingenommen, 1431 verbrannte man Jeanne d'Arc auf der Place du Vieux Marché. Trotz großer Zerstörungen im Zweiten Weltkrieg ist Rouen reich an Sehenswürdigkeiten.**

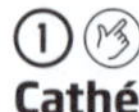

## ① Cathédrale Notre-Dame

Pl de la Cathédral Mo 14–19, Di–Sa 9–19, So 8–18 cathedrale-rouen.net

Das Meisterwerk der Gotik besticht vor allem durch seine berühmte Westfassade und die beiden ungleichen Türme: die nördliche Tour St-Romain und die später angefügte Tour du Beurre, deren Bau durch eine Buttersteuer finanziert wurde. Über dem Mittelturm erhebt sich ein neogotisches Spitzdach von 1876. Sowohl der nördliche Portail des Libraires als auch der südliche Portail de la Calende (beide 14. Jh.) mit ihren Figuren und Ornamenten sind sehenswert, ebenso das Grabmal von Richard Löwenherz, dessen Herz hier beigesetzt wurde.

An Sommerabenden wird die Kathedrale spektakulär illuminiert.

## ② Historial Jeanne d'Arc

7 Rue Saint-Romain Di–So 10–19 Feiertage historial-jeannedarc.fr

Die Multimedia-Ausstellung im ehemaligen Bischofspalais widmet sich dem Leben von Jeanne d'Arc. In diesem Gebäude war sie 1431 zum Tod auf dem Scheiterhaufen verurteilt worden.

## ③ Aître St-Maclou

186 Rue Martainville tägl. 9–19 aitresaintmaclou.fr

Das *aître* (Beinhaus) ist eines der wenigen Beispiele eines mittelalterlichen Friedhofs für Pestopfer. Die Balken des Gebäudes sind mit einer makabren Reihe grinsender Totenköpfe, gekreuzter Knochen und Totengräberutensilien verziert. Auf dem Gelände sind heute einige Kunstgalerien und das Café Hamlet *(siehe S. 247)*.

## ④ Église St-Ouen

Pl du Général de Gaulle +33 2 3208 1390 Di–Do, Sa, So 10–12, 14–17

Die gotische Kirche St-Ouen, einst Teil einer Benediktinerabtei, beeindruckt vor allem durch ihren weiten Innenraum mit Buntglasfenstern aus dem 14. Jahrhundert.

Highlight

5

## Musée Le Secq des Tournelles

Rue Jacques-Villon
Mi – Mo 14 – 18 musee lesecqdestournelles.fr

Das Museum in einer Kirche (15. Jh.) zeigt altes Schmiedehandwerk, von Schlüsseln bis zu Korkenziehern, von gallorömischen Nägeln bis zu Gasthausschildern.

## Musée des Beaux-Arts

Esplanade Marcel Duchamp Mi – Mo 10 – 18
mbarouen.fr

Die Sammlung birgt Meisterwerke von Caravaggio, Velázquez, Théodore Géricault, Eugène Boudin und Raoul Dufy. Auch Monets *Kathedrale von Rouen* und *Das Portal, trübes Wetter* sind hier zu sehen.

## Musée de la Céramique

1 Rue Faucon Mi – Mo 14 – 18 Feiertage
museedelaceramique.fr

Rouen-Fayencen (farbig glasierte Tonwaren) sowie etwa 1000 Stücke französischen und ausländischen Porzellans sind in dem Haus aus dem 17. Jahrhundert ausgestellt und dokumentieren die Geschichte der Keramik.

## Musée Flaubert

51 Rue de Lecat
+33 2 7630 3990
Mi – So 14 – 17:30

Flauberts Vater war Chirurg am Krankenhaus von Rouen. Sein Geburtshaus zeigt Erinnerungsstücke an Flaubert in Kombination mit medizinischen Gerätschaften vom 17. bis zum 19. Jahrhundert.

## Restaurants

**Le Café Hamlet**
Spitzenkoch Gilles Tournadre serviert moderne französische Küche.

**Aître St-Maclou, 186 Rue Martainville**
**So abends, Mo**
**cafe-hamlet.fr**

**La Marmite**
Das elegante Restaurant bietet französische Gourmetküche. Highlight ist das Degustationsmenü.

**3 Rue de Florence**
**So abends, Mo, Di**
**lamarmiterouen.com**

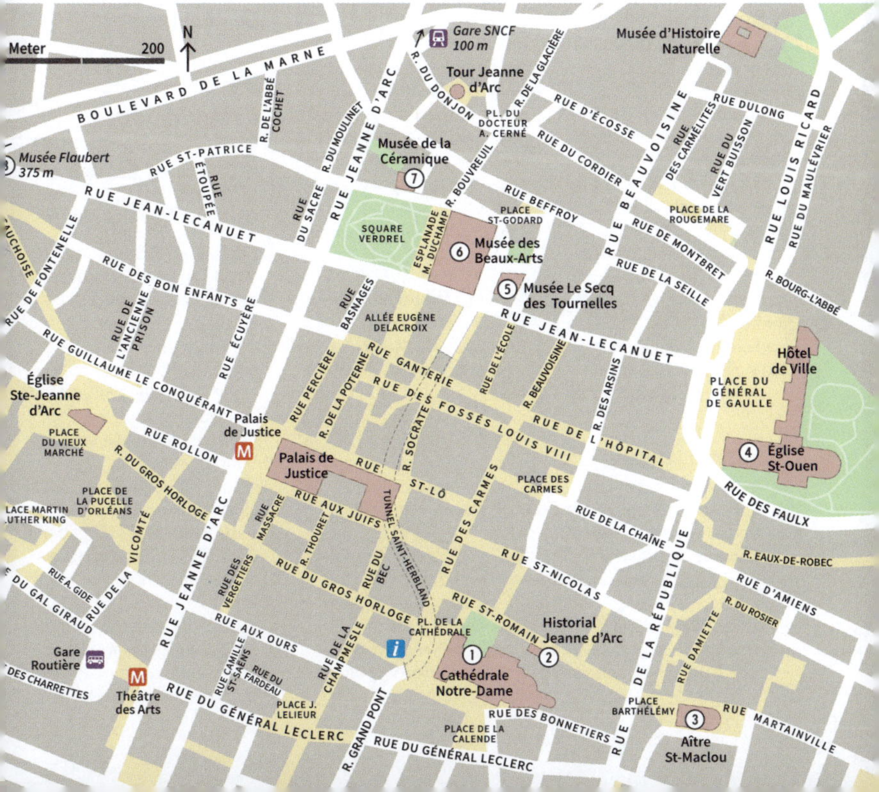

# SEHENSWÜRDIGKEITEN

## 4 Cherbourg

**B2 Manche 34 800 14 Quai Alexandre III Di, Do, Sa encotentin.fr**

Cherbourg war seit Mitte des 19. Jahrhunderts ein strategisch wichtiger Seestützpunkt. Die französische Marine nutzt noch heute die Hafenanlagen. Von hier verkehren auch Transatlantiklinien und Fähren über den Kanal nach England und Irland. Vom Fort du Roule hat man einen guten Blick auf den Hafen. Im Fort erinnert das **Musée de la Libération** an den D-Day und die Befreiung von Cherbourg.

Am belebtesten sind die Place Général-de-Gaulle und die Einkaufsstraßen Rue Tour-Carrée und Rue de la Paix. Im Parc Emmanuel Liais liegen kleine botanische Anlagen und das Musée d'Histoire Naturelle. **La Cité de la Mer** wartet mit einem Tiefsee-Aquarium und einem U-Boot auf, das man besichtigen kann.

**Musée de la Libération**
**Fort du Roule +33 2 3320 1412 Di–Fr 10–12:30, 14–18, Sa, So 13–18 Feiertage, Mitte Nov–Jan**

**D-Day-Landung**

Am frühen Morgen des 6. Juni 1944 stürmten alliierte Truppen, unterstützt von 13 000 Flugzeugen und 6000 Booten, die Strände der Normandie in der größten Seeoffensive der Geschichte. Mit den Landungen (»Operation Overlord«) begann der lang erwartete Kampf zur Befreiung Nordeuropas von der Nazi-Besatzung. US-Truppen landeten an Stränden »Utah« und »Omaha«, britische, kanadische, polnische und französische Truppen weiter östlich an den Stränden »Gold«, »Juno« und »Sword«.

**La Cité de la Mer**
**Gare Maritime Transatlantique siehe Website Jan, 25. Dez citedelamer.com**

## 5 Cotentin

**B2 Manche Cherbourg 3 Ave de la République, Barneville-Carteret encotentin.fr**

Die Halbinsel Cotentin erstreckt sich nach Norden in den Ärmelkanal und weist eine Landschaft auf, die der der Bretagne ähnelt. Die langen Sandstrände haben wilde, vom Wind verwehte Landzungen rund um Cap de la Hague und Nez de Jobourg. Letztere ist interessant für Vogelbeobachter – es gibt viele Tölpel und Sturmtaucher. Entlang der Ostküste erstreckt sich der weite Sandstrand von »Utah Beach«, an dem US-Truppen als Teil der alliierten Armee am 6. Juni 1944 landeten. Weiter landeinwärts erinnert auch die Kirche Ste-Mère-

Für Technikfans: Große Halle der Cité de la Mer in Cherbourg

Église mit dem **Musée Airborne** daran. Gleich außerhalb von Ste-Mère-Église bietet das **Ferme-Musée du Cotentin** einen Einblick in das Leben um 1900. Weiter im Norden, in Valognes, würdigt das **Musée Régional du Cidre** den Erfolg bei der Herstellung von Cidre.

Zwei Fischereihäfen beherrschen die nordöstliche Ecke der Halbinsel: Barfleur und St-Vaast-la-Hougue. Letzterer ist berühmt für seine Austern und ideal als Ausgangspunkt für Bootsfahrten zur Île de Tatihou. Das Val de Saire eignet sich für Ausflüge. Vom Aussichtspunkt La Pernelle hat man den schönsten Blick über die Küste.

Im Westen der Halbinsel bietet der Ferienort Barneville-Carteret Sandstrände und im Sommer Bootsausflüge zu den Kanalinseln. Die Marschlandschaft östlich von Carentan bildet das Zentrum des Parc Régional des Marais du Cotentin et du Bessin.

**Musée Airborne**
**14 Rue Eisenhower, Ste-Mère-Église siehe Website airborne-museum.org**

**Ferme-Musée du Cotentin**
**1 Chemin de Beauvais, Ste-Mère-Église +33 2 3395 4020 Juli, Aug: tägl. 11–19; Apr–Juni, Sep: Mo–Fr, So 14–18 Okt–März**

**Musée Régional du Cidre**
**Rue du Petit-Versailles, Valognes +33 6 7589 8952 Apr–Sep: Mi–So 14–18:15 (Juli, Aug: Mo–Sa ab 11)**

6

## Coutances

**B2 Manche 8400 6 Rue Milon; +33 2 3319 0810 Do tourisme-coutances.fr**

Von römischer Zeit an bis zur Französischen Revolution war Coutances Hauptstadt der Halbinsel Cotentin. Die ab 1040 erbaute Cathédrale Notre-Dame mit 66 Meter hohem Turm ist ein Beispiel gotischer Baukunst. Die Stadt wurde im Zweiten Weltkrieg stark zerstört. Bekannt ist sie auch wegen des Jardin des Plantes.

7

## Granville

**B2 Manche 12 600 2 Rue Lecampion; +33 2 3391 3003 Sa tourisme-granville-terre-mer.com**

Schutzwälle umgeben die Oberstadt von Granville, die auf einem Felsen über der Baie du Mont-St-Michel liegt. Die ummauerte Stadt entwickelte sich aus Festungsanlagen, die die Engländer 1439 errichtet hatten.

Die Wände in den Kapellen der Église de Notre-Dame sind mit den Gaben der Seeleute geschmückt, die sie einst ihrer Schutzpatronin Notre-Dame du Cap Lihou dargebracht haben.

Die Unterstadt ist ein Badeort mit Casino, Promenaden und Parkanlagen.

**Schon gewusst?**

**Christian Dior benannte einen Mantel jeder seiner Kollektionen nach seinem Geburtsort Granville.**

Vom Hafen aus fahren Boote zu den Granitfelsen der Îles Chausey, einer Gruppe flacher Inseln.

Das **Musée d'Art Moderne Richard Anacréon** präsentiert Kunstwerke vom Beginn des 20. Jahrhunderts. Das **Musée Christian Dior** befindet sich in Les Rhumbs, wo der berühmte Modeschöpfer seine Kindheit verbrachte.

**Musée d'Art Moderne Richard Anacréon**
**Place de l'Isthme, La Haute-Ville +33 2 3351 0294 Di–So 11–18**

**Musée Christian Dior**
**Villa Les Rhumbs +33 2 3361 4821 Mitte Mai–Okt: tägl. 10–18:30 musee-dior-granville.com**

Fassade der Villa Les Rhumbs – Sitz des Musée Christian Dior

8

## Suisse Normande

**C2 Calvados und Orne Caen Caen, Argentan 2 Place St-Sauveur, Thury-Harcourt; +33 2 3179 7045 suisse-normande-tourisme.com**

Auch wenn sie vom Landschaftsbild den Schweizer Bergen nur wenig ähneln, sind die Täler und Schluchten, die die Orne auf ihrem Weg nordwärts nach Caen in die eindrucksvolle Natur geschnitten hat, ein beliebtes Erholungsgebiet für Aktivitäten wie Wandern, Klettern und Wassersport.

Eindrucksvollster Punkt ist der Oëtre-Felsen, von dem aus sich eine fantastische Aussicht in die Rouvre-Schluchten bietet.

**Schon gewusst**

**Der Wanderweg Route de la Suisse Normande entlang der Orne ist 65 Kilometer lang.**

9

## Parc Naturel Régional Normandie-Maine

**C3 Orne und Manche Alençon Argentan Carrouges; +33 2 3381 1333 parc-naturel-normandie-maine.fr**

Der südliche Teil der Zentralnormandie wurde in einen der größten Regionalparks Frankreichs eingebunden. Zwischen Ackerland und Wäldern stößt man auf kleine Städte, z. B. Domfront auf einem Felsvorsprung über der Varenne, das am See liegende Bagnoles-de-l'Orne und, weiter im Osten, Sées mit gotischer Kathedrale.

Die **Maison du Parc** bei Carrouges informiert über Möglichkeiten zum Wandern, Klettern, Reiten, Rad- und Kanufahren.

**Maison du Parc**

**Carrouges +33 2 3381 7575 Apr – Okt: tägl. 9 – 18 1. Mai**

*Überreste von Mulberry Harbour am Strand nordwestlich von Bayeux*

*Ein Schloss wie im Märchen: Château d'Ô*

**Umgebung:** Bei Mortrée liegt das **Château d'Ô**, ein Renaissance-Schloss. Der **Haras national du Pin** (17. Jh.) ist Frankreichs Nationalgestüt und wird auch »Versailles der Pferde« genannt. Hier gibt es Pferdeschauen.

**Château d'Ô**

**Rte d'Almenêches, Mortrée +33 6 4011 3111 Aug – Mitte Sep: tägl. 10 – 12, 13:30 – 16**

**Haras national du Pin**

**Carrouges siehe Website haras-national-du-pin.com**

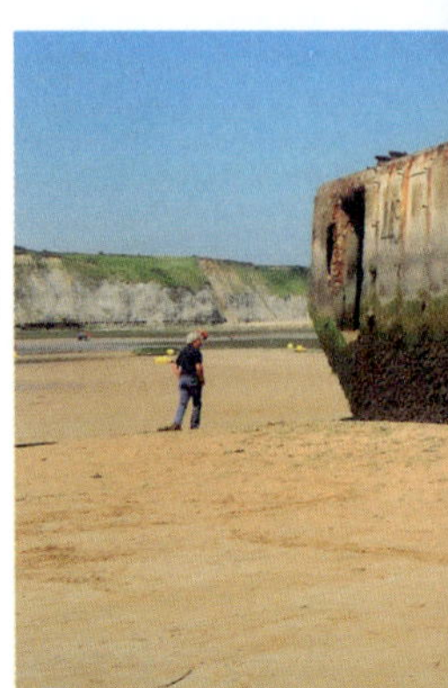

## 10 Bayeux

C2 Calvados 12 600
Pont St-Jean; +33 2 3151 2828 Mi, Sa
bayeux-bessin-tourisme.com

Bayeux war die erste Stadt, die 1944 von den Alliierten befreit wurde. Sie erlitt im Krieg keine Beschädigungen. Rund um die Rue St-Martin und die Rue St-Jean, heute eine Fußgängerzone, befindet sich der historische Stadtkern mit zahlreichen Gebäuden aus dem 15. bis 19. Jahrhundert. Über der Stadt erheben sich die Türme der gotische Cathédrale Notre-Dame. Die Krypta aus dem 11. Jahrhundert besitzt Fresken aus dem 15. Jahrhundert, die musizierende Engel mit ihren Instrumenten darstellen. Ursprünglich stand hier eine romanische Kirche, die 1077 geweiht wurde. Zu diesem Anlass entstand wohl auch der berühmte Wandteppich von Bayeux, der von Bischof Odo, einer der bedeutendsten Persönlichkeiten der Stadt, in Auftrag gegeben wurde. Dieser Wandteppich ist heute im **Centre Guillaume-le-Conquérant – Tapisserie de Bayeux** zu sehen, das auch über die Eroberung Englands durch die Normannen informiert.

Im Südwesten der Stadt liegt das **Musée Mémorial de la Bataille de Normandie**, das die Schlacht um die Normandie im Zweiten Weltkrieg eindrucksvoll dokumentiert, u. a. mit einem Film, der Zusammenschnitte aus damaligen Wochenschauen zeigt.

**Centre Guillaume-le-Conquérant – Tapisserie de Bayeux**
13 Rue de Nesmond +33 2 3151 2550
März – Okt: tägl. 9 – 18:30 (Mai – Aug: bis 19); Nov – Feb: tägl. 9:30 – 12:30, 14 – 18 Jan, 24.– 26. Dez
bayeuxmuseum.com

**Musée Mémorial de la Bataille de Normandie**
Blvd Fabian-Ware
Feb – Apr, Okt – Dez: tägl. 10 – 12:30, 14 – 18; Mai – Sep: tägl. 9:30 – 18:30
bayeuxmuseum.com

### Wandteppich von Bayeux

Der in der zweiten Hälfte des 11. Jahrhunderts entstandene Wandteppich stellt in 58 Szenen die Eroberung Englands im Jahr 1066 durch Wilhelm den Eroberer dar. Wegen der Fülle an Einzelszenen zählt die von Bischof Odo, einem Halbbruder Wilhelms, in Auftrag gegebene, 68 Meter lange und 52 Zentimeter hohe Stickerei zu den wertvollsten Bilddenkmälern des Hochmittelalters.

## 11 Côte de Nacre

C2 Calvados Caen
Caen, Bayeux
Caen-Ouistreham
Place St-Pierre, Caen
Fr, So caenlamer-tourisme.fr

Der Küstenabschnitt zwischen der Mündung von Orne und Vire wird seit dem 19. Jahrhundert Côte de Nacre (Perlmuttküste) genannt. Bekannt wurde er durch die Landung der Alliierten am D-Day, dem Beginn der »Operation Overlord« *(siehe S. 248)*. Die Soldatenfriedhöfe, Gedenkstätten, Museen und die Reste von Mulberry Harbour bei Arromanches-les-Bains sind Besucherattraktionen. Die Küste ist auch ein beliebtes Urlaubsziel, das lange Sandstrände und hübsche Seebäder wie Courseulles-sur-Mer oder Luc-sur-Mer besitzt.

↑ *Strandabschnitt im westlichen Bereich der Côte Fleurie beim Ferienort Houlgate*

12

## Côte Fleurie

**C2 Calvados Deauville Résidence de l'Horloge, Quai de l'Impératrice Eugénie, Deauville; +33 2 3114 4000**
**indeauville.fr**

Die Côte Fleurie (Blumenküste) zwischen Villerville und Cabourg wird von vielen Ferienorten gesäumt, deren gesamte Blumenpracht im Sommer erblüht.

Trouville, einst ein beschauliches Fischerdorf, wurde Mitte des 19. Jahrhunderts von den Schriftstellern Gustave Flaubert und Alexandre Dumas entdeckt. Seit 1870 gibt es hier einige Grandhotels, eine Bahnstation sowie eine Vielzahl von hübschen Strandvillen im Pseudo-Schweizer-Stil.

Fotomotiv
**Walk of Fame**

Die bekannte, am langen Strand von Deauville verlaufende Promenade Les Planches führt zu Badehäuschen. Jedes wurde nach einem Filmstar benannt, der zum lokalen Filmfest hierherkam (von Jack Nicholson bis Rita Hayworth).

Lange Zeit stand Trouville im Schatten von Deauville, dessen Entwicklung um 1860 vom Duc de Morny rasch vorangetrieben wurde. In Deauville gibt es ein Casino, eine Rennbahn sowie die berühmte Strandpromenade Les Planches.

Wesentlich ruhiger liegen die Erholungsgebiete im Westen, darunter auch Orte wie Villers-sur-Mer oder Houlgate. Cabourg ist berühmt für das Grand Hôtel aus der Zeit um 1900. Hier verbrachte Marcel Proust mehrere Sommer. Es diente dem Schriftsteller als Vorlage für das Hotel Balbec in seinem berühmten Roman *Auf der Suche nach der verlorenen Zeit*.

13

## Honfleur

**C2 6700 Calvados Deauville Quai Lepaulmier; +33 2 3189 2330 Mi, Sa; Do, So: Fischmarkt am Hafen**
**ot-honfleur.fr**

Im 15. Jahrhundert war Honfleur ein Hafen, der sich zu einer der reizvollsten Städte der Normandie entwickelte. Um das Vieux Bassin (Altes Dock, 17. Jh.) stehen sechs Stockwerke hohe Häuser. Im 19. Jahrhundert entwickelte sich Honfleur zu einem Künstlertreff. Eugène Boudin, der Küstenlandschaften malte, wurde 1824 hier geboren. Maler wie Courbet, Sisley, Pissarro, Renoir und Cézanne kamen nach Honfleur und trafen sich häufig in der Ferme St-Siméon, die mittlerweile zu einem Luxushotel umgestaltet wurde.

Immer noch stehen die Maler am Kai von Honfleur. In den **Greniers à Sel**, zwei Salzlagerhäusern von 1670, finden Ausstellungen statt. Die Häuser liegen östlich des Vieux Bassin in l'Enclos, im 13. Jahrhundert die Verteidigungsanlage der Stadt.

Das **Musée d'Ethnographie et d'Art Populaire Normand** präsentiert Exponate zur Seefahrt und, nebenan im früheren Gefängnis, normannische Möbel. Etwas weiter westlich, an der Place Ste-Catherine, steht eine Holzkirche, die im 15. Jahrhundert erbaut wurde. Das **Musée Eugène Boudin** dokumentiert die Atmosphäre Honfleurs und der Seine-Mündung mit Bildern von Boudin bis Raoul Dufy. Von Saties Musik kann man sich in **Les Maisons Satie** inspirieren lassen.

**Greniers à Sel**
Rue de la Ville
+33 2 3189 2330
Zeiten tel. erfragen

**Musée d'Ethnographie et d'Art Populaire Normand**
Quai St-Étienne
Apr – Sep: Di – So 10 –12, 14 –18; Okt, Nov, Mitte Feb – März: Di –Sa 14:30 – 17:30 (Sa ab 10)
musees-honfleur.fr

**Musée Eugène Boudin**
Place Erik Satie, Rue de l'Homme de Bois
Mi – Mo 10 –12, 14:30 – 17:30 (Juli, Aug: 10 –18)
musees-honfleur.fr

**Les Maisons Satie**
67 Blvd Charles V
Mai – Sep: Mi – Mo 10 –19; Okt – Apr: Mi – Mo 11–18
musees-honfleur.fr

## Le Havre

C2 165 000 Seine-Maritime
186 Blvd Clemenceau
tägl. lehavre.fr

Le Havre liegt strategisch günstig an der Mündung der Seine in den Atlantischen Ozean und wurde im Jahr 1517 auf Anordnung von François I als Kriegshafen angelegt, da der Hafen von Honfleur immer mehr versandete. Le Havre pflegt sein Seefahrtserbe und bedient Containerschiffe und Kanalfähren.

Im Zweiten Weltkrieg wurde die Stadt fast vollständig zerstört, doch abgesehen vom Industriegebiet am Hafen besitzt sie für Besucher immer noch eine besondere Anziehungskraft. Viele Jachten liegen hier vor Anker. Der Strand ist sehr sauber.

Nach 1950 wurden große Teile des Stadtzentrums nach Plänen von Auguste Perret wiederaufgebaut, dessen Église St-Joseph (ein UNESCO-Welterbe) am Boulevard François I in den Himmel ragt. Das **Musée Malraux** am Strand präsentiert u. a. Werke des hiesigen Künstlers Raoul Dufy. In der Nähe befindet sich ein großer Skateboard-Park.

**Musée Malraux**
2 Blvd Clemenceau +33 2 3519 6262
Di – Fr 11–18, Sa, So 11–19 Feiertage
muma-lehavre.fr

## Restaurants

**Maximin Hellio**
Meeresfrüchte werden von einem Blick auf die Köche bei der Arbeit in dem ausgezeichneten Restaurant begleitet.
C2 64 Rue Gambetta, Deauville
Mo, Di
maximinhellio.fr
€€€

**Jean-Luc Tartarin**
Kreative Gerichte aus Zutaten der Region.
C2 73 Ave Foch, Le Havre Mo, So
jeanluc-tartarin.com
€€€

**L'Essentiel**
Französisch-asiatische Fusionsküche.
C2 29 Rue Mirabeau, Deauville
Di, Mi lessentiel-deauville.com
€€€

← *Lichtdurchflutete Gemäldegalerie im Musée Malraux, Le Havre*

15

## Dieppe

**D2 Seine-Maritime**
**28 000**
**Pont Jehan Ango; +33 2 3214 4060 Di, Do, Sa**
**dieppetourisme.com**

Dieppe liegt an einer flachen Stelle der Steilküste des Pays de Caux und war als Hafen- und Festungsstadt am Ärmelkanal von großer Bedeutung. Noch heute ist es ein beliebtes Seebad. Der Aufschwung der Stadt begann im 16. und 17. Jahrhundert, als Jehan Ango die Schiffe der Engländer und Portugiesen plünderte und der Handelsposten Petit Dieppe an der westafrikanischen Küste gegründet wurde. Damals zählte Dieppe 30 000 Einwohner, darunter 300 Handwerker, die Elfenbeinschnitzerei betrieben. Die Vergangenheit Dieppes als Seefahrer- und Handelsstadt dokumentiert das **Musée de Dieppe** im Schloss (15. Jh.) oberhalb der Stadt. Hier gibt es alte Landkarten, Schiffsmodelle, Elfenbeinschnitzereien sowie Gemälde zu sehen, die über die Entwicklung Dieppes zum Seebad im 19. Jahrhundert informieren.

Jeden September erheben sich bei einem Festival Hunderte Drachen in den Himmel über Dieppe. Den Rest des Jahres sind die Straßen rund um die Église St-Jacques am belebtesten.

### Schon gewusst?

**Dieppe, ca. 115 Kilometer von Paris entfernt, ist der nächstgelegene Strand der Hauptstadt.**

### Musée de Dieppe

**Rue de Chastes**
**+33 2 3506 6199**
**Mi–So 10–12, 14–17**
**Jan, Feiertage**

16

## Basse-Seine

**D2 Seine-Maritime u. Eure Le Havre, Rouen**
**Yvetot Le Havre**
**8 Pl du Maréchal Joffre, Yvetot; +33 2 3270 9996**
**yvetot-normandie.fr**

Zwischen Rouen und Le Havre windet sich die Seine Richtung Meer und wird von drei Brücken überquert: dem Pont de Brotonne, dem Pont de Tancarville und dem Pont de Normandie, der 1995 fertiggestellt wurde und an der Seine-Mündung Le Havre mit Honfleur verbindet. Größe und Stil dieser modernen Brücken erinnern an die kühne Architektur der Abteien, die an der Seine im 7. und 8. Jahrhundert entstanden.

Westlich von Rouen, in St-Martin-de-Boscherville, liegt die Église de St-Georges, die bis zur Revolution zu einem kleinen befestigten Kloster gehörte. Von hier führt die D67 nach Süden zum Küstenort La Bouille.

Im Nordwesten kann man von Mesnil-sous-Jumièges mit der Fähre jede Stunde zu den kolossalen Ruinen der Abbaye de Jumièges übersetzen. Das Kloster wurde im Jahr 654 gegründet. In seiner Blütezeit lebten hier rund 900 Mönche und 1500 Laienbrüder. Die Hauptkirche der Abtei wurde 1067 geweiht,

### Cidre-Produzenten

**Étienne Dupont**
**Victot-Pontfol**
**calvados-dupont.com**
Das Familienunternehmen stellt seit 1887 köstlichen Cidre und Calvados her.

**Manoir de Grandouet**
**3 km außerhalb von Cambremer**
**manoir-de-grandouet.fr**
Das Fachwerkhaus der Familie Grandval ist Produktionsstätte für preisgekrönten Cidre.

**Calvados Pierre Huet**
**5 Ave des Tilleuls, Cambremer**
**calvados-huet.com**
Touren führen zu Apfelpresse, Destillieranlage und Weinkeller.

*Der mächtige Pont de Normandie überquert die Seine nahe Basse-Seine*

↑ *Inspirationsquelle – Garten des Wohnhauses von Claude Monet in Giverny*

ein wichtiges Ereignis, an dem auch Wilhelm der Eroberer teilnahm.

Die D913 führt durch die Wälder des Parc Régional de Brotonne zur Abbaye de St-Wandrille (7. Jh.). Das **MuséoSeine** in Caudebec-en-Caux widmet sich dem Leben an der Seine seit dem späten 19. Jahrhundert.

**MuséoSeine**
**Ave Winston Churchill, Rives-en-Seine**
**Feb – Nov: Di – So 13 – 18:30 (Juli, Aug: ab 10)**
**museoseine.fr**

## Giverny

**D2 Eure 490**
**80 Rue Claude Monet, Giverny; +33 2 3264 4501**
**giverny.fr**

Der impressionistische Maler Claude Monet mietete 1883 ein Haus in dem Dorf Giverny und arbeitete hier bis zu seinem Tod im Alter von 86 Jahren. Das Haus, heute die **Fondation Claude Monet**, und der Garten sind öffentlich zugänglich. Das Haus ist in den Originalfarben gehalten, die Monet so bewunderte. Der Garten ist als Studienobjekt des Malers berühmt. Im Gebäude sind nur Kopien seiner Werke ausgestellt. Originale hängen im **Musée des Impressionnismes**.

**Fondation Claude Monet**
**84 Rue Claude Monet +33 2 3251 2821**
**Apr – Okt: tägl. 9:30 – 18**
**fondation-monet.com**

**Musée des Impressionnismes**
**99 Rue Claude Monet +33 2 3251 9465**
**siehe Website mdig.fr**

18

## Évreux

**D2 Eure 47 000**
**11 Rue de la Harpe; +33 2 3224 0443 Mi, Sa**
**lecomptoirdesloisirs-evreux.fr**

Im Stadtzentrum steht die überwiegend gotische Cathédrale Notre-Dame. Im Kirchenschiff gibt es zudem romanische Rundbogen und Renaissance-Wandbilder (Seitenkapellen). Nebenan präsentiert das Musée de l'Ancien Évêché römische Bronzestatuen sowie dekorative Kunst (18. Jh.).

## Hotels

**Les Terrasses Poulard**
Hotel am Mont-St-Michel mit toller Aussicht.
**B3 Grande Rue, Mont-St-Michel**
**lemontsaintmichel.info**
€€€

**Churchill Hotel**
Eine gute Option in zentraler Lage.
**C2 14 – 16 Rue St-Jean, Bayeux**
**hotel-churchill.fr**
€€€

**Hôtel Normandy Barrière**
Charme und Pracht sind Markenzeichen des Hotels in einem Fachwerkhaus.
**C2 38 Rue Jean Mermoz, Deauville**
**hotelsbarriere.com**
€€€

**Détective Hôtel**
Jedes Zimmer ist nach einem berühmten Detektiv aus der Literatur benannt.
**C2 6 Ave George V, Étretat**
**detectivehotel.com**

↑ *Auberts Totenschädel in der Kirche St-Gervais, Avranches*

## Avranches

**C2 Manche 10 300 2 Rue Général-de-Gaulle; +33 2 3358 0022 Sa avranches.fr**

Seit dem 6. Jahrhundert ist Avranches ein religiöses Zentrum und bekannt als letzte Station für Besucher auf dem Weg zum Mont-St-Michel. Die Ursprünge der Abtei liegen in einer Vision, die Bischof Aubert von Avranches hatte. Der Erzengel Michael soll ihm 708 befohlen haben, eine Kirche zu errichten. Auberts Totenschädel mit dem Fingerzeig des Engels ist Teil des Kirchenschatzes von St-Gervais.

Den besten Blick auf den Mont-St-Michel hat man vom Jardin des Plantes. Im **Musée des Manuscrits du Mont-St-Michel** kann man anhand von Multimedia-Exponaten sehr gut nachvollziehen, wie die Mönche im Mittelalter Handschriften schufen. Das **Musée d'Art et d'Histoire** informiert über die Historie und präsentiert eine Sammlung zum Mont-St-Michel.

**Musée des Manuscrits du Mont-St-Michel**
**Pl d'Estouteville Apr–Sep: Di–So 10–18 (Juli, Aug: bis 19); Okt–März: Di–Sa 14–18 Feiertage scriptorial.fr**

**Musée d'Art et d'Histoire**
**Pl Jean de Saint-Avit +33 2 3358 2515 Juni–Sep: Mi–So**

20

## Côte d'Albâtre

**D2 Seine-Maritime 28 Rue Raymond Aron; +33 2 3512 1010 seine-maritime-tourisme.com**

Die Alabasterküste erhielt ihren Namen von den Kalkfelsen und dem milchigen Küstenwasser zwischen Le Havre und Le Tréport. Sie ist vor allem wegen der Porte d'Aval, westlich von Étretat, bekannt, wo die Steilküste einen erodierten »Torbogen« aufweist. Guy de Maupassant, der 1850 nahe Dieppe geboren wurde, verglich die Formation mit einem Elefanten, der seinen Rüssel ins Meer taucht. Vom Seebad Étretat führen Straßen nach Osten, entlang der Küste und durch Täler nach Dieppe.

Fécamp ist die einzige größere Stadt. Ihre Benediktinerabtei war einst ein berühmter Wallfahrtsort, da hier im 7. Jahrhundert ein Baumstamm angeschwemmt worden sein soll, der einige Tropfen vom Blut Christi enthielt. Er befindet sich im Reliquienschrein beim Eingang zur Kapelle Notre-Dame in der Abteikirche La Trinité.

Das **Palais Bénédictine** wurde im Jahr 1882 für den Wein- und Schnapshändler Alexandre Le Grand in Pseudo-Gotik errichtet. Le Grand produzierte den Kräuterlikör Bénédictine. Heute befinden sich im Palais eine Brennerei sowie ein Museum für Kunst und Kuriositäten. In der Halle kann man Likör der Mönche probieren.

Expertentipp
**Elefantenrüssel**

Étretat ist berühmt für die Porte d'Aval, den 71 Meter hohen »Torbogen«, der wie ein Elefantenrüssel von der Steilküste ins Meer ragt. Den besten Blick hat man vom Kliff Falaise d'Amont.

→ *Die hoch aufragenden Klippen von Étretat am Ärmelkanal, Côte d'Albâtre*

**Palais Bénédictine**
110 Rue Alexandre Le Grand, Fécamp
tägl. 10:30–17
benedictinedom.com

21
## Pays d'Auge

**C2 Calvados Deauville Lisieux 11 Rue d'Alençon, Lisieux; +33 2 3148 1810 authenticnormandy.fr**

Im Hinterland der Côte Fleurie liegt das Pays d'Auge, eine typisch normannische Landschaft mit fruchtbaren Feldern, Tälern, Apfelhainen, Bauernhöfen und Herrenhäusern. Größter Ort ist Lisieux mit einer Kathedrale, die der hl. Theresa von Lisieux (1925 heiliggesprochen) geweiht ist. Alljährlich kommen Hunderttausende Pilger. Die Orte in der Umgebung, z. B. St-Pierre-sur-Dives oder Orbec, sind attraktiv.

Das Pays d'Auge erkundet man am besten auf kleinen Straßen. Cidre und Käse sind zwei Touristenrouten gewidmet. Schlösser und Herrensitze zeugen vom Reichtum des Landstrichs. Sehenswerte Orte sind Crèvecœur-en-Auge und St-Germain-de-Livet sowie das Fachwerkdorf Beuvron-en-Auge.

22
## Haute-Seine

**D2 Eure Rouen Vernon, Val de Reuil Gisors, Les Andelys 25 bis Place Benserade, Lyons Andelle; +33 2 3249 3165 lyons-andelle-tourisme.com**

Südöstlich von Rouen gibt es am nördlichen Ufer der Seine viel zu sehen. Mitten in der Forêt de Lyons, einst ein Jagdrevier der Herzöge, liegt Lyons-la-Forêt mit Fachwerkhäusern und einem überdachten Markt aus dem 18. Jahrhundert.

Im Süden folgt die D313 dem Lauf der Seine nach Les Andelys, das von den Ruinen des Château Gaillard überragt wird, das Richard Löwenherz, Herzog der Normandie, im Jahr 1197 errichten ließ.

## Bars

**Le Bar O Mètre**
Strandbar mit gutem Cidre und tollem Blick aufs Meer.
**D2 51 Rue Alexandre Dumas, Dieppe**
**+33 2 3290 1231**

**Vous Êtes Ici**
Die Bar serviert tolle Cocktails. Am Wochenende sind DJs am Start.
**C2 13 Rue Saint-Sauveur, Caen**
**+33 2 5050 2602**

**Le Goéland 1951**
Die lässige Bar wurde in einem Bunker aus dem Ersten Weltkrieg eingerichtet.
**C2 82 Route du Phare, Réville**
**Okt–März**
**+33 6 2088 4469**

*Wendeltreppe im Leuchtturm Phare d'Eckmühl* (siehe S. 275)

# Bretagne

Über die ersten Bewohner der Bretagne ist wenig bekannt, abgesehen von ihren bleibenden Spuren in der Landschaft – neolithische Megalithen, die immer noch geheimnisvoll in der Gegend stehen. Die Region wurde später von den Kelten besiedelt, bevor die Römer sie 56 v. Chr. eroberten und ihr den Namen Armorica gaben. Im 5. und 6. Jahrhundert, nach dem Niedergang des Römischen Reichs, ließen sich hier keltische Stämme aus Großbritannien nieder, die Zuflucht vor angelsächsischen Eindringlingen suchten. Sie brachten ihre Kultur und Traditionen mit und gaben der Bretagne ihren Namen. Die Region wurde im 9. Jahrhundert durch Nominoë vereint, eine Schlüsselfigur der keltischen Bretonen, die einen Aufstand gegen die karolingischen Kaiser anführte, die seit dem 6. Jahrhundert versuchten, die Region in das Frankenreich zu integrieren. Anschließend wurde sie ein unabhängiges Herzogtum, das sich erst 1532 Frankreich anschloss.

Nach der Revolution versuchte die französische Regierung, die bretonische Sprache zu unterdrücken. Mit der Gründung der politischen und administrativen Region Bretagne 1956 erlangte das Gebiet einen Teil seiner Identität zurück. Auch die Wirtschaft begann zu florieren, vor allem dank der Fischerei- und Landwirtschaftsindustrie und einem Anstieg des Tourismus. In den 1960er und 1970er Jahren kam es zu einer Wiederbelebung der bretonischen Kultur, als zweisprachige Schulen gegründet wurden. Heute ist die Gegend für ihr reiches bretonisches Erbe sowie ihre neolithischen Denkmäler, historischen Städte und die atemberaubende Küstenschönheit bekannt.

# Bretagne

## Highlights

1. St-Malo
2. Côte de Granit Rose

## Sehenswürdigkeiten

3. Île d'Ouessant
4. Parc Naturel Régional d'Armorique
5. Douarnenez
6. Locronan
7. Cancale
8. Quimper
9. Pays Bigouden
10. Concarneau
11. Roscoff
12. Le Pouldu
13. Lampaul-Guimiliau
14. Guimiliau
15. Pointe du Raz
16. Île de Bréhat
17. St-Thégonnec
18. Combourg
19. Tréguier
20. Dinan
21. Carnac
22. Golfe du Morbihan
23. Presqu'île de Quiberon
24. Belle-Île-en-Mer
25. Vannes
26. Josselin
27. Forêt de Paimpont
28. Vitré
29. Côte d'Émeraude
30. Pont-Aven
31. Rennes

Alderney
Guernsey
St Peter Port
Sark
GROSS-
BRITANNIEN
Jersey
St Helier
Bretagne
Carentan
Lessay
Saint-Jean-
de-Daye
Saint-Lô
Coutances
Hambye
Bréhal
Gavray
Granville
La Haye-
Pesnel
Villedieu-
les-Poêles
Carolles
Sartilly
Avranches
Îles Chausey
16 Île de Bréhat
Pointe de l'Arcouest
Paimpol
Plouézec
Côte
d'Émeraude
29
Cancale
7
Saint-Quay-
Portrieux
Étables
Sables-d'Or-
les-Pins
Dinard
1 St-Malo
Pordic
Le Val-
André
Ploubalay
Normandie
Seiten 232–257
Saint-Brieuc
Plancoët
Dol-de-
Bretagne
Lamballle
20
Dinan
Antrain
Louvigné-
du-Désert
Jugon-les-
Lacs
18 Combourg
Saint-
Brice-en-Coglès
Fougères
Moncontour
Évran
Tinténiac
Collinée
Broons
Plouguenast
Bécherel
Hédé
Saint-Aubin-
d'Aubigné
Couesnon
Rance
Merdrignac
Montauban-
de-Bretagne
Saint-Aubin-
du-Cormier
Loudéac
Saint-Méen-
le-Grand
Liffré
Forêt de
Paimpont
Rennes
Vitré
La Chèze
27
28
La Trinité-
Porhoët
Flughafen
Rennes Bretagne
31
Rohan
Mauron
Châteaubourg
BRETAGNE
Mordelles
Josselin
Paimpont
Châteaugiron
Argentré-
du-Plessis
26
Plélan-
le-Grand
Guichen
Ploërmel
Janzé
Locminé
Guer
La Guerche-
de-Bretagne
Saint-Jean-
Brévelay
Malestroit
Vilaine
Pipriac
Martigné-
Ferchaud
Landes de Lanvaux
Oust
La Gacilly
Bain-de-
Bretagne
Renazé
Vannes
Elven
Rochefort-
en-Terre
Grand-
Fougeray
25
Questembert
Redon
Loire-Tal
Seiten 286–311
22
Muzillac
Guémené-
Penfao
Golfe du
Morbihan
La Roche-Bernard
Nozay
Saint-Gildas-
des-Bois
PAYS DE LA
LOIRE
Saint-Mars-
la-Jaille
Candé
Pontchâteau
Blain

1

2

3

# 8 TAGE
## *in der Bretagne*

### *Tag 1*
Mit festen Schuhen starten Sie in Rennes, der bretonischen Hauptstadt *(siehe S. 284f)*. Vorbei an Fachwerkhäusern geht es zum Markt an der Place des Lices (samstagvormittags geöffnet), wo Sie für ein Picknick einkaufen. Besuchen Sie anschließend das Musée des Beaux-Arts mit seinen Werken von Rembrandt und Picasso. Gegen Abend zieht es alle zur Rue de la Soif, wo sich eine Bar an die andere reiht – ideal, um heimischen Cidre zu kosten.

### *Tag 2*
Am Fluss Rance entlang geht es nach Dinan *(siehe S. 278)* mit seinen gewundenen Straßen und Fachwerkhäusern. An einem klaren Tag steigen Sie die 158 Stufen der Tour d'Horloge hinauf. Von dort sehen Sie Mont-Saint-Michel *(siehe S. 240–243)*. Fahren Sie nach St-Malo *(siehe S. 268f)*, und spazieren Sie entlang der Stadtmauer. Es eröffnen sich herrliche Blicke auf die nahen Strände und die vorgelagerten Inseln. Genießen Sie Seafood im Méson Chalut *(siehe S. 285)*, bevor Sie im eleganten Hotel Marnie et Mister H (3 Rue du Chapitre) gemütlich einschlafen.

### *Tag 3*
Früh am Morgen geht es ins lebhafte Ploumanac'h an der wilden Côte de Granit Rose *(siehe S. 270f)*. Nach einem Kaffee laufen Sie auf dem Küstenweg vorbei an den roséfarbenen Granitfelsen nach Trégastel und weiter nach Perros-Guirec. Stärken Sie sich dort in der Crêperie des Flots (9 Rue Anatole le Braz) mit einer herzhaften *galette*. Übernachten Sie in Ploumanac'h im farbenfrohen Castel Beau Site (137 Rue Saint-Guirec).

### *Tag 4*
Packen Sie alles für ein Picknick ein und fahren dann in den wildromantischen Parc Naturel Régional d'Armorique *(siehe S. 272f)*. Unterwegs machen Sie halt im Wald von Huelgoat, einem sagenumwobenen, mystischen Ort. Am späten Nachmittag erreichen Sie Quimper rechtzeitig für einen Aperitif oder einen Cidre am Hafen. Abends essen Sie im heimeligen Le Cosy (2 Rue du Sallé).

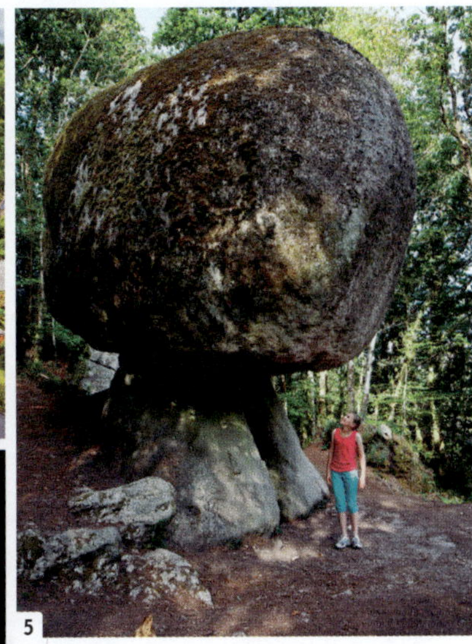

5

4

1 *An der Côte de Granit Rose* ↑

2 *Dinan – charmantes Städtchen*

3 *Josselin mit imposantem Château*

4 *Frisch:* fruits de mer *in St-Malo*

5 *Mystischer Wald in Huelgoat*

## Tag 5

Erkunden Sie das malerische Quimper *(siehe S. 274f)*, und machen Sie eine Pause im Kafeenn Coffee Shop (1 Place au Beurre). Nach 30 Minuten Fahrt Richtung Südosten erreichen Sie Concarneau *(siehe S. 275)*, eine von Mauern umgebene Stadt aus dem 15. Jahrhundert mit sehr schönen Stränden. Dort bekommen Sie im Le Petit Chaperon Rouge (7 Place du Guesclin) feinste *galettes* und *crêpes*. Nach einer Stunde Fahrt Richtung Osten steigen Sie im Sleep Hotel Tumulus *(siehe S. 279)* in Carnac ab. Das Hotel bietet herrliche Meerblicke und ein luxuriöses Spa-Angebot.

## Tag 6

Carnac *(siehe S. 279)* ist berühmt für seine 3000 Menhire, die in Reihen gruppiert sind. Ein Rundgang durch diese größte Megalith-Anlage der Welt ist Pflicht! Nachmittags fahren Sie 35 Minuten ins mittelalterliche Vannes *(siehe S. 281)* zum Bummeln und Gebäcknaschen. Nach einem Aperitif am Kai essen Sie im quirligen L'Éden *(siehe S. 285)* fangfrische Meeresfrüchte. Das B & B Le Clos du Gusquel liegt 15 Minuten Fahrzeit westlich von Vannes, lohnt sich aber schon wegen des Frühstücks.

## Tag 7

Fahren Sie zur Île aux Moines, und mieten Sie dort ein Fahrrad. Tauchen Sie tief ein ins idyllische Inselleben und fahren dann zur Pointe du Trech – dort hat man einen schönen Blick auf die Île d'Arz. Am Nachmittag springen Sie an der Grande Plage ins Wasser und nehmen dann die Fähre zurück nach Vannes. Essen Sie abends Seafood im Le Vivier *(siehe S. 285)*.

## Tag 8

Heute besuchen Sie das schöne Schloss und die Gärten in Josselin *(siehe S. 282)*. In der nahen Forêt de Paimpont *(siehe S. 282)* lebten angeblich Merlin und König Arthur. Besuchen Sie das Centre de l'Imaginaire Arthurien im Château de Comper bei Concoret. Abends essen Sie im Le Relais de Brocéliande (5 Rue des Forges) in Paimpont.

### Monumentale Menhire

Menhire findet man in der Bretagne von Saint-Uzec bis Belz – die berühmtesten sind die Steinreihen von Carnac *(siehe S. 279)*. Besucher zuhauf bestaunen die rund 3000 auf drei Feldern in geheimnisvollen Reihen und Mustern aufgestellten alten Granitsteine, die von etwa 4000 v. Chr. stammen. Ihr Zweck bleibt unklar: Vielleicht hatten sie eine religiöse Bedeutung, aber aufgrund ihrer Anordnung könnten sie auch Teil eines astronomischen Kalenders sein. Kelten, Römer und Christen haben sie jeweils nach ihrem Glauben interpretiert.

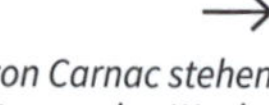

*Die Steine von Carnac stehen seit Jahrtausenden Wache und hüten ihre Geheimnisse*

# DOLMEN UND MENHIRE

## IN DER BRETAGNE

**Mysteriöse Anordnungen von mächtigen Granitfelsen zeugen hier am Atlantik von unserer frühesten Vergangenheit. Die Menhire von Carnac sind die bekanntesten und daher auch die meistbesuchten, doch derartige steinzeitliche Monumente mit einer besonderen Geschichte findet man in der ganzen Region.**

↑ *Das Ganggrab von Gavrinis blieb Tausende Jahre unentdeckt*

### Mysteriöse Gräber

Dolmen und Ganggräber, oft überwuchert von hohem Gras, bilden mit ihren Verzierungen ein Portal zur Unterwelt. Laufen Sie die gewundenen Landstraßen um Dinan entlang, scheinen diese »Häuschen« plötzlich aus dem Nichts aufzutauchen. Eines der bemerkenswertesten steht auf der kleinen Insel Gavrinis im Golfe du Morbihan *(siehe S. 280)*. Zur Wintersonnenwende trifft die Sonne genau auf die Rückwand des Gangs – vielleicht ein ungelöster Hinweis auf Glaubensrituale der Erbauer.

## Megalithen-Formationen

Worte aus der bretonischen Sprache wie *men* (Stein), *dol* (Tisch) und *hir* (lang) dienen auch heute noch zur Beschreibung von Megalithen. Menhire, die häufigste Form, sind allein oder in Reihen aufrecht stehende Steine, Cromlechs Menhire, die in einem Kreis stehen. Dolmen bestehen normalerweise aus zwei aufrecht stehenden Steinen, die von einem dritten überdacht sind. Sie dienten einst als Gräber. Ein Tumulus ist ein Dolmen, der mit Steinen und Erde bedeckt ist, um einen Grabhügel zu bilden, während *allée couverte* (zugedeckte stehende Steine) eine überdachte Gasse bezeichnet.

← *Groß und rätselhaft: Menhire bei Camaret-sur-Mer*

## Megalithen an der Küste

An der bretonischen Küste wurden diverse prähistorische Monumente gefunden. Fahren Sie auf der Halbinsel Quiberon *(siehe S. 280)* die »Megalithenküste« von Carnac nach Süden entlang, und besichtigen Sie die Formen. Am nördlichen Küstenpfad in Plouezoc'h finden Sie die größte und älteste Grabkammer in Europa.

↑ *Cairn de Barnenez in Plouezoc'h ist älter als die ägyptischen Pyramiden*

### Für Inselforscher

Vor der bretonischen Küste wimmelt es von (zum Teil unbewohnten) Inseln. Die in zehn Bootsminuten von Pointe de l'Arcouest erreichbare Île de Bréhat *(siehe S. 277)* besteht aus zwei mit einer Brücke verbundenen Inseln. Sommerhütten, Strand und Felsenbecken für Paddler – es ist viel geboten.

←

*Île de Bréhat – idyllische autofreie Insel*

# WUNDER DER NATUR

## IN DER BRETAGNE

**Die Natur in der Bretagne ist spektakulär und vielfältig. Hier bleibt praktisch kein Wunsch offen: an der Küste Wanderwege mit sensationellen Ausblicken, fantastische Strände, steile Klippen und verborgene Buchten. Und im Inland warten Flüsse, Kanäle, Wälder und Berge auf Abenteuerlustige.**

### Farbenspiele an der Küste

In der Bretagne sind einzelne Küstenabschnitte nach den Farben benannt, die dort vorherrschen: An der Côte d'Émeraude *(siehe S. 283)* umspielt smaragdgrünes Meerwasser markante Klippen am Cap Fréhel und die Landzunge mit dem beeindruckenden Fort La Latte. An der Côte de Granit Rose *(siehe S. 270f)* schufen Wind und Wellen aus den roten Granitfelsen wildromantische Formen, während der Abschnitt am Parc Naturel Régional d'Armorique *(siehe S. 272f)* – im späten Frühjahr übersät von Blumen und entsprechend farbenprächtig – perfekt ist für Wanderungen, Ausritte oder Ausflüge mit Auto oder Fahrrad.

**Schon gewusst?**

**Die Küsten der Bretagne (1800 km) sind fast doppelt so lang wie der US Pacific Coast Highway.**

## Wilder Westen

In Finistère – dem »Ende der Welt« – ist die Île d'Ouessant *(siehe S. 272)* der westlichste Punkt Frankreichs. Die von Le Conquet mit dem Boot in einer Stunde erreichbare Insel ist ideal für Erkundungstouren mit dem Fahrrad, vorbei an ausgewaschenen Granithütten bis zur atemberaubenden Pointe de Pern mit vielen Leuchttürmen. Von den Klippen können Sie in sicherer Entfernung die wilde, ungezähmte Brandung beobachten, die im Lauf der Jahre schon zahllose Boote gegen die dunklen Felsen warf, wo sie zerschellten.

→ *Trotzen Sturm und Wellen: die Leuchttürme an der Pointe de Pern*

## Spektakuläre Pointe du Raz

Am westlichen Ende von Finistère liegt die Pointe du Raz *(siehe S. 277)*, eine mit Heidekraut bewachsene, weit ins Meer ragende Moorhalbinsel. Über schmale Pfade erreicht man beeindruckende, vom Atlantik umtoste Klippen und hat herrliche Blicke über Raz de Sein, einen gefährlichen Meeresabschnitt zwischen Festland und Île de Sein.

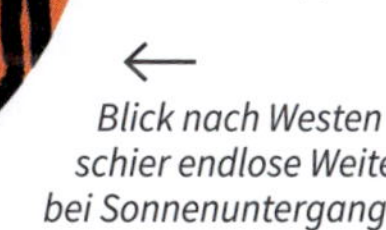

← *Blick nach Westen in schier endlose Weite bei Sonnenuntergang*

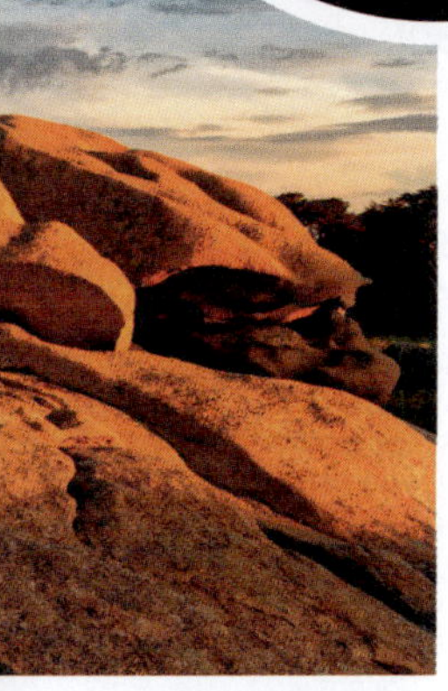

↑ *Perfekt in Szene gesetzt: die Felsen an der Côte de Granit Rose im Abendlicht*

## Auf verschlungenen Wegen: der Odet

Der Odet, einer der schönsten Flüsse in der Bretagne, kommt aus den Montagnes Noires. Fahren Sie mit dem Boot flussabwärts durch die eindrucksvolle Schlucht von Stangala und gemütlich vorbei an Quimper *(siehe S. 274f)* bis zur Mündung in Bénodet, einem hübschen Fischerort mit riesigem Strand.

→ *In Bénodet an Bord einer Fähre über den Fluss Odet*

Schon gewusst?

Auf der Stadtmauer kann man das historische Zentrum von St-Malo komplett umrunden.

1

# St-Malo

B2–3 Ille-et-Vilaine 47 000 Esplanade St-Vincent; +33 8 2513 5200 Di – Fr saint-malo-tourisme.com

**Die einst befestigte Insel St-Malo vor der bretonischen Küste liegt an der Mündung des Flusses Rance in den Atlantik. Der Name der Stadt geht auf den walisischen Mönch Maclou zurück, der im 6. Jahrhundert als Missionar hierherkam. Vom 16. bis 19. Jahrhundert brachten Seefahrer dem Hafen Reichtum und Macht ein. Das 1944 schwer bombardierte St-Malo wurde sorgfältig restauriert.**

Entdeckertipp
**Alles in Butter**

Schauen Sie im charmanten kleinen Laden La Maison du Beurre Bordier vorbei. Hier wird Butter noch nach alter Tradition produziert. Verkauft werden Butter und Käse in diversen Geschmacksrichtungen (9 Rue de l'Orme; +33 2 9940 8879).

Eine Brustwehr mit schönen Ausblicken auf St-Malo und die Inseln vor der Küste umkränzt die alte Stadt. Steigen Sie die Treppen der Porte St-Vincent hoch, und wandern Sie im Uhrzeigersinn vorbei an der mächtigen Grande Porte (15. Jh.). Ein Gewirr enger Straßen mit Häusern aus dem 18. Jahrhundert, in denen Andenkenläden und Fischlokale untergebracht sind, durchzieht die von kopfsteingepflasterten Gassen geprägte Altstadt mit ihren vielen *malouinières* (Herrenhäuser aus dem 18. Jh.), Kunstgalerien, Boutiquen und Crêperien.

Die Rue Porcon-de-la-Barbinais führt zur Cathédrale St-Vincent, deren Mittelschiff (12. Jh.) mit dem farbig leuchtenden Glas des Altarraums kontrastiert. An der Cour La Houssaye steht die restaurierte Maison de la Duchesse Anne (15. Jh.). Bei Ebbe gibt es schöne Strände um St-Malo. An der Küste beeindrucken Les Rochers Sculptés, Gesichter und Figuren, die Abbé Fouré Ende des 19. Jahrhunderts in den Fels schlug.

Highlight

↑ *Sonnenuntergang über der von einer Mauer umrahmten Stadt St-Malo*

## Die Seefahrer von St-Malo

St-Malo wurde durch die Seefahrt reich. Bretonische Seeleute segelten 1698 nach Südamerika, um die Îles Malouines (Falklandinseln) zu kolonisieren. Im 17. Jahrhundert war St-Malo Frankreichs größter Hafen und berühmt für seine Korsaren. Mit erbeutetem Reichtum ließen sich die Reeder große Herrenhäuser bauen.

**1** *Eine der schillerndsten Figuren unter den Korsaren war der furchtlose Robert Surcouf (1773–1827), dessen Schiffe jene der British East India Company verfolgten.*

**2** *In der Cathédrale St-Vincent ist der 1534 im nahen Rothéneuf geborene Jacques Cartier bestattet. Der Seefahrer entdeckte die Mündung des St.-Lorenz-Stroms in Kanada.*

**3** *Château de St-Malo mit Rathaus und Stadtmuseum*

2

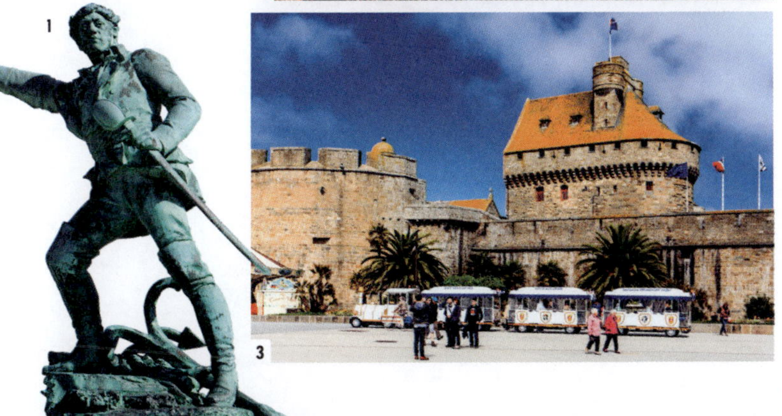

1

3

2

# Côte de Granit Rose

B2 Côtes d'Armor Lannion Lannion; +33 2 9605 6070 Do bretagne-cotedegranitrose.com

**Die Küste der Bretagne ist an der Côte de Granit Rose am schönsten. Der spektakuläre Abschnitt besteht aus rötlichen Klippen, goldenen Stränden und schroffen Felsvorsprüngen, die sich bei Ebbe in kleine Inseln verwandeln.**

Die von gewaltigen Gezeitenunterschieden geprägte Küste zwischen Paimpol und Trébeurden heißt aufgrund der rosafarbenen Granitfelsen Côte de Granit Rose. In Millionen von Jahren hat die Erosion durch Meer und Wind aus der Steilküste eine Vielzahl bizarr geformter Felsen herausmodelliert. Besonders beeindruckend ist die Szenerie zwischen Trégastel und Trébeurden. Dort kann man auf dem schönen Küstenpfad spazieren – vorbei an rosafarbenen Felsblöcken, malerischen, in kleinen Buchten versteckten Häusern und am markanten Leuchtturm von Ploumanac'h. In diesem Abschnitt findet man einige schöne Strände, die vor allem bei Familien beliebt sind. Das türkisfarbene Wasser ist eine Augenweide. Das Dorf Ploumanac'h zeigt sich tagsüber sehr lebhaft, am Abend ist in anderen Orten mehr los. Der größere Ferienort Perros-Guirec mit tollem Strand ist ebenfalls populär.

Expertentipp
**Blick vom Wasser**

Den besten Blick auf die grandiose Küste hat man vom Wasser aus. Mit einem Kajak oder beim Stand-up-Paddling erreicht man auch vom Land her unzugängliche Buchten und bekommt einen Eindruck von der artenreichen Unterwasserwelt.

**Schon gewusst?**

**Die Gezeitenunterschiede an dieser Küste können bis zu zwölf Meter betragen.**

←
Die ältesten Teile der Kirche St-Jacques in Perros-Guirec stammen aus dem 11. Jahrhundert

→
Vom Fernwanderweg GR34 (Sentier des Douaniers; »Zöllnerpfad«) genießt man ständig wechselnde Ausblicke aufs Meer

↑ Der Leuchtturm von Ploumanac'h (Phare de Mean Ruz) wurde aus dem hier vorkommenden Granit erbaut

# SEHENSWÜRDIGKEITEN

3

## Île d'Ouessant

**A3 · Finistère · 830 · Ouessant · Brest · Le Conquet · · Pl de l'Église, Lampaul; +33 2 9848 8583 · ot-ouessant.fr**

»Wer Ouessant sieht, der sieht sein eigenes Blut«, lautet ein bretonisches Sprichwort. Die Insel ist unter Seeleuten wegen der Strömungen und Stürme gefürchtet. Im Sommer prägt hingegen angenehmes Klima den westlichsten Ort Frankreichs. Sogar der stürmische Winter ist gelegentlich mild. Die Insel ist als Teil des Parc Naturel Régional d'Armorique ein beliebter Rastplatz von Zugvögeln. Man kann sie, wie auch eine Robbenkolonie, gut von Pern und der Landspitze Penn ar Roc'h aus beobachten.

Zwei Museen beleuchten die von Schiffsunglücken begleitete Inselgeschichte. In Niou Huella zeigt das **Écomusée Ouessant** oft weiß-blau bemalte Möbel aus Wrack- und Treibholz.

Beim Phare du Créac'h informiert das **Musée des Phares et Balises** über bretonische Leuchttürme.

**Écomusée Ouessant**

**Niou Huella · siehe Website · reserve-biosphere-iroise.fr**

**Musée des Phares et Balises**

**Pointe de Créac'h · +33 2 9848 8070 · Apr – Juni, Sep: tägl. 11:30 –17; Juli, Aug: tägl. 10:30 –18; Okt – März: Sa – Do 11:30 –17**

4

## Parc Naturel Régional d'Armorique

**A3 · Finistère · Brest · Châteaulin, Landernau · Le Faou, Huelgoat, Carhaix · 15 Pl aux Foires, Le Faou; +33 2 9881 9008 · pnr-armorique.fr**

Der Regionalpark erstreckt sich von den Heidemooren der Monts d'Arrée westlich zur Presqu'île de Crozon und zur Île d'Ouessant. Das Schutzgebiet besteht aus Feldern, Heide, alten Eichenwäldern und unberührter Landschaft. Die malerische Küste des Parks ist für Wanderer, Reiter und Radfahrer ideal. Ein guter Ausgangspunkt für Wanderungen landeinwärts ist Huelgoat. Reizvolle Aussicht bietet der Ménez-Hom (300 m) am Beginn der Halbinsel Crozon.

In Le Faou befindet sich das Informationszentrum des Parks. In Ménez-Meur gibt es ein Gut mit Haus- und Wildtieren sowie ein bretonisches Pferdemuseum. Weitere 16 kleine Museen im Park widmen sich Jagd, Fischfang und Gerberei.

Das Musée de l'École Rurale in Trégarvan stellt eine Landschule zu Beginn

Entdeckertipp
**Musée du Loup**

Das Museum widmet sich den Wölfen im Parc Naturel Régional d'Armorique. Besucher lernen viel über die Tiere – von ihrem Sozialverhalten bis zu ihrer Rolle in Märchen und Sagen (www.museeduloup.fr).

des 20. Jahrhunderts nach. Weitere Museen widmen sich dem mittelalterlichen Klosterleben oder dem Leben der bretonischen Landpriester. Zeitgenössisches Kunsthandwerk ist in der Ferme d'Antéa in Brasparts zu sehen.

5

## Douarnenez

**A3 Finistère 14 000 2 Rue du Docteur Mével; +33 2 9892 1335 Mo–Sa douarnenez-tourisme.com**

Zu Beginn des 20. Jahrhunderts war Douarnenez Frankreichs führender Fischereihafen für Sardinen. Heute ist Tourismus die Haupteinnahmequelle.

Die nahe kleine Île Tristan verdankt ihren Namen der tragischen mittelalterlichen Liebesgeschichte von Tristan und Isolde. Im 16. Jahrhundert war die Insel Stützpunkt des berüchtigten Briganten La Fontenelle.

Port du Rosmeur bietet Cafés, gute Fischrestaurants und Bootsausflüge. Frühmorgens steigt im nahen Nouveau Port die lebhafte *criée* (Fischauktion). Der Port-Rhu wurde in ein schwimmendes Museum – **Le Port Musée** – mit über 100 Booten und einigen Schiffswerften verwandelt. Einige der größeren Schiffe können besichtigt werden.

**Le Port Musée**

**Pl de l'Enfer Feb, März: Di–So 13:30–17:30; Apr–Juni, Sep, Okt: Di–So 10–12:30, 14–18; Juli, Aug: tägl. 10–18 Nov–Jan port-musee.org**

### Schon gewusst?

***Tristan und Isolde* ähnelt der persischen Liebesgeschichte *Vis und Rāmin* (11. Jh.).**

↑ *Die Église St-Ronan, ein massiver Kirchenbau am Hauptplatz von Locronan*

← *Blühende Wiese an der Küste des Parc Naturel Régional d'Armorique*

6

## Locronan

**A3 Finistère 790 Pl de la Mairie; +33 2 9891 7014 locronan-tourisme.bzh**

Vom 15. bis zum 17. Jahrhundert wurde Locronan durch die Herstellung von Segeltuch wohlhabend. Als Louis XIV dieses bretonische Monopol beendete, verarmte die Stadt. Was blieb, sind die Renaissance-Bauten. Auf dem Hauptplatz steht die dem irischen Missionar Ronan geweihte Église St-Ronan (Ende 15. Jh.). In der Rue Moal befindet sich die Chapelle Notre-Dame-de-Bonne-Nouvelle mit Kreuzweg.

Dem hl. Ronan zu Ehren findet jährlich im Juli eine *Troménie* (Prozession) und alle sechs Jahre die *Grande Troménie* statt.

↑ *Blumenschmuck und historische Gebäude prägen das Zentrum von Quimper*

7

## Cancale

**B2 Ille-et-Vilaine 5300 44 Rue du Port; +33 2 9989 6372 So deconcarneauapontaven.com**

Der kleine Hafenort bietet bezaubernde Ausblicke über die Baie du Mont-St-Michel. Er hat sich der Austernzucht verschrieben. Das schon von den Römern gelobte besondere Aroma der Cancale-Austern soll vom starken Tidenhub der Bucht herrühren. Vom *sentier des douaniers* (Pfad der Küstenwache) entlang der Klippen kann man die Austernbänke sehen.

In den vielen Bars und Restaurants an den bevölkerten Quais du Port de la Houle, an dem die Fischerboote bei Flut anlegen, kann man die Austern kosten. Viele Informationen über Austern und andere Schaltiere liefert **La Ferme Marine** mit einer Ausstellung, einem Dokumentarfilm und Workshops.

> **Das schon von den Römern gelobte besondere Aroma der Cancale-Austern soll vom starken Tidenhub der Bucht herrühren.**

**La Ferme Marine**

**Aurore nur mit Führung: Mitte Feb – Juni, Sep, Okt: Mo – Fr 15; Juli, Aug: Mo – Fr 14 ferme-marine.com**

8

## Quimper

**A3 Finistère 63 500 8 Rue Élie Fréron; +33 2 9853 0405 Mi, Sa quimper-tourisme.bzh**

Die alte Hauptstadt von Cornouaille ist unverkennbar bretonisch. Die Läden bieten neben bretonischen Sprachbüchern auch Musikinstrumente und Trachten an. Hier gibt es die besten Crêpes und den besten Cidre. Der Name der Stadt geht auf das bretonische Wort *kemper* zurück, das die Vereinigung zweier Flüsse bedeutet: Steir und Odet fließen hier zusammen.

Die 1240 begonnene und Corentin, dem Schutzheiligen der Stadt, gewidmete Kathedrale ist der älteste gotische Bau der Region. Das Innere ist farbenfroh bemalt. Der Chor steht in leichtem Winkel zum Hauptschiff – wohl, um sich in jetzt verschwundene Bauten einzufügen. Die zwei Türme kamen erst 1856 hinzu. Zwischen ihnen steht ein Reiterstandbild von König Gradlon, dem mythischen Gründer der versunkenen Stadt Ys.

Westlich der Kathedrale prägen Fachwerkhäuser, Läden und Crêperien die Fußgängerzone Vieux Quimper. An der Hauptstraße Rue Kéréon liegt die Place au Beurre, nördlich von ihr die Rue des Gentilshommes mit vornehmen *hôtels particuliers*.

Das **Musée des Beaux-Arts** zeigt Werke des späten 19. und frühen 20. Jahrhunderts (etwa Jean-Eugène Bulands *Besuch in Ste-Marie de Bénodet*). Hier kann man gut sehen, in welch romantisches Licht die Künstler die Bretagne tauchten. Ebenfalls zu sehen sind Werke der Schule von Pont-Aven und Gemälde regionaler Künstler wie J. J. Lemordant und Max Jacob.

Das **Musée Départemental Breton** im Bischofspalais (16. Jh.) zeigt bretonische Trachten, Möbel, Fayencen, *coiffes* (Hauben) aus Cornouaille, Himmelbetten, Kleiderschränke sowie Plakate aus der Zeit um 1900.

In Quimper werden seit 1690 Fayencen – handbemalte Töpferwaren – hergestellt. Zu den häufigsten Motiven zählen blau und gelb umrahmte Blumen und Tiere. Im Südwesten liegt die älteste Produktionsstätte: Die Faïenceries HB-Henriot können das ganze Jahr hindurch besichtigt werden.

**Musée des Beaux-Arts**
**40 Place St-Corentin siehe Website mbaq.fr**

**Musée Départemental Breton**
**1 Rue de Roi-Gradlon Juli, Aug: tägl. 10–19; Sep–Juni: Di–Fr 9:30–17:30, Sa, So 14–17:30 musee-breton.finistere.fr**

**9**

## Pays Bigouden

**A3 Finistère Pont-l'Abbé Pont-l'Abbé; +33 2 9882 3799 destination-paysbigouden.com**

Die Halbinsel des Pays Bigouden bildet die Südwestspitze der Bretagne. Die Region ist bekannt für ihre Trachten. Das **Musée Bigouden** ist damit gut bestückt.

Entlang der Baie d'Audierne gibt es viele Weiler und Kapellen. Der Kalvarienberg von Notre-Dame-de-Tronoën ist der älteste der Bretagne (15. Jh.). Meerblick bieten die Pointe de la Torche (ideal zum Surfen) und der Leuchtturm Phare d'Eckmühl.

**Musée Bigouden**
**Sq de l'Europe, Pont-l'Abbé siehe Website musee.ville-pontlabbe.bzh**

**10**

## Concarneau

**A3 Finistère 20 200 zu den Inseln Quai d'Aiguillon; +33 2 9897 0144 Mo, Fr deconcarneauapontaven.com**

Highlight des wichtigen Fischereihafens ist die Ville Close (befestigte Stadt) aus dem 14. Jahrhundert, die auf einer Insel im Hafen errichtet und von massiven, mit Flechten bedeckten Granitwällen umgeben ist. Man erreicht sie über eine Brücke von der Place Jean-Jaurès. Teile der Brustwehr sind begehbar. In den engen Gassen sind viele Läden und Restaurants. Das kleine **Musée de la Pêche** in der alten Hafenkaserne erläutert die Techniken und die Geschichte der Fischerei.

**Musée de la Pêche**
**3 Rue Vauban +33 2 9897 1020 Juli, Aug: tägl. 10–19; Feb, März, Nov, Dez: Di–So 14–17:30; Apr–Juni, Sep, Okt: Di–So 10–18 Jan, Feiertage musee-peche.fr**

## Restaurants

**Le Petit Chaperon Rouge**
Die bunte Fassade der Crêperie kann man gar nicht verfehlen. Alle *galettes* und Crêpes sind nach Märchen benannt.

**A3 7 Place du Guesclin, Concarneau +33 2 9860 5332**

**Auberge des Glazicks**
Küchenchef Olivier Bellin wählt für seine Menüs Zutaten aus der Region. Die Weinliste ist exzellent.

**A3 7 Rue de la Plage, Plomodiern aubergedesglazick.com**

€€€

**La Lichouserie**
Hausgemachtes bretonisches Gebäck und *lichouseries* (Kuchen) sowie köstliche Brunches sind die Hauptattraktion des beliebten Cafés.

**A3 3 Rue Laennec, Quimper +33 2 9810 5228 Di**

€€€

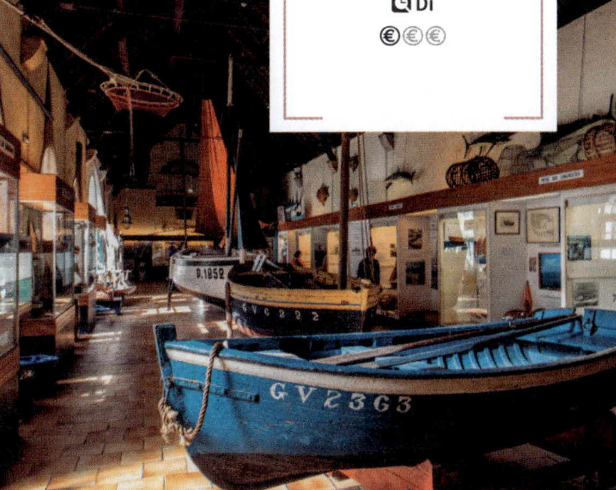


*Das Musée de la Pêche illustriert Concarneaus Fischereitradition*

11
## Roscoff

A2 Finistère 3300 Quai d'Auxerre; +33 2 9861 1213 Mi roscoff-tourisme.com

Roscoff ist ein florierender Hafen- und Badeort am Ärmelkanal. Entlang der Rue Amiral Réveillère und an der Place Lacaze-Duthiers stehen Reedervillen (16./17. Jh.). Diese sowie die Karavellen und Kanonen auf der Église Notre-Dame-de-Kroaz-Baz zeugen von der Seefahrervergangenheit der Stadt, als Roscoffs Freibeuter ebenso berüchtigt waren wie die von St-Malo *(siehe S. 268f)*.

Zwiebelverkäufer *(johnnies)* überquerten erstmals 1828 den Ärmelkanal und verkauften geflochtene Zwiebeln von Tür zu Tür. Die **Maison des Johnnies et l'Oignon de Roscoff** erzählt ihre Geschichte.

**Algoplus** bietet Führungen an, die zeigen, wie Produkte aus Algen entstehen. Bootsfahrten führen zur Île de Batz.

**Maison des Johnnies et l'Oignon de Roscoff**
48 Rue Brizeux
siehe Website
roscoff.fr

*Die Île de Batz erreicht man von Roscoff per Boot in rund 2,5 Stunden* ↑

**Algoplus**
2 Quai Charles de Gaulle siehe Website
algoplus-roscoff.fr

12
## Le Pouldu

A3 Finistère 4600 Place de l'Océan, Clohars-Carnoët; +33 2 9839 9342 quimperle-terreoceane.com

Der kleine Hafenort an der Mündung der Laïta eignet sich für Küsten- und Flusswanderungen. Die **Maison Musée du Pouldu** ist die Rekonstruktion des Gasthofs, in dem Paul Gauguin und andere Künstler den Speiseraum mit Stillleben, Karikaturen und Porträts bemalten.

**Maison Musée du Pouldu**
10 Rue des Grands Sables wegen Renovierung deconcarneauapontaven.com

13
## Lampaul-Guimiliau

A3 Finistère Place de l'Église; +33 2 9868 3333
tägl. 10–18

Nach dem Eintritt durch das mächtige Tor erkennt man links Kapelle und Beinhaus, rechts den Kalvarienberg. Den Innenraum der Kirche

zieren Schnitzereien und Bemalungen, u. a. mit wunderbar naiven Passionsszenen entlang der Kreuzbalken aus dem 16. Jahrhundert, der Chor und Schiff trennt.

## 14 Guimiliau

**A3 Finistère**
**53 Rue du Calvaire**
**roscoff-tourisme.com**

Fast 200 Figuren schmücken Guimiliaus üppig verzierten Kalvarienberg (1581–88). Eine Figur ist die eines Dienstmädchens, das von Dämonen gefoltert wurde, weil es seinem Freund eine geweihte Hostie gestohlen hatte. Die dem hl. Miliau gewidmete Kirche besitzt ein reich verziertes Südportal. Der Baldachin des Taufbeckens stammt von 1675.

## 15 Pointe du Raz

**A3 Finistère Quimper Quimper, dann Bus**
**64 Rue des Bruyères, Beuzec-Cap-Sizun**
**capsizuntourisme.fr**

Die wilde Pointe du Raz ragt bei Cap Sizun als schmale, fast 80 Meter hohe Landzunge in den Atlantik. Der Blick auf das Meer ist atemberaubend.

Weiter westlich liegt die baumlose und flache Île de Sein, dahinter steht der Leuchtturm von Ar Men. Die Insel erhebt sich rund 1,50 Meter aus dem Meer und hat etwa 260 Bewohner. Von Audierne aus erreicht man sie nach einstündiger Bootsfahrt.

## 16 Île de Bréhat

**B2 Côtes d'Armor**
**380 Pointe de l'Arcouest Le Bourg**
**cotesdarmor.com**

Eine 15-minütige Überfahrt führt von der Pointe de l'Arcouest zur autofreien Île de Bréhat. Die 3,5 Kilometer lange Insel besteht aus zwei durch eine Brücke verbundenen Eilanden.

In dem recht milden Klima gedeihen u. a. Mimosen und Obstbäume. Im Hauptort Port-Clos kann man Fahrräder mieten, es werden auch verschiedene Bootstouren angeboten. Ein schöner Spaziergang führt zur Chapelle St-Michel am höchsten Punkt der Insel.

↑ *Üppig verzierte südliche Fassade der Église St-Miliau in Guimiliau*

## 17 St-Thégonnec

**A3 Saint-Thégonnec Loc-Eguiner 13 Place de la Mairie baiedemorlaix.bzh**

In einer der besterhaltenen befestigten Kirchhofanlagen der Bretagne sieht man nach dem Eintritt durch den Triumphbogen links das Beinhaus. Geradeaus liegt der Kalvarienberg (1610), der das Geschick bretonischer Steinmetze belegt. Unter den Figuren um die Kreuzachse fällt in einer Nische die Statue des hl. Thégonnec auf.

### Kirchhofanlagen

Zwischen dem 15. und 18. Jahrhundert wurden in der Bretagne viele Kirchhofanlagen *(enclos paroissiaux)* errichtet. Diese umfriedeten Ensembles umfassen in der Regel Kirche, Kalvarienberg, Beinhaus, Triumphbogen und Friedhof. Bemerkenswert sind die reichen Verzierungen mit Steinmetzarbeiten, darunter auch Darstellungen biblischer Figuren *(unten)*. Zu den eindrucksvollsten dieser Anlagen gehört St-Thégonnec. Die Circuit des Enclos Paroissiaux genannte ausgeschilderte Route verbindet einige der schönsten Kirchhofanlagen.

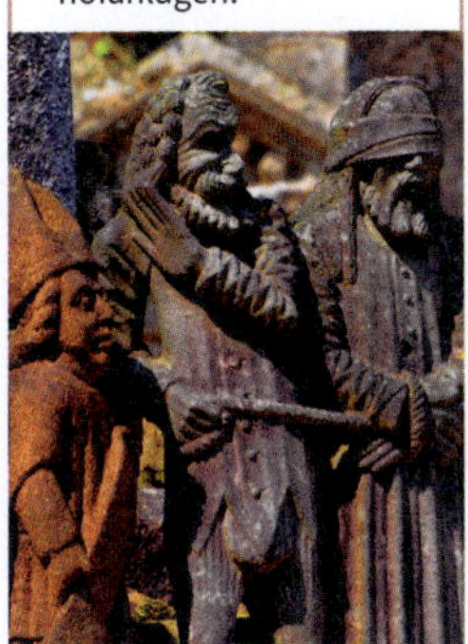

18
## Combourg

B3 Ille-et-Vilaine 6000 9 Rue Notre Dame; +33 8 2513 5200 Mo saint-malo-tourisme.com

Das kleine Combourg liegt malerisch neben einem See, überschattet vom mächtigen **Château de Combourg** (Baubeginn 11. Jh.). Die heutigen Gebäude stammen aus dem 14./15. Jahrhundert.

Im Jahr 1761 erwarb der Comte de Chateaubriand das Schloss. Sein Sohn, der Autor und Diplomat François-René de Chateaubriand (1768–1848), verbrachte darin seine Kindheit, die er später in seinen *Erinnerungen* schilderte.

Das eindrucksvolle Schloss wurde im 19. Jahrhundert restauriert. Bei Führungen sieht man auch einen Raum mit Besitztümern von François-René de Chateaubriand.

**Château de Combourg**
23 Rue des Princes
+33 2 9973 2295
Apr–Okt: Mo–Fr 10–18, So 14–18 (Juli, Aug: tägl.)
chateau-combourg.com

19
## Tréguier

B2 Côtes d'Armor 2400 Port de Plaisance Mi bretagne-cotedegranitrose.com

Der Ort Tréguier liegt auf einem Hügel über der Mündung der Flüsse Jaundy und Guindy, abseits der Ferienorte an der pittoresken Côte de Granit Rose *(siehe S. 270f)*. Hauptattraktion der typisch bretonischen Marktstadt ist die Cathédrale St-Tugdual (14./15. Jh.). Der sehenswerte Kirchenbau hat einen gotischen und einen romanischen Turm sowie einen dritten aus dem 18. Jahrhundert, den Louis XVI mit Lotteriegewinnen finanzierte.

**Umgebung:** In der Chapelle St-Gonéry im rund sieben Kilometer nördlich gelegenen Plougrescant ist vor allem die fein bemalte Holzdecke aus dem 15. Jahrhundert sehenswert.

20
## Dinan

B3 Côtes d'Armor 14 700 9 Rue du Château; +33 2 9687 6976 Do dinan-capfrehel.com

Auf einem Hügel über dem Rance-Tal liegt Dinan, eine Marktstadt mit gut erhaltenem mittelalterlichen Kern. Die ummauerte Vieille Ville mit ihren schön restaurierten Fachwerkhäusern und gepflasterten Straßen beeindruckt als unverfälschtes Ensemble – besonders gut ist sie von der Tour d'Horloge (15. Jh.) in der Rue d'Horloge aus zu sehen. In der Nähe bewahrt die Basilique St-Saveur das Herz des Kriegers Bertrand du Guesclin (14. Jh.), Dinans berühmtesten Sohns.

Hinter der Kirche eröffnen Les Jardins Anglais den Blick auf die Rance und den sie überspannenden Viadukt. Weiter nördlich verläuft die mit Geranien geschmückte Rue du Jerzual durch das Stadttor (14. Jh.) steil hinab zum Hafen. Der einst umtriebige, Tuch verschiffende Hafen ist heute ein stilles Wasser. Hier kann man zu einer gemütlichen Bootspartie aufbrechen oder dem Pfad zur restaurierten Abbaye St-Magloire (17. Jh.) bei Léhon folgen.

Das **Château de Dinan** erläutert Dinans Geschichte. Gleich daneben steht die Tour de Coëtquen (15. Jh.). Von hier aus bieten sich Spaziergänge über die Promenade des Petits Fossés und Promenade des Grands Fossés an.

**Château de Dinan**
Rue du Château
Apr–Sep: tägl. 10:30–19; Okt–Dez: tägl. 13:30–18:30
chateaudedinan.fr

Schöne Aussicht
**Tour d'Horloge**

Der harte, 158 Stufen lange Aufstieg auf die Tour d'Horloge in Dinan lohnt sich auf jeden Fall – der Ausblick von oben ist fantastisch. An klaren Tagen reicht die Sicht bis nach Mont-St-Michel in der Normandie.

↑ *Sagenumwobene Menhiranlage außerhalb von Carnac*

## 21 Carnac

B3 Morbihan 4200 74 Ave des Druides; +33 2 9752 1352 ot-carnac.fr

Mit fast 3000 Menhiren zählt der beliebte Ferienort zu den bedeutendsten prähistorischen Stätten der Welt. Aus nicht bekannten Gründen sind diese Steinblöcke in parallelen Reihen angeordnet. Das **Musée de Préhistoire** setzt sich anhand von über 6000 Exponaten mit diesem Thema auseinander. Die **Maison des Mégaliths** bietet Informationen rund um eine Besichtigung der Menhire und Touren. Die Église St-Cornély (17. Jh.) ist dem Patron der Horntiere geweiht.

**Musée de Préhistoire**
Pl Christian Bonnet siehe Website museedecarnac.fr

**Maison des Mégaliths**
Rue du Ménec tägl. 10–18 (Okt–März: bis 17) 1. Jan, 1. Mai, 25. Dez menhirs-carnac.fr

← *Fassade der Cathédrale St-Tugdual im Hügelort Tréguier*

## Hotels

**Sleep Hotel Tumulus**
Eine sehr gute Option mit Außenpool und gut ausgestattetem Spa. Die 29 Zimmer bieten genügend Platz und sind schön eingerichtet.

B3 Chemin du Tumulus, Carnac
hotel-tumulus.com

€€€

**Villa Reine Hortense**
Der Blick auf den schönen Sandstrand zählt zu den Pluspunkten des eleganten Hotels, in dem früher der Adel residierte. Bis auf eines bieten alle sieben der in kräftigen Farben gehaltenen Zimmer schönen Meerblick.

B3 19 Rue de la Malouine, Dinard
villa-reine-hortense.com

€€€

**La Résidence des Artistes**
Das moderne Boutiquehotel im Zentrum von Roscoff hat einen schönen Garten und 28 stilvoll eingerichtete Zimmer. Auch die Nähe zur Küste und zu vielen Restaurants und kleinen Läden überzeugt.

A2 14 Rue des Johnnies, Roscoff
hotelroscoff-laresidence.fr

€€€

←
*Führung durch den von Gravuren geprägten Grabhügel der Insel Gavrinis*

## 22 Golfe du Morbihan

B3 Morbihan
Lorient Vannes
1 Quai Tabarly, Vannes; +33 2 9747 2434
golfedumorbihan.bzh

Das bretonische *morbihan* (»kleines Meer«) ist eine treffende Bezeichnung für die landumschlungenen Wasserflächen. Der Golf ist durch einen Kanal zwischen Locmariaquer und Rhuys mit dem Atlantik verbunden. Ihn sprenkeln Inseln, von denen etwa 40 bewohnt sind. Fähren steuern regelmäßig von Conleau bzw. Port-Blanc aus die größten Inseln Île d'Arz und Île aux Moines an.

Etwa die Hälfte der kleinen Golfhäfen lebt von Fischfang, Austernzucht und Tourismus. Es gibt eine große Anzahl megalithischer Stätten. Ein bemerkenswerter Grabhügel auf der Insel Gavrinis zeigt Steinmetzarbeiten. Bootsfahrten nach Gavrinis starten von Larmor-Baden, Rundfahrten von Locmariaquer, Auray, Vannes und Port-Navalo.

Expertentipp
**Plage du Gouret**

Auf der Île-d'Houat im Süden des Golfe du Morbihan erstreckt sich die Plage du Gouret (*Treac'h er Goured* auf Bretonisch). Der etwa zwei Kilometer lange, wunderschöne Sandstrand wird von Dünen begrenzt. Selbst während der Sommermonate ist hier erstaunlich wenig los.

## 23 Presqu'île de Quiberon

B3 Morbihan
Quiberon Juli, Aug
14 Rue de Verdun, Quiberon; +33 2 9750 0784
Sa, Mi (Sommer)
baiedequiberon.bzh

Felsen säumen die raue Westküste (Côte Sauvage) der lang gestreckten Halbinsel Quiberon. Im Osten erstrecken sich geschützte Buchten. Vom Fischereihafen und Ferienort Presqu'île de Quiberon an der Südspitze legen Autofähren zur Belle-Île ab.

Das eindrucksvolle Antlitz des Städtchens prägen schmucke Häuser in blau angestrichenen Fassaden und ein großes Angebot an Gaststätten, in denen man nach einer ausgedehnten Wanderung entlang der windigen Küste gern ein Gläschen Cidre trinkt.

## 24 Belle-Île-en-Mer

A3 Morbihan 5200
Quiberon Quai Bonnelle, Le Palais; +33 2 9731 8193 tägl.
belle-ile.com

Die größte Insel der Bretagne liegt etwa 14 Kilometer südlich vor Quiberon und ist von dort mit der Autofähre in 45 Minuten erreichbar. Die Küste prägen einige markante Felsen und lange Strände. Das sich weit ins Innere der Insel erstreckende Hochland wird von einzelnen Tälern gegliedert.

In Le Palais, der größten Stadt, steht die Citadelle Vauban, eine sternförmige Festung aus dem 16. Jahrhundert. Heute birgt sie ein Restaurant und ein Museum zur Geschichte der Insel. Im August findet in Belle-Île das renommierte Festival Lyrique en Mer statt.

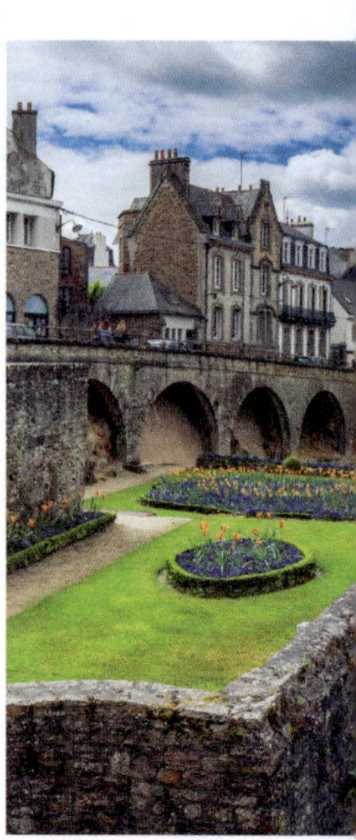

## 25 Vannes

B3 Morbihan
54 000 1 Quai Tabarly; +33 2 9747 2434
Mi, Sa golfedumorbihan.bzh

Vannes an der Spitze des Golfe du Morbihan war Hauptstadt der Veneti, eines seefahrenden Volks, das 54 v. Chr. von Caesar besiegt wurde. Im 9. Jahrhundert schlug Nominoë, erster Herzog der Bretagne, hier seine Zelte auf. Die Stadt wahrte ihre Bedeutung bis zum Unionsvertrag mit Frankreich (1532), als Rennes zur Hauptstadt aufstieg. Gut erhalten ist das mittelalterliche Viertel. Vannes ist ein guter Ausgangspunkt, um den Golfe du Morbihan zu erkunden.

Von der Promenade de la Garenne sieht man die östlichen Mauern des alten Vannes. Die Mauerenden bilden die Stadttore: Porte-Prison im Norden und Porte-Poterne im Süden.

Von der Porte St-Vincent gelangt man zu den alten, noch betriebenen Marktplätzen. Auf der Place des Lices fanden im Mittelalter Turniere statt. In den Straßen um die Rue de la Monnaie stehen Häuser aus dem 16. Jahrhundert. Die im 13. Jahrhundert begonnene Cathédrale St-Pierre wurde im Lauf der Zeit umgebaut. Die Kapelle der Sakramente birgt das Grab von Vincent Ferrier, einem 1419 verstorbenen spanischen Heiligen.

Gegenüber der Westseite der Kathedrale liegt der überdachte Markt La Cohue, einst ein wichtiger Treffpunkt. Teile des Gebäudes stammen aus dem 13. Jahrhundert. Innen zeigt ein Museum Kunst und Kunsthandwerk in Zusammenhang mit der Geschichte der Region.

Im Château Gaillard aus dem 15. Jahrhundert hütet das **Musée d'Histoire** eine umfangreiche Sammlung von Funden aus den archäologischen Stätten Morbihans, darunter Geschmeide, Waffen und Tonwaren.

Das **Musée des Beaux-Arts** präsentiert Gemälde aus dem 16. Jahrhundert und eine kleine Sammlung zeitgenössischer Kunst.

### Schon gewusst?

**Die Skulptur *Vannes et sa femme*, an einer Ecke der Place Valencia, ist ein Wahrzeichen der Stadt.**

**Umgebung:** Südlich der Stadt unterhält der Freizeitpark Parc du Golfe u. a. mit einem Schmetterlingsgarten und Le Piano Barge, einem Veranstaltungsort für Livemusik mit Restaurant.

Nordöstlich von Vannes, nahe der N166, stehen die romanischen Überreste der Burg Tours d'Elven aus dem 15. Jahrhundert.

**Musée d'Histoire**
Château Gaillard, 2 Rue Noé +33 2 9701 6300 Juni – Sep: tägl. 13:30 – 18 Feiertage

**Musée des Beaux-Arts**
La Cohue, Pl St-Pierre +33 2 9701 6300 tägl. 13:30 – 18 (Okt – Mai: Di – So)

↑ *Vor der Stadtmauer von Vannes kann man zwischen Grünflächen spazieren*

## 26 Josselin

**B3 Morbihan 2500**
**1 Rue Georges Le Berd; +33 2 9722 3643 Sa**
**broceliande-vacances.com**

Oberhalb des Flusses Oust steht das imposante **Château de Josselin**. Das Schloss, das seit Ende des 15. Jahrhunderts im Besitz der Familie de Rohan ist, weist nur noch vier von einst neun Türmen auf. In die innere Granitfassade wurde ein »A« gefügt, eine Widmung für Anne de Bretagne (1477–1514), Herrscherin während des Goldenen Zeitalters der Bretagne.

Bei Führungen sieht man das im 19. Jahrhundert renovierte Schlossinnere. In den Ställen bezaubert ein Puppenmuseum mit etwa 500 Exponaten. In der Stadt birgt die Basilique Notre-Dame-du-Roncier das Mausoleum des Schlossherrn Olivier de Clisson (1336–1407).

Westlich von Josselin liegt in Kerguéhennec auf einem Schlossgelände (18. Jh.) ein moderner Skulpturenpark.

**Château de Josselin**
**Apr–Sep: tägl. 14–18 (Juli, Aug: ab 10)**
**chateaudejosselin.com**

## 27 Forêt de Paimpont

**B3 Ille-et-Vilaine**
**Rennes Monfort-sur-Meu Rennes Place du Roi St-Judicaël, Paimpont; +33 2 9907 8423**
**broceliande-vacances.com**

Der Wald wird auch Forêt de Brocéliande genannt und bildet den letzten Überrest des Urwalds, der einst große Teile von Armorika bedeckte. Er steht im Zusammenhang mit der Artus-Sage. Viele Besucher begeben sich auf die Suche nach der Zauberquelle, an der der Zauberer Merlin die Fee Viviane traf. Vom Dorf Paimpont aus kann man in Wald und Mythenwelt vordringen.

## 28 Vitré

**C3 Ille-et-Vilaine**
**18 600 Place Général de Gaulle Mo, Sa**
**bretagne-vitre.com**

Die befestigte Stadt befindet sich hoch über dem Vilaine-Tal. Bleistiftdünn erscheinende Türmchen spicken Vitrés mittelalterliches **Château**, das von malerischen Gebäuden (15./16. Jh.) flankiert wird. Das Schloss wurde vom 15. bis 16. Jahrhundert auf einem dreieckigen Grundriss neu errichtet. Teile der Brustwehr sind begehbar.

Ein sehenswertes Museum mit vielfältigen lokalen Exponaten befindet sich in der Tour St-Laurent. Östlich, in der Rue Beaudrairie und der Rue d'Embas, prägen Fach-

↑ *Château de Josselin an der Oust und ein Salon im Schloss* (Detail)

↑ *Fort La Latte auf einer felsigen Halbinsel der Côte d'Émeraude*

**Bleistiftdünn erscheinende Türmchen spicken Vitrés mittelalterliches Château, das von malerischen Gebäuden (15./16. Jh.) flankiert wird.**

werkhäuser mit bemerkenswerten Mustern das Bild. An der Südfassade der im Flamboyant-Stil gestalteten Cathédrale de Notre-Dame (15./16. Jh.) fällt außen eine Steinkanzel auf. Die schöne Promenade du Val, eine populäre Flaniermeile, läuft an der Mauer entlang.

Das südöstlich von Vitré an der D88 liegende **Château des Rochers-Sévigné** war Heim von Madame de Sévigné, der Chronistin des höfischen Lebens von Louis XIV. Park, Kapelle und einige ihrer Gemächer sind Besuchern zugänglich.

**Château de Vitré**
**Ille-et-Vilaine**
**siehe Website Feiertage chateau.vitre.bzh**

**Château des Rochers-Sévigné**
**Ille-et-Vilaine**
**nur Führungen: Apr – Sep: Do – Mo 14:30, 16, 17**
**chateau.vitre.bzh**

## Côte d'Émeraude

**B2 Ille-et-Vilaine und Côtes d'Armor Dinard-St-Malo 2 Blvd Féart, Dinard dinard emeraudetourisme.com**

Zwischen Le Val-André und der Pointe du Grouin (nahe Cancale) säumen lang gestreckte Sandstrände, vorspringende Felsenkaps und einige hübsche Badeorte die bretonische Nordküste. Schönster Ort der malerischen, nach der Farbe des Meers benannten Smaragdküste ist Dinard, das um 1850 »entdeckt« wurde und noch heute die Reichen der Welt anzieht.

Im Westen liegen weitere Ferienorte, darunter St-Jacut-de-la-Mer, St-Cast-le-Guildo, Sables d'Or-les-Pins und Erquy – alle verfügen über verlockende Strände. In der Baie de la Frênaye bietet der Wachturm des mittelalterlichen Fort La Latte einen guten Ausblick. Einen noch besseren hat man vom 30 Meter hohen Leuchtturm, der das nahe gelegene Cap Fréhel dominiert.

Östlich von Dinard führt die D186 über den Barrage de la Rance weiter nach St-Malo. Der 1966 gebaute Damm erzeugte als erstes Gezeitenkraftwerk weltweit Strom aus dem Tidenhub. Hinter St-Malo umgeben Buchten und Strände La Guimorais. Rund um die Pointe du Grouin schimmert das Meer tatsächlich smaragdfarben.

Fotomotiv
### Fort La Latte

Die Côte d'Émeraude (Smaragdküste) bietet viele atemberaubende Fotomotive, eines der besten ist Fort La Latte. Die imposante Burg liegt am Ende eines schmalen Vorgebirges, das von einem graugrünen Meer umspült wird. Machen Sie ein Foto vom Weg, der vom Parkplatz zur Burg führt.

*Idyllischer Bachlauf in den pittoresken Gärten von Pont-Aven* ↑

## Pont-Aven

**A3 Finistère 2800**
**3 Rue des Meunières**
**Di, Sa deconcarneauapontaven.com**

Pont-Aven, einst ein Marktflecken mit »14 Mühlen und 15 Häusern«, lockte Ende des 19. Jahrhunderts durch seine malerische Lage an der Aven-Mündung viele Künstler an. 1888 entwickelten Paul Gauguin, Émile Bernard und Paul Sérusier hier den farbenfrohen Synthetismus. Sie ließen sich von der bretonischen Landschaft und Kultur inspirieren und gründeten die École de Pont-Aven, eine Künstlergruppe, die einfache Formen in leuchtenden Farben malten.

Die künstlerische Tradition der Stadt pflegen die rund 50 Galerien sowie das **Musée de Pont-Aven** mit Werken der Schule von Pont-Aven. Die umliegenden Wälder bieten Wanderwege, etwa durch den Bois d'Amour zur Chapelle de Trémalo, in der die Christusfigur hängt, die Gauguin zum Gemälde *Der gelbe Christus* inspirierte.

### Paul Gauguin in der Bretagne

Im Alter von 35 Jahren gab der in Paris geborene Paul Gauguin (1848–1903) seine Karriere als Börsenmakler auf und konzentrierte sich fortan auf die Malerei, der seine ganze Leidenschaft galt. Von 1886 bis 1894 lebte und wirkte Gauguin in der Bretagne (in Pont-Aven und Le Pouldu). Die bezaubernde Landschaft der Region und ihre Bewohner waren häufige Sujets seiner Gemälde. Einige andere Werke Gauguins widmen sich biblischen Themen, darunter auch *Der gelbe Christus (Le Christ Jaune)*.

**Musée de Pont-Aven**
**Place Julia**
**tägl. 10–18 Jan, 25. Dez**
**museepontaven.fr**

## Rennes

**B3 Ille-et-Vilaine**
**222 500**
**1 Rue Saint-Malo; +33 8 9167 3535 Di–Sa**
**tourisme-rennes.com**

Das von den Galliern gegründete und von den Römern kolonisierte Rennes liegt am Zusammenfluss von Vilaine und Ille. Es wurde nach der Vereinigung der Bretagne mit Frankreich 1532 Regionshauptstadt. 1720 verwüstete ein Brand die Stadt. Nur ein kleiner Teil der mittelalterlichen Stadt blieb erhalten. Ihn ergänzen Gebäude aus dem 18. Jahrhundert. Rund um diesen historischen Kern gruppieren sich die Hochhäuser und Hightech-Firmen des modernen Rennes mit zwei Universitäten und einer lebendigen Kulturszene.

Wenn man durch die Straßen schlendert, die von der Place des Lices und der Place Ste-Anne ausgehen, kann man sich gut vorstellen, wie Rennes vor dem Brand aussah. Heute ist dieser Bereich größtenteils Fußgängerzone und das Herz der Stadt mit Bars, Crêperien und Designerläden. Am westlichen Ende der Rue de la Monnaie stehen die Portes Mordelaises (15. Jh.), einst Teil der Stadtmauer.

In der Nähe wurde 1844 die Cathédrale St-Pierre fertiggestellt, die dritte an dieser Stelle. Beachten Sie das geschnitzte flämische Altarbild (16. Jh.). In der Nähe ist die Église St-Sauveur (18. Jh.). An der Place de la Mairie stehen das Hôtel de Ville (18. Jh.) und die neoklassizistische Opéra de Rennes. Etwas südlich der Rue St-George verfügt die

Église St-Germain über einen bretonischen Glockenturm und ein Holzgewölbe. Der Parc du Thabor, einst das Gelände eines Klosters, lädt zu einem Spaziergang ein.

Das zwischen 1618 und 1655 erbaute Gerichtsgebäude beherbergte bis zur Revolution das **Palais du Parlement de Bretagne**. Es kann im Rahmen einer Führung besichtigt werden. Dabei sieht man die Grande Chambre mit einzigartiger Kassettendecke und vergoldeten Holzarbeiten sowie die Gewölbedecken der Salle des Pas Perdus.

Das **Musée des Beaux-Arts** präsentiert Kunstwerke vom 14. Jahrhundert bis zur Gegenwart. Ein Raum widmet sich bretonischen Themen. Vertreten sind Gauguin, Bernard und andere Mitglieder der Schule von Pont-Aven *(siehe S. 284)* sowie Picasso mit drei Werken, darunter die *Badende* (1928).

Die Sammlungen des **Musée de Bretagne**, das wie das Wissenschaftsmuseum und das Planetarium im Kulturzentrum untergebracht ist, umfassen Trachten und Möbel, prähistorische Megalithen, Exponate zur Geschichte von Rennes sowie zur Entwicklung des Handwerks und der Fischerei.

**Umgebung:** Südlich der Stadt verfolgt das **Écomusée du Pays de Rennes** die Bauerntradition bis ins 17. Jahrhundert zurück. Etwa 16 Kilometer südöstlich liegt das bezaubernde mittelalterliche Dorf **Châteaugiron** mit Schloss und Häusern mit hölzernem Dachgesims.

**Palais du Parlement de Bretagne**
**Place du Parlement siehe Website tourisme-rennes.com**

**Musée des Beaux-Arts**
**20 Quai Émile Zola Di–So 10–18 Feiertage mba.rennes.fr**

**Musée de Bretagne**
**10 Cours des Alliés Di–Fr 12–19, Sa, So 14–19 musee-bretagne.fr**

**Écomusée du Pays de Rennes**
**Ferme de la Bintinais, Route de Châtillon-sur-Seiche Di–Fr 9–18, Sa, So 14–18 Feiertage ecomusee-rennes-metropole.fr**

**Chateau de Châteaugiron**
**Ille-et-Vilaine nur Führungen: +33 2 9937 8902 tourisme.paysdechateaugiron.bzh**

## Restaurants

**Essentiel**
Für ihre innovativen Menüs verwenden die Köche des Bistros viele Zutaten aus dem angegliederten Garten.
**B3 11 Rue Armand Rebillon, Rennes restaurantessentiel.com**

**L'Éden**
Das beliebte Restaurant am Canal St-Martin serviert neben Seafood auch Fleischgerichte.
**B3 3 Rue Pasteur, Vannes +33 2 9746 4262**

**Méson Chalut**
Neben köstlichem Seafood überzeugt das Restaurant auch mit seiner hübschen, nach Meeresthemen gestalteten Einrichtung.
**B2 8 Rue de la Corne de Cerf, St-Malo meson-chalut.bzh**

**Le Vivier**
Fangfrisches Seafood und die atemberaubende Aussicht auf die Côte Sauvage sind Markenzeichen des unprätentiösen Lokals.
**B3 12 Rue de Vivier, Quiberon +33 2 9750 1260**

←
*Gemälde und Skulpturen in einer Galerie des Musée des Beaux-Arts in Rennes*

*Château de Chenonceau am Cher* (siehe S. 292f)

# Loire-Tal

Nach der Kolonisierung durch die Römer 52 v. Chr. war das friedliche Loire-Tal mit langen Perioden der Stabilität gesegnet. Während des Hundertjährigen Kriegs fielen die Engländer in die Loire-Region ein. Mitten im Kampf versammelte Jeanne d'Arc die Franzosen bei Orléans, um die Stadt zu befreien und die Engländer zu vertreiben – ein Sieg, der den französischen Geist wiedererwecken sollte. Etwa 70 Jahre nach dem Ende dieses Konflikts kam Leonardo da Vinci auf Einladung von François I an die Loire, und sein Einfluss ist in den exquisiten Gärten und Schlössern zu sehen; er starb am 2. Mai 1519 in Amboise. In dieser Zeit wurden auch Chambord und Chenonceau, die beiden größten Renaissance-Schlösser, als prestigeträchtige Symbole königlicher Herrschaft errichtet, die inmitten ausgedehnter Jagdwälder und Wasserstraßen glänzen.

Im 17. Jahrhundert blühte die Industrie, insbesondere die Textilindustrie, auf, als die Stabilität in der Region Einzug hielt. Heute ist die Loire für ihre wunderschönen Weinberge, ruhigen Täler und ihre entspannte Atmosphäre bekannt.

# Loire-Tal

**Highlights**

1. Tours
2. Château de Chenonceau
3. Château de Chambord
4. Kathedrale von Chartres

**Sehenswürdigkeiten**

5. Angers
6. Vendée
7. Nantes
8. Le Mans
9. Saumur
10. Montreuil-Bellay
11. Abbaye Royale de Fontevraud
12. Chinon
13. Château de Villandry
14. Château de Langeais
15. Château d'Azay-le-Rideau
16. Château d'Ussé
17. Montrésor
18. Amboise
19. Loches
20. Vouvray
21. Beaugency
22. Vendôme
23. Blois
24. Loir
25. Orléans
26. St-Benoît-sur-Loire
27. Bourges

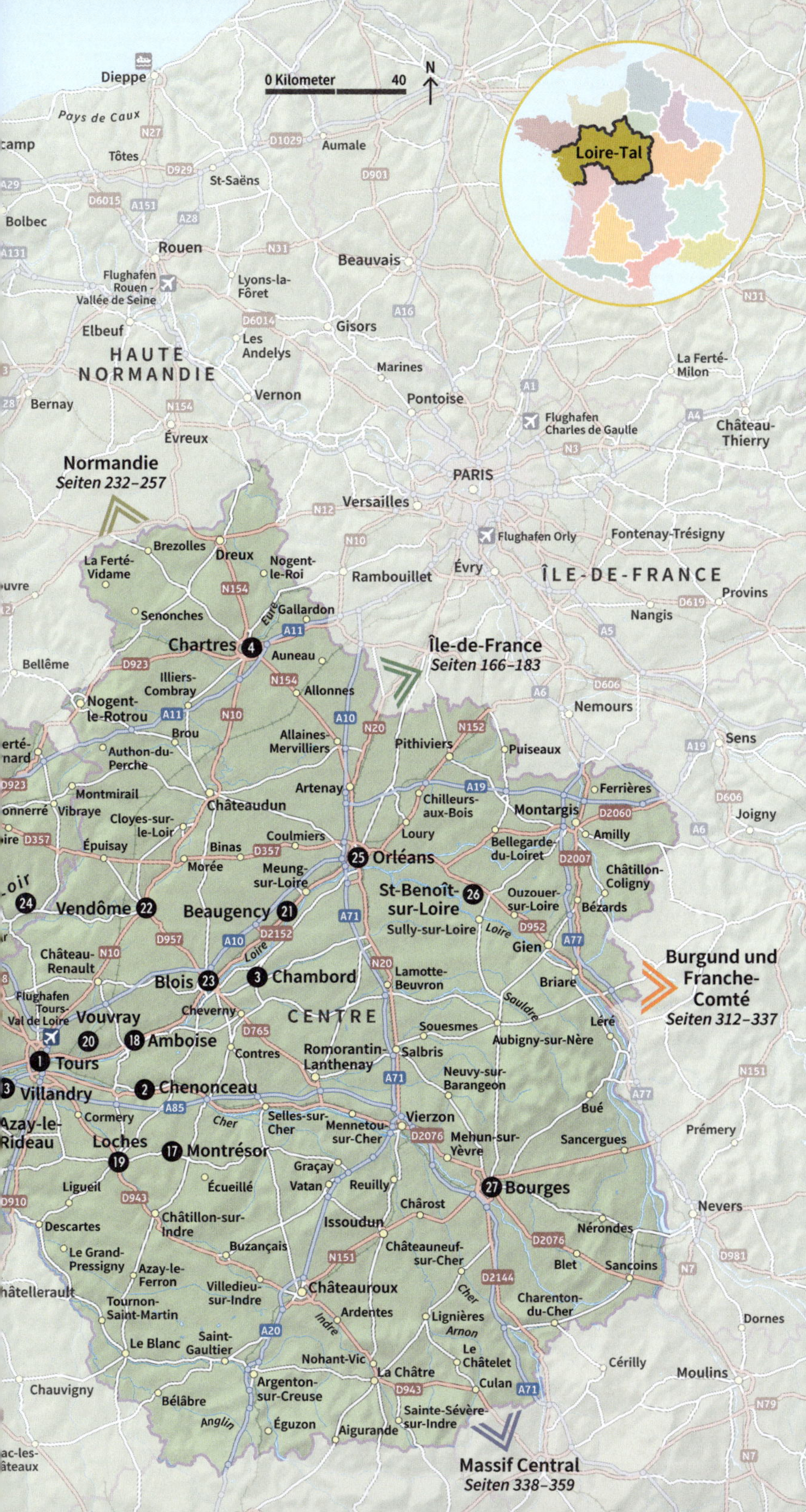

0 Kilometer 40
N
Loire-Tal
Dieppe
Pays de Caux
Tôtes
St-Saëns
Aumale
Bolbec
Rouen
Flughafen Rouen - Vallée de Seine
Lyons-la-Fôret
Beauvais
Elbeuf
Les Andelys
Gisors
HAUTE NORMANDIE
Marines
Bernay
Vernon
Pontoise
Évreux
Flughafen Charles de Gaulle
La Ferté-Milon
Château-Thierry
Normandie
Seiten 232–257
PARIS
Versailles
Flughafen Orly
Fontenay-Trésigny
Brezolles
Dreux
La Ferté-Vidame
Nogent-le-Roi
Rambouillet
Évry
ÎLE-DE-FRANCE
Provins
Nangis
Senonches
Gallardon
Chartres
Auneau
Île-de-France
Seiten 166–183
Bellême
Illiers-Combray
Allonnes
Nemours
Nogent-le-Rotrou
Brou
Allaines-Mervilliers
Pithiviers
Puiseaux
Sens
Authon-du-Perche
Artenay
Chilleurs-aux-Bois
Ferrières
Montmirail
Châteaudun
Montargis
Joigny
Vibraye
Cloyes-sur-le-Loir
Loury
Amilly
Épuisay
Binas
Coulmiers
Orléans
Bellegarde-du-Loiret
Morée
Meung-sur-Loire
Châtillon-Coligny
St-Benoît-sur-Loire
Ouzouer-sur-Loire
Bézards
Vendôme
Beaugency
Sully-sur-Loire
Gien
Loire
Château-Renault
Burgund und Franche-Comté
Seiten 312–337
Blois
Chambord
Lamotte-Beuvron
Briare
Flughafen Tours-Val de Loire
Vouvray
Cheverny
CENTRE
Sauldre
Léré
Souesmes
Amboise
Contres
Aubigny-sur-Nère
Tours
Romorantin-Lanthenay
Salbris
Chenonceau
Neuvy-sur-Barangeon
Villandry
Bué
Azay-le-Rideau
Cormery
Cher
Selles-sur-Cher
Vierzon
Mennetou-sur-Cher
Prémery
Loches
Montrésor
Mehun-sur-Yèvre
Sancergues
Graçay
Ligueil
Écueillé
Vatan
Reuilly
Bourges
Chârost
Nevers
Châtillon-sur-Indre
Descartes
Issoudun
Nérondes
Le Grand-Pressigny
Buzançais
Châteauneuf-sur-Cher
Azay-le-Ferron
Blet
Sancoins
Châtellerault
Villedieu-sur-Indre
Châteauroux
Tournon-Saint-Martin
Ardentes
Charenton-du-Cher
Indre
Lignières
Dornes
Le Blanc
Saint-Gaultier
Arnon
Le Châtelet
Nohant-Vic
La Châtre
Cérilly
Moulins
Chauvigny
Argenton-sur-Creuse
Culan
Bélâbre
Sainte-Sévère-sur-Indre
Anglin
Éguzon
Aigurande
Massif Central
Seiten 338–359

*Place Plumereau – hübscher Platz mit vielen Cafés im Zentrum von Tours*

❶

# Tours

D3 · Indre-et-Loire · 138 000
78 Rue Bernard Palissy; +33 2 4770 3737 · Di – So
tours-tourisme.fr

**Tours wurde über einer Römerstadt erbaut und im Jahre 1461 unter Louis XI Hauptstadt von Frankreich. Bombardierungen – 1870 von Preußen sowie im Zweiten Weltkrieg – beschädigten die Stadt schwer. Bis Ende des 20. Jahrhunderts wurde das historische Zentrum rekonstruiert.**

①   

### Place Plumereau

Der schöne, verkehrsberuhigte Platz im mittelalterlichen Kern von Tours zählt zu den beliebtesten Treffpunkten der Einheimischen. Um die Place Plumereau drängen sich Cafés mit bei schönem Wetter gut besuchten Terrassen sowie Läden und Galerien. In Straßen wie der Rue Briçonnet sind fachwerkverzierte Fassaden, versteckte Höfe und alte Türme zu entdecken.

Ein Torweg leitet zur Place St-Pierre-le-Puellier mit unterirdischen gallorömischen Ruinen und einer in ein Café verwandelten Kirche.

②

### Église St-Julien

**20 Rue Nationale**
**+33 2 4770 3737 · nur bei Ausstellungen und Konzerten (tel. erfragen)**

Die gotische Kirche (13. Jh.) war einst Teil einer Benediktinerabtei und wurde nach dem hl. Julien benannt, dessen Reliquien in der Krypta sind. Buntglasfenster schmücken das Kirchenschiff.

③  

### Tour Charlemagne

**Place de Châteauneuf**

An der Place de Châteauneuf ragt die eindrucksvolle, romanische Tour Charlemagne auf. Der 56 Meter hohe Turm ist der einzige verbliebene Überrest der Église St-Martin, die hier stand. Sie wurde errichtet, um den Leichnam

## Hotels

**Château de Beaulieu**
Das Château mit großzügiger Gartenanlage bietet ein Spa der Extraklasse.

**67 Rue de Beaulieu, Joué-lès-Tours**
**chateaudebeaulieu37.com**

**Hôtel de Biencourt**
Das etwas außerhalb gelegene Hotel überzeugt mit modernem Komfort und einer hübschen Terrasse.

**7 Rue de Balzac, Azay-le-Rideau**
**hotelbiencourt.fr**

**Obwohl die spätgotische Fassade von St-Gatien zerfallen ist, beeindruckt sie ebenso wie die mittelalterlichen Buntglasfenster.**

von Luitgard, der Gattin Karls des Großen, aufzubewahren, die 800 in Tours verstarb. Turmführungen organisiert **Service Patrimoine**. Der Blick von oben lohnt den Aufstieg über 284 Stufen.

Westlich des Turms sind nette Läden und hippe Bars.

**Service Patrimoine**
**W tours.fr**

## Centre de Création Contemporain Olivier Debré

**Jardin François 1er**
**siehe Website**
**W cccod.fr**

Direkt hinter dem Hôtel Gouïn mit seiner beeindruckenden Fassade befindet sich das Centre de Création Contemporain Olivier Debré für zeitgenössische Kunst. Es ist in einem modernen Gebäude untergebracht und zeigt mehrere von Debrés großformatigen Werken sowie regelmäßig Wechselausstellungen.

## Cathédrale St-Gatien

**Place de la Cathédrale**
**+33 2 4770 3737**
**tägl. 8:30 – 20 (Führungen tel. buchen)**

Die Cathédrale St-Gatien im spätgotischen Flamboyant-Stil wurde im 13. Jahrhundert begonnen und im 16. Jahrhundert fertiggestellt. Die extravagante gotische Fassade ist zerfallen, aber immer noch beeindruckend, ebenso wie die mittelalterlichen Buntglasfenster.

## Musée des Beaux-Arts

**18 Pl François Sicard**
**Mi – Mo 9 – 18**
**Feiertage W mba.tours.fr**

Im einstigen Palais des Erzbischofs blickt das Musée des Beaux-Arts auf klassizistische Gärten und eine riesige Libanonzeder. Zu den Highlights der Sammlung zählen zwei Werke des italienischen Malers Andrea Mantegna: *Auferstehung* und *Christus in Gethsemane*.

## Musée du Compagnonnage

**8 Rue Nationale Mitte Juni – Mitte Sep: tägl. 9 – 12, 14 – 18; Mitte Sep – Mitte Juni: Mi – Mo 9 – 12, 14 – 18**
**Feiertage W musee compagnonnage.fr**

Die Ausstellungen des Museums befassen sich mit der Geschichte der Compagnonnage – einem Mentorennetzwerk, durch das junge Menschen ein Handwerk erlernten. Präsentiert werden Hunderte von Werken von Handwerksmeistern der Gilden, sehr gut vertreten sind Schreinerarbeiten.

**Schon gewusst?**

**Das in Tours gesprochene Französisch galt einst als besonders vornehm.**

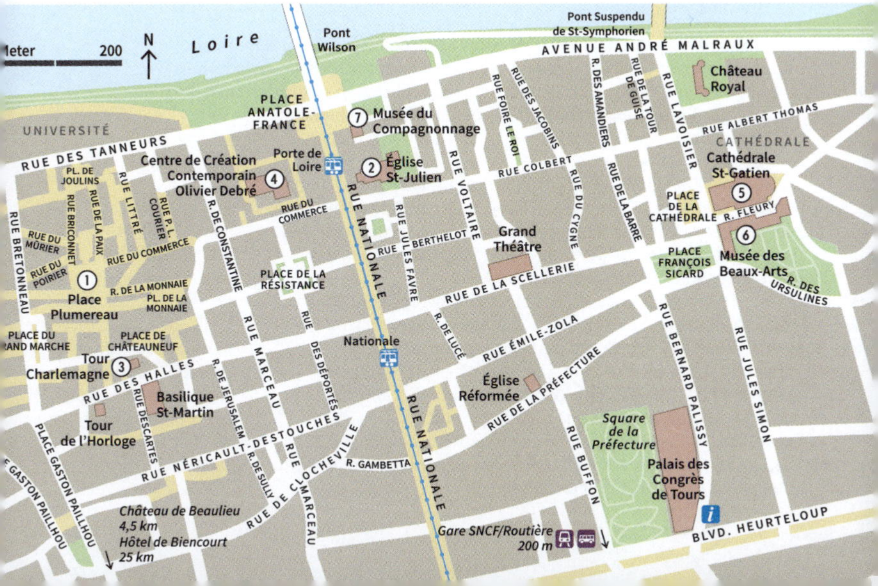

### Entstehung von Chenonceau

Jede Schlossherrin hinterließ an dem Gebäude ihre Spuren. Catherine Briçonnet, Gattin des Erstbesitzers, ließ den Türmchenpavillon anlegen. Diane de Poitiers, Mätresse von Henri II, fügte den symmetrischen Garten und die Brücke über den Fluss hinzu. Catherine de Médicis wandelte die Brücke in eine Galerie um. Louise de Lorraine, Witwe Henris III, ließ die Decke ihres Schlafzimmers in Schwarz und Weiß, den Farben der Trauer, streichen. Madame Dupin rettete das Schloss während der Revolution vor der Zerstörung.

→ *Die Fassade des Château de Chenonceau spiegelt sich im Cher*

# Château de Chenonceau

D4 Chenonceaux +33 8 2020 9090
Chenonceaux von Tours siehe Website
chenonceau.com

**Das romantische Lustschloss Chenonceau wurde während der Renaissance erbaut und anschließend von einer Reihe aristokratischer Damen erweitert und verbessert. Eine prächtige Platanenallee führt zum symmetrischen Garten und dem Schloss, dessen feierlicher Anblick Gustave Flaubert sagen ließ, es »schwebe auf Luft und Wasser«.**

Die 60 Meter lange Galerie überspannt auf Brückenbogen den Cher, dessen träge Wasser die elegante Schönheit des Schlosses spiegeln. Herrlich möblierte Räume, luftige Schlafzimmer, erlesene Gemälde und wertvolle Wandteppiche machen das Innere der Anlage nicht weniger prachtvoll.

Der Hauptwohnbereich befindet sich im viereckigen Türmchenpavillon über dem Cher. Vier Haupträume gehen vom Vestibül im Erdgeschoss ab: die Salle des Gardes und die Chambre de Diane de Poitiers, beide mit flämischen Wandteppichen (16. Jh.) geschmückt, die Chambre de François I mit einem Gemälde van Loos und der Salon Louis XIV. Das Obergeschoss birgt weitere luxuriös ausgestattete Zimmer und Salons, darunter auch die Chambre de Catherine de Médicis und die Chambre de César de Vendôme.

Expertentipp
**Promenades Nocturnes**

Im Juli und August wird das Gelände zwischen 21:30 und 23:30 Uhr stimmungsvoll illuminiert. Beim Wandeln durch die Schlossanlage hört man klassische Musik, u. a. von Händel und Corelli.

Highlight

Herrlich möblierte Räume, luftige Schlafzimmer, erlesene Gemälde und wertvolle Wandteppiche tragen zur Pracht des Anwesens bei.

← *In der eleganten, 60 Meter langen Galerie ließ Catherine de Médicis rauschende Feste feiern*

Chronik

*1513*
△ Thomas Bohier erwirbt Chenonceau. Seine Frau Catherine Briçonnet lässt es umbauen

*1533*
Catherine de Médicis (1519–1589) heiratet Henri II (1519–1559). Chenonceau wird königliches Loire-Schloss

*1575*
Louise de Lorraine (1554–1601) heiratet Henri III, Katharinas dritten Sohn

*1730–1799*
▽ Madame Dupin, Gattin eines Gutsverwalters, macht Chenonceau zum Treffpunkt von Intellektuellen

*1789*
Die Revolutionäre verschonen Chenonceau, ein Verdienst von Madame Dupin

*1913*
Die Familie Menier kauft das Schloss, das heute noch im Besitz der Chocolatiers ist

*1941*
Ein Bombenangriff beschädigt die Kapelle von Chenonceau

3

# Château de Chambord

D3 Loir-et-Cher +33 2 5450 4000 Blois, dann Taxi, Bus (2, 4) oder Shuttle (Apr – Anfang Sep) nach Chambord Apr – Okt: tägl. 9 – 18; Nov – März: tägl. 9 – 17 1. Jan, 25. Dez chambord.org

**Der Schriftsteller Henry James sagte einst: »Chambord ist wahrhaft königlich – königlich in seinen Ausmaßen, seiner großartigen Atmosphäre und seiner Gleichgültigkeit gegenüber normalen Maßstäben.« Beim Anblick der Fassade, der prunkvollen Ausstattung und der eleganten Gartenanlage muss man ihm recht geben.**

Die größte Residenz an der Loire entstand an der Stelle eines Jagdhauses in der Forêt de Boulogne. François I ließ es 1519 abreißen und – vermutlich nach einem Entwurf Leonardo da Vincis – den Grundstein für Chambord legen. Bis 1537 waren die Türme, der Bergfried und die Terrassen fertiggestellt – das Werk von 1800 Männern und drei Maurermeistern. Eigentlich wollte François I die Loire so umleiten, dass sie vor dem Schloss fließt, begnügte sich aber dann mit dem Cosson. François' Sohn Henri II setzte das Werk fort, und unter Louis XIV wurde die Anlage mit 440 Zimmern 1685 fertiggestellt. Darstellungen des Salamanders, des Wappentiers von François I, sind im Schloss über 800 Mal zu sehen.

→ *Der Bau der Schlosskapelle begann 1547 – kurz vor dem Tod von François I*

*Chronik*

*1519 – 37*
△ François I lässt das Jagdhaus des Grafen von Blois abreißen und Schloss Chambord anlegen

*1547*
François I stirbt im Château de Rambouillet, Île-de-France

*1547 – 59*
Henri II lässt Westflügel und zweiten Stock der Kapelle zufügen

*1669 – 85*
▽ Louis XIV schließt den Bau ab, dann gibt er ihn auf

LE BOVRGEOIS GENTILHOMME. Comedie - Ballet, Donné par le ROY à toute sa Cour dans le Chasteau de Chambort. L'OVVERTVRE Se fait par un grand assemblage d'instrumens.

*1670*
△ In Chambord wird Molières *Bürger als Edelmann* aufgeführt

Highlight

## Schon gewusst?

**Bei der Umgestaltung der Gärten im Jahr 2017 wurden rund 32 000 Pflanzen eingesetzt.**

↑ *Das prächtige Château de Chambord spiegelt sich im Wasser*

*1725–33*

Stanislaus Leszczynski, König von Polen im Exil, wohnt hier

*1748*

Marschall Moritz von Sachsen erwirbt Chambord. Nach seinem Tod zwei Jahre später verfällt das Schloss

*1840*

▽ Chambord wird ein *monument historique*

*1970er Jahre*

△ Chambord wird restauriert, die Gräben werden neu ausgehoben

### Umgebung des Schlosses

Die Gegend um das Schloss ist nicht weniger beeindruckend als die Anlage. Ungefähr 50 Quadratkilometer Parks, Heidelandschaften und Wälder bilden den würdigen Rahmen. Hier leben u. a. Hirsche, Rehe und Wildschweine. Für die Erkundung des Areals kann man ein Fahrrad mieten.

4

# Kathedrale von Chartres

D3 Pl de la Cathédrale +33 2 3721 7502 tägl. 8:30–19:30 (Juli, Aug: Di, Fr, So bis 22) cathedrale-chartres.org

**Der Kunsthistoriker Émile Mâle meinte, dass »sich in Chartres der Geist des Mittelalters offenbart«. Die beiden Türme des monumentalen Meisterwerks gotischer Sakralarchitektur überragen das Stadtbild von Chartres. Besucher aus aller Welt bewundern insbesondere die kunstvoll gefertigten Buntglasfenster.**

Der ursprüngliche romanische Bau wurde 1194 ein Opfer der Flammen. Nur Südturm, Westseite und Krypta überdauerten. Von den Schätzen im Inneren blieb die *Sancta Camisia*, eine Reliquie, erhalten. Begeistert errichteten Bauern und Adel die Kirche in nicht mehr als 25 Jahren neu. Nach 1250 erfolgten nur wenige Ergänzungen. Chartres erlitt keinerlei Schäden durch Religionskriege und die Französische Revolution. Die »in Stein gehauene Bibel« ist Welterbe der UNESCO.

Königshaus, Adel und Zünfte spendeten zwischen 1210 und 1240 die weltbekannten Buntglasfenster des Kirchenbaus. 176 Fenster bebildern biblische Erzählungen und das Alltagsleben des 13. Jahrhunderts.

**Schon gewusst?**

**Buntglasfenster bedecken eine Fläche von über 2600 Quadratmetern.**

Der höhere **Hauptturm** stammt aus dem 16. Jahrhundert.

Das **Deckengewölbe** besteht aus einem Netzwerk von Rippen.

Die untere Partie der **Westfront** ist Teil des romanischen Bauwerks aus dem 11. Jahrhundert.

**Mittleres Tympanon** des Königsportals (1145–55)

Statuen am **Königsportal** repräsentieren Figuren aus dem Alten Testament.

**Labyrinth**

*Darstellung der gewaltig aufragenden Kathedrale von Chartres* ↑

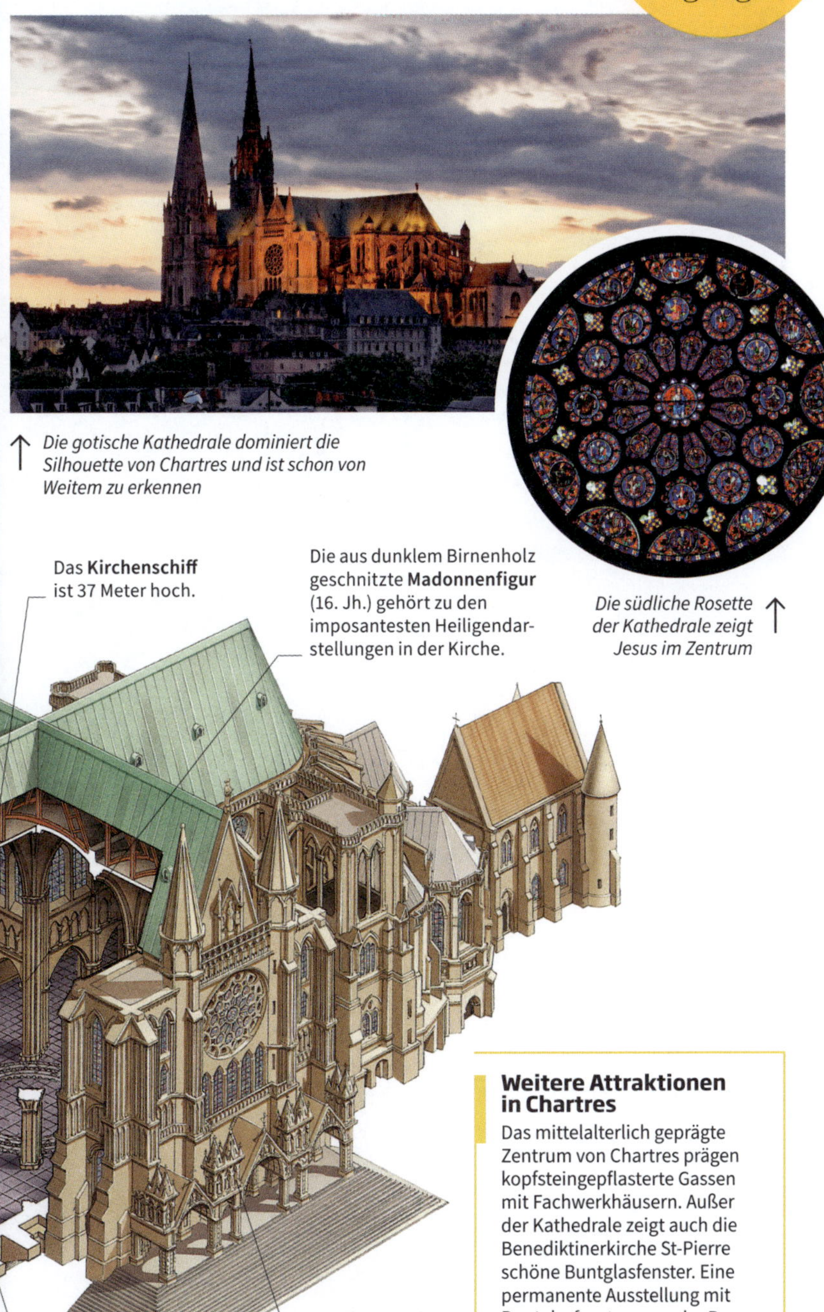

Das **Kirchenschiff** ist 37 Meter hoch.
Die aus dunklem Birnenholz geschnitzte **Madonnenfigur** (16. Jh.) gehört zu den imposantesten Heiligendarstellungen in der Kirche.
Die **Figuren über dem Südportal** (1197–1209) beziehen sich auf das Neue Testament.
Die größte französische **Krypta** stammt weitgehend aus dem 11. Jahrhundert.


↑ *Die gotische Kathedrale dominiert die Silhouette von Chartres und ist schon von Weitem zu erkennen*

*Die südliche Rosette der Kathedrale zeigt Jesus im Zentrum* ↑

## Weitere Attraktionen in Chartres

Das mittelalterlich geprägte Zentrum von Chartres prägen kopfsteingepflasterte Gassen mit Fachwerkhäusern. Außer der Kathedrale zeigt auch die Benediktinerkirche St-Pierre schöne Buntglasfenster. Eine permanente Ausstellung mit Buntglasfenstern aus der Renaissance sowie zeitgenössische Kunst präsentiert das Centre International du Vitrail (www.centre-vitrail.org) direkt neben der Kathedrale.

# SEHENSWÜRDIGKEITEN

### 5
## Angers

C3 Maine-et-Loire 156 000 7 Pl Kennedy; +33 2 4123 5000 Di – So tourisme.destination-angers.com

Die historische Hauptstadt des Anjou war Heimstatt der Plantagenets. Im **Château d'Angers** (13. Jh.) ist der längste (103 m) mittelalterlichen Wandteppich der Welt zu sehen. Er zeigt apokalyptische Kampfszenen zwischen Engeln und Hydren.

Die **Galerie David d'Angers** in den Ruinen einer Kirche (13. Jh.) widmet sich ihrem Namensgeber, einem in Angers geborenen Bildhauer. Über dem Fluss, im Hôpital St-Jean, das 1174 – 1854 als Krankenhaus diente, liegt das **Musée Jean Lurçat**. Das kostbarste Exponat, den Wandteppich *Chant du monde*, schuf Lurçat 1957. Auch das **Musée de la Tapisserie Contemporaine** zeigt hier Exponate.

**Château d'Angers**
tägl. 10 – 17:30 (Sep – Apr: bis 16:30) 1. Jan, 1. Mai, 25. Dez chateau-angers.fr

**Galerie David d'Angers**
33 Rue Toussaint Di – So 10 – 18 Feiertage musees.angers.fr

**Musée Jean Lurçat/Le Musée de la Tapisserie Contemporaine**
4 Blvd Arago Di – So 10 – 18 Feiertage musees.angers.fr

### 6
## Vendée

B4 Vendée und Maine-et-Loire Nantes La Roche-sur-Yon 7 Place du Marché; +33 2 5136 0085 vendee-tourisme.com

Die Vendée beschwört Erinnerungen an die Gegenrevolution in Westfrankreich zwischen 1793 und 1799. Noch heute denkt man hier konservativ.

↑ *Château d'Angers und sein berühmter mittelalterlicher Wandteppich* (Detail)

Diese lokale Geschichte wird südlich von Cholet im beliebten Freizeitpark **Le Puy du Fou** nachgezeichnet, der für seine Sommerabendshow Cinéscénie bis spät in die Nacht geöffnet bleibt. Seriöser informiert das Musée du Textile in Cholet, der Stadt, deren Flachs- und Hanftextilien den Royalisten ihre Kopftücher lieferten: ursprünglich weiß, dann blutrot.

Die Vendée setzt auf nachhaltigen Tourismus. Reitwege und Naturpfade durchziehen im Osten und Norden von La Roche-sur-Yon den *bocage vendéen*, trocken gelegtes bewaldetes Marsch-

## Schon gewusst?

**Bei der Show *Cinéscénie* im Themenpark Le Puy du Fou wirken etwa 2400 Akteure mit.**

land. Die Küste zwischen der Loire und La Rochelle besitzt Sandstrände. Les Sables-d'Olonne, das einzige bedeutende Seebad, bietet Bootsfahrten zu den Salzmarschen oder zur nahen Île d'Yeu.

**Le Puy du Fou**
**Les Épesses**
**siehe Website**
**puydufou.com**

### 7
## Nantes

**B4 Loire-Atlantique 321 000**
**9 Rue des États; +33 8 9246 4044 Di–So**
**levoyageanantes.fr**

Die Stadt präsentiert sich mit Hochhäusern, Kanälen und Jugendstilplätzen, im Zentrum mit Restaurants und Bars. Die 1434 begonnene, erst 1893 vollendete Cathédrale St-Pierre et St-Paul schmücken gotische Portale.

Im **Château des Ducs de Bretagne** wurde 1477 Anne de Bretagne geboren. Hier unterzeichnete 1598 Henri IV das Edikt von Nantes, das Protestanten Religionsfreiheit zugestand. Im Château ist das Musée d'Histoire.

**Château des Ducs de Bretagne**
**Pl Marc Elder Di–So 8–19 (Juli, Aug: bis 20) 1. Jan, 1. Mai, 1. Nov, 25. Dez**
**chateaunantes.fr**

### 8
## Le Mans

**C3 Sarthe 145 000**
**16 Rue de l'Étoile; +33 2 4328 1722 Di–So**
**lemans-tourisme.com**

Seit Amédée Bollée erstmals einen Motor unter eine Autohaube setzte, ist der Name Le Mans untrennbar mit Automobilen verknüpft. Mit dem Rennen und dem **Musée des 24 Heures du Mans** ist der Circuit de la Sarthe die Hauptattraktion der Stadt.

Eindrucksvollstes Bauwerk der Stadt ist die gotische Cathédrale St-Julien, deren romanisches Portal dem von Chartres kaum nachsteht.

**Musée des 24 Heures du Mans**
**9 Pl Luigi Chinetti**
**tägl. 10–18 (Mai–Sep: bis 19) 1. Jan, 25. Dez**
**lemans-musee24h.com**

## Restaurants

**Pickles**
Das elegante Bistro serviert marktfrische Küche mit einer guten Auswahl an Weinen.
**C3 2 Rue du Marais, Nantes**
**pickles-restaurant.com**
€€€

**L'Atelier Gourmand**
Traditionelle Gerichte werden hier modern interpretiert.
**D3 37 Rue Étienne Marcel, Tours**
**lateliergourmand.fr**
€€€

**Le Lièvre Gourmand**
Französisch-asiatische Fusionsküche.
**D3 28 Quai du Châtelet, Orléans**
**lelievregourmand.fr**
€€€

**Le Grand Monarque - Le Georges**
Sternerestaurant mit französischen Spezialitäten und gutem Wein.
**D3 22 Pl des Épars, Chartres**
**grand-monarque.com**
€€€

**Mamie Bigoude**
Köstliche Galettes in einem familienfreundlichen Lokal.
**D3 22 Rue de Châteauneuf, Tours**
**comptoirmamiebigoude.com**
€€€

←
*Citroën HY S.E.V. Marchal (1964) im Musée des 24 Heures du Mans*

9

## Saumur

C4 Maine-et-Loire 26 000 8 Quai Carnot; +33 2 4140 2060 Do, Sa ot-saumur.fr

Saumur ist berühmt für sein Märchenschloss, die Kavallerieschule, Schaumweine und Pilzzucht. Schöne Häuser erinnern an seine Blüte im 17. Jahrhundert. Damals war Saumur eine protestantische Hochburg und wetteiferte mit Angers um den Rang als »Hauptstadt des Anjou«.

Das heutige **Château de Saumur** begründete Louis I von Anjou im 14. Jahrhundert. König René, sein Enkel, ließ es ein Jahrhundert später umbauen. Eine Sammlung zeigt u. a. Porzellan- und Reitkunstexponate.

Die Kavallerieschule von 1814 führte zur Gründung des Musée des Blindés, in dem über 150 gepanzerte Vehikel ausgestellt sind. In der **École Nationale d'Équitation** kann man die Ställe besichtigen und beim Morgentraining zusehen. Die renommierte Cadre-Noir-Formation zeigt bisweilen abends Reitvorführungen.

**Château de Saumur**
siehe Website
chateau-saumur.fr

### Schon gewusst?

**An den Mauern von Saumur befand sich einst ein Holz-Papagei – Übungsziel von Bogenschützen.**

**École Nationale d'Équitation**
St-Hilaire-St-Florent Führungen: Feb – Mitte Nov; Shows: Mai – Okt Feiertage
ifce.fr/cadre-noir

10

## Montreuil-Bellay

C4 Maine-et-Loire 3700 2 Pl de la Mairie (Apr – Aug) Di ville-montreuil-bellay.com

Die gotische Stiftskirche St-Pierre ragt über Herrenhäuser und Weinberge. Die Chapelle St-Jean war einst Hospiz und Pilgerzentrum.

Mit 13 Türmen, den Mauern und Schutzwällen gleicht das 1025 errichtete **Château de Montreuil-Bellay** einem Bollwerk. Hinter dem befestigten Tor liegt ein Haus aus dem 15. Jahrhundert mit mittelalterlicher Gewölbeküche, Weinkeller und Andachtsraum mit Fresken aus dem 15. Jahrhundert.

**Château de Montreuil-Bellay**
Place des Ormeaux siehe Website
chateau-de-montreuil-bellay.fr

11

## Abbaye Royale de Fontevraud

C4 Maine-et-Loire
siehe Website
fontevraud.fr

Die Abbaye Royale de Fontevraud, Europas größte mittelalterliche Abtei, geht auf den Wanderprediger Robert d'Arbrissel zurück, der im frühen 12. Jahrhundert eine Benediktinerkongregation gründete. Mönche, Nonnen, Adlige, Landstreicher und reuige Prostituierte zählten zur Gemeinschaft. Der Stifter vertraute die Leitung adligen Äbtissinnen an. Das Kloster war Zuflucht vieler Aristokratinnen.

Ein Streifzug durch Gebäude, Orangerie und Gärten entführt in das klösterliche Leben, dessen Mittelpunkt die 1119 geweihte romanische Abteikirche bildete. Ihr von vier Kuppeln gekröntes Schiff macht sie zu einem der herausragendsten Beispiele einer Kuppelbasilika.

In den Renaissance-Bauten um den Kreuzgang Grand Moûtier lebte eine der größten Nonnengemeinschaften Frankreichs. Die Leprakolonie war einst im Priorat St-Lazare untergebracht, heute ein Hotel und Restaurant, dessen achteckige Küche ein seltenes Beispiel weltlicher romanischer Architektur ist.

Die Abtei beherbergt heute das Fontevraud-Museum für moderne Kunst, dessen Sammlung sich auf Skulpturen und Gemälde aus dem 19. und 20. Jahrhundert konzentriert, darunter Werke von Toulouse-Lautrec.

↑ *Terrasse eines Weinlokals im attraktiven Zentrum von Chinon*

**12**

## Chinon

**C4 Indre-et-Loire 8000 1 Rue Rabelais; +33 2 4793 1785 Do azay-chinon-valdeloire.com**

Das Château de Chinon ist eng mit der Geschichte von Jeanne d'Arc verknüpft. Hier überredete sie 1429 den Dauphin (später Charles VII), ihr ein Heer anzuvertrauen, um die Engländer zu vertreiben. Zuvor residierten hier die Plantagenet-Könige. Obwohl das Schloss heute größtenteils in Trümmern liegt, bieten die Stadtmauern vom anderen Ufer der Vienne einen beeindruckenden Anblick.

Das Stadtzentrum gleicht einer mittelalterlichen Filmkulisse. Die von Häusern aus dem 15. und 16. Jahrhundert gesäumte Rue Voltaire stellt einen Querschnitt durch die Geschichte Chinons dar.

Das Museum **Le Carroi, Musée d'Arts et d'Histoire** befindet sich in dem Herrenhaus, in dem Richard Löwenherz 1199 gestorben sein soll. Die Sammlung umfasst den aus Seide und Goldfäden gewebten Mantel des hl. Mexme aus dem 12. Jahrhundert.

Das prächtigste Herrenhaus ist das Palais du Gouverneur mit Doppeltreppe und Loggia. Charmanter ist die Maison Rouge mit einem Fischgrätmuster aus rotem Backstein.

Der Markt mit Händlern in historischen Kostümen ist ein Muss (3. Sa im August).

**Le Carroi, Musée d'Arts et d'Histoire**

**44 Rue Haute Saint-Maurice Apr – Juni, Sep: Mi – Mo 14 –18; Juli, Aug: tägl. 10 –13, 14 –19**

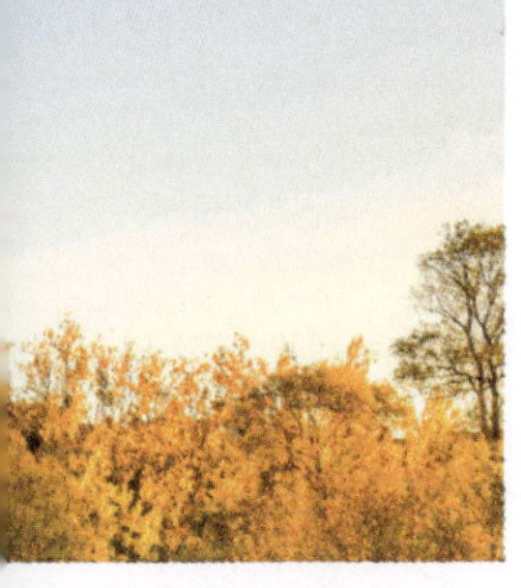

↑ *Château und Église St-Pierre – zwei Wahrzeichen von Montreuil-Bellay am Thouet*

### François Rabelais

Rabelais (um 1494 –1553) war ein Priester, Arzt und humanistischer Gelehrter, der für seine Weisheit und Toleranz bekannt war. Man erinnert sich am besten an ihn für seinen derben Romanzyklus *Gargantua und Pantagruel*, der von seiner Heimatstadt Chinon handelt. Seine Werke wurde von der Sorbonne zwar als obszön beurteilt, waren aber auch einfallsreich. Viele von Rabelais geprägte Wortspiele gingen in den allgemeinen Sprachgebrauch ein.

*François Rabelais*

## 13 Château de Villandry

**C4 Indre-et-Loire Tours Shuttlebus von Tours: Juli, Aug (www.filbleu.fr) siehe Website chateauvillandry.fr**

Villandry, ein vollendetes Beispiel für die Architektur des 16. Jahrhunderts, wurde als letztes großes Renaissance-Schloss im Loire-Tal erbaut. Das Schloss ist vor allem für seine malerischen Gärten bekannt, die zu Beginn des 20. Jahrhunderts von Dr. Joachim Carvallo in ihrer ursprünglichen Pracht wiederhergestellt wurden.

Ornamental gestutzte Sträucher und Blumen bilden ein Ensemble auf drei Ebenen: vom Küchengarten *(jardin potager)* über den Ziergarten *(jardin d'ornement)* zum Wassergarten *(jardin d'eau)*. Schilder erklären Herkunft und Bedeutung der Pflanzen: Der Gartenkürbis etwa symbolisiert Fruchtbarkeit, der Kohl sexuelle Verdorbenheit. Auch wegen ihrer Heilkräfte wurden die Pflanzen kultiviert: Kohl diente als Mittel gegen Kater, Piment zur Anregung der Verdauung. Die Wurzeln der 52 Kilometer langen, akkurat geschnittenen Buchsbaumhecken, die Garten, Rabatten und Wege begrenzen, sind so empfindlich, dass dieser Bereich zweimal im Jahr per Hand gejätet werden muss.

Expertentipp
**Per Fahrrad durchs Loire-Tal**

Das Loire-Tal eignet sich wunderbar zum Radfahren. Das dichte Netz an Radwegen umfasst auch die gut markierte Rundstrecke Loire à Vélo (www.loireavelo.fr). Ein großer Teil der rund 900 Kilometer langen Route zwischen Cuffy und St-Brévin-les-Pins verläuft am Flussufer, auch Weinbaugebiete und nette Dörfer liegen an der Strecke.

**Ornamental gestutzte Sträucher und Blumen bilden ein Ensemble auf drei Ebenen: vom Küchengarten über den Ziergarten zum Wassergarten.**

## 14 Château de Langeais

**C4 Indre-et-Loire Langeais +33 2 4796 7260 siehe Website 1. Jan, 25. Dez chateau-de-langeais.com**

Im Gegensatz zu den Nachbarstädtchen wirkt Langeais angenehm bescheiden. Sein mittelalterliches Château wurde mit Zugbrücke und Fallgatter als Wehrburg angelegt und macht keinerlei Zugeständnisse an die Renaissance. Seit Louis XI den Bau von 1465 bis 1469 errichten ließ, erfuhr er kaum Veränderungen. Im Burghof lassen die Ruinen eines von Foulques Nerra schon 994 angelegten Verlieses die Besucher schaudern.

*Son et lumière* in der Salle de Mariage handelt von Charles VIII und seiner Kindbraut Anne de Bretagne, die hier 1491 heirateten. Viele Räume haben Fliesenböden, überall hängen wertvolle flämische und Aubusson-Gobelins aus dem 15. und 16. Jahrhundert.

*Ein schmaler Kanal verläuft durch die Gartenanlage des Château de Villandry*

↑ *Markante Türme und terrassierte Gärten des Château d'Ussé*

## 15 Château d'Azay-le-Rideau

**C4 Indre-et-Loire Azay-le-Rideau +33 2 4745 4204 siehe Website 1. Jan, 1. Mai, 25. Dez azay-le-rideau.fr**

Azay-le-Rideau, das von Balzac als »facettenreicher Diamant an der Indre« gepriesen wurde, ist das wohl betörendste Loire-Schloss. Philippa Lesbahy, die Frau des korrupten Finanzministers von François I, ließ es im frühen 16. Jahrhundert anlegen. Im 19. Jahrhundert wurde es restauriert. Trotz des gotischen Antlitzes kann man hier sehr gut den Übergang zur Renaissance erkennen: Die Ecktürmchen dienen beispielsweise nur der Dekoration.

Azay war ein Lustschloss – bei schönem Wetter bewohnt, im Winter verlassen. Den überaus verspielten Eindruck verstärkt das mit Seerosen bewachsene Netz von Gräben und Wehren, ein Zitat der alten Burggräben.

Im Inneren bezaubert luftiges Villenflair. Schwacher Zederndu ft steigt in die Nase. Umgeben von Stilmöbeln, Familienporträts und Wandteppichen wähnt man sich im Obergeschoss des Schlosses in einem Renaissance-Museum. Das Erdgeschoss zeigt eine Sammlung von Möbeln aus dem 19. Jahrhundert.

Überaus sehenswert ist die Licht- und Ton-Schau *(son et lumière;* Juli, Aug: ab 21).

Das Dorf erinnert mit Weinproben daran, dass man sich mitten im Weinbaugebiet befindet.

## 16 Château d'Ussé

**C4 Indre-et-Loire Chinon, dann Taxi +33 2 4795 5405 Mitte Feb – Mitte Nov: tägl. 10 – 18 (Apr – Sep: bis 19) chateaudusse.fr**

Wie ein Märchenschloss erhebt sich das Anwesen über dem Fluss Indre. Die romantisch wirkenden weißen Türmchen, Spitztürme und Schornsteine inspirierten Charles Perrault zu seiner Fassung von *Dornröschen*. Das im 15. Jahrhundert angelegte Schloss befindet sich in Privatbesitz. Trotz des beeindruckenden Baus enttäuscht das Interieur. Lieblos präsentiert sind die *Dornröschen*-Illustrationen. Der Eichenwald von Chinon umrahmt die Schlosskapelle.

*In kräftigen Farben gestalteter Salon im Château de Montrésor* ↑

17

## Montrésor

**D4 Indre-et-Loire**
**310 43 Grande Rue; +33 2 4792 7071**

Montrésor, eines der schönsten Dörfer Frankreichs, liegt am Indrois im hübschesten Tal der Touraine und wurde 1849 eine polnische Enklave. Der polnische Graf Branicki kaufte das **Château de Montrésor**. Es entstand im 15. Jahrhundert über einer Festungsanlage (11. Jh.) von Foulques Nerra. Seither ist es in Familienbesitz. Das Interieur blieb fast unverändert.

**Château de Montrésor**
**Feb – Mitte Nov: tägl. 10–18 (Juli, Aug: bis 19)**
**chateaudemontresor.fr**

18

## Amboise

**D3 Indre-et-Loire**
**12 600 Quai du Général de Gaulle; +33 2 4757 0928 Fr, So**
**amboise-valdeloire.com**

Nur wenige Bauten sind so geschichtsträchtig wie das **Château d'Amboise**. Es war Wohnstätte von Louis XI sowie Geburts- und Sterbeort von Charles VIII. François I sowie die zehn Kinder von Catherine de Médicis wuchsen hier auf. Im Jahr 1560 war das Schloss Schauplatz der Verschwörung von Amboise, eines gescheiterten Komplotts der Hugenotten gegen François II. Besuchern zeigt man den Balkon, an dem die Leichen von zwölf der 1200 Verschwörer baumelten.

Die Tour des Minimes, der einstige Schlosseingang, besitzt eine spiralenförmige Rampe. Auf den Wällen steht die Chapelle St-Hubert, die Grabstätte Leonardo da Vincis. Der Künstler verbrachte seine letzten drei Lebensjahre unter dem Schutz von François I im nahe gelegenen **Clos-Lucé**. Dort sind Modelle seiner Entwürfe zu sehen.

**Schon gewusst?**

**Charles VIII starb 1498 im Alter von nur 28 Jahren bei einem Unfall im Château d'Amboise.**

**Château d'Amboise**
**siehe Website**
**1. Jan, 25. Dez**
**chateau-amboise.com**

**Clos-Lucé**
**2 Rue du Clos-Lucé siehe Website**
**1. Jan, 25. Dez**
**vinci-closluce.com**

## Loches

**D4 Indre-et-Loire**
**6100 Place de la Marne; +33 2 4791 8282**
**Mi, Sa loches-valdeloire.com**

Das mittelalterliche Städtchen mit spätgotischen Toren liegt abseits des Schlösserpfads im Indre-Tal. Seine Festung besitzt die tiefsten Verliese im Loire-Tal. Das **Logis Royal de Loches** erinnert an Charles VII und Agnès Sorel, seine Mätresse. Hier bat Jeanne d'Arc Charles VII, sich in Reims krönen zu lassen. Die Kapelle von Anne de Bretagne zieren Hermeline und ein Alabasterbildnis von Agnès Sorel.

**Logis Royal de Loches**
Loches
Apr–Sep: tägl. 9–19; Okt–März: tägl. 9:30–17
1. Jan, 25. Dez
citeroyaleloches.fr

20

## Vouvray

D3 Indre-et-Loire
3300 12 Rue Rabelais; +33 2 4752 6873 Di, Fr
tourisme-montlouis-vouvray.fr

Aus dem Dorf Vouvray, östlich von Tours, kommt jener Weißwein, den Renaissance-Schriftsteller Rabelais mit Taft verglich. 1829 sang der schottische Dichter Walter Scott in seinem Roman *Quentin Durward* ein Loblied auf die trockenen Weißweine. Die edlen Tropfen reifen auch heute noch in Kastanienfässern.

Das bekannteste Weingut **Huet** baut seit 1990 Weintrauben nach biodynami-

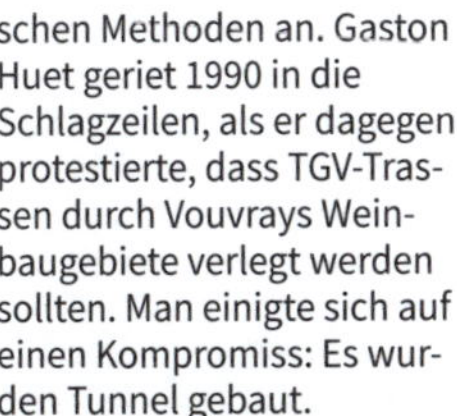

schen Methoden an. Gaston Huet geriet 1990 in die Schlagzeilen, als er dagegen protestierte, dass TGV-Trassen durch Vouvrays Weinbaugebiete verlegt werden sollten. Man einigte sich auf einen Kompromiss: Es wurden Tunnel gebaut.

**Château de Montcontour** steht auf einem Hügel mit Blick auf die Loire. Hier pflanzten Mönche im 4. Jahrhundert erstmals Weinreben an. Das Schloss verfügt über ein eigenes Weinbaumuseum in den aus dem Tuffstein gehauenen Kellern aus dem 10. Jahrhundert. An den Museumsbesuch können Weinproben angeschlossen werden.

**Huet**
11–13 Rue de la Croix-Buisée Di–Sa 9–12, 14–18; Verkostungen nach Anmeldung (Tel. +33 2 4752 7887) Feiertage
domainehuet.com

**Château de Moncontour**
Route de Rochecorbon siehe Website
moncontour.com

↓ *Weinbaugebiet bei Vouvray und Blick in einen der dortigen Weinkeller* (Detail)

## Hotels

**Domaine des Hauts de Loire**
Hotel mit plüschigen Zimmern, Spa und Restaurant mit zwei Michelin-Sternen.
D3 79 Rue Gilbert Navard, Onzain
hautsdeloire.com
€€€

**Hôtel Anne d'Anjou**
Die Zimmer (mit Blick auf Fluss oder Schloss) erreicht man über eine ausladende Treppe.
C4 32–34 Quai Mayaud, Saumur
hotel-anneanjou.com
€€€

**Hôtel de l'Abeille**
Ehrwürdiges Gebäude mit charmanten Zimmern und Dachterrasse.
D3 64 Rue Alsace Lorraine, Orléans
hotel-abeille.com
€€€

## 21 Beaugency

**D3 Loiret 7400**
**3 Pl de Docteur-Hyvernaud; +33 2 3844 3228**
**Sa tourisme-terresduvaldeloire.fr**

Beaugency, mittelalterliches Ensemble und östliches Tor zum Loire-Tal, bietet sich als ruhiger Ausgangspunkt für die Erkundung der Région Orléanais an. Über Uferböschungen kann man – ein seltenes Vergnügen – an der Loire wandern. Der Quai de l'Abbaye eröffnet einen guten Blick auf die Brücke (11. Jh.), bis in jüngste Zeit die einzige Loire-Brücke zwischen Blois und Orléans.

Im Zentrum fallen Ruinen eines Wachturms (11. Jh.) an der Place St-Firmin auf. Dort steht auch ein Glockenturm (16. Jh.). Die zugehörige Kirche fiel der Revolution zum Opfer. Auch eine Statue von Jeanne d'Arc ist zu sehen. Weiter unten liegt das Château de Beaugency mit dem Centre d'Art Numérique, einem Kulturraum, der der digitalen Kunst gewidmet ist.

Gegenüber dem Château liegt die romanische Abteikirche Notre-Dame. Hier wurde 1152 die Ehe zwischen Éléonore d'Aquitaine und Louis VII geschieden und Éléonores Eheschließung mit dem künftigen Henry II von England der Weg geebnet. In der Rue du Change steht der mittelalterliche Glockenturm, dahinter das Hôtel de Ville mit Stadtwappen auf der Renaissance-Fassade.

**Umgebung:** Etwa acht Kilometer nordöstlich von Beaugency liegt das **Château de Meung-sur-Loire**, dessen älteste Teile aus dem 12. Jahrhundert stammen. Küchen, Kerker und die Kapelle sind aus dem 18. Jahrhundert.

**Château de Meung-sur-Loire**
**16 Pl du Martroi, Meung-sur-Loire siehe Website chateau-demeung.com**

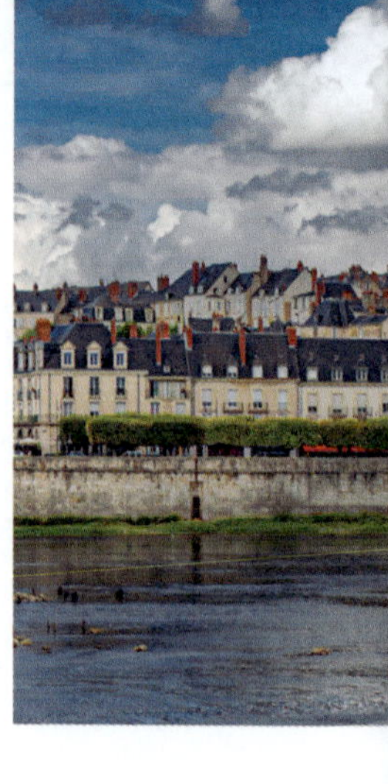

## 22 Vendôme

**D3 Loir-et-Cher**
**15 700 47 Rue Poterie; +33 2 5477 0507**
**Fr, So vendome-tourisme.fr**

Die einstige Pilgerstation auf dem Jakobsweg ist durch den Anschluss an den TGV Ziel moderner Wallfahrer. Viele Pendler, die in Paris arbeiten, ziehen das in zwei Stunden erreichbare Vendôme als Wohnsitz der teuren Hauptstadt vor.

Um alte Steinhäuser fließt der Loir, in dem sich üppige Gärten und schicke Restaurants spiegeln. Zu den eindrucksvollsten Grünanlagen gehört der Parc Ronsard.

Ein Spaziergang führt an einem mittelalterlichen Waschhaus *(lavoir)* und an einer mehr als 250 Jahre alten Platane vorbei. Größtes Baudenkmal ist die 1034 gegründete Abbaye de la Trinité. Vom ursprünglichen Bau blieb nur der Glockenturm. Das Kirchenportal ist ein Meisterwerk des gotischen Flamboyant-Stils. Das Innere enthüllt romanische Kapitelle und Chorgestühl aus dem 14. Jahrhundert.

Hoch über dem Fluss liegt das verfallene Château, das die Grafen von Vendôme erbauten (13./14. Jh.).

## 23 Blois

**D3 Loir-et-Cher**
**46 600 5 Rue de la Voûte Mi, Sa**
**bloischambord.com**

Die Stadt war einst Lehen der Grafen von Blois und gewann im 15. Jahrhundert als Kronbesitz Bedeutung. Die historischen Fassaden strahlen Atmosphäre aus. Schloss, Kathedrale und Fluss begrenzen das architektonische Altstadtjuwel, das hügelige Vieux Blois, heute teilweise Fußgängerzone.

↑ *Eine noch aus dem Mittelalter stammende Steinbrücke überquert die Loire bei Beaugency*

*Die Cathédrale St-Louis in Blois am Nordufer der Loire*

Das **Château Royal de Blois** am Nordufer der Loire war Hauptresidenz der Könige, bis Henri IV 1598 den Hof nach Paris verlegte. Die vier Schlossflügel sind verschieden, bilden aber ein harmonisches Ensemble. In der Salle des États Généraux (13. Jh.), dem besterhaltenen und größten gotischen Saal Frankreichs, versammelten sich Kronrat und Hof. Der Louis-XII-Flügel (15. Jh.) mit dem Musée des Beaux-Arts verbindet gotische Formgebung mit dem Geist der Renaissance. Ihn zieren Motto und Wappentier (Stachelschwein) des Königs. Im Flügel von François I (16. Jh.), einem Meisterwerk der Renaissance, zieht sich eine Wendeltreppe durch einen achteckigen Turm.

Von der bewegten Vergangenheit erzählen Bilder, darunter eine Zeichnung von der Ermordung des Herzogs von Guise. Vier der 237 geschnitzten Wandpaneele in Catherine de Médicis' Arbeitszimmer bergen Geheimtüren. Hier soll sie ihr Gift aufbewahrt haben.

Den Ostteil der Stadt beherrscht die gotische Cathédrale St-Louis. Sie wurde 1678 bei einem Sturm fast vollständig zerstört und wiederaufgebaut. Das um 1700 erbaute ehemalige Bischöfliche Palais beherbergt heute das Hôtel de Ville (Rathaus).

An der Place Louis-XII, dem Marktplatz, fallen einige schöne Fassaden (17. Jh.), Balkone und Fachwerkhäuser ins Auge. Die Rue Pierre-de-Blois, eine pittoreske Gasse, schlängelt sich zum mittelalterlichen jüdischen Getto. Die Rue des Juifs säumen vornehme *hôtels particuliers*, etwa das mit Galerien, Renaissance-Torbogen und Innenhof versehene Hôtel de Condé und das Hôtel Jassaud mit einem Relief (16. Jh.) über dem Toreingang. An der Place Vauvert steht ein sehenswertes Fachwerkhaus.

**Château Royal de Blois**
**6 Place du Château · Jan–März, Nov, Dez: tägl. 10–17; Apr–Juni, Sep, Okt: tägl. 9–18:30; Juli, Aug: tägl. 9–19 · 1. Jan, 25. Dez**
**chateaudeblois.fr**

## 24 Loir

**C3 · Loir-et-Cher**
**Tours · Vendôme**
**Montoire-sur-le-Loir**
**Rue Marescot, Montoire-sur-le-Loir; +33 2 5477 0507**
**vendome-tourisme.fr**

Nördlich der Loire verströmt der Loir eher ländlichen Charme. Auf der reizvollsten Strecke zwischen Vendôme und Trôo locken Höhlenwohnungen, Wanderpfade, Weinproben, Angelmöglichkeiten und Bootsausflüge.

Les Roches-l'Évêque umfasst in Felsen gehauene Höhlenwohnungen. Flussabwärts liegt Lavardin mit romanischer Kirche, Fachwerkhäusern und verfallenem Château. Romanische Fresken zieren die Chapelle St-Gilles in Montoire-sur-le-Loir. Auch Trôo ist bekannt für seine Höhlenwohnungen.

### Höhlenwohnungen (Troglodyten)

In den weichen Kalkstein des Loire-Tals und entlang des Loir wurden über Jahrhunderte die erstaunlichsten Höhlenbehausungen Frankreichs gehauen. Dafür höhlte man die Felsflanken aus oder grub sich in den Untergrund und gewann auf diese Weise sichere Unterkünfte, Lagerräume oder Ställe. Heute dienen die Höhlenwohnungen als Weinlager oder Hotels mit sehr eigenem Charme. Das Museum in Rochemenier (www.troglodyte.fr) illustriert das Phänomen.

25

## Orléans

D3 Loiret 117 000
23 Pl du Martroi
Di–So tourisme-orleansmetropole.com

Die moderne Brücke über die Loire symbolisiert die wachsende Bedeutung von Orléans im Herzen Frankreichs und Europas. Besuchern fällt die enge Beziehung zu Jeanne d'Arc auf. Die »Jungfrau von Orléans«, die hier 1429 Frankreich von den Engländern befreite, ist seit ihrem Märtyrertod 1431 in Rouen allgegenwärtig. Alljährlich erinnern am 29. April sowie am 1., 7. und 8. Mai Theaterspiele an der Place Sainte-Croix und Gottesdienste in der Kathedrale an die Befreiung der Stadt.

Durch die im Zweiten Weltkrieg schwer beschädigte, großteils wiederaufgebaute Altstadt (Vieil Orléans) weht noch ein Hauch vergangener Größe. Sie wird begrenzt von der Kathedrale, der Loire und der Place du Martroi, auf der sich eine Reiterstatue der hl. Johanna befindet. Audiovisuelle Medien berichten im nahen, 1961 rekonstruierten Fachwerkhaus **Maison de Jeanne d'Arc** vom Leben Johannas.

Von der Place du Martroi führt die Rue d'Escures an Renaissance-Häusern vorbei zur Kathedrale. Im größten Gebäude, dem aus Backstein erbauten **Hôtel Groslot** (16. Jh.), wohnten die Könige Charles IX, Henri III und Henri IV. Hier starb 1560 im Alter von 17 Jahren François II, nachdem er mit seiner Kindbraut Mary (der späteren Königin von Schottland) einer Versammlung der États Généraux beigewohnt hatte. Das Gebäude diente von 1790 bis 1982 als Rathaus der Stadt. Es beherbergt Erinnerungsstücke an Jeanne d'Arc und wird darüber hinaus für Hochzeiten und offizielle Veranstaltungen genutzt.

### Nationalheldin Jeanne d'Arc

Jeanne d'Arcs Feldzug zur Vertreibung der Engländer aus Frankreich im Hundertjährigen Krieg hat Dramatiker und Dichter von Voltaire bis Brecht inspiriert. Sie zog die Truppen zusammen und siegte 1429 bei Orléans über die Engländer. 1430 wurde Jeanne gefangen gesetzt und an die Engländer ausgeliefert. Als Hexe und Ketzerin verurteilt, starb sie 1431 mit 19 Jahren in Rouen auf dem Scheiterhaufen. Als Märtyrerin wurde sie 1920 heiliggesprochen.

→ *Reiterstatue von Jeanne d'Arc*

Fast genau gegenüber dem Hôtel Groslot und neben dem neuen Rathaus zeigt das **Musée des Beaux-Arts** eine Sammlung europäischer Kunstwerke aus dem 16. bis 20. Jahrhundert.

Der Bau der imposanten Cathédrale Sainte-Croix wurde im späten 13. Jahrhundert begonnen. Im Jahr 1568 wurde sie von Hugenotten zerstört und zwischen dem 17. und 19. Jahrhundert im neogotischen Stil wiederaufgebaut.

**Maison de Jeanne d'Arc**
3 Pl du Général de Gaulle +33 2 3852 9989
Di–So 10–18 (Okt–März: ab 14) Feiertage
jeannedarc.com.fr

**Hôtel Groslot**
Pl de l'Étape +33 2 3879 2230 Mo–Fr 8:30–17:30

**Musée des Beaux-Arts**
1 Rue Fernand Rabier +33 2 3879 2183
Di–Sa 10–18 (Do bis 20), So 13–18 Feiertage

→ *Konzert unter freiem Himmel im Jardin des Prés Fichaux, Bourges*

26

## St-Benoît-sur-Loire

D3 Loiret 2000
55 Rue Orléanaise; +33 2 3835 7900
tourisme-valdesully.fr

Am Ufer der Loire zwischen Orléans und Gien steht in St-Benoît-sur-Loire eine der schönsten romanischen Abteikirchen Frankreichs. Die zwischen 1067 und 1108 er-

baute Kirche ist der einzige Überrest eines 650 n. Chr. gegründeten Klosters. Ihr Name erinnert an den hl. Benedikt, dessen Reliquien Ende des 7. Jahrhunderts hierher überführt wurden.

Kapitelle mit biblischen Szenen schmücken die Vorhalle des Glockenturms. Sehenswert sind das hohe, luftige Schiff und das Muster des italienischen Marmors auf dem Chorboden. Bei den Messen erklingen gregorianische Gesänge.

## Bourges

**D4 Cher 64 300**
**Pl Simone Veil**
**Di – So bourgesberry tourisme.com**

Von der gallorömischen Siedlung haben nur die Mauern überlebt. Bourges erinnert vor allem an Jacques Cœur. Der reichste und mächtigste Kaufmann des Mittelalters war Selfmademan und unter anderem auch erfolgreicher Waffenhändler – eine Tradition, die sich vier Jahrhunderte lang fortsetzte. Sogar Napoléon III ließ seine Kanonen 1862 in Bourges herstellen. Das über gallorömischen Mauern errichtete **Palais Jacques Cœur**, ein 1453 vollendetes gotisches Juwel, zieren Cœurs Wappen (Jakobsmuscheln und Herzen) und – ein Wortspiel mit dem Familiennamen – das Motto: »A vaillans cuers riens impossible.« (»Einem tapferen Herzen ist nichts unmöglich.«) Eine 45-minütige Tour stellt die Galerie mit Tonnengewölbe, die Kapelle und den Raum mit türkischen Bädern vor.

Die Rue Bourbonnoux führt zu St-Étienne, Frankreichs geräumigster gotischer Kathedrale, die der Pariser Notre-Dame sehr ähnelt. Das mittlere ihrer fünf Westportale zeigt eine Darstellung des Jüngsten Gerichts. Die Zünfte spendeten die Buntglasfenster (13. Jh.) im Chor. Die Krypta birgt das Grabmal des Duc de Berry, des Auftraggebers der illustrierten Handschrift *Les Très Riches Heures*. Vom Nordturm schweift der Blick über das mittelalterliche Viertel hin zur Marschlandschaft (nur im Sommer im Rahmen einer Führung). Neben der Kathedrale beeindrucken eine Zehntscheune und Reste gallorömischer Befestigungsanlagen.

### Schon gewusst?

**An Sommerabenden werden die mittelalterlichen Bauten in Bourges prachtvoll illuminiert.**

Am südlichen Yèvre-Ufer liegt der Jardin des Prés Fichaux mit Teichen und Freilichtbühne. Der Marais de Bourges am Nordrand der Stadt kann am besten per Boot erkundet werden.

**Umgebung:** 35 Kilometer südlich von Bourges erhebt sich in der Region Berry die Abbaye de Noirlac (1136), eines der am besten erhaltenen Zisterzienserklöster Frankreichs.

**Palais Jacques Cœur**
**Rue Jacques Cœur siehe Website**
**Feiertage palais-jacques-coeur.fr**

# Schlössertour durch die Sologne

**Länge** 60 km **Rasten** Château de Beauregard; Château de Villesavin **Gelände** flach

Die Sologne ist eine idyllische, von Weingütern umgebene Wald- und Marschlandschaft. Die hier vorgestellte mehrtägige Route führt zu verschiedenartigen Loire-Schlössern. Die fünf Châteaux bieten – vom Feudalstil über Renaissance-Details bis zum Klassizismus – einen reizvollen Überblick über regionale Baustile. Einige Schlösser sind bewohnt, können aber dennoch besichtigt werden.

**Château de Beauregard** wurde um 1520 als Jagdschloss für François I errichtet.

**Château de Villesavin** ist ein Beispiel für den Stil der Renaissance.

A10
Chambord
Blois
Dhuizon
D766
St-Gervais-la-Forêt
D13
*Château de Villesavin*
Bracieux
*Château de Beauregard*
Loire
D751
D77
D102
D120
Cellettes
Candé-sur-Beuvron
Fontaines-en-Sologne
D956
Cour-Cheverny
D77
*Château de Cheverny*
Vernou-en-Sologne
*Château de Chaumont*
D751
Les Montils
D765
START
Chaumont-sur-Loire
D764
Courmemi
Fougères-sur-Bièvre
D20
D120
Sambin
Fresnes
Veilleins
Contres
Soings-en-Sologne
Mur-de-Sologne
D675
Pontlevoy
D20
D765
D764
Choussy
ZIEL
Lassay-sur-Croisne
Couddes
D956
*Château du Moulin*
Chémery
Gy-en-Sologne
D675
A85
A85

**Château de Chaumont** eröffnet einen wundervollen Blick über die Loire.

**Château de Cheverny** ist noch heute in Familienbesitz.

**Château du Moulin** gilt als »Perle der Sologne«.

Loire-Tal
*Schlössertour durch die Sologne*

**Zur Orientierung**
*Siehe Karte S. 288f*

0 Kilometer 6
N

## Schon gewusst?

Der Miniaturpark in Amboise zeigt verkleinerte Modelle zahlreicher Loire-Schlösser.

↑ *Château de Chaumont – ein Schloss wie aus dem Märchen*

*Roche de Solutré – Felsen im Weinbaugebiet bei Mâcon* (siehe S. 335)

# Burgund und Franche-Comté

Die sanften Ebenen und hohen Alpenwälder machten diese Region zu einem attraktiven Ziel für die ersten Siedler, die keltischen Sequanis. Als die Römer einzogen, gründeten sie Dijon an der Stelle einer früheren Siedlung, die an der Straße von Lyon nach Paris lag. Im 3. Jahrhundert wurde die Stadt dank ihrer Stellung als Handelszentrum befestigt, im 5. Jahrhundert kam es zu einem Bündnis mit den Burgundern, daher der Name. Unter den Herzögen von Valois war Burgund im 14. und 15. Jahrhundert der mächtigste Rivale Frankreichs, dessen Territorium sich weit über seine heutigen Grenzen hinaus erstreckte. Im 16. Jahrhundert wurde das Herzogtum zwar von Gouverneuren regiert, die vom französischen König ernannt wurden, doch behielt es weiterhin seine Privilegien und Traditionen.

Einst ein Teil Burgunds, kämpfte die »Freigrafschaft« Franche-Comté darum, von der französischen Krone unabhängig zu bleiben, und schloss sich sogar mit Spanien zusammen, um ihre Souveränität zu behalten. 1674 wurde sie von Louis XIV annektiert. In Besançon, der neuen Hauptstadt der Provinz, wurden ein Parlament und eine Universität gegründet, doch separatistische Gruppen blieben bis zum 18. Jahrhundert lautstark.

Heute betrachtet sich Burgund als das Herz Frankreichs, eine wohlhabende Region mit weltberühmtem Wein, bodenständiger Küche und prächtiger Architektur. Währenddessen bleibt die Franche-Comté im Osten ein weitgehend ländliches Gebiet, das aus einer Mischung aus hügeligen, landwirtschaftlich genutzten Ebenen, Seen und waldbedeckten Bergen besteht.

Burgund und Franche-Comté
CHAMPAGNE-ARDENNE
Île-de-France
Seiten 166–183
Champagne
Seiten 204–215
Loire-Tal
Seiten 286–311
CENTRE
BOURGOGNE
Massif Central
Seiten 338–359
1 Abbaye de Fontenay
2 Basilique Ste-Madeleine
4 Auxerre
5 Sens
6 Chablis
7 La Puisaye-Forterre
8 Tonnerre
9 Château de Tanlay
10 Château d'Ancy-le-Franc
11 Châtillon-sur-Seine
12 Alise-Ste-Reine
13 Morvan
14 Avallon
15 Saulieu
16 Nevers
17 Semur-en-Auxois
20 Brionnais
21 Cluny
22 Autun
23 Paray-le-Monial
Reims
Épernay
Châlons-en-Champagne
Troyes
Bourges
Montargis
Gien
Moulins
Vézelay
Joigny
Pontigny
Digoin
Le Creusot
Lapalisse
0 Kilometer 30
N

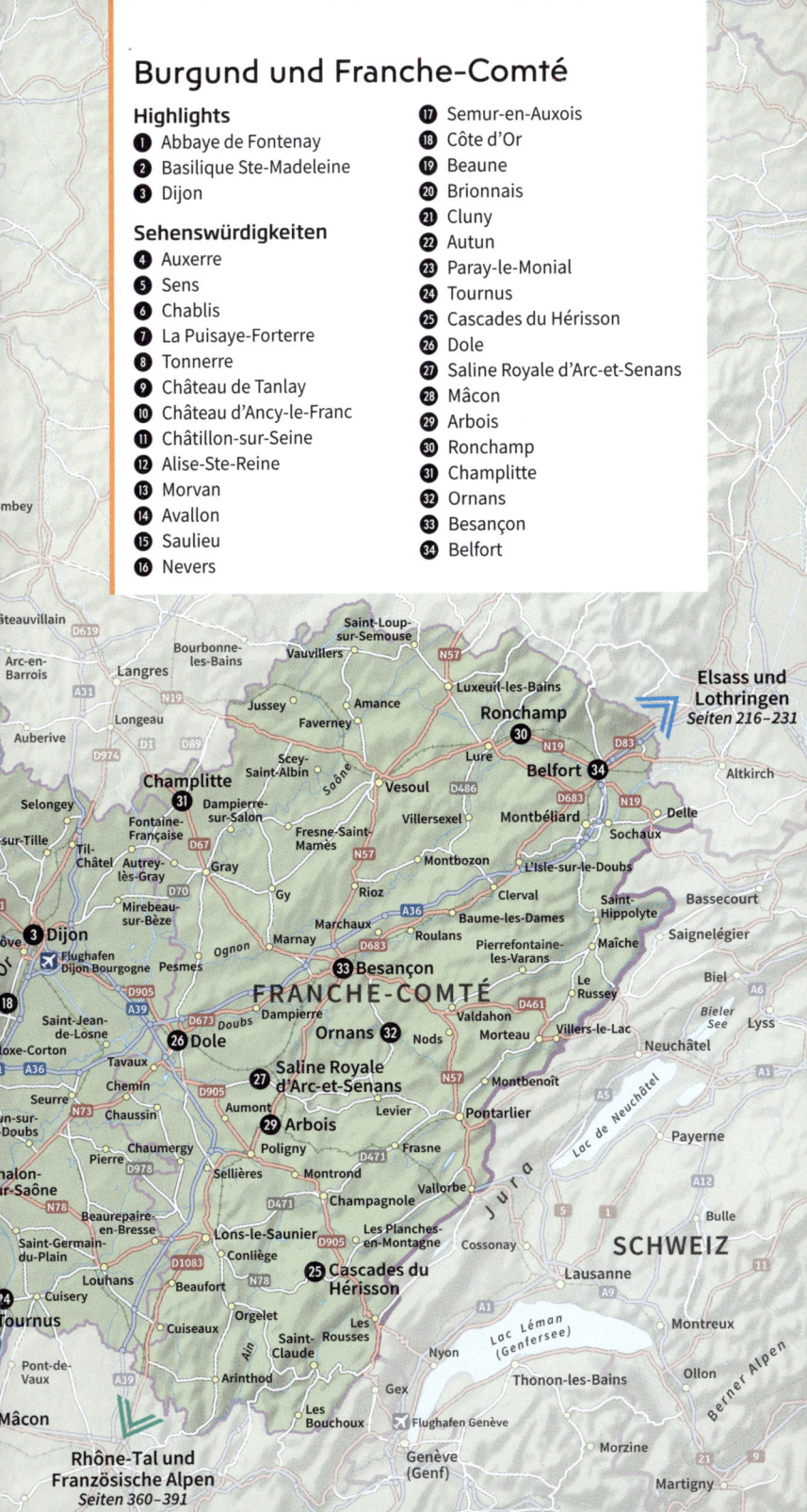

# Burgund und Franche-Comté

**Highlights**

1. Abbaye de Fontenay
2. Basilique Ste-Madeleine
3. Dijon

**Sehenswürdigkeiten**

4. Auxerre
5. Sens
6. Chablis
7. La Puisaye-Forterre
8. Tonnerre
9. Château de Tanlay
10. Château d'Ancy-le-Franc
11. Châtillon-sur-Seine
12. Alise-Ste-Reine
13. Morvan
14. Avallon
15. Saulieu
16. Nevers
17. Semur-en-Auxois
18. Côte d'Or
19. Beaune
20. Brionnais
21. Cluny
22. Autun
23. Paray-le-Monial
24. Tournus
25. Cascades du Hérisson
26. Dole
27. Saline Royale d'Arc-et-Senans
28. Mâcon
29. Arbois
30. Ronchamp
31. Champlitte
32. Ornans
33. Besançon
34. Belfort

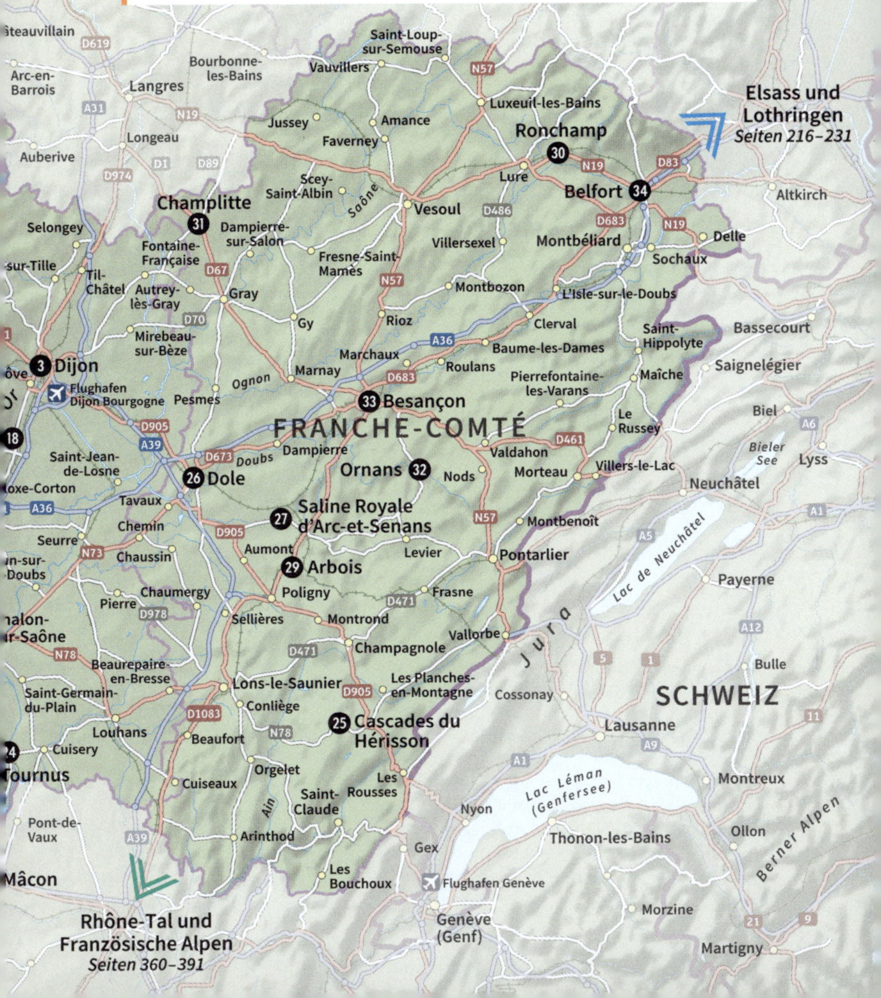

**Elsass und Lothringen**
*Seiten 216–231*

**Rhône-Tal und Französische Alpen**
*Seiten 360–391*

# Abbaye de Fontenay

E3 · Côte d'Or · Montbard · +33 3 8092 1500
Jan – März: tägl. 10 – 12; Apr – Mitte Nov: tägl. 10 – 18; Mitte Nov – Dez: tägl. 14 – 17 · abbayedefontenay.com

**Der hl. Bernhard von Clairvaux gründete die Abtei im Jahr 1118. Frankreichs ältestes erhaltenes Zisterzienserkloster vermittelt einen seltenen Einblick in das Leben der Mönche dieses Ordens.**

Das Kloster liegt tief im Wald, in jener Abgeschiedenheit, nach der die Zisterzienser suchten. Mit Unterstützung der lokalen Aristokratie konnte das Kloster gedeihen. Es bestand bis zur Französischen Revolution. Danach wurde es in eine Papierfabrik umgewandelt, wechselte 1906 erneut den Besitzer und wurde schließlich originalgetreu restauriert. Die Ideale des Zisterzienserordens finden im erhabenen Ernst der romanischen Klosterkirche und dem schlichten, doch eleganten frühgotischen Kapitelsaal Ausdruck.

**Schon gewusst?**

Die klösterlichen Schreiber konnten sich in der Wärmestube der Abtei die Hände aufwärmen.

Von der **Bäckerei** blieben nur der Ofen und der Kamin (13. Jh.) erhalten.

Im **Gästeraum** boten die Mönche erschöpften Wanderern und Pilgern Kost und Logis.

In der **Schmiede** stellten die Mönche Werkzeuge und Eisenwaren her.

↑ *Abbaye de Fontenay: weitläufige Klosteranlage mit vielen Gebäuden*

### Der hl. Bernhard und die Zisterzienser

1112 trat Bernhard von Clairvaux, ein Sprössling des burgundischen Adels, den Zisterziensern bei. Die Mönche dieses Ordens wollten allem Weltlichen entsagen und fromm für sich leben. Unter Bernhard stiegen die Zisterzienser zu einem der größten und namhaftesten Orden der Zeit auf. Dies war auch der Persönlichkeit Bernhards zu verdanken, der als Schriftsteller, Theologe, Diplomat und Staatsmann wirkte. 1174, nur 21 Jahre nach seinem Tod, wurde er heiliggesprochen.

Highlight

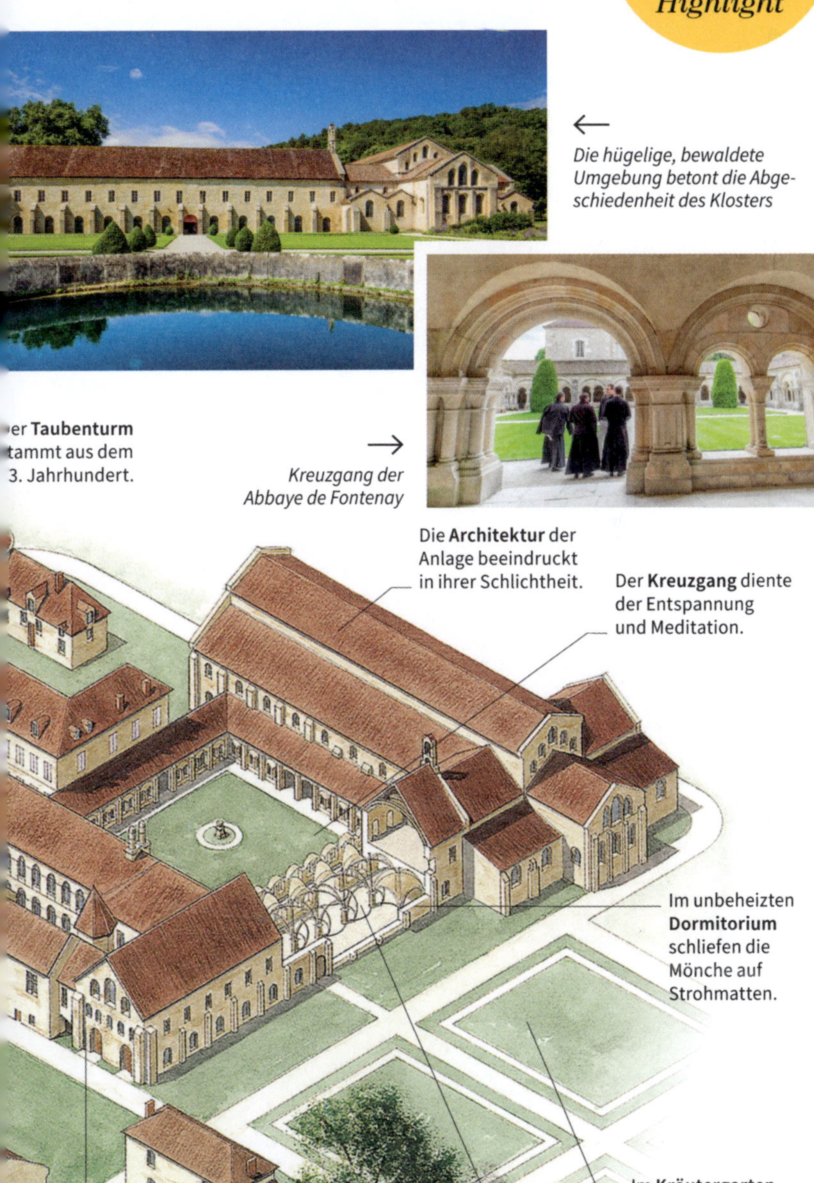

Die **Architektur** der Anlage beeindruckt in ihrer Schlichtheit.
Der **Kreuzgang** diente der Entspannung und Meditation.
Im unbeheizten **Dormitorium** schliefen die Mönche auf Strohmatten.
Im **Kräutergarten** kultivierten die Mönche Heilpflanzen, die sie für Arzneien verwandten.


← *Die hügelige, bewaldete Umgebung betont die Abgeschiedenheit des Klosters*

er **Taubenturm** tammt aus dem 3. Jahrhundert.

→ *Kreuzgang der Abbaye de Fontenay*

Einmal täglich versammelten sich die Mönche im **Kapitelsaal**, um interne Angelegenheiten zu erörtern.

Im **Skriptorium** fertigten die Mönche Kopien alter Handschriften an und erhielten sie so für künftige Generationen.

**Krankenstation**

# Basilique Ste-Madeleine

E3 Vézelay Sermizelles +33 3 8633 3950
Mo 8–20, Di–So 7–20 basiliquedevezelay.org

**Goldgelb und schon aus großer Entfernung sichtbar schimmert die romanische Basilique Ste-Madeleine auf dem Hügel über dem Städtchen Vézelay. Besucher treten hier in die Fußstapfen mittelalterlicher Pilger und steigen über die schmale Straße zur einstigen Klosterkirche hinauf. Sie galt im 12. Jahrhundert als Hüterin der Reliquien Maria Magdalenas und war ein wichtiger Treffpunkt für Pilger.**

Wegen ihrer Lage an der Route nach Santiago de Compostela war die Basilique Ste-Madeleine als Etappenziel für Wallfahrer auf dem Weg in die spanische Stadt von herausragender Bedeutung. Diese sank zeitweilig infolge der Religionskriege des 16. Jahrhunderts sowie der Französischen Revolution 1789. Eine Gruppe von Franziskanermönchen kümmerte sich um den Erhalt der Anlage, die ihre einstige Bedeutung wiedererlangte. Die im Wesentlichen romanische Kirche ist nicht nur ein viel besuchtes Pilgerziel, sondern birgt auch eine Reihe kunsthistorischer Schätze, höchst eindrucksvoll gestaltet ist etwa der gotische Chor.

Die Abtei, die einst die geistlichen und weltlichen Geschicke der Umgebung bestimmte, beherrscht noch heute das Bild von Vézelay. 1979 wurde die Anlage von der UNESCO zum Welterbe erklärt.

## Weitere Attraktionen in Vézelay

Der weit über Frankreich hinaus bekannte Wallfahrtsort zählt zu den schönsten Dörfern des Landes. Sehenswert sind die Reste des Verteidigungswalls um Vézelay mit dem mächtigen Stadttor Porte Neuve aus dem 14. Jahrhundert. Die Maison Jules Roy in der Nähe der Basilique Ste-Madeleine erinnert an den lange Zeit in Vézelay lebenden Schriftsteller (1907–2000). Von der hübschen Gartenanlage hat man eine schöne Aussicht.

Die **Fassade** (1150) wurde im 13. Jahrhundert mit einem weiteren Fenster versehen.

Die **Tour St-Michel** wurde nach der Statue des Erzengels im Südwesteck benannt.

Das **Tympanon** zeigt Christus auf dem Thron.

Der **Narthex** war ein Ort d Zusammenk

*Highlight*

↑ *Beim gotischen Chor wurde auf perfekte Proportionen geachtet*

→ *Romanischer Innenraum der Basilique Ste-Madeleine*

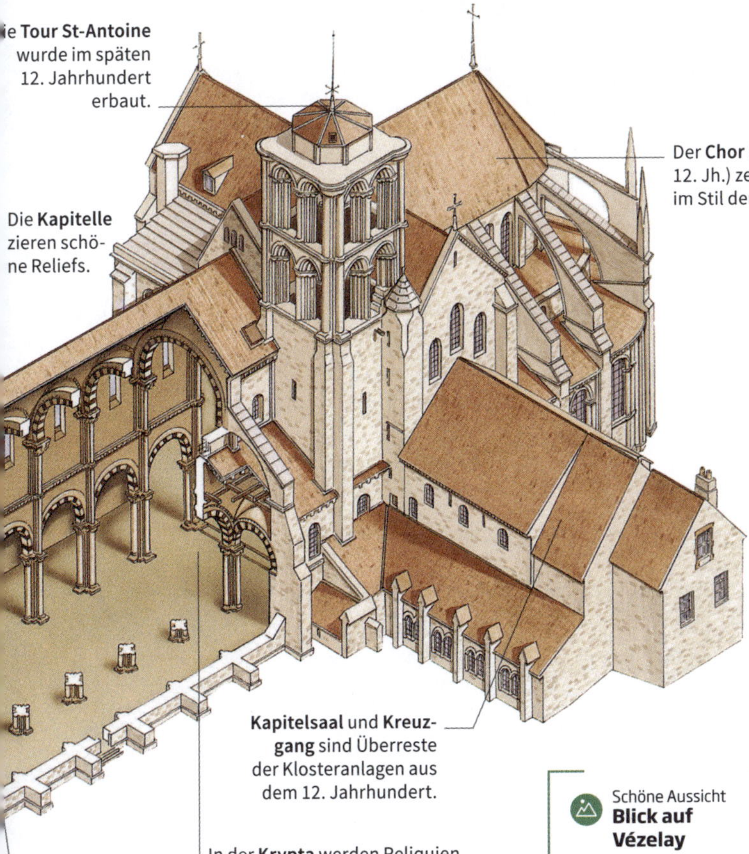

ie **Tour St-Antoine** wurde im späten 12. Jahrhundert erbaut.

Der **Chor** (Ende 12. Jh.) zeigt sich im Stil der Gotik.

Die **Kapitelle** zieren schöne Reliefs.

**Kapitelsaal** und **Kreuzgang** sind Überreste der Klosteranlagen aus dem 12. Jahrhundert.

In der **Krypta** werden Reliquien aufbewahrt, die Maria Magdalena zugeschrieben werden.

Das **Längsschiff** (1120–1135) zieren abwechselnd helle und dunkle Steine.

↑ *Illustration der Basilique Ste-Madeleine in Vézelay*

Schöne Aussicht

**Blick auf Vézelay**

Von der exponiert auf einem Hügel stehenden Basilique Ste-Madeleine bietet sich ein wundervoller Blick auf die roten Dächer von Vézelay und die Umgebung.

# Dijon

F4 Côte d'Or 159 000 Cour de la Gare 11 Rue des Forges; +33 3 8044 1144 Di, Fr, Sa Florissimo (März); Fête de la Vigne (Sep); Festival International de Musique Méchanique (Sep) destinationdijon.com

**Dijons Stadtkern ist eine architektonische Perle. Die Hauptstadt von Burgund besitzt eine lebhafte Kulturszene und eine namhafte Universität. Die kostbarsten Kunstschätze sind im Palais des Ducs untergebracht. Dijon ist darüber hinaus berühmt für seinen Senf und das *pain d'épices* (Pfefferkuchen).**

## ① Musée des Beaux-Arts

**Palais des États de Bourgogne, Cour de Bar siehe Website Feiertage beaux-arts.dijon.fr**

Das Palais des Ducs birgt Dijons exquisite Kunstsammlung. Der Salle des Gardes im ersten Stock wird von den riesigen Mausoleen der Herzöge dominiert mit Gräbern, die von Claus Sluter (um 1345–1405) geschaffen wurden. Die Kunstsammlung präsentiert Werke niederländischer und flämischer Meister sowie Skulpturen von Sluter und François Rude. Frühe deutsche und Schweizer Maler sind ebenso vertreten wie französische Kunst des 19. und 20. Jahrhunderts aus der Donation Granville.

Von der 46 Meter hohen Tour Philippe le Bon blickt man über die Stadt.

## ② Cathédrale St-Bénigne

**Place St-Bénigne tägl. 8–20 cathedrale-dijon.fr**

Von der Benediktinerabtei aus dem 11. Jahrhundert sind nur noch sehr wenige Überreste erhalten, darunter auch eine romanische Krypta mit einer schönen Rotunde.

## ③ Musée Archéologique

**5 Rue du Docteur Maret Mi–Mo 9:30–12:30, 14–18 (Nov–März: Mi, Sa, So) Feiertage archeologie.dijon.fr**

Das faszinierende Museum ist im ehemaligen Schlafsaal der Benediktinerabtei St-Bénigne untergebracht. Der Kapitelsaal stammt aus dem 11. Jahrhundert und zeigt eine schöne Sammlung galloromanischer Skulpturen. Im Erdgeschoss des Museums befindet sich der berühmte Christuskopf des Bildhauers Claus Sluter, der ursprünglich aus dem Mosesbrunnen stammt. Der Brunnen befindet sich auf dem Gelände einer psychiatrischen Klinik östlich des Bahnhofs von Dijon. Auf einem sechseckigen Sockel über dem Brunnen steht eine äußerst lebensechte Statue, die Moses und fünf weitere Propheten darstellt.

*Highlight*

*Dijons weitläufige und elegante Place de la Libération in der Dämmerung*

④

## La Cité Internationale de la Gastronomie et du Vin

**⌂ Rue de l'Hôpital, Dijon**
**◷ siehe Website W citedelagastronomie-dijon.fr**

Der markante Komplex, zu dem ein Teil des ehemaligen Krankenhauses der Stadt (15. Jh.) gehört, ist ein wahrer Tempel der Gastronomie und des Weins. Im Inneren gibt es ein Dorf, eine Kochschule und eine Weinboutique mit mehr als 3000 Positionen, von denen 250 verkostet werden können. Es gibt es auch betreute Weinproben, Ausstellungen zum Thema Essen und Wein sowie ein Interpretationszentrum, in dem die Geschichte von Dijon anhand interaktiver Ausstellungen und Modelle entdeckt werden kann.

## Hotels

**Vertigo Hôtel**

Das stilvolle Hotel nahe dem Zentrum hat ein exzellent ausgestattetes Spa. Die Bar ist wunderbar für einen Drink nach dem Sightseeing.

**⌂ 3 Rue Devosge**
**W vertigohoteldijon.com**

**Hostellerie du Chapeau Rouge**

Das Hotel mit 28 Zimmern liegt in einem historischen Gebäude (19. Jh.). Das Sternerestaurant serviert französische Klassiker.

**⌂ 5 Rue Michelet**
**W chapeau-rouge.fr**

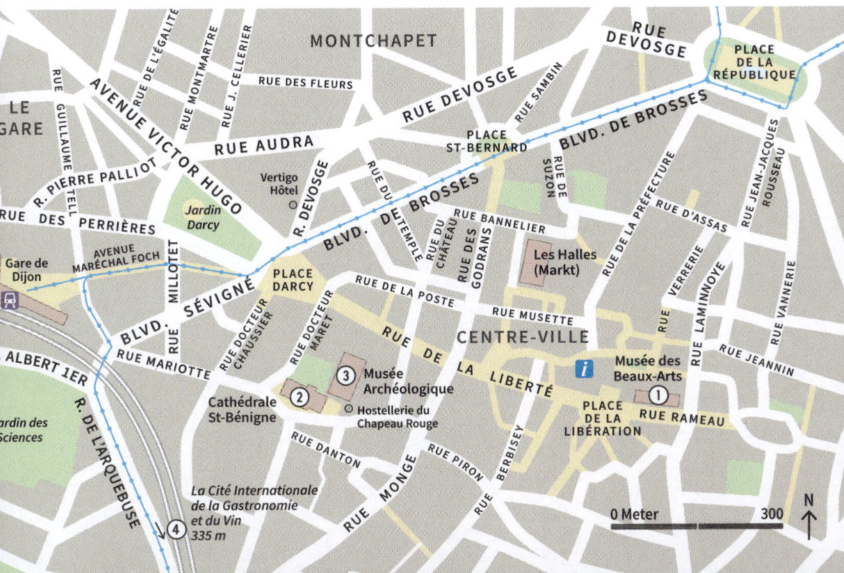

# SEHENSWÜRDIGKEITEN

4

## Auxerre

**E3 Yonne 34 000**
**7 Pl de l'Hôtel de Ville**
**Di, Mi ot-auxerre.fr**

Das oberhalb der Yonne gelegene Auxerre verfügt über eine schöne Fußgängerzone rund um die Place Charles-Surugue und viele Kirchen.

Um 1560 war die gotische Cathédrale St-Étienne fertiggestellt – nach 300 Jahren Bauzeit. Berühmt sind ihre aufwendigen Buntglasfenster (13. Jh.). Gotische Eleganz verkörpert der Chor mit seinen schlanken Pfeilern und kleinen Säulen. Die romanische Krypta schmücken einmalige Fresken (11.–13. Jh.), u. a. eine Szene mit Christus auf einem Schimmel. Aus der Schatzkammer hat eine Sammlung illuminierter Handschriften überlebt.

In der ehemaligen Abteikirche St-Germain wurde der hl. Germanus, Ratgeber des hl. Patrick und im 5. Jahrhundert Bischof von Auxerre, beigesetzt. Als Gründung von Königin Chlothilde, der Gemahlin des Frankenkönigs Chlodwig, hat die Abtei hohen historischen Wert. Die Krypta stammt teils aus karolingischer Zeit und birgt Grabstätten und Fresken aus dem 11. bis 13. Jahrhundert. Die Abtei beherbergt das **Musée St-Germain** mit gallorömischen Funden aus der Region. Es gibt auch kostenlose Führungen durch die Krypta.

**Musée St-Germain**
**2 Place St-Germain**
**+33 3 8618 0290**
**vorab tel. informieren**
**Feiertage**

5

## Sens

**E3 Yonne 26 800**
**6 Rue du Général Leclerc; +33 3 8665 1949**
**Mo, Fr, Sa, So**
**tourisme-sens.com**

Schon als Caesar nach Gallien vordrang, besaß das Städtchen Sens Bedeutung. Von hier kamen die Senonen, deren hinterlistigen Anschlag auf Roms Kapitol eine Gänseschar vereitelte.

Die 1140 erbaute Cathédrale St-Étienne, die älteste der großen gotischen Kathedralen, ist der ganze Stolz der Stadt. Ihre schlichte Noblesse beeinflusste den Bau vieler anderer Kirchen. König Louis IX ließ sich in St-Étienne trauen. Die kostbaren Buntglasfenster (12.–16. Jh.) zeigen biblische Szenen, die Wurzel Jesse sowie Thomas Becket (Erzbischof von Canterbury), der hier im Exil lebte. Seine liturgischen Gewänder sind in den **Musées de Sens** zu sehen. Zu den Exponaten der exquisiten Sammlung zählt ein byzantinischer Schrein (11. Jh.).

Das Kunstfestival Musicasens zieht alljährlich im Juli Scharen von Besuchern an.

### Colette

Die französische Autorin und Varietékünstlerin Colette (1873–1954) wurde in St-Sauveur-en-Puisaye bei La Puisaye-Forterre geboren. Bekannt wurde sie 1944 mit dem Roman *Gigi*, vor allem wegen der offenen Behandlung des Ehelebens und der Sexualität. Ihr Geburtshaus wurde in La Maison de Colette (www.maisondecolette.fr) umgewandelt, ein Museum, das ihr Leben und Werk feiert.

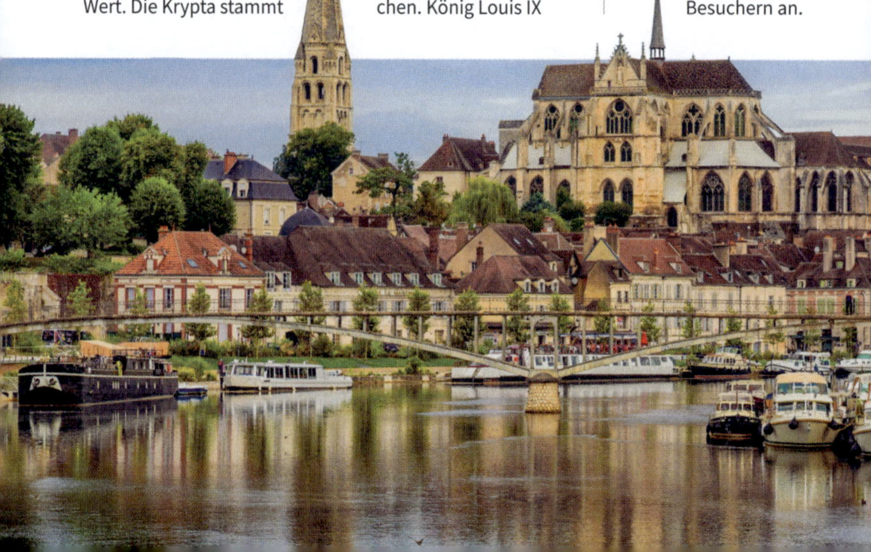

**Les Musées de Sens**
135 Rue des Déportés et de la Résistance +33 3 8664 4622 siehe Website Di, Feiertage musees-sens.fr

6

## Chablis

E3 Yonne 2100 1 Rue du Maréchal de Lattre de Tassigny; +33 3 8642 8080 So escale-chablis.fr

Chablis schmeckt nirgendwo besser als in Chablis. In den Straßen des Weindorfs kann man gut bummeln. Zu Ehren von St-Vincent, Schutzpatron der Winzer, finden im Februar im nahe gelegenen Fyé Prozessionen statt, an denen die Weinbruderschaft »Piliers Chablisiens« teilnimmt.

## La Puisaye-Forterre

E3 Yonne, Nièvre Auxerre, Clamecy, Cosne-Cours-sur-Loire St-Fargeau, St-Sauveur-en-Puisaye Charny puisaye-tourisme.fr

Die Schriftstellerin Colette hat das Waldgebiet von La Puisaye-Forterre dichterisch verewigt. Sie kam in St-Sauveur zur Welt, »in einem Haus, das nur auf der Gartenseite lächelte«. Das **Musée Colette** ist im Schloss der Stadt aus dem 17. Jahrhundert untergebracht.

Die Region erkundet man am besten zu Fuß oder mit dem Rad. Schön ist außerdem eine Zugfahrt mit dem *Transpoyaudin*, der die 27 Kilometer von St-Sauveur nach Villiers-St-Benoît zurücklegt.

Einen Ausflug lohnt das Château de Guédelon, das bis 2030 als mittelalterliche Burg wiederhergestellt werden soll. Das Château de Ratilly (13. Jh.) bei St-Sauveur bietet u. a. Töpferwerkstatt, Kunstausstellungen, Konzerte und Workshops. Aus dem Töpferzentrum St-Amand kommen die Puisaye-Steingutwaren, die im Ofen von Moutiers (18. Jh.) gebrannt werden. Das Steingut und die Fresken in den Kirchen von Moutiers und La Ferté-Loupière sind aus Ocker. Im Château de St-Fargeau fand Anne Marie Louise d'Orléans einst Asyl.

**Musée Colette**
Château St-Sauveur-en-Puisaye +33 3 8645 6195 Apr–Okt: Mi–Mo 10–18

↑ *Großer Saal im Musée Colette, St-Sauveur-en-Puisaye*

*Boote auf dem Fluss Yonne im Zentrum des von Kirchenbauten geprägten Auxerre*

## Hotels

**Maison Lameloise**
Geräumige Zimmer und Restaurant mit drei Michelin-Sternen.
F4 36 Place d'Armes, Chagny lameloise.fr
€€€

**La Montagne de Brancion**
Ein wunderbares Hotel auf dem Land.
F4 Martailly-lès-Brancion, Tournus Nov–Apr lamontagnedebrancion.com
€€€

**Hôtel Le Cep**
Hotel mit einem der Top-Restaurants der Stadt.
F4 27 Rue Maufoux, Beaune hotel-cep-beaune.com
€€€

**Hostellerie des Clos**
Hotel mit heiterem Flair und hervorragendem Restaurant.
E3 18 Rue Jules Rathier, Chablis hostellerie-des-clos.fr

*Sagenumwobene Quelle Fosse Dionne im Zentrum von Tonnerre*

## 8 Tonnerre

**E3 Yonne 4300 12 Rue du Général Campenon Mi, Sa escale-en-tonnerrois.fr**

Die rätselhafte grünliche Quelle Fosse Dionne ist ein Grund, Tonnerre zu besuchen. Sie ergießt große Mengen trüben Wassers in einen Waschplatz (18. Jh.). Tiefe und Wasserdruck haben ihre Erforschung behindert, sodass sich die Sage von einer dort lebenden Schlange hält.

Tonnerres **Hôtel-Dieu** ist 150 Jahre älter als das Hôtel-Dieu von Beaune. Margarethe von Burgund stiftete es 1293 zur Pflege der Armen. Das Ziegeldach wurde Opfer der Französischen Revolution, das Tonnengewölbe aus Eichenholz blieb jedoch erhalten.

**Hôtel-Dieu**

**Place Marguerite de Bourgogne siehe Website Feiertage hoteldieu-tonnerre.com**

## 9 Château de Tanlay

**E3 2 Grande Rue Basse, Tanlay +3 33 8675 7061 März – Mitte Nov: Mi – Mo 10 –17 (nur mit Führung)**

Das von Wassergräben umgebene Château de Tanlay ist ein bezauberndes Beispiel der französischen Renaissance. In der Grande Galerie überrascht ein Trompe-l'Œil, im Eckturm fasziniert ein allegorisches Deckengemälde aus der Schule von Fontainebleau: Es zeigt bekannte Personen des 16. Jahrhunderts, etwa Diane de Poitiers, als antike Gottheiten.

> **Tiefe und Wasserdruck der Quelle Fosse Dionne haben ihre Erforschung behindert, sodass sich die Sage von einer dort lebenden Schlange hält.**

## 10 Château d'Ancy-le-Franc

**E3 Yonne Mitte Feb – Juni, Sep – Mitte Dez: Di – So 10 –12:30, 14 –17 (Apr – Juni, Sep, Okt: bis 18); Juli, Aug: Mo 14 –18, Di – So 10 –18 chateau-ancy.com**

Das Renaissance-Schlosses Château d'Ancy-le-Franc wirkt von außen relativ schlicht, doch im Innenhof überrascht eindrucksvolles Schmuckwerk. Der Italiener Sebastiano Serlio erbaute das Schloss um 1540 für den Herzog von Clermont-Tonnerre. Die Innendekoration stammt von Primaticcio und einigen anderen Künstlern der Schule von Fontainebleau. In der Chambre de Judith et Holophernes zeigt ein Porträt Diane de Poitiers, die Schwägerin des Herzogs und Mätresse von Henri II.

## 11 Châtillon-sur-Seine

**F3 Côte d'Or 5300 Rue du Bourg; +33 3 8091 1319 Sa chatillonnais-tourisme.fr**

Der Zweite Weltkrieg ließ Châtillon in Schutt und Asche zurück. Die Vergangenheit des wiederaufgebauten Städtchens lebt im **Musée du Pays du Châtillonnais** weiter: Dort ist u. a. der Schatz von Vix zu sehen, der 1953 bei Vix am Mont Lassois aus dem Grab einer kelti-

Fotomotiv

**Flavigny-sur-Ozerain**

Berühmt als Kulisse für den Film *Chocolat* gilt dieses Dorf mit seinen roten Dächern als eines der schönsten Frankreichs. Gehen Sie zum Hauptplatz, um ein Foto der Kirche zu machen, die im Film zu sehen ist.

schen Prinzessin (6. Jh. v. Chr.) geborgen wurde. Neben Kunsthandwerk griechischer Herkunft beeindruckt vor allem ein 208 Kilogramm schwerer Bronzekrug.

In der Église St-Vorles sind die Skulpturen der *Grablegung* (1527) eine Besichtigung wert. Interessant ist auch die Grotte an der Quelle der Douix.

**Musée du Pays du Châtillonnais**

**Rue de la Libération Juli, Aug: tägl. 10–17:30; Sep–Juni: Mi–Mo 10–17:30 Feiertage, Jan musee-vix.fr**

12

## Alise-Ste-Reine

**E3–F3 Côte d'Or 570 1 Ave de la Gare, Venarey-les-Laumes alesia-tourisme.net**

Am Mont Auxois, oberhalb des Dorfs Alise-Ste-Reine, besiegte Caesar 52 v. Chr. nach sechswöchiger Belagerung den Keltenfürsten Vercingetorix. Die Mitte des 19. Jahrhunderts begonnenen Ausgrabungen brachten die Reste einer galloromischen Siedlung mit Theater, Forum und Straßen zutage. Die Anlage bildet den **Alésia MuséoParc**. Im Infozentrum erläutern interaktive Medien und Nachbauten alter Kriegsmaschinerie die Belagerung.

Ganz in der Nähe steht auch Aimé Millets riesige Statue des Vercingetorix, die 1865 zum Gedenken an die ersten Ausgrabungen aufgestellt wurde.

**Umgebung:** Im Norden steht das **Château de Bussy-Rabutin**, das von Roger de Bussy-Rabutin recht eigenwillig gestaltet wurde: Einen Raum schmückte der vom Hof Louis' XIV hierher verbannte Leutnant mit den Porträts seiner Mätressen – wohl auch einiger fiktiver.

**Alésia MuséoParc**

**1 Route des Trois Ormeaux Apr–Juni, Sep, Okt: tägl. 10–18; Juli, Aug: tägl. 10–19; März, Nov: tägl. 10–17 alesia.com**

**Château de Bussy-Rabutin**

**Bussy-le-Grand Mai–Sep: tägl. 9:15–13, 14–18; Okt–Apr: tägl. 9:15–12, 14–17 Feiertage chateau-bussy-rabutin.fr**

*Alésia MuséoParc: Ausstellungshalle und Fassade* (Detail) ↓

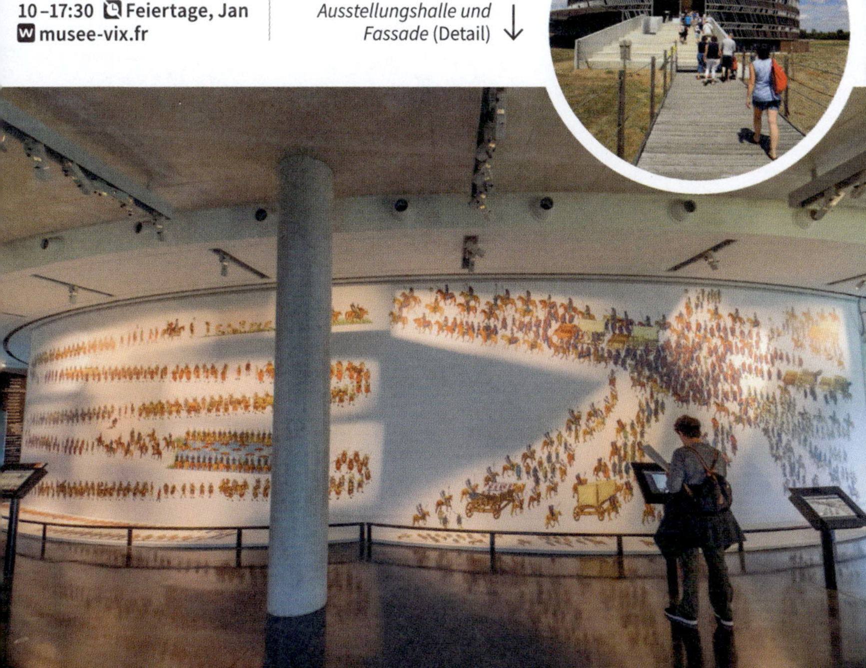

13

## Morvan

E4 Yonne, Côte d'Or, Nièvre, Saône-et-Loire Autun, Montbard Château-Chinon, Saulieu, Avallon 6 Blvd de la République, Château-Chinon; +33 3 8685 0658; Maison du Parc, St-Brisson; +33 3 8678 7957 tourisme.parcdumorvan.org

Das keltische *morvan* bedeutet »schwarzer Berg« – eine Beschreibung des Anblicks, den die dünn besiedelte Gegend aus der Ferne bietet. Sie ragt im Herzen der burgundischen Hügel und Felder unversehens als waldbestandenes Granitplateau auf, das von Nord nach Süd ansteigt und beim Haut-Folin (901 m) die größte Höhe erreicht.

Die Ressourcen des Morvan sind Wasser im Überfluss sowie dichte Eichen-, Buchen- und Nadelwälder. Früher flößte man Holz über die Yonne nach Paris, heute transportieren es Lastwagen. Die Flüsse Yonne, Cousin und Cure dienen der Energiegewinnung. Die Bevölkerung geht zurück, der Morvan galt schon immer als armer, abgelegener Winkel. Die größten Orte – Château-Chinon im Zentrum und Saulieu am Rand – verzeichnen kaum mehr als 3000 Einwohner.

Im Zweiten Weltkrieg war der Morvan eine Bastion der Résistance. Heute ist hier ein regionaler Naturpark eingerichtet. Über Outdoor-Aktivitäten (Vogelbeobachtung, Reitausflüge, Rad-, Kanu- oder Skifahren) informiert die Maison du Parc in St-Brisson. Dort verdient auch das **Musée de la Résistance** einen Besuch.

Den Morvan durchziehen viele kurze und zwei längere Wanderwege: GR13 (Vézelay – Autun) und Tour du Morvan par les Grands Lacs.

**Musée de la Résistance**

**Maison du Parc, St-Brisson siehe Website museeresistancemorvan.fr**

14

## Avallon

E3 Yonne 6400 6 Rue Bocquillot; +33 3 8634 1419 Do, Sa destinationgrandvezelay.com

Die Stadt liegt auf einem Granitvorsprung über dem Cousin. Jahrhundertelang wurde sie von Sarazenen, Normannen, Engländern und Franzosen angegriffen. Ein Spaziergang an den Wehranlagen eröffnet schöne Ausblicke auf das Tal des Cousin.

Entdeckertipp
**Château de Bazoches**

Das Schloss südwestlich von Avallon stammt aus dem 12. Jahrhundert und ist ein Werk des Festungsbaumeisters Maréchal de Vauban. Die Ausblicke von hier sind grandios.

An der Église St-Lazare (12. Jh.) fallen zwei Portale ins Auge. Tierkreiszeichen und die apokalyptischen Reiter zieren die Reliefs des größeren. Im Kirchenschiff gibt es Akanthuskapitelle und Skulpturen.

Das **Musée de l'Avallonnais** zeigt ein kompliziertes Venusmosaik (2. Jh. v. Chr.), Georges Rouaults (1871–1958) expressionistische Radierungsserie *Miserere* und Stücke des renommierten Silberschmieds Jean Després.

**Musée de l'Avallonnais**

**5 Rue du Collège siehe Website musee.ville-avallon.fr**

↑ *Statuen in einer Galerie des Musée de la Faïence et des Beaux-Arts, Nevers*

**Schon gewusst?**

**Der Bildhauer François Pompon aus Saulieu wurde berühmt durch seinen *Ours blanc* (Eisbär).**

## Saulieu

**E4 Côte d'Or 2300 24 Rue d'Argentine; +33 3 8064 0021 Sa saulieu-morvan.fr**

Saulieu am Rand des Morvan war schon im 17. Jahrhundert Hort burgundischer Kochkunst. Damals hielten hier, an der Strecke Paris–Lyon, die Postkutschen. Tierskulpturen von François Pompon und eine Sammlung galloromischer Stelen zeigt das Musée Pompon.

Doch Saulieu lockt nicht allein mit *ris de veau de lait braisé* oder *poularde truffée à la vapeur* Gäste an. In der romanischen Basilique St-Andoche (frühes 12. Jh.) beeindrucken Kapitelle mit Reliefszenen. Eine stellt die Flucht nach Ägypten dar, eine andere den Propheten Bileam mit Esel.

*Herbststimmung bei einem Spaziergang durch einen Laubwald im Morvan*

## Nevers

**E4 Nièvre 32 300 Palais Ducal, Rue Sabatier; +33 3 8668 4600 Sa nevers-tourisme.com**

Wie alle burgundischen Loire-Städte entfaltet Nevers seinen Glanz, wenn man sich vom Westufer des Flusses nähert. Obwohl die Stadt nie von großem historischem Rang war, bietet sie viele Sehenswürdigkeiten. Das Palais Ducal mit schöner Renaissance-Fassade gilt als ältestes Schloss an der Loire. In der romanischen Église St-Étienne (11. Jh.) fallen grazile monolithische Säulen und ein Kranz von Kapellen auf. Die Krypta der gotischen Cathédrale St-Cyr birgt eine Grablegungsgruppe. Auch die Buntglasfenster verdienen Beachtung. Nach einem Bombenangriff 1944 wurden die Fundamente einer Taufkapelle aus dem 6. Jahrhundert entdeckt.

Im 16. Jahrhundert geriet Nevers unter die Herrschaft der Familie Gonzaga. Diese ließ italienische Künstler einreisen, die die Emaille- und Glasbläserkunst einführten. Das Kunsthandwerk wird in Nevers noch heute gepflegt. Die Arbeiten in Blau, Weiß, Gelb und Grün sind am kleinen grünen, arabesken Knoten *(nœud vert)* zu erkennen. Im **Musée de la Faïence et des Beaux-Arts** kann man Exponate sehen.

**Umgebung:** Im Süden von Nevers führt der Pont du Guétin den Loire-Kanal majestätisch über den Fluss Allier. In der Kirche von St-Parize-le-Châtel tummelt sich an den Kapitellen der Krypta die burgundische Tierwelt in Stein.

**Musée de la Faïence et des Beaux-Arts**

**16 Rue St-Genest Mi–So 10–18 culture.nevers.fr**

### Goldenes Zeitalter von Burgund

Während die Kapetinger in den Hundertjährigen Krieg verstrickt war, bauten die Herzöge von Burgund eines der mächtigsten Reiche Europas auf, zu dem auch Flandern und Teile Hollands gehörten. Mit der Regierungszeit Philippes le Hardi (1342–1404) entwickelte sich der herzogliche Hof zu einer treibenden Kraft. Er förderte Künstler, darunter auch Maler wie Rogier van der Weyden und die Brüder van Eyck sowie Bildhauer wie Claus Sluter. Nach dem Tod von Charles le Hardi 1477 zerfiel das Herzogtum, der größte Teil von Burgund wurde Frankreich angegliedert.

Weite Gebiete der malerischen Côte d'Or werden für den Weinbau genutzt

## 17 Semur-en-Auxois

**E3 Côte d'Or 4100**
**2 Place Gaveau**
**So terres-auxois.fr**

Nähert man sich von Westen, bietet Semur-en-Auxois einen überraschenden Anblick. Unvermittelt ragen über dem Pont Joly und dem Fluss Armançon massive runde Wachtürme (14. Jh.) auf. Die Église Notre-Dame wurde der Kathedrale von Auxerre nachempfunden. Die Fassade wurde im 15. und 19. Jahrhundert restauriert. Die Kirche besitzt bedeutende Kunstwerke: Von der Legende des ungläubigen Thomas berichtet das Tympanonrelief des Nordportals. Antoine le Moituriers Grablegungsgruppe stammt aus dem 15. Jahrhundert. Die Buntglasfenster illustrieren das Leben der hl. Barbara und die Arbeit der Zünfte.

Fassade der Église Notre-Dame in Semur-en-Auxois

**Umgebung:** Ein Graben umgibt das **Château d'Époisses** (11.–18. Jh.). Es vereint mittelalterliche Türme und Renaissance-Elemente. Der Taubenturm stammt aus dem 15. Jahrhundert. In Époisses wird der gleichnamige Käse hergestellt.

**Château d'Époisses**
**Époisses**
**Juli, Aug (nur Führungen): Mi–Mo 10, 12, 15, 18**
**chateaudepoisses.com**

## 18 Côte d'Or

**F4 Côte d'Or Dijon**
**Dijon, Nuits-St-Georges, Beaune, Santenay**
**Dijon cotedor-tourisme.com**

Die Côte d'Or umschließt die Côte de Beaune und die Côte de Nuits. Sie reicht von Dijon bis Santenay und ist fast ausschließlich Weinbaugebiet. Die etwa 50 Kilometer lange Hügelkette wirkt wie eingeklemmt zwischen der Saône-Ebene im Südosten und dem Waldplateau im Nordwesten.

Entdeckertipp
**Maison Joseph Drouhin**

Das traditionsreiche Weingut in der Côte d'Or zählt zu den bekanntesten in Burgund. Die Weine werden nach den Regeln biologisch-dynamischer Landwirtschaft produziert.

Die Reben der berühmten Burgunder Weingüter gedeihen auf dem rotgoldenen (daher der Name »Côte d'Or«) Boden ihrer Hänge.

Die Bodenbeschaffenheit ist wesentlicher Faktor des Qualifikationssystems. Schilder verkünden berühmte Namen: Gevrey-Chambertin, Vougeot, Chambolle-Musigny, Vosne-Romanée, Meursault und Chassagne-Montrachet.

## 19 Beaune

**F4 Côte d'Or 20 000**
**6 Blvd Perpeuil; +33 3 8026 2130 Mi, Sa**
**beaune-tourisme.fr**

Die Altstadt von Beaune liegt zwischen Befestigungsmau-

Viele Gebäude in Beaune sind aus Sandstein

ern und einem Ring von Boulevards. Prunkstück sind die Hospices de Beaune, in denen sich das **Musée de l'Hôtel-Dieu** mit zwei religiösen Meisterwerken befindet: die Statue *Christ de Pitié* und das Polyptychon *Das Jüngste Gericht* von Rogier van der Weyden. Im Hôtel des Ducs de Bourgogne (14.–16. Jh.) zeigt das **Musée du Vin de Bourgogne** traditionelle Weinherstellungsgeräte.

Die Collégiale Notre-Dame (12. Jh.) liegt etwas nördlich. In der vorwiegend romanischen Stiftskirche hängen fünf Wandteppiche (15. Jh.). Sie wurden im frühen Renaissance-Stil aus Wolle und Seide gefertigt. Zu sehen sind 19 Szenen aus dem Leben der Jungfrau Maria.

**Musée de l'Hôtel-Dieu**
**2 Rue de l'Hôtel-Dieu** **siehe Website**
**musee.hospices-de-beaune.com**

**Musée du Vin de Bourgogne**
**24 Rue du Paradis** **+33 8024 5692**
**vorab tel. informieren**

## Brionnais

**E4** **Saône-et-Loire**
**Mâcon** **Paray-le-Monial, Saint-Germain-en-Brionnais** **Paray-le-Monial** **Marcigny; +33 3 8525 3906**

Die Region Brionnais liegt zwischen der Loire und den Ausläufern der Beaujolais-Hügel im Süden Burgunds. Viehzucht ist ein Standbein der Landwirtschaft.

Das Brionnais ist reich an romanischen, zumeist aus hiesigem ockerfarbenem Stein erbauten Kirchen. Mit einem majestätischen dreistöckigen Achteckturm und schönen Kapitellen wartet die Kirche (11. Jh.) von Anzy-le-Duc auf. Die Kirche von Semur-en-Brionnais, Geburtsort des berühmten Cluny-Abts Hugues, zeigt Einflüsse des Cluny-Klosters. An der Kirche von St-Julien-de-Jonzy fesselt ein fein gearbeitetes Tympanon.

Zierde des Städtchens La Clayette am Fluss Genette ist ein Wasserschloss. Im nahen Curbigny ist das Château de Drée (18. Jh.) zu besichtigen.

Südöstlich von La Clayette eröffnet die über 700 Meter hohe Montagne de Dun das Panorama über die Hügel des Brionnais. Dies ist eine der schönsten Picknickgegenden Burgunds.

### Weinauktion in Beaune

Für Weinliebhaber ein absolutes Highlight im Veranstaltungskalender: Die seit 1859 alljährlich im November veranstaltete Weinauktion in den aus dem Mittelalter stammenden Hospices de Beaune zählt zu den prestigeträchtigsten in Frankreich. Das teuerste jemals hier gehandelte Fass wurde im Jahr 2021 für sage und schreibe 800 000 Euro verkauft.

*Weingarten in der burgundischen Côte d'Or* (siehe S. 328)

21

## Cluny

F4 Saône-et-Loire
4900 6 Rue Mercière; +33 3 8559 0534
Sa cluny-tourisme.com

Die Kleinstadt Cluny steht im Schatten der Ruinen ihrer großen **Ancienne Abbaye de Cluny**, einst eines der mächtigsten Klöster Europas. Wilhelm von Aquitanien gründete die Abtei 910. Binnen 200 Jahren stieg Cluny zum Zentrum eines wichtigen Reformordens mit Klöstern in ganz Europa auf. Seine Äbte besaßen kaum weniger Einfluss als Monarchen und Päpste. Ab dem 14. Jahrhundert sank die Bedeutung des Ordens. 1790 wurde die Abtei geschlossen, die Kirche kurz darauf abgetragen.

Bei einer Führung kann man Überreste des Klosters sehen, darunter den Clocher de l'Eau Bénite (Weihwasserturm). Zu besichtigen sind auch das **Musée d'Art et d'Archéologie** im ehemaligen Palais des Abts und die figürlichen Kapitelle in einem Getreidespeicher aus dem 13. Jahrhundert.

In der Stadt sollte man die Église St-Marcel besuchen. Die Kapelle von Berzé-la-Ville südwestlich der Stadt besitzt Fresken (12. Jh.), die denen von Cluny ähneln.

**Binnen 200 Jahren stieg Cluny zum Zentrum eines wichtigen Reformordens mit Klöstern in ganz Europa auf. Seine Äbte besaßen kaum weniger Einfluss als Monarchen und Päpste.**

**Ancienne Abbaye de Cluny**
**Place du 11 Août 1944 tägl. 9:30–18 (Okt–März: bis 19) Feiertage cluny-abbaye.fr**

**Musée d'Art et d'Archéologie**
**Palais Jean de Bourbon tägl. 9:30–18 (Okt–März: bis 19) Feiertage cluny-abbaye.fr**

22

## Autun

E4 Saône-et-Loire
13 200 13 Rue Général Demetz; +33 3 8586 8038 Mi, Fr
autun-tourisme.com

Augustodunum, die »Stadt des Augustus« (spätes 1. Jh. v. Chr.), zählte ungefähr viermal so viele Einwohner wie heute. Das römische Theater (1. Jh. n. Chr.) bot 20 000 Sitzplätze.

Die Erkundung der Stadt bereitet großes Vergnügen. Die Wallfahrtskirche Cathédrale St-Lazare (12. Jh.) besticht vor allem durch ihre Skulpturen. Die meisten schuf Gislebertus, der geniale Bildhauer des 12. Jahrhunderts. Er fertigte die Kapitellreliefs im Inneren sowie das berühmte *Jüngste Gericht* im Tympanon über dem Hauptportal. Ein glücklicher Zufall rettete das Meisterwerk – André Malraux pries es als »romanischen Cézanne« – vor den Zerstörungen der Revolution: Man hatte es im 18. Jahrhundert zugegipst. Nicht übersehen sollte man die Skulptur des Pierre Jeannin und seiner Frau. Jeannin war Präsident des Dijon-Parlaments. Er hatte das Übergreifen der Massaker der Bartholomäusnacht auf Burgund verhindert und dabei den Ausspruch geprägt: »Den Befehlen sehr zorniger Monarchen sollte man nur sehr langsam gehorchen.«

Die Sammlung mittelalterlicher Kunst im **Musée Rolin** umfasst das zarte Flachrelief *Die Versuchung Evas* von Gislebertus, die bemalte steinerne Madonna von Autun (15. Jh.) und die *Geburt Christi* (um 1480) des Meisters von

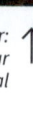

*Ziel zahlreicher Pilger: Basilique du Sacre-Cœur in Paray-le-Monial* ↑

Moulins – mit dem Stifter Erzbischof Jean Rolin.

An Autuns römische Vergangenheit erinnern die Porte St-André, die Porte d'Arroux sowie die Ruinen des Théâtre Romain und des Temple de Janus.

**Musée Rolin**
**3 Rue des Bancs +33 3 8554 2160 wegen Renovierung bis 2026**

23

## Paray-le-Monial

**E4 Saône-et-Loire 9200 25 Ave Jean-Paul II; +33 3 8581 1092 Fr tourisme-paraylemonial.fr**

Die Basilique du Sacré-Cœur machte Paray-le-Monial zu einer der bedeutendsten Pilgerstätten des modernen Frankreich. Marguerite-Marie Alacoque wurde 1647 hier geboren – auf ihre Visionen geht die Herz-Jesu-Verehrung zurück. Der Kult breitete sich im 19. Jahrhundert im ganzen Land aus. Die Kirche, eine verkleinerte Ausgabe der zerstörten Abteikirche von Cluny, besticht durch harmonische Romanik.

Das im Juli und August geöffnete **Musée du Hiéron** bietet Einblicke in die Produktion von Fliesen im 19. und 20. Jahrhundert. Auf der Place Guignaud steht die reich verzierte Maison Jayet (16. Jh.), in der sich heute das Rathaus befindet.

↑ *Abbaye de St-Philibert – ein Wahrzeichen von Tournus*

**Musée du Hiéron**
**13 Rue de la Paix Mitte März – Dez: Mi – So 10 –12:30, 14 –18 (Juli, Aug: tägl.) musee-hieron.fr**

24

## Tournus

**F4 Saône-et-Loire 5500 3 Rue Gabriel Jeanton; +33 3 8527 0020 Sa tournus-tourisme.com**

In Tournus steht eine der ältesten und größten Kirchen Burgunds, die Abbaye de St-Philibert. Im 9. Jahrhundert flohen Mönche von der Insel Noirmoutier mit Reliquien ihres Patrons Philibert vor den Normannen. Der rosa Stein kontrastiert mit dem wehrhaften Charakter des im 10. bis 12. Jahrhundert neu errichteten Baus.

Die Räume des Hôtel-Dieu aus dem 17. Jahrhundert sind original erhalten, u. a. sind Möbel und Arzneimittel zu sehen.

**Umgebung:** Südwestlich von Tournus erstreckt sich das Mâconnais, eine von Hügeln, Weingärten, Obsthainen, Bauernhöfen und Kirchen geprägte Landschaft. Für Abstecher bieten sich das das Renaissance-Schloss von Cormatin, die Kirche (11. Jh.) in Chapaize und das hübsche mittelalterliche Bergdorf Brancion an. Hier befindet sich das **Château de Brancion**, ein schönes Beispiel militärischer Architektur aus dem 12. Jahrhundert.

Im nördlich gelegenen Chalon-sur-Saône befasst sich das Musée Niépce mit Joseph Nicéphore Niépce (1765 –1833), dem in Tournus geborenen Erfinder der Fotografie.

**Château de Brancion**
**Martailly-lès-Brancion Apr – Mitte Nov: tägl. 10 –12:30, 13:15 – 18:30 chateau-de-brancion.fr**

Expertentipp
**Saint-Vincent Tournante**

Jedes Jahr am Wochenende nach dem 22. Januar veranstaltet ein anderes Dorf im Burgund ein Weinfest zu Ehren des Schutzpatrons der Winzer. Besucher kommen in Scharen.

← *Cascade de l'Éventail, spektakulärer Wasserfall des Flusses Hérisson*

## 25 Cascades du Hérisson

**F4 · Jura · Clairvaux-les-Lacs · terredemeraudetourisme.com**

Vom Dorf Doucier gelangt man zum Flusstal des Hérisson, einer der schönsten Szenerien des Jura. Parken Sie bei der Moulin Jacquand, um über den Pfad zum 65 Meter hinabstürzenden Wasserfall Cascade de l'Éventail hinauf- und weiter zur Cascade du Grand Saut zu wandern. Der zuweilen steile Aufstieg dauert hin und zurück etwa zwei Stunden und erfordert festes Schuhwerk.

> Fotomotiv
> **Canal des Tanneurs**
> Fotografieren Sie vom Jardin des Chevannes in Dole den Canal des Tanneurs, einen Wasserweg, der von alten Gerberwerkstätten und Steinbrücken gesäumt ist.

## 26 Dole

**F4 · Jura · 23 600 · 6 Place Grévy; +33 3 8472 1122 · Di, Fr · doletourisme.fr**

Bei Dole fließen Doubs und Rhein-Rhône-Kanal zusammen. Die alte Hauptstadt der Comté galt stets als ein Symbol des hiesigen Widerstands gegen die Franzosen. Die Region genoss relative Unabhängigkeit, zunächst unter burgundischen Herzögen und dann als Teil des Heiligen Römischen Reichs. Obwohl die Einwohner stets französischsprachig waren, gefiel ihnen der französische Absolutismus nicht. Erst 1668 und erneut 1674 ergab sich die Stadt Louis XIV.

Gassen mit Häusern aus dem 15. Jahrhundert und stillen Innenhöfen winden sich durch die Altstadt. Die Place aux Fleurs bietet einen schönen Blick auf diesen Stadtteil und die Collégiale Notre-Dame de Dole (16. Jh.).

**Umgebung:** Südöstlich von Dole liegt das Château d'Arlay (18. Jh.) mit einem makellos gepflegten Garten.

## 27 Saline Royale d'Arc-et-Senans

**F4 · Arc-et-Senans, Doubs · Apr – Okt: tägl. 9 –18 (Juli, Aug: bis 19); Nov – März: tägl. 10 –12, 14 –17 · salineroyale.com**

Die Königliche Saline gehört seit 1982 zum UNESCO-Weltkulturerbe und wurde von Claude-Nicolas Ledoux (1736 –1806) entworfen. Er plante konzentrische Kreise um die Hauptgebäude, aber die einzigen, die 1775 fertiggestellt wurden, waren diejenigen, die der Salzproduktion dienten. Dennoch zeigen sie das erstaunliche Ausmaß seiner Idee: Salzwasser sollte aus dem nahe gelegenen

Salins-les-Bains geleitet werden, Brennstoff zu seiner Reduzierung aus dem Wald von Chaux kommen. Das Unternehmen war nie ein Erfolg und wurde 1895 geschlossen. Heute gibt es Führungen durch die Saline Royale, die erklären, wie die Saline im 18. Jahrhundert funktionierte. Das Musée Ledoux Lieu du Sel vor Ort zeigt Modelle des großen Projekts. Eine Eintrittskarte berechtigt zum Zutritt zur Saline und zum Museum.

28

## Mâcon

**F4 Saône-et-Loire 34 400 1 Pl Saint-Pierre; +33 3 8521 0707 Sa macon-tourisme.com**

Mâcon liegt an der Saône an der Grenze zwischen Burgund und Südfrankreich.

In einem früheren Nonnenkloster (17. Jh.) widmet sich das **Musée des Ursulines** französischer und flämischer Malerei sowie der prähistorischen Stätte Solutré. An der Place aux Herbes findet der Markt statt. Hier steht auch die von Schnitzereien bedeckte Maison de Bois aus dem 15. Jahrhundert.

**Umgebung:** Über den Pouilly-Fuissé-Weinbergen ragt die Roche de Solutré auf. Das Mâconnais ist die Heimat von Alphonse de Lamartine (1790–1869). Der romantische Dichter wurde in Mâcon geboren, verbrachte seine Kindheit in Milly-Lamartine und lebte später im Château de St-Point.

**Musée des Ursulines**

**Allée de Matisco**
**+33 3 8539 9038**
**Di–Sa 10–12:30, 14–18, So 14–18 Feiertage**

29

## Arbois

**F4 Jura 3200 17 Rue de l'Hôtel de Ville; +33 3 8466 5550 Fr coeurdujura-tourisme.com**

Das schöne Winzerstädtchen an der Cuisance ist berühmt für den sherryähnlichen *vin jaune* (gelben Wein).

Im Norden liegt die Maison de Louis Pasteur, das erhaltene Wohnhaus mit Labor des berühmten Chemikers (1822–1895).

## Restaurants

**Le Carmin**

Das elegante Restaurant legt den Schwerpunkt auf kreative Gerichte.

**F4 4 Place Carnot, Beaune**
**restaurant-lecarmin.com**

**La Dame d'Aquitaine**

In der ehemaligen Krypta (13. Jh.) genießt man moderne Küche.

**F4 23 Pl Bossuet, Dijon ladamedaquitaine.fr**

**Le Montrachet**

Spezialitäten aus der Region zubereitet für höchste Ansprüche.

**F4 10 Pl du Pasquier de la Fontaine, Puligny-Montrachet**
**le-montrachet.com**

↑ *Maison de Louis Pasteur in Arbois, Wirkungsstätte des berühmten Chemikers*

Le Corbusiers geschwungene Chapelle Notre-Dame-du-Haut in Ronchamp

### 30 Ronchamp

**G3 · Haute-Saône · 2780 · 25 Rue Le Corbusier; +33 3 8463 5082 · Sa · ronchamp tourisme.com**

Le Corbusiers auffallend geschwungene Chapelle Notre-Dame-du-Haut überragt das einstige Bergwerksstädtchen. Der Betonbau wurde 1955 vollendet. Innen finden Licht, Form und Raum in spielerischer Harmonie zusammen.

Der Alltag früherer Bergarbeiter wird im Musée de la Mine lebendig.

### 31 Champlitte

**F3 · Haute-Saône · 1600 · 2 Allée du Sainfoin; +33 3 8467 6719 · entresaoneetsalon.fr**

Das sehenswerte **Musée des Arts et Traditions Populaires** des Orts wurde von einem Schäfer gegründet, der regionale Gebrauchsgegenstände sammelte. Diese sind in einem Renaissance-Schloss ausgestellt. Eine Abteilung erinnert an 400 Einwohner, die im 19. Jahrhundert nach Mexiko emigrierten.

**Musée des Arts et Traditions Populaires**
**7 Rue de l'Église · siehe Website · Dez – Feb · musees. haute-saone.fr**

### 32 Ornans

**F4 · Doubs · 4400 · 7 Rue Pierre Vernier; +33 3 8162 2150 · 3. Di im Monat · destination louelison.com**

In Ornans kam 1819 der Maler Gustave Courbet zur Welt. Der Vertreter des Realismus bannte alle erdenklichen Ansichten der Stadt auf die Leinwand. Zu den aufsehenerregendsten Gemälden des 19. Jahrhunderts zählt sein *Begräbnis in Ornans*. Courbets Bilder sind in drei Gebäuden ausgestellt, u. a. im **Musée Courbet**, das in seinem Geburtshaus eingerichtet wurde.

**Umgebung:** Die Vallée de la Loue ist ein wahres Paradies für Kanufahrer. Die D67 folgt dem Fluss von Ornans Richtung Osten bis Ouhans. Dort führt ein etwa 15-minütiger Fußweg zur Quelle. Unterwegs bieten verschiedene Aussichtspunkte tolle Panoramen.

#### Begräbnis in Ornans

Der 1819 in Ornans geborene Maler Gustave Courbet schuf mit seinem großformatigen Gemälde *Begräbnis in Ornans* (1850) eines der Hauptwerke des Realismus, das zudem einen Meilenstein in der französischen Kunst markiert. Große Formate wie dieses waren vorher der Darstellung religiöser, mythologischer oder historischer Szenen vorbehalten. Das Bild (heute im Pariser Musée d'Orsay; *siehe S. 136f*) sorgte seinerzeit für einen Skandal.

Südwestlich von Ornans beeindruckt die Source du Lison, die von Nans-sous-Ste-Anne in 20 Minuten zu Fuß erreichbar ist.

**Musée Courbet**
Pl Robert Fernier
**Juni – Sep: Mi – Mo 10 – 18; Okt – Mai: Mo 14 – 17, Mi – So 10 – 12, 14 – 17** Feiertage
**musee-courbet.fr**

## 33 Besançon

F4 Doubs 118 300
52 Grande Rue
Di – Sa, So vormittags
besancon-tourisme.com

Besançon, das im 17. Jahrhundert Dole als Hauptstadt der Franche-Comté ablöste, ist ein bedeutendes industrielles Zentrum mit einem Schwerpunkt auf Herstellung von Präzisionsmessinstrumenten. Die mit Schmiedeeisen verzierten Gebäude der Altstadt stammen aus dem 17. Jahrhundert.

Hinter der Renaissance-Fassade des Palais Granvelle in der Grande Rue liegt das **Musée du Temps**. Die Sammlung von Chronometern jeder Art ist eine Hommage an Besançon als Uhrmacherzentrum. Eine interaktive Ausstellung im dritten Stock zeigt die Subjektivität der Zeitwahrnehmung. In derselben Straße trifft man auf berühmte Söhne der Stadt: Haus Nr. 140 ist das Geburtshaus Victor Hugos (1802 – 1885), an der Place Victor-Hugo steht das Haus der Brüder Lumière. Hinter dem römischen Torbogen Porte Noire stößt man auf die Cathédrale St-Jean aus dem 12. Jahrhundert. Am Glockenturm zeigt die **Horloge Astronomique** stündlich ein Figurenspiel.

Das beeindruckende **Musée des Beaux-Arts et d'Archéologie** am alten Getreidemarkt besitzt Werke weltbekannter Künstler wie Rubens, Fragonard, Cranach, Ingres, Goya, Matisse und Picasso.

In der von Vauban erbauten Zitadelle liegt das **Musée Comtois** mit einer kunsthandwerklichen Sammlung, einem Naturkundemuseum und einem Aquarium.

### Schon gewusst?

Besançon wurde 58 v. Chr. unter dem Namen Vesontio erstmals urkundlich erwähnt.

**Musée du Temps**
96 Grande Rue
siehe Website Feiertage
mdt.besancon.fr

**Horloge Astronomique**
Rue de la Convention Apr – Okt: Di – So 10 – 12:30, 14 – 18 horloge-astronomique-besancon.fr

**Musée des Beaux-Arts et d'Archéologie**
1 Pl de la Révolution siehe Website
mbaa.besancon.fr

**Musée Comtois**
La Citadelle, Rue des Fusillés de la Résistance Feb, März, Nov, Dez: tägl. 10 – 17; Apr – Okt: tägl. 9 – 18 (Juli, Aug: bis 19)
citadelle.com

## 34 Belfort

G3 Territoire de Belfort 45 500
2 Rue Clemenceau; +33 3 8455 9090 Mi – So
belfort-tourisme.com

Das Wahrzeichen von Belfort ist ein riesiger Löwe aus rosa Sandstein. Es wurde von Frédéric-Auguste Bartholdi (1834 – 1904) erbaut, dessen anderes großes Projekt die Freiheitsstatue war.

Die Zitadelle von Belfort, die unter Louis XIV von Vauban entworfen wurde, hielt drei Belagerungen in den Jahren 1814, 1815 und 1870 stand. Heute bieten die Befestigungsanlagen einen interessanten Spaziergang und weite Ausblicke auf die Umgebung. Das Musée d'Histoire in der Zitadelle zeigt Modelle der Befestigungsanlagen sowie regionale Kunst.

→ *Die aus Sandstein errichtete Löwenfigur in Belfort gleicht eher einem Bauwerk als einer Skulptur*

*Spektakulärer Hügelort Le Puy-en-Velay* (siehe S. 342f)

# Massif Central

Das Massif Central, das riesige Zentralplateau aus uraltem Granit und anderen kristallinen Steinen, umfasst die beeindruckenden Regionen Auvergne, Limousin, Aveyron und Lozère. Einst befand sich hier ein Knotenpunkt von Pilgerwegen. Heute stößt man in dieser mit Vulkanen durchsetzten Landschaft auf einige reizende Kleinode – von der faszinierenden Stadt Le Puy-en-Velay zu den Schätzen von Conques.

Mit ihren Kraterseen und heißen Quellen bildet die Auvergne den vulkanischen Kern des Massif Central – ein Outdoor-Paradies für Wanderer im Sommer und Skiläufer im Winter. Die Region bietet einige von Frankreichs schönsten romanischen Kirchen, mittelalterlichen Burgen und Renaissance-Schlössern.

Im Osten erheben sich die Berge von Forez, Livradois und Velay, im Westen die Ketten der Vulkanriesen Monts Dômes, Monts Dore und Monts du Cantal. Das Limousin am Nordwestrand des Massivs mutet mit grünen Weiden (und den meist angenehm leeren Straßen) sanfter an.

Das Aveyron erstreckt sich von den Aubrac-Bergen nach Südwesten. Hier winden sich die Flüsse Lot, Aveyron und Tarn durch tiefe Schluchten und Täler mit pittoresken Dörfern.

In Lozère im Osten liegen die Grands Causses, das abgeschiedene Hochland der Cevennen. Das karge Plateau ernährt seine Bauern schlecht. Hier kommen seit Jahrhunderten die Pilger auf dem Weg nach Santiago de Compostela vorbei.

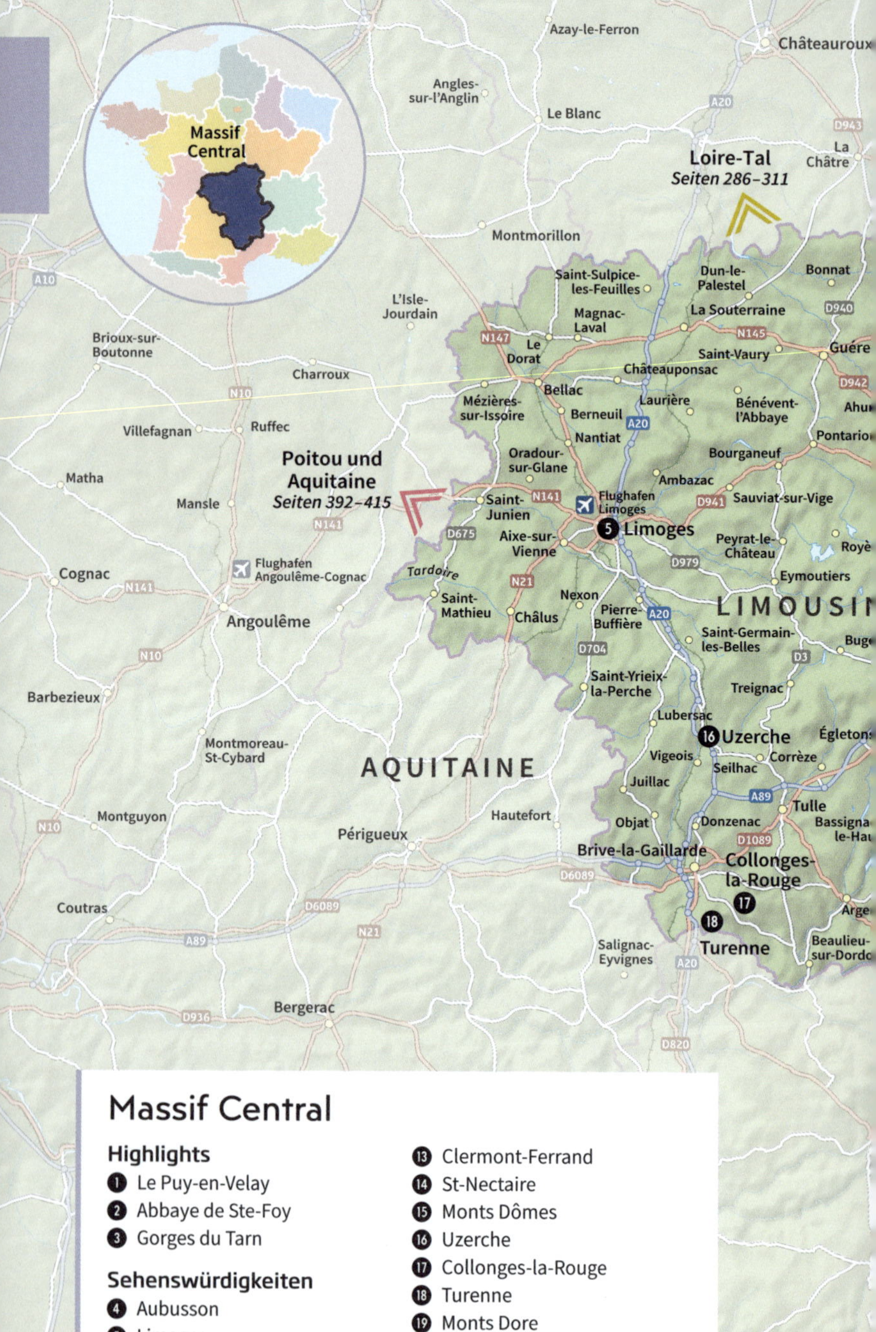


# Massif Central

## Highlights

1. Le Puy-en-Velay
2. Abbaye de Ste-Foy
3. Gorges du Tarn

## Sehenswürdigkeiten

4. Aubusson
5. Limoges
6. Montluçon
7. Moulins
8. Vichy
9. Château de La Palice
10. Issoire
11. Thiers
12. Orcival
13. Clermont-Ferrand
14. St-Nectaire
15. Monts Dômes
16. Uzerche
17. Collonges-la-Rouge
18. Turenne
19. Monts Dore
20. Monts du Cantal
21. La Chaise-Dieu
22. Salers
23. Vallée du Lot
24. Rodez
25. Parc National des Cévennes
26. Grands Causses

Sancoins
Decize
Luzy
D981
Le Creusot
D680
N7
D2144
Lignières
A71
Burgund und
Franche-Comté
Seiten 312–337
La Villeneuve-
sur-Allier
Chevagnes
Cérilly
7 Moulins
Bourbon-
l'Archambault
Hérisson
Souvigny
N79
Neuilly-le-
Réal
Dompierre-
sur-Besbre
D943
Cosne-d'Allier
N79
Charolles
La Chapelaude
Le Montet
N7
Jaligny
Montluçon 6
Saint-Pourçain-
sur-Sioule
Varennes-
sur-Allier
Le Donjon
D997
Néris-
les-Bains
Montmarault
A71
Marcigny
La Clayette
N145
Saint-Germain-
des-Fossés
9
Chambon-sur-
Voueize
Chantelle
Château de La Palice
Gouzon
Saint-Éloy-
les-Mines
D2009
Ébreuil
8 Vichy
N7
Roanne
Le Mayet-de-
Montagne
hénérailles
Gannat
Aigueperse
Saint-
Yorre
N144
Randan
Amplepuis
Auzances
Châteldon
Aubusson
D987
Manzat
Saint-Just-
en-Chevalet
Villetelle
D941
Saint-Avit
A89
Riom
Maringues
Thiers
Pontaumur
Ennezat
11
Crocq
Gerzat
A89
A89
Flughafen
Clermont-Ferrand
Auvergne
Giat
13
982
Courpière
Herment
Rochefort-
Montagne
Clermont-
Ferrand
Dore
Rhône-Tal und
Französische Alpen
Seiten 360–391
Bourg-Lastic
D2089
La
tine
12 Orcival
AUVERGNE
D1089
La Bourboule
Cunlhat
14
Ussel
19
St-Nectaire
10 Issoire
Ambert
89
Monts Dore
A75
D906
Monts Dômes
Auzat-
sur-Allier
Saint-Étienne
D89
15
Lempdes
Arlanc
uvic
Auzon
Bort-les-
Orgues
Condat
La Chaise-Dieu
Bas-en-
Basset
N82
Dordogne
D922
Massif
Central
Blesle
Brioude
21
Monistrol-
sur-Loire
Riom-és-
Montagnes
Massiac
Vieille
Brioude
N102
Allègre
D906
Mauriac
Ferrières-
St-Mary
N122
Cheylade
Paulhaguet
N88
Montfaucon
Salers
Vorey
22
Murat
Neussargues-
Moissac
Saint-Paulien
Yssingeaux
Langeac
Tence
Puy Mary
1787 m
Plomb du Cantal
1855 m
20
1 Le Puy-en-Velay
Saint-Cernin
Saint-
Flour
Ruynes-en-
Margeride
Solignac-sur-
Loire
Monts du
Cantal
D922
Le Monastier
quebrou
Polminhac
Pierrefort
Saugues
Cayres
Le Cheylard
N122
Aurillac
Chaudes-
Aigues
A75
Costaros
Mur-de-Barrez
Le Malzieu-Ville
N88
Rouziers
Saint-Chély-
d'Apcher
Grandrieu
Sainte-Geneviève-
sur-Argence
Saint-Alban-
sur-Limagnole
D921
Maurs
Aumont-Aubrac
N102
Abbaye de
Ste-Foy
Entraygues-
sur-Truyère
Laguiole
Saint-
Amans
Laubert
Châteauneuf-
de-Randon
Aubenas
Saint-Chély-
d'Aubrac
2
Bagnols-
les-Bains
23 Vallée du Lot
Marvejols
N88
Mende
Le Bleymard
Saint-Germain-
du-Teil
Chanac
Marcillac-
Vallon
Bozouls
N106
Gaillac-
d'Aveyron
A75
La Canourgue
Les Vans
Parc National
des Cévennes
Rodez 24
Sainte-Enimie
25
Vézins-de-
Lévézou
Cassagnas
3
Gorges
du Tarn
Naucelle
Saint-Germain-
de-Calberte
Dordogne
Seiten 416–447
Millau
26 Grands
Causses
Languedoc und
Roussillon
Seiten 468–489
La Cavalerie
N106
Ganges
Quissac
Nîmes
N
0 Kilometer 30
A75
D6110

**Schon gewusst?**

**Isabelle Romée, Mutter von Jeanne d'Arc, besuchte 1429 die Chapelle St-Michel d'Aiguilhe.**

*Le Puy mit der auf einem Felsen thronenden Chapelle St-Michel d'Aiguilhe* ↑

❶

# Le Puy-en-Velay

**E5 Haute-Loire 19 000 2 Pl de Clauzel; +33 4 7109 3841 Sa lepuyenvelay-tourisme.fr**

**Le Puy-en-Velay liegt an den Hängen eines Vulkankraters auf einer Reihe von markanten Felsen und Basaltpfeilern. Die Stadt scheint auf drei Hügel gebaut – jeder von einer Kirche oder Statue gekrönt, aus der Ferne betrachtet ein schöner Anblick.**

Die Stadt ist bekannt für die gleichnamige Linse, die für diverse Linsengerichte verwendet wird, als Zentrum der Produktion von Spitzen und als Ausgangspunkt des französischen Jakobswegs. Godescalc, Bischof von Le Puy, brach im Jahr 950 von hier zu einer der ersten Wallfahrten nach Santiago de Compostela auf und ließ nach seiner Rückkehr 962 die Chapelle St-Michel d'Aiguilhe errichten. Die wie ein Finger aus einem mächtigen Lavafelsen herausragende Kapelle ist über einen steilen Weg zu erreichen. Vor der Wallfahrt nach Santiago versammelten sich die Pilger in der Cathédrale de Notre-Dame, einer für ihre Schwarze Madonna und einen in die Mauer eingelassenen Druidenstein bekannten UNESCO-Welterbestätte auf einem anderen Hügel.

*Statue Notre-Dame-de-France (1860) auf dem Rocher Corneille in Le Puy*

Highlight

**Roi de l'Oiseau**

Im September verwandelt sich Le Puy-en-Velay in eine Bühne für das ausschweifend gefeierte Mittelalterfest Roi de l'Oiseau (Vogelkönig). Vier Tage lang stehen Konzerte und Tanzdarbietungen auf dem Programm, für das leibliche Wohl ist bestens gesorgt. Höhepunkt der Feierlichkeiten ist ein Turnier im Bogenschießen (www.roideloiseau.com).

*Eine Spitzenklöpplerin demonstriert an einem Stand in der Rue des Tables ihr Können*

Expertentipp
**Lightshow**

An Sommerabenden ist Le Puy-en-Velay Schauplatz der spektakulären Lightshow Puy de Lumières, bei der einige Attraktionen farbintensiv illuminiert werden (www.puydelumieres.fr).

↑ *Statue der Schwarzen Madonna in der Cathédrale de Notre-Dame*

# Abbaye de Ste-Foy

D6 Aveyron nach St-Christophe, dann Bus Place de l'Abbaye; +33 5 6572 8500 Museum und Schatzkammer: siehe Website tourisme-conques.fr

**Die großartige Abbaye de Ste-Foy in Conques liegt auf einem zerklüfteten Hang. Die hl. Fides wurde schon als junges Mädchen zur Märtyrerin, nachdem sie sich geweigert hatte, die heidnischen Götter anzubeten, und daraufhin im Jahr 303 im Alter von zwölf Jahren enthauptet wurde. Im 9. Jahrhundert stahl ein Mönch der Abtei von Conques die Reliquien, die fortan Pilger anlockten und Conques zur Station auf dem Weg nach Santiago de Compostela machten.**

Die relativ schlicht gestaltete romanische Abteikirche besitzt schöne Buntglasfenster von Pierre Soulages (1994). Das Tympanon zählt zu den Highlights mittelalterlicher Bildhauerei. Die Schatzkammer hütet Westeuropas bedeutendste Sammlung von Goldarbeiten aus Mittelalter und Renaissance, einige wurden im 9. Jahrhundert in den Werkstätten der Abtei gefertigt. Die Sammlung mit Objekten vom 9. bis zum 19. Jahrhundert ist wegen ihrer Schönheit und Einmaligkeit bekannt. Die goldbeschlagene Reliquienummantelung der hl. Fides (Sainte-Foy) ist mit Edelsteinen und Bergkristallen besetzt. Weitere Sehenswürdigkeiten sind der angeblich von Karl dem Großen gestiftete Reliquienschrein und ein Prozessionskreuz (spätes 16. Jh.). Während der Französischen Revolution versteckten die Stadtbewohner die wertvolle Sammlung. Bei der Rückgabe fehlte kein Stück.

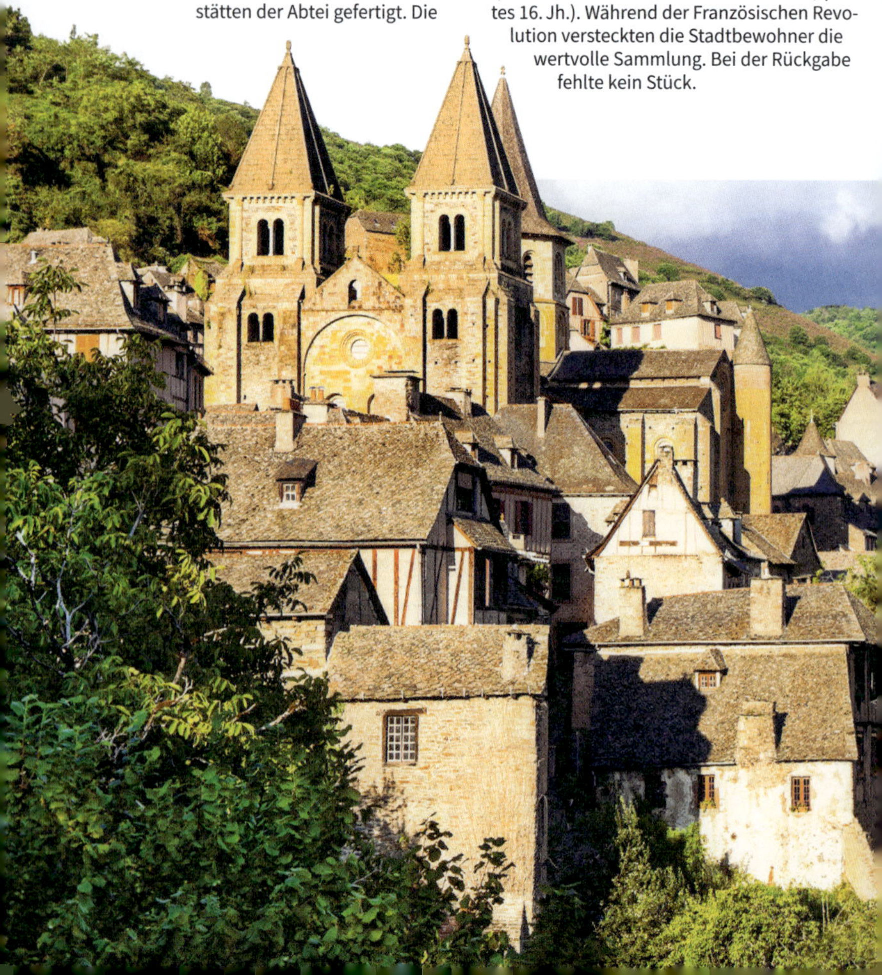

Highlight

Schöne Aussicht

**Blick auf Abtei und Conques**

Von der auf einem Felssporn außerhalb von Conques gelegenen Chapelle St-Roch hat man einen wundervollen Blick auf die Abbaye de Ste-Foy und die landschaftlich reizvolle Umgebung.

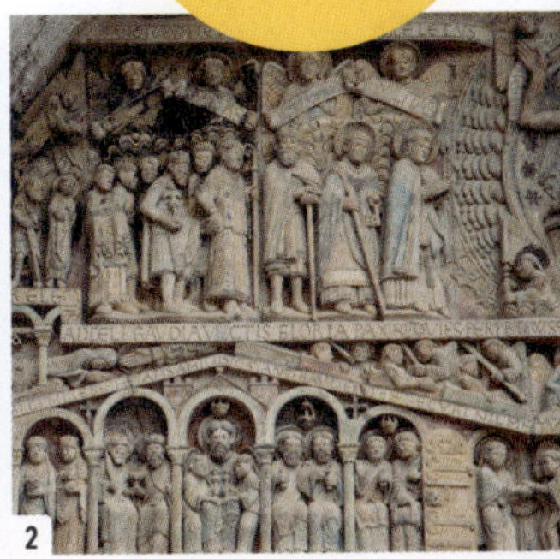

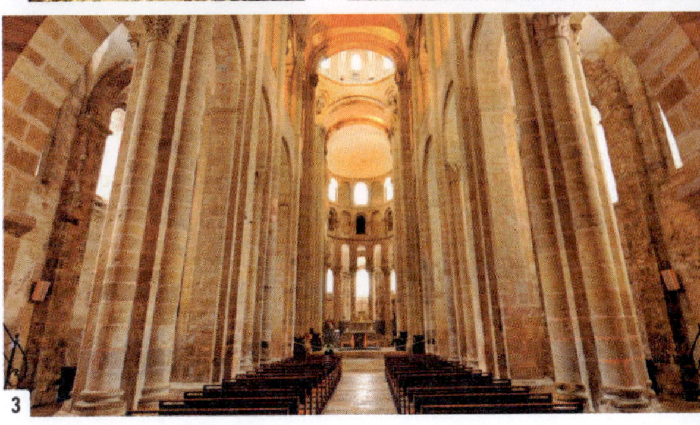

**1** *Die prunkvoll verzierte Reliquienstatue der heiligen Fides ist mehr als ein Jahrtausend alt.*

**2** *Die Skulptur (Anfang 12. Jh.) zeigt das Jüngste Gericht mit dem Teufel in der Hölle im unteren Bereich und Jesus im Himmel im Zentrum.*

**3** *Die elegant-kühle romanische Innengestaltung stammt von 1050–1135. Das Mittelschiff hat drei Bogengalerien.*

**Schon gewusst?**

**An Sommerabenden ist auch die mit feinen Schnitzereien versehene obere Galerie zugänglich.**

**Jakobsweg**

Im Mittelalter pilgerten Millionen von Christen nach Santiago de Compostela *(siehe S. 406f)*, eine Stadt im Nordwesten Spaniens, um das Grab des Apostels Jakobus d. Ä. (Santiago) zu besuchen. Auf dem Weg durch Frankreich rasteten sie in kleinen Orten in schlichten Unterkünften oder Klöstern wie in Conques. Mit der symbolischen Jakobsmuschel als Souvenir kehrten sie zurück. Die durch einige der schönsten Landschaften Südeuropas führende Route ist noch heute überaus beliebt.

*Abbaye de Ste-Foy an einem bewaldeten Hügel oberhalb von Conques*

3

# Gorges du Tarn

E6 Lozère, Aveyron Alès, Mende, Banassac Millau Sainte-Enimie, Florac, Meyrueis, Ispagnac, La Malène; +33 4 6645 0114 cevennes-gorges-du-tarn.com

**Nahe seiner Quelle durchfließt der Tarn einige der wildesten Schluchten Europas. Im Lauf von Jahrmillionen haben er und sein Nebenfluss Jonte ihren Weg durch die Kalkstein-Hochplateaus der Cevennen gegraben und dabei ein Tal von etwa 25 Kilometer Länge und nahezu 400 Meter Tiefe geschaffen.**

Die zum UNESCO-Weltkulturerbe gehörenden Schluchten werden von Klippen und Kiefern gesäumt und von Straßen mit schwindelerregenden Kurven und Panoramablicken erklommen. Die umliegenden Plateaus *(causses)* bilden eine offene, karge Landschaft, die im Sommer trocken und im Winter schneebedeckt ist. Manchmal sind umherziehende Schafe und isolierte Bauernhöfe die einzigen Lebenszeichen. Dieses Gebiet ist eines der am dünnsten besiedelten Frankreichs und bekannt für seine Wildblumen und Greifvögel. Weißkopfgeier, die einst fast ausgerottet waren, werden wieder angesiedelt. Der beste Weg, die Landschaft zu genießen, ist ein Spaziergang oder eine Flussfahrt mit Kanu oder Kajak.

*Schafherde auf einer hügeligen Weide oberhalb der Schlucht*

Schöne Aussicht
**Point Sublime**

Der 870 Meter hohe Point Sublime oberhalb des Plateaus Causse de Sauveterre ist ein sehr bekannter Aussichtspunkt. Von dort überblickt man eine weite Flussschleife und erkennt im Hintergrund die Hochfläche Causse Méjean.

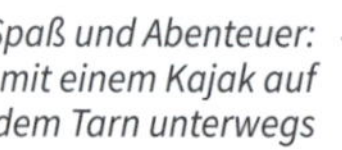

*Spaß und Abenteuer: mit einem Kajak auf dem Tarn unterwegs*

**Schon gewusst?**

Auf den *causses* sind rund 900 Pflanzenarten vertreten, darunter viele Orchideen.

↑ *Gorges du Tarn – eines der eindrucksvollsten Flusstäler in Frankreich*

*Ausstellung von erlesenem Porzellan im Musée National Adrien Dubouché in Limoges*

# SEHENSWÜRDIGKEITEN

## 4 Aubusson

**D5 Creuse 3200 Rue Vieille Sa tourisme-creuse.com**

Aubusson verdankt seinen Ruf dem reinen Wasser der Creuse, das für die Farben von Wandteppichen und Brücken verwendet wurde. Die Herstellung von Tapisserien erblühte im 16. und 17. Jahrhundert. Die Französische Revolution und gemusterte Tapeten machten der Kunst jedoch den Garaus. Nach 1940 wurde das Kunsthandwerk in Aubusson wiederbelebt – vor allem durch Jean Lurçat, der andere Künstler zu Entwürfen bewegte. Die **Cité Internationale de la Tapisserie** stellt diese Werke aus. In allen 30 Werkstätten der **Manufacture Royale St-Jean** können Besucher zusehen, wie die Einzelstücke von Hand gefertigt werden.

*Herstellung eines Wandteppichs – Manufacture Royale St-Jean, Aubusson*

**Cité Internationale de la Tapisserie**
**Rue des Arts siehe Website Jan cite-tapisserie.fr**

**Manufacture Royale St-Jean**
**4 Ave des Lissiers siehe Website manufactureroyale saintjeandaubusson.com**

## 5 Limoges

**D5 Haute-Vienne 130 600 12 Blvd de Fleurus destination-limoges.com**

Die Hauptstadt des Limousin hat zwei Herzen: die alte Cité und das Château, das Zentrum der modernen Stadt. In der Cité stehen in engen Gassen Fachwerkhäuser.

Erst in den 1770er Jahren wurde Limoges zum Synonym für Porzellan. Über 5000 Exponate zeichnen im **Musée National Adrien Dubouché** die Geschichte der Keramik nach. Das **Musée des Beaux-Arts de Limoges** beherbergt eine ägyptische Sammlung und archäologische Artefakte, die die Geschichte der Stadt erzählen, 600 Limousin-Emaillen und impressionistische Gemälde.

Die Region war im Zweiten Weltkrieg ein Zentrum des Widerstands. Das **Musée de la Résistance de Limoges** informiert darüber.

Widerstandsaktivitäten führten im Limousin zu schweren Repressalien. Am 10. Juni 1944 erschossen SS-Truppen die gesamte Bevölkerung von Oradour-sur-Glane, 25 Kilometer nordwestlich von Limoges. Die Ruinen wurden als Mahnmal erhalten.

Ganz in der Nähe liegt St-Junien, seit dem Mittelalter eine Stadt der Handschuhherstellung, die auch heute noch Designer mit luxuriösen Lederartikeln beliefert.

### Wallfahrten und Prozessionen

Die Gemeinden der Auvergne und des Limousin sind für ihre Heiligenverehrung bekannt. Die Prozessionen gehören zum immateriellen Kulturerbe der UNESCO. An Mariä Himmelfahrt wird die Jungfrau von Orcival in einer Lichterprozession von barfüßigen Männern zu ihrem »Grab« und dann wieder zurück ins Dorf getragen. Alle sieben Jahre finden in zahlreichen Dörfern des Limousin Feierlichkeiten statt, bei denen die Reliquien der Heiligen durch die Straßen in die umliegenden Wälder getragen werden. Sie beginnen am Sonntag nach Ostern und dauern bis Juni. Das nächste Ereignis findet 2030 statt.

**Musée National Adrien Dubouché**
**8 Pl Winston Churchill Mi–Mo 10–12:30, 14–17:45 1. Jan, 25. Dez musee-adriendubouche.fr**

**Musée des Beaux-Arts de Limoges**
**1 Pl de l'Évêché Mai–Sep: Mi–Mo 10–18; Okt–Apr: Mo, Mi–Sa 10–12, 14–17, So 14–17 Feiertage museebal.fr**

**Musée de la Résistance de Limoges**
**7 Rue Neuve Saint-Étienne siehe Website 1. Jan, 1. Mai, 25. Dez resistance-massif-central.fr**

6

## Montluçon

**D4 Allier 33 800 67 ter Blvd de Courtais Di, Do–So valleecoeurdefrance.fr**

Montluçon ist das wirtschaftliche Zentrum der Region mit einem schönen mittelalterlichen Stadtkern. Das bourbonische Schloss zeigt zeitgenössische Kunst. Der Jardin Wilson ist eine Gartenanlage im französischen Stil, die sich im mittelalterlichen Viertel auf den Stadtwällen findet. Die Wälle wurden im 18. Jahrhundert großteils zerstört. Die Gartenanlage mit Rosengarten und Blumenbeeten ist einen Besuch wert. Die Église de St-Pierre (12. Jh.) überrascht mit Steinsäulen und einem weit gespannten Deckengewölbe.

## Moulins

**E4 Allier 19 400 11 Rue François Péron; +33 4 7044 1414 Fr, Sa moulins-tourisme.com**

Moulins ist das Regionalzentrum von Bourbonnais und seit dem 10. Jahrhundert Sitz der bourbonischen Herzöge. Die Blütezeit war während der Renaissance. Bekannteste Sehenswürdigkeit ist die **Cathédrale Notre-Dame** im Flamboyant-Stil. Auf den Buntglasfenstern (15./16. Jh.) tauchen zwischen den Heiligen Mitglieder des Bourbonenhofs auf. Die Schatzkammer enthält ein Maria-mit-dem-Kind-Triptychon (1498) des Meisters von Moulins. Die Mitteltafel zeigt die Spender Herzog Pierre II und seine Frau Anne de Beaujeu.

Das Musée Anne de Beaujeu im Pavillon Anne de Beaujeu zeigt eine erlesene Sammlung von Skulpturen und Gemälden (12.–16. Jh.). In den früheren Ställen kann man sich rund 10 000 Theaterkostüme ansehen.

Sehenswert ist auch die Maison Mantin (19. Jh.), die ein Museum birgt.

**Cathédrale Notre-Dame**
**Pl des Vosges +33 4 7020 5777 Schatzkammer: Di–Sa 10–11:40, 14–17:30 (tel. nachfragen) 25. Dez**

→ *Die Türme der Cathédrale Notre-Dame in Moulins*

8

## Vichy

E4 Allier 25 400
19 Rue du Parc; +33 4 7098 9871 Mi
vichymonamour.fr

Die kleine Stadt am Fluss Allier ist seit Langem für ihre heißen und kalten Quellen sowie für Kuren gegen Rheumatismus, Arthritis und Verdauungsprobleme bekannt. Auch die Briefschreiberin Madame de Sévigné und die Töchter von Louis XV kamen im späten 17. und 18. Jahrhundert hierher. De Sévigné nannte die Güsse eine »Generalprobe für das Fegefeuer«. Nach 1860 brachten die Besuche Napoléons III Vichy auf die Landkarte und Wasserkuren in aller Munde. Die Kleinstadt wurde herausgeputzt und wuchs dem französischen Adel und wohlhabenden Mittelstand aus aller Welt ans Herz.

Inzwischen wurden die 1900 erbauten Thermalbäder in eine Einkaufsgalerie verwandelt. Die modernen Bäder dienen rein medizinischen Zwecken. Alle Behandlungen erfordern ärztliche Verschreibung sowie 30 Tage Anmeldefrist.

Vichys Geschick wandelte sich erneut in den 1960er Jahren, als durch die Stauung des Allier ein riesiger See inmitten der Stadt entstand, der zum Sportzentrum wurde. Gegen geringe Gebühr kann man hier Sportarten von Aikido bis Wasserski betreiben oder sich auf dem künstlichen, drei Kilometer langen Fluss im Paddeln üben.

Vichys wahres Zentrum ist der Parc des Sources mit seinem Musikpavillon von 1900 (während der Saison finden hier Nachmittagskonzerte statt), den glasüberdachten Einkaufsgalerien aus der Belle Époque, dem Grand Casino (jeden Nachmittag Glücksspiel) und dem Opernhaus.

Auch die bronzenen Wasserhähne der **Source des Célestins** kann man bestaunen – in einem Park am Fluss mit den Überresten eines gleichnamigen Konvents. Wenn man sich die Stadt in Wochenschau-Schwarz-Weiß vorstellt, wird man unwillkürlich an die unglückselige Vichy-Regierung erinnert, die hier während des Kriegs von 1940–44 stationiert war.

**Source des Célestins**
Blvd du Président Kennedy tägl. 6–20

### Mineralwasser aus der Auvergne

In der Auvergne gibt es mehr als 100 Quellen, deren Wasser abgefüllt wird. Die hohe Qualität basiert auf der Filterung des Wassers durch das vulkanische Gestein. Die bekanntesten dieser Mineralwasser sind Vichy Célestins und Volvic. Dessen Quelle fließt in der Chaîne des Puys. Das Wasser wird aus 90 Meter Tiefe zur Fabrik gepumpt und dort abgefüllt. Mehr erfährt man im Infozentrum von Volvic (Apr–Okt; www.volvic.fr).

9

## Château de La Palice

E4 Allier +33 4 7099 3758 Apr–Okt: Mi–Mo 9–12, 14–18

Anfang des 16. Jahrhunderts heuerte Jacques II de Chabannes, Marschall von Frankreich, Florentiner Architekten für den Umbau des Schlosses an. So entstand ein edles Renaissance-Schloss, das

←
*Château de La Palice: prachtvolles Schloss oberhalb des Besbre-Tals*

seither die Nachkommen des Bauherrn bewohnen.

Den *salon doré* schmücken eine Balkendecke mit vergoldeten Fächern und zwei flämische Gobelins (15. Jh.), die den Kreuzritter Godefroy de Bouillon und den antiken Krieger Hektor zeigen – zwei der neun Helden der klassischen Rittersagen.

**Umgebung:** Vom Schloss führt die D480 durch das schöne Besbre-Tal, vorbei an kleinen, gut erhaltenen Schlössern, darunter das Château de Thoury und das Château de Beauvoir. Beide sind der Öffentlichkeit nicht zugänglich, können aber von außen betrachtet werden.

**10**

## Issoire

**E5 Puy de Dôme**
**15 300 9 Pl St-Paul; +33 4 7389 1590**
**Sa issoire-tourisme.com**

Issoire wurde in den Religionskriegen des 16. Jahrhunderts zerstört. Die neuzeitliche Stadt ist seit dem Zweiten Weltkrieg ein wichtiges Industriezentrum. Issoire rühmt sich nicht nur seiner Luftfahrttradition, es ist dank der kräftigen Aufwinde auch ein Mekka für Segelflieger.

Die farbenfrohe Abteikirche St-Austremoine aus dem 12. Jahrhundert ist eine der bedeutenden romanischen Kirchen der Region. Die Kapitelle zeigen Dämonen und Bestien, aber auch Szenen aus dem Leben Jesu. Auf dem Fresko des *Jüngsten Gerichts* (15. Jh.) werden im Stil von Hieronymus Bosch Sünder in ein Drachenmaul geworfen, ein Mägdelein wird in einem Handkorb zur Hölle befördert. Der nahe Uhrturm zeigt Darstellungen von Ereignissen aus der Renaissance.

*Die Source des Célestins im Kurort Vichy*

**11**

## Thiers

**E5 Puy de Dôme**
**11 500 Hôtel du Pirou; +33 4 7380 6565**
**Do, Sa vacances-livradois-forez.com**

Der Schriftsteller La Bruyère meinte, Thiers scheine »an die Hänge der Hügel hingemalt zu sein«. Tatsächlich liegt der Ort hoch über einer scharfen Kehre des Flusses Durolle. Die Stadt ist seit dem Mittelalter für ihre Messer bekannt. Der Überlieferung zufolge brachten Kreuzfahrer die Schmiedekunst aus dem Nahen Osten mit. Wasserfälle am gegenüberliegenden Flussufer trieben die Schleifsteine an und schärften die Messer oder auch die Guillotine-Fallbeile. Noch heute ist die Herstellung von Besteck ein wichtiger Produktionsfaktor in Thiers. Das **Musée de la Coutellerie** erläutert mit entsprechenden Exponaten die Geschichte des Handwerks.

In der Altstadt entdeckt man Viertel, die »Schicksalsecke« und »Höllenloch« heißen, aber auch schön restaurierte Häuser (14.–17. Jh.), viele davon mit Holzfassaden, die Schnitzereien aufweisen – so das Hôtel du Pirou (Place du Pirou). Von der Wallterrasse bietet sich häufig ein faszinierender Blick auf die Monts Dômes und Monts Dore im Westen.

**Musée de la Coutellerie**
**58 Rue de la Coutellerie +33 4 7380 5886**
**Zeiten tel. erfragen**
**Jan–Anfang Feb**

Expertentipp
### Messer aus Thiers

Thiers ist die Heimat von mehr als 100 Messermachern und stellt rund 70 Prozent des französischen Bestecks her. Ob einfaches Taschenmesser oder seltenes Spezialmesser mit Griff aus Elfenbein – die Auswahl in den zahlreichen Läden ist riesig. Qualität hat auch hier ihren Preis: Die Spanne reicht von etwa 50 bis weit über 1000 Euro.

12

## Orcival

E5 Puy de Dôme
250 Pl Notre-Dame; +33 4 7365 8977
auvergnevolcansancy.com

Im Sommer ist Orcival recht überlaufen, dennoch lohnt sich ein Besuch des schönen Orts, der über einige Sehenswürdigkeiten verfügt. Die beeindruckende Basilique d'Orcival gilt vielen als die bedeutendste romanische Kirche der ganzen Region und weist entsprechend hohe Besucherzahlen auf.

Der Kirchenbau wurde zu Beginn des 12. Jahrhunderts im typischen Auvergne-Stil vollendet. Mächtige Strebepfeiler und starke Bogen stützen die Seitenwände. Im Inneren sitzt in steifer, majestätischer Haltung eine *Madonna mit Kind* auf ihrem klobigen Stuhl. Allein die üppige, für romanische Bauten ungewöhnliche Gestaltung der Kirche mit einer großen Krypta und 14 Fenstern macht einen Abstecher lohnenswert.

↑ *Hoch aufragende Bogen in der Basilique d'Orcival*

13

## Clermont-Ferrand

E5 Puy de Dôme
147 300
Pl de la Victoire; +33 4 7398 6500 Mo – Sa
clermontauvergne tourisme.com

Clermont-Ferrand, das bis 1630 aus zwei Städten bestand, wirkt trotz seiner Industrieanlagen überaus charmant. Berühmt ist die von vulkanischen Bergen umrahmte Stadt als Sitz des Reifenherstellers Michelin. In der Universitätsstadt finden viele Kunst- und Musikfestivals statt. Im Hinblick auf Lebensqualität wird Clermont-Ferrand regelmäßig sehr gut bewertet.

Die im 13. Jahrhundert aus schwarzem Lavagestein erbaute Cathédrale Notre-Dame-de-l'Assomption, eine der eindrucksvollsten Kathedralen in Frankreich, erhebt sich über das mittelalterliche Zentrum der Stadt. Der dunkle Vulkanstein betont die Buntglasfenster aus dem 15. Jahrhundert, die angeblich aus derselben Werkstatt stammen wie jene der Pariser Sainte-Chapelle *(siehe S. 92f)*.

Nordöstlich der Kathedrale steht die Basilique Notre-Dame-du-Port, eine der bedeutendsten romanischen Kirchen der Region. Der ebenmäßige Innenbau besitzt einen erhöhten Chor und reich geschmückte Kapitelle.

Clermonts Geschichte ist im Musée Bargoin dokumentiert. Die bemerkenswerte Sammlung präsentiert romanische Gebrauchsobjekte der Region (Mi – So 13 – 18).

### Schon gewusst?

**Das Internationale Kurzfilmfestival in Clermont-Ferrand ist das weltweit größte seiner Art.**

14

## St-Nectaire

E5 Puy de Dôme
765 Les Grands Thermes; +33 4 7388 5086
Juli, Aug: So vormittags
sancy.com

Die Auvergne ist für ihre romanischen Kirchen bekannt.

→ *Puy de Dôme – höchster Gipfel der Monts Dômes, einer Kette erloschener Vulkane*

*Abendstimmung bei einem Volksfest im Zentrum von Clermont-Ferrand*

Die Église St-Nectaire im oberen Ortsteil St-Nectaire-le-Haut gehört in ihrer Eleganz und den ausgewogenen Proportionen zu den schönsten. Die 103 Steinkapitelle (darunter auch 22 mehrfarbige) dokumentieren allerhöchste Steinmetzkunst. Zum Kirchenschatz zählt auch eine Goldbüste des hl. Baudime (12. Jh.). Der untere Ortsteil, St-Nectaire-le-Bas, ist ein Kurort mit über 40 heißen und kalten Quellen.

**Umgebung:** In der nach der Französischen Revolution verfallenen Zitadelle **Château de Murol** (12. Jh.) erläutern kostümierte Führer mittelalterliches Leben und präsentieren Ritterkämpfe.

**Château de Murol**
 **Murol Juli, Aug: tägl. 10–20; Sep–Juni: siehe Website 7.–31. Jan, Feiertage murolchateau.com**

15

## Monts Dômes

**E5 Puy de Dôme**
**Clermont-Ferrand**
**Aydat; +33 4 7365 6400**
**parcdesvolcans.fr**

Die Monts Dômes, auch Chaîne des Puys genannt und seit 2018 UNESCO-Weltnaturerbe, sind mit ungefähr 4000 Jahren der jüngste Bergzug in der Auvergne. Sie umfassen 112 erloschene Vulkane in einer rund 30 Kilometer langen Kette westlich von Clermont-Ferrand. In der Mitte erhebt sich der Puy de Dôme. Eine Zahnradbahn (Infos unter +33 8 2639 9615) schraubt sich mit zwölf Prozent Steigung in 15 Minuten hinauf. Den steileren Zickzackpfad aus der Römerzeit benutzen heute Wanderer. Mit dem Auto ist die Zufahrt nicht möglich.

Auf dem Gipfel liegen neben dem Fernmeldeturm und der Wetterstation Ruinen eines römischen Merkur-Tempels. An klaren Tagen ist die Sicht über die Vulkanlandschaft atemberaubend.

Der Parc Européen du Volcanisme, **Vulcania**, simuliert auf einer zwei Hektar großen unterirdischen Fläche mit der neuesten Technologie vulkanische Aktivität.

Im Südwesten der Monts Dômes liegt das **Château de Cordès**, ein Herrenhaus aus dem 15. Jahrhundert in Privatbesitz mit Rokokokapelle. Der große Garten wurde von Le Nôtre angelegt.

**Vulcania**
**D941B, St-Ours-les-Roches siehe Website vulcania.com**

**Château de Cordès**
**Orcival siehe Website Sep–Juni chateau-cordes-orcival.com**

## Hotels

**Hôtel Radio**
Ein Jugendstiljuwel mit Mosaikfußböden, eleganten Spiegeln und schmiedeeisernen Elementen.

**E5 43 Ave Pierre et Marie Curie, Clermont-Ferrand manche Tage im Winter hotel-radio.fr**

**L'Auberge d'Aijean**
Das Hotel hoch in den Monts du Cantal hat eine schöne Terrasse und bequeme Zimmer.

**E5 Le Gandilhon, Lavigerie Nov, Dez auberge-puy-mary.com**

**Château de St-Saturnin**
Ein wundervolles Schloss (13. Jh.) mit Bergblick und Zimmern mit Himmelbetten.

**E5 Pl de l'Ormeau, Saint-Saturnin Mitte Nov–März chateaudesaintsaturnin.com**

## 16 Uzerche

**D5 Corrèze 2890**
**Pl de la Libération; +33 5 5573 1571 Sa**
**terresdecorreze.com**

Der Anblick von Uzerche beeindruckt: Graue Schieferdächer und Glockentürme ragen auf einem Hügel oberhalb des Flusses Vézère auf. Die reiche Stadt kapitulierte während der Kämpfe im Mittelalter nie. Als sie im Jahr 732 einer siebenjährigen Belagerung durch die Mauren trotzten, sandten die Bewohner den Feinden einen Festschmaus – ihre letzte Nahrung. Die Mauren sahen dies als Zeichen üppiger Vorräte an und zogen ab.

Die romanische Église St-Pierre ragt oberhalb der Stadt auf. Hinter Uzerche fließt die Vézère durch die grünen Schluchten von Saillant.

## 17 Collonges-la-Rouge

**D5 Corrèze 480**
**Brive, dann Bus nach Collonges Rue de la Barrière, Collonges; +33 5 5525 3225 valleedordogne.com**

Von Collonges-la-Rouge geht etwas Irritierendes aus: Die Architektur aus karminrotem Sandstein ist bei einzelnen Gebäuden zwar durchaus attraktiv, doch als Masse wirken die Häuser eher streng.

Das im 8. Jahrhundert gegründete Collonges geriet unter die Herrschaft von Turenne, dessen Bürger die türmchenverzierten Häuser in den umgebenden Weinbergen errichteten. Sehenswert: der Gemeindebackofen auf dem Marktplatz und die Kirche (11. Jh.) mit dem Wehrturm. Das Kalkstein-Tympanon zeigt unter den lebensecht wirkenden Figuren einen Mann, der einen Bären treibt.

## 18 Turenne

**D5 Corrèze 800**
**Brive-la-Gaillarde; +33 5 5524 0880**

Turenne ist eine der anziehendsten mittelalterlichen Städte im Corrèze. Die halbmondförmig angelegte Stadt, die sich an die Felsen drängt, war eines der letzten feudalen Lehen in Frankreich und stand bis 1738 unter der Herrschaft der Familie La Tour d'Auvergne. Deren bekanntestes Mitglied, Henri de la Tour d'Auvergne, war unter Louis XIV Marschall. Er gilt als einer der größten Heerführer der Neuzeit.

Vom **Château de Turenne** sind nur noch der Uhrturm (Ende 13. Jh.) und der Caesar-Turm (11. Jh.) erhalten geblieben, der einen Rundumblick über die Cantal-Berge und ins Tal der Dordogne ermöglicht.

In der Nähe befinden sich eine Stiftskirche aus dem 16. und die Chapelle des Capucins aus dem 18. Jahrhundert. Diese ist Besuchern die meiste Zeit über nicht zugänglich, öffnet ihre Tore jedoch im Sommer für vereinzelte Konzerte und Ausstellungen.

**Château de Turenne**
**siehe Website**
**chateau-turenne.com**

Schöne Aussicht
### Seilbahn

Seit 1962 bringt eine Seilbahn Passagiere von Le Mont-Dore auf den Puy de Sancy, den höchsten Berg des Massif Central. Von der Bergstation wandert man auf den Gipfel, wo man eine fabelhafte Aussicht genießt.

↑ *Radfahrer schätzen die serpentinenreichen Routen an den Monts Dore*

## Monts Dore

**E5 Puy de Dôme Clermont-Ferrand Le Mont-Dore Ave de la Libération, Le Mont-Dore sancy.com**

Die Monts Dore bestehen aus drei mächtigen Vulkanen – Puy de Sancy, Banne d'Ordanche, Puy de l'Aiguiller – und deren Nebenkegeln. Sie sind ein bewaldetes Bergareal, durchzogen von Flüssen und Seen sowie von Ferienorten. Hier kann man Ski fahren, wandern, paddeln, segeln und paragliden.

Der Puy de Sancy (1885 m) ist Zentralfrankreichs höchste Erhebung. Man erreicht den Gipfel, indem man von Le Mont-Dore den Shuttlebus zur Seilbahn nimmt und von der Bergstation aufsteigt. Von Le Mont-Dore führt eine wunderschöne Strecke auf der D36 zum Couze-Chambon-Tal, einem von Wasserfällen durchschnittenen Hochmoor.

Es gibt zwei beliebte Kurbäder: La Bourboule ist auf Kinderkuren spezialisiert. In Le Mont-Dore fasziniert das Établissement Thermal mit seiner Ausstattung im Stil von 1900.

Unterhalb des Col de Guéry (an der D983) erheben sich die Roche Sanadoire und die Roche Tuilière, zwei der meistfotografierten Felsen des Massif du Sancy.

*Häuser aus rotem Sandstein säumen die Straßen von Collonges-la-Rouge*

## Restaurants

### Le Haut Allier

Das beliebte Hotelrestaurant kreiert aus lokalen Zutaten hervorragende saisonale Gerichte.

**E5 Pont d'Alleyras, 43580 Alleyras Mo, Di; Mitte Nov – März hotel-lehautallier.com**

### Brasserie du Casino

Das Restaurant mit elegantem Jugendstilsalon ist eine Institution in Vichy und begeistert auch anspruchsvolle Gäste.

**E4 4 Rue du Casino, 03200 Vichy casino-vichy.patrouche.com**

### Auberge des Montagnes

Ein idyllischer Rückzugsort mit Spezialitäten der Saison.

**E5 15800 Pailherols Mo, Di auberge-des-montagnes.com**

### Chez Alphonse

Das lebhafte Bistro ist bekannt für köstliche Festpreismenüs aus besten Zutaten.

**D5 5 Pl de la Motte, 87000 Limoges So chezalphonse.fr**

## 20

## Monts du Cantal

**E5 Cantal Aurillac Lioran Aurillac; +33 4 7148 4658 iaurillac.com**

Die malerischen Cantal-Berge waren ursprünglich ein einziger gigantischer Vulkan – der älteste und größte Europas. Mehrere Nebenkegelkrater und tiefe Flusstäler umgeben die höchsten Gipfel Plomb du Cantal (1855 m) und Puy Mary (1787 m).

Bei der geradezu schwindelerregenden Fahrt über die steilen Straßen gibt es nach jeder Kehre großartige Ausblicke. Zwischen den einzelnen Gipfeln und Schluchten bieten saftige Weiden Futter für die rotbraunen Salers-Rinder.

Vom Pas de Peyrol, dem höchsten Pass (1582 m) im Massif Central, führt ein Fußweg in etwa 40 Minuten zum Gipfel des Puy Mary.

↑ *Salers-Rinder weiden unterhalb des Château d'Anjony, das schöne Fresken birgt* (Detail)

**Umgebung:** Louis II d'Anjony, ein Gefolgsmann von Jeanne d'Arc, ließ das **Château d'Anjony**, eines der schönsten Schlösser der Auvergne, bauen. Zu den Highlights zählen die Fresken aus dem 16. Jahrhundert: Lebens- und Leidensszenen Christi in der Kapelle sowie eine Folge der neun Helden der Rittersage in der Salle des Preux (Rittersaal) im oberen Stock.

Die kleine Marktstadt Aurillac im Süden des Areals ist ein guter Ausgangspunkt für die Erkundung der Cantal-Region.

**Château d'Anjony**
**Tournemire +33 4 7147 6167 siehe Website Jan, Dez anjony.fr**

**Die malerischen Monts du Cantal waren ursprünglich ein einziger gigantischer Vulkan – der älteste und größte Europas.**

## 21

## La Chaise-Dieu

**E5 Haute-Loire 600 Ave de la Gare; +33 4 7100 0116 Do lepuyenvelay-tourisme.fr**

Die düstere, massive Abteikirche St-Robert (14. Jh.), ein Stilmix aus Romanik und Gotik, ist Hauptgrund für einen Besuch des Dorfs La Chaise-Dieu. Im Chor faszinieren 144 Eichenstühle, deren Figuren Tugenden und Laster darstellen. Darüber hingen bis vor Kurzem einige der schönsten Wandteppiche Frankreichs. Sie, die nun in einem eigenen Ausstellungsraum in einer restaurierten Kapelle zu sehen sind, wurden im frühen 16. Jahrhundert in Brüssel und Arras hergestellt und illustrieren mit zahlreichen Details Szenen aus Altem und Neuem Testament.

An den Außenwänden des Chors zeigt das Wandgemälde einen *Totentanz*, in dem der Tod als Skelett Reiche und Arme zum selben Ziel führt. Im »Echoraum« hinter dem Kreuzgang können sich zwei Personen, die in entgegengesetzten Ecken flüstern, verstehen. Im Spätsommer findet in der Abtei ein klassisches Musikfestival statt.

## Salers

**D5 Cantal 320**
**nur im Sommer**
**Pl Tyssandier d'Escous; +33 4 7140 5808 Mi**
**salers-tourisme.fr**

Salers ist ein hübscher Ort mit Häusern aus grauem Lavagestein und einem Schutzwall (15. Jh.). Er liegt auf einer steilen Anhöhe am Rand der Cantal-Berge und zählt zu den wenigen gut erhaltenen Orten der Region aus der Renaissance.

Die Kirche besitzt eine schöne mehrfarbige Grablegung von 1495 und fünf Aubusson-Gobelins (17. Jh.). Vom Brunnen führen Straßen zu den Felsklippen. Von dort hat man einen großartigen Blick auf die umliegenden Täler. Das Städtchen ist im Sommer zwar überlaufen, doch ein guter Ausgangspunkt für Ausflüge zum Puy Mary, zum großen Staudamm von Bort-les-Orgues, zum Château de Val und ins schöne Cère-Tal.

## Vallée du Lot

**E5–6 Aveyron Rodez, Aurillac Rodez, Sévérac-le-Château Espalion, Rodez Espalion Fr valleedulot.com tourisme-espalion.fr**

Der Fluss Lot (oder Olt) bahnt sich von Mende und dem alten Binnenhafen La Canourgue seinen Weg bis Conques durch ein fruchtbares Tal, vorbei an Obstgärten, Weinbergen und Pinienwäldern. Nahe den Aubrac-Bergen liegt das Dorf St-Côme-d'Olt mit Häusern aus Mittelalter und Renaissance sowie einer Kirche aus dem 16. Jahrhundert.

In Espalion spiegeln sich pastellfarbene Steinhäuser und ein Château (15. Jh.) im Fluss, der unter einer Bogenbrücke (13. Jh.) aus Stein hindurchfließt. Freitagvormittags findet hier ein interessanter Markt statt. Außerhalb der Stadt liegt eine Kirche (11. Jh.). Ihre skulptierten Kapitelle zeigen Ritter und Fantasievögel, die aus einem Kelch nippen.

### Schwarze Madonnen der Auvergne

Die große Zahl von Madonnenstatuen dokumentiert, dass der Marienkult in der Auvergne stark ausgeprägt war. Die meist aus dunklem Walnuss- oder Zedernholz geschnitzten, mit der Zeit nachgedunkelten Madonnen verdanken sich wohl dem byzantinischen Einfluss, den die Kreuzfahrer mit nach Hause brachten. Die berühmteste Statue (in Le Puy-en-Velay; *siehe S. 342f*) ist eine Kopie aus dem 17. Jahrhundert. Das Original gehörte im Mittelalter König Louis IX.

Das Dorf Estaing (13. Jh.), einst das Lehen einer der wichtigsten Familien von Rouergue, drängt sich unterhalb des Château (Mai – Mitte Okt geöffnet). Richtung Entraygues (»zwischen den Wassern«) mit seinem alten Viertel und der gotischen Brücke (13. Jh.) führt die Straße durch die Lot-Schlucht. Hinter Entraygues verbreitert sich der Fluss und mündet in die Garonne.

→ *Steingebäude flankieren die Place de l'Église von Salers*

## 24 Rodez

D6 · Aveyron · 24 400 · Place de la Cité; +33 5 6575 7677 · Mi, Sa · rodez-tourisme.fr

Rodez war wie viele mittelalterliche französische Städte politisch gespalten: die ladengesäumte Place du Bourg auf der einen, die Place de la Cité nahe der Kathedrale auf der anderen Seite der Stadt – dazwischen lag ein Graben an weltlichen und kirchlichen Interessen. Heute ist das Geschäftszentrum der Hauptanziehungspunkt. Auch die Cathédrale Notre-Dame mit ihrer schönen Westfassade (1277) und einem Glockenturm ist sehenswert. Das gotische Innere prägen hohe Säulenreihen und eine Orgel, auf deren silbernen Pfeifen hölzerne Engel sitzen. Seltsame Kreaturen umrahmen das Chorgestühl (15. Jh.).

Das **Musée Soulages** zeigt rund 500 Bilder und andere Arbeiten des in Rodez geborenen Künstlers Pierre Soulages (1919–2022). Darüber hinaus präsentiert es Wechselausstellungen zu zeitgenössischer Kunst.

**Umgebung:** 45 Kilometer südlich liegt Saint-Léons, Geburtsort des Entomologen Jean-Henri Fabre. Micropolis (Mitte Feb–Okt) ist Museum und Themenpark.

### Chemin de Stevenson

Der Fernwanderweg GR70 folgt den Spuren des schottischen Schriftstellers Robert Louis Stevenson (1850–1894) entlang einer Route, auf der der Autor im Jahr 1878 in Gesellschaft eines kleinen Esels in die abgelegenen Berge der Cevennen wanderte. Sein Bericht über diese Erkundung *(Cevennen-Reise mit Esel)* erschien im Jahr darauf. Die zweiwöchige Tour auf dem Chemin de Stevenson (Stevenson Trail) startet in Le Puy.

**Musée Soulages**

**Jardin du Foirail, Ave Victor Hugo**
**+33 55 6573 8260 · Di–Fr 10–13, 14–18, Sa, So 10–18 (Juli, Aug: tägl. bis 18)**
**Feiertage**

## 25 Parc National des Cévennes

**E6 · Lozère, Gard**
**Alès · St-Jean-du-Gard**
**6 bis Pl du Palais, 48400 Florac; +33 4 6649 5300**
**cevennes-parcnational.fr**

Die Cevennen bilden den südöstlichen Teil des Massif

**Schon gewusst?**

**Bei St-Laurent-de-Trèves in den Cevennen gibt es Fossilienfunde, auch von Dinosauriern.**

← *Fassade des Musée Soulages in Rodez*

Central. Weite Hochebenen und tiefe Schluchten prägen das Landschaftsbild dieses Gebirgszugs, der 1970 zum Nationalpark erklärt wurde. Das Areal bietet gute Bedingungen für Wanderungen und weitere Outdoor-Aktivitäten. Die bekannteste Wanderroute ist der Chemin de Stevenson *(siehe Kasten)*.

Eine 53 Kilometer lange Panoramastraße (Corniche des Cévennes) verläuft von Florac nach St-Jean-du-Gard. Angelegt wurde sie von der Armee Louis' XIV zu Beginn des 18. Jahrhunderts bei der Verfolgung der in den Cevennen als Kamisarden bezeichneten Hugenotten.

Neben der schönen Landschaft faszinieren im Parc National des Cévennes auch hübsche Orte wie La-Garde-Guérin und Anduze.

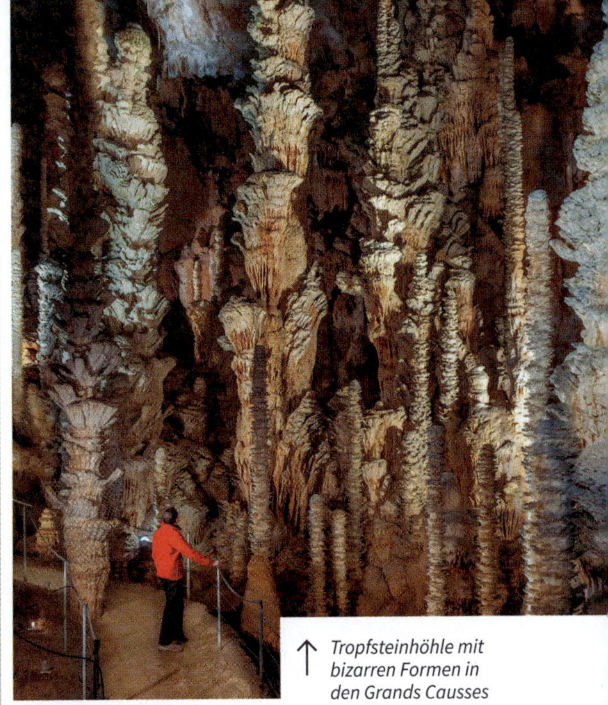

↑ *Tropfsteinhöhle mit bizarren Formen in den Grands Causses*

**26**

## Grands Causses

**E6 Aveyron Rodez-Marcillac Millau**
**Millau; +33 5 6560 0242**
**millau-viaduc-tourisme.fr**

Die Causses sind weite, trockene Kalksteinplateaus, durchzogen von überraschend grünen, fruchtbaren Schluchten. Manchmal ist ein kreisender Raubvogel das einzige Anzeichen von Leben. Vereinzelt gibt es steinerne Bauernhäuser oder Schäferhütten. Wer die Einsamkeit liebt, sollte hier wandern.

Die vier Grands Causses – Sauveterre, Méjean, Noir und Larzac – erstrecken sich östlich von Millau (mit der längsten Schrägseilbrücke der Welt) und von Mende im Norden zum südlichen Vis-Tal. Zu den Attraktionen der Causses zählen die *chaos*, bizarre Felsgebilde, die Ruinenstädten ähneln und entsprechende Namen tragen: Montpellier-le-Vieux, Nîmes-le-Vieux und Roquesaltes. Aven Armand und Dargilan sind unterirdische Grotten.

Windgeschützt auf den Höhen von Causse du Larzac liegt das aus grob behauenem Stein errichtete Dorf La Couvertoirade, das im 12. Jahrhundert als Zitadelle des Templerordens gegründet wurde. Die ungepflasterten Straßen und mittelalterlichen Häuser erinnern an die dunkle Seite jener Zeit. Der Eintritt zum Museumsdorf ist frei, nur für den Schutzwall muss man eine Gebühr entrichten.

Roquefort-sur-Soulzon ist der bekannteste Ort von Causse du Larzac. Die kleine Stadt liegt terrassenartig auf einem Kalksteinfelsen. Von hier stammt der Roquefort-Käse. Er wird aus roher Schafsmilch hergestellt und mit auf Brotlaiben gezogenem Blauschimmel geimpft. Danach reift er im Höhlenlabyrinth oberhalb der Stadt.

Expertentipp
### Pools in der Natur

Überall in der Auvergne findet man natürliche Seen. Einige dieser Gewässer haben sich im Lauf der Jahrtausende in den Kratern erloschener Vulkane gebildet, andere – wie der Lac Chambon – bieten am Ufer einen Strand. Viele Seen der Region eignen sich zum Schwimmen, an einigen weht wegen der guten Wasserqualität die Blaue Flagge.

*Grenoble in den Französischen Alpen* (siehe S. 376f)

# Rhône-Tal und Französische Alpen

Vor mehr als 2000 Jahren gründeten die Römer das strategisch günstig liegende Lyon. Heute ist die Stadt mit ihren großartigen Museen und Renaissance-Bauten eines der wirtschaftlichen und kulturellen Zentren des Landes. Nördlich liegen die Sumpfgebiete der Dombes und die fruchtbare Bresse-Ebene. Hier gibt es auch Beaujolais-Weinberge, die mit denjenigen entlang der Rhône die Gegend zu einer bedeutenden Weinregion machen.

Die Französischen Alpen gehören das ganze Jahr über zu den beliebtesten Erholungsgebieten. International bekannte Skiorte wie Chamonix, Megève und Courchevel sowie historische Städte wie Chambéry, das vor dem Anschluss an Frankreich die Hauptstadt von Savoyen war, gehören zu den Anziehungspunkten. Elegante Kurorte reihen sich am Ufer des Genfer Sees. Grenoble, eine lebendige Universitätsstadt und ein Hightech-Zentrum, liegt inmitten der beiden Naturschutzgebiete Vercors und Chartreuse.

Im Süden gehen die Obstgärten und Sonnenblumenfelder in leuchtende Lavendelfelder über, die von Weinbergen und Olivenhainen aufgelockert werden. Berge und alte Kurorte prägen die stark zerklüftete Ardèche, deren Schluchten zu den wildesten und ursprünglichsten Landschaften Frankreichs zählen.

# Rhône-Tal und Französische Alpen

## Highlights

1. Lyon
2. Grenoble

## Sehenswürdigkeiten

3. Bourg-en-Bresse
4. Vienne
5. St-Romain-en-Gal
6. St-Étienne
7. Palais Idéal du Facteur Cheval
8. Tournon-sur-Rhône
9. Valence
10. Ardèche
11. Vals-les-Bains
12. Montélimar
13. Briançon
14. Grignan
15. Vercors
16. Nyons
17. Chartreuse
18. Chambéry
19. Aix-les-Bains
20. Lac Léman (Genfer See)
21. Annecy
22. Pérouges
23. Dombes
24. Le Bourg d'Oisans

SCHWEIZ
Lausanne
Lac Léman (Genfer See)
Genève (Genf)
Annecy
Chambéry
Grenoble
Aix-les-Bains
RHÔNE-ALPES
ITALIEN
Chamonix-Mont-Blanc
Bourg-en-Bresse
Pérouges
Dombes
Vienne
Valence
Palais Idéal du Facteur Cheval
Le Bourg d'Oisans
Briançon
Grignan
Nyons
Chartreuse
Vercors
Massif du Pelvoux
Provence und Côte d'Azur
Seiten 490–531
PROVENCE-ALPES-CÔTE D'AZUR
Avignon
Montélimar
Tournon-sur-Rhône
Grandes Rousses 3468 m
Pic du Thabor 3204 m
Les Écrins 4102 m
Grande Casse 3852 m
Lac d'Annecy
Lac du Bourget
Flughafen Lyon-Bron
Flughafen Chambéry
Digne-les-Bains
Gap
0 Kilometer 30
N

**1** *Kanufahren auf dem Lac Annecy*

**2** *Seilbahn zum Fort de la Bastille in Grenoble*

**3** *Köstliches* gratin dauphinois

**4** *Essen im Freien mit Blick auf den Palais de l'Isle, Annecy*

# 3 TAGE

## *in den Französischen Alpen*

### *Tag 1*

**Vormittags** Der Tag beginnt in Grenoble *(siehe S. 376f)* im Musée de Grenoble *(siehe S. 377)*. Die Exponate umfassen Artefakte aus dem 13. Jahrhundert, Gemälde aus Mittelalter, Renaissance und Barock bis hin zu Meistern des 20. Jahrhunderts. Bei Ihrem Bummel zur Place St-André informieren Sie sich im Musée de l'Ancien Évêché *(siehe S. 377)* über die Stadtgeschichte.

**Nachmittags** Nach dem Essen an der Place Grenette besuchen Sie das Musée de la Résistance et de la Déportation *(siehe S. 376f)*, wo bewegende Exponate an den Widerstand der Region gegen die Nazis und an die Deportation Tausender Juden erinnern. Zur Erholung geht es mit der Seilbahn zum Fort de la Bastille *(siehe S. 377)*.

**Abends** Kosten Sie bei Une Semaine Sur Deux (3 Rue Condorcet) *gratin dauphinois* (überbackener Kartoffelauflauf).

### *Tag 2*

**Vormittags** Fahren Sie nach Norden in die Chartreuse *(siehe S. 386)*, eine Bergkette in den Französischen Alpen. Besichtigen Sie das Monastère de la Grande Chartreuse, ein Kartäuserkloster, das bekannt ist für seinen gelbgrünen Kräuterlikör.

**Nachmittags** Nach dem Essen im Zentrum von Chambéry *(siehe S. 386)*, der früheren Hauptstadt Savoyens, bummeln Sie durch die verwinkelte Altstadt. Gehen Sie unbedingt auch zur Place St-Léger und der Fontaine des Éléphants an der Rue de Boigne.

**Abends** Übernachten Sie in Annecy *(siehe S. 388)* in einem der individuell gestalteten Zimmer im Atipik Hôtel (www.atipikhotel.fr) oberhalb des Sees am Kanal.

### *Tag 3*

**Vormittags** Bummeln Sie am See entlang vom Champ de Mars über den Pont des Amours (Liebesbrücke), der über das kristallklare Wasser des Canal du Vassé führt, zu den Jardins de l'Europe. Von dort geht es weiter am Canal du Thiou durch die an Venedig erinnernde Altstadt zum Palais de l'Isle. Der eindrucksvolle Steinbau steht seit dem 12. Jahrhundert an der Inselspitze.

**Nachmittags** Lassen Sie bei einer Bootsfahrt mit Picknick die idyllische Lage von Annecy auf sich wirken.

**Abends** Abends ist ein Bummel durch die Altstadt dank der von Kanälen und dem See reflektierten Lichter besonders romantisch. Zum Abschluss gibt es ein köstliches Essen im L'Esquisse *(siehe S. 379)*.

### Schlemmen im *bouchon*

Lyons Küche ist berühmt für ihre gehaltvollen Zutaten, die früher besonders von den *canuts* (Seidenwebern) geschätzt wurden. In gemütlichen *bouchons*, den traditionellen Bistros der Stadt, die oft in Familienbesitz sind, kann man die heimischen Spezialitäten wunderbar kosten: *andouillette* (grobe Innereienwurst), *boudin noir* (Blutwurst), *quenelles* (Fischklößchen) und *saucisson de Lyon* (dicke Wurst mit Rind- und Schweinefleisch) – alles serviert in netten Restaurants mit rot-weiß karierten Tischdecken und langen Reihen von Familienfotos an den Wänden.

*In einem* bouchon Lyonnais *genießt man Delikatessen im Freien*

# LYON FÜR FOODIES

**Nirgendwo in Frankreich gibt es so viele Restaurants wie in Lyon und nirgends mehr Restaurants mit Michelin-Stern – außer in Paris. Ihre Qualität ist dank langer heimischer Tradition, intensiven Wettbewerbs und einer anspruchsvollen Kundschaft – und natürlich exzellenter Produkte – außergewöhnlich hoch.**

### Köstlicher Beaujolais

Alljährlich am dritten Donnerstag im November ist die Place St-Jean fest in der Hand der Organisatoren des Beaujol'en Scène. In einem kurzen, aber großartigen Fest wird der Beaujolais Nouveau (die neue Ernte) gefeiert. Fackelzüge und Musikgruppen laufen voran, dann werden die Fässer angezapft und das *terroir* verkostet – und Punkt Mitternacht ist alles wieder vorbei.

*Winzer rollen Fässer mit Beaujolais Nouveau ins Zentrum*

↑ *Spezialität der Region:* quenelles *vom Hecht in Sauce in einem* bouchon

## Mères Lyonnaises

Viele Frauen, die für Lyonnaiser Patrizierfamilien kochten, eröffneten später eigene Restaurants. In diesen boten sie einfache, aber perfekt zubereitete heimische Gerichte an. Diese »Mütter von Lyon« erarbeiteten sich in dem traditionell männlich besetzten Bereich große Anerkennung und haben hohen Anteil an der Entwicklung Lyons zu einer kulinarischen Hauptstadt.

## Staunen und Naschen am Markt

Lyons Märkte sind ein Muss für jeden Feinschmecker. Am einen Kilometer langen Boulevard de la Croix-Rousse, Teil von Lyons UNESCO-Welterbestätte, liegt der Markt La Croix-Rousse. Außer am Montag kann man hier täglich die feinsten Zutaten einkaufen. Der legendäre überdachte Markt Les Halles de Lyon ist international renommiert für die großartige Qualität der angebotenen Produkte. Hier bekommen Sie alles, was das Herz begehrt: aromatischen St-Félicien- und St-Marcellin-Käse von der nahen Isère; fein marmoriertes Rindfleisch aus Charolais; und natürlich die süße Perfektion: *coussins de Lyon* aus Schokolade und Marzipan. Bei einer Führung mit Lyon Food Tour (www.lyonfoodtour.com) können Sie das alles versuchen.

*Bunt und appetitlich ist das Angebot am Markt La Croix-Rousse* ↑

**Pistenglück**
Dreimal gab es Olympische Winterspiele in den Französischen Alpen (1924 in Chamonix-Mont-Blanc, 1968 in Grenoble, 1992 in Albertville). Da können die Pisten – die bis zu einer Höhe von 3600 Meter reichen – ja nur perfekt sein! Mehr als 200 Skiorte bieten einladende Unterkünfte. Mit Schleppliften und Bahnen geht es hinauf. Wer gar nicht genug bekommt, findet auf den Gletschern Sommerskigebiete.

Expertentipp
**Maßnahmen**
Je nach Jahreszeit kann sich das Wetter in den Bergen sehr schnell ändern. Achten Sie stets auf die Vorhersagen, und nehmen Sie immer ausreichend Getränke und passende Schutzkleidung mit.

# DIE FRANZÖSISCHEN ALPEN FÜR OUTDOOR-FANS

**Schroffe, schneebedeckte Gipfel, Gletscher und Schneefelder ziehen die Blicke im Winter magisch an. Im Frühling faszinieren dann die rauschenden Wasserfälle, in denen das Schmelzwasser zu Tal stürzt, sowie blumenübersäte Wiesen. Im Sommer und Herbst locken Wanderungen oder Klettertouren die Urlauber in die Alpen, eine der spannendsten Landschaften in ganz Frankreich. Die Alpen erstrecken sich über die historischen Landschaften Dauphiné und Savoyen und reichen fast bis ans Mittelmeer.**

**Schneespaß für Kinder**
Der herrliche Pulverschnee in den Alpen verwandelt die Landschaft in eine Wunderwelt. In Le Bourg d'Oisans *(siehe S. 389)* und dem benachbarten L'Alpe d'Huez ist das Angebot für die lieben Kleinen riesig, vom Schneemannbauen bis zum Schlittenfahren. Weiter nördlich am Lac Léman *(siehe S. 387)* sind die Bedingungen für die ganze Familie perfekt zum Langlaufen. Die meisten Wintersportorte haben ein reichhaltiges Angebot für Kinder und speziell auf sie eingestellte Betreuer.

↑ *Gut beschützt: erste Schritte auf Skiern mit einem Skilehrer*

↑ *Snowboarder und Skifahrer auf einer Piste in den Alpen*

## Alljahres-Resorts

**Les Deux Alpes**
Fantastischer Pulverschnee und legendäres Après-Ski im Winter; Gletscherskifahren, Wandern, Mountainbiken im Sommer (www.les2alpes.com).

**Tignes und Val d'Isère**
Der »Espace Killy« bietet großartige Pisten, einen Snowpark für Freestyler und Sommerskigebiete auf zwei Gletschern (www.valdisere.com).

**Morzine**
An der Grenze zur Schweiz bietet das Skigebiet Les Portes du Soleil Pisten für Anfänger und Fortgeschrittene. Im Sommer kann man klettern, Rad fahren und wandern (www.portesdusoleil.com).

← *Mit dem Gleitschirm über den Berggipfeln*

## Unterwegs ohne Schnee

Im Frühjahr öffnen die Bergpässe, Wanderwege sind wieder begehbar, wilde Blumen überziehen die Bergwiesen. Nehmen Sie in Le Bourg d'Oisans *(siehe S. 389)* einen Lift, und wandern oder radeln Sie ins Tal. Gehen Sie paragleiten oder parasegeln in Chamonix-Mont-Blanc und Annecy *(siehe S. 388)*, oder fahren Sie nach Courchevel, zum Wakeboarden, Rennradfahren oder Mountainbiken.

→ *Schweißtreibende Tour auf den Dent du Géant bei Chamonix*

❶

# Lyon

F5 Rhône 515 700 Pl Bellecour; +33 4 7277 6969 tägl. Biennale Internationale d'Art Contemporain (Sep – Jan) visiterlyon.com

**Frankreichs drittgrößte Stadt liegt an den Ufern von Rhône und Saône. Lyon fasziniert mit einer stimmungsvollen Altstadt und einigen der besten Restaurants des Landes.**

①

## Presqu'île

Die Presqu'île ist das Herz Lyons – eine schmale Halbinsel nördlich des Zusammenflusses von Rhône und Saône. Ein Großteil dieses historischen Zentrums ist UNESCO-Welterbe. Die Fußgängerzone Rue de la République verbindet die beiden Pole des urbanen Lebens: die weite Place Bellecour (mit der Reiterstatue Louis' XIV in der Mitte) und die Place des Terreaux. Letztere wird beherrscht vom Hôtel de Ville (17. Jh.) und dem Palais St-Pierre, einem früheren Benediktinerkonvent, heute Sitz des Musée des Beaux-Arts *(siehe S. 372f)*. Die Platzmitte nimmt ein imposanter Brunnen von Bartholdi, Schöpfer der Freiheitsstatue, ein. Hinter dem Rathaus liegt die futuristische Opéra de Lyon von Jean Nouvel, ein schwarzes Tonnengewölbe aus Stahl und Glas in einer Art klassizistischer Kapsel.

Das **Musée de l'Imprimerie** illustriert Lyons Beitrag zur Entwicklung des Druckgewerbes im späten 15. Jahrhundert. Im **Musée Lugdunum** ist eine archäologische Sammlung aus gallorömischer Zeit zu sehen. Eine historische Abteilung und eine Sammlung von Marionetten präsentieren die **Musées Gadagne**. Das **Musée des Confluence**s widmet sich in einem Glas-Stahl-Gebäude den Naturwissenschaften.

← *Spektakuläre Fassade von Lyons Musée des Confluences*

*Highlight*

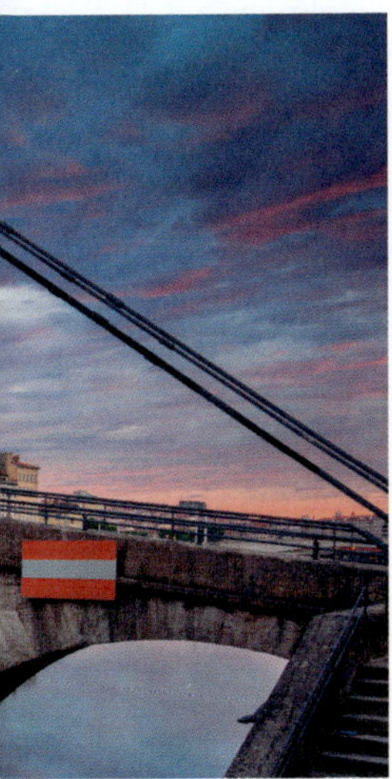

↑ *Viele Gebäude aus der Renaissance zieren die Altstadt von Lyon*

**Musée de l'Imprimerie**
13 Rue de la Poulaillerie Mi–So 10:30–18 imprimerie.lyon.fr

**Musée Lugdunum**
17 Rue Cléberg Di–Fr 11–18, Sa, So 10–18 lugdunum.grandlyon.com

**Musées Gadagne**
1 Place du Petit Collège Mi–So 10:30–18 gadagne-lyon.fr

**Musée des Confluences**
86 Quai Perrache Di–So 10:30–18:30 museedesconfluences.fr

## 2 La Croix-Rousse

Das Gebiet war im 19. Jahrhundert das Zentrum der Seidenweberei der Stadt und ist von überdachten Gängen *(traboules)* geprägt, die einst von Webern zum Transport von Stoffen genutzt wurden. In der Nähe stehen die Église St-Polycarpe und die Maison des Canuts mit einem alten Seidenwebstuhl.

## 3 La Part-Dieu

Das Geschäftsviertel am Ostufer der Rhône ist bekannt für seine riesige Shoppingmall und das Auditorium Maurice-Ravel, eine Bühne für Kulturevents. Faszinierend ist auch die moderne Architektur, ein Highlight ist die Tour Oxygène (115 m).

## 4 Institut Lumière

**25 Rue du Premier Film**
**Di–So 10–18:30**

In dem Filmmuseum erfanden die Brüder Auguste und Louis Lumière den Cinématographe und drehten 1895 ihren ersten Film. Zu den Exponaten zählen Geräte und ein Film über die Lumières.

## Restaurants

**L'Auberge du Pont de Collonges**
Der Gourmettempel von Paul Bocuse (1926–2018) lässt keine kulinarischen Wünsche offen. Lassen Sie sich verwöhnen.

**40 Quai de la Plage**
**bocuse.fr**

€€€

**Têtedoie**
Innovativ zubereitete französische Gerichte und die geradezu bombastische Aussicht sind genügend Gründe für einen Besuch.

**4 Rue du Professeur Pierre Marion**
**tetedoie.com**

€€

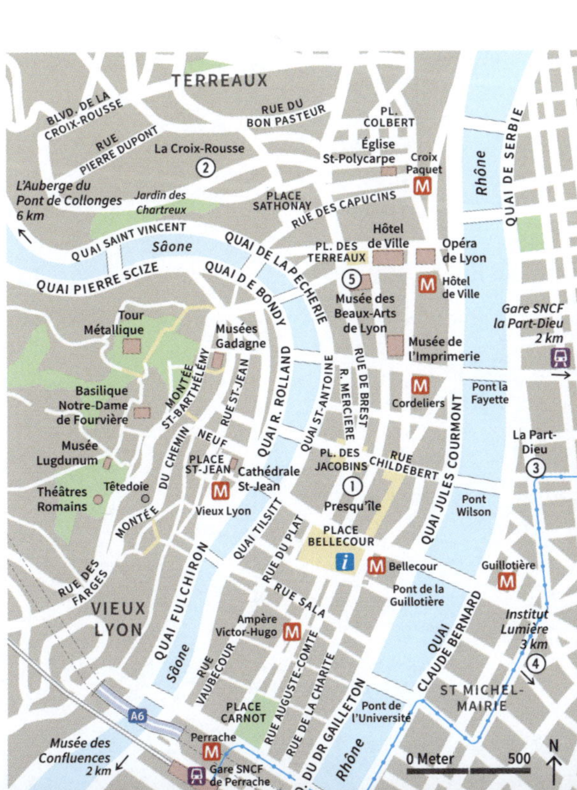

# Musée des Beaux-Arts de Lyon

20 Place des Terreaux  Hôtel de Ville  +33 4 7210 1740
siehe Website  einige Feiertage  mba-lyon.fr

**Das 1801 eröffnete Musée des Beaux-Arts ist im ehrwürdigen, aus dem 17. Jahrhundert stammenden Palais St-Pierre untergebracht, in dem sich früher ein Benediktinerkonvent für Adelstöchter befand. Der Kunsttempel präsentiert seine reichen Schätze in insgesamt 70 Galerien.**

Lyons Musée des Beaux-Arts gilt nach dem weltberühmten Louvre in Paris als zweitgrößtes und -bedeutendstes Kunstmuseum in Frankreich. Es widmet sich vornehmlich europäischer Kunst seit dem frühen Mittelalter mit Schwerpunkten auf Gemälden, Zeichnungen und Skulpturen. Darüber hinaus birgt das Museum eine Antiquitätensammlung mit Exponaten aus Ägypten und dem Nahen Osten sowie eine ebenfalls spannende Abteilung kunsthandwerklicher Objekte aus Europa und Asien. Die Werke sind nicht nach einzelnen Genres, sondern in chronologischer Folge angeordnet.

Expertentipp
**Entspannen**

Der Garten im Innenhof ist ein idealer Ort für eine Pause zwischen den Besichtigungen der Galerien. Gönnen Sie sich einen Snack auf einer der Bänke, oder machen Sie ein Picknick unter einem der Schatten spendenden Bäume.

*Skulpturensammlung und Fassade* (Detail) *des Musée des Beaux-Arts* ↑

Highlight

## TOP 5 Gemälde im Museum

***Anbetung der Könige* (1617/18), Peter Paul Rubens**
Bekanntes Motiv der christlichen Kunst.

***Marie Coca et sa fille Gilberte* (1913), Suzanne Valadon**
Porträt von Mutter und Tochter.

***Mer agitée à Étretat* (1883), Claude Monet**
Stürmisches Meer an einem Wintertag.

***Nave Nave Mahana* (1896), Paul Gauguin**
Melancholische Szene.

***Femme assise sur la plage* (1937), Pablo Picasso**
Nackte am Strand.

## *Highlights des Museums*

### *Skulpturen*

▷ Das Museum umfasst eine erstklassige Skulpturensammlung. Stark vertreten sind Arbeiten aus dem Mittelalter, u. a. eine Holzstatue (12. Jh.) der Madonna mit Kind eines Bildhauers aus der Auvergne. Auch französische Romanik, italienische Renaissance sowie Werke des späten 19. und frühen 20. Jahrhunderts sind zu sehen. Vertreten sind u. a. Rodin und Bourdelle (auch im Hof stehen einige ihrer Statuen), Maillol, Despiau und Pompon.

### *Objets d'art*

Die umfangreiche kunsthandwerkliche Sammlung präsentiert u. a. byzantinische Elfenbeinarbeiten, in Limoges gefertigte Werke aus Emaille, Seidenwaren aus Betrieben in Lyon und Jugendstilmöbel. Zu den Höhepunkten gehört »La Chambre de Madame Guimard«, eine Sammlung von Möbeln, die der aus Lyon stammende Designer Hector Guimard entwarf. Sehenswert sind auch Tonwaren, Münzen, Medaillen und Schmuck aus Europa und Asien.

### *Antike*

◁ Neun Säle des Museums widmen sich Werken des Altertums und der Antike – vor allem aus Ägypten und Mesopotamien. Unter den ägyptischen Grabstelen ragt eine um 1400 v. Chr. aus Holz gefertigte Figur des Kopfes eines Jungen heraus. Neben archäologischen Funden jener Reiche sind etruskische Statuetten und rund 4000 Jahre alte Keramiken aus Zypern zu sehen.

### *Gemälde*

▷ Die Gemäldesammlung umfasst alle Epochen, u. a. spanische und holländische Meister (z. B. Rembrandt), französische Schulen des 17. bis 19. Jahrhunderts, Impressionisten wie van Gogh, Manet und Renoir sowie moderne Werke. Auch Arbeiten der Schule von Lyon sind vertreten, deren feine Blumenmalereien die Designer der Seidenstoffe über Generationen inspirierten. Im Cabinet d'Arts Graphiques sind viele Zeichnungen und Radierungen zu bewundern.

# Spaziergang durch Lyons Zentrum

**Länge** 2,5 km **Dauer** 40 Min.
**Zahnradbahn** Fourvière

Am Westufer der Saône bietet die restaurierte Altstadt Vieux Lyon ein Gewirr aus *traboules* (überdachten Passagen), Kopfsteinpflasterstraßen, Renaissance-Häusern, erstklassigen Restaurants, *bouchons* (Bistros) und Boutiquen. Hier lag die römische Stadt Lugdunum, das 43 v. Chr. gegründete militärische und wirtschaftliche Zentrum Galliens. Artefakte der wohlhabenden Stadt sehen Sie im galloromischen Museum auf dem Fourvière-Hügel. In zwei römischen Theatern finden Vorstellungen statt – von Opern bis zu Rockkonzerten. Am Fuß des Hügels stehen die elegantesten Renaissance-Stadthäuser Frankreichs.

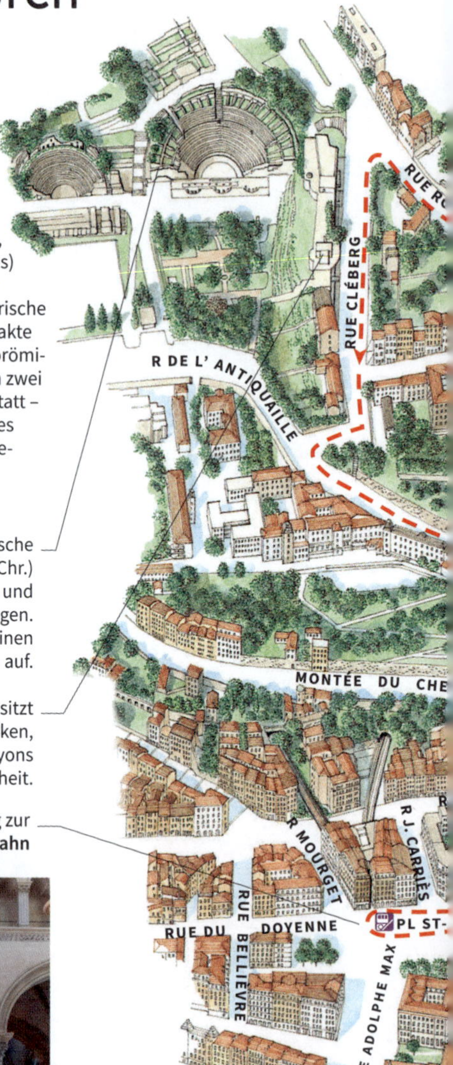

Lyon hat zwei freigelegte römische Theater: Das **Grand Théâtre** (15 v. Chr.) ist Frankreichs ältestes Theater und dient zeitgenössischen Darbietungen. Das kleinere **Odéon** fällt durch seinen geometrischen Fliesenboden auf.

Das unterirdische **Musée Lugdunum** besitzt eine Sammlung an Statuen, Mosaiken, Münzen und Inschriften aus Lyons römischer Vergangenheit.

Eingang zur **Zahnradbahn**



Die **Cathédrale St-Jean** (spätes 12. Jh.) besitzt eine astronomische Uhr (14. Jh.), die religiöse Feiertage anzeigt.

↑ *Lichtdurchfluteter Innenraum der Cathédrale St-Jean*

Eingang zur **Zahnradbahn**

Die pseudobyzantinische **Basilique Notre-Dame de Fourvière** (19. Jh.) mit Türmchen und Zacken, Marmor und Mosaiken zählt zu Lyons Wahrzeichen.

**Schon gewusst?**

**Angeblich gibt es in der Altstadt rund 400 *traboules* (überdachte Passagen).**

Die **Tour Métallique** (1893) dient heute als Fernsehturm.

Der **Chemin du Rosaire** führt von Notre-Dame de Fourvière zur Stadt hinab und bietet großartige Ausblicke.

In der **Rue Juiverie** sollten Sie auf Renaissance-Gebäude wie das Hôtel Paterin (Nr. 4) achten.

In der **Rue St-Jean** und der **Rue du Bœuf** stehen die Renaissance-Häuser früherer Bankiers und Seidenhändler.

Das **Hôtel de Gadagne** (15. Jh.) beherbergt zwei Museen: das Musée Historique de Lyon und das bezaubernde Musée des Marionnettes du Monde mit den berühmten Lyoner Puppen.

↑ *Blick auf die von Bergketten umrahmte Stadt Grenoble*

❷

# Grenoble

F5 · Isère · 158 200 · 14 Rue de la République; +33 4 7642 4141 · Di – So · grenoble-tourisme.com

**Die frühere Hauptstadt der historischen Landschaft Dauphiné war 1968 Austragungsort der Olympischen Winterspiele und ist eine lebhafte Universitätsstadt. Im Westen und Norden wird sie von den Gipfeln der Gebirgsmassive Vercors und Chartreuse überragt.**

### Altstadt

Herzstück des Lebens in Grenoble ist die Fußgängerzone um die Place Grenette. Auf dem Hauptplatz fanden früher Landwirtschaftsmessen statt. Heute trifft man sich hier in Bars und Restaurants oder am »Le château d'eau Lavalette« genannten Brunnen, der seit dem 19. Jahrhundert auf dem Platz steht.

Zentrum des mittelalterlichen Grenoble ist die Place St-André, die von den ältesten Gebäuden der Stadt flankiert wird, darunter Collégiale St-André (13. Jh.) und Ancien Palais du Parlement du Dauphiné (16. Jh.).

## Schon gewusst?

**Während der Revolution wurde Grenoble in Grelibre umbenannt, um *noble* (edel) zu vermeiden.**

② 

### Musée de la Résistance et de la Déportation

**14 Rue Hébert · Mo – Fr 9 – 18 (Di ab 13:30), Sa, So 10 – 18 · musees.isere.fr**

Das renommierte Museum dokumentiert auf drei Stockwerken den französischen Widerstand im Zweiten Weltkrieg aus der Perspektive der *maquis* genannten Untergrundkämpfer. Diese bekämpften sowohl das Nazi-Regime als auch die Vichy-Regierung. Die Exponate umfassen die Anfänge der *maquis*, ihre Widerstandsak-

## Shopping

**Fromagerie les Alpages**
Der Käseladen ist ein Paradies für Genießer.
**4 Rue de Strasbourg**
**les-alpages.fr**

**Concept Vintage Store**
Shop für Vintage-Mode.
**10 Rue Bayard**
**conceptvintagestore.com**

**FAB**
Hier findet man ungewöhnliche Geschenke und Souvenirs.
**14 Rue Lakanal**
**+33 4 7617 1116**

tivitäten und ihr Alltagsleben während der Kriegsjahre, die Repressalien, denen sie unter der Regierung von Marschall Pétain ausgesetzt waren, und wie die Bewegung zur Befreiung Frankreichs beitrug. Das Museum befasst sich auch mit dem Leben der Juden in der Stadt während dieser Zeit.

③    

## Fort de la Bastille

**Nordufer der Isère**
**siehe Website**
**bastille-grenoble.fr**

Vom Quai Stéphane Jay fährt eine Seilbahn hinauf zum Fort de la Bastille, wo sich eine einzigartige Sicht über Grenoble und die umrahmenden Bergketten bietet. Aber nicht nur deshalb zählt das auf dem Hügel thronende Fort de la Bastille zu den meistbesuchten Attraktionen der Stadt. Die von eindrucksvollen Mauern umgebene Festung wurde im 19. Jahrhundert auf den Fundamenten eines Vorgängerbaus errichtet. In der Anlage ist das Centre d'Art Bastille (CAB) für zeitgenössische Kunst untergebracht. Der Hochseilgarten in der Nähe ist vor allem bei Familien beliebt.

Schon die Seilbahnfahrt auf den Hügel ist ein Erlebnis. Von der Bergstation ist es nicht weit zur Festung. Auch ein Wanderweg und sogar eine Kletterroute führen hinauf.

④

## Musée Dauphinois

**30 Rue Maurice Gignoux**
**tägl. 10–18 (Sa, So bis 19)** **1. Jan, 1. Mai, 25. Dez**
**musees.isere.fr**

Das in einem Kloster aus dem 17. Jahrhundert untergebrachte Museum widmet sich der Geschichte der Region und präsentiert Kunsthandwerk. Interessante Sammlungen beleuchten u. a. das Leben in den Alpen und die Geschichte des Wintersports in der Region.

⑤

## Musée de l'Ancien Évêché

**2 Rue Très-Cloîtres**
**siehe Website**
**musees.isere.fr**

Der frühere Bischofspalast ist heute Sitz dieses Museums, das sich der Geschichte der Isère widmet. Zum Anwesen gehört auch eine Taufkapelle aus dem 4. Jahrhundert.

⑥   

## Musée de Grenoble

**5 Pl de Lavalette**
**Mi–Mo 10–18:30**
**1. Jan, 1. Mai, 25. Dez**
**museedegrenoble.fr**

Rund 800 Gemälde und Skulpturen vom 13. Jahrhundert bis in die Gegenwart sind in diesem Kunsttempel ausgestellt. Highlights sind Werke von Chagall, Giacometti, Picasso und Matisse. Zudem finden hier Wechselausstellungen statt.

↑ *Fassade des Musée de Grenoble, eines überregional renommierten Kunstmuseums*

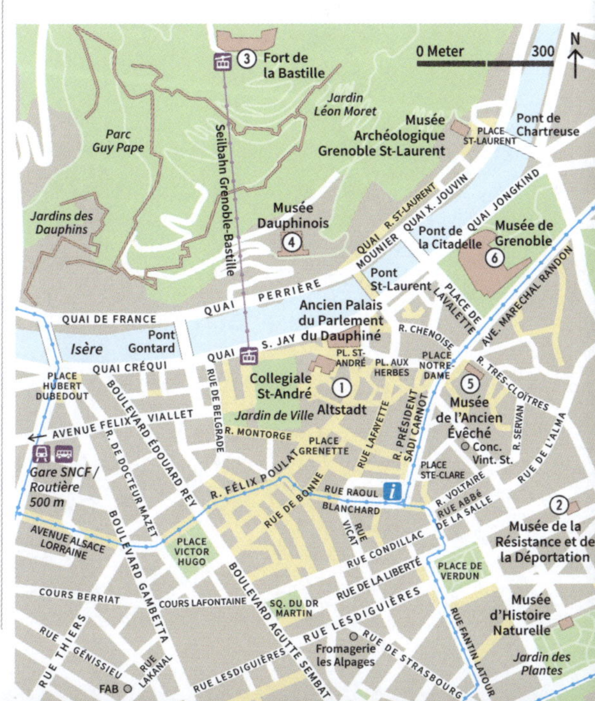

# SEHENSWÜRDIGKEITEN

## 3 Bourg-en-Bresse

**F4 Ain 41 700**
**Centre Culturel Albert Camus, 6 Ave Alsace-Lorraine; +33 4 7422 4940**
**Mi, Sa bourgenbressedestinations.fr**

Bourg-en-Bresse ist eine lebendige Marktstadt mit Fachwerkhäusern. Bekanntestes Baudenkmal ist die Église de Brou im Südosten der Stadt, bekannteste Delikatesse *Poulet de Bresse* – Bresse-Hühnchen mit der Qualitätsbezeichnung *appellation d'origine protégée*.

Die Abteikirche ist eine der bekanntesten Sehenswürdigkeiten Frankreichs. Margarete von Österreich ließ sie nach dem Tod (1504) ihres Gatten Philibert, des Herzogs von Savoyen, 1505 – 36 im Flamboyant-Stil errichten. Im Chor sind die aus Carrara-Marmor fein skulptierten Grabstätten des Paars sowie das Grab der Marguerite de Bourbon, Philiberts Mutter (gest. 1483), zu sehen. Beachtung verdienen außerdem die Schnitzereien des Chorgestühls, die Buntglasfenster und der Lettner mit seinen schwungvollen Korbhenkelbogen. Der Kreuzgang beherbergt ein Museum mit Werken holländischer und flämischer Meister (16./17. Jh.) sowie zeitgenössischer regionaler Künstler.

**Umgebung:** Das **Ferme-Musée de la Forêt** entführt einen in das bäuerliche Leben der Region, wie es im 17. Jahrhundert stattfand. Der Fachwerkbau mit Lehmflechtfüllung liegt 24 Kilometer nördlich von Bourg-en-Bresse bei St-Trivier-de-Courtes. Im Inneren findet man einen »Sarazenenkamin« mit Ziegelhaube (ähnlich wie die Kamine in Sizilien) und eine Sammlung landwirtschaftlicher Geräte.

*Fassade* (Detail) *und hoher Innenraum der Église de Brou in Bourg-en-Bresse*

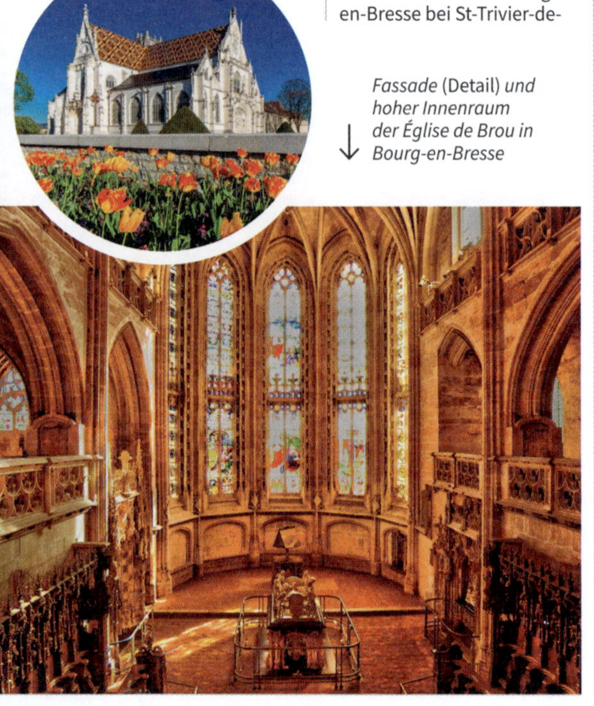

*Amphitheater (um 50 v. Chr.) aus der römischen Antike in Vienne*

**Ferme-Musée de la Forêt**
**1210 Route de la Ferme-Musée, Courtes**
**+33 4 7430 7189**
**Apr, Mai, Okt: Sa, So 10:30 –12:30, 14:30 –19; Juni – Sep: Di – So 10:30 – 12:30, 14:30 –19**

## 4 Vienne

**F5 Isère 30 000**
**Cours Brillier; +33 4 7453 7010 Di – Sa**
**Internationales Jazzfestival (Ende Juni – Mitte Juli)**
**vienne-condrieu.com**

Keine andere Stadt des Rhône-Tals bietet so viel Architekturgeschichte wie Vienne. Bereits die Römer schätzten die strategischen Vorzüge des in einem Becken zwischen Fluss und Hügeln liegenden Orts. Nach ihrer Besetzung des Gebiets (1. Jh. v. Chr.) bauten sie das bestehende Dorf weitflächig aus. Das Zentrum der römischen Siedlung bildete der Temple d'Auguste et de Livie (10 v. Chr.) auf der Place du Palais mit ihrer stilvollen Anlage korinthischer Säulen.

Unweit der Place de Miremont liegen die Ruinen des Théâtre de Cybèle, eines Tempels der Göttin Kybele.

Das Théâtre Romain am Fuß des Mont Pipet (abseits der Rue du Cirque) zählte mit seinen rund 13 000 Plätzen zu den größten des römischen Gallien. Das 1938 restaurierte Theater dient verschiedenen Anlässen, so dem internationalen Jazzfestival. Besucher auf den höchsten Plätzen kommen darüber hinaus in den Genuss der Aussicht über Stadt und Fluss.

Zu den weiteren sehenswerten römischen Überbleibseln gehören ein Stück Straße im Park und die Pyramide du Cirque im Süden der Stadt – ein seltsamer, etwa 20 Meter hoher Bau in der Mitte der einstigen Bahn für die Streitwagenrennen.

Das **Musée des Beaux-Arts et d'Archéologie** besitzt eine ausgezeichnete Sammlung gallorömischen Kunsthandwerks sowie französische Fayencen aus dem 18. Jahrhundert.

Die Cathédrale de St-Maurice gilt als herausragendes mittelalterliches Monument der Stadt. Sie wurde vorwiegend im 12. Jahrhundert erbaut und besitzt kein Querschiff, dafür drei Seitenschiffe und birgt einige wertvolle romanische Skulpturen.

Zu Viennes frühesten christlichen Kirchen zählen die Église St-André-le-Bas (12. Jh.) mit Kreuzgang sowie die teils aus dem 5. und 6. Jahrhundert stammende Église St-Pierre (bis 2027 geschlossen). Das **Musée de l'Industrie Textile** veranschaulicht die Industriegeschichte der Stadt. Maschinen, von denen einige noch funktionstüchtig sind, zeigen, wie gekämmte Wollstoffe hergestellt wurden.

**Musée des Beaux-Arts et d'Archéologie**
**Place de Miremont**
**Apr – Okt: Di – So 9:30 – 18; Nov – März: Di – So 13 – 17:30** **Feiertage**
**musees-vienne.fr**

**Musée de l'Industrie Textile**
**4 Rue Victor Faugier** **+33 4 7478 7130**
**Apr – Okt: Di – So 9 – 12:45, 13:30 – 18; Nov – März: Di – So 13 – 17:30**

## Schon gewusst?

**Am dritten Donnerstag im November startet der Verkauf des Rotweins Beaujolais Primeur.**

## Restaurants

**L'Esquisse**
Spitzengastronomie im Zentrum von Annecy. Aus regionalen Produkten der Saison zaubern die Köche u. a. bestes Seafood.

**F5** **21 Rue Royale, 74000 Annecy**
**esquisse-annecy.fr**

**La Calèche**
Klassiker des Alpenraums (u. a. Fondue und Raclette) in gemütlichem Ambiente.

**G4** **18 Rue du Docteur Paccard, 7440 Chamonix**
**restaurant-caleche.com**

€€€

**Le Restique**
Obwohl (oder gerade weil) es etwas versteckt in einer Seitenstraße liegt: Le Restique zählt zu den Favoriten der Bewohner von Vienne. Serviert werden Spezialitäten der Region.

**F5** **16 Rue Boson, Vienne**
**lerestique.fr**

**La Pyramide**
Die aus lokalen Zutaten produzierten Gerichte werden geradezu kunstvoll präsentiert. Das Weinangebot des mit zwei Michelin-Sternen prämierten Restaurants ist großartig.

**F5** **14 Blvd Fernand Point, Vienne**
**lapyramide.com**

€€€

↑ *Mosaik mit Hylas und den Nymphen im Musée Gallo-Romain*

5

## St-Romain-en-Gal

**F5 Rhône 2000 Vienne Vienne; +33 4 7453 7010**

Bauarbeiten brachten 1967 im gegenüber von Vienne, auf der anderen Seite der Rhône, liegenden Ort weitläufige Ruinen einer offenbar sehr bedeutenden Römersiedlung (1.–3. Jh.) zutage. Man legte u. a. die Überreste von mehreren Villen, öffentlichen Bädern, Läden und Warenhäusern frei.

Besonders interessant ist das Haus der Meeresgötter, in dem ein Bodenmosaik den bärtigen Neptun sowie andere Götter und mythologische Figuren zeigt. Viele Funde, darunter Fresken und Mosaiken, sind im **Musée Gallo-Romain** zu sehen, das bei der Ausgrabungsstätte liegt.

2017 wurden die Ruinen einer weiteren Stätte entdeckt. Das »kleine Pompeji« gilt als einer der wichtigsten römischen Funde der letzten 50 Jahre.

**Musée Gallo-Romain**
**D502 Di–So 10–18 einige Feiertage musee-site.rhone.fr**

6

## St-Étienne

**E5 Loire 174 000 16 Ave de la Libération; +33 4 7749 3900 tägl. Biennale Internationale Design (in ungeraden Jahren) saint-etienne-hors-cadre.fr**

Seinen Ruf als Zentrum von Rüstungsindustrie und Kohlebergbau wird St-Étienne langsam los. Die Innenstadt um die Place du Peuple wirkt lebendig, und das nahe, von Jean-Michel Wilmotte völlig neu gestaltete **Musée d'Art et d'Industrie** wird Technikfans begeistern. Es dokumentiert die Geschichte der Industrie, u. a. die Entwicklung der revolutionären Jacquard-Webmaschine und für die Bortenherstellung verwendete Maschinen.

Das **Musée d'Art Moderne et Contemporain** etwas weiter im Norden präsentiert Kunst des 20. Jahrhunderts, darunter befinden sich auch einige Werke von Andy Warhol und Frank Stella.

**Musée d'Art et d'Industrie**
**2 Place Louis Comte Di–So 10–18 einige Feiertage mai.saint-etienne.fr**

**Musée d'Art Moderne et Contemporain**
**Saint-Priest-en-Jarez Mi–Mo 10–18 (Sa, So bis 18:30) mamc.saint-etienne.fr**

### Schon gewusst?

**Die Politikerin und Résistance-Kämpferin Claudine Chomat wurde in St-Étienne geboren.**

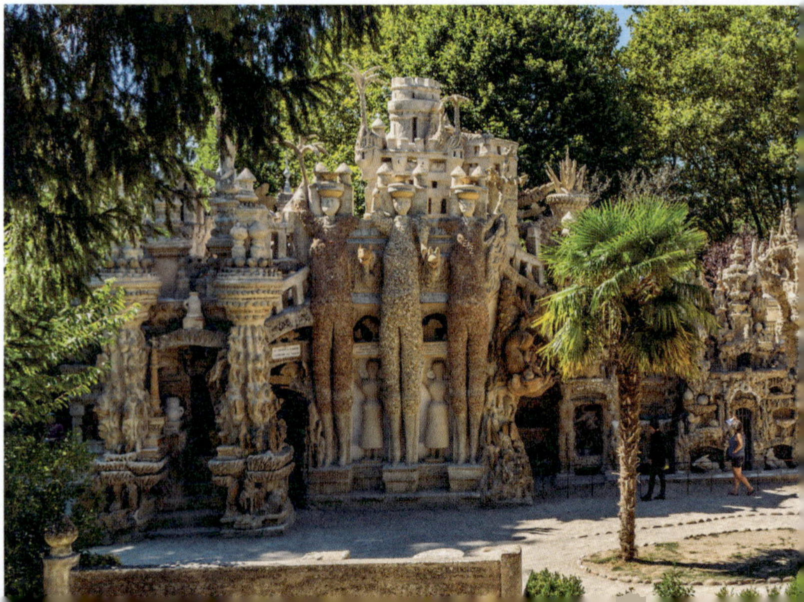

7

## Palais Idéal du Facteur Cheval

**F5 Hauterives, Drôme**
**Romans-sur-Isère**
**siehe Website 1., 15., 31. Jan, 25., 31. Dez**
**facteurcheval.com**

Bei Hauterives, etwa 25 Kilometer nördlich von Romans-sur-Isère an der D538, steht eine Skurrilität: ein »Palast« aus Feldsteinen mit ägyptischer, römischer, aztekischer und siamesischer Architektur. Er wurde ganz allein von dem von hier stammenden Postboten Ferdinand Cheval erbaut, der die Steine beim täglichen Austragen sammelte. Das von einigen Nachbarn für verrückt erklärte Projekt zog die bewundernde Aufmerksamkeit von Pablo Picasso, André Breton und anderen renommierten Künstlern auf sich.

Im Inneren fallen Inschriften von Ferdinand Cheval auf. Die ergreifendste belegt, wie er sich plagte, um seinen Traum zu verwirklichen: »1879–1912: 10 000 Tage, 93 000 Stunden, 33 Jahre Mühsal.« An Sommerabenden finden hier regelmäßig Konzerte statt.

### Rhône-Brücken

Die Rhône spielte in der Geschichte Frankreichs eine entscheidende Rolle: Sie hat Armeen und Handelsschiffe von Nord nach Süd (und umgekehrt) transportiert. Jahrhundertelang forderte sie Bootsbauer und Schiffer heraus. 1825 erbaute der Ingenieur Marc Seguin die erste Hängebrücke aus Stahlseilen. Ihr folgten 20 weitere auf der gesamten Länge der Rhône, die so eine Verbindung zwischen der Ost- und Westseite schaffen.

8

## Tournon-sur-Rhône

**F5 Ardèche 10 800**
**Hôtel de la Tourette; +33 4 7508 1023 Mi–Sa**
**ardeche-hermitage.com**

Tournon ist ein hübsches Städtchen. Reizvolle Blicke auf Stadt und Fluss bieten sich von den Terrassen des stattlichen Château (15. Jh.), in dem ein Heimatmuseum untergebracht ist.

Die nahe Stiftskirche Collégiale St-Julien mit viereckigem Glockenturm und schöner Fassade ist ein Beispiel für den Einfluss italienischer Architektur im 14. Jahrhundert. Innen besticht die kraftvolle *Auferstehung* (1576) des Raffael-Schülers Capassin. Der Lycée Gabriel-Faure am Quai Charles-de-Gaulle ist eine von Frankreichs ältesten (1536) höheren Schulen.

Jenseits der Rhône, genau gegenüber von Tournon, steigen die Weinberge von Tain l'Hermitage steil an. Dort wachsen die Reben für den Rot- und Weißwein Hermitage, den besten (und einen der teuersten) aller Côtes-du-Rhône-Weine.

**Umgebung:** Von Tournons Hauptplatz, der Place Jean-Jaurès, führt die Route Panoramique über Plats und St-Romain-de-Lerps nach St-Péray. Der Spaziergang bietet an jeder Ecke atemberaubende Aussichten und in St-Romain-de-Lerps einen Panoramablick.

*Eigenwillige Tempelarchitektur – Palais Idéal du Facteur Cheval*

*Pont d'Arc, eine natürliche Steinbrücke in den Gorges de l'Ardèche*

9

## Valence

**F5 Drôme 64 400 11 Blvd Bancel Do, Sa valence-romans-tourisme.com**

Am Ostufer der Rhône liegt Valence. Hauptsehenswürdigkeit ist die romanische Cathédrale St-Apollinaire (erbaut 1095, Wiederaufbau 17. Jh.) an der Place du Pendentif. Neben der Kathedrale stellt das **Musée de Valence** im früheren Bischofspalais Hunderte Kunstwerke, deren Hauptthema Landschaften sind, sowie viele archäologische Funde aus.

Ein kurzer Fußweg führt zu zwei prächtigen Renaissance-Häusern. Die 1532 erbaute Maison des Têtes (57 Grande Rue) zeigt Köpfe und Büsten antiker Griechen. Bei der Maison Dupré-Latour (Rue Pérollerie) fallen die Reliefarbeiten von Portal und Treppenaufgang ins Auge.

Der Parc Jouvet südlich der Avenue Gambetta bietet auf einer Fläche von sechs Hektar Teiche und Gärten sowie schöne Blicke über den Fluss auf das zerstörte Château de Crussol.

Schöne Aussicht
**Ardèche**

Die 35 Kilometer langen Gorges de l'Ardèche werden von bis zu 300 Meter hohen Felsen begrenzt. Das Gebiet inklusive der etwa 60 Meter langen natürlichen Steinbrücke Pont d'Arc erkundet man am besten mit dem Kanu oder Kajak.

**Musée de Valence**

**4 Place des Ormeaux Mi–So 10–12, 14–18 Feiertage museedevalence.fr**

## Ardèche

**E6 Ardèche Avignon Montélimar Montélimar, Vallon-Pont-d'Arc Vallon-Pont-d'Arc pontdarc-ardeche.fr**

**Wind und Wasser formten in vielen Jahrtausenden die wilde, zerfurchte Landschaft, die man eher im Südwesten der USA als im ländlichen Frankreich vermuten würde.**

Wind und Wasser formten in vielen Jahrtausenden die wilde, zerfurchte Landschaft, die man eher im Südwesten der USA so vermuten würde. Das augenfällige Schauspiel setzt sich unter der Erde fort: Höhlen mit bizarren Stalagmiten und Stalaktiten durchlöchern die Ardèche. Beeindruckend ist vor allem die Grotte de la Madeleine sowie die Höhle und das Museum La Cité de la Préhistoire (Feb–Mitte Nov) südlich von Vallon-Pont-d'Arc.

Am westlichen Ende der atemberaubenden Gorges de l'Ardèche liegen viele Aussichtspunkte. Die Schlucht überspannt der Pont d'Arc, ein durch Erosion entstandener Kalksteinbogen. In der Nähe befindet sich die Grotte Chauvet, die älteste bekannte dekorierte Höhle der Welt, die zum UNESCO-Weltkulturerbe gehört und nicht zugänglich ist. Die Höhle wurde vor bis zu 36 000 Jahren bemalt und enthält Hunderte von Tiermalereien. Die Nachbildung, **Grotte Chauvet 2**, kann man besuchen.

Kanufahren und Wildwasserrafting sind hier die beliebtesten Sportarten, Ausrüstung kann man vor Ort leihen. Veranstalter in Vallon-Pont-d'Arc und andernorts

**Côtes du Rhône**

Von den Schweizer Alpen bis zum Mittelmeer ist die Rhône der rote Faden, der die erstmals von den Römern gepflanzten Weinberge verbindet. Zwei Drittel der französischen Weine tragen das Label Côtes du Rhône. Die besten Weine kommen aus den Appellationen Côte-Rôtie, Condrieu und Hermitage im Norden sowie Chateauneuf-du-Pape und Gigondas im Süden.

vermieten Kanus und organisieren den Transport.

Alte, malerische Dörfer, ansprechende Kurorte, Weingüter und Edelkastanienplantagen (eine Maronenköstlichkeit ist *marron glacé*) kennzeichnen die Region. Balazuc, etwa 13 Kilometer südlich von Aubenas, ist so ein typisches Dorf. Seine Steinhäuser liegen auf einer Klippe über einer Schlucht der Ardèche.

Das benachbarte Dorf Vogüé schmiegt sich zwischen Ardèche und Kalksteinfelsen. Die beeindruckendste Sehenswürdigkeit ist das **Château de Vogüé** (12. Jh.), einst Sitz der Barone des Languedoc. Heute beherbergt es ein Regionalmuseum.

**Grotte Chauvet 2**
**siehe Website**
**de.grottechauvet2ardeche.com**

**Château de Vogüé**
**2 Impasse des Marronniers** **Apr – Juni, Mitte Sep – Okt: Mi – Mo 10:30 –13, 14 –18; Juli – Mitte Sep: tägl. 10 –19**
**chateaudevogue.net**

11

## Vals-les-Bains

**E5** **Ardèche** **3500**
**Montélimar** **Rue Jean Jaurès; +33 4 7589 0203**
**Do, So** **aubenas-vals.com**

In dem nostalgisch anmutenden Kurbad im Volane-Tal sprudeln gut 150 Quellen, darunter zwei heiße. Das mineralhaltige Wasser soll Verdauungsbeschwerden und Rheuma lindern.

Vals-les-Bains wurde erst um 1600 »entdeckt«, zählt also zu den wenigen Bädern Südfrankreichs, die von den Römern »übersehen« wurden. Ende des 19. Jahrhunderts erreichte es den Gipfel der Popularität. Parks und Bauten zeigen sich im Belle-Époque-Stil. Mit seinen Hotels und Restaurants ist Vals Ausgangspunkt für Ausflüge in die Ardèche-Region.

## Montélimar

**F6** **Drôme** **39 800**
**Montée St-Martin, Allées Provençales; +33 4 7501 0020** **Mi – Sa**
**montelimar-tourisme.com**

Insbesondere Schleckermäuler wird Montélimar zu einem Abstecher verführen: Der mittelalterliche Kern des Marktstädtchens quillt über von Läden, die Nougat anbieten. Die Mandelnascherei wird hier schon seit dem 17. Jahrhundert zubereitet, als der Mandelbaum von Asien nach Frankreich kam.

Auf einem Hügel im Osten überragt das **Château des Adhémar** (12.–16. Jh.) die Stadt.

**Umgebung:** Die Gegend östlich von Montélimar ist reich an malerischen mittelalterlichen Dörfern und landschaftlich reizvollen Strecken. Auf einem Hügel thront die befestigte Altstadt des Ferienzentrums La Bégude-de-Mazenc. Weiter östlich betten sich im winzigen mittelalterlichen Dorf Le Poët-Laval honigfarbene Steinhäuser in die Alpenausläufer. Dieulefit, der Hauptort dieser schönen Region, ist bekannt für Kunst und Kunsthandwerk, speziell Töpferei, und bietet mehr als 40 Töpfer- und Keramikwerkstätten sowie Museen und Galerien. Spezialität des Dorfs Taulignan sind Trüffeln.

**Château des Adhémar**
**24 Rue du Château** **siehe Website**
**Feiertage** **chateaux-ladrome.fr**

→ *Wandgemälde zieren einige Gebäude in Montélimar*

**Der Vercors zählt zu den imposantesten Regionalparks Frankreichs – eine wilde Landschaft mit Wasserfällen, Höhlen und Schluchten.**

→

*Bergzacken umrahmen das Dorf Château-Bernard im Regionalpark Vercors*

**13**

## Briançon

**G5 Hautes-Alpes 10 800 1 Pl du Temple; +33 4 9221 0850 Mi Altitude Jazz Festival (Anfang Juni) serre-chevalier.com**

Briançon, mit 1326 Meter Frankreichs höchstgelegene Stadt, war schon in vorrömischer Zeit ein wichtiger Stützpunkt an der Straße zum Col de Montgenèvre, einem der ältesten Pässe nach Italien. Anfang des 18. Jahrhunderts befestigte Vauban, der Architekt von Louis XIV, die Stadt mit Wällen und Toren.

Autofahrer sollten auf dem Champ-de-Mars parken und die Altstadt (Fußgängerzone) durch die Porte de Pignerol betreten. Diese führt zur steilen Grande Rue. Ein Bach plätschert in der Mitte der von schmucken Bauten gesäumten Straße. Die befestigte Église de Notre-Dame wurde 1718 ebenfalls von Vauban angelegt. Das örtliche Tourismusbüro bietet Führungen für die Citadelle von Vauban an.

Heute zieht Briançon vor allem Sportbegeisterte an – im Winter zum Skifahren, im Sommer für Wildwasserrafting, Radfahren und Paragliding.

**Umgebung:** Westlich von Briançon erstreckt sich der Parc National des Écrins, Frankreichs größter Nationalpark, mit Gletschern und artenreicher Alpenflora. Zum Parc Régional du Queyras gelangt man über den Col de l'Izoard. Eine Wand aus 3000 Meter hohen Gipfeln trennt den schönen Nationalpark von Italien.

**14**

## Grignan

**F6 Drôme 1600 12 Pl du Jeu de Ballon; +33 4 7546 5675 Di chateaux-ladrome.fr**

Das Dorf liegt inmitten von Lavendelfeldern auf einem Hügel. Madame de Sévigné machte den Ort bekannt. Sie verfasste hier während eines Aufenthalts im **Château de Grignan** viele Briefe. Das im 15./16. Jahrhundert erbaute Schloss zählt zu den schönsten Renaissance-Bauten in der Region. Louis-XII-Möbel gehören zum Interieur. Von der Schlossterrasse reicht der Blick bis zu den Vivarais-Bergen des Département Ardèche.

Unterhalb der Terrasse birgt die zwischen 1535 und 1539 erbaute Église de St-Sauveur das Grab von Madame de Sévigné. Die berühmte Briefeschreiberin starb 1696 im Alter von 69 Jahren im Schloss.

**Château de Grignan**

**siehe Website chateaux-ladrome.fr**

**15**

## Vercors

**F5 Isère und Drôme Grenoble Romans-sur-Isère, St-Marcellin, Grenoble Pont-en-Royans, Romans-sur-Isère Maison du Parc: 255 Chemin des Fusillés, Lans-en-Vercors; +33 4 7694 3826 parc-du-vercors.fr**

Im Süden und Westen von Grenoble erstreckt sich einer der imposantesten Regionalparks Frankreichs – der Vercors, eine wilde Landschaft mit Wasserfällen, Höhlen und Schluchten. Die D531 durchquert Villard-de-Lans und führt westlich zu den Gorges de la Bourne. Acht Kilometer weiter westlich liegt über einer Kalksteinschlucht der Bourne der Weiler Pont-en-Royans.

Südlich von Pont-en-Royans führt die D76 zur Route de Combe Laval. Diese windet sich an jäh abfallenden Felsen entlang, in der Tiefe rauscht der Fluss. 6,5 Kilometer östlich beeindrucken die Grands Goulets, eine tiefe Klamm. Bekanntester Berg der Gegend ist der Mont Aiguille (2086 m).

Expertentipp

### Oliven aus Nyons

Südlich der Französischen Alpen sind das Klima und die Landschaft mediterran. Olivenhaine prägen die Umgebung von Nyons, das auch für sein Olivenöl berühmt ist.

Das Vercors-Massiv war im Zweiten Weltkrieg ein Stützpunkt des französischen Widerstands. Im Juli 1944 machte ein Luftangriff deutscher Truppen mehrere Dörfer dem Erdboden gleich. In Vassieux präsentiert ein Museum die Geschichte der Résistance.

## Nyons

F6 Drôme 6700
Pl de la Libération; +33 4 7526 1035 Do
nyons.com

Nyons steht in Frankreich für Oliven. Die Region ist ein Zentrum des Olivenanbaus und der -verarbeitung. Jeden Donnerstagvormittag kann man auf dem Markt alle nur erdenklichen Olivenprodukte erwerben – von Seife bis zur im Süden beliebten Olivenpaste *tapenade*.

Nyons ältestes Stadtviertel, das Quartier des Forts, ist ein Netzwerk aus schmalen Straßen und in Stufen ansteigenden Gassen. Die überdachte Rue des Grands Forts ist besonders charmant. Eine Brücke aus dem 13. Jahrhundert überspannt die Aigues.

An der Stadtseite des Flusses sind in den zu Läden umgewandelten alten Mühlen noch die früher benutzten Olivenpressen zu sehen. Im **Espace Vignolis – Musée de l'Olivier** erfährt man viel über Oliven.

Der Aussichtsplatz über der Stadt gewährt einen Blick über die Umgebung. Im Schutz der Berge herrscht in Nyons ein fast tropisches Klima.

**Umgebung:** Von Nyons führt die D94 westlich nach Suze-la-Rousse, im Mittelalter die bedeutendste Stadt der Gegend. Heute ist das Weindorf für seine »Weinuniversität« bekannt. Das **Château de Suze-la-Rousse** (14. Jh.) war einst Jagdschloss der Fürsten von Orange.

**Espace Vignolis – Musée de l'Olivier**
Pl Olivier de Serres siehe Website
vignolis.fr

**Château de Suze-la-Rousse**
26790 Suze-la-Rousse Di – So 13 – 17
chateaux-ladrome.fr

### Leben im Hochgebirge

Der Alpensteinbock *(capra ibex)* lebt – mit Ausnahme der kältesten Jahreszeit – weit oberhalb der Baumgrenze. Bevor der Parc National de la Vanoise im Jahr 1963 eingerichtet wurde, war er in Frankreich fast ausgestorben, doch dank Schutzmaßnahmen gibt es heute wieder mehr als 10 000 Tiere. Beide Geschlechter tragen Hörner.

17
## Chartreuse

F5 Isère und Savoie
Grenoble, Chambéry
Grenoble, Voiron
St-Pierre-de-Chartreuse
Pl de la Mairie; +33 4 7688 6208 chartreuse-tourisme.com

Von Grenoble führt die D512 nördlich Richtung Chambéry in die Chartreuse. In der Gebirgs- und Waldlandschaft wurde im späten 19. Jahrhundert das erste Wasserkraftwerk erbaut. Hauptanziehungspunkt ist das Monastère de la Grande Chartreuse, der westliche Nachbar von St-Pierre-de-Chartreuse an der D520-B.

Das vom hl. Bruno 1084 gegründete Kloster erlangte durch die Chartreuse-Liköre, die die Mönche 1605 erstmals herstellten, auch weltlichen Ruhm. Beim geheim gehaltenen Rezept soll es sich um ein Elixier aus 130 Kräutern handeln. Heute werden die Liköre in Voiron produziert.

Im Kloster wohnen noch ca. 40 Mönche. Öffentlich zugänglich ist nur das **Musée de la Grande Chartreuse** zum Alltag der Kartäuser.

**Musée de la Grande Chartreuse**
St-Pierre-de-Chartreuse Apr, Mai, Sep–Nov: Fr–Mi 14–18; Juni: Fr–Mi 10–12:30, 14–18:30, So 14–18:30; Juli, Aug: tägl. 10–12:30, 14–18:30 (So nur nachmittags) musee-grande-chartreuse.fr

18
## Chambéry

F5 Savoie 59 000
5 bis Place Palais de Justice; +33 4 7933 4247 Di, Sa
chamberymontagnes.com

Savoyens alte Hauptstadt verströmt noch heute aristokratisches und italienisches Flair. Ihr bezauberndstes Baudenkmal, die Fontaine des Éléphants an der Place des Éléphants, wurde 1838 zu Ehren des hier gebürtigen Comte de Boigne aufgestellt, der seiner Heimatstadt einen Teil seines Vermögens vermacht hatte.

Das mittelalterliche Château des Ducs de Savoie in der Rue de Boigne dient heute als Sitz der Préfecture. Nur Teile des Anwesens sind zu besichtigen, etwa die spätgotische Ste-Chapelle.

Aus dem 17. Jahrhundert stammt **Les Charmettes**. In dem Haus im Südosten lebte 1732–42 der Philosoph Rousseau mit seiner Mätresse Madame de Warens. Die Gärten und das kleine Rousseau-Museum sind einen Besuch wert.

**Les Charmettes**
892 Chemin des Charmettes
+33 4 7933 3944
Di–So 10–18
Feiertage

← *Fontaine des Éléphants – Brunnen in Chambéry*

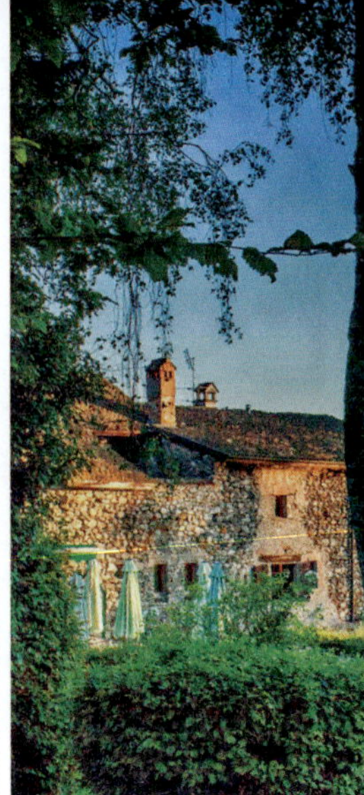

19
## Aix-les-Bains

F5 Savoie 31 000
8 Rue du Casino, Le Grand Passage; +33 4 7988 6800 Mi, Sa vormittags
aixlesbains-rivieradesalpes.com

Der Dichter Lamartine beschrieb die Schönheit des Lac du Bourget mit dem Kurort Aix-les-Bains. Im Zentrum liegen die **Thermes Nationaux**, deren Vorläufer bereits die Römer zu schätzen wussten – im Untergeschoss sind Überreste der römischen Bäder. Gegenüber, im Tempel der Diana aus dem 2. Jahrhundert, kann bei einer Führung gallorömische Handwerkskunst besichtigt werden. Ein Juwel ist das **Musée Faure**, das u. a. Werke von Degas, Pissarro und Rodin besitzt.

**Umgebung:** Der Mont Revard östlich von Aix an der D913 bietet eine herrliche Aussicht über den See und auf den Mont Blanc.

**Thermes Nationaux**
Pl Maurice Mollard
siehe Website
thermes-aixlesbains.com

 *Blick auf den idyllischen Ort Yvoire am Ufer des Lac Léman*

**Musée Faure**
**Villa des Chimères, 10 Blvd des Côtes +33 4 7961 0657 Mai–Okt: Mi–So 10–12:30, 14–18 1. Jan, 24., 25., 31. Dez**

20

## Lac Léman (Genfer See)

**G4 Haute-Savoie und Schweiz Genève Genf, Thonon-les-Bains, Évian-les-Bains Thonon-les-Bains; +33 4 5071 5555 thononlesbains.com**

Die prächtige Landschaftskulisse und das milde Klima haben das französische Ufer des Genfer Sees zu einer beliebten Urlaubsregion gemacht. 1839 wurden in Évian-les-Bains die ersten Kuranlagen erbaut.

Als Startpunkt für Erkundungen eignet sich Yvoire. Eine Burg (14. Jh.) überragt den mittelalterlichen Fischerhafen. Weiter östlich gelangt man nach Thonon-les-Bains. Auf einer Klippe überblickt das kleine, blühende Kurbad den See. Eine Standseilbahn fährt hinab nach Rives, einem kleinen Hafen, wo man Segelboote mieten kann. Auch Ausflugsschiffe nach Genf und Lausanne legen hier ab.

Das Château de Ripaille (15. Jh.) vor den Toren der Stadt ist aufgrund seines früheren Bewohners bekannt: Herzog Amadeus VIII. von Savoyen wurde später der Gegenpapst Felix V.

Trotz Modernisierungen und des renommierten Quellwassers, das Évian-les-Bains seinen Namen eingetragen hat, verströmt der Ort Charme. Die baumgesäumte Uferpromenade wimmelt von Spaziergängern. Tatendurstigere nehmen das überaus breite Sportangebot in Anspruch: Tennis, Golf, Reiten, Segeln, Skifahren oder Kurbehandlungen aller Art.

### Schon gewusst?

**Agatha Christie erwähnt in ihrem Roman *Mord im Orient-Express* (1934) Wasser aus Évian.**

## Hotels

**Hôtel Richemond**
Das seit 1914 von einer Familie betriebene, zentral gelegene Hotel bietet Zimmer mit Stilmöbeln.

**G4 228 Rue du Docteur Paccard, Chamonix-Mont-Blanc richemond.fr**

**Les Hospitaliers**
Charmantes Hotel in traumhafter Hügellage mit geräumigen Zimmern und Restaurant für höchsten Genuss.

**F6 Vieux Village, Le Poët-Laval Ende Okt–März hotel-les-hospitaliers.com**

**Hostellerie du Vieux Pérouges**
Die Zimmer verteilen sich auf vier Fachwerkhäuser (13. Jh.), die einen kopfsteingepflasterten Platz umrahmen.

**F5 Pl du Tilleul, Pérouges hostelleriedeperouges.com**

**Grand Hôtel des Alpes**
Das Hotel steht seit seiner Eröffnung 1840 für Stil, Eleganz und Luxus. Die atemberaubende Aussicht ist ein weiteres Argument.

**G4 75 Rue du Docteur Paccard, Chamonix-Mont-Blanc Mai, Okt–März grandhoteldesalpes.com**

21
## Annecy

F5 Haute-Savoie
131 800
1 Rue Jean Jaurès Di, Fr–So Fête du Lac (1. Sa im Aug) lac-annecy.com

Annecy liegt umgeben von schneebedeckten Bergen am Nordende des Lac d'Annecy. Mit Blumen geschmückte Brücken und Straßen mit Laubengängen prägen das mittelalterliche Viertel.

Sehenswert sind das Palais de l'Isle, ein ehemaliges Gefängnis auf einer Insel im Fluss Thiou, und das mit Türmchen bestückte Château d'Annecy, von dessen Hügel aus man über Vieil Annecy und den See blickt.

Der beste Platz für Wassersport liegt nahe dem Hotel Imperial Palace am Ostende der Avenue d'Albigny. Vom Quai Napoléon III fahren Ausflugsboote ab.

**Umgebung:** Am besten genießt man die Landschaft bei einer Bootsfahrt nach Talloires. Das Dorf am Ufer des Sees besitzt schöne Restaurants. Gegenüber, an der schmalsten Stelle des Sees, erhebt sich das Château de Duingt aus dem 15. Jahrhundert.

Am Westufer eröffnen der Berg Semnoz und sein Gipfel Crêt de Châtillon ein Panorama auf den Mont Blanc und eine ganze Reihe weiterer hoher Alpengipfel.

22
## Pérouges

F5 Ain 1300
Meximieux-Pérouges
Route de la Cité
perouges-bugey-tourisme.com

Auf einer Hügelkuppe liegen die mittelalterlichen Häuser von Pérouges. Ursprünglich war der Ort eine Kolonie von Emigranten aus Perugia, in seiner besten Zeit (13. Jh.) Zentrum der Leinenweberei. Doch wegen der industriellen Fertigung im 19. Jahrhundert schrumpfte die Einwohnerzahl von 1500 auf 900.

Die Restaurierung der historischen Gebäude und die Wiederbelebung des Handwerks haben den Ort wiedererweckt. Pérouges diente als Filmkulisse für historische Streifen wie *Die drei Musketiere* und *Monsieur Vincent*. Eine mächtige, 1792 zu Ehren der Revolution gepflanzte Linde beschattet den Hauptplatz, die Place du Tilleul.

23
## Dombes

F4 Ain Lyon
Lyon, Villars-les-Dombes, Bourg-en-Bresse Villars-les-Dombes (von Bourg-en-Bresse) 3 Pl de Hôtel de Ville, Villars-les-Dombes
dombes-tourisme.com

Das Gebiet ist mit seinen zahlreichen Seen und Sümpfen, die die flache Hochebene südlich von Bourg-en-Bresse sprenkeln, ein wahres Paradies für Angler und Vogelliebhaber. Im Zentrum des Gebiets, bei Villars-les-Dombes, kann man im ornithologischen **Parc des Oiseaux** mehr als 300 einheimische und exotische Vogelarten in ihren natürlichen Lebensräumen sehen, darunter Geier, Emus, rosafarbene Flamingos und Strauße.

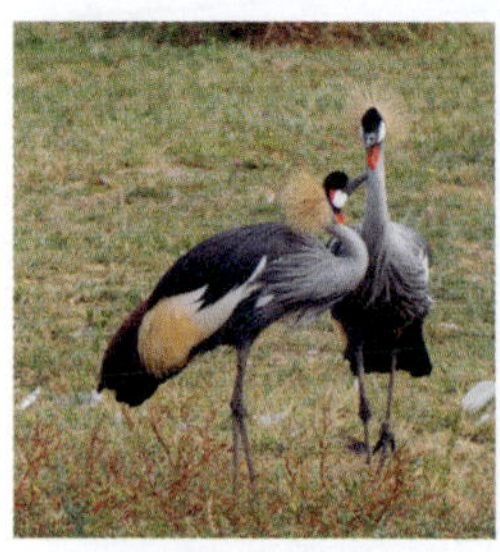

↑ *Kraniche im Parc des Oiseaux von Villars-les-Dombes*

**Schon gewusst?**

**In den Dombes wurden bereits im 15. Jahrhundert die ersten Teiche angelegt.**

*Wundervolle Winterlandschaft im Ferienort Le Bourg d'Oisans*

**Parc des Oiseaux**
Route Nationale 83, Villars-les-Dombes +33 4 7498 0554 siehe Website Mitte Nov – März parcdesoiseaux.com

24

## Le Bourg d'Oisans

F5 Isère 3300 nach Grenoble nach Le Bourg d'Oisans Quai Docteur Girard; +33 4 7680 0325 bourgdoisans.com

Le Bourg d'Oisans ist ein geradezu idealer Ausgangspunkt für die Erkundung des Romanche-Tals. In schöner Umgebung kann man klettern sowie Rad und Ski fahren, etwa im nahen Wintersportort L'Alpe d'Huez.

Seit dem Mittelalter werden in der Region Silber und andere Erze abgebaut. Wissenschaftlern ist die Stadt als traditionsreiches Zentrum für Geologie und Mineralogie ein Begriff. Das **Musée des Minéraux et de la Faune des Alpes** auf dem Dachboden einer Kirche besitzt eine reichhaltige Sammlung von Kristallen und Edelsteinen. Eine weitere Abteilung widmet sich der Tierwelt in den Alpen.

**Musée des Minéraux et de la Faune des Alpes**
1 Pl de l'Église siehe Website musee-bourgdoisans.fr

Fotomotiv
### Palais de l'Isle

Das wie ein gewaltiger Schiffsbug in den Fluss Thiou ragende Palais de l'Isle in Annecy inspirierte schon Mitte des 19. Jahrhunderts zahlreiche Maler. Heute ist es ein Lieblingsmotiv für Fotografen.

*Annecys pittoreskes Palais de l'Isle aus dem 12. Jahrhundert auf einer Insel im Thiou*

# Tour durch das Beaujolais

**Länge** 60 km **Rasten** Moulin-à-Vent; Fleurie; Brouilly **Gelände** überwiegend flach

Das Beaujolais ist ein Paradies für Weinkenner. Der Süden produziert den Großteil des Primeur, der am dritten Novemberdonnerstag frisch ausgeschenkt wird. Der Norden kann mit zehn edlen *crus* aufwarten (Juliénas, St-Amour, Moulin-à-Vent, Chénas, Fleurie, Chiroubles, Morgon, Régnié, Brouilly und Côte de Brouilly), die man alle im Verlauf einer Tagestour verkosten kann. In den exquisiten *maisons du pays* sind die Unterkünfte über dem Weinkeller errichtet. Jeder Ort besitzt seine eigenen *caves*, die Weinproben anbieten und auch die regionale Weintradition erläutern.

**Zur Orientierung**
*Siehe Karte S. 362f*

Von der Windmühle **Moulin-à-Vent** blickt man auf das Saône-Tal. Nebenan kann man Weine kosten.

Im für seinen *coq au vin* bekannten Ort **Juliénas** lagert der Wein in der Kirche und im Château du Bois de la Salle.

Eine Büste auf dem Dorfplatz von **Chiroubles** ehrt Victor Pulliat, der durch Einfuhr amerikanischer Reben die Weinberge vor der Reblaus schützte.

In **Fleurie** wacht die Madonnenkapelle (1875) über die Weinberge. Gasthäuser servieren *andouillettes au Fleurie*.

In **Villié-Morgon** finden Weinproben im Keller des Château de Fontcrenne (17. Jh.) im Ortskern statt.

Auf dem **Mont Brouilly** mit der Kapelle Notre-Dame des Raisins (19. Jh.) wird jedes Jahr ein Beaujolais-Weinfest veranstaltet.

**Beaujeu**, die frühere Hauptstadt der Region, bietet Weinproben in den Hospices de Beaujeu (17. Jh.) an. In dem Renaissance-Gebäude sind ein Informationszentrum, ein Laden und ein Museum.

Juliénas
START / ZIEL
Montagne Rémont 515 m
La Mauvaise
Chénas
Moulin-à-Vent
La Chapelle-de-Guinchay
Fleurie
Romanèche-Thorins
Chiroubles
Lancié
Villié-Morgon
Beaujeu
Lantignié
Morgon
Régnié-Durette
L'Ardière
Cercié
Mont Brouilly 484 m
St-Lager
0 Kilometer 2
N

↑ *Weinberg in Fleurie mit der 1875 errichteten Madonnenkapelle*

Océan
Cap Ferret
Cabanes Tchanquées
île aux oiseaux

*Schilder zur Atlantikküste der Aquitaine*

# Poitou und Aquitaine

Ein reiches architektonisches und kulturelles Erbe erinnert an die bewegte Geschichte der jahrhundertelang umkämpften Regionen Poitou und Aquitaine. Der Triumphbogen und das Amphitheater von Saintes zeugen vom römischen Einfluss. Im Mittelalter förderte der Pilgerweg nach Santiago de Compostela den Bau mächtiger romanischer Kirchen, etwa in Poitiers und Parthenay, aber auch kleinerer Kapellen mit anrührenden Fresken.

Der Hundertjährige Krieg brachte weiten Teilen der Region großes Unglück. Zu seinem architektonischen Nachlass zählen die von den englischen Plantagenet-Königen erbauten Wehrtürme. Die Religionskriege ließen viele Städte, Schlösser und Kirchen in Trümmern zurück.

Poitiers ist ein florierendes Handelszentrum. Im Westen liegen die traditionsreichen Hafenstädte La Rochelle und Rochefort. Weiter südlich tragen die berühmten Bordeaux-Weine und die Cognac-Produktion wesentlich zum Einkommen der Region bei. Die Stadt Bordeaux, blühend wie einst zur Römerzeit, lockt mit eleganter Architektur (18. Jh.), Shoppingangeboten und einer dynamischen Kulturszene. Bordeaux-Weine munden zu den bekannten regionalen Spezialitäten, etwa zu Muscheln und Austern von der Küste sowie zu Lammbraten und Ziegenkäse von den Weiden des Hinterlands.

# Poitou und Aquitaine

## Highlights

1. Poitiers
2. Bordeaux

## Sehenswürdigkeiten

3. Thouars
4. Parthenay
5. Niort
6. Marais Poitevin
7. Melle
8. Futuroscope
9. Abbaye de Nouaillé-Maupertuis
10. Chauvigny
11. Angles-sur-l’Anglin
12. Montmorillon
13. St-Savin
14. Aulnay de Saintonge
15. Charroux
16. Confolens
17. Pauillac
18. La Rochelle
19. Brouage
20. Talmont-sur-Gironde
21. Rochefort
22. Île d’Oléron
23. Cognac
24. Saintes
25. Aubeterre-sur-Dronne
26. Angoulême
27. Bassin d’Arcachon
28. St-Émilion
29. Côte d’Argent
30. Les Landes
31. Mont-de-Marsan
32. Dax
33. Royan

Noirmoutier-en-l’Île
Île de Noirmoutier
Macheco
Fromentine
Challans
Saint-Jean-de-Monts
Île d’Yeu
Les Sables-d’Olonne
Atlantischer Ozean
Golf von Biskaya
Santander
Torrelavega
Laredo
Sopela
Bermeo
Bilbao
SPANIEN
Saint-Jean-de-Luz

Aigrefeuille-sur-Maine
Cholet
Montaigu
MAINE-ET-LOIRE
Thouars
Loudun
Sainte-Maure-de-Touraine
Loches
Descartes
Châtillon-sur-Indre
Mauléon
Monts-sur-Guesnes
Dangé
Aizenay
Les Herbiers
Bressuire
Airvault
Mirebeau
Châtellerault
Creuse
Thénezay
La Roche-Posay
Chantonnay
Futuroscope
Parthenay
Angles-sur-l'Anglin
La Roche-sur-Yon
Loire-Tal
Seiten 286–311
Chauvigny
Poitiers
Mazières-en-Gâtine
St-Savin
Luçon
Abbaye de Nouaillé-Maupertuis
Saint-Maixent-l'École
Lusignan
Fontenay-le-Comte
Niort
Montmorillon
Marais Poitevin
La Mothe-Saint-Héray
Clain
Saint-Martin-de-Ré
Marans
Celles-sur-Belle
POITOU-CHARENTES
Flughafen La Rochelle
Melle
Île de Ré
Mauzé-sur-le-Mignon
Charroux
La Rochelle
Brioux-sur-Boutonne
Chef-Boutonne
Civray
Massif Central
Seiten 338–35
Surgères
Île d'Oléron
Aulnay de Saintonge
Loulay
Ruffec
Confolens
Rochefort
Villefagnan
LIMOUSI
Saint-Pierre-d'Oléron
St-Jean-d'Angély
Charente
Brouage
St-Savinien
Matha
Chabanais
Le Château-d'Oléron
Saint-Claud
Saint-Junien
Flughafen Limoges
Marennes
Saint-Hilaire-de-Villefranche
Mansle
La Tremblade
Seudre
Rouillac
Chasseneuil
Limoges
Saintes
La Rochefoucauld
Royan
Jarnac
Saujon
Cognac
Hiersac
Angoulême
Montbron
Pointe de la Coubre
Châlus
Saint-Georges-de-Didonne
Cozes
Pons
Le Verdon-sur-Mer
Talmont-sur-Gironde
Dignac
Nontron
La Coquille
Gironde
Saint-Genis-de-Saintonge
Barbezieux
Montmoreau-St-Cybard
Montalivet-les-Bains
Isle
Thiviers
Mirambeau
Brantôme
Lesparre-Médoc
Aubeterre-sur-Dronne
Lanouaille
Côte d'Argent
Montendre
Sorges
Dronne
Chalais
Ribérac
Pauillac
Saint-Savin-de-Blay
Périgueux
Lac d'Hourtin-Carcans
Blaye
Montguyon
Saint-Laurent-et-Benon
Saint-Astier
Thenon
Carcans-Plage
Saint-Pierre-de-Chignac
Castelnau-de-Médoc
Saint-André-de-Cubzac
Coutras
Lacanau-Océan
Margaux
Dordogne
Seiten 416–447
Lacanau
Sainte-Hélène
Libourne
AQUITAINE
Blanquefort
Castillon-la-Bataille
Bordeaux
Vélines
Sarlat
Flughafen Bordeaux-Mérignac
St-Émilion
Bergerac
Flughafen Bergerac Dordogne Périgord
Arès
Cenon
Bassin d'Arcachon
Andernos-les-Bains
Targon
Audenge
La Brède
Sauveterre-de-Guyenne
Castillonnès
Monpazier
Arcachon
Cadillac
La Réole
Facture
Eymet
Belin-Béliet
Langon
Marmande
Cancon
Villefranche-du-Périgord
Biscarrosse-Plage
Sanguinet
Hostens
Villandraut
Parentis-en-Born
Moustey
Saint-Symphorien
Bazas
Grignols
Tonneins
La Villeneuve-sur-Lot
Biscarrosse
Sore
Casteljaloux
Saint-Antoine-de-Ficalba
Pissos
Mimizan-Plage
Labouheyre
Captieux
Pompogne
Aiguillon
Mimizan
Trensacq
Damazan
Agen
Houeillès
Sabres
Labrit
Lavardac
Valence
Moissac
Morcenx
Garein
Astaffort
Saint-Girons-Plage
Roquefort
Auvillar
Les Landes
Mont-de-Marsan
Saint-Justin
Castelsarrasin
Castets
Condom
Lectoure
Léon
Tartas
Vieux-Boucau-les-Bains
Grenade-sur-l'Adour
Eauze
Grisolles
Mugron
Montestruc-sur-Gers
Dax
Hossegor
Saint-Vincent-de-Tyrosse
Saint-Sever
Aire-sur-l'Adour
Saint-Jean-Poutge
Mauvezin
Capbreton
Hagetmau
Geaune
Auch
Aubiet
Colomiers
Biarritz
Orthez
Flughafen Pyrénées
Pyrenäen
Seiten 448–467
0 Kilometer 40
N

1

2

# 7 TAGE
## *in Poitou und Aquitaine*

### *Tag 1*
Die Woche beginnt in Poitiers *(siehe S. 398f)*, einer lebhaften Stadt mit unterschiedlichsten Baustilen, etwa der Fassade der eleganten Kirche Notre-Dame-la-Grande *(siehe S. 398)* aus dem 12. Jahrhundert. Nach einem marokkanisch inspirierten Essen bei Notre Dame de Pique (185 Grand'Rue) verbringen Sie den Nachmittag im Futuroscope *(siehe S. 404)* unmittelbar vor der Stadt. Abends essen Sie in einer ehemaligen Kapelle, dem Les Archives (14 Rue Édouard-Grimaux).

### *Tag 2*
Sie fahren nach Chauvigny *(siehe S. 404)*, einer hübschen, von Schlossruinen umgebenen Stadt an der Vienne. Erkunden Sie diese, ehe Sie zur Église St-Pierre mit ihren besonders schönen Säulen gehen. Stärken Sie sich im La Belle Époque (www.la-belle-epoque.fr) mit Galettes, und fahren Sie dann zehn Kilometer von Chauvigny für eine Führung durch das romantische Château de Touffou *(siehe S. 404)*. Abends gibt es Burger und Mojito im La Moustache (www.la-moustache.fr).

### *Tag 3*
Zwei Stunden Fahrt gen Westen bringen Sie in die Hafenstadt La Rochelle *(siehe S. 408f)*. Kaufen Sie unterwegs in Niort *(siehe S. 402f)* eine Flasche Angélique-Likör – der Legende nach hilft er gegen Seuchen. In La Rochelle genießen Sie am Hafen frisches Seafood, ehe Sie durch die gewundenen Straßen zur Tour de la Lanterne mit ihren 400 Jahre alten Wandgemälden gehen. Gönnen Sie sich im La Malette *(siehe S. 411)* Tapas, und genießen Sie anschließend die abendliche Straßenunterhaltung rund um den Jachthafen.

### *Tag 4*
Eine Stunde südlich liegt Saintes *(siehe S. 411)*, eine 2000 Jahre alte Stadt voller historischer Schätze. Jeden Tag außer Montag ist hier ein Bauernmarkt, wo Sie für ein Picknick in den Ruinen des römischen Amphitheaters aus dem 1. Jahrhundert einkaufen. Fahren Sie nachmittags mit einem Kanu auf der idyllischen Charente, und übernachten Sie einfach, aber bequem im Hôtel Les Messageries (www.hotel-des-messageries.com).

3

4

5

1 *Türme an der Hafeneinfahrt in La Rochelle* ↑

2 *Auswahl edler Tropfen*

3 *Römische Ruinen in Saintes*

4 *Ruhiger Hafen in Cognac*

5 *Miroir d'Eau in Bordeaux*

## Tag 5

Nach der Ankunft in Cognac *(siehe S. 411)* bummeln Sie durch die hübsche Altstadt mit ihren alten Fachwerk- und weißen Steinhäusern. Vielleicht wollen Sie eine Cognac-Verkostung mitmachen, eine der besten ist die im Château Royal de Cognac (www.chateauroyaldecognac.com). Traditionelle Küche mit modernem Twist serviert L'Atelier des Quais (www.atelierdesquais.fr), für einen Absacker eignen sich perfekt die Probierräume im L'Yeuse (www.yeuse.fr).

## Tag 6

Fahren Sie morgens nach Angoulême *(siehe S. 412)*, eine Festungsstadt am Hügel mit vielen historischen Stätten, darunter eine Kathedrale (12. Jh.). Heute ist die Stadt allerdings eher bekannt für Comic-Buchkunst. Alljährlich findet hier das Festival International de la Bande Dessinée statt. Wer nicht teilnehmen kann, geht in die Cité Internationale de la Bande Dessinée et de l'Image, die ältesten dort ausgestellten Comics und Cartoons stammen aus dem 19. Jahrhundert. Ein kurzes Stück östlich liegt außerhalb der Stadt das herrliche Landhaus Domaine du Châtelard (1079 Route du Châtelard). Dort speist man auf der Terrasse mit Blick über den See. Danach fahren Sie nach Bordeaux und genießen den Sonnenuntergang über der alten Stadt.

## Tag 7

Heute erkunden Sie Bordeaux *(siehe S. 400f)*, eine der schönsten Städte Frankreichs und bekannt nicht nur als Industriezentrum, sondern vor allem für Wein. Im spektakulären Museum La Cité du Vin *(siehe S. 400)* erfahren Sie viel über den Weinanbau in einem der besten Anbaugebiete Frankreichs und können das edle Getränk auch verkosten. Zur Erholung bummeln Sie dann die schön hergerichtete Ufergegend an der Garonne entlang und sehen sich den grandiosen Miroir d'Eau an *(siehe S. 400)*. In der Rue Notre-Dame im Quartier des Chartrons kann man wunderbar Antiquitäten und Vintage-Kleidung kaufen. Abends machen Sie es wie die Einheimischen und genießen im gemütlichen Le Bouchon Bordelais (2 Rue Courbin) zum Essen in aller Ruhe ein schönes Glas heimischen Weins.

↑ *Statue an einem Seitenaltar der Kirche Notre-Dame-la-Grande*

1

# Poitiers

C4 Vienne 90 000 5 km westlich 45 Pl Charles de Gaulle; +33 5 4941 2124 So, Di, Do Les Expressifs (Okt) visitpoitiers.fr

**Drei der größten Schlachten der französischen Geschichte wurden bei Poitiers geschlagen – die berühmteste im Jahr 732, als Karl Martell den Vormarsch der Araber stoppte. Nach zweimaliger englischer Herrschaft erlebte Poitiers unter dem Kunstmäzen Jean de Berry (1340–1416) eine Blütezeit. Poitiers – seit 1431 Universitätsstadt – bewahrt ein reiches architektonisches und kulturelles Erbe.**

①

## Cathédrale St-Pierre

**1 Rue Sainte-Croix**
**+33 5 4941 2376**
**Sommer: tägl. 9–19; Winter: tägl. 9–17**

Das Chorgestühl (13. Jh.) der eindrucksvollen Kathedrale aus dem 12. Jahrhundert ist das älteste Frankreichs. Das große Fenster mit der Kreuzigungsdarstellung lässt viel Licht ein. Unterhalb sind die Stifter Henry II und Éléonore d'Aquitaine zu sehen.

2015 wurden bei Restaurierungsarbeiten einige Gemälde aus der frühesten Zeit des Kirchenbaus entdeckt. Die Orgel (1787–91) wurde von François-Henri Clicquot erbaut und zählt zu den schönsten Europas.

②

## Palais des Ducs d'Aquitaine

**Pl Alphonse Lepetit**
**tägl. 11–20**
**visitpoitiers.fr**

Das Palais aus dem 12. Jahrhundert ist ein hervorragendes Beispiel für mittelalterliche Profanarchitektur und gehörte zum Palast der Anjou-Könige Henry II, Richard Löwenherz und Éléonore d'Aquitaine. Führungen müssen vorab gebucht werden.

③

## Notre-Dame-la-Grande

**53 Pl Charles de Gaulle**
**+33 5 4941 2376**
**tägl. 9–19**

Die berühmte Pilgerkirche heißt zwar »la Grande«, ist in Wirklichkeit jedoch nicht allzu groß. Bekannt ist sie vor allem für ihre farbenprächtige Fassade aus dem 12. Jahrhundert. Den Chor ziert ein romanisches Fresko von Christus und der Jungfrau Maria. Die meisten Kapellen wurden in der Renaissance hinzugefügt.

*Blick über Poitiers mit der gotischen Kathedrale St-Pierre*

## Baptistère St-Jean

**Rue Jean Jaurès +33 5 4941 2124 Apr–Mitte Juni: tägl. 14–18; Mitte Juni–Sep: tägl. 10:30–12:30, 14–18; Okt: tägl. 14–17; Nov–März: tägl. 14–16 1. Jan, 25. Dez**

Die Taufkapelle aus dem 4. Jahrhundert stammt aus frühchristlicher Zeit. Das Baptisterium ist eines der ältesten christlichen Bauwerke Frankreichs. Außer den romanischen Fresken (Christus und Kaiser Konstantin) birgt es ein achteckiges Becken, ein Museum und Sarkophage aus der Merowingerzeit.

## Musée Sainte-Croix

**3 bis Rue Jean Jaurès +33 5 4941 0753 Di–Fr 10–18, Sa, So 13–18 einige Feiertage**

Das Museum präsentiert prähistorische Funde, galloromische und mittelalterliche Artefakte sowie viele Gemälde und Skulpturen aus dem 19. Jahrhundert, darunter zehn Skulpturen von Camille Claudel sowie zwei von Auguste Rodin.

## Église St-Hilaire-le-Grand

**26 Rue Saint-Hilaire +33 5 4941 2157 Apr–Nov: tägl. 9–19; Dez–März: tägl. 9–17:30**

Wiederaufbauten der Kirche haben einen Stilmix hinterlassen. Der ursprüngliche Bau stammte aus dem 6., der Glockenturm ist noch aus dem 11. und das Mittelschiff aus dem 12. Jahrhundert.

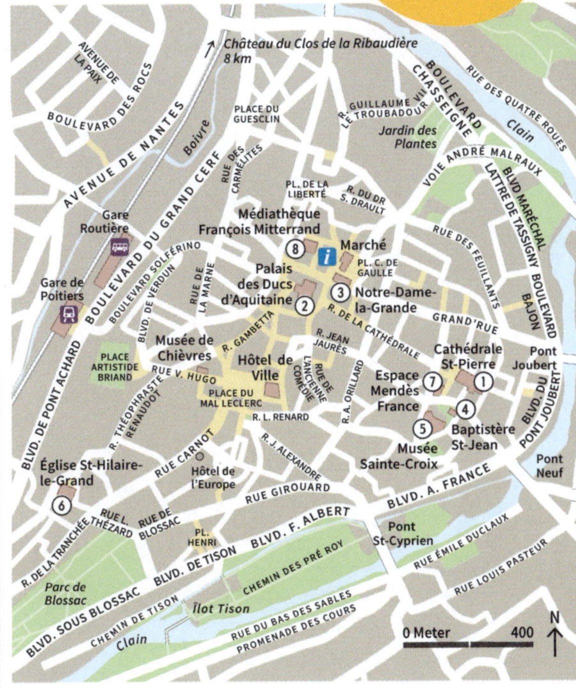


⑦

## Espace Mendès France

**1 Pl de la Cathédrale siehe Website einige Feiertage; Juli, Aug: So emf.fr**

Das Museum umfasst ein hochmodern ausgestattetes Planetarium. Die Geheimnisse des Universums werden anhand von eindrucksvollen Lasershows und Ausstellungen erklärt.

⑧

## Médiathèque François Mitterrand

**4 Rue de l'Université siehe Website einige Feiertage bm-poitiers.fr**

Das moderne Gebäude im historischen Viertel beherbergt Bücher, Musik, Comics und Kunst sowie mittelalterliche Handschriften, Landkarten und Stiche. Es finden auch Vorträge statt.

## Hotels

**Château du Clos de la Ribaudière**

Das Hotel in einem historischen Gebäude (18. Jh.) verfügt über einen beheizten Außenpool und ein Restaurant mit Terrasse.

**10 Rue du Champ de Foire**
**ribaudiere.com**

€€€

**Hôtel de l'Europe**

Pluspunkte des modernen Hotels im Zentrum sind der hauseigene Parkplatz und der schöne Garten.

**39 Rue Sadi Carnot**
**hotel-europe-poitiers.com**

2

# Bordeaux

C5 · Garonne · 260 000 · 10 km westlich der Stadt · Rue Charles Domercq · · 12 Cours du 30 Juillet · tägl. · Fête le Vin (Juni, gerade Jahre); Fête le Fleuve (Juni, ungerade Jahre) · bordeaux-tourisme.com

**Bordeaux wurde an einer Biegung der Garonne errichtet und war schon vor der Römerzeit ein bedeutender Hafen und später jahrhundertelang Knotenpunkt des Handels. Die Stadt besitzt einen überaus eleganten Stadtkern (18. Jh.).**

①

## Place de la Bourse

Der elegante Platz wird von zwei Bauwerken (18. Jh.) flankiert: dem Palais de la Bourse und dem Hôtel des Douanes. Davor erlebt man das Wasserspiel Miroir d'Eau.

## Grand Théâtre

**2 Pl de la Comédie**
**nach Anmeldung**
**opera-bordeaux.com**

Das nach Plänen von Victor Louis im 18. Jahrhundert errichtete Grand Théâtre ist ein Meisterwerk klassizistischer Baukunst. Der Zuschauerraum besitzt eine hervorragende Akustik. Die prächtige Treppe diente dem Opernhaus in Paris als Vorbild.

③

## La Cité du Vin

**134 Quai de Bacalan**
**siehe Website**
**einige Feiertage**
**laciteduvin.com**

Das Weinmuseum der Stadt ist in einem eigens dafür errichteten, architektonisch eindrucksvollen Gebäude untergebracht. Es illustriert Weinanbau und -produktion in der Region sowie die auch international große Bedeutung der Bordeaux-Weine. Eine Degustation rundet den Museumsbesuch ab, es gibt auch Restaurants.

## CAPC Musée d'Art Contemporain

**Entrepôt Lainé, 7 Rue Ferrère** **Di – So 11–18 (2. Mi im Monat bis 20)**
**einige Feiertage**
**capc-bordeaux.fr**

Das umgebaute Lagerhaus aus dem 19. Jahrhundert beherbergt seit 1974 eine erstklassige Sammlung zeitgenössischer Kunst. Es verfügt über eine ständige Sammlung von über 1000 Werken lokaler und internationaler Künstler wie Nan Goldin und Gilbert & George. Darüber hinaus bietet das Museum das ganze Jahr über ein hervorragendes Ausstellungsprogramm und ist auf jeden Fall einen Besuch wert.

↑ *Die Dächer im Zentrum von Bordeaux stammen aus dem 18. Jahrhundert*

### ⑤ Musée des Arts Décoratifs

39 Rue Bouffard · Mi–Mo 11–18 · einige Feiertage · madd-bordeaux.fr

Im Hôtel de Lalande (18. Jh.) befindet sich eine Sammlung von eleganten Möbeln und feinem Porzellan.

### ⑥ Cathédrale St-André

Pl Pey Berland · Mi, Sa 14:30–17:30 · bordeaux-tourisme.com

Das Mittelschiff wurde im 11. Jahrhundert begonnen und etwa 200 Jahre später umgebaut. An der Porte Royale sieht man Szenen aus dem Jüngsten Gericht.

Entdeckertipp

**Bassins de Lumières**

Bassins de Lumières, untergebracht in einem ehemaligen U-Boot-Stützpunkt etwas nördlich der Cité du Vin, ist die derzeit angesagteste Kunstgalerie der Stadt. Das gigantische, 2020 eröffnete Zentrum für digitale Kunst bietet Wechselausstellungen mit traditionellen und zeitgenössischen Werken. Gehen Sie die Brücken über dem Wasser entlang, und betrachten Sie die riesigen 360-Grad-Projektionen (www.bassins-lumieres.com).

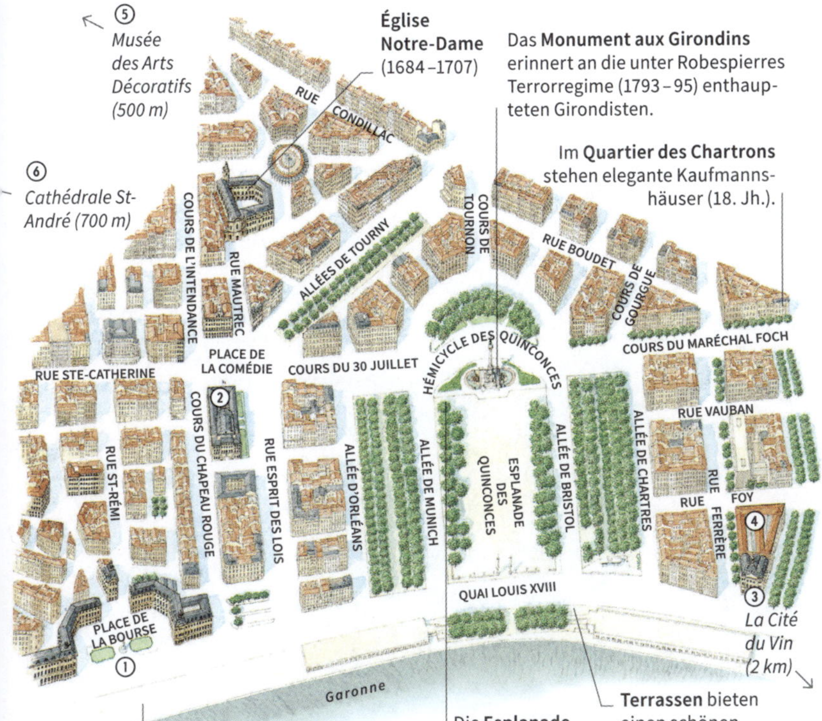

⑤ *Musée des Arts Décoratifs (500 m)*

⑥ *Cathédrale St-André (700 m)*

**Église Notre-Dame** (1684–1707)

Das **Monument aux Girondins** erinnert an die unter Robespierres Terrorregime (1793–95) enthaupteten Girondisten.

Im **Quartier des Chartrons** stehen elegante Kaufmannshäuser (18. Jh.).

Rue Condillac · Cours de l'Intendance · Rue Mautrec · Allées de Tourny · Cours de Tournon · Rue Boudet · Cours de Gourgue · Cours du Maréchal Foch · Place de la Comédie · Cours du 30 Juillet · Hémicycle des Quinconces · Rue Ste-Catherine · Rue St-Rémi · Cours du Chapeau Rouge · Rue Esprit des Lois · Allée d'Orléans · Allée de Munich · Esplanade des Quinconces · Allée de Bristol · Allée de Chartres · Rue Vauban · Rue Ferrère · Rue Foy · Quai Louis XVIII · Place de la Bourse · Garonne

③ *La Cité du Vin (2 km)*

Die **Quais** laden zu einem Spaziergang ein.

Die **Esplanade des Quinconces** zieren Statuen und Brunnen.

**Terrassen** bieten einen schönen Blick auf den Fluss.

# SEHENSWÜRDIGKEITEN

## Thouars

**C4 Deux-Sèvres 14 000 32 Pl St-Médard; +33 5 4966 1765 Di, Fr maisonduthouarsais.com**

Das auf einem Felsvorsprung vom Thouet umflossene Städtchen liegt an der Grenze zwischen Anjou und Poitou. Eine Hälfte der Dächer ist mit nordischem Schiefer gedeckt, die andere mit südländischen roten Ziegeln.

Die romanische Fassade der Église St-Médard zeigt typischen poitevinischen Stil. Die gotische Fensterrose wurde nachträglich angebracht. Mittelalterliche Fachwerkhäuser säumen die Rue du Château hinauf zum Schloss aus dem 17. Jahrhundert, in dem sich heute eine Schule befindet.

Kunstausstellungen gibt es im von Wällen umgebenen **Château d'Oiron**, einer großteils von 1518 bis 1549 geschaffenen Renaissance-Perle östlich von Thouars.

**Château d'Oiron**

**10 Rue du Château, Oiron +33 5 4996 5125 Okt – Mai: tägl. 10:30 – 17:30 (Juni – Sep: bis 18:30) einige Feiertage chateau-oiron.fr**

## Parthenay

**C4 Deux-Sèvres 10 100 22 Blvd de la Meilleraye; +33 5 4964 2424 osezlagatine.com**

Parthenay ist ein verschlafenes mittelalterliches Provinzstädtchen, in dem einige gut erhaltene Fachwerkhäuser stehen. Im Mittelalter war Parthenay eine wichtige Station auf dem Pilgerweg nach Santiago de Compostela. Die Brücke über den Thouet bewacht die befestigte Porte St-Jacques (13. Jh.). Von hier aus führt die kopfsteingepflasterte Rue de la Vau-St-Jacques steil zu den Festungsanlagen (13. Jh.) hoch.

Schöne Aussicht

**Donjon de Niort**

Steigen Sie den mühevoll erscheinenden Stufenweg zum imposanten *donjon* hinauf. Die Anstrengung lohnt sich, der Panoramablick über Niort und Umgebung ist nicht zu übertreffen.

## Niort

**C4 Deux-Sèvres 59 000 2 Rue Brisson; +33 8 2020 0079 Do, Sa niortmaraispoitevin.com**

Niort war im Mittelalter ein bedeutender Hafen. Nun konzentriert sich die Stadt auf Werkzeugbau, Elektronik, Chemie und Dienstleistungen. Die lokalen Spezialitäten zeugen von der Nähe der Sümpfe: Schnecken, Aale und Engelwurz. Die in den Feuchtgebieten kultivierte Engelwurz wird für viele Produkte verwendet – vom Likör bis zur Eiscreme.

Der im 12. Jahrhundert von Henry II und Richard Löwenherz angelegte *donjon* spielte im Hundertjährigen Krieg eine Rolle. Später diente er als Gefängnis. Heute beherbergt der *donjon* ein Museum für Kunsthandwerk und archäologische Funde. Das Musée Agesci präsentiert Keramiken, Skulpturen und Gemälde (16. – 20. Jh.).

**Umgebung:** In der Abteikirche St-Maixent-l'École (auf dem Weg nach Poitiers) spie-

*Les Halles in Niort – auf dem Markt versorgen sich Einheimische und Besucher* ↑

→ Mit einem Kahn durch die Kanäle von Venise Verte im Marais Poitevin

len Licht und Raum zauberhaft zusammen. Mit dem Bau ersetzte François Le Duc 1670 das zerstörte Vorgängergebäude.

6

## Marais Poitevin

**C4 Charente-Maritime, Deux-Sèvres, Vendée La Rochelle Niort, La Rochelle Coulon, Arçais, Marans 2 Rue Brisson, Niort; +33 8 2020 0079 niortmaraispoitevin.com**

Mit Kanälen, Deichen und Schleusen wurden die poitevinischen Sümpfe trockengelegt. Sie bedecken zwischen Niort und der Küste 80 000 Hektar Fläche. Heute sind sie als Regionalpark ausgewiesen, der zwei Gesichter zeigt: Im Norden und Süden der Sèvre-Mündung liegt der fruchtbare Marais Désséché (trockengelegter Sumpf), wo Getreide angebaut wird. Flussaufwärts Richtung Niort erstreckt sich der Marais Mouillé (feuchter Sumpf).

Reizvoller sind die feuchten, auch Venise Verte (grünes Venedig) genannten Sümpfe. Durch sie zieht sich ein Labyrinth grün umwucherter Kanäle, an denen Schwertlilien und Seerosen, Pappeln und Buchen gedeihen. Sie bieten einer Vielzahl von Vögeln und anderen Tieren einen idealen Lebensraum. Die weißen Häuser der pittoresken Dörfer sind alle erhöht angelegt. Flache Boote *(plattes)* bilden das Hauptverkehrsmittel.

Coulon, St-Hilaire-la-Palud, La Garette und Arçais sowie Damvix und Maillezais in der Vendée eignen sich als Ausgangspunkte für Bootstouren durch die Sümpfe.

7

## Melle

**C4 Deux-Sèvres 3300 2 Pl Bujault; +33 5 4929 1510 Fr decouvertes.paysmellois.org**

Eine römische Silbermine war Ausgangspunkt für die Entstehung von Melle, das im 9. Jahrhundert die einzige Münze Aquitaniens besaß. Später trug ihm der *baudet du Poitou* Bekanntheit ein, ein in der Gegend gezüchteter Maulesel. Heute fährt man wegen der Kirchen hierher. Mit poitevinischer Fassade erhebt sich St-Hilaire (12. Jh.) am Ufer.

**Der gewaltige *donjon* wurde im 12. Jahrhundert von Henry II und Richard Löwenherz angelegt und spielte im Hundertjährigen Krieg eine Rolle.**

### Vögel beobachten

**Dune du Pilat**
Auf Europas höchster Düne tummeln sich Austernfischer und Seeschwalben *(siehe S. 413)*.

**Schutzgebiet Teich**
Das Reservat ist Lebensraum für mehr als 300 Vogelarten (www.reserve-ornithologique-du-teich.com).

**Parc Marais Poitevin**
Paradies für Zugvögel, Eulen und Falken (www.parc-marais-poitevin.fr).

**Mündung der Gironde**
In dem Mündungsgebiet verweilen u. a. Seevögel, Greifvögel und Zugvögel *(siehe S. 414)*.

Markante Architektur und Wasserspiele des Themenparks Futuroscope ↑

## 8 Futuroscope

**C4 Ave René Monory, Chasseneuil-du-Poitou, Jaunay-Clan +33 5 4949 1112 siehe Website futuroscope.com**

Im Futuroscope werden in futuristischem Ambiente neueste Entwicklungen der visuellen Kommunikation gezeigt. Zu den Attraktionen zählen 3-D- und 360°-Screens, Simulatoren sowie der »fliegende Teppich«, ein Saal, in dem sich eine Leinwand auf dem Boden befindet und man zu fliegen glaubt.

## 9 Abbaye de Nouaillé-Maupertuis

**C4 Vienne +33 5 4955 3569 Mo–Mi 10–18, Do–So 10–17**

An den Ufern des Miosson liegt die Abbaye de Nouaillé-Maupertuis. Das Ende des 7. Jahrhunderts erstmals erwähnte Kloster wurde Ende des 8. Jahrhunderts Benediktinerabtei. Für einen Besuch spricht nicht nur die landschaftliche Schönheit, sondern auch die im 11./12. Jahrhundert erbaute, mehrmals zerstörte und wiederaufgebaute Abteikirche. Hinter dem Altar steht der Sarkophag des hl. Junien aus dem 10. Jahrhundert, den drei Wappenadler zieren.

Auf dem Schlachtfeld nahe der Abtei unterlagen die Franzosen 1356 dem Schwarzen Prinzen. Die Landschaft hat sich seit dem 14. Jahrhundert kaum verändert. Gué de l'Omme, Zentrum des Geschehens, erreicht man über die Landstraße nach La Cardinerie. Auf dem Hügel steht ein Denkmal an der Stelle, wo man König Jean le Bon gefangen nahm.

## 10 Chauvigny

**C4 Vienne 7000 5 Rue St-Pierre; +33 5 4946 3901 Di, Do, Sa visitpoitiers.fr**

Chauvigny liegt auf einem Felsvorsprung hoch über der Vienne. Hier stehen die Ruinen von fünf mittelalterlichen Burgen. Der nahe Steinbruch bot genug Baumaterial, sodass niemand daran dachte, Burgen abzureißen, um neue zu errichten.

Hauptattraktion ist die Église St-Pierre (11./12. Jh.) mit ihren verzierten Kapitellen – schön sind vor allem die im Chor, die biblische Szenen abbilden, aber auch Monster, Sphingen und Sirenen. Achten Sie auf das Kapitell mit der Inschrift »Gofridus me fecit« (Gofridus schuf mich) mit einer sehr naturalistischen Darstellung der Anbetung der Könige.

**Umgebung:** Unweit liegt das **Château de Touffou**, ein Renaissance-Bau mit Terrassen und öffentlich zugänglichen hängenden Gärten.

**Château de Touffou**
**Bonnes Gärten: Mai–Sep: Sa, So 10–12, 14–18; Château: nach Vereinbarung touffou.com**

## 11 Angles-sur-l'Anglin

**D4 Vienne 350 2 Rue du Four Banal; +33 5 4948 8687 anglessuranglin.com**

Das malerische Dorf liegt in schöner Flusslandschaft unterhalb einer Burgruine. Die Wassermühle am schilfgesäumten, von Seerosen bedeckten Fluss Anglin passt

Fotomotiv
**Angles-sur-l'Anglin**

Angles-sur-l'Anglin zählt zu den schönsten Orten Frankreichs. Ein fantastisches Panorama über die Gegend hat man von der Burgruine.

ins idyllische Bild. Das Dorf ist im Sommer überlaufen. In der Nachsaison ist es ruhiger.

Angles ist für Stickarbeiten *(jours d'Angles)* bekannt, eine noch heute gepflegte Tradition. Eine Besichtigung von Werkstätten ist möglich, das Informationsbüro gibt Auskunft.

12

## Montmorillon

**D4 Vienne 5900**
**2 Pl du Maréchal Leclerc; +33 5 4991 1196 Mi**
**sudviennepoitou.com**

Das am Fluss Gartempe errichtete Dorf Montmorillon geht auf das 11. Jahrhundert zurück. Wie die meisten Orte der Region ist auch Montmorillon während des Hundertjährigen Kriegs und in den Religionskriegen großteils zerstört worden. Zu den Bauwerken zählt die Église Notre-Dame. Die Kirche ist nicht mehr für Besucher zugänglich, kann aber von außen besichtigt werden. Im Sommer gibt es Führungen durch die anderen Gebäude (Informationen beim Fremdenverkehrsbüro).

**Umgebung:** Südlich, etwa 30 Gehminuten vom Pont de Chez Ragon entfernt, liegen die Portes d'Enfer, bizarre Felsen oberhalb der Stromschnellen des Gartempe.

13

## St-Savin

**D4 Vienne 800**
**20 Pl de la Libération; +33 5 4984 3000 Fr**
**sudviennepoitou.com**

Hauptanziehungspunkt von St-Savin ist die Abteikirche (11. Jh.) mit ihrem gotischen Turm und dem gewaltigen Mittelschiff. Im Hundertjährigen Krieg wurde die einflussreiche Abtei niedergebrannt, in den Religionskriegen mehrmals geplündert. Mönche restaurierten sie im 17. und 19. Jahrhundert.

Im Inneren befindet sich der schönste romanische Freskenzyklus (12. Jh.) Europas. Die schönen Wandbilder zählen zu den bedeutendsten Kunstwerken Frankreichs und wurden 1840 zum *monument historique* erklärt.

### Fresken von St-Savin

Die großartigen Fresken schildern Szenen aus dem Alten Testament: von der Schöpfung bis zur Übergabe der Zehn Gebote. Der Zyklus beginnt links vom Eingang mit der Schöpfung der Sterne und der Erschaffung Evas. Es folgen die Arche Noah und der Turmbau zu Babel, die Geschichte Josephs und die Teilung des Roten Meers. Alle Fresken scheinen von derselben Künstlergruppe zu stammen.

→

*Freskengeschmückter Innenraum der Abteikirche von St-Savin*

# Jakobsweg

Seit dem Mittelalter pilgern Christen nach Santiago de Compostela, viele von ihnen legen dabei Hunderte oder sogar Tausende von Kilometern zurück. Anfangs trieb die meisten Pilger, von denen viele Jahre unterwegs waren, die Hoffnung auf Erlösung an. Wer heute dem Wegenetz der auch durch Frankreich führenden Pilgerroute folgt, gelangt durch einige alte Städte und Dörfer mit herrlichen Kirchen und anderen historischen Bauwerken.

↑ *Heute tragen die meisten Pilger die Muschelschale (Symbol der Pilgerreise) an ihrem Rucksack*

## Geschichte der Pilgerreise

Die allererste überlieferte Pilgerreise nach Santiago de Compostela im Nordwesten Spaniens unternahm der Bischof von Le Puy im Jahr 951. Vermutlich setzten Wallfahrten schon um 814 ein – kurz nach Entdeckung des Grabs des Apostels Jakobus d. Ä., der in Spanien das Evangelium verbreitet hatte. Der Sage nach schienen unbekannte Sterne über einem Feld, als man am 25. Juli 814, dem Festtag von Jakobus, die Gebeine fand. Jüngste Forschungen erwiesen jedoch, dass die Gebeine nie in Compostela gewesen sind.

Im Lauf des Mittelalters entwickelte sich Santiago de Compostela neben Rom und Jerusalem zum dritten Hauptziel für christliche Pilger. Die meisten von ihnen durchquerten dabei auch das südliche Frankreich. Viele kleine Dörfer und Klöster entlang der Strecke boten den Reisenden Unterkunft.

## TOP 3 Etappen des Jakobswegs

**Dissay nach Poitiers (GR655)**
Auf diesem Streckenabschnitt (24 km) kommt man an der Église St-Jacques vorbei, in der ein Stein einen Fußabdruck von Jakobus aufweisen soll.

**Gourgé nach Parthenay (GR36)**
Die leicht zu begehende Etappe (23 km) führt vorbei an Feldern und einer Reihe kleinerer Heiligtümer.

**Angles-sur-l'Anglin nach St-Savin (GR48)**
Auf diesem Abschnitt (21 km), der streckenweise an einem Fluss entlangführt, erreicht man St-Savin mit seiner freskengeschmückten Abteikirche.

**Schon gewusst?**

**Das Symbol der Muschel sieht man oft in den Eingang von Pilgerunterkünften geschnitzt.**

Symbol für die erfolgreich absolvierte Pilgerreise wurde die Jakobsmuschel, die man beim Rückweg am Gürtel oder an der Kopfbedeckung trug. Längst wurde die Muschel in diversen Formen und Materialien zum beliebten Souvenir.

## Abschnitt des Pilgerwegs durch Poitou und Aquitaine

Für den Weg nach Santiago de Compostela gibt es im Wesentlichen vier Hauptrouten: Die westlichste verläuft von Paris im Norden über Tours auch durch Poitou und Aquitaine und vereinigt sich in den Pyrenäen mit den drei anderen Routen. Diese Wege wurden bereits im Mittelalter von zahlreichen Pilgern begangen. Auf kleineren Abzweigungen erreichte man schon damals Klöster und Heiligtümer, darunter in Poitou und Aquitaine die aus dem 11. Jahrhundert stammende Abteikirche St-Savin *(siehe S. 405)* mit ihrem künstlerisch bedeutenden Freskenzyklus, der Szenen aus dem Alten Testament zeigt.

Wer sich von der Atlantikküste auf den Weg machte, betrat durch die Porte St-Jacques den Ort Parthenay *(siehe S. 402)* und wanderte nach Verlassen des Städtchens nach Poitiers *(siehe S. 398f)*, wo die Pilgerkirche Notre-Dame-la-Grande mit ihrer farbenprächtigen Fassade einen Zwischenstopp lohnte.

### *Codex Calixtinus*

Ein französischer Mönch verfasste im 12. Jahrhundert den fünfbändigen *Codex Calixtinus* – möglicherweise war dies der erste Reiseführer in französischer Sprache. Das illustrierte Werk (»Jakobsbuch«) stellt Routen und Sehenswürdigkeiten entlang des Wegs vor, außerdem die Geschichte des hl. Jakobus, einen Brief von Papst Calixt und Berichte über Wunder.

↑ *Wanderer im Weinbaugebiet von Poitou auf dem Weg zu Notre-Dame-la-Grande* (Detail)

↑ *Leuchtend rotes Portal der Église St-Pierre in Aulnay de Saintonge*

14

## Aulnay de Saintonge

**C4 Charente-Maritime 290 Ave de l'Église; +33 5 4632 6071 Do, So destinationvalsde saintonge.com**

Gebaut wurde die Église St-Pierre in Aulnay im 12. Jahrhundert. Die von Zypressen umstandene Kirche blieb seit dieser Zeit, als die großen Wallfahrten stattfanden, fast unverändert. Damit ist St-Pierre eine der wenigen Kirchen mit einheitlich romanischer Fassade. Besondere Erwähnung verdient ihre Verzierung, vor allem am südlichen Querschiff.

15

## Charroux

**C4 Vienne 1100 2 Route de Chatain; +33 5 4987 6012 Do civraisiencharlois.com**

Die Abbaye St-Sauveur (8. Jh.) in Charroux war einst eine der reichsten der Region. Heute sieht man nur noch eine Ruine. Das mit dieser Kirche verknüpfte historische Datum ist das Jahr 879, als auf dem Konzil von Charroux der »Gottesfriede« festgelegt wurde. Dabei handelte es sich um den ersten belegten Versuch einer Art Genfer Konvention.

Der Turm und die im Museum ausgestellten Portalskulpturen lassen die frühere Pracht der Abtei erahnen.

16

## Confolens

**C4 Charente 2700 8 Rue Fontaine des Jardins; +33 5 4584 1408 Mi, Sa mairie-confolens.fr**

An der Grenze zum Limousin liegt Confolens, einst eine bedeutende Grenzstadt. Hier findet im August ein internationales Folklorefestival mit Musik, Trachten und Kunsthandwerk statt. Von historischem Interesse ist u. a. die im 18. Jahrhundert restaurierte mittelalterliche Brücke über die Vienne.

17

## Pauillac

**C5 Gironde 5000 La Verrerie; +33 5 5659 0308 Sa pauillac-medoc.com**

Zu den berühmtesten Orten im Médoc gehört Pauillac. Drei der dortigen Weingüter produzieren einen *premier grand cru classé*. Das Château Mouton-Rothschild lässt seine Etiketten von berühmten Künstlern entwerfen und besitzt ein Museum mit Gemälden zum Thema Wein. Das Château Lafite-Rothschild besteht seit dem Mittelalter. Das Château Latour erkennt man sofort an seinem Turm. Besichtigungen der Weingüter sind möglich, müssen jedoch vereinbart werden (Infos beim Tourismusbüro).

> Entdeckertipp
> **Coriobona**
>
> Unmittelbar östlich von Confolens liegt Coriobona, ein rekonstruiertes gallisches Dorf mit strohgedeckten Häusern. Kostümierte Schauspieler präsentieren alte Handwerke wie Schmieden und Weben.

## La Rochelle

**B4 Charente-Maritime 77 000 2 Quai Georges Simenon, Le Gabut; +33 5 4641 1468 tägl. larochelle-tourisme.com**

Seit dem 11. Jahrhundert ist La Rochelle ein bedeutender Hafen und Warenumschlagplatz – doch oft hat die Stadt die falsche Seite unterstützt, z. B. die Engländer und die Calvinisten. Das führte 1628 zur Belagerung unter Kardinal Richelieu, bei der rund 23 000 Menschen verhungerten. La Rochelle wurde sämtlicher Privilegien enthoben, die Häuser der Stadt dem Erdboden gleichgemacht.

Hauptanziehungspunkt ist der alte Hafen, heute der

→ *Jachten im schönen Hafen von La Rochelle nach Sonnenuntergang*

größte Jachthafen an der französischen Atlantikküste. Beiderseits der Hafeneinfahrt stehen die **Tour de la Chaîne** und die **Tour St-Nicolas**. Früher war zum Schutz vor Angreifern vom Meer her zwischen beiden Türmen eine schwere Kette gespannt.

Die Kopfsteinpflasterstraßen und Arkaden von La Rochelle lassen sich bequem zu Fuß erkunden – allerdings besser nicht im Hochsommer. Einen guten Überblick genießt man von der **Tour de la Lanterne** (15. Jh.) aus. In die Wände ritzten Gefangene, meist ausländische Matrosen, vom 17. bis 19. Jahrhundert Bilder und Texte.

Das **Muséum d'Histoire Naturelle** umfasst das Studierzimmer des Wissenschaftlers Clément Lafaille, ein Kabinett für Naturgeschichte sowie ausgestopfte Tiere und afrikanische Masken. Die Beziehung der Stadt zu Amerika wird im bewegenden **Musée du Nouveau Monde** behandelt, wo Themen wie Auswanderung und Handel anhand alter Karten, Gemälde und Artefakte erklärt werden. Sehenswert ist auch das **Musée le Bunker de La Rochelle** in einem originalen Bunker aus dem Zweiten Weltkrieg.

In der Nähe des Vieux Port führen im riesigen **Aquarium La Rochelle** transparente Tunnel durch Becken mit verschiedenen Meeresbiotopen, darunter Haie und Schildkröten.

**Tours de la Chaîne, St-Nicholas, de la Lanterne**
**Rue Sur-les-Murs, Le Port** **siehe Website**
**W tours-la-rochelle.fr**

**Muséum d'Histoire Naturelle**
**28 Rue Albert Premier** **siehe Website**
**W museum-larochelle.fr**

**Musée du Nouveau Monde**
**10 Rue Fleuriau**
**siehe Website**
**W museedunouveaumonde.larochelle.fr**

**Musée le Bunker de La Rochelle**
**8 Rue des Dames**
**tägl. 10–18 (Sommer: bis 19)** **Ende Dez – Anf. Feb**
**W bunkerlarochelle.com**

**Aquarium La Rochelle**
**Bassin des Grands Yachts, Quai Louis Prunier** **siehe Website**
**W aquarium-larochelle.com**

## Hotels

**Hôtel Le Sénéchal**
Hotel nahe dem Strand mit rustikaler Einrichtung und schönem Garten.

**A B4** **6 Rue Gambetta, Île de Ré**
**Jan – Anf. Feb**
**W hotel-le-senechal.com**

**Château Cordeillan-Bages**
Modernste Ausstattung, Lage im Weinbaugebiet und ein erstklassiges Bistro in der Nähe sind gute Argumente.

**A C5** **Route des Châteaux, Pauillac**
**Ende Nov – Anf. März**
**W cordeillanbages.com**

**Château de Saint-Loup**
Hotel in einem Schloss mit großen Räumen und Stilmöbeln.

**A C4** **1 Rue Jacques de Boyer, St-Loup-sur-Thouet** **W chateaudesaint-loup.com**

19

## Brouage

**B5 Charente-Maritime 650 2 Rue de l'Hospital; +33 5 4685 6523 brouage-tourisme.fr**

Kardinal Richelieus Festung bei Brouage bot einst Ausblick auf einen florierenden Hafen. Wohlstand und Einwohnerzahl gingen jedoch im 18. Jahrhundert zurück, als der Hafen versandete. Kardinal Mazarin schickte 1659 seine Nichte Marie Mancini hierher. Er wollte so ihre Liaison mit Louis XIV beenden.

## Talmont-sur-Gironde

**C5 Charente-Maritime 100 Rue de l'École; +33 5 4690 4687 talmont-sur-gironde.fr**

Talmont ist ein bezaubernder Ort mit weißen Häusern und Rosengärten. Die kleine romanische Église Ste-Radegonde steht an exponierter Stelle oberhalb der Gironde. Auffällig ist die 1094 in Form eines Schiffsbugs gebaute Apsis. Die Fassade stammt aus dem 15. Jahrhundert und verkleidet die Überreste. Innen gibt es aufwendig verzierte Kapitelle und eine Darstellung des hl. Georg.

21

## Rochefort

**C5 Charente-Maritime 23 400 Ave Marie-François Sadi-Carnot; +33 5 4699 0860 Di, Do, Sa rochefort-ocean.com**

Rochefort, die Rivalin von La Rochelle, wurde im 17. Jahrhundert unter Colbert als Standort für die größte Werft Frankreichs angelegt. Mehr als 300 Segelschiffe liefen hier jährlich vom Stapel. Vieles erinnert an die maritime Vergangenheit von Rochefort, insbesondere die **Corderie Royale** (Königliche Seilerei) von 1670. Im **Musée National de la Marine** stehen Schiffsmodelle.

Rochefort ist auch Geburtsort des Schriftstellers Pierre Loti (1850–1923). In seinem Haus, der Maison de Pierre Loti, gibt es Ausstellungen zu seinem Tod.

### Corderie Royale

**Centre International de la Mer, Rue Audebert siehe Website Jan, 25. Dez corderie-royale.com**

### Musée National de la Marine

**Pl de la Galissonnière siehe Website 1. Jan, 1. Mai, 25. Dez musee-marine.fr**

Expertentipp

### Radfahren auf der Île d'Oléron

Die Île d'Oléron kann man gut per Fahrrad erkunden. Es gibt ein dichtes Netz an gut gepflegten Radwegen und viele Verleihstellen. Zudem ist das Gelände sehr flach.

## Île d'Oléron

**B4 Charente-Maritime 22 000 La Rochelle Rochefort, La Rochelle, Saintes, dann Bus von La Rochelle (nur im Sommer) 22 Rue Dubois Meynardie, Marennes; +33 5 4685 6523 oleron-island.com**

Oléron – vom Festland aus über eine Brücke erreichbar – ist nach Korsika die zweitgrößte französische Insel und ein nicht nur bei Franzosen beliebtes Ferienziel. Lang gestreckte Dünen, dichte Kiefernwälder und ausgedehnte Strände bei Vert Bois und Grande Plage, unweit des Hafens La Cotinière, prägen die Südküste, die Côte Sauvage. Im Ort Château d'Oléron steht eine bemerkenswerte Zitadelle. Im Norden dominieren Fischfang und Landwirtschaft.

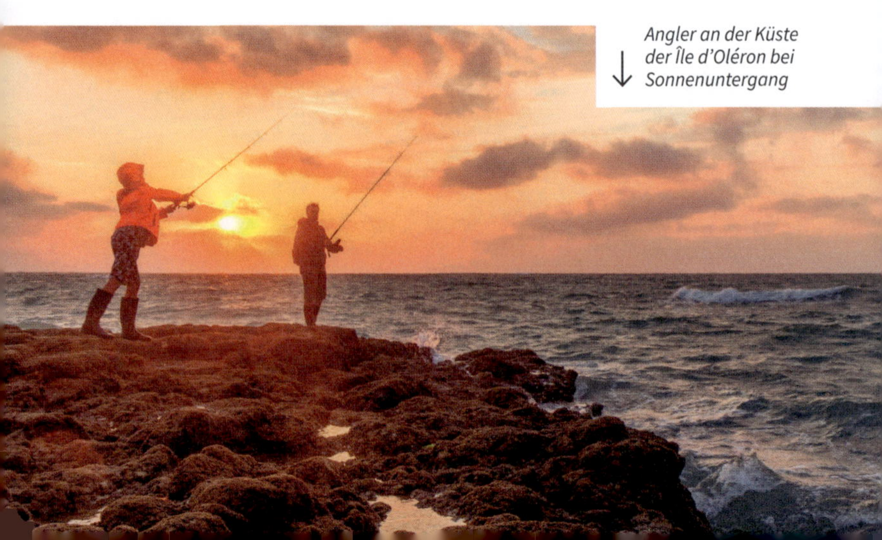

*Angler an der Küste der Île d'Oléron bei Sonnenuntergang*

↑ *Die Ruinen des römischen Amphitheaters in Saintes*

## 23 Cognac

**C5 Charente 18 600 16 Rue du 14 Juillet; +33 5 4582 1071 Di–So tourism-cognac.com**

Schwarzer Flechtenbewuchs an den Hauswänden zeigt hier an, dass im Inneren Alkohol verdunstet – also Cognac gelagert wird. Alle großen Kellereien des Orts bieten Führungen an. Zu empfehlen ist vor allem die durch das **Château Royal de Cognac** (15./16. Jh.), Geburtsort von François' I. Die Destillerie wurde im Jahr 1795 gegründet. Ein großer Teil der Renaissance-Architektur ist erhalten und bietet eine schöne Kulisse.

**Château Royal de Cognac**

**127 Blvd Denfert-Rochereau Mo–Sa 11–12, 14–18, Buchung vorab empfohlen einige Feiertage chateauroyaldecognac.com**

## Restaurants

**Chez Yvette**

Eine gute Adresse für köstliches Seafood.

**B5 59 Blvd du Général Leclerc, Arcachon restaurant-chez-yvette-arcachon.fr**

**La Ferme aux Grives**

Französisches Restaurant in umgebauter Scheune.

**C6 334 Rue René Vielle, Eugénie-les-Bains michelguerard.com**

**La Malette**

Cocktailbar mit Tapas in warmer, einladender Atmosphäre.

**B4 6 Rue de la Cloche, La Rochelle +33 6 6643 3058**

**Atelier Veg'eat**

Restaurant mit veganer und vegetarischer Bio-Speisekarte.

**C5 7 bis Rue du Bois d'Amour, Saintes ateliervegeat.com**

## 24 Saintes

**C5 Charente-Maritime 25 400 Place Bassompierre; +33 5 4674 2382 Di–So saintes-tourisme.fr**

Saintes, die Hauptstadt der Saintonge, besitzt ein reiches architektonisches Erbe. Jahrhundertelang befand sich hier die einzige Brücke über den Unterlauf der Charente, die von zahllosen Pilgern auf dem Weg nach Santiago de Compostela benutzt wurde. Die römische Brücke gibt es nicht mehr, den Arc de Germanicus (19 v. Chr.), der einst an der Brücke stand, kann man aber noch bewundern.

Auf derselben Flussseite steht auch die schlichte Abbaye aux Dames. Die im Jahr 1047 geweihte Kirche wurde im 12. Jahrhundert umgebaut. Sehenswert: die Skulpturen des Portals und das Haupt Christi (12. Jh.) in der Apsis.

Am linken Charente-Ufer liegen die Ruinen eines römischen Amphitheaters (1. Jh.). Etwas weiter entfernt steht die Église St-Eutrope.

**Schon gewusst?**

Jeder Weinort hat eine *maison du vin*, die Infos über Besichtigungen von Weingütern bietet.

## 25 Aubeterre-sur-Dronne

**C5 · Charente · 330 · 8 Pl du Champ de Foire; +33 5 4598 5718 · So · sudcharente tourisme.fr**

Die herausragende Sehenswürdigkeit des hübschen weißen Dorfs ist die ungewöhnlich gestaltete Église St-Jean. Dem weißen Kreidefelsen, in den sie gehauen wurde, verdankt der Ort seinen Namen (*alba terra* = weiße Erde). Der Bau geht teils auf das 6. Jahrhundert zurück. Bei Ausgrabungen legte man ein frühchristliches Taufbecken und einen Reliquienschrein frei. Sehenswert ist auch die romanische Kirche St-Jacques mit fein gearbeiteter Fassade.

Die weißen Wohnhäuser mit honigfarbenen Dächern verleihen dem Ort ein besonderes Flair.

## 26 Angoulême

**C5 · Charente · 41 400 · Hôtel de Ville; +33 5 4595 1684 · tägl. · angouleme-tourisme.com**

Angoulême steht im Zeichen seiner Cathédrale St-Pierre (12. Jh.), der vierten an dieser Stelle. Beachtenswert sind die Fassadenskulpturen. Im 19. Jahrhundert wurde St-Pierre vom Architekten Paul Abadie (er entwarf auch die Basilique du Sacré-Cœur in Paris) restauriert. Im Bestreben, alle nach dem 12. Jahrhundert hinzugefügten Details zu eliminieren, gelang ihm sogar die Zerstörung der Krypta aus dem 6. Jahrhundert.

Leider ließ man Abadie auch am alten Schloss arbeiten. Resultat war das neogotische Hôtel de Ville (Rathaus). Der Turm aus dem 15. Jahrhundert, in dem Marguerite d'Angoulême 1492 zur Welt kam, ist jedoch erhalten geblieben. Eine Statue im Garten erinnert an die kulturbeflissene Schwester von François I, die die Erzählung *Heptaméron* schrieb.

Angoulême hat sich zur Hauptstadt des Comics entwickelt und richtet das Festival International de la Bande Dessinée (Jan/Feb) aus. Die

→

*St-Émilion wurde 1999 von der UNESCO zum Welterbe erklärt*

**Cité Internationale de la Bande Dessinée et de l'Image** verfügt über die größte Comicsammlung in Europa, die sowohl Drucke als auch Originalzeichnungen umfasst. Ein Steg führt zum Musée de la Bande Dessinée, wo Geschichte, Techniken und Stile dieser Kunstform erläutert werden.

**Cité Internationale de la Bande Dessinée et de l'Image**

**121 Rue de Bordeaux · Di–Sa 10–18, So, Feiertage 14–18 (Juli, Aug: bis 19) · 1. Jan, 1. Mai, 25. Dez · citebd.org**

## 27 Bassin d'Arcachon

**B5 · Gironde · nach Cap Ferret · Esplanade Georges Pompidou; +33 5 5752 9797 · tägl. · arcachon.com**

Die sonst so gerade Küstenlinie der Côte d'Argent wird auf halber Höhe durch eine

*Ein besonderer Ort ist die in den Kalkstein gehauene Église St-Jean in Aubeterre-sur-Dronne*

große Einbuchtung unterbrochen. Das für seinen landschaftlichen Reiz, seine schönen Strände und seine Austern berühmte Bassin d'Arcachon steht unter Naturschutz und ist ein wahres Ferienparadies, nicht nur für Segler und Austernliebhaber.

Rund um die mit Stränden gesäumte Bucht liegen Ferienorte und Fischerdörfer (mit Austernzucht). Cap Ferret, die Landzunge, die das Becken vor der steifen Atlantikbrise schützt, ist ein Erholungsgebiet für Reiche. Hier führt eine Allee von Lège zu den wildromantischen Stränden von Grand-Crohot.

In der **Réserve Ornithologique du Teich** zwischen Cap Ferret und Arcachon, nahe Gujan-Mestras, werden kranke und verletzte Vögel gepflegt und seltene Arten geschützt. Für Vogelbeobachter stehen zwei gut markierte Wege mit Unterständen zur Verfügung.

Das Seebad Arcachon besteht seit Mitte des 19. Jahrhunderts. Mit wachsender Beliebtheit um die Jahrhundertwende wurden im Viertel Ville d'Hiver viele Villen gebaut. Im lebhafteren Ortsteil Ville d'Été an der Lagune gibt es ein Casino und jede Menge Sportangebote.

Die gewaltige Dune du Pilat (3 km lang, bis zu 110 m hoch und 500 m breit) ist die größte Sanddüne Europas. Über die steile Ostflanke kann man durch tiefen Sand bis auf den Kamm klettern, ebenso über eine Treppe an der nordöstlichen Ecke. Abgesehen von dem herrlichen Panoramablick ist die Düne im Herbst ein guter Punkt zur Beobachtung von Zugvögeln.

**Réserve Ornithologique du Teich**
 **Le Teich, Rue du Port siehe Website reserve-ornithologique-du-teich.com**

28

## St-Émilion

**C5 Gironde 1800 Place des Créneaux; +33 5 5755 2828 So saint-emilion-tourisme.com**

Die Ursprünge der reizenden Kleinstadt im gleichnamigen Weinbaugebiet reichen bis ins 8. Jahrhundert zurück. Der Eremit Émilion hatte sich hier eine Höhle in den Fels gehauen, später entstand an der Stelle ein Kloster. Noch heute säumen mittelalterliche Häuser die Straßen, auch Teile der Befestigungsmauern aus dem 12. Jahrhundert sind erhalten geblieben. Zudem gibt es eine interessante Felsenkirche.

Zu den berühmten Weingütern der Region zählen Figeac, Cheval Blanc und Ausone, bekannt für ihren *premier grand cru classé*.

### Weinregion Bordeaux

Die Weinregion Bordeaux (franz.: Bordelais) ist die weltweit größte und bekannteste Anbauregion von Spitzenrotweinen. Seit der römischen Antike wird hier bereits Weinbau betrieben, darunter auch in der Gegend um St-Émilion. Heute gibt es Tausende von Weinproduzenten. Obwohl es weiße Varianten gibt, ist die gebräuchlichste eine rote Mischung aus den Rebsorten Merlot und Cabernet Sauvignon. Ein *château* besteht aus dem Weinberg und einem Gebäude – bescheiden bis protzig, historisch bis modern.

## 29 Côte d'Argent

**B5 Gironde, Landes Bordeaux, Biarritz Soulac-sur-Mer, Arcachon, Labenne, Dax Lacanau, Arcachon, Mimizan Lacanau; +33 5 56 03 21 01; Mimizan-Plage; +33 5 5809 1120; Capbreton; +33 5 5872 1211**

Der Küstenstreifen zwischen Pointe de Grave an der Gironde-Mündung und Bayonne *(siehe S. 458f)* heißt Côte d'Argent (Silberküste). Die Wanderdünen wurden durch das Anpflanzen von Bäumen gebremst.

An der Küste gibt es beliebte Badeorte wie Soulac-sur-Mer, gefolgt von Orten wie Lacanau-Océan und Mimizan-Plage. Südlicher liegen Hossegor mit einem Salzsee und Capbreton.

## 30 Les Landes

**C6 Gironde, Landes Bordeaux, Biarritz Morcenx, Dax, Mont-de-Marsan Mont-de-Marsan Mont-de-Marsan; +33 5 5805 8737 tourismelandes.com**

Die fast komplett mit Kiefernwäldern bewachsenen Landes umfassen die Départements Gironde und Landes. Der Sandboden verwandelte sich im Winter regelmäßig in einen Sumpf, da die poröse Kalktuffschicht das Brackwasser der Seen wie ein Schwamm aufsog. Wegen der Wanderdünen war es völlig aussichtslos, die Küste zu besiedeln. Zudem suchte sich der Adour in dem 32 Kilometer langen Küstenstreifen zwischen Capbreton und Vieux-Boucau ständig eine neue Mündung.

Im 16. Jahrhundert wurde er durch ein festes Flussbett bei Bayonne ins Meer geleitet. Dies war der Beginn der langsamen Eroberung von Les Landes. Mit zunehmender Anpflanzung von Kiefern und Korkeichen verschwanden die Schäfer mit ihren Herden. Auch heute ist das Hinterland nur relativ dünn besiedelt, dafür aber dank der Holzverarbeitung wohlhabend. Darüber hinaus ziehen die Badeorte an der Küste jedes Jahr zahlreiche Gäste an.

Ein Teil des Waldgebiets wurde im Jahr 1970 zum Naturpark erklärt. Im **Écomusée Marquèze** kann eine wiederhergestellte *airial* (Lichtung), wie sie für das 19. Jahrhundert typisch war, besichtigt werden. Sie erinnert an die Zeit vor der Trockenlegung. Hier gibt es

### Die Wälder von Les Landes

Die Aufforstung des Gebiets im 19. Jahrhundert war ein ambitioniertes Projekt zur Nutzung eines aus Sandböden und Sümpfen bestehenden Areals. Zur Verankerung der Küstendünen wurden Kiefern gepflanzt, die Binnendünen wurden mit einer Mischung aus Kiefern, Schilf und Ginster stabilisiert. 1855 waren die Sümpfe durch Drainagesysteme trockengelegt. Heute ist das Land mit Kiefernwäldern und Unterholz bedeckt.

←

*Dune du Pilat am Bassin d'Arcachon – höchste Düne Europas*

charakteristische *auberges landaises* sowie Hühnerställe, die zum Schutz vor Füchsen auf Pfählen errichtet wurden.

**Écomusée Marquèze**
**Route de la Gare, 40630 Sabres**
**siehe Website**
**marqueze.fr**

## 31 Mont-de-Marsan

**C6 Landes 30 000**
**1 Pl Charles de Gaulle; +33 5 5805 8737**
**Di, Sa montdemarsan-tourisme.fr**

Die Hauptstadt von Les Landes ist für ihr Hippodrom sowie für Geflügelzucht bekannt. Im Sommer ziehen Stierkämpfe die besten Matadore an. In Les Landes erfreut sich eine weniger blutige Variante, die sogenannte *course landaise*, großer Beliebtheit. Dabei muss man über Hörner und Rücken des angreifenden Stiers springen. Das Musée Despiau-Wlérick (bis 2025 wegen Renovierung geschlossen) zeigt Skulpturen aus der ersten Hälfte des 20. Jahrhunderts.

## 32 Dax

**B6 Landes 21 000**
**11 Cours Mar. Foch; +33 5 5856 8686 Di–So**
**dax-tourisme.com**

Dax ist nach Aix-les-Bains *(siehe S. 386f)* der zweitgrößte Kurort Frankreichs. Die heißen Quellen und der Heilschlamm aus dem Adour haben seit Kaiser Augustus schon so manches Leiden gelindert. Die Cathédrale Notre-Dame (17. Jh.) besitzt ein Portal aus dem 13. Jahrhundert. Ansonsten hat der Ort kaum Sehenswürdigkeiten zu bieten, ist aber gemütlich und gepflegt. Lohnend sind ein Spaziergang an den Ufern des Adour und ein Besuch der Stierkampfarena.

## 33 Royan

**C5 Charente-Maritime**
**18 600 nur nach Verdon 1 Blvd de la Grandière; +33 5 4605 0471 Di–So royanatlantique.fr**

Royan wurde Ende des Zweiten Weltkriegs durch das Flächenbombardement der Alliierten großteils zerstört und ist daher heute eine moderne Stadt, die sich deutlich von den anderen Städten des Küstenstreifens abhebt. Fünf Sandstrände *(conches)* machen Royan im Sommer zum beliebten Ferienziel.

Die Église Notre-Dame (1955–58) ist ein frühes Beispiel für die Verwendung von Stahlbeton. Die bunten Fenster lassen großzügig Licht ins Innere. Eine Abwechslung zur modernen Architektur bietet der Phare de Cordouan im Renaissance-Stil. Mehrere Leuchttürme wurden seit dem 11. Jahrhundert hier errichtet. Der heutige wurde im Jahr 1611 fertiggestellt. Später verstärkte man die Mauern und erhöhte den Turm um 30 Meter. Seit Ende des 18. Jahrhunderts ist der Leuchtturm unverändert.

Schöne Aussicht

### Leuchtturm von Royan

Der Leuchtturm (Phare de Cordouan) an der Küste von Royan kann bei Ebbe mit dem Boot besichtigt werden und bietet einen atemberaubenden Blick auf die Mündung der Gironde.

→

*Innenraum der modernen Église Notre-Dame in Royan*

An den Fels gebaute Kapelle in Rocamadour (siehe S. 426f)

# Dordogne

Die Dordogne ist die älteste bewohnte Region Frankreichs. Schon vor 40 000 Jahren siedelten sich hier Menschen an. Das hügelige Gelände, das von Flusstälern und Eichenwäldern durchzogen ist, war ein ideales Zuhause für Jäger und Sammler. Vor etwa 2500 Jahren erhoben die Gallier Anspruch auf das Gebiet, wurden aber etwa 50 v. Chr. von den Römern verdrängt, als Julius Caesar die Region eroberte. Im Lauf der nächsten Jahrhunderte wurde das Gebiet von mehreren Gruppen überfallen und besiedelt: Im 5. Jahrhundert regierten Vandalen und Westgoten, im 6. Jahrhundert folgten die Franken. Im 9. Jahrhundert verdrängten Wikinger die Franken und ließen sich als Bauern in der Region nieder.

Im Jahr 1152 heiratete Éléonore d'Aquitaine Henry II von Anjou und übernahm die Kontrolle über eine Region, die sich von der Dordogne bis zu den Pyrenäen erstreckte. Zwei Jahre später wurde Henry König von England, und die Dordogne fiel unter englische Kontrolle. Während des Hundertjährigen Kriegs um Aquitanien (1337–1453) wurden beeindruckende Burgen und Bastiden (Verteidigungsstädte) errichtet. Es folgten die Religionskriege mit blutigen Massakern zwischen Katholiken und Hugenotten. Im Jahr 1844 wurden die Menschen der Region im verwegenen d'Artagnan aus Alexandre Dumas' *Die drei Musketiere* verewigt. In der zweiten Hälfte des 20. Jahrhunderts führte die Entdeckung prähistorischer Stätten zu einem Tourismusboom.

POITOU-CHARENTES
LIMOUSIN
AQUITAINE
MIDI-PYRÉNÉES
Massif Central
Seiten 338–359
Poitou und Aquitaine
Seiten 392–415
Pyrenäen
Seiten 448–467
St-Jean-de-Côle 5
Brantôme 7
Bourdeilles 8
Hautefort 6
Périgueux 28
L'Abbaye de St-Amand-de-Coly 11
Lascaux IV 10
Les Eyzies 13
Sarlat 1
Bergerac 9
Dordogne 12
Domme 14
Rocamadour
Cahors 16
Agen 27
Abbaye de St-Pierre 3
Auvillar 21
Montauban 22
Larressingle 18
Condom 19
Auch 20
Toulouse 4
Flughafen Limoges
Limoges
Flughafen Angoulême Cognac
Flughafen Bergerac Dordogne Périgord
Flughafen Toulouse-Blagnac
Matha
Cognac
Rochechouart
Angoulême
Barbezieux
Montmoreau-St-Cybard
Montendre
Coutras
Libourne
Bordeaux
Créon
Cadillac
Captieux
Roquefort
Mont-de-Marsan
Pau
Tarbes
Saint-Gaudens
Pamiers
Muret
Carbonne
Boulogne-sur-Gesse
Masseube
0 Kilometer 30
N

Dordogne
Highlights
1 Sarlat
2 Rocamadour
3 Abbaye de St-Pierre
4 Toulouse
Sehenswürdigkeiten
5 St-Jean-de-Côle
6 Hautefort
7 Brantôme
8 Bourdeilles
9 Bergerac
10 Lascaux IV
11 L'Abbaye de St-Amand-de-Coly
12 Dordogne
13 Les Eyzies
14 Domme
15 Gouffre de Padirac
16 Cahors
17 Autoire
18 Larressingle
19 Condom
20 Auch
21 Auvillar
22 Montauban
23 Gorges de l'Aveyron
24 Cordes-sur-Ciel
25 Albi
26 Castres
27 Agen
28 Périgueux
Eymoutiers
Égletons
A89
Tulle
Saint-Privat
D1120
Autoire
17
Sousceyrac
Gouffre de Padirac
Gramat
Livernon
Figeac
D653
Lot
Aubin
D840
Montbazens
Cénevières
Villeneuve-d'Aveyron
D911
Rignac
Villefranche-de-Rouergue
Rodez
Caylus
Baraqueville
La Salvetat-Peyralès
Gorges de l'Aveyron
23
Naucelle
N88
Cordes-sur-Ciel
24
Tanus
Carmaux
Penne
Le Garric
Valderiès
Gaillac
A68
25 Albi
Lisle-sur-Tarn
D612
Villefranche-d'Albigeois
Rabastens
Graulhet
D83
Réalmont
Lautrec
Lavaur
Castres
26
Vielmur
Mazamet
Cassagnes-Bégonhès
Saint-Beauzély
Saint-Rome-de-Tarn
Réquista
Saint-Affrique
Alban
Saint-Sernin-sur-Rance
Montredon-Labessonnié
Lacaune
Vabre
Murat-sur-Vèbre
Camarès
Roquefort-sur-Soulzon
Cornus
A75
Aubrac
Saint-Geniez-d'Olt
N88
Laubert
Balsièges
Florac
N106
LANGUEDOC-ROUSSILLON
Valleraugue
Ganges
Le Caylar
Lodève
Les Matelles
Bédarieux
D612
A61
Languedoc und Roussillon
Seiten 468–489
Narbonne
D6113
A61
Mirepox
Limoux
Lagrasse
Dordogne

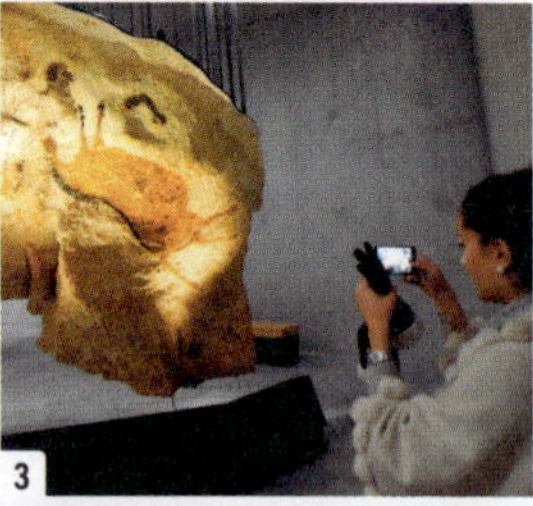

**1** *Mittelalterliches Rocamadour*

**2** *Hübscher Platz in Bergerac*

**3** *Besucher in Lascaux*

**4** *Wurstspezialitäten auf dem Markt in Sarlat*

# 5 TAGE
## *in der Dordogne*

### *Tag 1*

**Vormittags** Die Tour durch die Dordogne beginnt im überwältigenden Rocamadour *(siehe S. 426f)*. Steigen Sie die 216 Stufen der Großen Treppe hinauf, und erkunden Sie die an den Felsen gebaute Cité Religieuse.
**Nachmittags** Von L'Hospitalet haben Sie großartige Ausblicke, dann gehen Sie zur Gouffre de Padirac und fahren mit dem Boot zum unterirdischen Lac de la Pluie.
**Abends** Nach einer Stunde Fahrt Richtung Westen erreichen Sie Domme *(siehe S. 436)*. Genießen Sie den schönen Ausblick von der Restaurantterrasse des Hotels L'Esplanade *(siehe S. 433)*.

### *Tag 2*

**Vormittags** Fahren Sie zeitig nach Sarlat, wo jeden Samstag am Marktplatz Stände mit Trüffeln, Walnüssen und Honig zum Kauf einladen *(siehe S. 424f)*.
**Nachmittags** Fahren Sie ins ruhige Vézère-Tal. Bekannt ist es vor allem für die Höhlen von Lascaux *(siehe S. 434)*, in denen man prähistorische Kunst mit Bildern von Pferden, Bisons und Hirschen bewundern kann.
**Abends** Im hübschen Les Glycines *(siehe S. 441)*, einem Hotel auf dem Weg nach Périgueux, essen und übernachten Sie.

### *Tag 3*

**Vormittags** In Périgueux *(siehe S. 444f)* erkunden Sie die römischen Überreste und die Kathedrale im byzantinischen Stil.
**Nachmittags** Köstliche regionale Spezialitäten bekommen Sie bei Pierrot Gourmet (6 Rue de l'Ancien Hôtel de Ville), einem Feinkostladen gleich beim Musée d'Art et d'Archéologie du Périgord *(siehe S. 445)*.
**Abends** Fahren Sie entlang der Isle von Périgueux 20 Minuten bis Sorges. Dort probieren Sie Trüffeln, die Spezialität der Gegend, in der Auberge de la Truffe *(siehe S. 433)*.

### *Tag 4*

**Vormittags** Richtung Westen geht es nach Brantôme *(siehe S. 432f)*, dem »Venedig des Périgord«. Bewundern Sie die Werke des Glasbläsers Oscar Simonin (6 Blvd Charlemagne), spazieren Sie an der Dronne entlang und essen anschließend regionale Gerichte im La Récré Gourmande *(siehe S. 433)*.
**Nachmittags** Fahren Sie mit dem Kanu flussabwärts in das hübsche alte Dorf Bourdeilles *(siehe S. 433)*, wo Sie das Schloss besichtigen.
**Abends** Mit dem Taxi geht es von Bourdeilles nach Valeuil und von dort mit dem Bus 1A oder 1B zurück nach Brantôme.

### *Tag 5*

**Vormittags** Fahren Sie nach Bergerac *(siehe S. 434)*, eine Marktstadt inmitten von Weinbergen. In der Maison des Vins erfahren Sie mehr über das dortige *terroir*.
**Nachmittags** Im Château de Monbazillac (www.chateau-monbazillac.com), südlich von Bergerac, machen Sie einen Rundgang durch den Park und probieren den Wein.
**Abends** Zurück in Bergerac sorgt das Restaurant L'Imparfait (www.imparfait.com) mit frisch zubereiteten regionalen Gerichten und köstlichen Desserts für einen traumhaften Abschluss.

**Schon gewusst?**

Gefleckte Pferde, wie sie in Pech-Merle zu sehen sind, sollen während der Eiszeit gelebt haben.

# HÖHLENKUNST

## IN DER DORDOGNE

**Frankreich ist nicht nur bekannt für seine künstlerische Avantgarde, sondern vor allem auch für einige der am besten erhaltenen prähistorischen Kunstwerke Europas. Große Schätze birgt das Tal der Vézère: von den Höhlenmalereien in Lascaux bis zu den Skulpturen bei Les Eyzies.**

### Steinschnitzereien und Skulpturen

Der felsige Unterschlupf Abri du Cap Blanc gleich bei Les Eyzies *(siehe S. 435)* wurde 1908 entdeckt. Dort fand man ein in die Felsen gehauenes lebensgroßes Fries mit Pferden, Bisons und Hirschen sowie Feuersteinwerke, die heute ebenso im kleinen Museum vor Ort bewundert werden können wie die Replik eines weiblichen Skeletts. Im Musée National de Préhistoire in Les Eyzies *(siehe S. 435)* sind fein geschnitzte, in Laugerie-Basse entdeckte Wurfspeere zu sehen. Kinder können per Tablet virtuell »graben«.

→ *Gut erhaltenes Pferde-Fries im Abri du Cap Blanc*

## Malereien

In der Dordogne befinden sich außergewöhnlich viele Fundstätten prähistorischer Kunst, einige davon sind bis zu 20 000 Jahre alt. In einem Nachbau der Höhle Lascaux IV *(siehe S. 434)* fühlt man sich dank interaktiver Exponate wie in der echten Höhle. In der Grotte de Pech-Merle bei Cahors *(siehe S. 436f)* ist man den Schöpfern der »gefleckten Pferde« ganz nah. La Grotte des Merveilles in Rocamadour bietet Zeichnungen von Pferden und Hirschen.

←

*Malereien im Nachbau Lascaux IV*

### Kunst um der Kunst willen?

Niemand kennt die genaue Bedeutung der Höhlenmalereien. Einst glaubte man, sie seien Teil eines magischen Rituals für eine erfolgreiche Jagd gewesen, heute vermutet man, sie seien während einer schamanischen Sitzung in Trance gemalt worden. Vielleicht aber wollten die Künstler einfach nur malen.

→

*Rekonstruierte Teile in der Höhle Lascaux IV*

## Ätzungen und Zeichnungen

Ätzungen, Schnitzereien und Zeichnungen mit wenigen Linien sieht man in der fantastischen Grotte de Pech-Merle *(siehe S. 437)*. In einem anderen Raum befinden sich Zeichnungen von Frauenfiguren und Mammuts sowie in den Fels gehauene Fußabdrücke. Kinder gehen besonders gern in die Grotte de Rouffignac bei Les Eyzies *(siehe S. 435)*, wo sie mit einem Zug durch die Höhlen fahren und die 15 000 Jahre alten Arbeiten bewundern können. Das absolute Highlight ist die letzte Kammer, deren Decke über und über voller interessanter Tierzeichnungen ist.

↑ *Zeichnung eines Mammuts in der Grotte de Rouffignac*

1

# Sarlat

D5 Dordogne 8800 Ave de la Gare 3 Rue Tourny; +33 5 5331 4545 Mi, Do, Sa Theaterfestival (Juli, Aug); Filmfestival (Nov) sarlat-tourisme.com

**Sarlat entstand im 11. Jahrhundert um eine Benediktinerabtei. Nirgendwo in Frankreich sind Mittelalter, Renaissance und 17. Jahrhundert noch so präsent wie in dieser Stadt, deren Zentrum mit seiner Vielzahl an historischen Bauwerken einem riesigen Open-Air-Museum gleicht.**

Der Wohlstand der Stadt erklärt sich durch den privilegierten Status, den die französische Krone ihr als Dank für ihre Loyalität im Hundertjährigen Krieg gegen England eingeräumt hatte. Zu beiden Seiten der Rue de la République gibt es schmale Gassen mit alten, reich verzierten Steinhäusern, die seit 1962 unter Denkmalschutz stehen. In der Rue des Consuls sieht man einige besonders schöne Beispiele von Herrenhäusern aus dem 15. bis 17. Jahrhundert, die für die Kaufleute und Beamte erbaut wurden. Darüber hinaus ist die Stadt für ihre überaus stimmungsvollen Märkte berühmt, deren Besuch einem Fest für die Sinne gleicht. Auch in vielen kleinen Läden im Zentrum werden köstliche Spezialitäten der Region verkauft.

> **Zu beiden Seiten der Rue de la République gibt es schmale Gassen sowie alte, reich verzierte Steinhäuser, die seit 1962 unter Denkmalschutz stehen.**

### Markt in Sarlat

Mittwochs findet auf der Place de la Liberté der Wochenmarkt, donnerstags ein Bio-Markt und samstags ein großer Markt statt, der auch Besucher aus der Umgebung anlockt. In der Église Sainte-Marie ist zusätzlich täglich Markt. Sarlat liegt im Herzen einer für *foie gras* und Walnüsse bekannten Region. Weitere Spezialitäten sind die von November bis März gesammelten schwarzen Trüffeln, Pilze und einige Käsesorten.

↑ *Place de la Liberté – Sarlats Hauptplatz und Standort eines Markts*

Highlight

## Hotels

**Le Moulin Pointu**
Charmantes B & B mit Pool und großem Garten.

Ste-Nathalène
moulinpointu.com

**La Villa des Consuls**
Historisches Gebäude mit modern eingerichteten Zimmern und Apartments.

3 Rue Jean-Jacques Rousseau
villaconsuls.fr

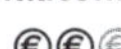

Die **Rue des Consuls** säumen viele historische Gebäude.

An der **Place de la Liberté** gibt es schicke Läden.

In der **Église Sainte-Marie** ist täglich Markt.

Die **Cathédrale St-Sacerdos** birgt eine berühmte Orgel (18. Jh.).

RUE FÉNELON

RUE DE LA LIBERTÉ

RUE DE LA RÉPUBLIQUE

RUE JEAN-JACQUES ROUSSEAU

**Lanterne des Morts**

Im **Bischofspalast** ist heute die Touristeninformation.

RUE TOURNY

**Cour des Fontaines**

Die **Rue Jean-Jacques Rousseau** war die Hauptstraße der Stadt.

2

# Rocamadour

D5 Lot 620 5 km südwestl. von Rocamadour Chapelle Notre-Dame: tägl. 8:30–18:30 (Sommer: siehe Website) L'Hospitalet, Cour du Prieuré; +33 5 6533 2200 vallee-dordogne.com

**Rocamadour ist ein viel besuchter Wallfahrtsort und ein beliebtes Etappenziel für Pilger auf dem Weg nach Santiago de Compostela. Die berühmte Cité Réligieuse erreicht man über die Große Treppe.**

Dem Ort wurden diverse Wunder zugeschrieben, die, so heißt es, von der Glocke im Gewölbe der Chapelle Notre-Dame durch selbsttätiges Läuten kundgetan wurden. 1166 entdeckte man ein Grab mit einem unverwesten Leichnam. Es soll der eines frühchristlichen Eremiten, des hl. Amadour, gewesen sein. Der Ort litt im 17. und 18. Jahrhundert unter der rückläufigen Zahl der Pilger, wurde aber im 19. Jahrhundert mit viel Aufwand restauriert. Rocamadour zieht auch aufgrund seiner reizvollen Lage viele Besucher an.

Expertentipp
**Aufzug**

In den Felsen wurde ein Aufzug gebaut, der Besucher gegen Gebühr vom unteren Teil des Orts hinauf zu den Kapellen und Heiligtümern der Cité Réligieuse befördert, nicht jedoch zum Château.

Das **Château** steht an der Stelle, an der einst eine Festung die Basilika vor Angriffen schützte.
Die **Chapelle St-Michel** besitzt gut erhaltene Fresken (12. Jh.).
Das **Grab des hl. Amadour** barg früher den Leichnam des Einsiedlers namens *roc amator* (Felsliebhaber).
Früher rutschten Pilger die **Große Treppe** auf Knien hinauf.

↑ *Bei Dunkelheit wird der Felsenort spektakulär illuminiert*

Den Leichnam des hl. Amadour fand man nahe der **Chapelle Notre-Dame**. Auf ihrem Altar steht die besonders verehrte Schwarze Madonna.
Pilger passieren auf ihrem Weg zum Schloss das Heilige Kreuz und 14 Stationen, die den **Kreuzweg Christi** nachbilden.
**Stadtmauer**
**Kreuz aus Jerusalem**
Die **Basilique St-Sauveur** (12. Jh.) wurde an den kahlen Felsen gebaut.
Die **Chapelle Ste-Anne** birgt einen vergoldeten Altaraufsatz aus dem 17. Jahrhundert.
Die **Chapelle St-Jean-Baptiste** steht gegenüber dem gotischen Portal der Basilique St-Sauveur.
**Chapelle St-Blaise**


↑ *Souvenirläden säumen die Hauptstraße*

← *Illustration von Rocamadour mit seinen vielen Kapellen*

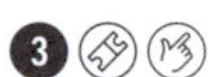

# Abbaye de St-Pierre

D6 Moissac, Tarn-et-Garonne 6 Place Durand de Bredon; +33 5 6304 0185 siehe Website Sa, So vormittags abbayemoissac.com

**Hauptattraktion des Städtchens Moissac, das mitten in einer Weinregion liegt, ist die von einem Benediktinermönch im 7. Jahrhundert gegründete Abtei St-Pierre, die als eines der architektonischen Meisterwerke der Romanik gilt. Im Lauf der Jahrhunderte wurde sie u. a. von Arabern, Normannen und Ungarn geplündert.**

1047 kam die Abtei zum Kloster von Cluny und erlebte unter Abt Durand de Bredon eine Blütezeit. Im 12. Jahrhundert war sie das bedeutendste Kloster im Südwesten Frankreichs. Das in dieser Zeit geschaffene Südportal ist ein Highlight romanischer Steinmetzkunst. Das Portal ist eine Umsetzung der Offenbarung des Johannes. Die Evangelisten Matthäus, Markus, Lukas und Johannes erscheinen als »vier wilde Bestien voller Augen«. Die maurischen Details an den Türpfosten sind Ausdruck des künstlerischen Austauschs zwischen Frankreich und Spanien. Die dem steinernen Fundament aus der Romanik aufgesetzten Bauteile aus Backstein stammen aus der Gotik.

### Festival des Voix

Das beliebte Weltmusikfestival (www.festivaldesvoix.com) veranstaltet jeden Sommer zahlreiche Konzerte – viele davon kostenlos – in den Dörfern Lafrançaise und St-Nicolas-de-la-Grave bei Moissac. Die Veranstaltungen finden an fünf Abenden in den Schlössern, Straßen und Plätzen der beiden Dörfer statt. Der Schwerpunkt liegt auf Vokalmusik und reicht von *fado* und *chanson* bis zu italienischer Volksmusik und algerischem *raï*.

**1** *Der Kreuzgang (Ende 11. Jh.) wird von Einzel- und Doppelsäulen aus weißem, rosafarbenem, grünem und grauem Marmor gesäumt.*

**2** *Gewölbe prägen den aus dem 15. Jahrhundert stammenden Innenraum.*

**3** *Die Kirche schmücken auch fein gearbeitete Skulpturen, die biblische Szenen darstellen.*

## Schon gewusst?

**Berühmt ist die »Chronik von Moissac«, eine lateinische Handschrift (11. Jh.).**

↑ *Fassade der Abbaye de St-Pierre mit romanischen und gotischen Elementen*

↑ *Fußgängerzone mit Straßencafé im historischen Zentrum von Toulouse*

4

# Toulouse

D6 Haute-Garonne 498 000 6 km nordwestl. von Toulouse Gare Matabiau Blvd Pierre Semard Donjon du Capitole; +33 5 1742 3131 tägl. Piano aux Jacobins (Sep) toulouse-tourisme.com

**Die Universitätsstadt Toulouse ist ein berühmter Standort der Luftfahrtindustrie. Die einstige Römerstadt am Ufer der Garonne hat sich halbmondförmig ausgedehnt und erlebte bereits unter den Westgoten eine Blütezeit. In der Renaissance wurde Toulouse dank des Handels mit Getreide und blauem Farbpigment *(pastel)* zu einer wohlhabenden Stadt mit zahlreichen schmucken Backsteinpalais.**

① 

## Les Abattoirs

76 Allées Charles de Fitte Mi–So 12–18 (Do bis 20) lesabattoirs.org

Das ehemalige Schlachthaus wurde in ein Zentrum für zeitgenössische Kunst umgewandelt. Das Ausstellungsgelände umfasst auch einen Skulpturenpark.

**Schon gewusst?**

**Wegen der vielen Ziegelsteinbauten wird Toulouse auch *la ville rose* genannt.**

②

## Les Jacobins

Pl des Jacobins +33 5 6122 2385 Di–So 10–18 jacobins.toulouse.fr

Das Jakobinerkloster wurde 1230 begonnen und im Lauf des nächsten Jahrhunderts fertiggestellt. Jakobinermönche veranlassten auch die Gründung der Universität. Die Kirche ist ein Meisterwerk gotischer Baukunst. Herausragendes Element ist das hohe Sternengewölbe. Die gotische Chapelle St-Antonin (1337) enthält Fresken mit der Darstellung der Apokalypse.

③

## Fondation Bemberg

Hôtel d'Assézat, 7 Pl d'Assézat Di–So 10–12:30, 13:30–18 1. Jan, 25. Dez fondation-bemberg.fr

Das Palais aus dem 16. Jahrhundert zeigt die Sammlung des Kunstmäzens Georges Bemberg, darunter Renais-

→ *Mit Zypressen bepflanzter Innenhof der Dominikanerkirche Les Jacobins*

sance-Malerei, französische Kunst (19./20. Jh.), etwa impressionistische, post-impressionistische und fauvistische Werke, sowie *objets d'art*.

## Musée des Augustins

**21 Rue de Metz** **wegen Renovierung bis 2025**
**augustins.org**

Die Lage am Pilgerweg nach Santiago de Compostela machte Toulouse zu einer Hochburg romanischer Kunst. Das Museum zeigt den Kreuzgang eines Augustinerklosters (14. Jh.) und Gemälde (16.–19. Jh.), u. a. von Ingres, Delacroix, Constant und Laurens.

## Basilique St-Sernin

**Pl St-Sernin**
**siehe Website**
**basilique-saint-sernin.fr**

Die größte romanische Basilika Europas (11./12. Jh.) wurde als Zwischenstation für die Pilger nach Santiago de Compostela erbaut. Glanzpunkt des Kirchenbaus ist der spitz zulaufende achteckige Backsteinglockenturm mit seinen überaus dekorativen Arkadenreihen. Im Chorumgang befinden sich schöne Reliefs von Christus (11. Jh.) und die Symbole der Evangelisten von Bernard Gilduin.

6

## Cité de l'Espace

**Ave Jean Gonord** **+33 5 6722 2324** **siehe Website** **Jan, einige Feiertage** **cite-espace.com**

Der »Weltraumpark« südöstlich des Zentrums von Toulouse bietet zwei Planetarien, diverse interaktive Exponate zur Erforschung des Weltraums, einen Simulator für einen Spaziergang auf dem Mond, ein IMAX-Kino und das Terradome-»Filmerlebnis« zur Erdgeschichte. Im originalgroßen Nachbau der Ariane 5 erfährt man, wie Raketen und Satelliten funktionieren.

# Hotels

**Hôtel Saint-Sernin**
Helle, stylische Zimmer nahe der Basilika.
**2 Rue St-Bernard**
**hotelstsernin.com**

**Hôtel des Beaux Arts**
Hübsches Hotel im Stil der Belle Époque.
**1 Pl du Pont-Neuf**
**hoteldesbeauxarts.com**

**La Cour des Consuls**
Die Zimmer verteilen sich auf zwei alte Stadthäuser. Schönes Spa.
**46 Rue des Couteliers**
**cite-hotels.com/fr**

# SEHENSWÜRDIGKEITEN

5
## St-Jean-de-Côle

**D5 Dordogne 370 19 Rue du Château; +33 5 5362 1415 Floralies (Apr–Mai) ville-saint-jean-de-cole.fr**

Den schönsten Blick auf den in sanfter Hügellandschaft liegenden Ort hat man von der mittelalterlichen Brücke, die sich in hohem Bogen über den Fluss spannt. Stein- und Fachwerkhäuser mit charakteristischen rotbraunen Dachschindeln säumen die schmalen Gassen um den Hauptplatz mit Markthalle, Schloss und Kirche (12. Jh.). Die Kuppel war einst die größte der Region – zu groß, denn zweimal, im 18. und 19. Jahrhundert, stürzte sie ein. Nach dem zweiten Einsturz erfolgte kein erneuter Wiederaufbau. Seitdem hat die Kirche nur eine einfache Holzdecke.

6 
## Hautefort

**D5 Dordogne**
**+33 5 5350 5123**
**siehe Website**
**chateau-hautefort.com**

Hautefort liegt an einem Hügel, auf dessen Kuppe eines der eindrucksvollsten Châteaux (17. Jh.) in Südwestfrankreich thront. Das Anwesen wurde als Lustschloss für Louis' XIII geheime Liebe, Marie, Schwester des Marquis de Hautefort, errichtet und ist von Terrassen umgeben. Von hier aus genießt man einen wundervollen Blick auf die Landschaft des nordöstlichen Périgord. Das Hospiz aus derselben Epoche zeigt frühes medizinisches und zahnmedizinisches Gerät.

*Über eine Brücke erreicht man das Zentrum* (Detail) *des idyllischen Orts Brantôme* ↓

7
## Brantôme

**C5 Dordogne 3700 in der Abtei; +33 5 5305 8063 Fr perigord-dronne-belle.fr**

Brantôme, das wegen seines Ortsbilds und seiner pittoresken Umgebung auch als Venedig des Périgord Vert gilt, liegt auf einer Insel in der Dronne. Die mittelalterliche Abtei mit dem ältesten erhaltenen Glockenturm Frankreichs (11. Jh.) bildet mit den Felsen die imposante Kulisse für das Dorf.

Einer der bekanntesten Äbte war der Dichter Pierre de Bourdeille (1540–1614), zu dessen Mätressen auch Maria Stuart gezählt haben soll. Nach einem Sturz war er gelähmt und zog sich 1584 in die Abtei zurück, um seine Memoiren zu schreiben. Im Klosterhof kann man einige Grotten bewundern, die in den Fels gehauen wurden (darunter eine mit zwei im 16./17. Jahrhundert in den Stein gemeißelten biblischen Szenen).

**Umgebung:** Zwölf Kilometer nordöstlich, nicht weit von Villars, erreicht man das **Château de Puyguilhem**, die Abtei Boschaud und die **Grotte de Villars**. Neben Gesteinsformationen beeindrucken bis zu 19 000 Jahre alte Höhlenmalereien.

**Château de Puyguilhem**
**Villars siehe Website 1. Jan, 1. Mai, 1., 11. Nov, 25. Dez**
**chateau-puyguilhem.fr**

**Grotte de Villars**
**Villars**
**siehe Website**
**grotte-villars.com**

**8**

## Bourdeilles

**C5 Dordogne 800**
**Place de la Mairie; +33 5 5303 4296 perigord-dronne-belle.fr**

Der kleine Ort hat viel Interessantes zu bieten: eine gotische Brücke auf Pfeilerköpfen, eine Mühle ein Stück flussaufwärts und ein **Château** (13.–16. Jh.). Die Burgherrin Jacquette de Montbron wollte die Burg im 16. Jahrhundert angesichts des bevorstehenden Besuchs von Catherine de Médicis noch schnell ausbauen lassen. Da der Besuch abgesagt wurde, wurden auch die Bauarbeiten eingestellt. Glanzstück ist der vergoldete Salon im ersten Stock.

**Château de Bourdeilles**
**+33 5 5303 7336**
**siehe Website**
**1. Jan, 25. Dez**
**chateau-bourdeilles.fr**

## Restaurants

**Auberge de la Truffe**
Trüffeln sind eine Spezialität des Périgord. Dies ist ein idealer Ort, um sie zu probieren.

**D5 14 Rue Chateaureynaud, Sorges**
**auberge-de-la-truffe.com**

**L'Esplanade**
Exzellente Gerichte und der schöne Ausblick sind Markenzeichen des Hotelrestaurants.

**D5 2 Rue Pontcarral, Domme**
**esplanade-perigord.com**

€€€

**Le Puits Saint-Jacques**
Das Restaurant in einem Bauernhaus verwöhnt mit köstlichem Essen und gutem Wein.

**D6 57 Ave Victor Capoul, Pujaudran**
**Mo und Di mittags, So**
**lepuitssaintjacques.fr**

**La Récré Gourmande**
Speisen und Weine aus der Region in einer bezaubernden ländlichen Umgebung.

**C5 Domaine de la Roseraie, Brantôme**
**Mo**
**+33 5 53 45 77 04**

9

## Bergerac

**C5 Dordogne 26 400 97 Rue Neuve d'Argenson; +33 5 5357 0311 Di, Mi, Sa pays-bergerac-tourisme.com**

Hauptanziehungspunkte der Stadt sind das **Musée du Tabac**, die gute Küche und die ausgezeichneten Weine. Der weiße Monbazillac ist ein Dessertwein für besondere Anlässe. Im historischen Zentrum der Stadt steht eine Statue von Cyrano de Bergerac, der Titelfigur aus dem großen komödiantischen Werk von Edmond Rostand.

**Musée du Tabac**
**Maison Peyrarède, Pl du Feu +33 5 5363 0413 siehe Website Winter: Mo; Feiertage bergerac.fr/musees**

## Lascaux IV

**D5 Lascaux Centre International de l'Art Pariétal, Dordogne siehe Website einige Feiertage lascaux.fr**

Lascaux ist die berühmteste prähistorische Stätte in der Nähe des Zusammenflusses von Vézère und Beune. Vier Jungen entdeckten 1940 die Höhlen mit ihren einzigartigen Malereien aus dem Paläolithikum.

Seit 1963, als sich die Malereien zu zersetzen begannen, sind die Höhlen nicht mehr öffentlich zugänglich. Eine Kopie aus den gleichen Materialien wurde im Centre International de l'Art Pariétal angelegt. Die Replik zeigt Elche mit imposanten Geweihen, Bisons, Stiere und stämmige Pferde – in Herden oder Reihen, umrahmt von Pfeilen und Symbolen mit wohl ritueller Bedeutung.

← *Statue von Cyrano de Bergerac in Bergerac*

11

## L'Abbaye de St-Amand-de-Coly

**D5 Dordogne tägl. sarlat-tourisme.com**

Die Abteikirche ist ein Musterbeispiel für Festungsarchitektur. Sie wurde im 12. und 13. Jahrhundert von Augustinermönchen zum Schutz ihres Klosters errichtet. Sowohl der Festungswall als auch der Turm dienten der Verteidigung. Letzterer hatte früher Schießscharten. Das Innere ist schlicht: klare Linien, Kreuzrippengewölbe, Kuppel (12. Jh.), hohes Mittelschiff und ein zum Altar hin ansteigender Steinfußboden. Doch sogar das Innere wurde unter dem Aspekt der Verteidigung geplant – vom Umgang aus konnten Eindringlinge beschossen werden.

St-Amand wurde im Hundertjährigen Krieg stark beschädigt. Im Jahr 1575 hielt die Kirche einer Belagerung durch eine 2000 Mann starke Hugenottenarmee stand. Seit der Französischen Revolution wird das Gebäude nicht mehr als Kirche genutzt.

Schöne Aussicht
**Blick von oben**

Den wohl besten Blick über das Tal der Dordogne hat man bei einer Ballonfahrt (www.perigord-dordogne-montgolfieres.com).

12

## Dordogne

**D5 Dordogne Bergerac Bergerac, Le Buisson-de-Cadouin Beynac Le Buisson-de-Cadouin; +33 5 53 22 06 09 pays-bergerac-tourisme.com**

Kein anderer französischer Fluss durchfließt eine so vielgestaltige Landschaft wie die Dordogne. Sie entspringt in einer der Granitschluchten des Massif Central, durchquert dann bei Souillac die Kalksteinlandschaft der Causses und erreicht kurz

→ *Château auf einem steilen Felsen bei Beynac an der Dordogne*

*Nachbildung von Höhlenmalereien im Centre International de l'Art Pariétal, Lascaux*

vor dem Zusammenfluss mit der Garonne eine Breite von fast drei Kilometern.

Das Tal ist ein beliebtes Feriengebiet und ein Paradies für Wanderer. Viele Dörfer bieten sich zur Rast an, z. B. Limeuil an der Gabelung von Dordogne und Vézère. Gleiches gilt für Beynac und La Roque-Gageac, wo man im Sommer auf *gabares* (kleine Segelschiffe als Nachbauten historischer Frachter) fahren kann.

Hoch über dem Fluss liegt südwestlich von Sarlat das Château de Marqueyssac. Sein Park (mit Formhecken) bietet Ausblicke von Domme bis Beynac und auf das Château de Castelnaud am anderen Flussufer.

## Les Eyzies

**D5 Dordogne 830**
**19 Ave de la Préhistoire; +33 5 5306 9705**
**Mo (Apr–Okt)**
**lascaux-dordogne.com**
**sites-les-eyzies.fr**

Vier prähistorische Stätten und mehrere kleine Höhlen sind in der Umgebung des Dorfs Les Eyzies konzentriert. Beginnen Sie mit einem Besuch des **Musée National de Préhistoire**, das in einem Gebäude am Fuß der Burg (16. Jh.) untergebracht ist. Die Zeittafeln und Ausstellungsstücke helfen Ihnen, die schiere Menge an prähistorischen Gemälden und Skulpturen richtig einzuordnen.

Die **Grotte de Font de Gaume** nahe dem Museum bietet sich als erste an. Die 1901 entdeckte Höhle enthält die wohl schönsten prähistorischen Malereien, die in Frankreich noch zugänglich sind. Unweit davon liegt die **Grotte des Combarelles** mit Ritzzeichnungen von Bisons, magischen Symbolen und menschlichen Figuren. Dann kommt man zum 1909 entdeckten Felsüberhang **Abri du Cap Blanc** mit einem lebensgroßen, in den Fels skulptierten Pferde-Bison-Fries.

Auf der anderen Seite von Les Eyzies erstrecken sich die Höhlen von **Rouffignac** über acht Kilometer. Sie sind seit dem 15. Jahrhundert beliebter Ausflugsort. Eine elektrische Bahn bringt die Besucher 2,5 Kilometer weit ins Innere der Höhlen. Zu sehen gibt es Zeichnungen von Mammuts und einen Fries mit zwei kämpfenden Bisons.

**Musée National de Préhistoire**
**1 Rue du Musée**
**siehe Website musee-prehistoire-eyzies.fr**

### Regionale Spezialitäten

Hochwertiges Geflügel (Ente und Gans) sind die Basis vieler regionaler Gerichte. Klassiker sind etwa *pommes sarladaises* (in Gänseschmalz gebratene Kartoffeln) oder *confit* (gekochtes Entenfleisch). Unbedingt probieren sollten Sie *cassoulet*: Dieser Eintopf aus dem Südwesten mit Enten- oder Gänsefleisch, Schweinefleisch, Würstchen und weißen Bohnen hat im ganzen Land einen hohen Stellenwert.

**Grotte de Font de Gaume**
**Ave des Grottes**
**siehe Website**
**sites-les-eyzies.fr**

**Grotte des Combarelles**
**Route de Sarlat**
**siehe Website**
**sites-les-eyzies.fr**

**Abri du Cap Blanc**
**an der D48, Marquay**
**siehe Website**
**sites-les-eyzies.fr**

**Grotte de Rouffignac**
**an der D32, Fleurac siehe Website**
**grottederouffignac.fr**

14

## Domme

D5 Dordogne 900 Pl de la Halle; +33 5 5331 7100 Do tourisme-domme.com

Henry Miller schrieb einmal: »Selbst ein flüchtiger Blick auf den schwarzen, geheimnisvollen Fluss bei Domme ist etwas, für das man sein Leben lang dankbar sein muss.« Der Ort selbst ist eine Bastide mit Steinhäusern und mittelalterlichen Durchgängen. Was Besucher vor allem anzieht, sind die engen, teils sehr verwinkelten Gassen und der Blick über das Tal von Beynac (im Westen) bis Montfort (im Osten).

Unter der alten Markthalle (17. Jh.) liegt der Eingang zu einer Tropfsteinhöhle, in die sich die Einwohner während der Religionskriege flüchteten. Domme galt lange als uneinnehmbar, dennoch gelang es 30 Hugenotten, in die Stadt einzudringen. Sie kamen nachts über die Felsen und öffneten dann die Stadttore.

15 

## Gouffre de Padirac

D5 Lot +33 5 6533 6456 siehe Website gouffre-de-padirac.com

Der Gouffre de Padirac (35 m breit, 103 m tief) ist ein durch Höhleneinsturz entstandener Krater mit imposanten Kavernen und einem unterirdischen Fluss, der 1889 entdeckt wurde. Die Salle du Grand Dôme stellt die größte Kathedrale in den Schatten.

Besucher gelangen über eine Treppe oder per Aufzug in die Tiefe, wo sie sich im verzweigten Höhlensystem bewegen können. Auf dem unterirdischen Fluss fahren Kähne. Die angebotene Audiotour ist zu empfehlen.

Expertentipp
**Gouffre de Padirac**

Der Temperatur im Gouffre de Padirac liegt das ganze Jahr über bei ca. 13 °C. Nehmen Sie warme Kleidung mit. Auf dem Boot ist es sehr zu empfehlen, eine wasserdichte Jacke zu tragen.

16

## Cahors

D6 Lot 20 100 Pl François Mitterrand; +33 5 6553 2065 Mi, Sa cahorsvalleedulot.com

Die Hauptstadt des Département Lot ist für ihren tiefroten, schweren Wein bekannt, der schon zur Römerzeit gekeltert wurde. Sie ist auch Geburtsort des Politikers Léon Gambetta (1832–1882), der Frankreich nach dem Deutsch-Französischen Krieg von 1870/71 aus der Krise führte. Die Hauptstraße ist – wie in vielen französischen Orten – nach ihm benannt.

Die eindrucksvolle Cathédrale de St-Étienne in der Altstadt besitzt einige dekorative Details aus dem Mittelalter. Achten Sie auf das romanische Nordportal, die im Tympanon dargestellte Himmelfahrt Christi und die Kuppel über dem Mittelschiff (angeblich das größte in Südwestfrankreich). In der Kuppel stellen Fresken aus dem 14. Jahrhundert die

*Abenteuer unter der Erde: Besichtigung des Kraters Gouffre de Padirac*

→

*Cirque d'Autoire: beste Aussicht über die idyllische Umgebung*

**Die Hauptstadt des Département Lot ist für ihren tiefroten, schweren Wein bekannt, der schon zur Römerzeit gekeltert wurde.**

Steinigung von St-Étienne dar. Die Verzierungen im Renaissance-Kreuzgang sind etwas beschädigt.

In der Nähe der Kathedrale steht die verzierte Maison de Roaldès (16. Jh.), deren Nordfassade die für diese Region typischen Baum-, Sonnen- und Rosenornamente aufweist. Hier verbrachte Henri von Navarra (der spätere König Henri IV) nach seiner Eroberung von Cahors 1580 eine Nacht.

Wahrzeichen des Orts ist der Pont Valentré, eine bewehrte Brücke, die sich in sieben Spitzbogen und drei Türmen über den Lot spannt. Sie wurde 1308–60 errichtet und hat vielen Belagerungen standgehalten. Sie zählt zu den am häufigsten fotografierten Monumenten Frankreichs. Auch vom Boot aus ist der Blick auf die Brücke beeindruckend. Startpunkt für eine 90-minütige Bootstour (Apr–Okt) ist der Kai neben der Brücke.

**Umgebung:** Cahors ist ein Ausgangspunkt für das Lot-Tal. Das historische Städtchen Figeac war der Geburtsort von Jean-François Champollion, der als Erster die ägyptischen Hieroglyphen entzifferte. Die **Grotte de Pech-Merle** bietet farbige Steinzeitmalereien.

**Grotte de Pech-Merle**
**Cabrerets**
**+33 5 6531 2705**
**Apr–Nov: siehe Website**
**pechmerle.com**

17

## Autoire

**D5 Lot 360**
**Saint Céré; +33 5 6533 2200 vallee-dordogne.com**

Autoire ist einer der schönsten Orte im Quercy, der fruchtbaren Gegend östlich des Périgord. Es gibt zwar keine großen historischen Attraktionen, dafür einen unberührten Ort an der Mündung der Autoire-Schlucht.

Das Château de Limargue am Hauptplatz und das darüber liegende Château de Busqueilles sind beide im charakteristischen Quercy-Stil mit Türmchen und Türmen erbaut. Am Rand stehen schöne Steinhäuser mit steilen Dächern und zweibogigen Fenstern. Überall sind Taubenschläge auf den Feldern oder bei den Häusern.

Südlich von Autoire führt ein Pfad an einem 30 Meter hohen Wasserfall vorbei zum Felsenhalbrund Cirque d'Autoire, das an ein Amphitheater erinnert. Die Aussicht von oben ist fantastisch.

### Schon gewusst?

**Aufgrund der vielen Adligen, die sich hier niederließen, heißt Autoire auch »Petit Versailles«.**

*Blick von Domme über das pittoreske Tal der Dordogne* (siehe S. 434f)

← *Gut erhaltene Festungsanlagen – Dokument der Historie Larressingles*

18

## Larressingle

**C6 Gers 210**
**nach Condom**
**tourisme-condom.com**

Das Dorf mit Befestigungswällen, dem *donjon* (Wehrturm) und einem Wehrtor liegt im Herzen der Gascogne. Es wurde im 13. Jahrhundert erbaut und zählt zu den wenigen Dörfern in dieser Gegend, die noch intakte Befestigungsmauern besitzen. Die Gebäude sind außergewöhnlich gut erhalten und vermitteln einen Eindruck davon, wie das Leben der von endlosen Kriegen heimgesuchten Dorfbewohner gewesen sein muss.

19

## Condom

**C6 Gers 6500**
**5 Pl St-Pierre; +33 5 6228 0080 Mi, Sa, So**
**tourisme-condom.com**

Die traditionsreiche Hochburg der Armagnac-Herstellung ist ein Marktflecken, in dessen Mitte die spätgotische Cathédrale St-Pierre höchst eindrucksvoll aufragt. Während der Religionskriege drohte die Hugenottenarmee 1569 mit der Zerstörung des Doms, was jedoch von den Einwohnern durch Zahlung eines Lösegelds verhindert werden konnte.

Unter den Patrizierhäusern aus dem 18. und 19. Jahrhundert verdient vor allem das Hôtel de Cugnac in der Rue Jean-Jaurès mit seinem alten *chai* (Weinlager) und seiner Brennerei Erwähnung. Am Rand des Stadtzentrums liegt das **Musée de l'Armagnac**, in dem die Besucher in aller Ruhe herausfinden können, was den Armagnac von einem Cognac unterscheidet.

**Musée de l'Armagnac**
**2 Rue Jules Ferry +33 5 6228 4717**
**siehe Website**
**condom.org**

20

## Auch

**C6 Gers 22 500**
**3 Pl de la République; +33 5 6205 2289 Di, Do, Sa auch-tourisme.com**

Die ehrwürdige Hauptstadt des Département Gers war lange ein verschlafenes Nest, das nur an den Markttagen aufwachte. Das neue Auch (gesprochen »Ohsch«) um den Bahnhof ist nicht sehr

*Fassade* (Detail) *und Innenraum der Cathédrale Ste-Marie d'Auch* ↓

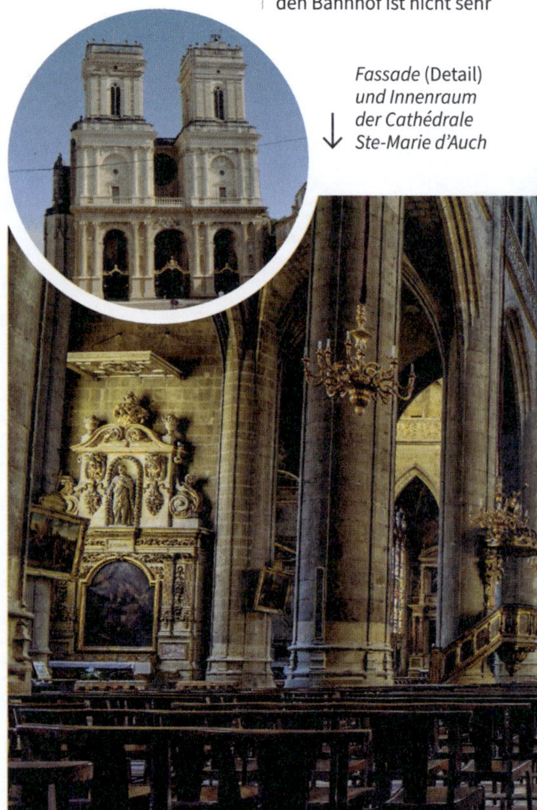

einladend – ganz anders präsentiert sich jedoch die auf einem Felsplateau liegende Altstadt. Wenn man die 234 Steinstufen vom Fluss hinaufsteigt, gelangt man zur 1489 begonnenen spätgotischen, jetzt restaurierten Cathédrale Ste-Marie mit prächtiger Innenausstattung. Glanzlichter sind die Schnitzereien des Chorgestühls mit über 1500 biblischen und mythologischen Figuren sowie die Arnaud de Moles zugeschriebenen Buntglasfenster (frühes 16. Jh.). Sie zeigen verschiedene Propheten, Kirchenväter und Apostel (insgesamt 360 Figuren in außergewöhnlichen Farben) sowie drei biblische Schlüsselszenen: Schöpfung, Kreuzigung, Auferstehung.

Im 18. Jahrhundert wurden die Allées d'Étigny mit dem Hôtel de Ville und dem Palais de Justice angelegt. Einige Häuser aus dieser Zeit säumen auch die Rue Dessoles, heute eine Fußgängerzone. Die Restaurants der Stadt sind bekannt für ihre herzhafte Küche (z. B. für *garbure gersoise*, Entenconfit und Gemüseeintopf) und werden zu den besten der Gascogne gezählt.

**21**

## Auvillar

**D6 Tarn-et-Garonne**
**910 4–6 Rue du Couvent; +33 5 6339 8982**

Auvillar zählt zu den hübschesten Bergdörfern Frankreichs und wirkt wie ein Pendant zu Moissac *(siehe S. 428f)*. Der dreieckige Marktplatz wird von Arkaden und Fachwerkhäusern gesäumt.

Ein Spazierweg oberhalb der Garonne bietet einen Blick auf die Landschaft. Hier gibt es auch mehrere Picknickplätze. Auf einer Tafel ist die gesamte Umgebung eingezeichnet – außer den zum nahen Kernkraftwerk Golfech gehörenden zwei Kühltürmen.

**Wenn man die 234 Steinstufen vom Fluss hinaufsteigt, gelangt man zur 1489 begonnenen spätgotischen Cathédrale Ste-Marie mit prächtiger Innenausstattung.**

## Hotels

**Les Glycines**
Das kleine, aber hübsche Hotel mit Pool, Garten und ausgezeichnetem Restaurant überzeugt mit idyllischer Lage und Boutiquestil.

**D5 4 Ave de Laugerie, Les Eyzies-de-Tayac**
**Mitte Nov – Dez**
**les-glycines-dordogne.com**

€€€

**Cuq en Terrasses**
Von der Restaurantterrasse des Herrenhauses (18. Jh.) in Hügellage hat man eine tolle Aussicht. Pool und Garten.

**D6 8 Chemin du Château, Cuq-Toulza**
**Nov – Apr**
**cuqenterrasses.com**

€€€

**Le Pont de l'Ouysse**
Helle Zimmer und ein Restaurant mit Michelin-Stern zählen zu den Vorzügen des Hauses.

**D5 Lacave**
**Nov – März**
**lepontdelouysse.com**

€€€

**Le Viguier du Roy**
Elegante Zimmer, schöner Garten und Swimmingpool im mittelalterlichen Viertel von Figeac.

**D5 Rue Émile Zola, Figeac**
**cite-hotels.com**

22

## Montauban

**D6 Tarn-et-Garonne 61 700 4 Rue du Collège; +33 5 6363 6060 Do, Sa montauban-tourisme.com**

Montauban, kleine Schwester von Toulouse und im 17. Jahrhundert Hauptstadt der Protestantischen Union Südfrankreichs, war Geburtsort des Malers Jean-Auguste-Dominique Ingres (1780–1867) und des Bildhauers Antoine Bourdelle (1861–1929). In einem Palast (17. Jh.) widmet sich das **Musée Ingres Bourdelle** beiden Künstlern, zeigt aber auch Werke von Fragonard, Delacroix und Poussin. Die Stadt ist auch Geburtsort der Dramatikerin und politischen Aktivistin Olympe de Gouges (1748–1793). Sie setzte sich für Frauenrechte ein und bekämpfte den Sklavenhandel.

Der Hauptplatz von Montauban, die Place Nationale (17./18. Jh.), eignet sich sehr gut zum Shopping. Wenige Straßen weiter liegt die strahlend weiße Cathédrale Notre-Dame, die 1692 auf Befehl Louis' XIV als Gegenbastion zum Protestantismus errichtet wurde.

**Musée Ingres Bourdelle**

**Palais Épiscopal, 19 Rue de l'Hôtel de Ville +33 5 6322 1291 Di–So 10–19 (Do bis 21) Feiertage musee ingresbourdelle.com**

23

## Gorges de l'Aveyron

**D6 Tarn-et-Garonne Toulouse Montauban, Lexos Montauban 10 Rue de la Pélisserie; +33 5 6330 6347 tourisme-aveyron.com**

Bei den Gorges de l'Aveyron gehen die Ebenen von Montauban in bewaldete Hügel über. Die Dörfer unterscheiden sich von denen im Périgord und im Quercy. Das Château von Bruniquel (6. Jh.) steht direkt am Abgrund. Auf der D115 kommt man in das an einem Steilhang liegende Dorf Penne. Hier wird die Schlucht noch enger. Hinter dem an den Felsen geschmiegten Ort St-Antonin-Noble-Val verläuft das Tal in Richtung Süden weiter nach Cordes.

### Frankreichs Schluchten

In Frankreich gibt es einige höchst imposante Schluchten, die man zu Fuß, per Boot, Paddleboard oder mit einem Gleitschirm erkunden kann.

**Gorges de l'Aveyron**
Kalksteilhänge ragen aus einer lieblichen Landschaft auf.

**Gorges du Tarn**
Einer der spektakulärsten Naturschätze des Landes *(siehe S. 346f)*.

**Gorges du Verdon**
Die Schlucht zählt zu den bekanntesten in Europa *(siehe S. 61)*.

← *Antoine Bourdelles* Bacchante aux raisins *im Musée Ingres Bourdelle, Montauban*

24

## Cordes-sur-Ciel

**D6 Tarn 810 Maison Gaugiran, 38–42 Grand-Rue Raimond VII; +33 5 6356 0052 Sa cordessurciel.fr**

Das sehr hübsch am Steilufer des Cérou gelegene Cordes-sur-Ciel hat einen passenden Namen, denn es scheint tatsächlich am Himmel zu hängen. Während der Katharerkriege im 13. Jahrhundert wurde die Stadt exkommuniziert. Später grassierte hier die Pest. Anfang des 20. Jahrhunderts war die Stadt im Zustand des Verfalls.

Die Restaurierungsarbeiten begannen in den 1940er Jahren. Die Stadtmauern und Stadttore von 1222 waren noch gut erhalten. Das Gleiche galt für gotische Häuser wie die Maison du Grand Fauconnier.

Heute ist Cordes eine reizvolle Stadt mit schöner mittelalterlicher Architektur. Mit alter Handwerkskunst erinnert das **Musée d'Art Moderne et Contemporain** an das einst blühende Stickereihandwerk. Es gibt aber auch moderne Kunst von Picasso und Miró zu sehen. Der Jardin du Paradis ist eine Insel der Ruhe voller Schönheit.

**Musée d'Art Moderne et Contemporain**

**Maison du Grand Fauconnier, 39 Grand-Rue Raimond VII siehe Website mamc.cordessurciel.fr**

Prachtvoller Innenraum der Cathédrale Ste-Cécile in Albi

## 25 Albi

**D6 Tarn 49 000 42 Rue Mariès; +33 5 6336 3600 Di–Sa albi-tourisme.fr**

Wie in vielen südlichen Städten wird es auch in Albi im Sommer unerträglich heiß. Nachmittagsbesuche sind dann nicht empfehlenswert. Die Straßen und Märkte um die Kathedrale erkundet man am besten am frühen Morgen. Danach sollte man zum Palais de la Berbie gehen, um im **Musée Toulouse-Lautrec** die umfangreichste Toulouse-Lautrec-Sammlung der Welt zu betrachten. Zu den Höhepunkten gehören seine berühmten Plakate für das Moulin Rouge. Ebenfalls zu sehen: Gemälde von Matisse, Duffy und Suzanne Valadon.

Nach einem Rundgang durch die hübschen Gärten des Palais mit Blick auf den Tarn empfiehlt sich eine Besichtigung der aus Backsteinen errichteten Cathédrale Ste-Cécile, die nach dem Albigenserkreuzzug 1282 errichtet wurde. Die größte Backsteinkathedrale der Welt sollte damals potenziellen Häretikern Ehrfurcht vor der Kirche einflößen. Aus der Entfernung sieht sie wie eine Festung aus. Jedes Element – vom Glockenturm bis hin zum Fresko vom Jüngsten Gericht – ist bombastisch gestaltet worden, um den Betrachter noch kleiner und unscheinbarer wirken zu lassen.

**Musée Toulouse-Lautrec**
**Palais de la Berbie siehe Website musee-toulouse-lautrec.com**

## 26 Castres

**D6 Tarn 42 400 2 Pl de la République; +33 5 6362 6362 Di–Sa tourisme-castresmazamet.com**

Castres, seit dem 14. Jahrhundert ein Zentrum der Textilherstellung, beherbergt noch heute die ehemaligen Wohnhäuser und Werkstätten der Gerber, Weber und Färber. Das **Musée Goya** besitzt eine der größten Sammlungen hispanischer Kunst in Frankreich – die zweitgrößte nach dem Louvre. Goya selbst ist mit zahlreichen Werken, darunter eine Serie aus dem Zyklus *Los Caprichos*, vertreten. Die Gärten zwischen dem Rathaus und dem Agout wurden im 17. Jahrhundert von Le Nôtre angelegt, der auch die Gärten von Vaux-le-Vicomte und Versailles entwarf.

**Musée Goya**
**Hôtel de Ville +33 5 6371 5930 siehe Website ville-castres.fr/musee-goya-presentation**

### Bastiden

Vor dem Hundertjährigen Krieg bauten Engländer und Franzosen in aller Eile Bastidenstädte, um die Besiedlung zu fördern und so Anspruch auf mehr Land zu erheben. Sie sind das mittelalterliche Äquivalent von »Neustädten« mit geplanten Straßennetzen und befestigten Umzäunungen. Zwischen dem Périgord und den Pyrenäen gibt es noch über 300 Bastidenstädte und -dörfer.

27

## Agen

C6 Lot-et-Garonne
32 200
38 Rue Garonne; +33 5 5347 3609 Sa, So
destination-agen.com

Pflaumenhaine – Grundlage für den berühmten *pruneaux d'Agen* – prägen die Landschaft um die kleine Provinzstadt. Heimkehrende Kreuzritter brachten die Frucht im 11. Jahrhundert aus dem Nahen Osten mit. Die Mönche im nahen Lot-Tal produzierten daraus Dörrobst.

Agens **Musée Municipal des Beaux-Arts** zeigt Gemälde von Goya, u. a. *El Globo*, Sisleys *Septembermorgen* sowie *Der Teich von Avray*, eine von Corots schönsten Landschaften. Hinzu kommen Werke von Picabia und Caillebotte. Kleinod ist die *Vénus du Mas*, eine 1876 in der Nähe entdeckte Marmorstatue (1. Jh. v. Chr.).

**Umgebung:** Moirax, acht Kilometer südlich von Agen, besitzt eine romanische Kirche (11. Jh.), die früher zu

↑ *Selbstbildnis von Goya im Musée Municipal des Beaux-Arts, Agen*

einem kluniazensischen Priorat gehörte. Daniel in der Löwengrube und die Erbsünde sind Motive zweier aufwendig verzierter Kapitelle.

Die Bastide Villeneuve-sur-Lot – 34 Kilometer nördlich – liegt am Unterlauf des Lot. Ihr hoher Turm (14. Jh.) fungierte einst als Torhaus. Die römisch-byzantinische Kirche Ste-Catherine wurde erst zu Beginn des 20. Jahrhunderts errichtet, enthält aber restaurierte Buntglasfenster aus dem 15. Jahrhundert.

**Musée Municipal des Beaux-Arts**
Pl du Docteur Esquirol +33 5 5369 4723 Apr – Okt: Mi – Mo 11–18; Nov – März: Mo, Mi – Fr 11–17, Sa, So 14 –18

28

## Périgueux

C5 Dordogne
29 300
9 Place du Coderc; +33 5 5353 1063 tägl.
tourisme-perigueux.fr

An Markttagen bietet der mittelalterliche Stadtkern der altehrwürdigen Gastronomiehochburg Périgueux einen zusätzlichen Augenschmaus: die an Ständen ausliegenden einheimischen Spezialitäten wie Trüffeln (Nov – März), *charcuterie* (Fleisch- und Wurstwaren) und *pâtés de Périgueux*.

Périgueux war lange Zeit Knotenpunkt des Périgord und ist heute Verwaltungszentrum der Dordogne.

La Cité mit den Ruinen der gallorömischen Stadt Vesunna ist das älteste Viertel

→ *Sightseeing vom Wasser aus ermöglichen Kajakfahrten; im Hintergrund die Cathédrale St-Front in Périgueux*

**Die Cathédrale St-Front, die größte Kathedrale Südwestfrankreichs, wurde im 19. Jahrhundert restauriert (manche behaupten »zu Tode restauriert«).**

von Périgord. La Domus de Vesunna, ein gallorömisches Museum, zeigt u. a. römische Mosaiken und Fayencen aus Vesunna. Von der Römerzeit bis zum Mittelalter war La Cité das Zentrum von Périgueux. Die meisten Bauten von Vesunna wurden im 3. Jahrhundert abgerissen, nur die Überreste eines Tempels, einer Arena und einer luxuriösen Villa sind erhalten. Die nahe gelegene Église St-Étienne stammt aus dem 12. Jahrhundert.

Der Weg von der Cité zur strahlend weißen Cathédrale St-Front führt durch belebte Straßen. Im Mittelalter verhalfen die Pilger, die nach Santiago de Compostela unterwegs waren, dem Viertel Le Puy St-Front zu Wohlstand, wodurch die Cité allmählich an Bedeutung verlor. Die Cathédrale St-Front, die größte Kathedrale Südwestfrankreichs, wurde im 19. Jahrhundert restauriert (manche behaupten »zu Tode restauriert«). Der Architekt Paul Abadie fügte die exotischen Kuppeln und Türme hinzu. Später diente ihm St-Front als Vorbild für den Bau von Sacré-Cœur in Paris *(siehe S. 146f)*.

Architekturelemente des Mittelalters und der Renaissance sieht man an der Maison Estignard (3 Rue Limogeanne) sowie an einigen Häusern in der Rue Aubergerie und der Rue de la Constitution.

Ebenfalls im Viertel um die Kathedrale liegt das **Musée d'Art et d'Archéologie du Périgord** mit einer der umfangreichsten prähistorischen Sammlungen Frankreichs. Zu den Highlights zählen über 90 000 Jahre alte Gräberreste. Römisches Glas, Mosaike, Steingut und Artefakte aus Vesunna sind im gallorömischen Museum.

**Musée d'Art et d'Archéologie du Périgord**
**22 Cours Tourny**
**Mi – Mo Feiertage**
**perigueux-maap.fr**

Fotomotiv
**Kuriosität**

Nur zwei Gehminuten von der Kathedrale von Périgueux entfernt liegt Vieux Moulin. Das Haus aus dem 14. Jahrhundert ragt auf beiden Seiten der Stadtmauer hervor – fotografieren Sie den beeindruckenden Anblick vom Boulevard Georges Saumande.

# Zwei-Flüsse-Tour

**Länge** 100 km **Rasten** Figeac bietet gute Einkehrmöglichkeiten zum Mittagessen; St-Cirq-Lapopie ist ein toller Fotostopp

Lot und Célé fließen zwischen grandiosen Kalksteinfelsen und engen Schluchten hindurch, vorbei an mittelalterlichen Dörfern, Burgen und tosenden Wasserfällen. Wer beide Täler auf der insgesamt 100 Kilometer langen Strecke in aller Ruhe genießen möchte – und auch den kulinarischen Genüssen genügend Zeit widmen will –, sollte die Tour auf zwei Tage verteilen. Von Cahors aus folgt die Route zunächst dem Lot und mäandert dann entlang des malerischen Célé-Tals bis nach Figeac, einem hübschen Städtchen mit Cafés und Restaurants. Zurück geht es über das Lot-Tal, das mehr Sehenswürdigkeiten bietet, darunter das Dorf St-Cirq-Lapopie, das Sie unbedingt (zu Fuß) besichtigen sollten.

Die 25 000 Jahre alte **Grotte de Pech-Merle** besitzt Höhlenmalereien von Mammuts, Pferden und Bisons.

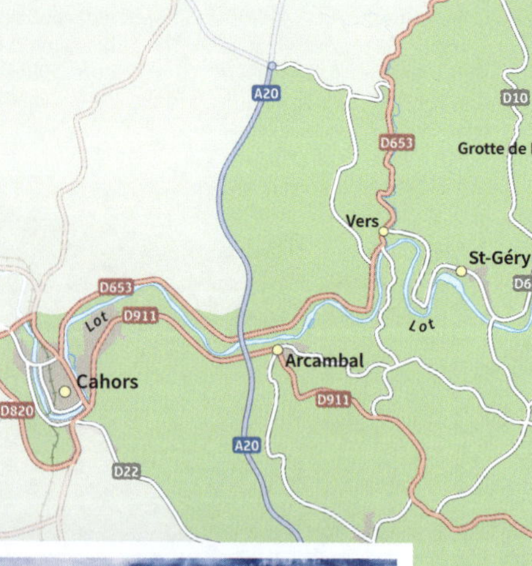


Der hoch über dem Lot liegende Ort **St-Cirq-Lapopie** mit Kirche (16. Jh.) und Fachwerkhäusern zählt zu den hübschesten Dörfern Frankreichs.

0 Kilometer 5

↑ *St-Cirq-Lapopie: idyllisch wirkender Ort in dramatischer Lage*

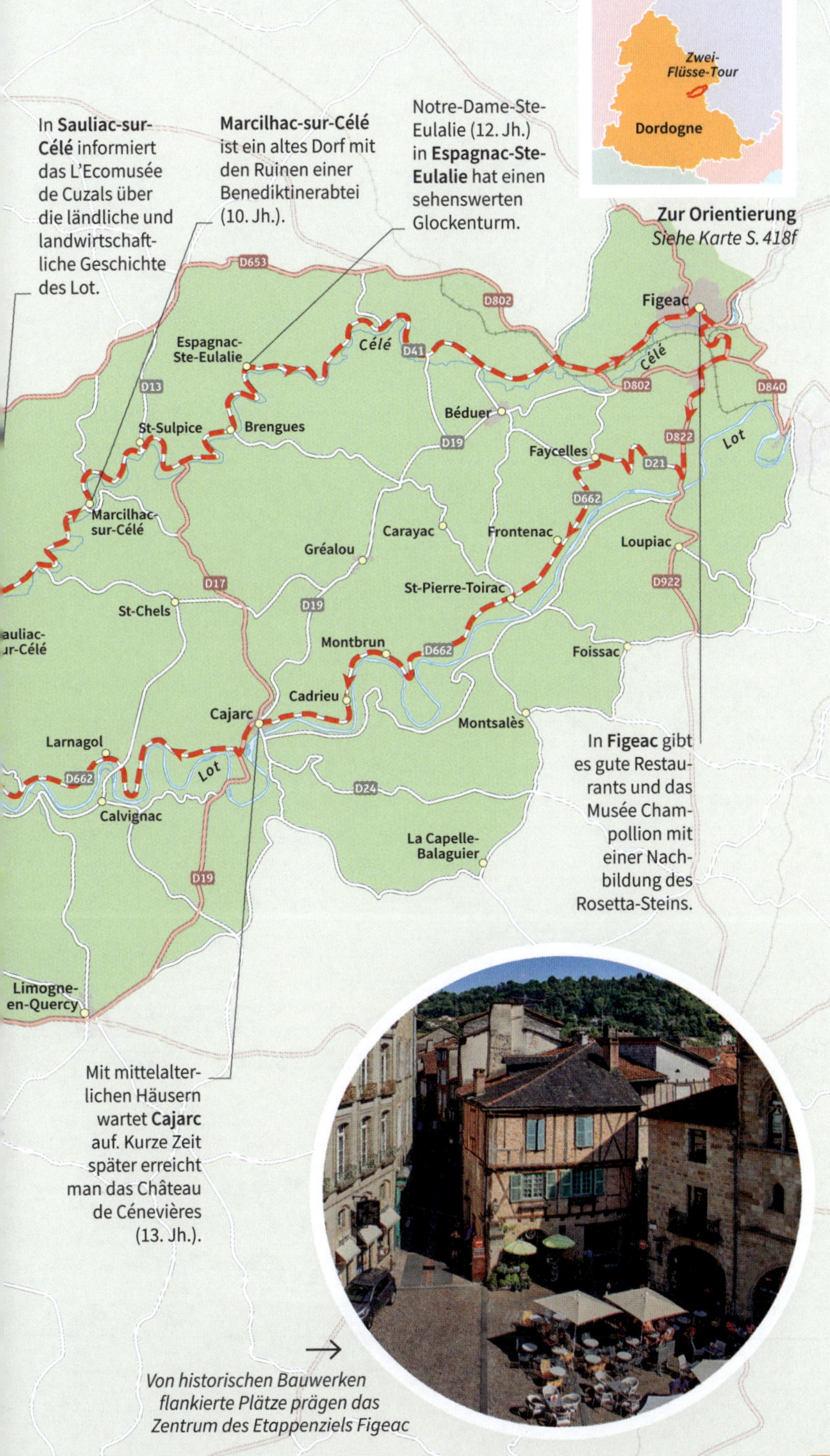
In **Sauliac-sur-Célé** informiert das L'Ecomusée de Cuzals über die ländliche und landwirtschaftliche Geschichte des Lot.
**Marcilhac-sur-Célé** ist ein altes Dorf mit den Ruinen einer Benediktinerabtei (10. Jh.).
Notre-Dame-Ste-Eulalie (12. Jh.) in **Espagnac-Ste-Eulalie** hat einen sehenswerten Glockenturm.
Zwei-Flüsse-Tour
Dordogne
**Zur Orientierung**
*Siehe Karte S. 418f*
D653
D802
Figeac
Célé
D41
Espagnac-Ste-Eulalie
Célé
D802
D840
D13
Béduer
St-Sulpice
Brengues
D19
Faycelles
D822
Lot
D21
Marcilhac-sur-Célé
D662
Carayac
Frontenac
Loupiac
Gréalou
D17
St-Pierre-Toirac
D922
St-Chels
D19
Sauliac-sur-Célé
Montbrun
D662
Foissac
Cadrieu
Cajarc
Montsalès
Larnagol
D662
Lot
Calvignac
D24
La Capelle-Balaguier
D19
Limogne-en-Quercy
In **Figeac** gibt es gute Restaurants und das Musée Champollion mit einer Nachbildung des Rosetta-Steins.
Mit mittelalterlichen Häusern wartet **Cajarc** auf. Kurze Zeit später erreicht man das Château de Cénevières (13. Jh.).

→ *Von historischen Bauwerken flankierte Plätze prägen das Zentrum des Etappenziels Figeac*

*Sonnenuntergang über einer Bergkette der Pyrenäen*

# Pyrenäen

Fährt man von der Atlantikküste in Richtung Osten, erreicht man zunächst eine sanfte Hügellandschaft. Je weiter man jedoch in die Pyrenäen vordringt, desto majestätischer werden die Berge. Im Sommer stehen Besuchern in den Pyrenäen mehr als 1600 Kilometer Wanderwege sowie zahlreiche Camping-, Angel- und Klettermöglichkeiten zur Verfügung. Für Wintersportler gibt es Loipen und Pisten in den grenznahen Skiorten, in denen weitaus mehr Leben herrscht als in ihren Pendants auf der spanischen Seite.

Hier wurde Henri IV geboren, der 1593 die Religionskriege beendete und Frankreich einte. Das Gebiet war meist unter unabhängigen Lehnsherren aufgeteilt. Seine ältesten Bewohner, die Basken, haben ihre eigene Sprache und Kultur bis heute bewahrt. Zudem wird Katalanisch und Gaskognisch gesprochen.

Die Küstenorte Bayonne, Biarritz und St-Jean-de-Luz sind Zentren des Tourismus, doch auch im Hinterland liegende Orte wie Pau, Tarbes und Foix leben von Besuchern sowie von mittelständischen Industriebetrieben. Nach Lourdes strömen jedes Jahr Millionen von Pilgern.

## Pyrenäen

### Highlight

❶ Parc National des Pyrénées

### Sehenswürdigkeiten

❷ Biarritz
❸ Bayonne
❹ Orthez
❺ Aïnhoa
❻ Sauveterre-de-Béarn
❼ St-Jean-Pied-de-Port
❽ Forêt d'Iraty
❾ Oloron-Ste-Marie
❿ Luz-St-Sauveur
⓫ Pau
⓬ Tarbes
⓭ Lourdes
⓮ St-Bertrand-de-Comminges
⓯ St-Lizier
⓰ Foix
⓱ Mirepoix
⓲ Arreau
⓳ St-Jean-de-Luz
⓴ Montségur

Dordogne
Seiten 416–447
Languedoc und Roussillon
Seiten 468–489
MIDI-PYRÉNÉES
ANDORRA
SPANIEN
Toulouse
Flughafen Toulouse-Blagnac
Agen
Auch
Montauban
Albi
St-Bertrand-de-Comminges 14
St-Lizier 15
Foix 16
Mirepoix 17
Arreau 18
Montségur 20
Pic du Midi de Bigorre 2876 m
Pic de Mauberme 2880 m
Pic de l'Abeillé 3029 m
Pic d'Estats 3115 m
Massif de l'Arize
ANDORRA LA VELLA
0 Kilometer 30
N

**1** *Häuser in der Altstadt von Bayonne*

**2** *Klippen an der Pointe de Ste-Barbe*

**3** *Marktstand mit Bayonner Schinken*

**4** *Chilis in Espelette*

# 3 TAGE
## *im Baskenland*

### *Tag 1*

**Vormittags** Machen Sie einen Spaziergang durch Grand Bayonne *(siehe S. 458f)*, das Viertel um die vom 13. bis zum 16. Jahrhundert entstandene Cathédrale Ste-Marie. In einer *chocolaterie* trinken Sie ein Glas heiße Schokolade. Über die Nive geht es nach Petit Bayonne ins informative Musée Basque.
**Nachmittags** Nach dem Essen im West Farm (8 Rue Port de Castets) geht es an den Strand. Wer Lust auf einen Surfkurs hat, wendet sich an Moraiz (www.jomoraiz.com) an der Grande Plage.
**Abends** In der Auberge du Cheval Blanc *(siehe S. 465)* essen Sie köstlichen Bayonner Schinken und übernachten dann im B & B am Pier in einer geräumigen Kabine an Bord der *Péniche Djébelle* (17 Quai de Lesseps).

### *Tag 2*

**Vormittags** Bummeln Sie über den Markt (Di, Fr vormittags) in St-Jean-de-Luz *(siehe S. 466f)* und dann zur Église St-Jean-Baptiste mit ihrem glitzernden Altar. Schauen Sie nach oben: Dort hängt ein Holzschiff von der Decke – eine witzige Reminiszenz an die Tradition der Seefahrer.
**Nachmittags** Über die Brücke Charles de Gaulle am Hafen laufen Sie nach Ciboure. In den engen, hügeligen Straßen stehen viele typisch rot-weiß angestrichene baskische Häuser. Etwas weiter westlich, im historischen Socoa, hat man vom Leuchtturmhäuschen an der Rue du Phare fantastische Blicke.
**Abends** Genießen Sie den Sonnenuntergang an der Pointe de Ste-Barbe, essen Sie danach im La Réserve (www.hotel-lareserve.com). Die luxuriösen Zimmer mit Meerblick laden zum Übernachten ein.

### *Tag 3*

**Vormittags** Durch Aïnhoa *(siehe S. 459)* fahren Sie ins hübsche Espelette, berühmt für seine roten Chilis. Probieren Sie im Aintzina (440 Karrika Nagusia) den Kalbfleisch-Eintopf *axoa* und die heimischen Weine.
**Nachmittags** St-Jean-Pied-de-Port *(siehe S. 460)*, tief in den Pyrenäen am Jakobsweg gelegen, ist das letzte Dorf in Frankreich. Von der Mauer hat man herrliche Ausblicke.
**Abends** Nach einem Sundowner in St-Jean-Pied-de-Port führt Ihr Weg ins Café Ttipia (2 Place Floquet).

# DIE PYRENÄEN UND DIE KULTUR DER BASKEN

**Mit langjährigen Traditionen, einer alten Sprache und einer köstlich würzigen Küche gehört die baskische Kultur zu den ältesten in Europa und überlebte über Jahrhunderte in einer Region, um die sich Spanier und Franzosen stritten. Rot ist die Farbe ihres Unabhängigkeitsgeistes – man sieht sie überall.**

### Fêtes de Bayonne

Bayonne ist die Hauptstadt des französischen Teils des Baskenlands. Jedes Jahr im Juli wird fünf Tage lang gefeiert (www.fetes.bayonne.fr). Die Einheimischen, die in Scharen teilnehmen, kleiden sich dazu in Rot und Weiß. Es finden Umzüge und Konzerte statt, man spielt *pelota*, tanzt und singt auf den Straßen und erfreut sich an den grandiosen allabendlichen Feuerwerken.

*Großer Andrang bei den Fêtes de Bayonne*

## Bastionen im baskischen Alltag

Wollen Sie das echte baskische Leben kennenlernen, dann beginnen Sie in Bayonne *(siehe S. 458f)*, dem Zentrum der baskischen Kultur, mit seinem Musée Basque. Anschließend besuchen Sie eines der vielen Fischerdörfer an der Küste, etwa St-Jean-Pied-de-Port *(siehe S. 460)*, und essen dort *marmitako* (Fischeintopf, meist Thunfisch), während im Hintergrund *Pelota*-Spieler zu hören sind. Oder Sie fahren in die Grenzstädte Aïnhoa *(siehe S. 459)* und Espelette zum seit Jahrhunderten alljährlich stattfindenden Chili-Fest. Haben Sie wenig Zeit, fahren Sie nur ins hübsche St-Jean-de-Luz *(siehe S. 466f)*. Dort erleben Sie die Quintessenz des Baskenlands auf kleinem Raum.

←

*Fischer- und Ausflugsboote im gemütlichen, farbenfrohen Hafen von St-Jean-de-Luz*

### *Pelota*

Beim traditionellen baskischen Ballspiel *pelota*, einer Mischung aus Squash und Handball, schlagen zwei Spieler mit der bloßen Hand, verschiedenen Schlägern oder einem *chistera* – einem korbartigen, gebogenen Handschuh – einen Ball gegen eine Wand. Einen hoch ummauerten *Pelota*-Platz, den sogenannten *fronton,* findet man in den meisten baskischen Städten und Dörfern.

→

Axoa de piment d'Espelette, *scharfer Kalbfleischtopf*

## Anregende Speisen

Das Essen in dieser Region unterscheidet sich grundlegend von der französischen Küche. Die Speisen sind stets pikant gewürzt. Kein Wunder, denn im Zentrum steht die berühmte *axoa de piment d'Espelette*. Überall in der Region, aber natürlich vor allem in Espelette, sieht man diese Chilis in langen Ketten an den Häusern zum Trocknen hängen.

→

*Chilis aus Espelette trocknen in* ristras *(Ketten)*

1

# Parc National des Pyrénées

**C7 Hautes-Pyrénées und Pyrénées-Atlantiques ganzjährig (außer Hochgebirgspässe) Villa Fould, 2 Rue du IV septembre; +33 5 6254 1640 pyrenees-parcnational.fr**

**Mit über 3000 Meter hohen Gipfeln, dem imposanten Felsenkessel Cirque de Gavarnie und vielen Seen ist der Nationalpark reich an Naturwundern.**

Der Nationalpark wurde 1967 gegründet. Er erstreckt sich über 100 Kilometer entlang der französisch-spanischen Grenze. Hier findet man einige der schönsten Szenerien Europas: von Bergwiesen mit bunten Schmetterlingen bis zu majestätischen Bergen, die auch im Sommer schneebedeckt sind. Zu den Höhepunkten gehören der Cirque de Gavarnie, die gezackten Gipfel um die Vallée d'Aspe sowie Bergriesen wie Pic du Midi d'Ossau und Pic d'Anie. Besonders schön ist die Natur im Frühling, wenn die Bergwiesen in Blüte stehen. Den Höhen- und Klimaunterschieden verdankt der Park seine reiche Fauna und Flora, die man auf etwa 350 Kilometern markierten Fußwegen wunderbar erkunden kann.

### Fernwanderweg GR10

Der 866 Kilometer lange GR10 verläuft zwischen Hendaye an der Atlantikküste und Banyuls-sur-Mer an der Mittelmeerküste über die gesamte Länge des Hochgebirges. Er zählt zu den anspruchsvollsten GR-Fernwanderwegen (Grandes Randonnées). Für die ganze Strecke sind ungefähr 52 Tage zu veranschlagen. Auf jeder Etappe warten neue faszinierende Eindrücke und Landschaften.

← *Hütte an der Brèche de Roland genannten Felsscharte in rund 2800 Meter Höhe*

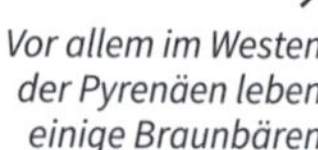

→ *Vor allem im Westen der Pyrenäen leben einige Braunbären*

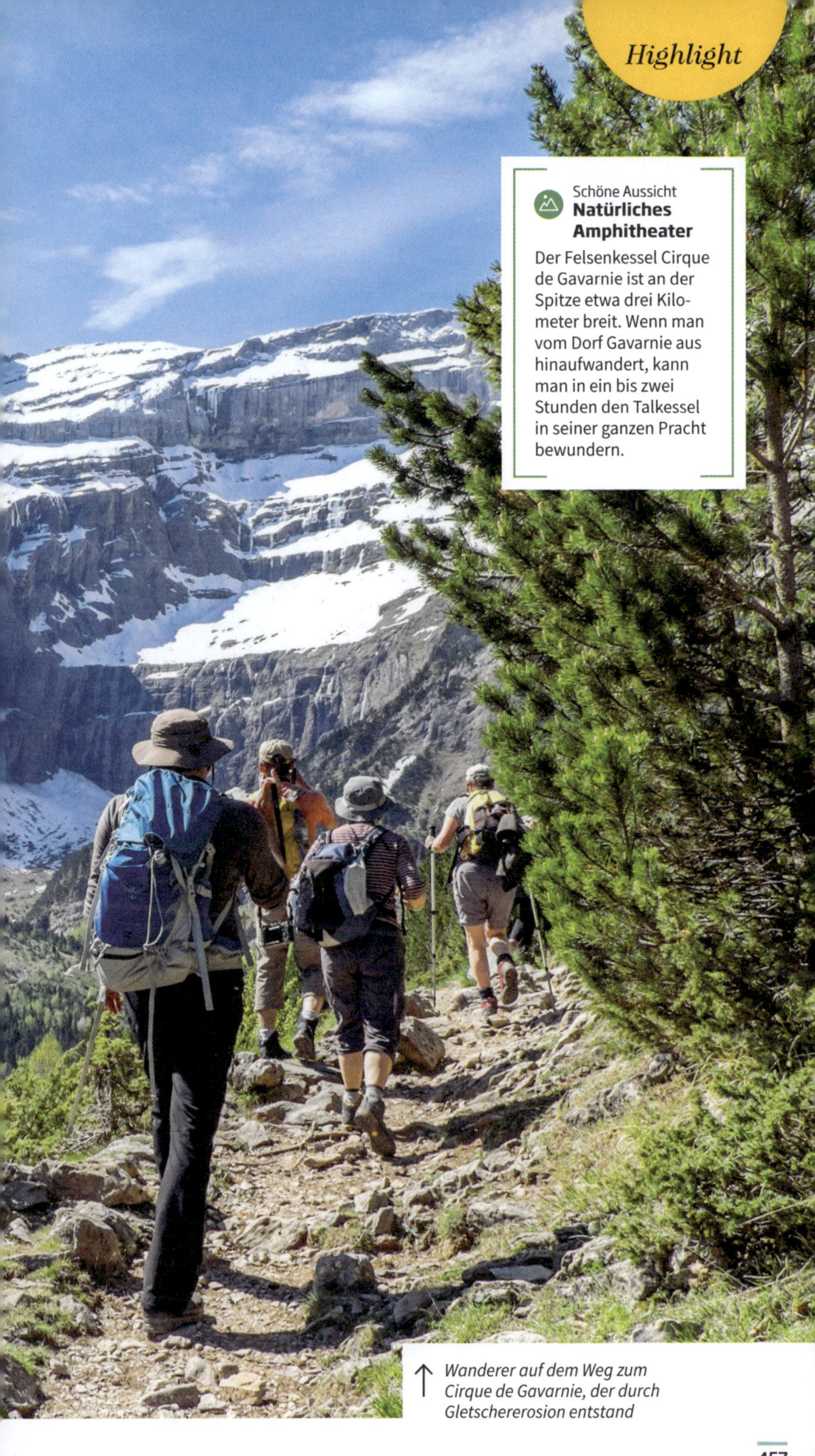

Highlight
Schöne Aussicht
**Natürliches Amphitheater**
Der Felsenkessel Cirque de Gavarnie ist an der Spitze etwa drei Kilometer breit. Wenn man vom Dorf Gavarnie aus hinaufwandert, kann man in ein bis zwei Stunden den Talkessel in seiner ganzen Pracht bewundern.


↑ *Wanderer auf dem Weg zum Cirque de Gavarnie, der durch Gletschererosion entstand*

*Brücke zum Felsen Le Basta in Biarritz; Spaß beim Surfen* (Detail)

# SEHENSWÜRDIGKEITEN

## 2 Biarritz

**B6 Pyrénées-Atlantiques 25 900**
**Sq d'Ixelles; +33 5 5922 3710 tägl. tourisme.biarritz.fr**

Biarritz dehnt sich mit seinen Villenvororten zwar viele Kilometer entlang der Küste westlich von Bayonne aus, hat aber seinen alten Kern bewahrt. Die Stadt lebte einst vom Walfang, bevor sie im 19. Jahrhundert zum Tummelplatz der Reichen wurde. Die Beliebtheit wuchs, als Kaiserin Eugénie, die Gattin Napoléons III, das milde Winterklima der Stadt entdeckte. Urlauber erwarten drei schöne Strände, beste Surfmöglichkeiten, zwei Casinos und eines der letzten Grandhotels Frankreichs, das Palais, in dem früher Kaiserin Eugénie residierte.

Das Aquarium de Biarritz im alten Hafen gibt einen guten Überblick über die Fischwelt der Biskaya. Unterhalb führt ein schmaler Weg zum Rocher de la Vierge mit herrlichem Blick auf die baskische Küste. Das **Musée Asiatica** beherbergt eine Sammlung asiatischer Kunst von der Prähistorie bis zur Gegenwart.

Expertentipp
**Surfen in Biarritz**

Die gesamte südfranzösische Atlantikküste zieht Surfer in Scharen an. Biarritz ist ein Hotspot der Szene – Grande Plage und Côte des Basques sind die besten Reviere.

**Musée Asiatica**
 **1 Rue Guy Petit**
**Di – Fr 10 –17**
**musee-asiatica.com**

## 3 Bayonne

**B6 Pyrénées-Atlantiques 52 000**
**Pl des Basques; +33 5 5946 0900 tägl.**
**visitbayonne.com**

Bayonne, die Hauptstadt des französischen Baskenlands, liegt zwischen zwei Flüssen: der Nive, die in den Pyrenäen entspringt, und dem breiteren Adour. Bayonne ist wegen seiner Lage an einer der wenigen leicht befahrbaren Übergänge nach Spanien seit der Römerzeit eine strategisch wichtige Stadt. Unter der Herrschaft der Engländer (1154 – 1451) erlebte sie eine Blütezeit. 14 Belagerungen hat Bayonne standgehalten, darunter eine besonders blutige 1814 durch Wellington.

Grand Bayonne, das Viertel um die Kathedrale, erkundet man am besten zu Fuß. Die Cathédrale Ste-Marie (13. Jh.) wurde unter englischer Herrschaft begonnen, was den für diese Region eher seltenen gotischen Baustil erklärt. Sehenswert sind der Kreuzgang und der Türklopfer (13. Jh.) am Nordportal. Jedem Flüchtling, der ihn erreichte, wurde Einlass gewährt. Das Viertel um die Kathedrale (Fußgängerzone) eignet sich für einen Shoppingbummel, vor allem die Rue du Port-Neuf. Dort gibt es Cafés, in denen Sie heiße Schokolade kosten sollten – eine Spezialität der Stadt. Die Kunst der Schokoladenherstellung wurde Ende des

15. Jahrhunderts von spanischen Juden eingeführt. Bei einem Besuch im **L'Atelier du Chocolat** werden auch Kostproben gereicht. Berühmt ist auch Schinken aus Bayonne.

Petit Bayonne liegt am anderen Nive-Ufer. Das **Musée Basque** vermittelt einen Einblick in die Geschichte der Basken.

**L'Atelier du Chocolat**
**7 Allée de Gibéléou Mo–Fr 9:30–11, 14–16:30 einige Feiertage atelierduchocolat.fr**

**Musée Basque**
**37 Quai des Corsaires Di, Mi, Fr–So 10–18, Do 13–20 einige Feiertage musee-basque.com**

4

## Orthez

**C6 Pyrénées-Atlantiques 10 500 1 Rue des Jacobins; +33 5 5912 3040 Di; Nov–März: Sa coeurdebearn.com**

Orthez war dank seiner befestigten Brücke (13./14. Jh.) über den Gave du Pau bereits im Mittelalter ein strategisch

**Vom Pass aus kann man mit einer Zahnradbahn auf den Gipfel des La Rhune fahren, des besten Aussichtsbergs des Pays Basque.**

wichtiger Ort. Von November bis März werden jeden Samstagvormittag auf dem Markt Delikatessen wie *foie gras*, geräucherter und luftgetrockneter Schinken und Geflügel feilgeboten.

Die Rue Bourg-Vieux säumen schöne Gebäude, insbesondere das von Jeanne d'Albret, Mutter von Henri IV, an der Ecke Rue Roarie. Ihre Begeisterung für den protestantischen Glauben entfremdete sowohl ihre Untertanen als auch Charles IX und führte dazu, dass die Region in die Religionskriege hineingezogen wurde.

5

## Aïnhoa

**B6 Pyrénées-Atlantiques 670 Le Bourg; +33 5 5929 9399 en-pays-basque.fr**

Der winzige Ort an der Straße zur spanischen Grenze wurde im 13. Jahrhundert gegründet und war von jeher Zwischenstation der Santiago-Pilger *(siehe S. 406f)*. Aus dieser Zeit sind die Baskenhäuser an der Hauptstraße und die Kirche mit den charakteristischen Galerien aus dem 17. Jahrhundert erhalten.

**Umgebung:** Eine ähnliche Kirche wie in Aïnhoa steht im nahen Espelette. Die Galerien im Inneren erhöhten nicht nur die Zahl der Sitzplätze, sondern hatten auch den Vorteil, dass die Männer getrennt von den Frauen und Kindern sitzen konnten. In Espelette werden jedes Jahr Ende Januar die Pottocks, die hier heimischen Wildponys, verkauft. In der Umgebung baut man rote Chilischoten an, im Oktober findet ein Paprikafest statt.

Am Fuß des St-Ignace-Passes liegt das kleine Bergdorf Sare. Vom Pass aus kann man mit einer Zahnradbahn auf den Gipfel des La Rhune fahren, des besten Aussichtsbergs des Pays Basque.

→ *Über die Wiesen und Wälder rund um Aïnhoa erhebt sich der Aussichtsberg La Rhune*

6

## Sauveterre-de-Béarn

C6 Pyrénées-Atlantiques 1400 Pl Royale; +33 5 5938 5017 Sa tourisme-bearn-gaves.com

Der hübsche Marktflecken ist durchaus eine Übernachtung wert – schon allein wegen des schönen Blicks auf den Pont de la Légende (12. Jh.), die sich im Süden in großem Bogen über den Gave d'Oloron spannt, sowie auf das Château de Nays (16. Jh.). Um Pfingsten herum finden hier am Oloron Meisterschaften im Lachsfischen statt.

**Umgebung:** Ebenfalls überaus sehenswert ist das neun Kilometer außerhalb von Sauveterre-de Béarn über die D27 erreichbare **Château de Laàs**. Es präsentiert eine Sammlung dekorativer Kunst mit Wandteppichen, Gemälden sowie Möbeln (18. Jh.) – darunter das Bett, in dem Napoléon nach der Niederlage bei Waterloo geschlafen haben soll. Hübsch ist auch der Park.

**Château de Laàs**
siehe Website
musee-serbat.com

**Schon gewusst?**

**In Oloron-Ste-Marie gibt es im Mai und im September große Landwirtschaftsausstellungen.**

7

## St-Jean-Pied-de-Port

B7 Pyrénées-Atlantiques 1500 14 Pl Charles de Gaulle; +33 5 5937 0357 Mo en-pays-basque.fr

Die alte Hauptstadt von Basse-Navarre liegt am Fuß des Passes von Roncesvalles. Hier überwältigten die Basken im Jahr 778 die Armee Karls des Großen und töteten Roland, den Führer der Nachhut, der später im *Rolandslied* besungen wurde.

Im Mittelalter war der Ort mit den roten Sandsteinhäusern die letzte Pilgerstation vor der spanischen Grenze. Sobald die Bewohner Pilger ausmachten, läuteten sie die Kirchenglocken, um ihnen den Weg zu weisen. Die Pilger antworteten darauf mit Gesang. Man betritt die Oberstadt durch die Porte d'Espagne und geht durch steile Gassen hinauf zur Zitadelle, die einen eindrucksvollen Rundblick bietet. Schon die Stadtmauern sind Entschädigung genug für die Anstrengung. Montags findet ein Kunsthandwerksmarkt statt. Im Sommer gibt es Bullenschauen. Zudem werden *Pelota*-Turniere veranstaltet.

→ *Bei Oloron-Ste-Marie treffen Aspe-Tal und Ossau-Tal aufeinander*

## 8 Forêt d'Iraty

**B7 Pyrénées-Atlantiques St-Jean-Pied-de-Port St-Jean-Pied-de-Port; +33 5 5937 0357; Larrau; +33 5 5928 6280**

Das Hochmoor Forêt d'Iraty ist für seine Loipen und Wanderwege bekannt. Es ist auch die Heimat der baskischen Wildponys (Pottocks), die heute noch so aussehen wie auf den prähistorischen Zeichnungen, die man in einigen Höhlen der Umgebung entdeckt hat.

Detaillierte Wanderkarten sind im Tourismusbüro in St-Jean-Pied-de-Port erhältlich. Einer der landschaftlich schönsten Wege beginnt am Parkplatz des Chalet Pedro, südlich des Sees auf dem Iraty-Hochmoor, und führt entlang der Markierung GR10 *(siehe S. 456)* zu rund 3000 Jahre alten Menhiren an der Westflanke des Sommet d'Occabé.

*Serpentinenstraße in Sauveterre-de-Béarn hinunter zum Fluss Oloron*

## 9 Oloron-Ste-Marie

**C7 Pyrénées-Atlantiques 10 700 Allées du Comte de Tréville; +33 5 5939 9800 Fr pyrenees-bearnaises.com**

Die Stadt hat sich aus einer bereits vor der Römerzeit bestehenden keltisch-iberischen Siedlung entwickelt. Im Mai und September finden große Landwirtschaftsausstellungen statt. Hier werden auch die berühmten Baskenmützen hergestellt. Stolz der Stadt ist das Portal der romanischen Cathédrale Ste-Marie mit biblischen und pyrenäischen Szenen.

**Umgebung:** Von Oloron aus kann man einen Ausflug ins Aspe-Tal machen und den Schafskäse probieren.

Eine Straße führt nach Lescun, einem der schönsten Dörfer der Pyrenäen, das sich um eine Kirche am Fuß der Berge gruppiert – der höchste ist mit 2504 Metern der Pic d'Anie. Lescun gilt als eines der letzten Rückzugsgebiete für die stark gefährdeten Pyrenäen-Braunbären.

## Hotels

**Hotel-Restaurant Euzkadi**

Das Drei-Sterne-Hotel mit 27 Zimmern, einem Restaurant und einem Pool ist in Familienbesitz.

**B6 285 Karrika Nagusia, Espelette Mitte Feb – Mitte März, Ende Apr, Mitte Nov – Mitte Dez hotel-restaurant-euzkadi.com**

**Hôtel de l'Océan**

Das Hotel nahe dem Port des Pêcheurs verfügt über modern eingerichtete Zimmer mit Balkon und Aussicht auf die Grande Plage.

**B6 9 Pl Sainte-Eugénie, Biarritz biarritz-hotel-ocean.com**

## 10 Luz-St-Sauveur

C7 Hautes-Pyrénées 930 nach Lourdes Pl du 8 Mai 1945; +33 5 6292 3030 Mo luz.org

Luz-St-Sauveur ist ein hübscher Kurort mit einer ungewöhnlichen Kirche aus dem 13. Jahrhundert, die später den Hospitaliers de Saint-Jean de Jérusalem, einem zum Schutz der Pilger gegründeten Orden, vermacht wurde. Durch die Schießscharten der Kirche konnte man die Stadt und das Tal überblicken.

**Umgebung:** Der schicke Kurort Cauterets ist idealer Ausgangspunkt für Kletter-, Wander- und Skitouren in den Bergen der Umgebung. Gavarnie war früher Station auf der Pilgerroute nach Santiago de Compostela. Von hier führt ein Trampelpfad hinauf zu einem Naturspektakel, dem Cirque de Gavarnie, einer der Hauptsehenswürdigkeiten der Pyrenäen. Hier stürzen die Wassermassen des längsten Wasserfalls Europas vor der Kulisse von elf Dreitausendern 420 Meter in die Tiefe.

Das **Observatoire Pic du Midi** erreicht man per Seilbahn von La Mongie, vom Col de Tourmalet in 30 Gehminuten oder auf einem Weg von unten in vier Stunden. Dem Observatorium verdanken wir die deutlichsten Bilder der Venus und anderer Planeten des Sonnensystems, die je von der Erde aus gemacht wurden. Mit einem Teleskop von einem Meter Durchmesser wurde vor den Apollo-Missionen für die NASA die Mondoberfläche kartiert.

**Observatoire Pic du Midi**
**Rue Pierre Lamy de la Chapelle, La Mongie**
**siehe Website**
**picdumidi.com**

## 11 Pau

C6 Pyrénées-Atlantiques 75 700 Pl Royale Mo – Sa pau-pyrenees.com

Pau, Hauptstadt der Region Béarn, ist eine Universitätsstadt mit eleganter Belle-Époque-Architektur. Das Wetter im Herbst und Winter ist mild, weshalb die Stadt ein beliebter Ferienort ist.

Pau ist als Geburtsstadt Henris IV bekannt. Dessen Mutter, Jeanne d'Albret, nahm noch im achten Monat die 19-tägige Reise aus der Picardie in Kauf, nur um ihr Kind hier zur Welt zu bringen. Sie sang, als die Wehen einsetzten, weil sie glaubte, dass ihr Kind dann so unbeugsam und widerstandsfähig sein würde wie sie selbst. Gleich nach der Geburt wurden dem Säugling entsprechend der Tradition die Lippen mit Knoblauch und einheimischem Wein (Jurançon) eingerieben.

Hauptsehenswürdigkeit ist das **Château de Pau**, das im 14. Jahrhundert für den Herrscher in Béarn, Gaston Fébus, erbaut und 400 Jahre

*Straße zum Cirque de Gavarnie und zum Observatorium* (Detail)

später grundlegend umgebaut wurde. Hier wohnte im 16. Jahrhundert Marguerite d'Angoulême, Schwester von François I. Sie machte Pau zu einer Stadt der Künstler und Freidenker. Im Schloss hängen Wandteppiche von flämischen Webern aus Paris.

Der Boulevard des Pyrénées bietet einen einmaligen Blick auf einige der höchsten Pyrenäengipfel. In der Nähe liegt das **Musée des Beaux-Arts** mit Werken wie *Baumwollkontor in New Orleans* von Degas und *Jüngstes Gericht* von Rubens.

**Umgebung:** Die Maison Carrée im 18 Kilometer entfernten Nay vermittelt die Geschichte, Kultur und Traditionen des Béarn mit der Sammlung des früheren Musée Béarnais.

**Château de Pau**
**Rue du Château**
**tägl. 9:30–11:45, 14–17**
**1. Jan, 1. Mai, 25. Dez**
**chateau-pau.fr**

**Musée des Beaux-Arts**
**10 Rue Mathieu Lalanne** **+33 5 5927 3302**
**Zeiten tel. erfragen**
**einige Feiertage**

## Das Wunder von Lourdes

Der 14-jährigen Bernadette Soubirous soll 1858 insgesamt 18 Mal die Jungfrau Maria in der Grotte de Massabielle unweit der Stadt erschienen sein. Sie wurde zu einer Quelle geführt, die angeblich Heilkräfte besitzt und in den 1860er Jahren von der Kirche anerkannt wurde. Um die Quelle sind Heiligtümer, Kirchen und Hospize (und eine Tourismusbranche) entstanden.

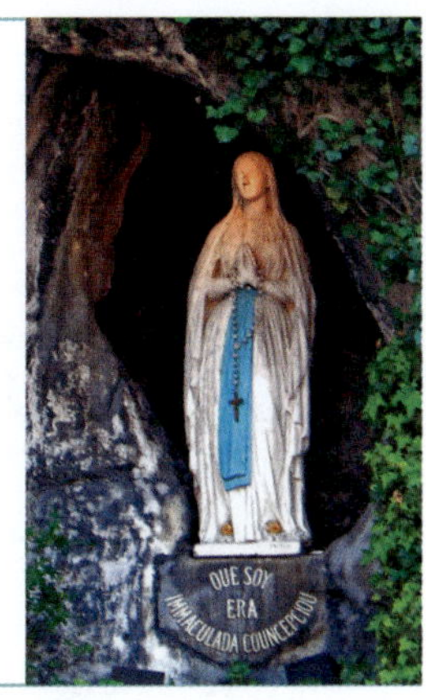


12

## Tarbes

**C6** **Hautes-Pyrénées** **43 000**
**3 Cours Gambetta; +33 5 6251 3031** **Do**
**tarbes-tourisme.fr**

Tarbes (römisch Turba) ist der Hauptort der ehemaligen Grafschaft Bigorre und veranstaltet jedes Jahr eine bedeutende Landwirtschaftsmesse.

Der **Jardin Massey** mitten in der Stadt wurde um die Wende des 19. Jahrhunderts angelegt und ist einer der schönsten Parks im Südwesten Frankreichs. Er beherbergt eine Vielzahl seltener Pflanzen (z. B. Sassafras) sowie einen Kreuzgang aus dem 14. Jahrhundert mit fein geschnitzten Kapitellen und einem Glasgewächshaus.

In den herrlichen Gärten befindet sich das **Musée Massey**. Es besitzt neben einer einzigartigen Sammlung zur Geschichte der Husaren auch Gemälde und Skulpturen.

**Jardin Massey**
**Rue Massey** **siehe Website** **tarbes.fr**

**Musée Massey**
**Jardin Massey**
**Di–So 10–12, 14–18**
**1. Jan, 1. Mai, 25. Dez**
**musee-massey.com**

## Lourdes

**C7** **Hautes-Pyrénées**
**13 200** **Pl du Champ Commun; +33 5 6242 7740** **tägl.** **lourdes-infotourisme.com**

Das Städtchen Lourdes, Zentrum der Marienverehrung, verdankt seine Berühmtheit Bernadette Soubirous, einem 14-jährigen Mädchen, dem 1858 mehrmals die Jungfrau Maria erschienen sein soll. Rund sechs Millionen kranke Pilger begeben sich jährlich hoffnungsvoll zur Grotte de Massabielle (Erscheinungshöhle) und in die Rue des Petits-Fossés, wo Bernadette lebte. Das **Musée du Petit Lourdes** stellt das Lourdes jener Zeit nach – mit blühendem Garten und alten Mühlen – und informiert über Bernadette.

Sehenswert sind auch die **Grottes de Bétharram** und das Musée Pyrénéen mit Exponaten der Bergpioniere in den Pyrenäen.

**Musée du Petit Lourdes**
**68 Ave Peyramale**
**siehe Website** **einige Feiertage** **musee-lourdes.fr**

**Grottes de Bétharram**
**St-Pé-de-Bigorre**
**siehe Website**
**betharram.com**

*St-Bertrand-de-Comminges präsentiert sich in einer bemerkenswerten Hügellage*

14

## St-Bertrand-de-Comminges

**C7 Haute-Garonne 240 Montréjeau, dann Taxi Les Olivétains, Parvis de la Cathédrale; +33 5 6195 4444 Musikfestival (Mitte Juli – Ende Aug) tourisme-stgaudens.com**

Das Städtchen ist historisch und künstlerisch wohl der interessanteste Ort in den Zentralpyrenäen. Jeden Sommer findet hier ein Musikfestival statt. Die schönsten Skulpturen der Region zieren das Portal der **Cathédrale Ste-Marie**. Im romanischen und gotischen Kreuzgang sind Sarkophage, skulptierte Kapitelle und Statuen der vier Evangelisten zu sehen.

Im Jahr 72 v. Chr. gründete der römische Staatsmann Pompeius auf der etwas tiefer gelegenen Ebene die Stadt. Sie bestand seinerzeit aus Theater, Tempel, Markt, einer christlichen Basilika und zwei Thermen, wurde allerdings 585 von Gontran, dem Enkel von Chlodwig, zerstört. Danach vergingen rund 600 Jahre, bis Bertrand de l'Isle, der Bischof von Comminges, hier eine neue Kathedrale und ein Kloster erbauen ließ. Der relativ unbedeutende Ort entwickelte sich in der Folge zu einem viel besuchten religiösen Zentrum.

Im beeindruckenden Innenraum der Kathedrale findet man 66 Chorstühle mit fein gearbeiteten Schnitzereien und eine Orgel aus dem 16. Jahrhundert. Das Grabmal des Bertrand de l'Isle samt dem Altar befindet sich am Chorabschluss. Daneben liegt eine Marienkapelle mit dem Marmorgrabmal von Hugues de Châtillon, einem Bischof aus der Region, der im 14. Jahrhundert Geld für die Errichtung der Kathedrale sammelte.

**Cathédrale Ste-Marie**
**131 Place du Bout du Pont siehe Website st-bertrand.com**

### Schon gewusst?

**St-Bertrand-de-Comminges zählt zu den schönsten Dörfern Frankreichs.**

15

## St-Lizier

**D7 Ariège 1400 Hôtel Dieu; +33 5 6196 7777 tourisme-couserans-pyrenees.com**

Der Ort St-Lizier liegt im Département Ariège, das für seine schluchtenartigen Täler in wilder Berglandschaft bekannt ist. Der Ort wurde bereits zur Römerzeit gegründet, war im Mittelalter eine bedeutende religiöse Stätte und besitzt zwei sehenswerte Kathedralen. Die interessantere dieser beiden ist die Cathédrale St-Lizier (12.–14. Jh.) mit romanischen Fresken und einem Kreuzgang. Den schöneren Blick über die Umgebung hat man jedoch, wenn man zur Cathédrale de la Sède hinaufgeht.

*Sorgfältig restaurierte Holzhäuser säumen den Hauptplatz von Mirepoix*

## Foix

D7 Ariège 9500 29 Rue Théophile Delcassé; +33 5 6165 1212 Fr foix-tourisme.com

Foix mit seinen Zinnen und Wehrtürmen liegt wie eine riesige Festung am Zusammenfluss von Ariège und Arget. Im Mittelalter regierten die Grafen von Foix das Béarn. Herausragend war Graf Gaston Fébus (1331–1391), ein Dichter, der sich mit Troubadouren umgab. Er war aber auch ein skrupelloser Machtpolitiker, der Bruder und Sohn töten ließ.

Im Sommer finden bei den Médiévales Gaston Phoebus Umzüge und Ritterturniere in Kostümen statt. Eine Wanderung hinauf zum **Château de Foix** (14. Jh.) lohnt sich schon wegen der Aussicht.

**Umgebung:** 24 Kilometer südlich, in der **Grotte de Niaux**, kann man prähistorische Felszeichnungen sehen.

**Château de Foix**
siehe Website
sites-touristiques-ariege.fr

**Grotte de Niaux**
siehe Website
sites-touristiques-ariege.fr

17

## Mirepoix

D7 Ariège 3100 Pl du Maréchal Leclerc; +33 5 6168 8376 Mo, Do tourisme-mirepoix.com

Mirepoix ist eine typische Bastide *(siehe S. 443)* mit einem großen Hauptplatz – einem der schönsten in Südwestfrankreich –, den Fachwerkhäuser und Laubengänge aus dem 13. bis 15. Jahrhundert säumen. An Markttagen ist der Platz voller Stände mit regionalen Produkten. An der Kathedrale wurde von 1317 bis 1867 gearbeitet. Sie besitzt das mit 22 Metern breiteste gotische Mittelschiff Frankreichs.

## Restaurants

**Le Phoebus**
Das elegante Restaurant ist bekannt für seine regionalen Spezialitäten.

D7 3 Cours Irénée Cros, Foix
+33 5 6165 1042

**La Tantina de Burgos**
In diesem Favoriten der Einheimischen genießt man Klassiker der baskischen Küche – ob fangfrisches Seafood oder herzhafte Eintopfgerichte wie *axoa de piment d'Espelette*.

B6 2 Pl Beau Rivage, Biarritz
+33 5 5923 2447

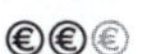

**Auberge du Cheval Blanc**
Seit 1715 ist das Restaurant in Betrieb. Serviert werden traditionelle Speisen wie Seafood und Gerichte mit heimischem Schinken.

B6 68 Rue Bourgneuf, Bayonne
cheval-blanc-bayonne.com

**Chez Simone**
Von der Terrasse des einladend wirkenden familiengeführten Restaurants blickt man über die schöne Umgebung. Wählen Sie am besten ein Menü.

C7 Le Village, St-Bertrand-de-Comminges
+33 5 6194 9105

18

## Arreau

C7 Hautes-Pyrénées 770 1 Rue Saint-Exupère; +33 5 6298 6315 Do pyrenees2vallees.com

Arreau, ein belebter Ort mit gut erhaltenen Fachwerkhäusern, kleinen Läden und einigen guten Restaurants, liegt am Zusammenfluss von Aure und Louron. In den Outdoor-Stores bekommen Bergwanderer alles, was sie an Zubehör oder Ausrüstung für Wanderungen brauchen. Beim Rathaus liegt eine hübsche Markthalle. Nahebei befindet sich die Maison de Lys (16. Jh.), deren Fassade mit bourbonischen Lilien verziert ist.

**Schon gewusst?**

**Baskisch ist als isolierte Sprache mit keiner anderen bekannten Sprache verwandt.**

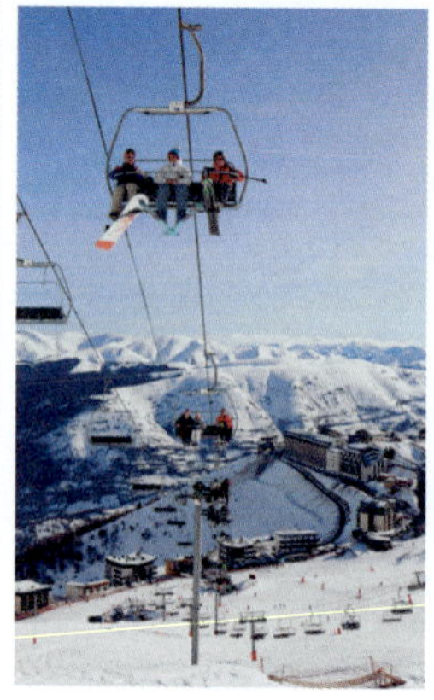

↑ *Mit der Seilbahn auf die Pisten oberhalb von St-Lary-Soulan*

**Umgebung:** Der nahe Wintersportort St-Lary-Soulan besitzt ein interessantes Nationalparkzentrum und ist im Sommer ein guter Ausgangspunkt für die Erkundung des Massif du Néouvielle. Sehenswert sind das Dorf Fabian und die oberhalb gelegenen Seen. Überall gibt es Wanderwege, etwa die Route GR10 *(siehe S. 456)*. Hier sieht man Steinadler oder Lämmergeier ihre Kreise ziehen.

19

## St-Jean-de-Luz

B6 Pyrénées-Atlantiques 14 300 Biarritz 20 Blvd Victor Hugo; +33 5 5926 0316 Di, Fr saint-jean-de-luz.com

St-Jean, ein ruhiger Fischereihafen, verwandelt sich in der Hochsaison in einen mondänen Badeort und besitzt einige Boutiquen, die denen der Pariser Rue du Faubourg St-Honoré in nichts nachstehen. Im 11. Jahrhundert wurden die erlegten Wale in den Hafen von St-Jean gebracht und dort unter den Einwohnern aufgeteilt.

Ein bedeutendes historisches Ereignis war die Hochzeit von Louis XIV mit der Infantin Maria Teresa von Spanien im Jahr 1660, eine Verbindung, mit der die Allianz zwischen Frankreich und Spanien besiegelt werden sollte – und wegen der Frankreich später in den Spanischen Erbfolgekrieg hineingezogen wurde. Die Hochzeit fand in der Église St-Jean-Baptiste statt. Sie ist noch heute die größte und schöns-

↑ *Blick auf den historisch bedeutsamen Pyrenäenort Montségur*

te Kirche des Baskenlands, ein Kleinod mit dreigeschossiger Galerie und vergoldetem Retabel (17. Jh.). Das Portal, durch das der Sonnenkönig seine Braut führte, wurde danach zugemauert. Eine Gedenktafel kennzeichnet noch die Stelle. Sehenswert sind darüber hinaus die eleganten Stilmöbel der **Maison Louis XIV**, in der der König 1660 wohnte.

Nicht versäumen sollten Besucher von St-Jean-de-Luz das rege Treiben am Hafen und natürlich die in den dortigen Restaurants erhältliche hiesige Spezialität: *chipirons* (in eigener Tinte gekochte junge Tintenfische).

Die Place Louis XIV ist ideal zum Ausruhen. Der Strand von St-Jean liegt in einer Bucht, sodass man hier gefahrlos im Atlantik schwimmen kann.

Am gegenüberliegenden Ufer des Flusses Nivelle liegt Ciboure, der Geburtsort des berühmten Komponisten und Pianisten Maurice Ravel (1875–1937). Das Zentrum des hübschen Ortes prägen enge, steile Gassen und Kaufmannshäuser aus dem 18. Jahrhundert. Ein etwa einstündiger Spaziergang führt von dort in den Ort Socoa.

**Maison Louis XIV**
**6 Place Louis XIV**
**siehe Website**
**maison-louis-14.fr**

← *Traditionelle baskische Häuser am hübschen Hafen von St-Jean-de-Luz*

20

## Montségur

**D7 Ariège 120**
**siehe Website**
**montsegur.fr**

Montségur war die letzte Bastion der Katharer *(siehe S. 482)*. Im Château de Montségur auf dem Berg Pog lebten im 13. Jahrhundert die *faidits* (enteignete Adlige). Die Katharer wohnten außerhalb der Stadtmauern in Häusern, die an den Felsen gebaut waren. Als Feinde der Kirche zogen sie 1243 nach Avignonet und töteten dort Mitglieder der Inquisition. Die Katholiken belagerten Montségur daraufhin elf Monate. Nach der Gefangennahme ließen sich 230 Katharer lieber verbrennen, als zum Katholizismus überzutreten.

Expertentipp
**Pog**

Die ungefähr halbstündige Wanderung hinauf zum Château de Montségur auf dem Berg Pog ist ziemlich anstrengend. Achten Sie auf festes Schuhwerk, und nehmen Sie Sonnencreme sowie genügend Wasser mit.

*Pont du Gard – Brücke aus der Antike* (siehe S. 489)

# Languedoc und Roussillon

Die beiden Provinzen Languedoc und Roussillon erstrecken sich von den Ausläufern der Pyrenäen an der spanischen Grenze bis zum Rhône-Delta. Die Ferienregion blickt auf eine bewegte Vergangenheit zurück, die nicht zuletzt die Vereinigung beider Provinzen umfasst. Die Bewohner des einst unabhängigen Languedoc sprachen Okzitanisch, sie pflegen ihre Eigenständigkeit bis heute. Das Roussillon gehörte bis 1659 zu Spanien, das katalanische Erbe ist immer noch spürbar.

Der Küstenstreifen war das erste von den Römern besiedelte Gebiet Galliens. Aus jener Zeit stammen u. a. das Amphitheater von Nîmes und der Pont du Gard. Im Jahr 118 v. Chr. gründeten die Römer auch die Stadt Narbonne, die an zwei wichtigen Straßen lag. Die Klöster St-Martin-du-Canigou, St-Michel-de-Cuxa und St-Guilhem-le-Désert sind Meisterwerke frühromanischer Baukunst. Die Katharerburgen und die Festungsstadt Carcassonne zeugen von den blutigen Auseinandersetzungen im Mittelalter.

In der Region gibt es imposante Landschaften – von den Hochplateaus der Cerdagne bis zu den Bergen der Corbières oder dem Hochland des Haut-Languedoc. Hier liegen aber auch einige der modernsten Städte Frankreichs wie etwa die Universitätsstadt Montpellier oder Nîmes mit seinen Bauten aus der Römerzeit.

Languedoc und Roussillon
Massif Central
Seiten 338–359
Dordogne
Seiten 416–447
Pyrenäen
Seiten 448–467
MIDI-PYRÉNÉES
SPANIEN
Parc Naturel Régional du Haut-Languedoc
Montagne Noire
Corbières
Cerdagne
Golfe du Lion
Côte Vermeille
1 Carcassonne
4 St-Martin-du-Canigou
5 St-Michel-de-Cuxa
6 Prieuré de Serrabone
7 Céret
8
9 Collioure
10 Forteresse de Salses
11 Elne
12 Minerve
13 Béziers
14 Narbonne
18
21 Perpignan
22
23
25
La Canourgue
Rodez
Pont-de-Salars
Caylus
Peyreleau
Cassagnes-Bégonhès
Saint-Beauzély
Penne
Réquista
La Cavalerie
Saint-Affrique
Tarn
Gaillac
Alban
Rabastens
Le Caylar
Camarès
Réalmont
Dadou
Lodève
Lavaur
Vabre
Agout
Castres
Bédarieux
Puylaurens
Olargues
Roujan
Revel
Courniou
Saint-Pons-de-Thomières
Roquebrun
Mazamet
Saint-Chinian
Murviel
Servian
Nailloux
Saissac
Mas-Cabardès
Capestang
Castelnaudary
Caunes-Minervois
Olonzac
Alzonne
Coursan
Valras-Plage
Lézignan-Corbières
Belpech
Fanjeaux
Capendu
Narbonne-Plage
Gruissan
Saint-Hilaire
Mirepoix
Lagrasse
Peyriac-de-Mer
Aude
Limoux
Durban-Corbières
Sigean
Port-la-Nouvelle
Foix
Alet-les-Bains
Chalabre
Mouthoumet
Couiza
Puivert
Quillan
Tuchan
Saint-Paul-de-Fenouillet
Belcaire
Axat
Maury
Puilaurens
Estagel
Le Barcarès
Ax-les-Thermes
Sournia
Rivesaltes
Mosset
Ille-sur-Têt
Millas
Prades
Villefranche-de-Conflent
Mont-Louis
Port-Vendres
Bourg-Madame
Saillagouse
Arles-sur-Tech
Prats-de-Mollo-la-Preste
La Jonquera
Martinet
Puigmal d'Err
2910 m
Ribes de Freser
Sant Pau de Segúries
Figueres
D840
N88
A75
D809
A68
D964
D612
D908
D909
D612
N113
N9
A61
D6113
D118
A66
D6009
A9
D119
D613
D611
D6009
D117
D118
N20
N116
D115
AP7
N260
0 Kilometer 25
N

## Languedoc und Roussillon

### Highlights

1 Carcassonne
2 Montpellier
3 Nîmes

### Sehenswürdigkeiten

4 St-Martin-du-Canigou
5 St-Michel-de-Cuxa
6 Prieuré de Serrabone
7 Céret
8 Côte Vermeille
9 Collioure
10 Forteresse de Salses
11 Elne
12 Minerve
13 Béziers
14 Narbonne
15 Pézenas
16 Sète
17 St-Guilhem-le-Désert
18 Parc Naturel Régional du Haut-Languedoc
19 La Grande-Motte
20 Aigues-Mortes
21 Perpignan
22 Golfe du Lion
23 Cerdagne
24 Pont du Gard
25 Corbières

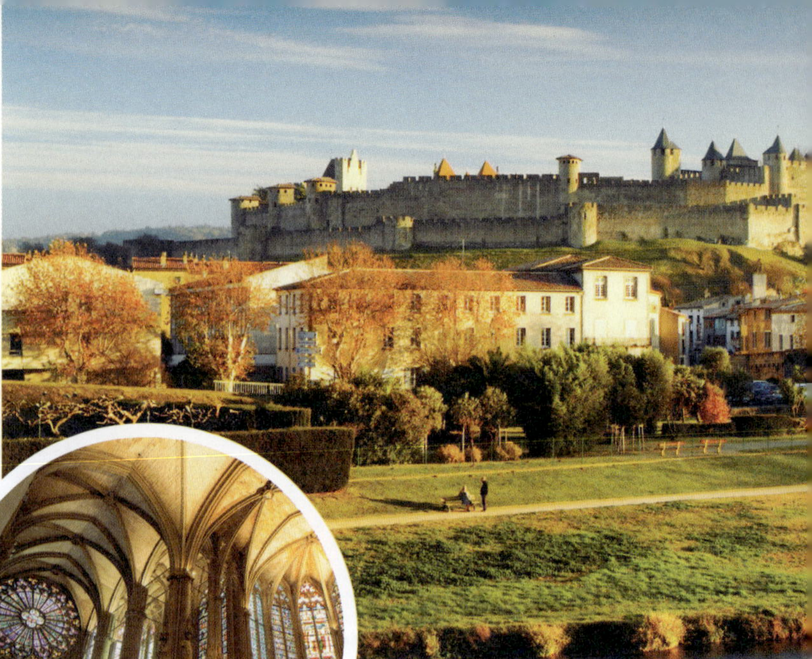

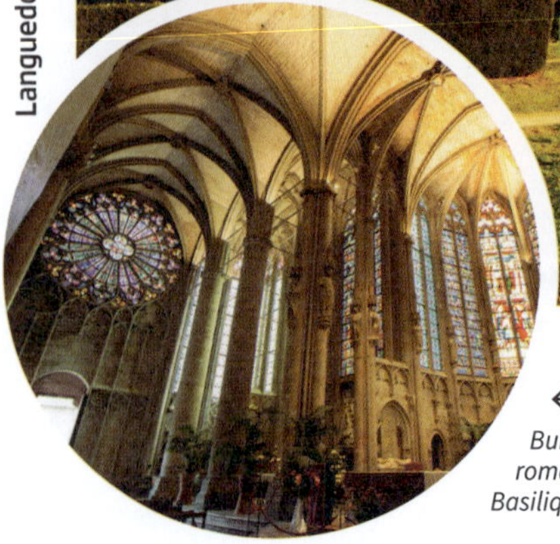

*Buntglasfenster der romanisch-gotischen Basilique St-Nazaire*

Die **Basilique St-Nazaire** birgt den Stein, der an die Belagerung der Stadt 1209 durch Kreuzfahrer erinnert.

**Bischofsturm**

Die **Stadtmauer** stammt aus dem 13. Jahrhundert.

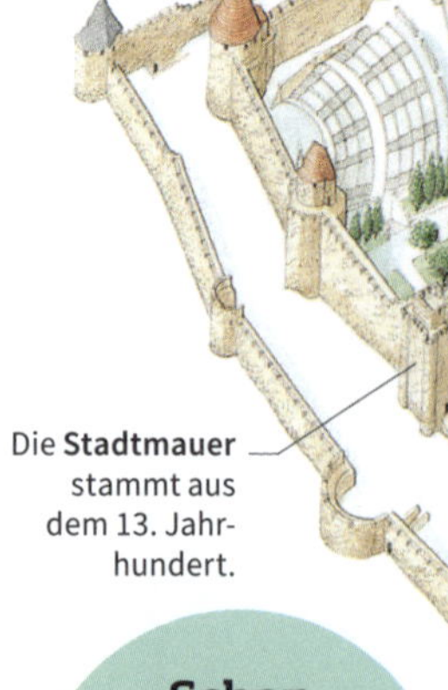

❶

# Carcassonne

**D7 · Aude · 46 700 · 4 km westl. von Carcassonne**
**Ave du Maréchal Joffre · Boulevard de Varsovie**
**28 Rue de Verdun; +33 4 6810 2430 · Di, Do, Sa**
**Festival de Carcassonne (Juli – Aug); Fête le Sud (Aug)**
**tourisme-carcassonne.fr**

**Der befestigte Teil von Carcassonne, eine UNESCO-Welterbestätte, liegt am Steilufer oberhalb der Aude und beherrscht mit seinen Mauern, Zinnen und Türmen die weiter unten gelegene Basse Ville.**

Die strategisch bedeutsame Lage zwischen Atlantischem Ozean und Mittelmeer sowie im Übergangsbereich zwischen der Iberischen Halbinsel und dem restlichen Europa führte zur ersten Besiedlung. Die Römer bauten die Stadt im 2. Jahrhundert v. Chr. weiter aus. Im Mittelalter stand Carcassonne im Fokus des Kriegsgeschehens. Zur Blütezeit unter den Trencavels wurden Château und Kathedrale errichtet. Die umfassenden Neuerungen auf militärischem Gebiet und die neue Festlegung der französisch-spanischen Grenze im Zuge des Pyrenäenfriedens 1659 ließen Carcassonne zunehmend an Bedeutung verlieren. Die Anlagen verfielen im Lauf der Zeit, bis sie im 19. Jahrhundert nach Plänen von Viollet-le-Duc *(siehe S. 202)* restauriert wurden.

## Schon gewusst?

**Der Roman *Das verlorene Labyrinth* von Kate Mosse spielt in Carcassonne.**

*Highlight*

↑ *Auch aus größerer Entfernung wirkt die Oberstadt eindrucksvoll*

## Restaurants

**La Marquière**
Restaurant mit regionalen Spezialitäten.
13 Rue St-Jean
Mi, Do
lamarquiere.com

**L'Escargot**
Weine und Tapas im Herzen der Stadt.
7 Rue Viollet le Duc
restaurant-lescargot.com

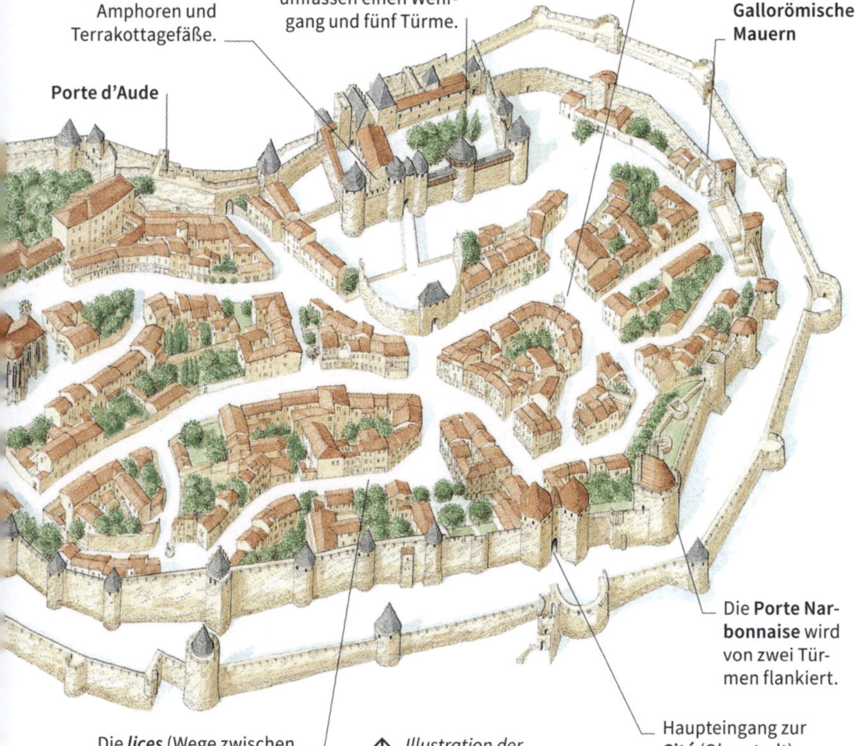

Das **Musée Lapidaire** zeigt u. a. römische Amphoren und Terrakottagefäße.

Die Anlagen dieser **Festung in der Festung** umfassen einen Wehrgang und fünf Türme.

**Le Grand Puits**

**Gallorömische Mauern**

**Porte d'Aude**

Die **Porte Narbonnaise** wird von zwei Türmen flankiert.

Haupteingang zur **Cité** (Oberstadt)

Die *lices* (Wege zwischen den Wällen) wurden auch für Turniere genutzt.

↑ *Illustration der monumentalen Oberstadt*

**Schon gewusst?**

In Montpellier wurde 1220 die erste Medizinschule Frankreichs gegründet.

2

# Montpellier

**E6 · Hérault · 299 000 · 30 Allée Jean de Lattre de Tassigny, Place de la Comédie; +33 4 6760 6060 · tägl. · Festival International Montpellier Danse (Juni/ Juli) · montpellier-france.com**

**Montpellier ist eine der jüngsten Städte Südfrankreichs. Sie entstand im 10. Jahrhundert durch den lukrativen Gewürzhandel mit dem Nahen Osten – und damit relativ spät für diese schon früh von den Römern besiedelte Region.**

## Place de la Comédie

Mittelpunkt des Geschehens ist die oval geformte, auch »l'Œuf« (das Ei) genannte Place de la Comédie. Studenten treffen sich gern in den zahlreichen Cafés rund um den weitläufigen Platz, den elegante Gebäude aus dem 19. Jahrhundert umrahmen. Zu den bekanntesten Bauwerken gehört die Opéra Comédie hinter der Fontaine des Trois Graces. Auf dem Platz tummeln sich viele Musikanten, Straßenkünstler und Flaneure.

## CORUM

**Esplanade Charles de Gaulle · bei Veranstaltungen · corum-montpellier.com**

Eine breite, von Platanen und Brunnen gesäumte Promenade führt zum Veranstaltungszentrum CORUM, das typisch für den neuen architektonischen Stil der Stadt ist. Der in rosafarbenem Granit und Stahl errichtete Komplex birgt u. a. die für ihre hervorragende Akustik gerühmte Opéra Berlioz, eine der größten Bühnen der Stadt. Der Zuschauerraum fasst rund 2000 Plätze. Hier werden neben klassischen auch zeitgenössische Konzerte geboten, gelegentlich im Rahmen von Festivals.

Expertentipp
**Sehenswert**

Schlendern Sie durch die Grünanlage der Place du Peyrou zum Pavillon am Ende des Aquéduc St-Clément aus dem 18. Jahrhundert. Der Blick von dort über die Stadt und ihre Umgebung ist imposant. An klaren Tagen reicht er bis in die Pyrenäen.

*Großzügig angelegte Place de la Comédie mit der Opéra Comédie im Hintergrund*

## Cathédrale St-Pierre

**1 Rue Saint-Pierre**
**+33 4 6766 0412 Mo–Sa 9:30–12, 14:30–18:30**

Der geradezu gigantisch wirkende Kirchenbau war einst Kapelle eines Benediktinerklosters. Als im Jahr 1536 der Sitz des Erzbistums Maguelone nach Montpellier verlegt wurde, erhob man die Kapelle zur Kathedrale. Während der Hugenottenkriege im 16. Jahrhundert erlitt das Bauwerk schwere Schäden. Im 19. Jahrhundert erfolgte eine erhebliche Erweiterung, weshalb die Kathedrale in ihren monumentalen Ausmaßen eher an eine wehrhafte Festung als an ein Gotteshaus erinnert.

Die östlich der Cathédrale gelegene Kirche Notre-Dame des Tables (18. Jh.) birgt fantastische Deckengemälde und eine imposante Orgel.

## Musée Fabre

**39 Blvd Bonne Nouvelle**
**Di–So 10–18 einige Feiertage museefabre.montpellier3m.fr**

Das in einem Gebäude aus dem 17. Jahrhundert untergebrachte Musée Fabre besitzt eine umfangreiche Gemäldesammlung. Überwiegend handelt es sich hierbei um Bilder französischer Künstler. Zu den Glanzlichtern gehören u. a. Werke von Rubens, Monet, Delacroix, Courbet und Berthe Morisot. Eine besondere Abteilung ist dem berühmten zeitgenössischen Künstler Pierre Soulages (1919–2022) gewidmet.

## Jardin des Plantes

**Blvd Henri IV Di–So 12–20 (Okt–Mai: bis 18)**
**facmedecine.umontpellier.fr/patrimoine/jardin-des-plantes**

Der älteste botanische Garten Frankreichs wurde im Jahr 1593 angelegt und diente als Vorbild für zahlreiche andere Gartenanlagen in Frankreich – auch für den berühmten botanischen Garten in Paris.

Das in etwa fünf Hektar große Areal umfasst ein Arboretum, einen englischen Garten, Gewächshäuser mit tropischen Pflanzen und einen idyllischen Lotusteich. Zu den ältesten Gewächsen gehört eine rund 400 Jahre alte Steinlinde.

### Strände bei Montpellier

**Carnon-Plage**
Der lange Sandstrand ist ein Favorit der Einheimischen.

**Plage du Couchant**
Ein Traumplatz für den Sonnenuntergang.

**Plage du Petit Travers**
Strand zwischen Meer, Dünen und Waldland.

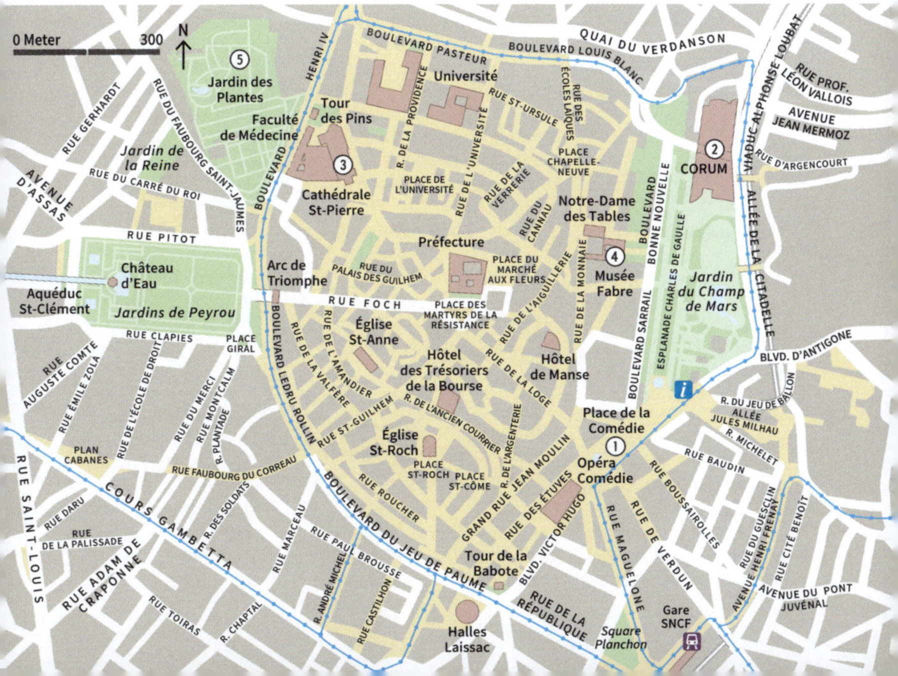

Im berühmten römischen Amphitheater werden u. a. Konzerte dargeboten

3

# Nîmes

**E6 Gard 147 500 9 km südöstl. von Nîmes Blvd Sergent Triaire Rue St-Félicité Blvd des Arènes; +33 4 6658 3800 tägl. Feria de Pentecôte (Pfingsten); Feria des Vendanges (Sep) nimes-tourisme.com**

**Nîmes war ein wichtiger Knotenpunkt der Antike und ist deshalb vor allem für seine antiken Bauwerke bekannt, insbesondere für das Amphitheater, das besterhaltene seiner Art. Die Stadt bietet aber auch moderne Architektur, u. a. die Bushaltestelle von Philippe Starck.**

1

## Cathédrale Notre-Dame-et-St-Castor

**9 Rue Saint-Castor Mo, Mi–Fr 10–12, 15–18, Sa 8:30–12, 14–18, So 9–13, 15–18**

Die 1096 vollendete romanische Cathédrale Notre-Dame-et-St-Castor wurde während der Religionskriege schwer beschädigt und im 19. Jahrhundert nahezu vollständig neu gebaut. Vom ursprünglichen Bau ist im oberen Teil der Fassade noch der beeindruckende Fries mit Szenen aus dem Alten Testament erhalten. Ein Spaziergang führt von der Kathedrale zur Porte Auguste. Das Tor aus der römischen Antike war einst Teil der Stadtbefestigung.

2  

## Les Jardins de la Fontaine (Tour Magne)

**Quai de la Fontaine +33 4 6658 3800 tägl. 7:30–18:30 (März, Sep: bis 20; Apr–Aug: bis 22)**

Als die Römer Nîmes erreichten, fanden sie eine Siedlung vor, die von den Galliern um eine Quelle herum errichtet worden war. Sie nannten die Stadt Nemausus nach ihrem Flussgott. Im 18. Jahrhundert wurden elegante formale Gärten angelegt. Heute gibt es noch ein Netzwerk aus Teichen und Steinterrassen.

Hoch über dem Garten am Mont Cavalier befindet sich die achteckige Tour Magne. Der markante Turm war einst ein wichtiger Teil der römischen Stadtmauer und bietet heute einen großartigen Blick über die Stadt.

### Römische Stätten

**Maison Carrée**
Eines der besterhaltenen Gebäude aus der Antike.

**Les Arènes**
Die ovale Arena bot in ihrer Hochzeit Platz für bis zu 20 000 Zuschauer.

**Tour Magne**
Teil der römischen Stadtbefestigung.

### Les Arènes (L'Amphithéâtre)

**Blvd des Arènes** **siehe Website** **bei Veranstaltungen und Festivals**
**arenes-nimes.com**

Alle Straßen führen zu den Arènes, dem sensationell gut erhaltenen, im 1. Jahrhundert v. Chr. erbauten Amphitheater mit ovaler Arena und Steinreihen, die Plätze für bis zu 20 000 Zuschauer boten. Die 21 Meter hohe Fassade besteht aus zwei Reihen zu je 60 Bogen. Heute finden hier Konzerte, Sportveranstaltungen und andere Events statt (u. a. Stierkämpfe und die Journées Romaines).

Das **Musée de la Romanité** gegenüber birgt Statuen, Mosaiken sowie Ton- und Glaswaren.

**Musée de la Romanité**
**16 Blvd des Arènes** **museedelaromanite.fr**

### Maison Carrée

**Pl de la Maison Carrée**
**siehe Website**
**maisoncarree.eu**

Das Gebäude mit korinthischen Säulen und Fries ist einer der besterhaltenen Tempel der Welt mit diesem Säulentypus. Im Inneren zeigt die interaktive Ausstellung Nemausus die Entstehung der Stadt.

### 5 Musée des Beaux-Arts

**Rue de la Cité Foulc**
**+33 4 6676 7182** **Di – So 10 – 18 (Sa, So bis 18:30)**
**nimes.fr**

Das Kunstmuseum beherbergt Werke holländischer, französischer, italienischer und flämischer Meister, u. a. Jacopo Bassanos *Susanna im Bade* und Michele Giambonos *Mystische Hochzeit der hl. Katharina*.

6   

### Carré d'Art

**Pl de la Maison Carrée**
**Di – So 10 – 18 (Sa, So bis 18:30)** **Feiertage**
**carreartmusee.com**

Der Kunstkomplex von Norman Foster wurde 1993 eröffnet. Fünf Stockwerke der Glas-Stahl-Konstruktion liegen unter der Erde. Das Musée d'Art Contemporain deckt die europäische Kunstszene seit 1960 ab.

Fotomotiv
**Les Arènes**

Die grandiose Fassade des Amphitheaters fotografiert man morgens am besten von der Ecke Rue de la République / Place des Arènes. Nachmittags gelingen die besten Bilder vom Boulevard Victor Hugo aus.

*Kreuzgang der Abtei St-Michel-de-Cuxa bei Prades* ↑

# SEHENSWÜRDIGKEITEN

## 4 St-Martin-du-Canigou

**D7 Casteil +33 4 6805 5003 nur Führungen; Zeiten siehe Website Jan, Karfreitag, Mo (außer im Sommer) stmartinducanigou.org**

Saint-Martin-du-Canigou liegt überaus eindrucksvoll auf einem zerklüfteten Felsvorsprung im unteren Drittel des Pic du Canigou und ist nur zu Fuß nach einem rund 40-minütigen Aufstieg von Casteil aus zu erreichen. Zum Startpunkt der Wanderung kommt man mit dem im Juli und August täglich fahrenden Shuttlebus oder mit dem Taxi.

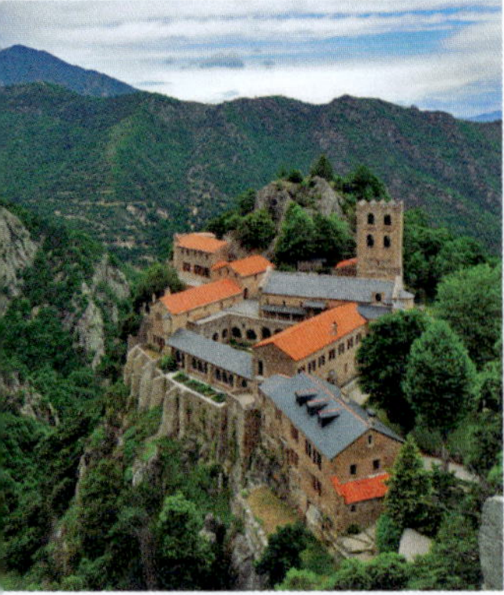

↑ *St-Martin-du-Canigou – Abtei auf einem steilen Felsvorsprung*

Die Anfang des 11. Jahrhunderts erbaute Abtei wurde von Guifred, Graf von Cerdagne, finanziert, der im Jahr 1035 in das Kloster eintrat. Hier wurde er 14 Jahre später in einem bis heute erhaltenen Grab beigesetzt, das er eigenhändig in den Felsen gehauen hatte. Die frühromanische Kirche hat den Grundriss einer Basilika. Hier wurden buchstäblich zwei Kirchen übereinandergebaut, sodass die untere Kirche zur Krypta der oberen wurde.

Geht man ein Stück nach oben, hat man den besten Blick auf den Komplex. Umrahmt von der isolierten Bergkulisse, ist das Ensemble eine würdige Hommage an den Einfallsreichtum seiner frühen Erbauer.

## 5 St-Michel-de-Cuxa

**D7 Route de Tourinya, Codalet, Prades, Pyrénées-Orientales Apr – Sep: tägl. 9:30 –11:50, 14 –18; Okt – März: tägl. 9:30 –17 So vormittags, 1. Jan, 13.– 26. Jan, Ostersonntag, 25. Dez abbaye-cuxa.com**

Das Stadtbild von Prades im Tal der Têt ist mit seinen rosafarbenen Marmorfassaden typisch für die gesamte Gegend. Die bereits 878 von Benediktinermönchen gegründete Abtei St-Michel-de-Cuxa ist ein frühes Beispiel klösterlicher Architektur. Sie war bald in ganz Frankreich und Spanien bekannt. Bogen im maurischen Stil durchbrechen die Mauern der 974 geweihten Abteikirche. Der Kreuzgang aus rosafarbenem Marmor mit seinen verzierten Kapitellen wurde im 12. Jahrhundert angefügt.

Nach der Revolution stand die Abtei leer und wurde demontiert. Erst 1913 entdeckte der US-Künstler George Grey Barnard Teile davon in

verschiedenen Häusern der Umgebung und verkaufte sie 1925 an das New Yorker Metropolitan Museum of Art. Dort bildeten sie die Grundlage des Museums The Cloisters in Manhattan.

In der Stadt Prades steht die Église St-Pierre (17. Jh.) auf den Fundamenten einer romanischen Kirche, von der der Glockenturm (12. Jh.) erhalten ist. Die Kirche besitzt eine barocke katalanische Innenausstattung sowie das größte barocke Altarbild Frankreichs. Prades ist auch für das Vermächtnis des spanischen Cellisten Pablo Casals (1876–1973) bekannt, der für viele Jahre vor dem Franco-Regime hierhergeflohen war. Zu seinem Gedenken finden in der Abtei Konzerte im Rahmen des Festival Pablo Casals statt.

6

## Prieuré de Serrabone

**D7 Boule d'Amont**
**siehe Website**
**einige Feiertage**
**ledepartement66.fr**

Hoch oben an der Nordseite des Pic du Canigou, des heiligen Bergs der Katalanen, liegt das Priorat Serrabone. Nach einer letzten Haarnadelkurve der D116 erblickt man plötzlich am Hang den schlichten Turm und die Apsis der romanischen Abtei, die von einem botanischen Garten mit einheimischen Kräutern und Pflanzen umgeben ist.

Im Inneren des asketisch wirkenden Gebäudes aus dem 12. Jahrhundert befindet sich eine überraschend reich verzierte Sängerkanzel. Die Säulen und Arkaden aus rot geädertem Marmor stammen von einem anonymen Meister aus Cuxa, dessen Werke in vielen Gebäuden in der Region zu sehen sind. Auffallend sind die Skulpturen der Friese und Kapitelle in Form von Blumen, Palmetten und Fantasietieren.

7

## Céret

**E7 Pyrénées-Orientales 7700 5 Rue Saint-Ferréol; +33 4 6887 0053 Sa (Juli, Aug: auch Di abends) Fête des Cerises (Mai / Juni) vallespir-tourisme.fr**

Céret ist die Stadt der Kirschen. Im Frühjahr stehen in der Umgebung die Kirschbäume in Blüte, an denen die ersten Kirschen des Jahres reifen. An einem Wochenende im Mai oder Anfang Juni wird ein Kirschenfest gefeiert. Die Fassaden und Loggien erinnern an Spanien. Sowohl Picasso als auch Braque und Matisse zog die Stadt an.

Zur bemerkenswerten Sammlung des **Musée d'Art Moderne** zählen einige Werke der katalanischen Künstler Tapiès und Capdeville, ausgewählte Arbeiten von Picasso sowie Werke von Matisse, Chagall, Juan Gris und Salvador Dalí.

Der katalanische Einfluss zeigt sich in den regelmäßig in der Arena stattfindenden Stierkämpfen sowie dem Sardana-Festival Ende Juli.

**Umgebung:** Nur eine kurze Autofahrt von Céret entfernt liegt der Kurort Amélie-les-Bains, in dem Überreste römischer Thermalbäder entdeckt wurden.

Etwas weiter befindet sich Arles-sur-Tech. Die Église de Ste-Marie birgt Fresken aus dem 12. Jahrhundert und einen Sarkophag, aus dem, so sagen die Einheimischen, Jahr für Jahr tropfenweise reines Wasser austritt.

**Musée d'Art Moderne**

**8 Blvd Maréchal Joffre Juli, Aug: tägl. 10–19; Sep–Juni: Di–So 10–18 musee-ceret.com**

### Schon gewusst?

**Jedes Jahr erhält der Präsident der Republik eine Kiste Céret-Kirschen.**

## TOP 3 Thermalbäder

**Amélie-les-Bains**
Die mineralreichen Quellen nahe Céret speisen Thermalbäder, die schon in der römischen Antike diverse Hautkrankheiten linderten (www.amelie-les-bains.com).

**Vernet-les-Bains**
Seit Jahrhunderten zieht das spezielle Mikroklima Besucher und Kurgäste an (www.vernet-les-bains.fr).

**St-Thomas-les-Bains**
Die warmen Schwefelquellen (58 °C) können auch in den Wintermonaten für Heilzwecke genutzt werden (www.bains-saint-thomas.fr).

*Weinreben auf einem Hügel oberhalb einer Bucht der Côte Vermeille*

## Côte Vermeille

**E7 Pyrénées-Orientales Perpignan Collioure, Cerbère Collioure, Banyuls-sur-Mer Collioure; +33 4 6882 1547 collioure.com**

Wo die Pyrenäen ans Mittelmeer grenzen, windet sich die Küstenstraße an ruhigen Buchten mit Kiesstränden und felsigen Abschnitten entlang. Der schönste Küstenstreifen der Region wurde nach den zinnoberroten Felsen (*vermeille* = leuchtend rot) der Vorgebirge benannt. Die Côte Vermeille reicht bis zur Costa Brava. Der katalanische Einschlag lässt das Ambiente halb spanisch, halb französisch erscheinen.

Argelès-Plage mit einem der größten Campingplätze Europas hat drei Sandstrände. Der kleine Ferienort Cerbère, der letzte vor der spanischen Grenze, hisst stolz die katalanische Flagge.

An der ganzen Küste werden an den Hängen des Vorgebirges schwere Weine wie Banyuls oder Muscat angebaut. Die Weinlese ist wegen des Geländes kompliziert. Griechische Siedler bauten hier schon im 7. Jahrhundert v. Chr. Wein an. Banyuls verfügt über Weinkeller aus dem Mittelalter.

Banyuls-sur-Mer ist der Geburtsort des Bildhauers Aristide Maillol (1861–1944). Port-Vendres verdankt seine Befestigungsanlagen Vauban, dem Architekten Louis' XIV. Heute lebt der Ort vom Fischfang.

## Collioure

**E7 Pyrénées-Orientales 2400 Place du 18 Juin Mi, So collioure.com**

Die Farben von Collioure lockten Matisse 1905 erstmals in die Stadt der hellen Stuckhäuser, Zypressen und farbenfroh bemalten Fischkutter – das Ganze im intensiven Licht des Südens vor der Kulisse des türkisblauen Meers. Andere Maler, etwa André Derain, arbeiteten hier im Bannkreis des Meisters. Man nannte sie wegen ihrer kühnen Farbexperimente *fauves* (die »Wilden«).

Heute sind die Kopfsteinpflastergassen von Kunstgalerien und Souvenirläden gesäumt. Dennoch hat sich das Fischerdorf seit damals wenig verändert. Auch heute noch lebt man hier hauptsächlich vom Sardinenfang. Zwei Salzhäuser für die Produktion von Anchovis können besichtigt werden.

Drei Strände (Sand- und Kiesstrände) befinden sich rechts und links vom Hafen. Er wird vom gewaltigen **Château Royal**, das Teil der Hafenmauer ist, beherrscht. Es wurde im 13. Jahrhundert von den Rittern des Templerordens errichtet. Collioure wurde zum Hafen von Perpignan und blieb unter der Herrschaft Aragóns, bis es 1659 an Frankreich fiel. Die äußeren Befestigungsanlagen wurden zehn Jahre später von Vauban verstärkt.

→ *Collioure – malerischer Ort mit Kiesstrand und Kirche direkt am Wasser*

## Hotels

**Château de Riell**
Kleines Château mit schönem Spa.
D7 Molitg-les-Bains Dez, Jan
chateauderiell.com

**Relais des Trois Mas**
Tolle Aussicht vom Pool und der Terrasse.
E7 Route de Port-Vendres, Collioure
relaisdestroismas.com

**Hôtel de l'Amphithéâtre**
Boutiquehotel in mehreren Herrenhäusern.
E6 4 Rue des Arènes, Nîmes hoteldelamphitheatre.com

**Hôtel de la Cité**
Hotel in einer mittelalterlichen Zitadelle.
D7 Pl August-Pierre Pont, Carcassonne
cite-hotels.com

Die an der Hafeneinfahrt gelegene Église Notre-Dame-des-Anges (17. Jh.) birgt fünf Altäre, die von katalanischen Künstlern gestaltet wurden.

**Château Royal**
+33 4 6882 0643
siehe Website 1. Jan, 1. Mai, 15., 16. Aug, 25. Dez
ledepartement66.fr

### 10 Forteresse de Salses

E7 Pyrénées-Orientales Salses-le-Château Apr–Sep: tägl. 10–18; Okt–März: tägl. 10–12:45, 14–15:15 1. Jan, 1. Mai, 1., 11. Nov, 25. Dez
forteresse-salses.fr

Die Forteresse de Salses an der alten französisch-spanischen Grenze vor dem Hintergrund der Weinberge der Corbières sieht wie eine riesige Sandburg aus. Die Festung bewacht den Engpass zwischen den Bergen und dem Étang de Leucate.

König Ferdinand von Aragón ließ sie 1497–1506 zur Verteidigung des in spanischem Besitz befindlichen Roussillon errichten. Die Mauern und Türme sind ein Paradebeispiel spanischer Festungsarchitektur: Sie konnten Kanonenkugeln standhalten. Im Inneren waren Stallungen und unterirdische Gänge.

**Schon gewusst?**

**Der Glockenturm der Église Notre-Dame-des-Anges in Collioure ist ein ehemaliger Leuchtturm.**

### 11 Elne

E7 Pyrénées-Orientales 9400
2 bis Rue du Couvent; +33 4 4898 0008 Mi
tourisme-occitanie.com

218 v. Chr. machte Hannibal hier Zwischenstation, als er gen Rom zog. Elne, bis zum 16. Jahrhundert eine der bedeutendsten Städte des Roussillon, ist heute vor allem wegen der **Cathédrale de Ste-Eulalie et Ste-Julie** aus dem 11. Jahrhundert bekannt. Die Kapitelle aus Marmor sind meisterhaft skulptiert. Die an die Kathedrale angrenzende Seite des Kreuzgangs entstand Anfang des 12. Jahrhunderts, die anderen drei im 13./14. Jahrhundert.

**Cathédrale de Ste-Eulalie et Ste-Julie**
Plateau des Garaffes
+33 4 6822 7090
siehe Website
ville-elne.fr

## 12 Minerve

**E6 Hérault 100**
**9 Rue des Martyrs; +33 4 6797 0665 minervois-caroux.com**

Auf einem Felsen am Zusammenfluss von Cesse und Briant liegt Minerve. Die Stadt besitzt einen achteckigen Wehrturm, die »Candela« (Kerze), das Einzige, was von der mittelalterlichen Burg übrig blieb. 1209 hielt Minerve sieben Wochen lang der Belagerung durch die Armee des Simon de Montfort, des Schreckens der Katharer, stand. 140 Katharer wurden schließlich auf Scheiterhaufen verbrannt.

Heute kommt man über eine die Schlucht überspannende Brücke in die Stadt. Biegen Sie rechts ab, und fahren Sie an der Porte des Templiers vorbei zur Église St-Étienne (12. Jh.). Vor der Kirche sieht man eine skulptierte Taube – Symbol der Katharer. Innen steht ein weißer Altar (5. Jh.), eines der ältesten Werke einheimischer Handwerker. Ein Weg führt unterhalb der Stadt am Fluss entlang, welcher hier zwei Höhlen und zwei Brücken – Grand Pont und Petit Pont – in die weichen Kalksteinfelsen geschnitten hat.

## 13 Béziers

**E6 Hérault 78 700**
**Place du Forum; +33 4 9941 3636 Fr beziers-mediterranee.com**

Béziers ist für Stierkämpfe, Rugby und Wein bekannt, hat aber auch andere Attraktionen zu bieten. Straßen führen hinauf zur Cathédrale St-Nazaire (14. Jh.). Im Jahr 1209 wurden Tausende Einwohner beim Kreuzzug gegen die Katharer getötet. Auf die Frage ratloser Soldaten, wie man die Katholiken von den Katharern unterscheiden könne, kam der Befehl: »Tötet alle, Gott wird die Seinen schon erkennen!«

Die älteste Kirche von Béziers ist die Basilika Saint-Aphrodise. Sie wurde über dem Grab des Schutzpatrons der Stadt errichtet.

Paul Riquet, Béziers' berühmtester Sohn, baute Ende des 17. Jahrhunderts den Canal du Midi. Seine Statue steht in den Allées Paul-Riquet, die Platanen und Restaurants säumen.

**Umgebung:** Die Römerstätte Oppidum d'Ensérune steht über der Ebene von Béziers. Das **Musée de l'Oppidum d'Ensérune** zeigt eine archäologische Sammlung: von keltischen Vasen über Waffen und Schmuck bis zu Grabfragmenten. Im **Château de Raissac** (zwischen Béziers und Lignan) befindet sich ein ungewöhnliches Fayence-Museum (19. Jh.).

**Musée de l'Oppidum d'Ensérune**

**Nissan-lez-Ensérune siehe Website einige Feiertage enserune.fr**

**Château de Raissac**
**Rte de Murviel Mo – Sa nach Voranmeldung raissac.com**

## 14 Narbonne

**E7 Aude 56 000**
**31 Rue Jean Jaurès; +33 4 6865 1560 Do, So cotedumidi.com**

Narbonne liegt inmitten einer boomenden Weinregion. Das Zentrum wird durch den baumbestandenen Canal de la Robine in zwei Hälften geteilt.

Im Norden liegt das restaurierte mittelalterliche Stadtviertel mit schicken Läden, guten Restaurants und einer der interessantesten Sehenswürdigkeiten der Stadt, dem **Horreum**. Der unterirdische Kornspeicher stammt aus dem 1. Jahrhundert v. Chr., als Narbonne ein wichtiger Hafen und Hauptstadt der größten römischen Provinz Galliens war. Seit 2020 vereint das hochmoderne Museum **Narbo Via** das Beste aus der römischen Geschichte der Stadt. Das vom Architekten Norman Foster entworfene Gebäude beherbergt mehr als 500 Exponate aus der reichen antiken Vergangenheit von Narbonne.

Der Stadt ging es bis zum 15. Jahrhundert sehr gut. Dann versandete der Hafen, die Aude suchte sich ein anderes Flussbett. Zu diesem Zeitpunkt war Narbonne ein

### Canal du Midi

Der 240 Kilometer lange Canal du Midi verläuft von Sète aus bis nach Toulouse. Viele Wehre, Aquädukte und Brücken wurden von Paul Riquet, Ingenieur aus Béziers, angelegt. Der 1681 fertiggestellte Kanal erleichterte den Handel im Languedoc und verband über die Garonne den Atlantik mit dem Mittelmeer. Heute verkehren auf dem Kanal vor allem Urlaubsboote.

*Im Zentrum von Narbonne laden viele schöne Plätze zum Bummeln ein* ↑

bedeutendes Bistum. Die Kirche hatte eine Kathedrale nach dem Vorbild der großen gotischen Kathedralen Nordfrankreichs in Auftrag gegeben, die dann aber weniger großartig als geplant ausfiel. Bei der heutigen Cathédrale St-Just et St-Pasteur handelt es sich eigentlich um den 1272 begonnenen Chor. Dennoch ist die Kirche wegen der Skulpturen aus dem 14. Jahrhundert, der Buntglasfenster und der prächtigen Orgel (18. Jh.) eindrucksvoll. Die Wände zieren Tapisserien aus Aubusson. Die Chapelle de l'Annonciade birgt einen Kirchenschatz.

Zwischen der Kathedrale und dem Palais des Archevêques liegt ein Kreuzgang mit vier Galerien mit Gewölben aus dem 14. Jahrhundert. Der Komplex aus Palast und Kathedrale beherrscht das Zentrum von Narbonne. Inmitten der massiven Türme (14. Jh.) des Palais des Archevêques liegt das Rathaus mit einer neogotischen Fassade von Viollet-le-Duc *(siehe S. 202)*, jenem Architekten, der das mittelalterliche Frankreich so zielstrebig restaurierte. Schwindelfreie können den 42 Meter hohen Donjon Gilles Aycelin hinaufsteigen.

**Narbonne wird durch den Canal de la Robine in zwei Hälften geteilt. Im Norden liegt das restaurierte mittelalterliche Stadtviertel mit schicken Läden und guten Restaurants.**

Hier befindet sich auch eine der Hauptsehenswürdigkeiten der Stadt: Im **Palais-Musée des Archevêques** sind das ehemalige Musée d'Archéologie und das Musée d'Art et d'Histoire vereint. Die fantastische Sammlung reicht von archäologischen Funden über luxuriöse Möbel bis zu beeindruckenden Kunstwerken von der Renaissance bis zum Beginn des 20. Jahrhunderts.

Südlich des Canal de la Robine stehen hübsche Patrizierhäuser, u. a. die Maison des Trois Nourrices aus der Renaissance an der Ecke Rue des Trois-Nourrices und Rue Edgar-Quinet.

**Umgebung:** 13 Kilometer südwestlich von Narbonne liegt, von Zypressen umgeben, die Abbaye de Fontfroide (11. Jh.). Die terrassenförmigen Gärten des Zisterzienserklosters sind für Besucher geöffnet. Mit mehr als 2500 Sorten ist der Rosengarten der größte in Südfrankreich. Das Weingut vor Ort bietet Führungen und Weinproben an.

**Horreum**
**7 Rue Rouget-de-l'Isle Mai – Sep: Di – So 10 –13, 14 –18; Okt – Apr: Di – So 10 –12, 14 –17 einige Feiertage narbovia.fr**

**Narbo Via**
**2 Ave André Mècle Mai – Sep: Di – So 10 –19; Okt – Apr: Di – So 11–18 narbovia.fr**

**Palais-Musée des Archevêques**
**Palais des Archevêques siehe Website cotedumidi.com**

## Schon gewusst?

**Seit 1988 wird der Strand von Narbonne jedes Jahr mit der Blauen Flagge ausgezeichnet.**

*Innenhof des Hôtel des Barons mit Steintreppe, Pézenas* ↑

## Pézenas

**E6 Hérault 7800 Pl des États de Languedoc; +33 4 6798 3640 Sa capdagde.com**

Pézenas ist eine bezaubernde Kleinstadt mit Zeugnissen aus der Blütezeit im 16. und 17. Jahrhundert, als Pézenas Regierungssitz des Languedoc war.

Schön sind Innenhöfe wie der des Hôtel des Barons de Lacoste (10 Rue François-Oustrin) mit einer Steintreppe oder der Hof der Maison des Pauvres (12 Rue Alfred-Sabatier) mit drei Galerien und einer Treppe. Achten Sie auch auf das mittelalterliche Schaufenster in der Rue Triperie-Vieille.

Durch die Porte Faugères (14. Jh.) gelangt man in das mittelalterliche Getto, das mit seiner Enge ein wenig beklemmend wirkt. Antiquitäten-, Secondhand- und Buchläden tragen zum Reiz der Stadt bei, die von Weinbergen umgeben ist.

Expertentipp
**Passa Païs**

Der einer alten Bahnstrecke folgende Radwanderweg verläuft durch die südlichen Ausläufer des Parc Naturel Régional du Haut-Languedoc und durchquert einige sehr hübsche Dörfer.

## Sète

**E6 Hérault 44 600 60 Grand'Rue Mario Roustan; +33 4 9904 7171 Mi–Fr tourisme-sete.com**

Sète ist ein großer Fischerei- und Industriehafen. In den Läden werden Schiffslaternen und -schrauben verkauft, in den Lokalen verschlingen Matrosen große Schüsseln mit frischen Muscheln oder Austern. Sète, auch »Venedig des Languedoc« genannt, verfügt über ein Labyrinth von Kanälen. Die meisten Restaurants liegen am Canal Royal. Die Häuser erinnern an Italien: pastellfarbene Fassaden und schmiedeeiserne Balkone mit Blick auf Kanäle und Brücken. Zum Gedenkfest für den Schutzpatron gehört das Lanzenstechen, das auf das Jahr 1666 zurückgeht.

Das **Musée de la Mer** in der Nähe des Théâtre de la Mer dokumentiert die ereignisreiche maritime Geschichte von Sète.

Oberhalb der Stadt liegt der Cimetière Marin, auf dem der berühmteste Sohn der Stadt, der Schriftsteller Paul Valéry (1871–1945), begraben liegt. Ein kleines Museum mit fantastischem Blick auf die Küste und die Berge erinnert an den Lyriker und Philosophen.

**Musée de la Mer**
**1 Rue Jean Vilar**
**+33 4 9904 7155**
**siehe Website**
**tourisme-sete.com**

## St-Guilhem-le-Désert

**E6 Hérault 240 2 Pl de la Liberté; +33 4 6756 4197 saintguilhem-valleeherault.fr**

Der in die Celette-Berge eingebettete Ort ist nicht mehr so abgelegen wie im 9. Jahrhundert, als sich Wilhelm von Aquitanien als Einsiedler hierher zurückzog. Nachdem er in der Armee Kaiser Karls des Großen gedient hatte, bekam er zum Dank eine Kreuzpartikelreliquie und gründete im felsigen Tal des Hérault ein Kloster.

Man hat zwar einige Überreste der Kirche aus dem 10. Jahrhundert gefunden, der größte Teil stammt jedoch aus dem 11. und

## Restaurants

**L'Entre-Pots**
Das kleine Weinlokal serviert köstliche regionale Gerichte.

**E6** **8 Ave Louis-Montagne, Pézenas** **So, Mo** **restaurantentrepots.com**

**Le Divil**
Eines der besten Restaurants in Perpignan. Der Fokus liegt auf Fleischgerichten. Das interessante Dekor ist von Dalí inspiriert.

**E7** **9 Rue Fabriques d'en Nabot, Perpignan** **So** **restaurant-le-divil-66.com**

**Atelier & Co**
Wie wäre es mit Austern und Muscheln frisch aus dem Étang de Thau?

**E6** **Port de Loupian, Zone Conchylicole Ouest, Loupian** **Nov – Mai** **ateliernco.com**

12. Jahrhundert und ist typisch romanisch. Durch ein verziertes Portal gelangt man auf den Klosterhof. Das von einem Tonnengewölbe bedeckte Mittelschiff führt zur Hauptapsis. Vom Kreuzgang sind nur zwei Galerien erhalten geblieben. Die anderen beiden wurden mit Teilen aus der Abtei St-Michel-de-Cuxa für den Bau von The Cloisters verwendet.

## Parc Naturel Régional du Haut-Languedoc

**E6** **Hérault, Tarn** **Béziers** **Béziers, Bédarieux, Aveyron** **St-Pons-de-Thomières** **St-Pons-de-Thomières; +33 4 6797 3822** **parc-haut-languedoc.fr**

Die Hochebenen und bewaldeten Hänge sind eine Welt für sich. Von der Montagne Noire, einer Bergregion zwischen Béziers und Castres, bis zu den Cevennen prägen abgelegene Bauernhöfe mit Schafen, verwitterte Felsen und tiefe Schluchten das Landschaftsbild. Ein großer Teil der Gegend ist zum Parc Régional du Haut-Languedoc erklärt worden.

Fährt man auf der D908 von St-Pons durch den Park, kommt man an Olargues mit einer Brücke (12. Jh.) über den Jaur vorbei. Am Ostende des Parks liegt Lamalou-les-Bains mit Belle-Époque-Kurhaus und Theater.

Im Nordosten grenzt eine besondere Landschaft an den Park: Beim Cirque de Navacelles teilt sich der Fluss Vis auf und umschließt die dadurch entstandene Insel mit dem Dorf Navacelles. Die **Grotte des Demoiselles** wartet mit einer bizarren Felswelt auf. Eine Zahnradbahn bringt die Besucher auf den Berggipfel.

Die **Grotte de Clamouse** ist einmalig: Das von unterirdischen Flussläufen und Seen reflektierte Licht scheint an der Höhlendecke zu tanzen. Die Stalagmiten und Stalaktiten erinnern an Kerzen.

**Grotte des Demoiselles**
**St-Bauzille-de-Putois, Ganges** **siehe Website (Buchung vorab empfohlen)** **einige Feiertage** **demoiselles.com**

**Grotte de Clamouse**
**Route de St-Guilhem-le-Désert, St-Jean-de-Fos** **nur Führungen: Zeiten siehe Website** **clamouse.com**

*Sonnenuntergang über dem Parc Naturel Régional du Haut-Languedoc*

*An Stufenpyramiden erinnernde Gebäude in La Grande-Motte*

## 19 La Grande-Motte

**E6 Hérault 8600 55 Rue du Port So lagrandemotte.com**

Die bizarren weißen Stufenpyramidenbauten des modernen Hafenstädtchens sind typisch für die Entwicklung der Küste dieser Region. La Grande-Motte ist einer von vielen neuen Badeorten südlich von Montpellier. Im Osten liegen Le Grau-du-Roi, früher ein winziges Fischerdorf, und Port-Camargue mit einem großen Jachthafen.

## 20 Aigues-Mortes

**E6 Gard 8600 23 Pl St Louis; +33 4 6653 7300 Mi, So ot-aiguesmortes.fr**

Am besten erreicht man die Stadt mit ihren völlig intakten Befestigungsmauern, wenn man durch die Salinen der Petite Camargue fährt. Dank der Befestigungsanlagen ist Aigues-Mortes (»Ort der toten Wasser«) ein beliebtes Reiseziel.

Der Ort, der damals noch direkt am Mittelmeer lag, wurde im 13. Jahrhundert auf Befehl Louis' IX zur Konsolidierung seiner Macht gebaut. Die Straßen verlaufen rechtwinklig zueinander.

**Umgebung:** Nordöstlich, auf der anderen Seite der Bucht, liegt St-Gilles-du-Gard, im Mittelalter ein bedeutender Hafen. Ein Abstecher lohnt sich wegen der großartigen Fassade der Abteikirche (12. Jh.), die von Mönchen aus Cluny als Stätte der Verehrung des hl. Gilles und als Station auf der Route nach Santiago de Compostela *(siehe S. 406f)* gegründet wurde.

Schöne Aussicht
**Camargue-Panorama**

Die beste Aussicht in Aigues-Mortes bietet die beeindruckende, 1242 unter Louis IX errichtete Tour de Constance. Von oben hat man einen herrlichen Blick über die Camargue.

## 21 Perpignan

**E7 Pyrénées-Orientales 118 000 Place de la Loge; +33 4 6866 3030 tägl. perpignantourisme.com**

Perpignan besitzt katalanisches Flair. Die Promenade am Fluss Têt säumen Palmen, die Fassaden leuchten türkis oder rosa. Im arabischen Viertel werden Gewürze, Couscous und Paella angeboten.

Die Hauptstadt des Roussillon ist eine der bedeutendsten Städte des französischen Mittelmeerraums. Perpignans Blütezeit lag im 13. und 14. Jahrhundert unter den Königen von Mallorca und den Königen von Aragón, die über große Teile Spaniens und Südfrankreichs herrschten. Eines der schönsten Gebäude der Stadt ist die Loge de Mer. Sie wurde 1397 als Börse und Handelsgericht errichtet. Nur der östliche Flügel ist im ursprünglich gotischen Stil erhalten. Der Rest des Baus wurde 1540 im Renaissance-Stil mit prächtigen Holzdecken und skulptierten Fensterumrandungen erneuert.

Daneben steht das Hôtel de Ville mit schmiedeeisernen Portalen. Sein Arkadenhof geht teilweise auf das Jahr 1315 zurück. In der Mitte steht Aristide Maillols allegorische Statue *Méditerranée* (1902–1905).

Im Osten liegt das labyrinthartige Straßengewirr um die **Cathédrale St-Jean**. Der Kirchenbau mit dem schmiedeeisernen Glockenturm wurde 1324 begonnen und

## Schon gewusst?

**Salvador Dalí schuf das bekannte Ölgemälde *La Gare de Perpignan*.**

1509 fertiggestellt. Baumaterialien waren Kieselsteine aus dem Fluss und rote Backsteine.

Das Innere wirkt eher düster: vergoldete Altaraufsätze und bemalte Holzstatuen reihen sich entlang des Mittelschiffs. Sehr schön ist das präromanische Marmortaufbecken. An die Kirche grenzen der von einem Kreuzgang umgebene Friedhof und eine Kapelle.

Das **Palais des Rois de Majorque** (18. Jh.) mit schönen Gartenanlagen ist um einen Arkadenhof gebaut, an den die Salle de Majorque grenzt, ein großer Saal mit imposantem Kamin und riesigen gotischen Spitzbogenfenstern. Die zweistöckige Kapelle zeigt den besonderen gotischen Stil, der in dieser Region prägend war: Spitzbogen, Freskenfragmente und Gewölbekappen mit Sternenbesatz, die den maurischen Einfluss widerspiegeln. Das elegante rosa Marmorportal der oberen Kapelle ist ein typisches Beispiel für den romanischen Baustil des Roussillon. Die skulptierten Kapitelle sind gotisch. Im Innenhof des Palasts finden ab und zu Konzerte statt.

Der rote Backsteinturm und der rosafarbene Glockenturm des Castillet wurden 1368 als Wehrtor errichtet und zum Gefängnis ausgebaut. Sie sind die einzigen Reste der Stadtmauer und beherbergen die **Casa Pairal**, eine traditionelle katalanische Küche mit typischer Einrichtung.

Das in zwei Herrenhäusern (17. / 18. Jh.) untergebrachte **Musée d'Art Hyacinthe Rigaud** ehrt Hyacinthe Rigaud (1659 –1743), in Perpignan geborener Hofmaler von Louis XIV und Louis XV. Es gibt auch mittelalterliche Kunst zu sehen, u. a. das *Retable de la Trinité* (15. Jh.) des Maître de la Loge de Mer. Einer der Säle ist Aristide Maillol und einigen seiner Zeitgenossen gewidmet, darunter Picasso, der hier mehrere längere Aufenthalte verbrachte.

**Cathédrale St-Jean**
**Pl de Gambetta**
**Mo – Sa 8 –18 (Sommer: bis 19), So 11–18**
**cathedraleperpignan.fr**

**Palais des Rois de Majorque**
**2 Rue des Archers** **+33 4 6834 9626**
**Apr – Juni, Sep, Okt: tägl. 10 –18; Juli, Aug: tägl. 9:30 –18:30; Nov – März: tägl. 10 –17** **Jan, 1. Mai, 1. Nov, 25. Dez**

**Casa Pairal**
**Place de Verdun, Le Castillet** **+33 4 6835 4205** **Okt – Mai: Di – So 11–17:30; Juni – Sep: tägl. 10:30 –18:30** **einige Feiertage**

**Musée d'Art Hyacinthe Rigaud**
**21 Rue Mailly**
**Okt – Mai: Di – So 11–17:30; Juni – Sep: tägl. 10:30 –19**
**musee-rigaud.fr**

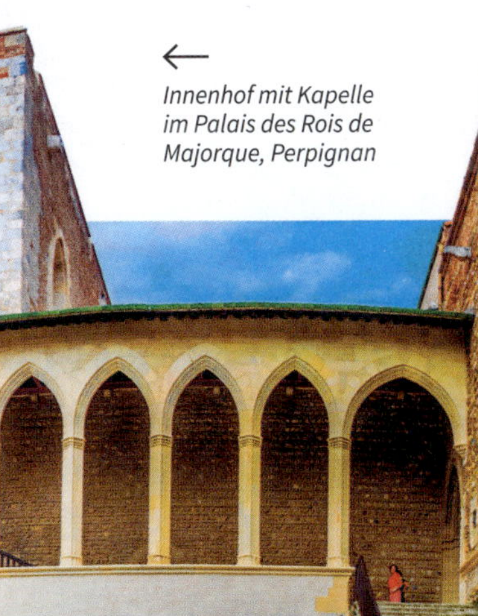

←
*Innenhof mit Kapelle im Palais des Rois de Majorque, Perpignan*

## Schon gewusst?

**Der Golfe du Lion (»Löwengolf«) wurde wegen der für Fischer gefährlichen Winde so benannt.**

22

## Golfe du Lion

**E7 Aude, Hérault Montpellier Sète 55 Rue du Port, La Grande-Motte lagrandemotte.com**

Die Küstenregion des Languedoc-Roussillon besitzt fast ununterbrochene Sandstrände. Nur die felsige Bucht der Côte Vermeille am südlichen Ende macht hiervon eine Ausnahme. Einige neu errichtete Badeorte – manche im regionalen Baustil, manche auch mit Fantasie-Architektur – bieten familienfreundlichen und bezahlbaren Urlaub.

La Grande-Motte präsentiert Stufenpyramiden-Architektur *(siehe S. 486)*. In Cap d'Agde gibt es die größte FKK-Anlage Europas. Agde ist für seine schwarzen Basalthäuser und seine trutzige Kathedrale bekannt. Port Leucate und Port Bacarès sind ideal für Wassersportler, Sète *(siehe S. 484)* ist ein berühmter Fischereihafen. Die Küste des Languedoc besitzt große Lagunen, die nahe der Camargue auch Lebensraum vieler Watvögel sind.

23

## Cerdagne

**D7 Pyrénées-Orientales Perpignan Mont-Louis, Bourg-Madame, Latour-de-Carol, Enveitg 1 Pl du Roser, Saillagouse; Mont-Louis pyrenees-cerdagne.com mont-louis.net**

Die abgelegene Region der Cerdagne, die im Mittelalter ein eigenständiger Staat war, gehört heute teils zu Frankreich, teils zu Spanien. Die Hochplateaus mit ihren idyllischen Bergseen sowie dichten Kiefern- und Kastanienwäldern sind ein beliebtes Ski- und Wandergebiet, das man mit dem Petit Train Jaune (www.letrainjaune.fr) sehr gut an einem Tag erkunden kann. Diese bereits seit dem Jahr 1909 betriebene Bahnstrecke gehört zu den landschaftlich schönsten in Frankreich und umfasst den höchstgelegenen Bahnhof des Landes. Stationen sind Mont-Louis (die Befestigungsanlagen von Vauban, dem Militärarchitekten von Louis XIV, zählen zum UNESCO-Welterbe), der Wintersportort Font-Romeu, Latour-de-Carol und etwas weiter unten das kleine Dorf Yravals.

Bei Odeillo steht ein Solarkraftwerk. Die in den 1960er Jahren zu Forschungs- und Testzwecken errichtete Anlage zählt zu den größten ihrer Art weltweit und ist mit ihren Rundspiegeln interessant anzusehen.

## 24 Pont du Gard

**F6 · La Bégude, 400 Route du Pont du Gard · von Nîmes · +33 4 6637 5110 · pontdugard.fr**

Der 2000 Jahre alte Pont du Gard, eine UNESCO-Welterbestätte, gehört zu den größten Sehenswürdigkeiten der Region. Schon die Römer betrachteten die 48 Meter hohe Brücke (die höchste, die sie je gebaut hatten) als ein Zeugnis der Größe ihres Imperiums.

Die Wasserleitung wurde aus riesigen Steinquadern errichtet, die Sklaven mit Flaschenzügen nach oben beförderten. Dicke Kalkablagerungen deuten darauf hin, dass der Aquädukt 400 bis 500 Jahre lang seinen Dienst tat und Nîmes mit Wasser aus der Quelle bei Uzès versorgte.

Uzès ist eine hübsche Kleinstadt mit einem Marktplatz und mittelalterlichen Türmen.

## 25 Corbières

**DE7 · Aude · Perpignan · Narbonne, Carcassonne, Lézignan-Corbières · Narbonne, Carcassonne, Lézignan-Corbières · Place des Vosges · tourisme-corbieres-minervois.com**

Die Corbières, eine der urwüchsigsten Gegenden Frankreichs mit wenigen Straßen und noch weniger Dörfern, sind vor allem für ihre Weine und die Katharerburgen bekannt. Das Landschaftsbild wird von Ginster und *garrigues* (Zwergsträuchern) geprägt. An Südhängen wird Wein angebaut.

Im Süden erheben sich die mittelalterlichen Festungen Peyrepertuse, die größte französische Bastion der Katharer, und Quéribus, eine ihrer letzten Burgen. Die Führungen in der Katharerburg von Villerouge-Termenès erläutern die turbulente Vergangenheit.

↑ *Sonnenaufgang über der Festung Peyrepertuse in der Nähe von Corbières*

Im Westen liegt die karge ehemalige Grafschaft Razès im oberen Aude-Tal. Ein Geheimtipp ist das Dorf Alet-les-Bains mit gut erhaltenen Fachwerkhäusern und den Überresten einer Benediktinerabtei, die von den Religionskriegen gezeichnet ist.

↓ *Pont du Gard über den Fluss Gardon – Baudenkmal aus der römischen Antike*

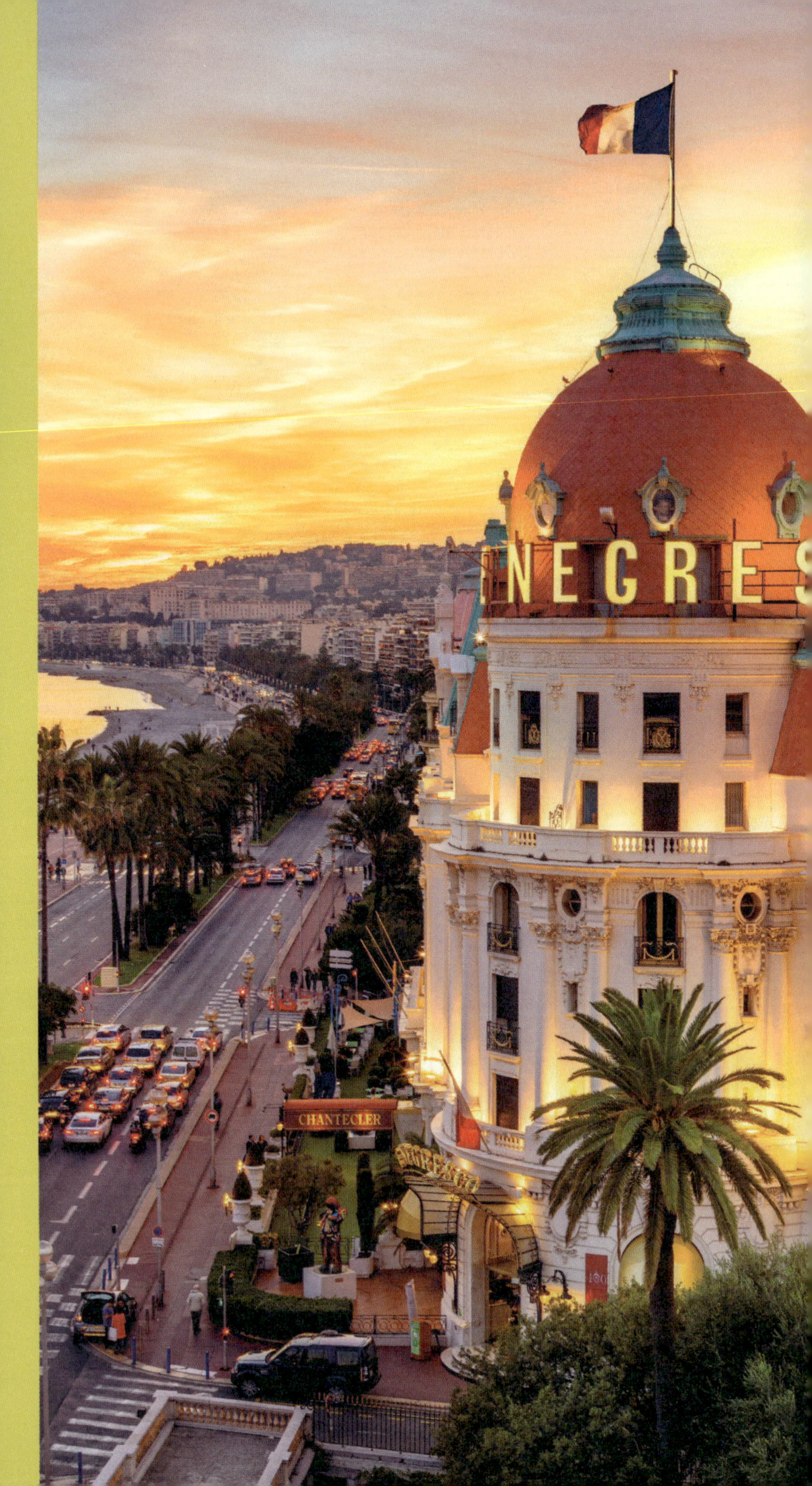
NEGRES
CHANTECLER

*Hotel Negresco in Nizza* (siehe S. 507)

# Provence und Côte d'Azur

Von den Ausläufern der Alpen über die nach Kräutern duftenden Hügel bis zu den Stränden und Jachthäfen am azurblauen Meer – keine andere Region Frankreichs verzaubert ihre Besucher derart. Das Licht des Südens zog Maler und Schriftsteller gleichermaßen an.

Die Provence hat natürliche Grenzen: im Westen die Rhône, im Süden das Mittelmeer, im Norden das Ende der Olivenhaine und im Osten die Alpen sowie die Grenze zwischen Frankreich und Italien, die im Lauf der Jahrhunderte mehrmals neu gezogen wurde. Dazwischen erstrecken sich zahlreiche Schluchten, Salinen, Lavendelfelder und Sonnenstrände.

Frühe Besiedlungen haben ihre Spuren hinterlassen. In Orange und Arles werden Römerbauten heute noch genutzt. Befestigte Dörfer wie Èze sollten vor den Sarazenen schützen, die im 6. Jahrhundert die Küste bedrohten. Im 19. Jahrhundert zog es wohlhabende Nordeuropäer im rauen Winter an die Riviera. Ab den 1920er Jahren war für die High Society ganzjährig Saison, wovon noch heute die eleganten Villen zeugen. Die Sonne verleiht der Landschaft ihr »Aroma«: Erst die Kräuter machen ein Fischgericht zur *bouillabaisse*, der Krönung der provenzalischen Küche.

Das sonnige Bild trübt sich nur, wenn der Mistral über das Land peitscht. Doch wie die Olivenbäume haben sich auch die Provenzalen längst mit dem nur kurz andauernden Fallwind arrangiert.

# Provence und Côte d'Azur

## Highlights

1. Arles
2. Camargue
3. St-Paul-de-Vence
4. Nizza
5. Monaco
6. Palais des Papes

## Sehenswürdigkeiten

7. Orange
8. Vaison-la-Romaine
9. Mont Ventoux
10. Châteauneuf-du-Pape
11. Fontaine-de-Vaucluse
12. Carpentras
13. Luberon
14. Gordes
15. St-Rémy-de-Provence
16. Aix-en-Provence
17. Tarascon
18. Fréjus
19. Les Baux-de-Provence
20. Massif des Maures
21. Cassis
22. Hyères
23. Toulon
24. Îles d'Hyères
25. St-Tropez
26. Digne-les-Bains
27. Cannes
28. Grasse
29. St-Raphaël
30. Antibes
31. Cap d'Antibes
32. Gorges du Loup
33. Vallauris
34. Biot
35. Cagnes-sur-Mer
36. Villefranche-sur-Mer
37. Vence
38. Èze
39. Roquebrune-Cap-Martin
40. St-Jean-Cap-Ferrat
41. Menton
42. Alpes-Maritimes
43. Marseille

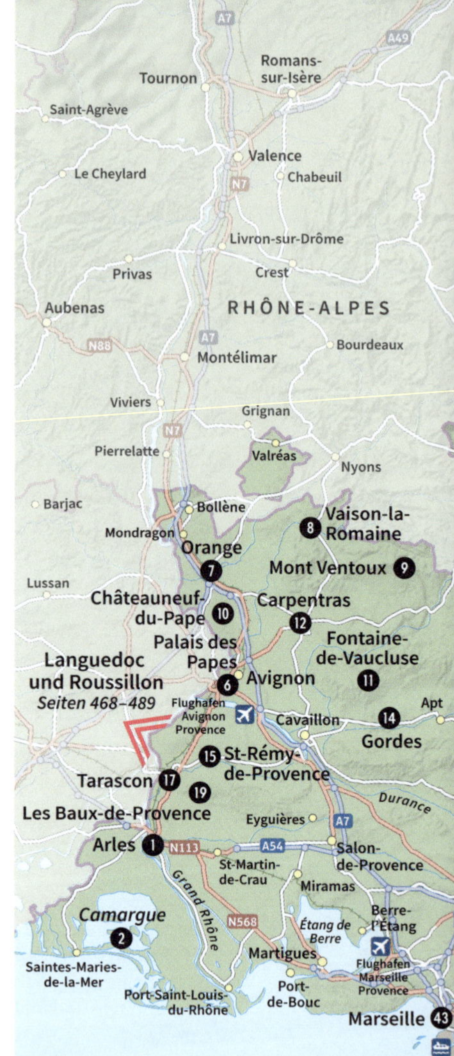

Rhône-Tal und Französische Alpen
Seiten 360–391
Provence und Côte d'Azur
ITALIEN
PROVENCE-ALPES-CÔTE D'AZUR
Grenoble
Le Pont-de-Claix
L'Alpe-d'Huez
Col du Galibier
Oulx
Monêtier-les-Bains
Sestriere
Les Écrins 4102 m
Briançon
Vallouise
Argentière-la-Bessée
Aiguilles
Abriès
Châtillon-en-Diois
Saint-Bonnet
Mont-Dauphin
Saint-Véran
Saint-Étienne-en-Dévoluy
Châteauroux
Guillestre
Casteldelfino
Gap
La Bâtie-Neuve
Embrun
Parpaillon
Chiappera
Centallo
Aspres-sur-Buëch
Veynes
Chorges
Caraglio
Cuneo
Tallard
Le Lauzet-Ubaye
Aigues
Serres
Rosans
Durance
Pra-Loup
Barcelonnette
Demonte
Borgo San Dalmazzo
Laragne
La Motte-du-Caire
Seyne
Mont Pelat 3051 m
Col de la Bonette
Vinadio
Limone Piemonte
Ribiers
Saint-Étienne-de-Tinée
Sisteron
La Javie
Colmars
Alpes-Maritimes
Château-Arnoux-St-Auban
Valberg
Tende
Saint-Étienne-les-Orgues
Digne-les-Bains
Guillaumes
Peyruis
Saint-André-les-Alpes
Roquebillière
Saorge
Banon
Les Mées
Mézel
Annot
Var
Puget-Théniers
Forcalquier
La Brillanne
Barrême
Sénez
Castellane
Cereste
Gorges du Loup
Manosque
Valensole
Moustiers-Sainte-Marie
Siehe Karte unten
Vence
Èze
Monaco
Nice (Nizza)
Luberon
Gréoux-les-Bains
Comps-sur-Artuby
Grasse
Cap Ferrat
Biot
Pertuis
Fayence
Antibes
Peyrolles-en-Provence
Barjols
Salernes
Draguignan
Cap d'Antibes
Cannes
Aix-en-Provence
Le Muy
Saint-Maximin-la-Sainte-Baume
Vidauban
Fréjus
St-Raphaël
Gardanne
Saint-Aygulf
Brignoles
Le Luc
Auriol
Sainte-Maxime
Roquevaire
Port-Grimaud
St-Tropez
Côte d'Azur
Cassis
Cuers
Massif des Maures
Calvi, Bastia, Île Rousse
Môle
Ramatuelle
Bandol
Toulon
Hyères
Royal-Canadel-sur-Mer
Lavandou
Sanary-sur-Mer
Carqueiranne
Six-Fours-les-Plages
Île du Levant
Cap Sicié
Giens
Porquerolles
Île de Port-Cros
Île de Porquerolles
Îles d'Hyères
Ajaccio
Nördliche Côte d'Azur
Menton
Roquebrune-Cap-Martin
Èze
Vence
Villefranche-sur-Mer
Monaco
Beaulieu-sur-Mer
St-Paul-de-Vence
Cagnes-sur-Mer
Nizza
St-Jean-Cap-Ferrat
Villeneuve-Loubet
Flughafen Nice Côte d'Azur
Ajaccio, Civitavecchia
Biot
Vallauris
Antibes
0 Kilometer 8
N
Tunis, Algier, Annaba
Porto Torres

**1** *Pittoresker Marktplatz in Aix-en-Provence*

**2** *Museé des Civilisations de l'Europe et de la Méditerranée, Marseille*

**3** Pastis, *Bier und Canapés*

**4** *Die Nekropole Alyscamps*

# 5 TAGE
## *in der westlichen Provence*

### *Tag 1*

**Vormittags** Los geht's in Orange *(siehe S. 512)* mit Kaffee und Croissant an der Place George Clemenceau. Sammeln Sie bei einem Bummel an der Rue Victor Hugo bis zum mächtigen Arc de Triomphe erste Eindrücke vom römischen Erbe.
**Nachmittags** A la Maison (4 Pl des Cordeliers) ist ideal für die Mittagspause, bevor Sie das Théatre Antique erkunden und im Musée d'Art et d'Histoire d'Orange in die Geschichte der Stadt eintauchen.
**Abends** Bewundern Sie den Sonnenuntergang auf der Colline St-Eutrope, der Weg hinauf ist sehr schön. Dann essen Sie im Le Parvis (55 Cours Pourtoules), das Sechs-Gänge-Degustationsmenü ist ein Traum – und erstaunlich preiswert.

### *Tag 2*

**Vormittags** Mit dem Auto fahren Sie durch einige der berühmtesten Weinberge Frankreichs in knapp 15 Minuten nach Châteauneuf-du-Pape *(siehe S. 513)*.
**Nachmittags** Die Ruinen des im 14. Jahrhundert erbauten päpstlichen Schlosses beherrschen das Stadtbild. Besuchen Sie die Caves du Verger des Papes (2 Rue Montée du Château) und machen dort eine Weinprobe.
**Abends** Genießen Sie im Schlosspark auf der Terrasse des Le Verger des Papes die provenzalische Küche und den herrlichen Blick auf die Rhône.

### *Tag 3*

**Vormittags** Nach dem Frühstück geht es zurück nach Orange und von dort mit dem Zug nach Arles *(siehe S. 498f)*. Erkunden Sie Les Arènes. In dem römischen Theater mit rund 20 000 Sitzplätzen finden noch heute Konzerte oder andere Events statt. Dann besichtigen Sie die Cryptoportiques, ein Labyrinth aus der Römerzeit 20 Meter unter der Erde.
**Nachmittags** Bummeln Sie durch die Nekropole Alyscamps *(siehe S. 499)*. Aus Angst vor Geistern mieden die Römer das Gelände nachts, sodass sie zum heimlichen nächtlichen Treffpunkt verfolgter Christen wurde.
**Abends** Essen Sie an der Place du Forum im Restaurant-Café Van Gogh, das noch heute so dekoriert ist, wie der Künstler es in dem Bild *Caféterrasse am Abend* 1888 gemalt hat.

### *Tag 4*

**Vormittags** Früh brechen Sie auf nach Marseille *(siehe S. 528f)*. Suchen Sie sich am Hafen ein Bistro, und trinken Sie einen für die Stadt typischen *pastis*.
**Nachmittags** Erkunden Sie das Museé des Civilisations de l'Europe et de la Méditerranée, dann fahren Sie mit dem Boot vom Vieux Port zum Château d'If *(siehe S. 529)*, dem legendären Inselgefängnis.
**Abends** Kosten Sie im Sternelokal L'Epuisette (Rue Vallon des Auffes) *bouillabaisse*, »die« Spezialität in Marseille.

### *Tag 5*

**Vormittags** Fahren Sie Richtung Norden nach Aix-en-Provence *(siehe S. 516)*. Bei einem Bummel durch das historische Zentrum besuchen Sie das Atelier de Cézanne. Es ist seit dem Tod des Künstlers 1906 unverändert erhalten. Zu Terrain des Peintres, dem Aussichtspunkt, von dem aus Cézanne oft den Gipfel der Montagne Ste-Victoire malte, ist es auch nicht weit.
**Nachmittags** Kunst ganz anderer Art sehen Sie in der Fondation Vasarely, einem futuristischen Gebäude mit Werken von Victor Vasarely (1906–1997), dem König der Op-Art.
**Abends** Speisen Sie im Le Petit Verdot (7 Rue d'Entrecasteaux) mitten im Zentrum typisch provenzalische Gerichte, gepaart mit einer großen Auswahl an Weinen.

1

2

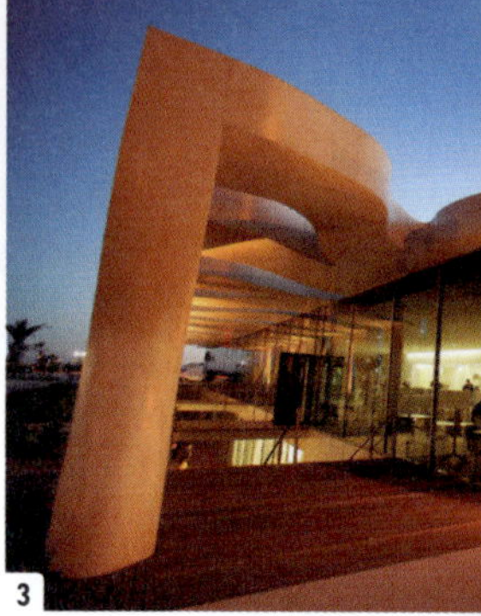
3

# 7 TAGE
## *an der Côte d'Azur*

### *Tag 1*
Die Tour beginnt in Menton *(siehe S. 528)* im Rathaus – die Salle des Mariages (Standesamt) wurde 1957 von Jean Cocteau im provenzalischen Stil dekoriert. Werke des Künstlers können Sie auch im nahen Musée du Bastion in einer Festung aus dem 17. Jahrhundert bewundern. Anschließend können Sie im Musée des Beaux-Arts (wegen Renovierung geschlossen) Werke des britischen Künstlers Graham Sutherland (1903 – 1980), Ehrenbürger von Menton, und Arbeiten anderer bedeutender Künstler besichtigen. Im Sternerestaurant Le Mirazur (30 Ave Aristide Briand), in dem die Gerichte Kunstwerken gleichen, endet der Tag.

### *Tag 2*
Cocteau hat auch in Villefranche-sur-Mer *(siehe S. 526)* seine Spuren hinterlassen. Entdecken Sie seine Werke in der Chapelle de St-Pierre. Nach einem Imbiss am Wasser fahren Sie weiter nach Nizza *(siehe S. 506f)*. Schlendern Sie durch die Altstadt zum fantastischen Musée d'Art Moderne et d'Art Contemporain, dort sehen Sie Arbeiten von Yves Klein und anderen Künstlern der École de Nice. Gehen Sie auf die Colline du Château und genießen dort den Sonnenuntergang über der Baie des Anges.

### *Tag 3*
Im Stadtteil Cimiez bewundern Sie im Musée Matisse *(siehe S. 507)* und dem Musée National Marc Chagall *(siehe S. 506)* Werke der beiden Künstler, die in Nizza lebten. Dann gehen Sie zum Musée International d'Art Naïf Anatole Jakofsky, wo Werke von Autodidakten wie Henri (»Douanier«) Rousseau zu sehen sind. Stärken Sie sich auf dem berühmten Markt Cours Saleya. Beschließen Sie den Tag mit einem Cocktail im legendären Hotel Negresco *(siehe S. 507)*.

### *Tag 4*
Nach der Ankunft in Cagnes-sur-Mer *(siehe S. 525)* gehen Sie ins Château Grimaldi. In dem Museumskomplex hängen 40 Werke aus der Sammlung von Suzy Solidor, einer Sängerin aus den 1930er Jahren. Anschlie-

5

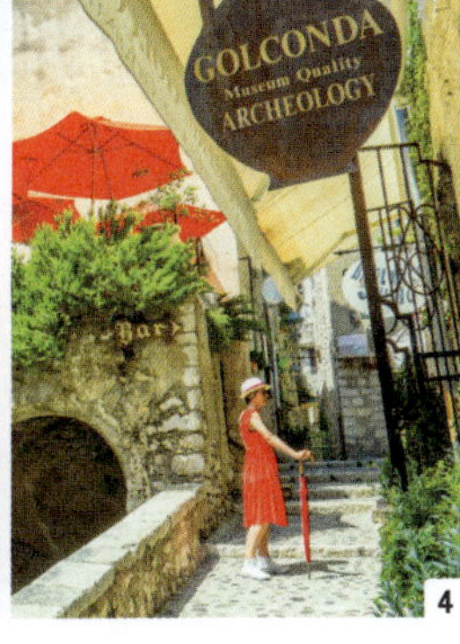


4

1 *Farbenfrohes Menton* ↑

2 *Villefranche-sur-Mer*

3 *Musée Jean Cocteau, Menton*

4 *Enge Gasse in St-Paul-de-Vence*

5 *Essen im Freien in Antibes*

ßend besichtigen Sie das ehemalige Haus des ebenfalls von der Provence inspirierten Pierre-Auguste Renoir. Mit dem Bus 400 fahren Sie vom Bahnhof in Cagnes-sur-Mer nach St-Paul-de- Vence *(siehe S. 502f)*. Im *village perché* essen Sie im berühmten Colombe d'Or (Pl du Général de Gaulle), das mit Bildern (u. a. von Picasso, Braque und Miró) dekoriert ist.

## Tag 5

Brechen Sie rechtzeitig auf, und besuchen Sie ein weiteres Juwel des Städtchens: die Sammlung moderner Kunst in der Fondation Maeght *(siehe S. 504f)*. Im Garten stehen Skulpturen von Miró, Calder und Giacometti, in der Galerie hängen Werke von Léger, Chagall und anderen Größen des 20. Jahrhunderts. Lassen Sie sich später in Vence *(siehe S. 526)* von den leuchtenden Farben von Henri Matisse' Chapelle du Rosaire begeistern, die er für sein bestes Werk hielt. Nach einem Bummel durch die Altstadt essen Sie im La Maison du Frêne (1 Pl du Frêne), einem Restaurant mit Kunstsammlung.

## Tag 6

Mit dem Bus 400 fahren Sie nach Antibes *(siehe S. 522f)*. Beobachten Sie bei einem Kaffee am Cours Masséna das morgendliche Treiben am Markt. Machen Sie dann die 90-minütige Führung mit, die das Musée Picasso im Château Grimaldi einschließt, wo Pablo Picasso 1946 sein Studio hatte. Abends können Sie die restliche Altstadt erkunden. Im Labyrinth der engen Gassen gibt es nette Bistros.

## Tag 7

Heute geht es nach St-Tropez *(siehe S. 520)*. Im Musée de l'Annonciade bewundern Sie Werke von Signac, Matisse und anderen Künstlern des 20. Jahrhunderts. Dann steigen Sie hinauf zur Citadelle, der Ausblick von oben ist großartig. Lassen Sie in einem der Beachclubs oder Bar-Restaurants am Strand der Baie de Pampelonne im Liegestuhl die Eindrücke dieser Woche Revue passieren. Zum Abschluss besuchen Sie einen der berühmten Clubs in St-Tropez, etwa die Bar du Port (7 Quai Suffren).

↑ *Fassade des aus der Antike stammenden Amphitheaters Les Arènes*

❶

# Arles

F6 Bouches-du-Rhône 51 000 25 km nordwestl. von Arles Ave Paulin Talabot Blvd des Lices; +33 4 9018 4120 Mi, Sa Arles Festival (Juli); Prémice du Riz (Sep) arlestourisme.com

**Wie eine Miniaturausgabe von Rom liegt das charmante Arles um eine riesige Arena herum, und überall in den engen Gassen finden sich Überreste der römischen Vergangenheit. Noch bekannter ist die Stadt für ihre Verbindung zu Vincent van Gogh, der hier, inspiriert vom hellen Licht und den satten Farben, die kreativste Zeit seines kurzen Lebens verbrachte. Arles ist auch das Tor zur Camargue** ***(siehe S. 500f).***

## Les Arènes

**Rond-Point des Arènes**
**tägl. 9–18 (siehe Website)**
**Feiertage, Events**
**arlestourisme.com**

Das Amphitheater zählt zu den besterhaltenen römischen Bauten in der Provence. Um 90 n. Chr. bot es Platz für rund 20 000 Zuschauer. Heute ist es Schauplatz für Open-Air-Konzerte. Von den oberen Rängen blickt man über die Stadt. Südwestlich der Arena steht das Théâtre Antique aus derselben Epoche mit rund 2000 Plätzen.

## Église St-Trophime

**6 Pl de la République**
**tägl. 10–17**
**patrimoine.ville-arles.fr**

Die Kirche ist eines der bedeutendsten romanischen Gotteshäuser der Provence. Das kunstvolle Portal und die schönen Kreuzgänge (Eintritt) sind mit biblischen Szenen geschmückt. St-Trophime (vermutlich im 3. Jh. erster Bischof von Arles) ist mit den Heiligen Petrus und Johannes auf der geschnitzten nordöstlichen Säule zu sehen. Im Mittelschiff hängen Aubusson-Wandteppiche.

## Cryptoportiques

**Hôtel de Ville, Pl de la République März–Okt: Mi–Mo 9–18 (Mai–Sep: bis 19); Nov–Feb: Mi–Mo 10:30–16:30 Feiertage arlestourisme.fr**

Die über das Hôtel de Ville zugänglichen hufeisenförmigen Galerien unter dem römischen Forum sind bis zu zehn Meter breit und wurden wohl als Kornspeicher oder als Sklavenlager genutzt. Die über Schächte belüfteten Cryptoportiques stammen aus dem 1. Jahrhundert n. Chr. Nachdem über ihnen eine Kirche erbaut worden war, gerieten sie in Vergessenheit, bis Archäologen im Jahr 1935 damit begannen, sie wieder freizulegen.

Fotomotiv
**Auf den Spuren van Goghs**

Werfen Sie abends an der stimmungsvollen Place du Forum einen Blick auf das Restaurant-Café Van Gogh. Es inspirierte den Maler zum Bild *Caféterrasse am Abend* (1888).

Highlight

④
## Les Alyscamps

**⌂ Ave des Alyscamps**
**◷ tägl. 10–17**

Christus soll frühen Christen erschienen sein, die sich heimlich in dieser großen und berühmten Nekropole trafen. Eine Allee von Marmorsarkophagen markiert den Ort, an dem viele Würdenträger der Stadt bestattet wurden. Christen wurden oft neben dem Grab von Genesius, einem enthaupteten Märtyrer, beigesetzt.

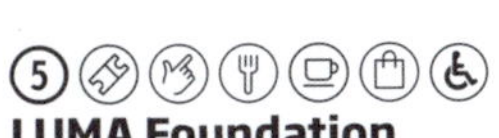

## LUMA Foundation

**⌂ Parc des Ateliers, 33 Ave Victor Hugo ◷ Foundation: Mi–Mo 10–18; Park: tägl. 7–18:30 W luma.org**

Der gigantische, nach Plänen des Architekten Frank Gehry gestaltete Turmbau gilt als modernes Wahrzeichen von Arles. Das Bauwerk, dessen Metallfassade das Sonnenlicht effektvoll spiegelt, ist Veranstaltungsort für Ausstellungen zeitgenössischer Kunst (ein Schwerpunkt liegt auf Fotografie) sowie für darstellende Künste. Das Areal der von der Schweizer Kunstsammlerin Maja Hoffmann geleiteten LUMA-Stiftung umfasst einen rund zehn Hektar großen Komplex von Museen, Theatern und Studios, die sich neben dem Hauptbau auch auf sechs weitere ehemalige Fabrik- und Lagerhäuser verteilen.

## Musée départemental Arles antique

**⌂ Presqu'île-du-Cirque-Romain ◷ Mi–Mo 10–18 W arlesantique.fr**

Eine Büste, die wohl Julius Caesar zeigt, eine Venus-Statue und ein riesiger Apollon-Altar sind nur einige Highlights der faszinierenden Sammlung römischer Skulpturen, die von der vorchristlichen Zeit bis in die Ära Konstantins des Großen reichen. Im Jahr 2013 wurde ein neuer Flügel eröffnet, in dem die *Arles Rhône 3* untergebracht ist, ein fantastisch erhaltenes, 31 Meter langes römisches Holzschiff mit flachem Boden, das aus dem Flussbett der Rhône geborgen wurde.

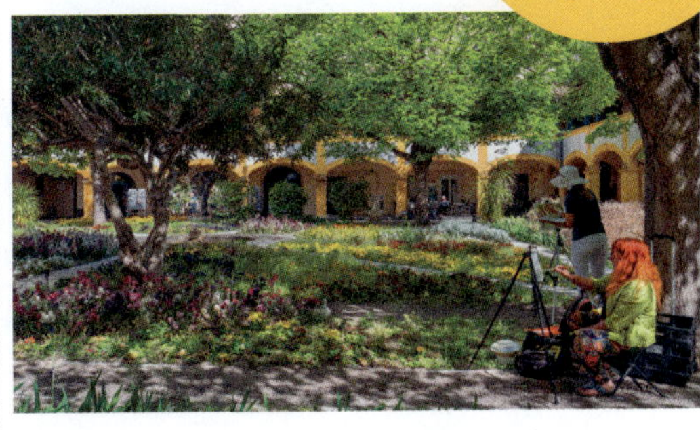

↑ *Künstler im Garten der Fondation Vincent van Gogh Arles*

⑦
## Fondation Vincent van Gogh Arles

**⌂ 35 Rue du Dr Fanton ◷ tägl. 10–18 (Juli, Aug: bis 19) W fondation-vincent vangogh-arles.org**

Die Stiftung im Hôtel Léautaud de Donines aus dem 15. Jahrhundert hat sich zum Ziel gesetzt, das Werk van Goghs verständlich zu machen und den Einfluss des Künstlers auf seine Zeitgenossen und die nachfolgenden Generationen von Malern zu beleuchten. Künstler dürfen vor Ort malen.

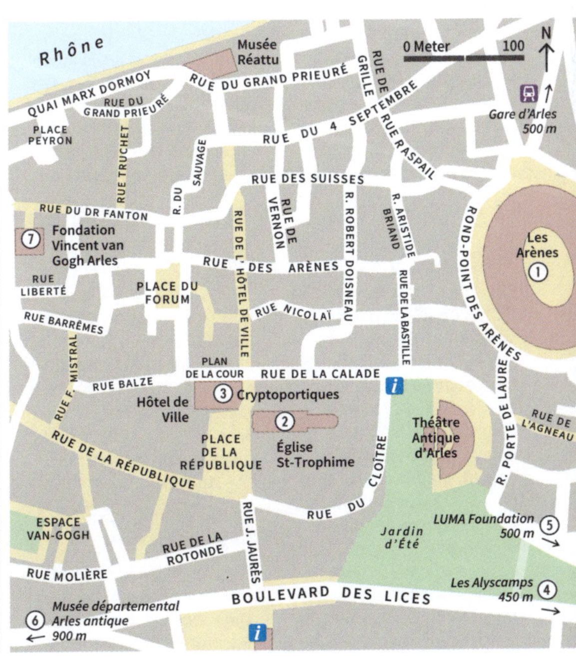

→
*Flamingos – typischer Anblick in den Lagunen der Camargue*

❷

# Camargue

**F6 · Montpellier-Méditerranée, 90 km östl. · Ave Paulin Talabot, Arles · Mas du Pont de Rousty, D570, Arles; +33 4 9097 1082 · Les Pèlerinages (Ende Mai, Ende Okt); Festival du Cheval (14. Juli) · parc-camargue.fr**

**Das Delta zwischen den beiden Hauptmündungsarmen der Rhône umfasst über 120 000 Hektar Sumpf, Wiesen, Marschland, Dünen und Salzfelder: die Camargue. Heute muss der Mensch dafür sorgen, dass das ökologische Gleichgewicht dieses atemberaubend schönen Biotops, der Heimat einer einzigartigen Fauna und Flora, erhalten bleibt. Auf den Wiesen weiden Schafe, Rinder und die halbwilden weißen, kräftig gebauten Camargue-Pferde mit der langen Mähne. Die Rinderhirten *(gardians)* leben in reetgedeckten Häusern *(cabanes)* und halten die Tradition der Camargue lebendig.**

①
## St-Gilles-du-Gard

**5 Place de la République · 14 200 · tourisme.saint-gilles.fr**

Der Ort am nördlichen Rand des Flussdeltas gilt als Eingangstor zur Camargue. Bekannt ist er für seine Feste, darunter Musik- und Kulturfestivals sowie Festivitäten, die sich einem der hiesigen Agrarprodukte widmen (z. B. Aprikosen und Pfirsiche). Auch die Zucht der berühmten schwarzen provenzalischen Stiere macht St-Gilles-du-Gard überregional bekannt. Die Abbaye de St-Gilles (12. Jh.) ist Halt auf dem Jakobsweg. Die geschnitzte Fassade ist größtenteils das Einzige vom ursprünglichen Gebäude.

②
## Les Saintes-Maries-de-la-Mer

**5 Ave Van Gogh · 2100 · saintesmaries.com**

Das Flair des Orts prägen die kilometerlangen Strände. Die Promenaden sind voller Restaurants und Läden, in denen man die farbenprächtigen Tonwaren und Textilien der Camargue kaufen kann. Die Église de Notre-Dame-de-la-Mer (9. Jh.) birgt eine schwarze Madonna. Alljährlich im Mai gehört die Kirche zu den Schauplätzen eines Musikfestivals, das von Paraden, Pferderennen und Flamenco begleitet wird.

③ 
## Parc Ornithologique de Pont-de-Gau

**RD570, Pont-de-Gau · siehe Website · 25. Dez · parcornithologique.com**

Auf Aussichtsplattformen und an Volieren kommen Besucher Flamingos, Reihern und den anderen Vögeln des ca. 24 Hektar großen Areals mit Lagunen, Weiden und Schilfgebieten ganz nah. Das Café ist von April bis Oktober geöffnet.

**Schon gewusst?**

**In den zahlreichen Salinen der Camargue werden jedes Jahr ca. 340 000 Tonnen Salz produziert.**

## 4 Musée de la Camargue

**🏠 Mas du Pont de Rousty, D570, Arles 🕒 siehe Website W museedela camargue.com**

Das in einem typischen provenzalischen Landhaus *(mas)* untergebrachte Museum illustriert das Leben in der Camargue anhand von Filmen, Multimedia-Shows und interaktiven Stationen. Besucher erhalten einen ausgezeichneten Überblick über die Lebensbedingungen für Menschen, Tiere und Pflanzen der Region.

Auch das Leben des aus der Provence stammenden Dichters Frédéric Mistral (1830–1914), der 1904 den Nobelpreis für Literatur erhielt, wird beleuchtet.

## 5 Étang de Fangassier

**i Rte d'Arles, 13129 Salin de Giraud 🕒 nur Führungen (Zeiten siehe Website)**
**🕒 Okt–März**
**W camargue.fr**
**W guide-nature.fr**

Die Camargue ist das Land der Flamingos, die hier das Landschaftsbild prägen. Rund um den Étang de Fangassier erstreckt sich ein Brutgebiet für eine riesige Kolonie von Zehntausenden dieser rosafarbenen Wasservögel, die man hier in freier Wildbahn beobachten kann.

## Hotels

**L'Auberge Cavalière du Pont des Bannes**

Die Villen im Landhausstil sind luxuriös. Spa, ein Spitzenrestaurant und Reitmöglichkeiten.

**🏠 Rte d'Arles, Les Saintes-Maries-de-la-Mer 🕒 Mitte–Ende Feb, Mitte Nov–Anf. Dez W auberge cavaliere.com**

€€€

**Mas Saint Germain**

Das Anwesen mitten in schöner Natur umfasst geräumige *gîtes* für Selbstversorger sowie Gästezimmer.

**🏠 Villeneuve-Camargue, Arles 🕒 Mitte Nov–März W massaintgermain.com**

€€€

Aimargues
St-Gilles-du-Gard
Petite Rhône
Arles
Mouriès
Le Cailar
Musée de la Camargue 4
St-Martin-de-Crau
LANGUEDOC-ROUSSILLON
GARD
PROVENCE
BOUCHES-DU-RHÔNE
Aigues-Mortes
Méjanes
Villeneuve
Mas Thibert
Petite Camargue
Plaine de la Camargue
Étang de Vaccarès
La Capelière
Grand Rhône
Parc Ornithologique du Pont-de-Gau 3
Petite Rhône
Parc Naturel Régional de Camargue
Plaine de la Camargue
2 Les Saintes-Maries-de-la-Mer
5 Étang de Fangassier
Salin de Giraud
Port St-Louis
Golfe de Beauduc
Mittelmeer
Golfe de Fos
Domaine de la Palissade
A54 D572 D83 D113 D570 D36 D36B D35 D37 N568 D36C
0 Kilometer 10
N

# St-Paul-de-Vence

G6 Alpes-Maritimes 3200 Nice Nice, Cagnes-sur-Mer Cagnes-sur-Mer, Vence, Nice 2 Rue Grande; +33 4 9332 8695 saint-pauldevence.com

**St-Paul-de-Vence, einer der meistbesuchten Orte im hügeligen Hinterland von Nizza, lag einst an der Grenze zwischen Frankreich und Savoyen. Von den Befestigungsmauern (16. Jh.) blickt man auf Zypressen, Palmen und Villen. Das Dorf wurde großteils restauriert, die verwinkelten Straßen und mittelalterlichen Häuser sind jedoch authentisch. Im 20. Jahrhundert haben sich hier viele bekannte und unbekanntere Künstler niedergelassen. Zahlreiche Galerien und Ateliers zeugen davon.**

## Place du Jeu de Boules

Eine Besichtigung beginnt am besten auf diesem hübschen, von Platanen beschatteten Platz. Hier treffen sich Einheimische immer noch gern auf eine Partie *boule* – daher der Name des Platzes.

## Porte de Vence und Stadtmauer

Das eindrucksvolle Tor mit dem Turm aus dem 14. Jahrhundert ist ein markanter Teil der alten Stadtbefestigung, die überwiegend aus dem 16. Jahrhundert stammt und Angriffe von Truppen aus Savoyen oder Piemont abwehren sollte. Man kann auf der Stadtmauer entlanggehen und die Aussicht auf Weinberge und Olivenhaine genießen. Abzweigende Straßen führen ins Zentrum.

## Rue Grande

Die von Ateliers hiesiger Künstler und Kunsthandwerker gesäumte Rue Grande ist die Hauptstraße von St-Paul-de-Vence. Sie verläuft zwischen Porte de Vence und Porte de Nice und ist ideal für einen Galerienbummel.

④

## Chapelle Folon (Chapelle des Pénitents Blancs)

Place de l'Église +33 4 9332 8695 tägl. 10:30–12:30, 14–16 (Mai–Sep: bis 18) 1. Jan, Nov, 25. Dez

Der aus Belgien stammende Maler und Bildhauer Jean-Michel Folon (1934–2005) verbrachte viele Jahre in St-Paul-de-Vence. Gemeinsam mit anderen Künstlern schmückte er diese im

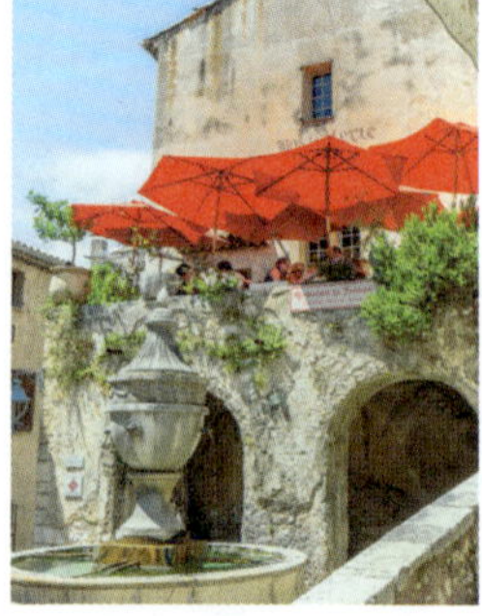

↑ *Brunnen auf der Place de la Grande Fontaine in St-Paul-de-Vence*

↑ *St-Paul-de-Vence ist ein mittelalterliches Städtchen in Hügellage*

17. Jahrhundert errichtete Kapelle mit Buntglasfenstern, Wandgemälden und Mosaiken in lebhaften Farben aus. Folons Beitrag umfasst auch einige Skulpturen.

⑤
## Cimetière

Marc Chagall lebte von 1966 bis zu seinem Tod 1985 in St-Paul-de-Vence und wurde auf dem Friedhof bestattet. Viele Liebhaber seiner Werke besuchen das Grab des französischen Malers.

⑥
## Musée d'Histoire Locale

**Pl de l'Église +33 4 9332 4113 Mai–Sep: tägl. 10–12:30, 14–18; Okt–Apr: tägl. 10:30–12:30, 14–16 1. Jan, Nov, 25. Dez**

Die Geschichte von St-Paul-de-Vence wird in diesem kleinen Museum anhand von Fotos, Modellen und lebensgroßen Bildnissen anschaulich dokumentiert. Besondere Würdigung erfährt dabei Sébastien Le Prestre de Vauban (1633–1707). Der Festungsbaumeister von François I und Louis XIV ließ die Stadtbefestigung aus dem 16. Jahrhundert weiter verstärken. Für das Museum und die Chapelle Folon gibt es ein Kombi-Ticket.

## Place de la Grande Fontaine

Der charmante Platz ist nach der hübschen Brunnenanlage aus dem 17. Jahrhundert benannt, die ihn schmückt. Der frühere Marktplatz war wegen seiner Schönheit lange Zeit das bevorzugte Motiv von Künstlern des Städtchens.

Highlight

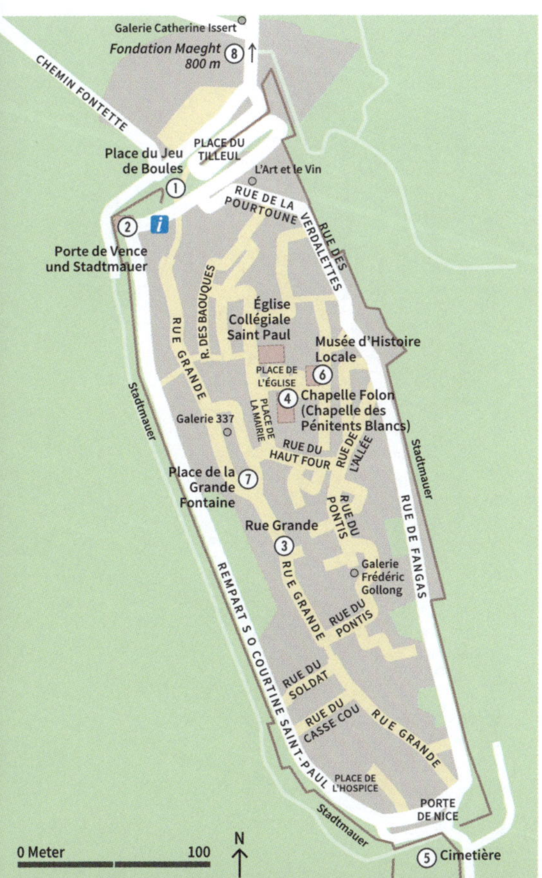

## TOP 4 Galerien für Kunst

**L'Art et le Vin**
**1 Rue de la Pourtoune**
In dem Mix aus Weinbar und Galerie erlebt man Kunst von lokalen Künstlern und kulinarischen Genuss.

**Galerie Frédéric Gollong**
**59 Rue Grande**
Eine der ältesten und angesehensten Galerien in St-Paul-de-Vence.

**Galerie Catherine Issert**
**2 Route des Serres**
Catherine Issert schafft mit ihrer Galerie einen Raum für junge Talente.

**Galerie 337**
**29 Rue Grande**
Skulpturen, Gemälde und Drucke von führenden zeitgenössischen Künstlern.

8

# Fondation Maeght

623 Chémin des Gardettes, St-Paul-de-Vence
+33 4 9332 8163 tägl. 10–18 (Juli, Aug: bis 19)
fondation-maeght.com

**Die nördlich des Zentrums von St-Paul-de-Vence gelegene Fondation Maeght präsentiert eine der bedeutendsten europäischen Kunstsammlungen des 20. Jahrhunderts.**

Die 1964 von den Pariser Kunsthändlern Aimé und Marguerite Maeght gegründete Stiftung ist für Liebhaber moderner und zeitgenössischer Kunst die zentrale Sehenswürdigkeit von St-Paul-de-Vence. Das rosa-weiße Gebäude wurde vom katalanischen Architekten José-Luis Sert entworfen, der dabei mit Joan Miró und Marc Chagall zusammenarbeitete. Die Sammlung umfasst Werke von Pierre Bonnard, Georges Braque, Wassily Kandinsky, Chagall und anderen. In den Gärten sind Plastiken, Installationen, Mobiles und Mosaiken ausgestellt. Zu den bekanntesten hier gezeigten Künstlern gehören Hans Arp, Alexander Calder, Miró, Alberto Giacometti und Barbara Hepworth.

Nur jeweils ein Teil des Gesamtbestands ist ausgestellt. Regelmäßig wechselnde Sonderausstellungen ergänzen das Angebot.

**Schlanke Bronzefiguren** von Alberto Giacometti stehen in diesem Hof.
Georges Braque schuf das Mosaik *Les Poissons* des **Pools**.
Durch transparente **Dächer** dringt viel Licht ins Innere.
Seinen Mobiles stellt Alexander Calder mit ***Les Renforts*** (1963) ein »Stabile« gegenüber.

↑ *Fassade und Garten der Fondation Maeght*

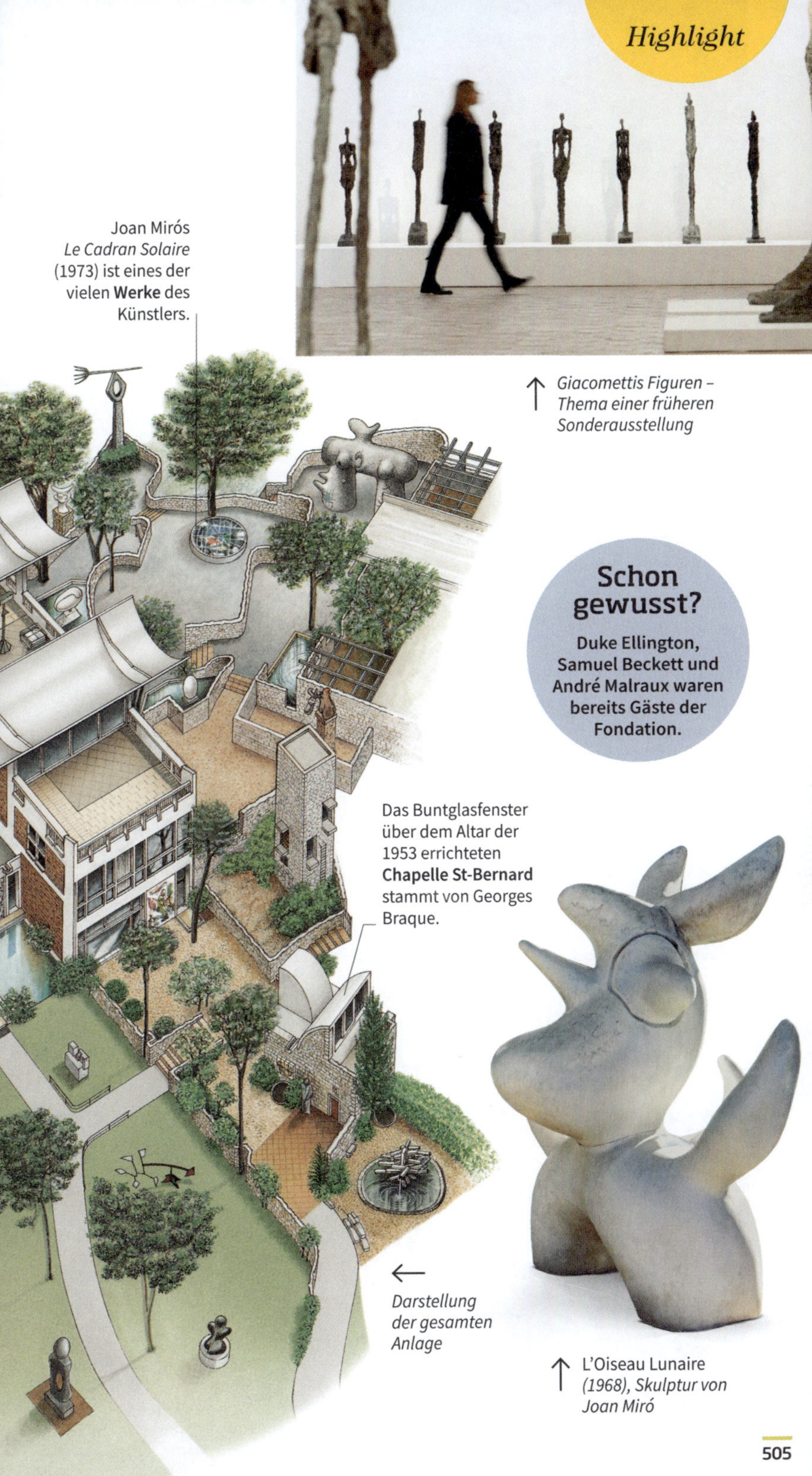


Joan Mirós *Le Cadran Solaire* (1973) ist eines der vielen **Werke** des Künstlers.

↑ *Giacomettis Figuren – Thema einer früheren Sonderausstellung*

## Schon gewusst?

**Duke Ellington, Samuel Beckett und André Malraux waren bereits Gäste der Fondation.**

Das Buntglasfenster über dem Altar der 1953 errichteten **Chapelle St-Bernard** stammt von Georges Braque.

← *Darstellung der gesamten Anlage*

↑ L'Oiseau Lunaire *(1968), Skulptur von Joan Miró*

↑ *Blick auf Bucht, Strand und die Promenade des Anglais*

4

# Nizza

G6 Alpes-Maritimes 343 500 7 km südwestl. von Nizza Ave Thiers 16 Ave des Diables Bleus
5 Promenade des Anglais; +33 4 9214 4614 Di – So
Karneval explorenicecotedazur.com

**Nizza (Nice), die ungekrönte Hauptstadt der Côte d'Azur, liegt zwischen der tiefblauen Baie des Anges und den Gipfeln der Alpes-Maritimes. Seit dem 19. Jahrhundert ist die Stadt ein Urlaubsmekka. Besucher finden viele spannende Museen, ausgedehnte Strände und eine unvergleichliche Atmosphäre vor, die schon viele Künstler und Literaten inspirierte.**

1

### Villa Masséna

**65 Rue de France +33 4 9391 1910 Mi – Mo 11–18 (Mai – Okt: ab 10)**

Das Kunstmuseum zeigt u. a. Gemälde und Tonwaren einheimischer Künstler. Es befindet sich in einer schönen italienischen Villa (19. Jh.) inmitten eines herrlichen Parks. Das luxuriöse Haus war die Winterresidenz von Prinz Victor d'Essling, dem Enkel des aus Nizza stammenden André Masséna, der einer der wichtigsten Marschälle Napoléons war.

↑ *Die von einem wunderbaren Garten umgebene luxuriöse Villa Masséna*

2

### Musée d'Art Moderne et d'Art Contemporain (MAMAC)

**Place Yves Klein wegen Renovierung bis 2025 mamac-nice.org**

Das Museum mit marmorverkleideten Türmen, die durch gläserne Korridore verbunden sind, zeigt eine Sammlung mit Werken des Neorealismus und der Pop-Art, u. a. von Andy Warhol, Jean Tinguely und Niki de Saint Phalle, sowie von Künstlern der Schule von Nizza (u. a. César, Arman und Yves Klein).

3

### Musée National Marc Chagall

**36 Ave Docteur Ménard Mi – Mo 10 –17 (Mai – Okt: bis 18) musees-nationaux-alpesmaritimes.fr**

Gemälde aus Marc Chagalls Bilderserie *Message biblique*, die fünf Versionen des Hoheliedes umfasst, bilden den Kernbestand des Museums, das die weltgrößte Sammlung des berühmten französischen Malers umfasst. Neben Gemälden sind auch Mosaiken, Skizzen und Skulpturen zu sehen. Drei Buntglasfenster stellen die Erschaffung der Welt dar.

Highlight

④

## Musée Matisse

164 Ave des Arènes de Cimiez Mi–Mo 10–17 (Mai–Okt: bis 18) musee-matisse-nice.org

Matisse verbrachte viele Jahre in Nizza. Das Museum in und unter der Villa des Arènes (17. Jh.) zeigt u. a. das *Stillleben mit Granatapfel* und *Blumen und Früchte*, das letzte Werk von Matisse.

⑤

## Musée des Beaux-Arts

33 Ave des Baumettes Di–So 11–18 (Mai–Okt: ab 10) musee-beaux-arts-nice.org

Ölgemälde und Keramiken von Raoul Dufy sind die Highlights in dieser Villa aus dem 19. Jahrhundert. Zu sehen sind auch Skulpturen von Rodin sowie Werke flämischer Meister aus dem 16. und 17. Jahrhundert.

⑥ 

## Musée des Arts Asiatiques

405 Promenade des Anglais Mi–Mo 10–17 (Juli, Aug: bis 18) maa.departement06.fr

In Kenzo Tanges schillerndem Gebäude aus Marmor und Glas wird eine herausragende Sammlung alter und moderner Kunst aus China, Japan, Südostasien und Indien gezeigt.

⑦ 

## Hotel Negresco

37 Promenade des Anglais hotel-negresco-nice.com

Das 1912 vom gebürtigen Rumänen Henri Negresco im Stil der Belle Époque an Nizzas Flaniermeile errichtete Hotel – heute ein Wahrzeichen der Stadt – bietet Luxus pur. Bar und Restaurant stehen allen Besuchern offen.

## Jazzfestival in Nizza

Jedes Jahr im Juli wird Nizza zum Mekka für Jazzliebhaber. Seit 1948 findet hier das Nice Jazz Festival statt. Bei der Premiere war Louis Armstrong Headliner. Die Beliebtheit des Festivals ist auch nach über 70 Jahren ungebrochen.

Zentrale Bühne der international renommierten sechstägigen Veranstaltung mit zahlreichen Künstlern ist das Théâtre de Verdure.

5

# Monaco

G6 · 39 500 · Nizza, 15 km südwestl. von Monaco · Monaco-Monte Carlo, Place Ste-Dévote · Place des Moulins · 2A Blvd des Moulins; +377 9216 6116 · tägl. · Festival du Cirque (Jan/Feb); Feuerwerksfestival (Juli, Aug); Fête National Monégasque (19. Nov) · visitmonaco.com

**Sehen und gesehen werden: Im Hafen von Monaco liegen Luxusjachten vor Anker, an den Tischen der Edelrestaurants nehmen die ganz großen Stars aus Showbiz und Sport Platz, in den Clubs und im Casino geht es bis tief in die Nacht hoch her. Monaco ist das zweitkleinste Land der Welt, aber auch durch das Formel-1-Rennen Grand Prix von Monaco und die Rallye Monte Carlo weltberühmt.**

①

## Casino de Monte Carlo

Place du Casino
tägl. 14–6
montecarlosbm.com

Monaco verdankt seinen Ruhm zum großen Teil diesem prachtvollen Bau aus dem späten 19. Jahrhundert, als das kleine Fürstentum als Ort zum Leben und Spielen um hohe Einsätze galt. Der Innenraum wurde 1878 von Charles Garnier, dem Architekten der Pariser Opéra *(siehe S. 111)*, renoviert und ist mit Kronleuchtern, Fresken und vergoldeten Reliefs geschmückt. Heute wird zwar keine Abendgarderobe mehr verlangt, aber das Casino ist immer noch bestrebt, ein gewisses Flair aufrechtzuerhalten.

## Le Rocher

Der von den Einheimischen auch als Le Rocher (»Felsen«) bezeichnete Bezirk Monaco-Ville ist der älteste des Fürstentums. Er erstreckt sich auf einem weit ins Meer vorragenden, oben abgeflachten Felsen. In diesem Bezirk etablierte die Fürstenfamilie Grimaldi im 13. Jahrhundert ihre Herrschaft.

Im Unterschied zum glitzernden Monaco am Hafen ist dieser Bezirk von einem Gewirr mittelalterlicher Gassen geprägt. Hier befindet sich auch der prunkvoll mit Fresken ausgestattete **Palais Princier**, der Fürstenpalast.

**Palais Princier**
Place du Palais · siehe Website · palais.mc

## Monaco Top Cars Collection

54 Route de la Piscine
tägl. 10–19 · mtcc.mc

Das Automobilmuseum umfasst die persönliche Sammlung von Prinz Rainier III und ist damit eine der weltweit größten Ausstellungen von Oldtimern. Mit seinen mehreren Dutzend Fahrzeugen ist das Museum ein Muss für Autoliebhaber. Das Spektrum reicht von einem De Dion-Bouton Baujahr 1903 bis zu Wagen von Maserati, Rolls-Royce und dergleichen sowie Renn- und Rallye-Teilnehmern.

↑ *Lichtermeer um den Hafen von Monaco, in dem Luxusjachten ankern*

Highlight

## Restaurants

**Café de Paris**
Neben französischen Klassikern werden hier auch monegassische Favoriten serviert. Auf der Terrasse sitzt man unter weißen Sonnenschirmen.

**Place du Casino**
**montecarlosbm.com**
€€€

**Quai des Artistes**
Die moderne Brasserie am Hafen präsentiert sich recht schlicht, doch die Qualität der Seafood-Gerichte wird von Einheimischen wie Besuchern gleichermaßen geschätzt. Auch die Kindermenüs sind überdurchschnittlich.

**Quai Antoine 1**
**quaidesartistes.com**
€€€

### Nouveau Musée National de Monaco

**Villa Sauber, 17 Ave Princesse Grace; Villa Paloma, 56 Blvd du Jardin Exotique nur zu Veranstaltungen (tägl. 10–18; Juni–Sep: bis 19) einige Feiertage, vier Tage während des Grand Prix, 19. Nov nmnm.mc**

Die Sammlungen des Neuen Nationalmuseums, in dem das historische, kulturelle und künstlerische Erbe des Fürstentums präsentiert werden, verteilen sich auf zwei Villen. Die Villa Sauber zeigt Unterhaltungsausstellungen, die Villa Paloma mit schönem Garten eine Sammlung moderner und zeitgenössischer Kunst und Design.

### Jardin Exotique

**62 Blvd du Jardin Exotique siehe Website 19. Nov, 25. Dez jardin-exotique.mc**

Der Garten schmiegt sich an den steilen Kalksteinhang und bietet einen großartigen Blick über Monaco. Er ist voller tropischer und subtropischer Kakteen und anderer Pflanzen, die aus trockenen Gebieten in Amerika, Afrika und Asien importiert wurden, und verfügt über eine der größten Sammlungen petrophiler Sukkulenten.

Eine weitere Attraktion ist die Grotte de l'Observatoire mit Stalaktiten, in der Paläontologen Hinweise auf frühe Hominiden gefunden haben.

# Palais des Papes

**F6 Pl du Palais, Avignon Apr – Juni: tägl. 9 –18; Juli: tägl. 9 –19; Aug: tägl. 10 –19; Sep, Okt: tägl. 10 –18; Nov – März: tägl. 10 –17 palais-des-papes.com**

**Der Papstpalast in Avignon zählt zu den größten gotischen Bauwerken in Europa. Die mächtig aufragenden Mauern und Türme der wie eine Festung wirkenden Anlage flößen Betrachtern noch heute Ehrfurcht ein.**

Ränkespiele in Rom trieben Papst Clemens V. dazu, seinen Sitz 1309 nach Avignon zu verlegen, worin er durch König Philippe IV von Frankreich ermutigt wurde. Bis 1377 blieben die Päpste im Exil. In dieser Zeit verwandelten Clemens' Nachfolger den bescheidenen Bau in einen Palast. Die Befestigungsanlagen dienten als Schutz vor Angriffen durch Söldner. Der Prunk, der die Residenz im 14. Jahrhundert kennzeichnete, fehlt heute. Sämtliche Einrichtungsgegenstände wurden im Lauf der Jahrhunderte gestohlen oder zerstört.

## Restaurants

**Carré du Palais**
Das Restaurant mit Weinbar ist in einem historischen Gebäude untergebracht. Das zweigängige Menü überzeugt. Das Angebot an Weinen ist groß.

**1 Pl du Palais**
**carredupalais.fr**

**La Cabane d'Oléron**
Das in einer Ecke der Markthalle von Avignon gelegene Lokal umfasst nur ein paar Tische. Wenn einer frei ist, sollten Sie Platz nehmen – die Qualität der Seafood-Gerichte ist einfach grandios.

**Les Halles, Pl Pie**
**+33 69829 1088**

→ *Illustration des gotischen Papstpalasts in Avignon*

← *Darstellung einer biblischen Szene in der Sacristie Nord*

↑ *Fassade des Palasts mit spitzen Zwillingstürmen über dem Portal*

### Weitere Attraktionen in Avignon

Das Musée du Petit Palais (www.petit-palais.org) zeigt romanische und gotische Skulpturen sowie mittelalterliche Gemälde. Das Musée Angladon (www.angladon.com) und die Collection Lambert (www.collectionlambert.com) widmen sich beide moderner und zeitgenössischer Kunst und Kultur. Ersteres zeigt Werke von Degas, Picasso und Modigliani, Letztere minimalistische und konzeptuelle Kunst. Avignon ist darüber hinaus Gastgeber eines der größten jährlichen Kunstfestivals Frankreichs (www.festival-avignon.com) mit Ballett, Theater und klassischen Konzerten.

**Cour d'Honneur**

**Schlafgemach** des Papstes

**Tour des Anges**

**Chambre du Cerf**

Die **Grande Chapelle** ist 20 Meter hoch.

Die **Grande Audience** wird durch Säulen in zwei Hälften geteilt.

# SEHENSWÜRDIGKEITEN

## Orange

F6 Vaucluse 28 500
5 Cours Aristide Briand; +33 4 9034 7088
Do poptourisme.fr

Orange liegt im Anbaugebiet des Rhône-Tals und ist ein wichtiger Marktplatz für lokale Produkte wie Weintrauben, Oliven, Honig und Trüffeln. Sehenswert ist insbesondere das Viertel um das Hôtel de Ville (17. Jh.) mit schönen Straße und schattigen Plätzen. Orange besitzt zwei bedeutende römische Bauwerke – das Théâtre Antique und den Arc de Triomphe.

Das **Théâtre Antique** (UNESCO-Welterbe) wurde im 1. Jahrhundert n. Chr. erbaut, verfügt noch immer über eine perfekte Akustik und wird immer noch für Aufführungen genutzt. Die Rückwand ist 37 Meter hoch und 103 Meter breit. 2006 wurde das ursprüngliche Dach durch ein riesiges hohes Glasdach ersetzt, um die Akustik nicht zu beeinträchtigen. Der dreibogige Arc de Triomphe wurde um das Jahr 20 n. Chr. erbaut. Er ist mit Schlachtszenen, Inschriften und Trophäen zu Ehren von Tiberius und der Eroberung Roms geschmückt. Relikte im **Musée d'Art et d'Histoire d'Orange** spiegeln die römische Präsenz in Orange wider, einige davon stammen aus dem 1. Jahrhundert v. Chr.

**Théâtre Antique**
**1 Rue Madeleine-Roch**
**siehe Website**
**theatre-antique.com**

**Musée d'Art et d'Histoire d'Orange**
**1 Rue Madeleine-Roch siehe Website**
**theatre-antique.com**

## 8 Vaison-la-Romaine

F6 Vaucluse 5900
Pl du Chanoine Sautel
Di vaison-ventoux-tourisme.com

Der kleine Ort am Ufer der Ouvèze besteht seit der Bronzezeit. Sein Name bezieht sich auf die Zeit, in der hier eine reiche Römerstadt war. Die Oberstadt mit der Burg aus dem 12. Jahrhundert weist reizende Straßen, Häuser und Brunnen auf. Die Attraktionen liegen auf der anderen Flussseite.

Heute ist die **Römerstadt** in zwei Bezirke gegliedert: Puymin und La Villasse. In Puymin wurden ein Patrizierhaus, die Villa du Paon, und ein Theater entdeckt. 1992 trat die Ouvèze über die Ufer, doch die Schäden an den Ruinen konnten behoben werden. Die romanische Cathédrale Notre-Dame-de-Nazareth hat einen mittelalterlichen Kreuzgang.

**Schon gewusst?**

**1924, erst nach den Funden von römischen Bauten, erhielt Vaison seinen offiziellen Namen.**

**Römerstadt**
**Fouilles de Puymin & Musée Théo Desplans, 14 Rue Burrus**
**siehe Website**
**vaison-la-romaine.com**

*Reihen von Weinreben bei Châteauneuf-du-Pape und daraus produzierte edle Tropfen* (Detail) ↑

9

## Mont Ventoux

**F6 Vaucluse Avignon Avignon Carpentras Avenue de la Promenade, Sault-en-Provence; +33 4 9064 0121 ventouxprovence.fr**

Seinen Namen »Windberg« trägt der 1912 Meter hohe Mont Ventoux vollkommen zu Recht. An den unteren Hängen kann man eine vielfältige Flora und Fauna finden, aber auf dem Gipfel, wo die Temperatur auf –27 °C sinken kann, überlebt nur Moos. Das kahle, weiße Geröll auf dem Gipfel lässt ihn selbst im Hochsommer schneebedeckt aussehen.

Der legendäre britische Radrennfahrer Tommy Simpson starb während der Tour de France 1967 am Mont Ventoux. Dennoch bleibt er für einige Radfahrer eine beliebte Herausforderung – Touren werden von örtlichen Reiseveranstaltern angeboten.

Eine Straße führt hinauf zur Spitze des Funkfeuers, aber selbst mit dem Auto sollte die Fahrt bei schlechtem Wetter nicht unternommen werden. Zu anderen Zeiten lohnt sich die Anstrengung jedoch aufgrund der spektakulären Aussicht von oben.

←

*Blick über das noch heute für Veranstaltungen genutzte Théâtre Antique in Orange*

## Châteauneuf-du-Pape

**F6 Vaucluse 2000 Sorgues, dann Taxi von Avignon oder Orange 3 Rue de la République; +33 4 9083 7108 Fr chateauneuf-du-pape-tourisme.fr**

Hier beschlossen die Päpste von Avignon im 14. Jahrhundert, ein neues Schloss (Château Neuf) zu errichten und die Weinberge anzupflanzen, aus denen einer der besten Weine der Côtes du Rhône hergestellt wird. Heutzutage scheint fast jede Tür in dieser Kleinstadt in einen Weinkeller zu führen, in dem Verkostungen angeboten werden.

Nach den Religionskriegen blieben von der päpstlichen Festung nur ein paar Mauer- und Turmfragmente übrig, aber die Ruinen sehen spektakulär aus und bieten einen herrlichen Blick über die Stadt und das dahinter liegende Vaucluse-Hochland.

Weinfeste prägen das Jahr, darunter die Fête de la Véraison im August, und die Frühlingsweinmesse Châteauneuf-du-Pape.

### Fête de la Véraison

Châteauneuf-du-Pape feiert jedes Jahr in der Regel am ersten Wochenende im August bei der Fête de la Véraison seine mittelalterlichen Wurzeln und fantastischen Weine. Zu den Highlights der ausgiebigen Feierlichkeiten gehören ein festliches Bankett im Stil des Mittelalters, ein riesiges Feuerwerk auf der Place de la Fontaine, ein mittelalterlicher Markt mit Gauklern und Minnesängern sowie eine Prozession in historischen Gewändern.

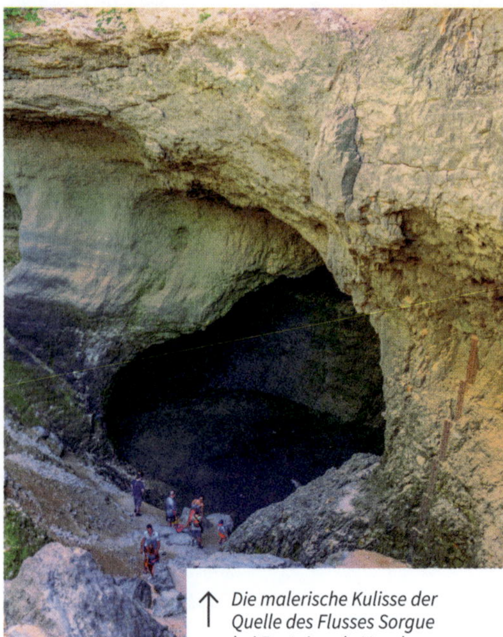

↑ *Die malerische Kulisse der Quelle des Flusses Sorgue bei Fontaine-de-Vaucluse*

## 11 Fontaine-de-Vaucluse

**F6 Vaucluse 570 Avignon 13 Pl F. Buisson, L'Isle-sur-la-Sorgue islesurlasorguetourisme.com**

Hauptattraktion des Orts ist die Quelle der Sorgue, die gewaltigste Quelle Frankreichs. Bis zu 90 000 Liter pro Sekunde sprudeln hier am Fuß eines Felsens aus der Erde. Das Wasser versorgt die Papierfabrik Moulin à Papier Vallis Clausa. Hier wird – seit dem 15. Jahrhundert – Papier von Hand gefertigt. In einem angegliederten Laden werden u. a. Karten, Drucke und Lampenschirme verkauft.

Fontaine-de-Vaucluse bietet auch kulturelle Attraktionen, darunter mehrere Museen. Eines davon ist Petrarca (1304–1374) gewidmet, der hier lebte, ein anderes thematisiert den Widerstand im Zweiten Weltkrieg.

## 12 Carpentras

**F6 Vaucluse 29 900 97 Pl du 25 Août 1944; +33 4 9063 0078 Fr ventouxprovence.fr**

Carpentras war von 1320 bis 1791 Hauptstadt der Grafschaft Venaissin. Moderne Boulevards haben die Stadtmauer ersetzt, von der nur die Porte d'Orange erhalten geblieben ist.

Seit dem Mittelalter lebt hier eine jüdische Gemeinde. Die 1367 erbaute **Synagoge** ist die älteste in Frankreich. Juden wurden nicht offen verfolgt, dennoch traten viele zum christlichen Glauben über. Konvertierte betraten die Cathédrale St-Siffrein durch die Porte Juive.

Das Justizgebäude befindet sich seit 1640 im einstigen Bischofspalais. Im Gerichtssaal gibt es Holzplaketten (17. Jh.) der Städte, die der Gerichtsbarkeit unterlagen. Fayencen (18. Jh.) sind in der Apotheke des Hôtel-Dieu zu sehen. Das **Musée Sobirats** dokumentiert die Geschichte der Region.

**Synagoge**

**15 Pl Maurice Charretier siehe Website synagoguedecarpentras.fr**

**Musée Sobirats**

**112 Rue du Collège +33 4 9060 8400 tägl. zu Führungen (tel. anmelden) Feiertage**

## 13 Luberon

**F6 Vaucluse Avignon Cavaillon, Avignon Apt Place François Tourel, Cavaillon; +33 4 9071 3201 luberoncoeurdeprovence.com**

Das riesige Kalksteinmassiv, das sich bis auf 1125 Meter erhebt, verbindet wilde Gebiete mit malerischen Dörfern. Der größte Teil ist als Naturpark mit über 1000 Pflanzenarten und dichten Wäldern ausgewiesen. Zur Tierwelt zählen Adler, Wildschweine, Geier, Schlangen, Biber und Europas größte

→ *Blühendes Lavendelfeld vor der Abbaye de Sénanque in Gordes*

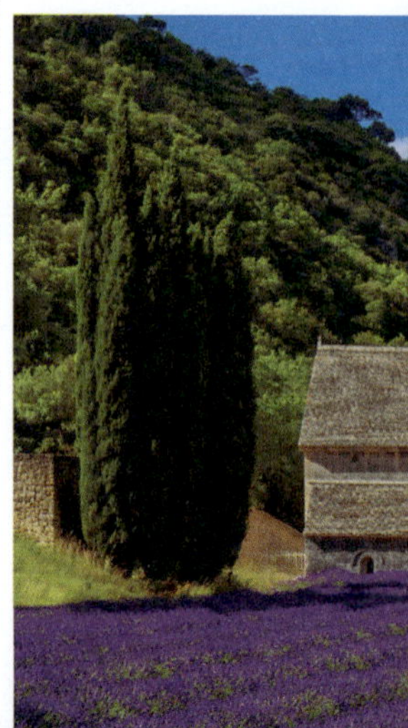

Eidechsen. Der Hauptsitz des Parks ist in Apt.

Interessant sind die Orte Bonnieux mit Kirche (12. Jh.) und Stadtmauer (13. Jh.), Roussillon mit roten Häusern, Lacoste mit den Ruinen des Schlosses des Marquis de Sade, Ansouis mit einer Kirche (12. Jh.) und einem Château (17. Jh.). In Ménerbes lebte Peter Mayle, dessen Erzählungen die Gegend berühmt machten.

## 14 Gordes

**F6 Vaucluse 1600**
**1 Pl du Château; +33 4 9072 0208 Di luberoncoeurdeprovence.com**

Das vom **Château de Gordes** (16. Jh.) dominierte Dorf wirkt, als sei es das Werk eines Architekten, der mittelalterliche Arkadengässchen in eine bezaubernde Hügellandschaft integrierte.

Im **Village des Bories** stößt man auf *bories* – bienenstockähnliche Hütten aus Natursteinen, die wohl schon im Neolithikum entstanden und bis ins frühe 20. Jahrhundert bewohnt waren.

Die Abbaye de Sénanque nördlich ist ein romanisches Zisterzienserkloster.

**Château de Gordes**
**Pl Genty Pantaly**
**+33 4 9072 0208**
**siehe Website**
**einige Feiertage**

**Village des Bories**
**Route de Gordes**
**tägl. 9 –17:30 (Sommer: länger) einige Feiertage**
**levillagedesbories.com**

## 15 St-Rémy-de-Provence

**F6 Bouches-du-Rhône**
**9700 Avignon**
**Pl Jean Jaurès; +33 4 9092 0522 Mi alpillesenprovence.com**

Zwei Berühmtheiten weilten in dem Städtchen mit Boulevards, Brunnen und engen Gassen: Vincent van Gogh wurde 1889/90 im Hospital St-Paul-de-Mausole behandelt und schuf hier etwa 150 Werke, darunter *Weizenfeld mit Zypressen*. Zum anderen wurde hier 1503 der Astrologe Nostradamus geboren.

1921 wurden in der **Site Archéologique de Glanum** römische Ruinen freigelegt. Von der antiken Stadt ist zwar nicht mehr allzu viel zu sehen, trotzdem ist die Stätte beeindruckend. Rund um die Ruinen eines Bogens befindet sich ein Mausoleum, das Ereignisse wie den Tod von Adonis darstellt.

**Site Archéologique de Glanum**
**siehe Website**
**1. Jan, 1. Mai, 1., 11. Nov, 25. Dez site-glanum.fr**

## Hotels

**Pastis Hotel St-Tropez**
Ein palmenumstandener Pool und Meerblicke sind Pluspunkte des schmucken Hotels.

**G6 75 Ave du Général Leclerc, St-Tropez**
**Nov – März**
**pastis-st-tropez.com**

€€€

**Hôtel du Soleil & SPA**
Eine Oase der Ruhe mit Pool, Spa und vielen anderen Highlights.

**F6 35 Ave Pasteur, St-Rémy-de-Provence**
**hotelsoleil.com**

**Labastide de Voulonne**
Das provenzalische Landhaus bietet familienfreundliche Suiten.

**F6 2133 Rte des Baumettes, Cabrières d'Avignon, Gordes**
**Winter: teilweise**
**bastidevoulonne.com**

16

## Aix-en-Provence

**F6 Bouches-du-Rhône 147 000 300 Ave Giuseppe Verdi; +33 4 4216 1161 tägl. aixenprovencetourism.com**

Die 122 v. Chr. gegründete Römerstadt wurde oft angegriffen: 477 von den Westgoten, später von den Langobarden, Franken und Sarazenen, was ihrem Wohlstand keinen Abbruch tat. Ende des 12. Jahrhunderts war Aix die Hauptstadt der Provence. Die Stadt erlebte unter René le Bon (15. Jh.) ihre Blütezeit. Der König ist in Nicolas Froments Triptychon *Der brennende Dornbusch* in der gotischen Cathédrale St-Sauveur (13. Jh.) dargestellt.

Aix ist ein herausragendes Kulturzentrum mit sehenswerten Institutionen wie dem **Musée Granet** für Kunst und Archäologie.

Aix wird auch »die Stadt der 1000 Brunnen« genannt. Drei der schönsten liegen an der Cours Mirabeau, einer eleganten Straße, die auf einer Seite von Häusern aus dem 17. und 18. Jahrhundert gesäumt ist. Auf der anderen befinden sich die Cafés. Die Altstadt gruppiert sich um die Place de l'Hôtel de Ville mit dem Blumenmarkt. In einer schönen Villa ist das **Caumont Centre d'Art**, ein renommiertes Kunstzentrum mit Galerie, untergebracht.

Berühmtester Sohn der Stadt ist der Maler Paul Cézanne. Das **Atelier de Cézanne** ist seit seinem Tod 1906 unverändert. Der Mont St-Victoire, eines seiner bevorzugten Motive, liegt 15 Kilometer östlich.

Entdeckertipp

### Markttreiben

Aix-en-Provence ist berühmt für seine erstaunliche Vielzahl an Märkten: frische Produkte gibt es jeden Tag auf der Place Richelme, provenzalische Spezialitäten auf dem Grand Marché, Literatur auf dem monatlich veranstalteten Büchermarkt.

**Musée Granet**
**Pl St-Jean de Malte Di – So 10 –18 (Nov – Mai: ab 12) einige Feiertage museegranet-aixenprovence.fr**

**Caumont Centre d'Art**
**3 Rue Joseph Cabassol tägl. 10 –18 (Mai – Sep: bis 19) caumont-centredart.com**

**Atelier de Cézanne**
**9 Ave Paul Cézanne siehe Website 1. Jan, 1. März, 1. Mai, 25. Dez cezanne-enprovence.com**

## Tarascon

**F6 Bouches-du-Rhône 15 500 62 Rue des Halles; +33 4 9091 0352 Di, Fr tarascon.org**

Einer schaurigen Sage nach ist die Stadt nach dem Ungeheuer Tarasque – halb Drache, halb Fisch – benannt. Es soll von der hl. Marthe gezähmt worden sein, die in der nach ihr benannten Kirche beigesetzt wurde. Noch heute wird jedes Jahr im Juni bei einem Umzug ein Drache durch die Stadt getragen.

*Farbig illuminierte Apsis der Cathédrale St-Sauveur in Aix-en-Provence*

Wahrzeichen der Stadt ist das **Château Royal de Provence** aus dem 15. Jahrhundert, ein schönes Beispiel provenzalischer gotischer Festungsarchitektur. Das Äußere lässt die Pracht im Inneren kaum vermuten: ein flämisch-gotischer Hof, eine Wendeltreppe und Deckenmalereien. Am anderen Ufer der Rhône liegt Beaucaire mit Burgruine.

**Château Royal de Provence**
**Blvd du Roi René**
**siehe Website**
**chateau.tarascon.fr**

## 18 Fréjus

**G6 Var 55 700**
**249 Rue Jean Jaurès; +33 4 9451 8383 Mi, Fr–So frejus.fr**

Der moderne Ort steht im Schatten zweier historischer Stätten: der Überreste des römischen Hafens und des 49 v. Chr. von Caesar gegründeten Forum Julii. Die römischen Bauten sind zwar nicht so gut erhalten wie die in Orange oder Arles, dafür gibt es hier viel zu sehen: ein riesiges **Amphithéâtre** (1. Jh. n. Chr.), Fragmente eines Aquädukts, ein Theater und Teile eines Wehrtors. Der einstige Hafen ist nicht mehr erkennbar.

Die Kathedrale an der Place Formigé bildet das Tor zur **Groupe Épiscopal**. Der gesamte Komplex umfasst die Kathedrale, eine Taufkapelle aus dem 5. Jahrhundert, das Kloster und das Bischofspalais.

**Schon gewusst?**

**Die 812 Kilometer lange Rhône ist der wasserreichste Fluss in Frankreich.**

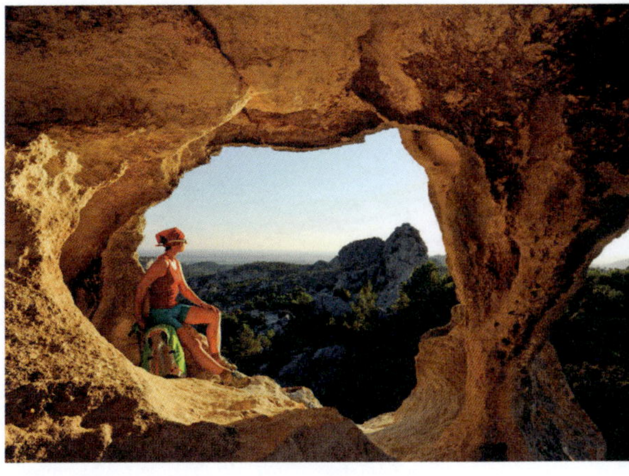

*Aussicht wie durch ein Fenster: Le Rocher des Deux Trous bei Les Baux-de-Provence*

**Amphithéâtre**
**Rue Henri Vadon**
**+33 4 9451 3431**
**Zeiten tel. erfragen**
**So, Mo, einige Feiertage**

**Groupe Épiscopal**
**48–58 Rue du Cardinal Fleury Mai–Aug: tägl. 10–18; Sep–Apr: Di–So 10–13, 14–17**
**einige Feiertage**
**cloitre-frejus.fr**

## 19 Les Baux-de-Provence

**F6 Bouches-du-Rhône**
**320 Arles Maison du Roy; +33 4 9092 0522**
**lesbauxdeprovence.com**

Das Felsendorf scheint aus einem riesigen Felsen herausgehauen zu sein. Burgruinen stehen oberhalb des Val d’Enfer (Höllental).

Im Mittelalter war Les Baux Sitz mächtiger Lehnsherren, die behaupteten, Nachfahren von König Balthasar zu sein. Die Glanzzeit endete 1632, als Louis XIII die Zerstörung der Anlage befahl, die zu einer Bastion der Protestanten geworden war. Die Ruinen erinnern daran. Das Dorf zu Füßen der Ruinen besitzt einen hübschen kleinen Platz, die Église St-Vincent (12. Jh.) und die Chapelle des Pénitents Blancs. Die Kapelle wurde vom lokalen Künstler Yves Brayer ausgestaltet, seine Werke sind im Musée Yves Brayer zu sehen.

1821 wurde hier Bauxit entdeckt und nach der Stadt benannt. Das tiefrote Mineral wurde bis Ende des 20. Jahrhunderts hier abgebaut.

Südwestlich des Orts liegen die Ruinen der Abbaye de Montmajour mit romanischer Kirche (12. Jh.) und runder Krypta.

### TOP 3 Touren bei Les Baux

**Val d’Enfer**
Erkunden Sie auf sechs Kilometern ein Tal voller Felsformationen.

**Flânerie entre les Oliviers**
Schlendern Sie durch die berühmten Olivenhaine der Gegend.

**Le Rocher des Deux Trous**
Wandern Sie zum »Felsen mit zwei Löchern«, der einen Panoramablick bietet.

*Stimmungsbild im dicht bewachsenen Massif des Maures* ↑

20

## Massif des Maures

**G6 Var Toulon-Hyères Hyères, Toulon oder Fréjus Bormes-les-Mimosas Toulon 1 Pl Gambetta, Bormes-les-Mimosas; +33 4 9401 3838 bormeslesmimosas.com**

Dichte Kiefern-, Eichen- und Kastanienwälder bedecken das fast 65 Kilometer lange Massif des Maures (*maures* = düster), das sich von Hyères bis Fréjus zieht. Die D558 nördlich von Cogolin führt mitten ins Bergmassiv. An der Route befindet sich La Garde-Freinet, einst ein Zentrum der Korkenherstellung.

Nördlich von Cannet-des-Maures liegt die romanische Abbaye de Thoronet, die – zusammen mit derjenigen von Sénanque (im Département Vaucluse) und der von Silvacane (Bouches-du-Rhône) – als eine der »drei Schwestern« der Provence bekannt ist.

Expertentipp

**Port Pin**

Eine einstündige Wanderung von Cassis nach Westen führt zum idyllischen, von Kiefern beschatteten Port Pin. Dort genießt man das klare Wasser und ein Picknick am Strand. Bringen Sie einen Sonnenschirm mit.

21

## Cassis

**F7 Bouches-du-Rhône 6800 Quai des Moulins, Le Port; +33 8 9239 0103 Mi, Fr ot-cassis.com**

Cassis ist auch heute noch zum größten Teil der malerische Fischerort, der Künstler wie Dufy, Signac und Derain so stark faszinierte und inspirierte. Hier kann man sich in den Cafés am Ufer niederlassen und bei einem Fischgericht und einer Flasche Weißwein den Fischern zuschauen.

Zwischen Marseille und Cassis bietet die Küste zerklüftete, bis zu 550 Meter hohe weiße Klippen und kleine fjordartige Buchten, die Calanques. Sie sind die Heimat vieler Seevogelarten, aber auch von Füchsen, Steinmardern, Fledermäusen, Schlangen und Eidechsen. Ebenso imposant ist die Flora mit über 900 Pflanzenarten. Besonders schön sind die Calanques von En-Vau und Sormiou.

22

## Hyères

**G7 Var 54 600 Rotonde du Park Hôtel, 16 Ave de Belgique Di, Do, Sa hyeres-tourisme.com**

Gegen Ende des 18. Jahrhunderts war Hyères einer der ersten Kurorte an der Côte d'Azur. Zu den illustren Gästen gehörten Königin Victoria und die Schriftsteller Robert Louis Stevenson und Edith Wharton.

Die Hauptsehenswürdigkeiten liegen in der mittelalterlichen Vieille Ville, darunter die Place Massillon und eine Burgruine. Der modernere Teil von Hyères bietet Belle-Époque-Charme, der experimentelle Filmemacher faszinierte. Hyères lockt mit Wassersportmöglichkeiten aller Art auch heute noch viele Badegäste an.

23

## Toulon

**F7 Var 179 700 12 Pl Louis-Blanc Di – So toulontourisme.com**

Der Marinehafen wurde 1793 von der englisch-spanischen Flotte erobert, doch kurze

Zeit später von Napoléon Bonaparte zurückgewonnen. Das **Musée National de la Marine** präsentiert seine Geschichte. Das **Musée d'Art de Toulon** zeigt mehr als 1000 Werke, vorwiegend von Künstlern aus der Region.

Der Turm des einstigen Rathauses ist alles, was vom Quai Cronstadt (heute Quai Stalingrad) übrig blieb. In der Altstadt stehen einige wenige historische Gebäude, auch der Fischmarkt lohnt einen Besuch.

**Musée National de la Marine**
**Pl Monsenergue Mi–Mo 10–18 (Juli, Aug: tägl.) Jan, 1. Mai, 14. Juli, 25. Dez musee-marine.fr**

**Musée d'Art de Toulon**
**113 Blvd Mar. Leclerc +33 4 9436 8115 Di–Do 12–18**

24

## Îles d'Hyères

**G7 Var Toulon-Hyères Hyères Rotonde du Park Hôtel, Ave de Belgique, Hyères; +33 4 9468 3376 hyeres-tourisme.com**

Die wegen ihrer goldgelben Felsen auch als Îles d'Or bekannten Inseln erreicht man von Hyères und Lavandou mit einem Schiff (im Sommer auch von Cavalaire und Port-de-Miramar).

Porquerolles, die größte der drei Inseln, ist sieben Kilometer lang und drei Kilometer breit. Die üppige Vegetation wurde teils aus anderen Ländern eingeführt, z. B. die Bellombra-Bäume aus Mexiko. Der Hauptort der Insel verfügt über einen großen offenen Dorfplatz, der von Eukalyptusbäumen gesäumt ist und an dessen einem Ende sich eine Dorfkirche befindet. Er wurde 1820 für Veteranen der napoleonischen Armee angelegt.

Alle Strände der Insel liegen an der Nordküste. Einer der schönsten der Provence ist die lange Plage Notre-Dame in einer geschützten Bucht, ungefähr 60 Gehminuten vom Ort Porquerolles entfernt.

Ein Rundgang um die nur etwa 2,5 Quadratkilometer große Insel Port-Cros nimmt fast einen Tag in Anspruch. Der mit 195 Metern höchste Punkt ist gleichzeitig der höchste der ganzen Inselgruppe.

Porquerolles und Port-Cros wurden einschließlich der Küstengewässer aufgrund ihrer einzigartigen Flora und Fauna als Nationalparks ausgewiesen. Mit Taucherbrille und Schnorchel kann man auf einer 300 Meter langen Route die Unterwasserwelt erkunden (für die Route gibt es eine wasserfeste Karte).

Von Port-Cros kann man zur wilden Île du Levant übersetzen. Hauptattraktion ist die im Jahr 1931 gegründete Héliopolis, die älteste FKK-Anlage Frankreichs. Die Osthälfte der Insel ist als Stützpunkt der Marine militärisches Sperrgebiet.

*Hafen von Porquerolles: Hauptort der gleichnamigen Insel des Archipels Îles d'Hyères*

## Restaurants

**L'Escourtin**
Idyllisch gelegen, mit Antiquitäten und Blumen geschmückt und dazu noch Seafood aus frischem Fang und köstliche Wildgerichte.

**G6 159 Chemin de Notre Dame, Fayence moulindela camandoule.com**

**Le Comptoir de la Tourraque**
Das gemütliche Restaurant in der Altstadt serviert traditionelle Küche aus der Region.

**G6 1 Rue de la Tourraque, Antibes +33 4 9395 2486**

**Vague d'Or**
Kräuter stammen aus dem Massif des Maures, Gemüse aus eigenem Garten, Seafood aus dem Meer vor der Tür.

**G6 Plage de la Bouillabaisse, St-Tropez Mitte Okt–Mitte Mai chevalblanc.com**

## 25 St-Tropez

G6 Var 3600 
8 Quai Jean Jaurès; +33 4 9497 4521 Di, Sa
sainttropeztourisme.com

St-Tropez blieb dank seiner geografischen Lage an der Spitze einer Halbinsel von der anfänglichen Entwicklung an der Côte d'Azur unberührt. Der einzige nach Norden gerichtete Ort der Côte d'Azur sagte den Sonnenhungrigen als Winterquartier zunächst nicht zu. Der Maler Paul Signac erlag 1892 als einer der Ersten dem Charme des Orts. Er zog Malerkollegen wie Matisse und Bonnard nach sich. In den 1920er Jahren ließ sich hier die Pariser Schriftstellerin Colette nieder.

Im Zweiten Weltkrieg landeten die Alliierten an den Stränden von St-Tropez, der Ort wurde massiv bombardiert. In den 1950er Jahren kam die wohlhabende Pariser Jeunesse dorée. Auch Roger Vadims Film mit Brigitte Bardot in der Hauptrolle trug zum neuen Image bei. Das ausschweifende Leben von Roger Vadim, Brigitte Bardot, Sacha Distel, Gunter Sachs u. a. wirkten wie ein Magnet. Der Massentourismus setzte ein.

Heute sind viel mehr Luxusjachten als Fischerboote im Hafen vertäut. Die Hafencafés sind ideal zum Beobachten von Leuten und Schiffen. Viel zu sehen gibt es auch auf der Place des Lices: Harley-Davidson-Fahrer und den Markt.

Das **Musée de l'Annonciade** zeigt Werke u. a. von Signac, Derain, Rouault und Bonnard. Das **Musée de l'Histoire Maritime** dokumentiert die Schifffahrtstradition der Stadt.

St-Tropez besitzt einen eigenen Strand. Schöner sind die Strände außerhalb, z. B. der von Pampelonne mit Clubs und Restaurants. St-Tropez hat keinen Bahnhof. Autofahren und Parkplatzsuche können in der Hochsaison zum Albtraum werden.

St-Tropez soll nach einem römischen Soldaten benannt worden sein, der als Christ unter Nero den Märtyrertod starb. Jeden Mai findet zum Gedenken an ihn die *bravade* statt, bei der eine Puppe des hl. Torpes mit Salutschüssen durch den Ort getragen wird.

In der Nähe liegen zwei reizvolle Orte: Port-Grimaud wurde zwar erst 1966 angelegt, wirkt jedoch dank der traditionellen Architektur älter. Viele Häuser haben ihren eigenen Anlegeplatz. In dem auf der Anhöhe gelegenen Ort Ramatuelle hat sich der dort ansässige Jetset mit Erfolg für die Restaurierung des Straßenbilds eingesetzt.

Expertentipp
### L'Aiguille

Besuchen Sie die Pointe de l'Aiguille südwestlich von Cannes, um den Massen zu entfliehen. An den unteren Hängen des Massif de l'Esterel gibt es kleine Buchten und nach Kiefern duftende Waldwege.

### Schon gewusst?

**Seit 1927 werden in St-Tropez *sandales tropéziennes* (Sandalen mit Ledersohle) gefertigt.**

**Musée de l'Annonciade**
**2 Pl Georges Grammont siehe Website**
**einige Feiertage**
**saint-tropez.fr**

**Musée de l'Histoire Maritime**
**Citadelle de Saint-Tropez +33 4 9497 5943**
**tägl. 10–17:30 (Apr–Sep: bis 18:30); Führungen vorab buchen 1. Jan, 1., 17. Mai, 11. Nov, 25. Dez**

*Blick über den ausgedehnten Hafen des schicken Ferienorts St-Tropez*

## Digne-les-Bains

**G6 Alpes-de-Haute-Provence 16 800**
**Le Rond-Point, Pl du Tampinet Mi, Sa dignelesbains-tourisme.com**

Der Kurort kommt in Victor Hugos *Les Misérables* vor. Eine Fahrt mit dem Train des Pignes von Nizza aus bietet herrliche Ausblicke. In Digne-les-Bains befinden sich außerdem das **Musée Promenade** mit Ausstellungen über die letzten 300 Millionen Jahre der Erdgeschichte sowie ein Schmetterlingsgarten, Le Jardin des Papillons, mit über 120 Arten.

**Musée Promenade**
**Parc St-Benoît siehe Website geoparchauteprovence.com**

## Cannes

**G6 Alpes-Maritimes 72 500**
**1 Blvd de la Croisette Di – So Filmfest (Mai) cannes-destination.com**

Bei Cannes denken die meisten an das Filmfestival. Doch die Stadt hat mehr zu bieten als den alljährlichen Staraufmarsch. Lord Brougham, der britische Lordkanzler, machte Cannes berühmt. 1834 musste er hier seine Reise nach Nizza abbrechen, weil dort die Cholera ausgebrochen war. Er war von der Schönheit des Fischerdorfs angetan und ließ sich hier eine Villa bauen. Andere Ausländer folgten, und so wurde Cannes einer der mondänsten Orte an der Côte d'Azur.

Die Altstadt liegt in dem am Hang des Mont Chevalier hochgezogenen Viertel Le Suquet. An der Place de la Castre ist noch ein Teil der alten Stadtmauer erhalten. Den Platz beherrscht die Kirche Notre-Dame-de-l'Espérance (16./17. Jh.). Eine weitere Attraktion ist ein *donjon* aus dem 11. Jahrhundert. Der Wehrturm der Burg beherbergt das **Musée de la Castre** mit den Fundstücken von Baron Lycklama, einem holländischen Archäologen (19. Jh.).

Der berühmte Boulevard de la Croisette mit seinen Palmen und Grünflächen ist auf einer Seite von Luxushotels wie dem im Belle-Époque-Stil gebauten Carlton gesäumt. Dessen zwei Kuppeln, so die Sage, wurden nach den Brüsten von »La Belle Otero« gestaltet, einer Kurtisane im 19. Jahrhundert. Auf der anderen Seite der Croisette erstreckt sich der bekannteste Sandstrand der Côte d'Azur.

**Musée de la Castre**
**Le Suquet +33 4 8982 2626 Okt – März: Di – So 10 – 13, 14 – 17 (Apr – Juni, Sep: bis 18; Juli, Aug: tägl. 10 – 19; Führungen: Mitte Juni – Mitte Sep**
**1. Jan, 1. Mai, 1., 11. Nov, 25. Dez**

### Internationale Filmfestspiele von Cannes

Stars, Regisseure, weitere Fimschaffende und Paparazzi kommen jedes Jahr im Mai zu den Filmfestspielen von Cannes, dem bedeutendsten internationalen Marktplatz der Filmindustrie und Heimat der jährlichen Palme-d'Or-Preise. Das 1946 ins Leben gerufene Event entwickelte sich Mitte der 1950er Jahre zu einem großen Medienzirkus, als Stars wie Brigitte Bardot für die Kameras posierten – eine Tradition, die auch heute noch weiterlebt.

*Bummel auf dem Boulevard de la Croisette in Cannes*

Entdeckertipp
**Der Duft von Jasmin**

Im August sind die Felder rund um Grasse übersät mit weißen Jasminblüten, deren einzigartiger Duft durch die Luft schwebt. Dies wird bei der Fête du Jasmin mit viel Musik und Tanz gefeiert.

28
## Grasse

**G6 Alpes-Maritimes 49 000 24 Cours Honoré Cresp**
**paysdegrassetourisme.fr**

Grasse ist von Hügeln, Lavendel-, Mimosen-, Jasmin- und Rosenfeldern umgeben. Die Stadt ist seit dem 16. Jahrhundert eine internationale Hochburg der Parfümherstellung, als Catherine de Médicis parfümierte Lederhandschuhe in Mode brachte.

Damals war Grasse auch Zentrum der Ledergerbung. Die Gerbereien gibt es nicht mehr, doch die im 18. und 19. Jahrhundert gegründeten Parfümhäuser sind noch in Betrieb, obwohl die Düfte heute größtenteils aus importierten Blumen oder Chemikalien hergestellt werden. Der beste Ort, um alles über die Geschichte des Parfüms zu erfahren, ist das **Musée International de la Parfumerie** mit einem Garten voll duftender Pflanzen.

Grasse ist Geburtsstadt des Malers Jean-Honoré Fragonard (1732–1806). Das **Villa-Musée Fragonard** zeigt auch Wandgemälde seines Sohns. Fragonards einziges religiöses Werk findet man in der Cathédrale de Notre-Dame-du-Puy zusammen mit Gemälden von Rubens. Die Place aux Aires mit Renaissance-Häusern und die Place du Cours haben den Charme der Stadt bewahrt.

**Musée International de la Parfumerie**

**2 Blvd de Jeu du Ballon tägl. 10–19 (Sep–Juni: bis 18)**
**1. Jan, 1. Mai, 25. Dez**
**museesdegrasse.com**

**Villa-Musée Fragonard**

**23 Blvd Fragonard siehe Website**
**museesdegrasse.com**

*Felsige, mit Bäumen bestandene Hafenbucht am Cap d'Antibes* →

29
## St-Raphaël

**G6 Var 35 900**
**99 Quai Albert 1er; +33 4 9419 5252**
**saint-raphael.com**

St-Raphaël ist mit seiner palmengesäumten Uferpromenade und den Jugendstilhäusern ein charmanter Ort. Außer dem Strand gibt es einen Hafen, ein Casino, römische Ruinen, eine romanische Kirche (12. Jh.) und ein Museum mit Artefakten aus einem römischen Schiffswrack (das Jacques Cousteau entdeckte). Hier landete Napoléon 1799 bei seiner Rückkehr aus Ägypten.

## Antibes

**G6 Alpes-Maritimes 74 700**
**Pl Guynemer Di–So**
**antibesjuanlespins.com**

Die Stadt geht auf die griechische Siedlung Antipolis zurück und gehörte später zu Savoyen, bis Frankreich 1481 die Stadt annektierte. Damals entstanden das Fort

*Parfümfläschchen* (Detail) *im Musée International de la Parfumerie, Grasse* ↑

Carré und der Jachthafen. Château Grimaldi (12. Jh.), einst Residenz der Fürsten von Monaco, birgt heute das **Musée Picasso**. 1946 benutzte der Maler einen Teil des Schlosses als Atelier und stiftete 67 Gemälde und Zeichnungen, darunter *Die Ziege*. Die meisten Bilder sind von seiner besonderen Liebe zum Meer geprägt, darunter auch das Werk *Lebensfreude*. Mittlerweile werden über 150 Werke ausgestellt.

Unter den Töpferwaren im **Musée d'Archéologie** gibt es Funde aus Schiffswracks vom Mittelalter bis zum 18. Jahrhundert.

**Musée Picasso**
**Château Grimaldi +33 4 9290 5428 Mitte Juni – Mitte Sep: Di – So 10 –18; Mitte Sep – Mitte Juni: Di – So 10 –13, 14 –18 1. Jan, 1. Mai, 1. Nov, 25. Dez**

**Musée d'Archéologie**
**1 Ave Général Maizière, Bastion St-André +33 4 9395 8598 Feb – Okt: Di – So 10 –12:30, 14 – 18; Nov – Jan: Di – Sa 10 – 13, 14 –17 1. Jan, 1. Mai, 1. Nov, 25. Dez**

## 31 Cap d'Antibes

**G6 Alpes-Maritimes Nizza Antibes Nizza Palais des Congrès, 60 Chemin des Sables, Juan-les-Pins antibesjuanlespins.com**

Seit den 1920ern gilt die bewaldete Felsenhalbinsel mit Prunkvillen in üppigen Gärten als Inbegriff luxuriösen Lebens. Einer der Reichsten, Frank Jay Gould, investierte in den Urlaubsort Juan-les-Pins, der heute das Glanzlicht am Cap ist. Alljährlich findet das Jazzfestival von Antibes statt.

An der höchsten Stelle der Halbinsel steht die Kapelle La Garoupe. Ganz in der Nähe liegt der 1856 mit tropischen Pflanzen angelegte **Jardin Botanique de la Villa Thuret**. Ein großer Teil der exotischen Flora in dieser Region wurde hier gezüchtet.

**Jardin Botanique de la Villa Thuret**
**90 Chemin Raymond, Antibes Juan-les-Pins +33 4 9238 6470 Zeiten tel. erfragen Sa, So, einige Feiertage**

## Restaurants

**Angelina**
Frisches Seafood und dazu ein fantastischer Hafenblick.

**F7 7 Ave Victor Hugo, Cassis +33 4 4201 8927**

€€€

**Green Love**
In einer Art gemütlicher Kantine werden Gerichte für Vegetarier und Veganer serviert.

**F6 22 Blvd Louis Salvator, Marseille +33 4 8886 8275**

**Le Parvis**
Große Auswahl provenzalischer Spezialitäten.

**F6 55 Cours Pourtoules, Orange leparvisorange.com**

*Der Loup fällt in der Cascade de Courmes in die Gorges du Loup*

32

## Gorges du Loup

**G6 Alpes-Maritimes Nizza Cagnes-sur-Mer Grasse Nizza 2 Pl de la Libération, Tourrettes-sur-Loup; +33 4 9324 1893 tourrettessurloup.com**

Der Loup entspringt in den Pré-Alpes hinter Grasse und bahnt sich seinen Weg zum Mittelmeer durch eine Schlucht mit Wasserfällen. Typisch für die wildromantische Landschaft sind die auf Hügelkuppen errichteten Dörfer. Gourdon verdankt seinen Reiz zum Großteil den alten Häusern, die sich um das Château (12. Jh.) gruppieren. Die Burg wurde an der Stelle einer Sarazenenfestung erbaut. Die Gärten sind von Le Nôtre.

Die Befestigungsmauern von Tourrettes-sur-Loup bilden mit den äußeren Häusern eine harmonische Einheit. Rings um das Dorf gibt es Felder mit Veilchen, aus denen Parfüm und Pastillen hergestellt werden. Das Museum **Bastide aux Violettes** verdeutlicht die Bedeutung der Blume.

**Bastide aux Violettes**
**La Ferrage**
**siehe Website**
**einige Feiertage**
**tourrettessurloup.com**

## Vallauris

**G6 Alpes-Maritimes 28 000 4 Ave Georges Clemenceau Di–So vallauris-golfe-juan.fr**

Vallauris verdankt seine Bekanntheit überwiegend Pablo Picasso. 1951 bekam der berühmte Maler den Auftrag, ein Wandbild in der Kapelle neben der Festung zu malen. Das Gemälde, *Krieg und Frieden* (1952), ist das wichtigste Ausstellungsstück des **Musée National Picasso**. Die Bronze *L'Homme au Mouton* (1943) auf dem Hauptplatz schenkte Picasso der Stadt.

**Musée National Picasso**
**Place de la Libération Mi–Mo 10–12:15, 14–17 (Juli, Aug: bis 18) Feiertage musees-nationaux-alpes maritimes.fr**

## Biot

**G6 Alpes-Maritimes 9600 4 Chemin Neuf; +33 4 9365 7800 Di biot-tourisme.com**

Der malerische Bergort zog schon immer Handwerker und Künstler in Scharen an. Der bekannteste von ihnen war Fernand Léger, der hier 1949 seine Keramiken herstellte. Viele seiner Werke sind im **Musée National Fernand Léger** ausgestellt, das in einem modernen Gebäude außerhalb der Stadt untergebracht ist. Die Fassade ziert ein Mosaik des Künstlers.

Darüber hinaus ist Biot für mundgeblasenes Glas

Entdeckertipp
**Keramik aus Vallauris**

Vallauris ist eine Hochburg des provenzalischen Töpferhandwerks. Bummeln Sie durch die Galerien. Zu den renommiertesten gehört Les Petites Porcelaines (www.lespetitesporcelaines.com).

## Schon gewusst?

**Picasso beeinflusste die Entwicklung der Keramik in Vallauris maßgeblich.**

bekannt, in dem Luftblasen eingeschlossen sind. Das handwerkliche Können der Glasbläser kann in **La Verrerie de Biot** besichtigt (und käuflich erworben) werden.

**Musée National Fernand Léger**
**255 Chemin du Val-de-Pôme siehe Website 1. Jan, 1. Mai, 25. Dez musees-nationaux-alpes maritimes.fr**

**La Verrerie de Biot**
**5 Chemin des Combes siehe Website verreriebiot.com**

## Cagnes-sur-Mer

**G6 Alpes-Maritimes 52 100 6 Blvd Maréchal Juin; +33 4 9320 6164 Di–So cagnes-tourisme.com**

Cagnes-sur-Mer ist in drei Stadtteile gegliedert. Der älteste und interessanteste ist Haut-de-Cagnes mit steilen Straßen, Laubengängen und einigen historischen Bauten, darunter Arkadenhäuser aus der Renaissance. Cagnes-Ville ist der moderne Stadtteil mit zahlreichen Hotels und Läden, Le Cros-de-Cagnes das touristisch geprägte Seebad mit Jachthafen und Angelmöglichkeiten.

Das **Château Grimaldi** (14. Jh.) in Haut-de-Cagnes wurde im 17. Jahrhundert von Henri Grimaldi umgebaut. Jenseits der Mauern verbirgt sich ein schattiger Innenhof. Hinter den Säulen liegt ein dem Ölbaum gewidmetes Museum, in dem auch moderne Kunst aus dem Mittelmeerraum ausgestellt ist, darunter Bilder, welche die Chanteuse Suzy Solidor dem Museum vermacht hat. Die 40 Werke, Porträts der Sängerin, stammen u. a. von Marie Laurencin und Jean Cocteau. Die Decke des Festsaals ziert ein äußerst suggestives Fresko, *Der Fall des Phaeton*, das Carlone um 1620 geschaffen haben soll.

Der Maler Pierre-Auguste Renoir verbrachte seine letzten zwölf Lebensjahre im heutigen **Musée Renoir** in Cagnes. Das warme, trockene Klima war gut für seine Arthritis. Das Haus im Olivenhain ist seit Renoirs Tod 1919 fast unverändert und birgt einige seiner Werke. Die Bronzestatue *Venus Victrix* steht im Garten.

**Château Grimaldi**
**Place du Château +33 4 9202 4735 vorab tel. erfragen 1. Jan, 25. Dez**

**Musée Renoir**
**Chemin des Collettes +33 4 9320 6107 Zeiten tel. erfragen Di, 1. Mai, 1. Jan, 25. Dez**

→

*Das Château Grimaldi (14. Jh.) überragt den Hügelort Cagnes-sur-Mer*

36

## Villefranche-sur-Mer

**G6 Alpes-Maritimes 5000 Jardin François Binon; +33 4 9301 7368 Mi, Sa tourisme-villefranche-sur-mer.com**

Die Lage von Villefranche-sur-Mer ist geradezu einmalig: Umschlossen von bis an das Meer reichenden Bergen gleicht der Ort einem riesigen Naturtheater mit einem natürlichen Hafen auf einer Seite.

Von der Hafenpromenade mit italienischen Fassaden, Cafés und Bars aus kann man die Fischer beobachten. Hier steht auch die **Chapelle de St-Pierre**, die 1957 restauriert und von Jean Cocteau neu gestaltet wurde. Seine Fresken zeigen nichtreligiöse Motive, daneben aber auch das Leben des hl. Petrus. Die Rue Obscure (Zugang von der Hafenpromenade) ist eine vollkommen mit Häusern überbaute Straße. Die Citadelle St-Elme (16. Jh.) beherbergt vier Museen.

Die Straßen hinter dem Hafen sind eng und schmal und führen oft über Treppen und unter vorhängenden Gebäuden steil nach oben. Immer wieder erhascht man einen Blick auf das Meer. Die Überbauung der Rue Obscure (14. Jh.) bot von den frühen Bombardierungen bis zum Zweiten Weltkrieg Schutz.

**Chapelle de St-Pierre**
**4 Quai de l'Amiral Courbet +33 4 9376 9070 Mi – So 9:30 –12:30, 14 –18 Mitte Nov – Mitte Dez; 25. Dez**

## Vence

**G6 Alpes-Maritimes 19 300 Place du Grand Jardin; +33 4 9358 0638 Di, Fr vence-tourisme.fr**

Die historische Marktstadt ist für ihr mildes Klima bekannt. Heute ist der im Mittelalter bedeutende religiöse Ort von Ferienvillen umgeben. Die Cathédrale wurde unter Antoine Godeau, dem berühmtesten Bischof der Stadt, restauriert. Als Altar dient ein römischer Sarkophag aus dem 5. Jahrhundert. Die Wände werden von karolingischen Flachreliefs geschmückt. Sehenswert sind außerdem das Chorgestühl (15. Jh.) und das Bischofsgrab. Innerhalb der Stadtmauern und ihrer Tore (13./14. Jh.) liegt die Place du Peyra, eine ehemalige Arena mit einem Brunnen von 1822.

Die **Chapelle du Rosaire** (1947 – 51) wurde von Henri Matisse als Dank an die Nonnen, die ihn während seiner Krankheit gepflegt hatten, mit Fenstern und Wandmalereien versehen. Die biblischen Szenen beschränken sich auf schwarze Linien auf weißem Untergrund.

**Chapelle du Rosaire**
**466 Ave Henri Matisse siehe Website chapellematisse.com**

> **Umschlossen von bis ans Meer reichenden Bergen gleicht Villefranche-sur-Mer einem riesigen Naturtheater mit einem natürlichen Hafen.**

## 38 Èze

G6 Alpes-Maritimes 2200 Place Général de Gaulle; +33 4 9341 2600 eze-tourisme.com

Der pittoreske Ort liegt an einem Felsen hoch über dem Meer. Jedes Jahr strömen Besucher durch das Stadttor (14. Jh.) und die Gassen. Die blumengeschmückten Häuser beherbergen heute meist Läden oder Galerien. Über dem Ort thront die einstige Burg inmitten der Pflanzenwelt des **Jardin Exotique** mit Vegetation aus allen Kontinenten. Der Blick von hier oben ist grandios.

Entlang der oberen Corniche gelangt man zum römischen Siegerdenkmal **Trophée d'Auguste à La Turbie**, das 6 v. Chr. erbaut wurde. Von hier aus hat man einen schönen Blick auf Monaco und Italien.

**Jardin Exotique**
Rue du Château
siehe Website
jardinexotique-eze.fr

**Trophée d'Auguste à La Turbie**
Ave Albert 1er
siehe Website
trophee-auguste.fr

## 39 Roquebrune-Cap-Martin

G6 Alpes-Maritimes 13 000 Nizza 218 Ave Aristide Briand; +33 4 9335 6287 Mi menton-riviera-merveilles.fr

Der mittelalterliche Ort mit vielen Villen liegt oberhalb des Kaps. Zu den Besuchern gehörte einst Coco Chanel. Doch nicht immer war das Kap den Gästen wohlgesonnen: Der Dichter W. B. Yeats starb hier 1939, der Architekt Le Corbusier ertrank 1965 vor der Küste. Im August finden in Roquebrune Passionsspiele statt.

## 40 St-Jean-Cap-Ferrat

G6 Alpes-Maritimes 1500 Nizza Nizza Beaulieu-sur-Mer 5 Ave Denis Séméria; +33 4 9376 0890 saintjeancapferrat-tourisme.fr

Auf der Halbinsel Cap Ferrat stehen einige der prunkvollsten Villen der Riviera. Zu den berühmtesten gehört die Villa Mauresque von Somerset Maugham, der hier von 1926 bis zu seinem Tod 1965 lebte und Gäste von Noël Coward bis Winston Churchill empfing. Eines der eindrucksvollsten Herrenhäuser, die **Villa Ephrussi de Rothschild** aus Terrakotta und Marmor inmitten von Themengärten auf dem Kamm des Kaps, kann besucht werden. Die Baronin Ephrussi de Rothschild vermachte sie 1934 dem Institut de France. Alles wurde wie zu ihren Lebzeiten belassen: persönliche Dinge Marie-Antoinettes, die Porzellansammlung, Wandteppiche und eine Bildersammlung von Fragonard.

*Villefranche-sur-Mer schmiegt sich um eine Bucht mit kristallklarem Wasser*

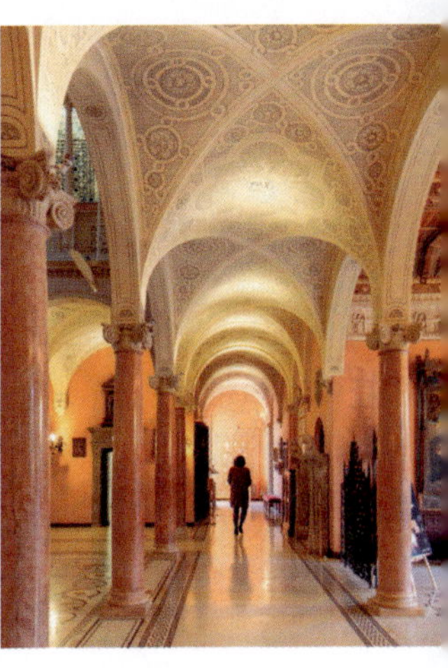

↑ *Glänzendes Interieur der Villa Ephrussi de Rothschild*

Das malerische Hafenstädtchen Beaulieu-sur-Mer bietet einen Blick auf die Bucht von Fourmis. Attraktion ist die im griechischen Stil erbaute **Villa Grecque Kérylos.** Der Altphilologe Théodore Reinach ließ sie sich 1902 – 08 im antiken griechischen Stil bauen und mit Mosaiken, Fresken und Mobiliar ausstatten.

**Villa Ephrussi de Rothschild**
1 Ave Ephrussi de Rothschild, Cap Ferrat
Feb – Okt: tägl. 10 – 18 (Juli, Aug: bis 19); Nov – Jan: Mo – Fr 14 – 18, Sa, So, Feiertage 10 – 18
villa-ephrussi.com

**Villa Grecque Kérylos**
Imp Gustave Eiffel, Beaulieu
Sep – Apr: tägl. 10 – 17; Mai – Aug: tägl. 10 – 18
1. Jan, 1. Mai, 1., 11. Nov, 25. Dez
villakerylos.fr

41
## Menton

G6 Alpes-Maritimes 30 900 8 Ave Boyer Di–So Zitronenfest (Feb) menton-riviera-merveilles.fr

Mentons Strände – mit den Alpen und den Altstadtvillen im Hintergrund – locken Besucher an. Im warmen Klima gedeihen tropische Pflanzen.

Die Basilika St-Michel ist ein prächtiges Beispiel für barocke Architektur. Die **Salle des Mariages** wurde 1957 von Jean Cocteau ausgeschmückt. Seine Arbeiten sind auch im Musée du Bastion zu sehen. Das **Musée des Beaux-Arts** zeigt Werke vom Mittelalter bis zum 20. Jahrhundert.

Im **Jardin Botanique Val Rahmeh** wachsen viele importierte tropische und subtropische Pflanzen.

**Salle des Mariages**
**Hôtel de Ville, Pl Ardoïno +33 4 9210 5000 Führungen: +33 4 8981 5270 tel. erfragen**

**Musée des Beaux-Arts**
**Palais de Carnolès, 3 Ave de la Madone +33 4 9335 4971 wegen Renovierung**

**Jardin Botanique Val Rahmeh**
**Ave St-Jacques siehe Website jardinbotaniquevalrahmehmenton.fr**

42
## Alpes-Maritimes

G6 Alpes-Maritimes Nizza Peille 15 Rue Centrale, Peille tourisme.peille.fr

Im Hinterland der Côte d'Azur findet man noch ruhige, untouristische Orte, etwa die winzigen Zwillingsdörfer Peille und Peillon. Ihre Torbogen und steilen Gässchen schmiegen sich hoch über dem Fluss Paillon in den Felsen. Peille ist etwas verschlafener und hat sogar seinen eigenen Dialekt bewahrt.

Die Schönheit der Alpes-Maritimes mit Schluchten, Flüssen und Hochebenen ist noch weitgehend unberührt. Sehenswert sind prähistorische Felsmalereien in der Vallée des Merveilles und die Wildtiere im Parc National du Mercantour.

43
## Marseille

F6 Bouches-du-Rhône 870 000 1 La Canebière Mo–Sa marseille-tourisme.com

Marseille, die im 7. Jahrhundert v. Chr. gegründete griechische Siedlung namens

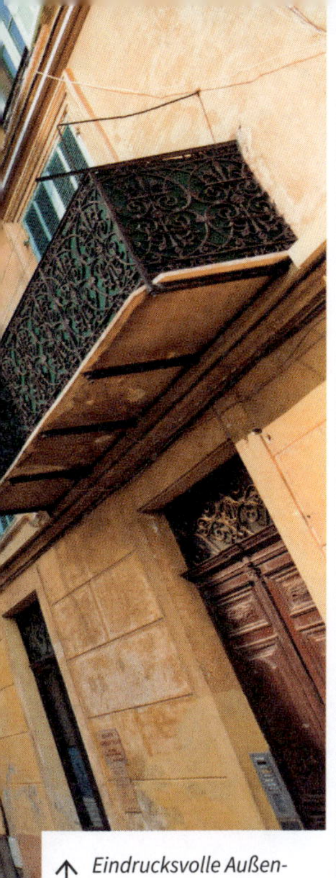

↑ *Eindrucksvolle Außenansicht der Basilika St-Michel in Menton*

Massilia, wurde 49 v. Chr. von den Römern erobert. Die Stadt entwickelte sich für Händler aus dem Osten zum »Tor nach Westen«. Frankreichs größter Hafen und zweitgrößte Stadt hat auch heute noch Verbindungen zum Nahen Osten und zu Nordafrika.

Marseille verfügt über hervorragende Museen, darunter mehrere im alten Hafengebiet. Das Musée Cantini im Süden ist eines der besten und beherbergt die Kunstsammlung des Bildhauers Jules Cantini (1826–1916).

Das **Musée des Beaux-Arts** im Palais Longchamp zeigt u. a. Michel Serres Stadtansichten während der Pest 1721, Pierre Pugets Stadtpläne und Gemälde, die Marseille in griechischer und römischer Zeit darstellen.

Das **Château d'If** steht auf einer winzigen Insel zwei Kilometer südwestlich des Hafens. Die Festung wurde im Jahr 1529 zur Unterbringung von Artilleriegeschützen erbaut und diente später als Gefängnis, das durch den Roman *Der Graf von Monte Christo* von Alexandre Dumas berühmt wurde.

Ein Wahrzeichen der Stadt ist die 1864 fertiggestellte neobyzantinische Basilique de Notre-Dame-de-la-Garde. Ihr 46 Meter hoher Glockenturm wird von einer riesigen vergoldeten Statue der Jungfrau gekrönt. Die Abbaye de St-Victor aus dem 11. Jahrhundert wurde wieder aufgebaut und verfügt über eine faszinierende Krypta mit einer Katakombenkapelle. Alljährlich findet hier am 2. Februar eine Wallfahrt zur Feier der Ankunft der hl. Maria Magdalena, des hl. Lazarus und der hl. Martha vor fast 2000 Jahren statt.

1640 wurde auf königlichen Erlass mit dem Bau einer Unterkunft »für Bedürftige und Bettler« begonnen. 100 Jahre später wurden das Krankenhaus und die Kirche **La Vieille Charité** von Pierre Puget eröffnet. Das Gebäude beherbergt das Musée d'Archéologie Méditerranéenne und das Musée des Arts Africains, Océaniens et Amérindiens (MAAOA).

Das faszinierende **Musée des Civilizations de l'Europe et de la Méditerranée (MuCEM)** dokumentiert anhand von rund 250 000 Ausstellungsstücken die Geschichte, Zivilisationen und Traditionen der Länder Europas und des gesamten Mittelmeerraums.

**Schon gewusst?**

**Marseille verzeichnet jedes Jahr rund 300 Sonnentage.**

**Musée des Beaux-Arts**
**Palais Longchamp, Aile Gauche +33 4 9114 5930 Di–So 9–18 1. Jan, 1. Mai, 1., 11. Nov, 25., 26. Dez**

**Château d'If**
**Vieux Port Apr–Sep: tägl. 10:30–18; Okt–März: Di–So 10:30–17:15 W chateau-if.fr**

**La Vieille Charité**
**2 Rue de la Charité Di–So 9–18 W vieille-charite-marseille.com**

**Musée des Civilisations de l'Europe et de la Méditerranée (MuCEM)**
**1 Esplanade du J4, 201 Quai du Port siehe Website W mucem.org**

## Jean Cocteau

Der 1889 in der Nähe von Paris geborene Cocteau verbrachte den Großteil seines Lebens an der Côte d'Azur. 1955 wurde er in die Académie Française aufgenommen und damit als geistige und künstlerische Autorität anerkannt. Cocteau war Autor von Werken wie *Les Enfants Terribles* (1929) und Regisseur von Kinofilmen (u. a. *Orphée*, der 1950 teils in Les Baux gedreht wurde). Jean Cocteau starb im Jahr 1963, vier Jahre später eröffnete das ihm gewidmete Museum in Menton.

# Tour: Route des Crêtes

**Zur Orientierung**
*Siehe Karte S. 492f*

**Länge** 120 km **Rasten** La Palud-sur-Verdon hat einige Cafés, Moustiers-Ste-Marie bietet gute Einkehrmöglichkeiten zum Mittagessen

Die Verdon-Schlucht ist eine atemberaubende Landschaft. Tief unten schlängelt sich dunkelgrün der Verdon zwischen Bergkegeln mit bizarren Felsen hindurch. An manchen Stellen ist die Schlucht 700 Meter tief. Der Landstrich zwischen Moustiers-Ste-Marie und Castellane ist größtenteils unbewohnt. Zu den besten Aussichtspunkten gehören die Balcons de la Mescla (gleich hinter dem Pont de l'Artuby). Das Gelände ist gebirgig, man muss einige Serpentinen überwinden.

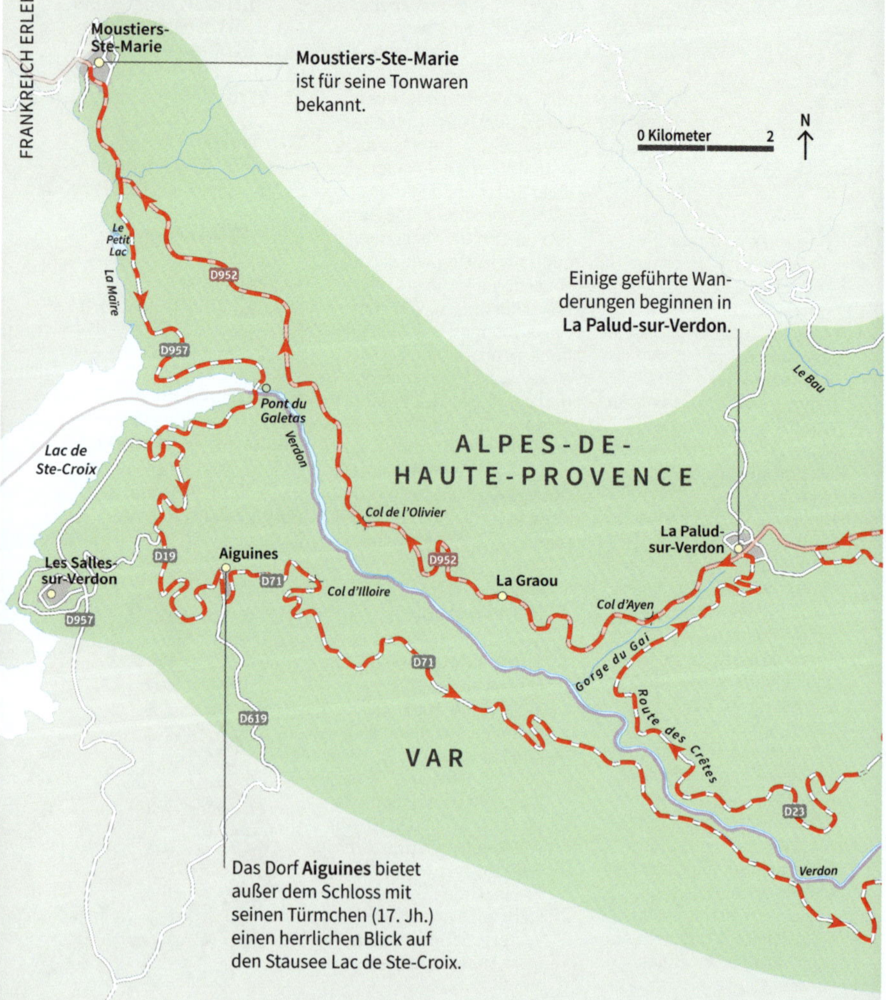

**Moustiers-Ste-Marie** ist für seine Tonwaren bekannt.

Einige geführte Wanderungen beginnen in **La Palud-sur-Verdon**.

Das Dorf **Aiguines** bietet außer dem Schloss mit seinen Türmchen (17. Jh.) einen herrlichen Blick auf den Stausee Lac de Ste-Croix.

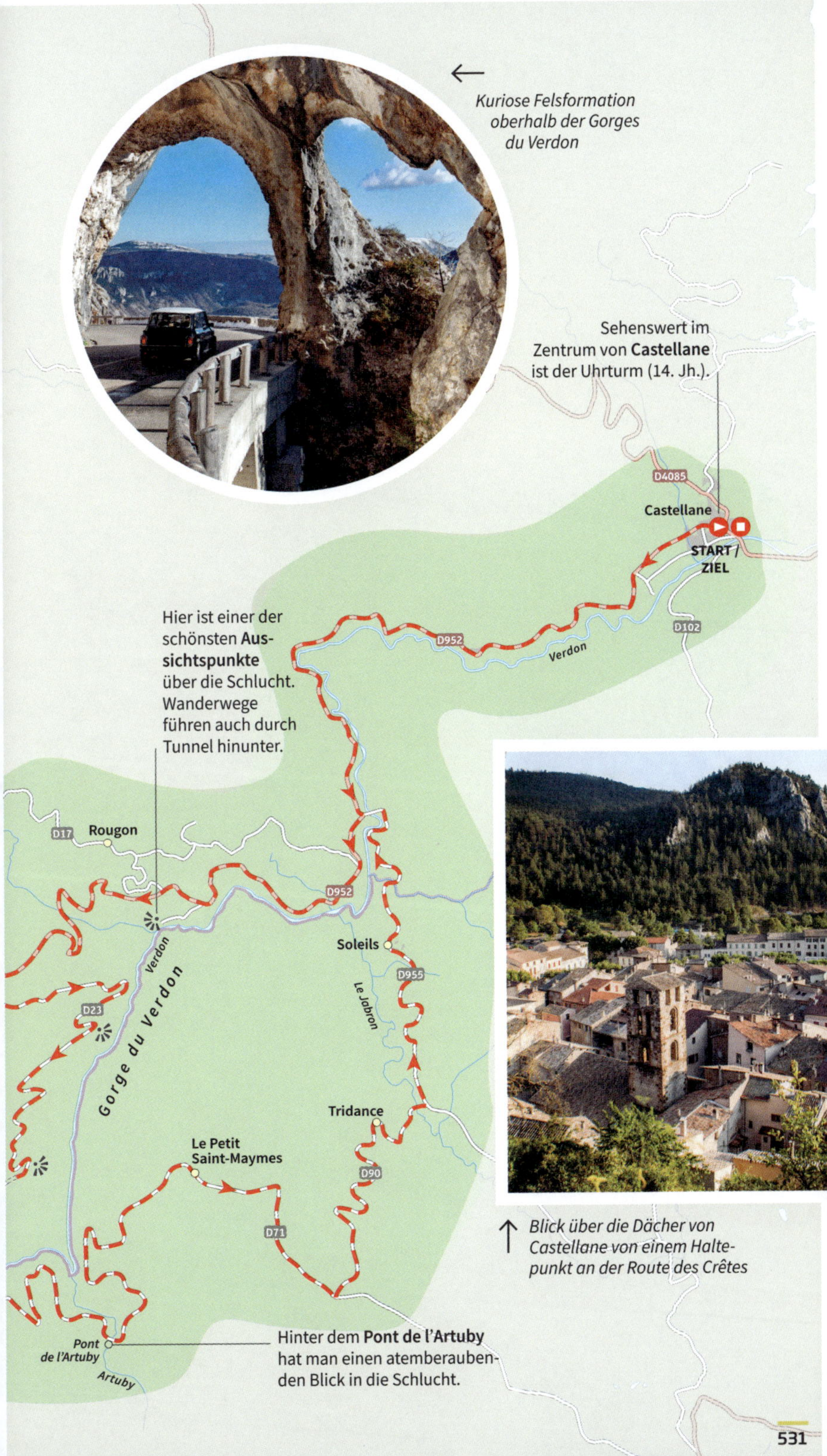
Kuriose Felsformation oberhalb der Gorges du Verdon
Sehenswert im Zentrum von **Castellane** ist der Uhrturm (14. Jh.).
D4085
Castellane
START / ZIEL
D102
D952
Verdon
Hier ist einer der schönsten **Aussichtspunkte** über die Schlucht. Wanderwege führen auch durch Tunnel hinunter.
D17
Rougon
D952
Soleils
D955
Le Jabron
Verdon
Gorge du Verdon
D23
Tridance
Le Petit Saint-Maymes
D90
D71
Pont de l'Artuby
Artuby
Hinter dem **Pont de l'Artuby** hat man einen atemberaubenden Blick in die Schlucht.
Blick über die Dächer von Castellane von einem Haltepunkt an der Route des Crêtes

*Bonifacio an der Steilküste im Süden Korsikas* (siehe S. 540f)

# Korsika

Es gibt Hinweise darauf, dass Korsika seit 6570 v. Chr. Seefahrern Schutz bot. Die Phokäer schrieben etwa 560 v. Chr. über die gebirgige Insel, als sie die Stadt Alalia gründeten, im 8. Jahrhundert v. Chr. wurde Bonifacio in Homers *Odyssee* verewigt. Invasionen von Vandalen, Mauren und Pisanern zwischen 450 und 1050 n. Chr. zwangen die Inselbewohner, ihre Küstensiedlungen, darunter Aléria und Calvi, zu verlassen und ins Landesinnere zu fliehen.

Etwas Stabilität kam mit den pisanischen Kolonisatoren, die die nächsten 200 Jahre damit verbrachten, in Städten wie St-Florent wunderschön proportionierte romanische Kirchen zu errichten. 1284 übernahmen die Genueser nach der Schlacht von Meloria die Kontrolle, doch es kam immer wieder zu Aufständen.

Seit 1769, als Louis XV Korsika von den Genuesern erwarb, hat die Insel Frankreich Probleme bereitet. Davor waren die Korsen unter Führung von Pasquale Paoli 14 Jahre lang unabhängig gewesen. Danach fühlten sie sich durch den »Handel« zwischen Genua und Frankreich verraten. Ihr Unmut darüber ist heute noch zu spüren.

Die Insel, auf der Napoléon geboren wurde, ist ein Ort zerklüfteter Küsten und hoher Felsen und eines der letzten unberührten Fleckchen Erde im ganzen Mittelmeerraum: relativ arm, wenig bevölkert, wunderschön, etwas altmodisch und recht verschlossen.

Korsika
Ligurisches Meer
Désert des Agriates
Lozari
D81
L'Île Rousse 14
Belgodère
Calvi 13
Flughafen Calvi-Sainte-Catherine
Muro
Balagne
Calenzana
Asco
D147
Ponte-Leccia
D81
Tartagine
N193
7
Niolo (Niolu)
Francardo
Monte Cinto 2706 m
Girolata
D84
Parc Naturel Régional de Corse
Golo
Calacuccia
Corte
Golfe de Porto 5
8
D84
Porto
Gorges de la Restonica
Monte Rotondo 2622 m
Evisa
Piana
D84
Venaco
Soccia
D81
Vivario
Vico
D70
16
Vizzavona
Cargèse
Golfe de Sagone
Bocognano
Sari-d'Orcino
N193
Bastelica
Gravona
D27
Ajaccio 9
D69
Cauro
Zicavo
Flughafen Ajaccio Napoléon Bonaparte
Golfe d'Ajaccio
Santa-Maria-Siché
Mittelmeer
N196
D89
Petreto-Bicchisano
D155
Capo di Muro
Filitosa 10
Casalabriva
Zonza
Olmeto
Golfe de Valinco
Propriano
D368
Sainte-Lucie-de-Tallano
Sartène 11
Ortolo
N196
Flughafen Figari-Sud Corse
D859
Figari
Pianotolli-Caldarello
N198
Bonifacio 1

# Korsika

## Highlight

❶ Bonifacio

## Sehenswürdigkeiten

❷ Cap Corse
❸ St-Florent
❹ Bastia
❺ Golfe de Porto
❻ Castagniccia
❼ Niolo (Niolu)
❽ Corte
❾ Ajaccio
❿ Filitosa
⓫ Sartène
⓬ Côte Orientale
⓭ Calvi
⓮ L'Île Rousse
⓯ Îles Lavezzi
⓰ Cargèse
⓱ Porto-Vecchio
⓲ Plage de Palombaggia

1

2

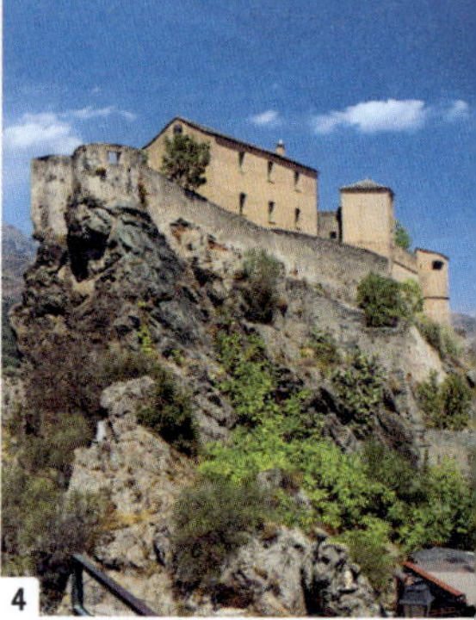
4

# 7 TAGE
## *auf Korsika*

### *Tag 1*
Vom palmenbestandenen Hauptplatz von Ajaccio *(siehe S. 546)* aus erkunden Sie den historischen Stadtkern und die Maison Bonaparte, wo Napoléon, Korsikas berühmtester Sohn, geboren wurde. Nachmittags verbringen Sie gemütliche Stunden am Strand, etwa an der Plage de Mare e Sole (»Sonne und Meer«). Abends essen Sie im eher unbekannten Quartier des Étrangers.

### *Tag 2*
In nördlicher Richtung erreichen Sie mit einem Zwischenstopp an den Calanche – steilen, lachsfarbenen Klippen – das auf einem Hügel liegende Cargèse *(siehe S. 549)*. Dort genießen Sie herrliche Ausblicke und im A Volta (Pl Chanoine Mattei) frisches Seafood. Nachmittags fahren Sie mit einem Boot hinaus zum Schnorcheln an der felsigen Küste des faszinierenden Naturschutzgebiets La Scandola. Auf dem Weg nach Calvi *(siehe S. 548)* halten Sie in Piana – in den Augen der Einheimischen das schönste Dorf Frankreichs – und essen im La Voûte (Pl de la Fontaine). In Calvi übernachten Sie im La Signoria (www.hotel-la-signoria.com).

### *Tag 3*
Baden Sie am Privatstrand des Hotels und erkunden anschließend alle Winkel der Zitadelle von Calvi – der britische Admiral Horatio Nelson verlor beim Versuch, die Festung einzunehmen, sein rechtes Auge. Dann erkunden Sie die Weingüter und -berge der Nachbardörfer Sant'Antonino und Montemaggiore. Auf der Terrasse des Octopussy (www.plage-octopussy.com) genießen Sie französische Klassiker mit korsischem Twist und fantastische Ausblicke über den Hafen.

### *Tag 4*
Wer es wirklich ruhig mag und nicht ständig auf Touristen treffen möchte, der sollte an Korsikas Nordspitze fahren. Den Strand von Barcaggio teilen Sie bestenfalls mit ein paar Kühen. Im Landesinneren sehen Sie einige ziemlich verfallene Dörfer. In Rogliano haben Sie unglaubliche Blicke über die Küste. Abends verwöhnen Sie sich mit einem

1 *Enge Gasse in Calvi* ↑
2 *Strand an der Ostküste*
3 *Markt in Ajaccio*
4 *Zitadelle oberhalb von Corte*
5 *Nicht nur für Touristen: Strand im Norden Korsikas*

Sundowner und Seafood im Le Pirate *(siehe S. 547)* in Erbalunga, einem Dorf am Cap Corse *(siehe S. 542)*. Übernachten Sie im makellosen Hôtel Castel Brando *(siehe S. 543)*.

## Tag 5

Das leidenschaftlich korsische – und nicht französische – Bastia *(siehe S. 543)* steckt voller Energie. Besonders gut ist das am Wochenendmarkt Terra Vecchia mit seinen Ständen voller heimischer Käse, Weine und Öle spürbar. Besuchen Sie bei Ihrem Bummel durch die Stadt das Musée de Bastia in der hoch aufragenden Zitadelle – hier erfahren Sie jede Menge über die regionale Geschichte. Bei einem Spaziergang am Hafen bewundern Sie später die hübschen Häuser und Leuchttürme und essen dann in einer der Bars oder Restaurants am Wasser zu Abend.

## Tag 6

Stehen Sie früh auf und machen einen Abstecher nach Corte *(siehe S. 545)*. Das Bergstädtchen war Mitte des 18. Jahrhunderts kurzzeitig die Hauptstadt Korsikas. Bummeln Sie zum Nationalpalast und besichtigen anschließend die auf einem Felsvorsprung stehende Zitadelle. Fahren Sie anschließend zum Étang de Diane. Der See ist seit langer Zeit bekannt wegen seiner Austernzucht, wovon Berge von Austernschalen zeugen. Abends verwöhnen Sie sich in Porto-Vecchio im Sternerestaurant Le Casadelmar *(siehe S. 547)* mit feinsten italienischen Gerichten.

## Tag 7

Korsikas Südosten bietet fantastische Strände. Eine Klasse für sich ist der Palombaggia, ein geradezu märchenhafter Strand. Fahren Sie danach Richtung Südwesten in das auf einem Felsplateau gelegene Bonifacio *(siehe S. 540f)* und besichtigen dort die Kalksteinzitadelle, die Festungshäuser und Kirchen. Übernachten Sie in der etwas nördlich gelegenen Domaine de Murtoli *(siehe S. 543)*, einem Landgut mit Privatstrand an der Straße von Bonifacio, in rustikalen ehemaligen Schäferhütten.

### Herrliche Wanderungen

In den verborgenen Höhen in Korsikas Landesinnerem verläuft einer der anspruchsvollsten Fernwanderwege der Welt: der GR 20. Der 180 Kilometer lange Weg folgt der Wasserscheide von Calenzana nach Conca und führt durch Täler und Pinienwälder, vorbei an Gletscherseen, aber auch auf Gipfel und durch steile Schluchten. Wanderer sollten Bergerfahrung haben. Am südlichen Ende des Wegs findet man bei L'Alta Rocca auch viele schöne Wanderwege für Tagestouren.

→

*Herausfordernd: der GR20, bekannt als »Fra li Monti« (»zwischen den Bergen«)*

# KORSIKA FÜR OUTDOOR-FANS

**Wer zum ersten Mal nach Korsika kommt, ist überrascht von den vielen unterschiedlichen Landschaften auf der Insel. Sie wirkt fast wie ein eigener Kontinent. Spitze Felsnadeln, zerklüftete Täler und fast alpine Plateaus sind ein wahres Paradies für Wanderer, Radfahrer, Kletterer und Fotografen. Dazu kann man auf der Insel beschauliche Dörfer und traumhafte Strände erkunden. Am charakteristischsten für Korsika ist aber wohl das Dickicht der Macchie, deren herber Duft überall in der Luft liegt.**

→

*Türkisfarbenes Wasser am Strand Palombaggia*

### Paradiesische Strände

Viele der schönsten Buchten Korsikas liegen versteckt in den Calanche, einer bizarren Felslandschaft mit rötlichem Granit, fjordartig in die Westküste eingeschnitten. Am einfachsten erreicht man sie per Kajak oder Boot. Erleben Sie aber auch den goldenen Sand bei Porticcio, das kristallklare Wasser dort ist perfekt zum Schnorcheln. Und an der Ostküste sollten Sie nach Porto-Vecchio *(siehe S. 549)* fahren, dessen berühmteste Strände Palombaggia und Tamaricciu an St-Tropez erinnern.

Expertentipp
**Camping auf Korsika**

Im Sommer kann es hier sehr heiß werden. Wählen Sie dann auf jeden Fall schattige Wege, egal, wie verlockend andere wirken. Auf dem Fernwanderweg GR20 darf man nur in gekennzeichneten Arealen campen.

## Spannende Klettertouren

Canyoning, Bouldern und andere Sportarten im Fels sind bei dem angenehmen Klima das ganze Jahr über ein großer Spaß. Denn hier gibt es mehr Gipfel, die höher als 2500 Meter sind, als auf allen anderen Mittelmeerinseln, dazu zahllose Granittürme und Felsen, die man hinaufklettern kann. Vom Klettersteig Via Ferrata außerhalb von Porto-Vecchio hat man einen tollen Blicke über die Küste und auf den Lac de l'Ospedale, am Col de Bavella findet man die schwierigsten Routen.

→ *Nichts für Anfänger: Klettern am Col de Bavella*

TOP 4

## Korsische Fauna

**Korsischer Hirsch**
Wahrzeichen der Insel, mit großem Erfolg wieder angesiedelt.

**Wildschwein**
Sie leben in den Wäldern und im Dickicht der Insel.

**Grande Noctule**
Mit einer Spannweite von 46 Zentimetern größte und seltenste Fledermausart Europas.

**Hermann-Schildkröte**
Landschildkröte, im übrigen Frankreich fast ausgestorben.

↑ *Berglandschaft mit Felsen und kleinen Tümpeln*

## Parc Naturel Régional de Corse

Der regionale Naturpark bietet ein großartiges Erlebnis. Streifen Sie durch waldige Schluchten mit kleinen Tümpeln und Wasserfällen, oder sausen Sie an einer Seilrutsche unter dem Laubdach dahin. Auf einem Bootsausflug durch das geschützte Küstengebiet können Sie auch nistende Fischadler entdecken.

❶

# Bonifacio

A7 Corse-du-Sud 3200 2 Rue Fred Scamaroni; +33 4 9573 1188 Mi bonifacio.fr

**Auf einem Kalksteinfelsen ragt Bonifacio, die südlichste Stadt Korsikas, ins Wasser und bietet einen atemberaubenden Blick aufs Mittelmeer. Das geradezu dramatisch gelegene Städtchen verfügt über einen schönen Hafen und diverse architektonische Sehenswürdigkeiten – allen voran die Zitadelle. In unmittelbarer Nähe von Bonifacio gibt es einige schöne Strände.**

Das Städtchen gliedert sich in zwei Bereiche – die mittelalterliche Altstadt (Oberstadt) und den Hafen. Dieser ist das pulsierende Herz von Bonifacio: Hier gibt es Cafés, Lokale und Boutiquen zuhauf. Schiffe legen von hier nach Sardinien und zu den Îles Lavezzi ab. Vom Hafen gelangt man über Stufen in die Altstadt.

Die Genueser Zitadelle (Ende 12. Jh.) war lange die einzige Verteidigungsanlage von Bonifacio und beherbergte 1963–83 das Hauptquartier der französischen Fremdenlegion. Der Weg zu dieser Festungsanlage verläuft durch das von schmalen Gassen geprägte historische Zentrum mit einigen aus der Renaissance stammenden Kirchen. Von der Zitadelle führt eine Steintreppe hinunter zu einem Strand. Nicht weit ist es zum 1838 erbauten Leuchtturm Capo Pertusato. Von dort hat man einen wundervollen Blick über die Straße von Bonifacio. Spaziergänge führen zu drei alten Windmühlen und der Ruine eines Franziskanerklosters.

*Spektakuläre Lage: Die südlichste Stadt Korsikas wurde auf einem Felsplateau errichtet* ↑

Highlight

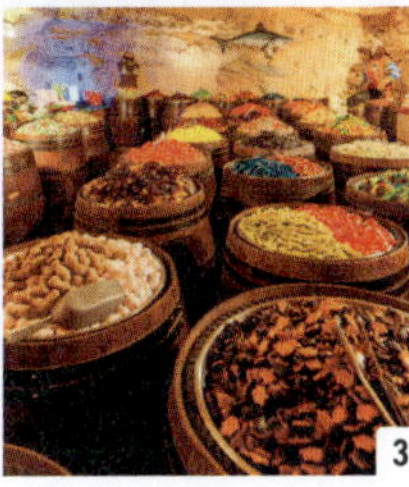

**1** *Bonifacios Altstadt hat viele enge Gassen.*

**2** *Im Hafen der Stadt ankern Jachten, die Küstenpromenade säumen Restaurants und Cafés.*

**3** *Einige Läden der Stadt wurden in die Steilwände hineingebaut.*

Schöne Aussicht
**Blick vom Kliff**

Wie ein riesiger Daumen ragt der Felsvorsprung Grain de Sable an der Südostküste vor einer Kulisse aus weißen Kalksteinfelsen empor. An einem klaren Tag kann man von hier aus bis nach Sardinien blicken.

→

*Erbalunga: pittoreskes Fischerdorf an der Ostküste von Cap Corse*

# SEHENSWÜRDIGKEITEN

## Cap Corse

**A6 Haute-Corse Bastia Bastia Bastia Port de Plaisance, Macinaggio; +33 4 9535 4034 capcorse-tourisme.corsica**

Cap Corse ist die nördliche Landzunge der Insel – 40 Kilometer lang und nur an wenigen Stellen mehr als zwölf Kilometer breit ragt sie wie ein Zeigefinger Richtung Genua. Von Bastia gibt es zwei Straßen zum Kap: Die D81 führt über die Berge nach Westen und trifft nach dem Weinort Patrimonio auf die D80, die dann entlang der Ostküste durch Erbalunga und Macinaggio nach Norden verläuft. Beide Straßen sind eng und kurvenreich wie fast alle Straßen auf Korsika.

Vom Küstenstädtchen Lavasina geht die D54 ab nach Pozzo. Von dort bietet sich ein fünfstündiger Aufstieg auf den mit 1307 Metern höchsten Gipfel des Kaps an. Vom Monte Stello hat man eine hinreißende Rundumsicht – nach St-Florent im Westen, zu den Bergen im Süden und bis zur italienischen Insel Elba im Osten.

Weiter nördlich stößt man auf die Tour de Losse, einen der vielen Türme aus der Zeit der Genueser (16. Jh.). Sie waren Teil eines ausgeklügelten Verteidigungssystems, mit dem korsische Orte innerhalb von zwei Stunden vor dem nahenden Feind gewarnt werden konnten.

Der reizende Fischereihafen Centuri (überwiegend 18. Jh.) an der Westseite ist der ideale Ort für eine hervorragende Fischmahlzeit. Im hübschen kleinen Dorf Pino etwas weiter südlich gibt es kein einziges Hotel, dafür aber eine Kirche, die der Jungfrau Maria geweiht ist. Ihr haben die Fischer zum Dank für den auf See gewährten Schutz viele kleine Schiffsmodelle dargebracht.

Fährt man weiter entlang der Küste nach Süden, sollte man einen kleinen Abstecher landeinwärts nach Canari machen. Hier locken die Kirche Santa Maria Assunta aus dem 12. Jahrhundert sowie ein Hotelrestaurant.

Praktisch jede Straße in der dicht bewaldeten Gegend scheint an einen interessanten Ort zu führen. Es gibt Dutzende von malerischen Dörfern. Weiter landeinwärts führt die Straße jedoch an alten Asbestbergwerken vorbei, bevor man an die schwarzen Kiesstrände von Nonza gelangt.

**Schon gewusst?**

**Cap Corse wurde erstmals vom Geografen und Astronomen Ptolemäus erwähnt.**

## St-Florent

**A6 Haute-Corse 1700 Bâtiment Administratif; +33 4 9537 0604 1. Mi im Monat corsica-saintflorent.com**

St-Florent ist das St-Tropez von Korsika – angesagt, mondän und mit vielen teuren Jachten im Hafen. Die Zitadelle (Standort einer Fotosammlung) ist ein Beispiel der Genueser Militärarchitektur. In der Stadt kann man wunderbar flanieren. Sehenswert ist vor allem die Cathédrale de Santa Maria Assunta im pisanischen Stil (12. Jh.), die gleich an der Straße Poggio – Oletta liegt.

**Umgebung:** Auf einer etwa vierstündigen Autofahrt durch die Region Nebbio lässt sich einiges besichtigen: Nach Santo-Pietro-di-Tenda mit schönen Eichen erreicht man Murato mit der Église de San Michele de Murato. Am Pass San Stefano sieht man zu beiden Seiten das Meer. In Oletta wird ein spezieller Blauschimmelkäse aus Schafsmilch hergestellt. Nach dem Pass Teghime kommt man in den Weinbauort Patrimonio mit dem merkwürdigen, aus dem 8. oder 9. Jahrhundert v. Chr. stammenden Menhir.

An der Küste westlich von St-Florent erstreckt sich das unbewohnte Felsenchaos Désert des Agriates.

↑ *Église de San Michele de Murato – pisanisch-romanischer Kirchenbau in St-Florent*

## Bastia

**A6 Haute-Corse**
**48 300**
**Nordseite der Pl St-Nicolas; +33 4 9545 2040 Di – So bastia-tourisme.com**

Die Hafenstadt und Hauptstadt des nördlichen Teils der Insel unterscheidet sich wesentlich von ihrer ruhigen Rivalin Ajaccio an der Westküste. Die Zitadelle und die italienischen Häuser aus dem 19. Jahrhundert um den alten Hafen sind für viele der erste Eindruck mediterranen Lebensgefühls.

Am lebhaftesten geht es auf der palmenbestandenen Place St-Nicolas zu. Von ihr blickt man direkt auf den Hafen mit den Fähren, die vom französischen Festland und von Italien einlaufen. Nach Norden gelangt man zur Place de l'Hôtel-de-Ville, auf der vormittags Markt abgehalten wird. Am Platz stehen die Chapelle de l'Immaculée Conception (frühes 17. Jh.) und die Église de St-Jean-Baptiste (Mitte 17. Jh.).

Von hier führt ein kurzer Fußweg zur alten Zitadelle mit ihren beiden Kirchen: Die im Stil des Rokoko erbaute Chapelle Ste-Croix birgt ein schwarzes Kruzifix, das 1428 aus dem Meer gefischt wurde. Ste-Marie (16./17. Jh.) kann eine Marienstatue vorweisen, die aus massivem Silber gefertigt wurde.

Das **Musée de Bastia** illustriert die Geschichte der Stadt seit dem Mittelalter.

**Musée de Bastia**
**Place du Dujon**
**Mai – Sep: Di – So 10 – 18:30 (Juli, Aug: tägl.); Okt – Apr: Di – Sa 9 – 12, 14 – 17 musee-bastia.com**

## Hotels

**Hôtel des Étrangers**
Familiengeführte Unterkunft in Strandnähe.
**A7 Ave Sylvère Bohn, Bonifacio**
**hoteldesetrangers.fr**

**Hôtel Castel Brando**
Altes Herrenhaus mit idyllischem Garten, zwei Pools und Spa.
**A6 Erbalunga, Brando Nov – März**
**castelbrando.com**

**Château Hôtel La Signoria**
Stilvoller Landsitz (18. Jh.) mit privatem Beachclub.
**A6 Route de la Forêt de Bonifato, Calvi Nov – März**
**hotel-la-signoria.com**

€€€

**Domaine de Murtoli**
Schöne Villen und Steinhäuser in einem unter Naturschutz stehenden Gebiet.
**A7 Vallée de l'Ortolo, Sartène Jan – Mitte Apr**
**murtoli.com**

€€€

**450**

**verschiedene Arten von Algen sind in der Réserve Naturelle de Scandola zu finden.**

## Golfe de Porto

**A6 Corse-du-Sud**
**Ajaccio Porto**
**Pl de la Marine; +33 4 9526 1055 ouestcorsica.com**

Der Golf von Porto, eine der schönsten Buchten im Mittelmeer, gehört zu den UNESCO-Welterbestätten. Traumhaft ist der Sonnenuntergang vom Genueser Wachturm aus. Bootstouren steuern zwischen April und Oktober die Calanche, die Réserve Naturelle de Scandola und den Golfe de Girolata an.

Die Calanche, eine einzigartige Felsenwelt, beginnen etwa acht Kilometer außerhalb von Porto in Richtung Piana. Die 300 Meter hohen roten Granitfelsen ragen steil in den Himmel. Man kann sie nur mit dem Boot oder zu Fuß erreichen: Gut ausgeschilderte Pfade gibt es ab Tête du Chien und Pont de Mezanu, Fahrkarten für die Boote im Restaurant Le Cyrnée in Porto.

Südlich von Porto führt eine spektakuläre Fahrt, teilweise unter Granitbogen, in das hübsche Dorf Piana. Es ist guter Ausgangspunkt zur Erkundung der Umgebung. Informationen über Wanderwege sind erhältlich. Nicht versäumen sollte man auch die kleine Bucht Ficajola in der Nähe von Piana mit ihrem schönen Strand.

**Umgebung:** Der Weiler Girolata nördlich von Porto ist nur vom Wasser aus oder über einen Mauleselpfad zu erreichen (vier Std. zu Fuß hin und zurück; Ausgangspunkt ist eine gut markierte Stelle, 23 km nördlich von Porto an der D81).

An der breitesten Stelle des Golfe de Girolata wurde 1975 die Réserve Naturelle de Scandola eingerichtet, das erste Land-Meer-Reservat in Frankreich. Die Artenvielfalt im klaren Wasser ist ebenso überwältigend wie die Vogelwelt an Land, wo man Papageitaucher, Fischadler und Falken sehen kann.

Schöne Aussicht
**Capo Rosso**

Der Capo-Rosso-Weg ist eine dreistündige Wanderung westlich von Piana am Golf von Porto. Er bietet herrliche Panoramen auf die roten Klippen und das türkise Wasser, vor allem vom genuesischen Turm von Turghju.

## Castagniccia

**A6 Haute-Corse**
**Bastia Corte, Ponte-Leccia Piedicroce, La Porta, Valle-d'Alesani**
**430 Rte de Moriani-Plage, San-Nicolao castagnicciamaremonti.com**

Östlich von Corte erstreckt sich das Mittelgebirge Castagniccia, das nach den hier wachsenden Kastanien benannt und in den Augen der meisten Korsen das Herz der Insel ist. Hier wurde 1725 Pasquale Paoli geboren, hier begannen 1729 die Aufstände gegen Genua und später gegen Frankreich. Heute sind

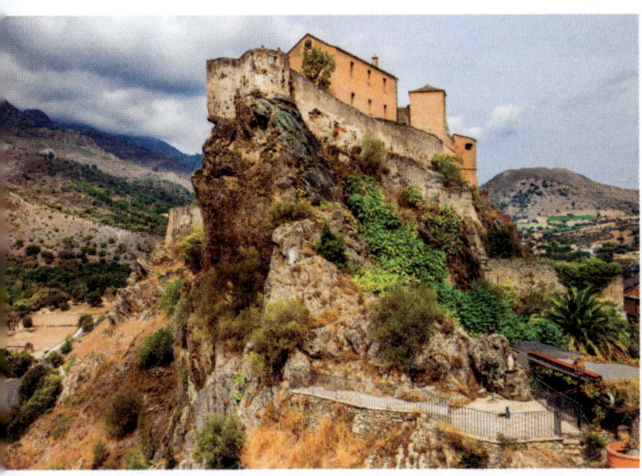

↑ *Die in geradezu schwindelerregender Lage erbaute Zitadelle von Corte birgt ein sehenswertes Museum*

viele Dörfer fast menschenleer. Ihre Bewohner haben sich dem Heer jener rund 800 000 Korsen (fast dreimal so viel wie die derzeitige Bevölkerung auf der Insel) angeschlossen, die in Frankreich oder Italien leben und arbeiten. Man kann sich kaum vorstellen, dass dies einst die wohlhabendste und am dichtesten bevölkerte Region von ganz Korsika war.

Die D71, die von Ponte-Leccia (nördlich von Corte) an die Ostküste führt, windet sich mitten durch die Castagniccia. Wer genügend Zeit hat, sollte hier einen Tag (oder auch mehrere) zum Wandern einplanen. Nehmen Sie etwas zu essen und zu trinken mit, denn unterwegs gibt es nur wenig zu kaufen.

7

## Niolo (Niolu)

**A6 Haute-Corse Corte 30 Ave Valdu Niellu, Calacuccia; +33 4 9547 1262 tourisme-pasqualepaoli.corsica**

Das Gebiet, das sich von Corte bis zum Vergio-Pass und dem Golo-Becken und im Osten bis nach Scala di Santa Regina erstreckt, wird Niolo genannt. In ihm liegen auch der höchste Berg Korsikas, der Monte Cinto (2706 m), sowie der längste Fluss, Golo, der südlich von Bastia ins Meer fließt. Der größte Ort ist Calacuccia, ein guter Ausgangspunkt für eine Besteigung des Monte Cinto. Ins nahe Skigebiet Haut-Asco gelangt man am besten über die D147 von Asco aus. Der Fußweg von Calacuccia aus ist in acht bis neun Stunden zu schaffen. Im Süden liegen die Wälder von Valdu Niellu.

8

## Corte

**A6 Haute-Corse 7500 La Citadelle; +33 4 9546 2670 Fr corte-tourisme.com**

Nicht zuletzt weil die Stadt im Zentrum der Insel liegt, machte Pasquale Paoli Corte 1755–69 zur Hauptstadt des unabhängigen Korsika. Auch die Universität wurde hier eingerichtet. Die Zitadelle (15. Jh.) in der Altstadt ist Sitz des **Musée de la Corse**. Die Exponate erzählen vom Leben der Korsen. Corte ist ideal für eine Erkundung der Berge, zumal es auf halber Strecke der 220 Kilometer langen Route (GR20) von Calenzana nach Conca liegt.

**Umgebung:** Sollten Sie nur wenig Zeit zum Wandern haben, dann besuchen Sie die Wildwasserschlucht Gorges de la Restonica, die an der D623, etwa zwölf Kilometer außerhalb der Stadt, liegt. Bergsteiger können von hier aus zum hoch gelegenen Bergsee Lac de Melo wandern (60–90 Min.) oder zum Lac de Capitello (30 Min. länger), wo noch Anfang Juni Schnee liegt. Der Pfad (im Winter eine Loipe) folgt dem Fluss.

Südlich von Corte liegt die Forêt de Vizzavona, Buchen- und Kiefernwälder, die von Flüsschen und Wegen durchquert werden. Hier kann man die Inselbahn nach Ajaccio oder Bastia benutzen, die auch in Vizzavona hält.

**Musée de la Corse**

**La Citadelle Apr–Okt: Di–So (Juli–Sep: tägl.); Nov–März: Di–Sa Feiertage museudiacorsica.corsica**

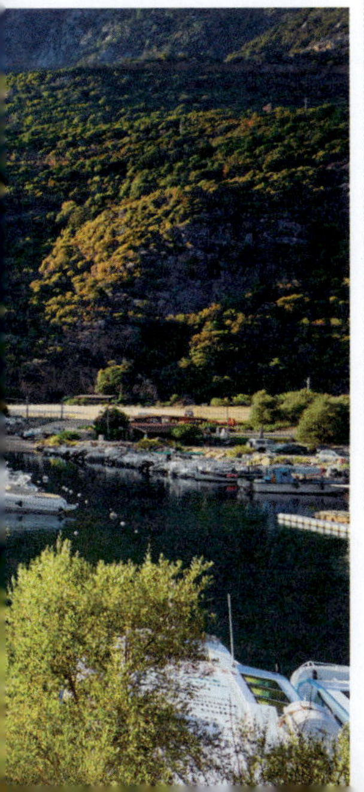

*Boote ankern im stimmungsvollen Hafen von Porto am Golfe de Porto*

↑ *Marmorstatue von Napoléon Bonaparte mit Toga und Lorbeerkranz auf der Place Foch in Ajaccio*

9

## Ajaccio

**A7 Corse-du-Sud 72 600 3 Blvd du Roi Jérôme; +33 4 9551 5303 Di–So ajaccio-tourisme.com**

Napoléon Bonaparte wurde hier 1769 geboren. Obwohl er nach seiner Krönung zum Kaiser nie nach Korsika zurückkehrte, feiert die Hauptstadt des Südens am 15. August den Geburtstag ihres berühmten Sohns.

Die Cathédrale Notre-Dame-de-la-Miséricorde, in der Napoléon 1771 getauft wurde, stammt aus dem 16. Jahrhundert und beherbergt das Gemälde *Jungfrau von Sacré-Cœur* von Delacroix. Unweit davon steht Napoléons Geburtshaus, in dem das **Musée National de la Maison Bonaparte** Familienporträts, Möbel und Andenken zeigt.

Interessanter ist die Sammlung von Kunstwerken, die der skrupellose Onkel Napoléons, Kardinal Fesch, mit Duldung seines Neffen durch Plünderung italienischer Kirchen, Palazzi und Museen »zusammengetragen« und nach Ajaccio gebracht hat. Das **Musée des Beaux-Arts** im Palais Fesch (19. Jh.) wird in seiner Sammlung italienischer Meister in Frankreich nur vom Louvre übertroffen. Zu den Meisterwerken zählen Arbeiten von Bellini, Botticelli, Tizian und Veronese sowie Bernini und Poussin. Nebenan befindet sich die Chapelle Impériale, die 1855 von Napoléon III als Grabkapelle der Familie erbaut wurde. Von hier aus kann man am Hafen entlang zur Jetée de la Citadelle spazieren und dort den Blick auf Stadt, Hafen und die Bucht von Ajaccio genießen. Die Zitadelle (16. Jh.) wird heute von der Armee genutzt.

**Musée National de la Maison Bonaparte**
**Rue St-Charles Di–So musees-nationaux-malmaison.fr**

**Musée des Beaux-Arts**
**Palais Fesch, 50–52 Rue Cardinal Fesch siehe Website musee-fesch.com**

10

## Filitosa

**A7 Station Préhistorique de Filitosa, Sollacaro, Corse-du-Sud Apr–Okt: tägl. 9 bis Sonnenuntergang +33 4 9574 0091 filitosa.fr**

Die 4000 Jahre alten Steinkrieger von Filitosa sind Zeugen einer prähistorischen Kultur. An den phallusartigen Menhiren aus Granitstein, die erst 1946 entdeckt wurden, erkennt man die damalige Entwicklung von einfachen Steinblöcken bis hin zu Gestalten mit Gesichtern und Waffen.

Weitere Ausgrabungsfunde, z. B. Krieger mit Helm und Schwert, können im archäologischen Museum besichtigt werden.

11

## Sartène

**A7 Corse-du-Sud 3400 14 Cours Sœur Amélie; +33 4 9577 1540 Sommer: tägl.; Winter: Sa lacorsedesorigines.com**

Sartène (korsisch Sartè) ist eine alte befestigte Stadt mit Kopfsteinpflaster und grauen Granithäusern, die sich über dem Rizzanese-Tal erhebt. Seit ihrer Gründung im 16. Jahrhundert hat sie nicht nur den Angriffen der

→ *Eine der vielen charmanten engen Gassen im mittelalterlichen Städtchen Sartène*

## Schon gewusst?

Der Autor Prosper Mérimée beschrieb Sartène als »korsischste Stadt Korsikas«.

Piraten, sondern auch den jahrhundertelangen blutigen Fehden zwischen den mächtigen Familien der Stadt widerstanden.

Sartène hat auch den Ruf einer frommen Stadt, in der am Karfreitag die Prozession des *catenacciu*, des geketteten Büßers, stattfindet. Ein rot gekleideter Mann trägt barfüßig und in Ketten ein Kreuz durch die Altstadt – in Erinnerung an den Leidensweg Christi.

Nahe dem Zentrum liegt das **Musée Départemental de la Préhistoire et d'Archéologie**. Es zeigt u. a. eine Sammlung von Artefakten aus der Jungsteinzeit, der Bronzezeit und der Eisenzeit.

**Musée Départemental de la Préhistoire et d'Archéologie**
**Blvd Jacques Nicolaï +33 4 9577 0109 Okt – Mai: Mo – Fr 10 – 17; Juni – Sep: tägl. 10 –18**

12

### Côte Orientale

**A7 Haute-Corse und Corse-du-Sud Bastia Bastia, Porto-Vecchio 80 Ave St-Alexandre, Aléria; +33 4 9557 0151; Rue Maréchal Leclerc, Porto-Vecchio; +33 4 9570 0958 oriente-corsica.com**

Das Schwemmland zwischen Bastia und Solenzara wird seit der Trockenlegung 1945 als Ackerland genutzt. Inzwischen haben sich auch Feriendörfer und Hotels an den Sandstränden ausgebreitet.

Das Schönste an Mariana, das nah am Flughafen Bastia liegt, ist die Kathedrale La Canonica (12. Jh.). Nicht weit entfernt steht die etwas ältere Église de San Parteo.

Etwa auf halbem Weg zur Südspitze kommt man zum Hafenort Aléria. Der Ort birgt archäologische Zeugnisse, die zum Teil im Fort de Matra ausgestellt sind.

Noch weiter südlich befindet sich das von den Genueser Eroberern gegründete Porto-Vecchio, ein Ferienort an der Küste. Die Umgebung mit Schirmkiefern und Korkeichenwäldern sowie die Sandstrände, vor allem in Palombaggia und Pinarello, machen die Côte Orientale zum Ziel für Badeurlauber.

## Restaurants

**Le Pirate**
Köstliches Seafood und dazu hinreißende Aussicht auf den Hafen.
**A6 Le Port, Erbalunga restaurantlepirate.com**
€€€

**Le Week End**
Familiengeführtes Restaurant mit frischem Fisch und Seafood.
**A7 Route des Sanguinaires, Ajaccio hotel-le-weekend.com**
€€€

**Pozzo di Mastri**
Altes Landhaus mit französischer Küche.
**A7 Lieu dit Pozzo di Mastri, Figari pozzodimastri.com**
€€€

**Le Casadelmar**
Spitzenrestaurant mit zwei Michelin-Sternen.
**A7 Porto-Vecchio casadelmar.fr**
€€€

13

## Calvi

A6 · Haute-Corse
5800
Chemin de la Plage, Port de Plaisance · tägl.
balagne-corsica.com

Lord Nelson, so wird berichtet, hat in der Stadt, die heute halb Militärgarnison, halb Ferienzentrum ist, ein Auge verloren. Die genuesische Zitadelle (15. Jh.) hoch über dem Hafen ist eine der schönsten Sehenswürdigkeiten der Insel.

Die Stadt gibt vor, der Geburtsort von Kolumbus zu sein. Ruhm gebührt ihr jedoch eher wegen ihrer grandiosen Küche, die vielfältig und für korsische Verhältnisse keineswegs teuer ist. Ende Juni findet alljährlich ein Jazzfestival statt, im Juli das Musikfestival Calvi on the Rocks.

Ein wenig außerhalb der Stadt befindet sich auf einer Anhöhe die Chapelle de Notre-Dame-de-la-Serra. Von hier kann man einen herrlichen Rundblick genießen.

**Ruhm gebührt Calvi wegen seiner grandiosen Küche, die vielfältig und für korsische Verhältnisse keineswegs teuer ist.**

14

## L'Île Rousse

A6 · Haute-Corse
3200 · Ave Joseph Calizi; +33 4 9560 0435 · Sommer: tägl.; Winter: Di, Fr · balagne-corsica.com

Der von Pasquale Paoli gegründete Ort ist ein beliebtes Feriendomizil mit vielen Fährverbindungen. Das Zentrum des einstigen Fischerdorfs bildet die von Platanen gesäumte Place Paoli mit der Statue des korsischen Nationalhelden. An der Nordseite liegt der überdachte Marktplatz. Daran schließt die Altstadt an.

Der Ort ist im Sommer überaus beliebt. Lohnenswert ist deshalb die Fahrt an der Küste entlang in das zehn Kilometer entfernte Lozari mit seinem fast unberührten Sandstrand.

**Umgebung:** Im Sommer gibt es eine hübsche Möglichkeit zur Erkundung der Balagne: Man fährt mit der Inselbahn von L'Île Rousse nach Calvi und zurück. Die Strecke verläuft mehr oder weniger an der Küste entlang und führt durch Algajola, Lumio und andere malerische Orte, in denen man eine Rast einlegen kann.

## Îles Lavezzi

A7 · Corse-du-Sud

Muschelstrände an tiefblauem Meer sind typisch für den unbewohnten, etwa zehn Kilometer vor der Küste von Bonifacio gelegenen Archipel. Die küstennahen Gewässer sind überaus beliebte Schnorchelreviere. Auch Taucher kommen gern hierher, um die reiche Unterwasserwelt (u. a. Muränen, Rochen, Seesterne, Zackenbarsche und Barrakudaschwärme) zu entdecken.

Die Infrastruktur ist nur spärlich ausgebaut. Nehmen Sie genügend Trinkwasser und Proviant mit. Die Anfahrt erfolgt von Bonifacio aus.

16

## Cargèse

**A7 Corse-du-Sud**
**1300 Rue du Docteur Dragacci; +33 4 9526 4131 ouestcorsica.com**

Der Ort liegt auf einer Landzunge zwischen den beiden Meeresbuchten von Sagone und Pero und hat eine ganz eigene Geschichte: Die meisten Bewohner sind Nachfahren jener Griechen, die im 17. Jahrhundert auf der Flucht vor den Türken hier Aufnahme fanden. Einige ältere Einwohner sprechen heute noch Griechisch.

Die mit wertvollen Ikonen ausgestattete griechisch-orthodoxe Kirche steht der römisch-katholischen gegenüber. Doch die einstigen Feindseligkeiten sind längst begraben. Die beiden Pfarrer vertreten sich heute gegenseitig. In der Umgebung gibt es mehrere herrliche Strände, in der Nähe von Pero und Chiuni im Norden und Ménasina und Stagnoli im Süden.

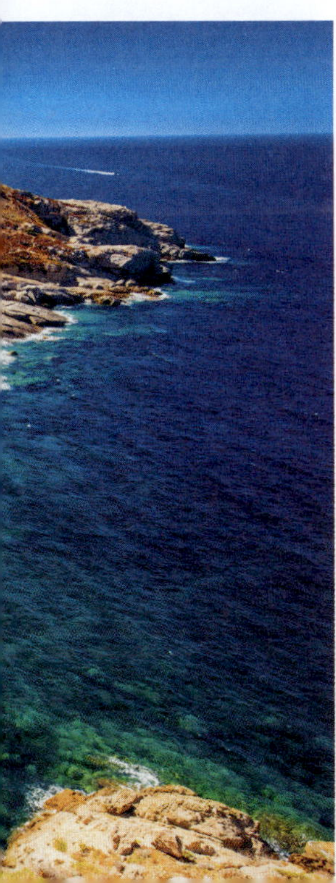

17

## Porto-Vecchio

**A7 Corse-du-Sud**
**11 000 17 Ave du Maréchal Leclerc; +33 4 9570 0958 ot-portovecchio.com**

Von der Historie des Küstenstädtchens zeugen noch Teile der mittelalterlichen, von den Genuesern angelegten Stadtbefestigung. Eine Besichtigung sollte am Quai Pascal Paoli am Hafen beginnen, danach lohnt sich ein Schaufensterbummel durch die Avenue du Maréchal Leclerc.

Über dem Treiben erhebt sich die von Mauern umgebene malerische Altstadt mit zahlreichen Restaurants und Cafés. Nach einem Streifzug durch die schmalen Gassen kann man den Tag mit einem Aufenthalt an einem der drei Strände (Cala Rossa, Palombaggia oder Santa Giulia) ausklingen lassen.

18

## Plage de Palombaggia

**A7 Corse-du-Sud**

Für viele Besucher Korsikas ist dieser Traumstrand mit feinem Sand, Schatten spendenden Kiefern, flachen, rosafarbenen Hügeln und kristallklarem Wasser der schönste der Insel. Im Sommer gehen in der Bucht viele Jachten vor Anker.

Für einen Tag an dem überaus beliebten Strand sollte man möglichst früh kommen.

*Blick über Calvi an der nordwestlichen Küste von Korsika*

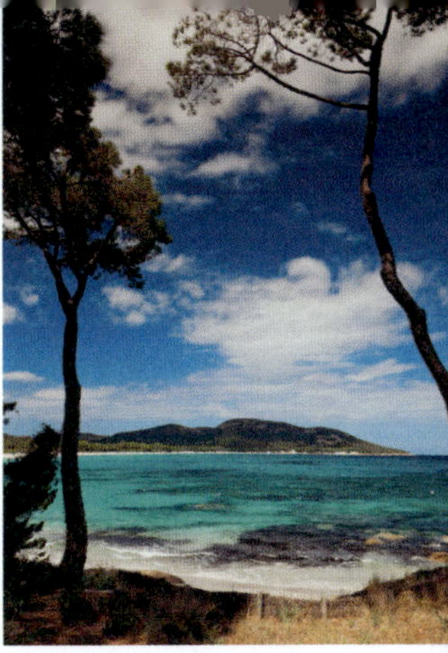

↑ *Plage de Palombaggia – Traumstrand an türkisfarbenem Wasser*

### TOP 5 Strände auf Korsika

**Palombaggia**
Das Aushängeschild unter den Stränden der Insel.

**Arinella**
Familienfreundlicher Strand mit Spielmöglichkeiten.

**Bodri**
Sandstrand mit guten Möglichkeiten zum Schnorcheln.

**Roccapina**
Ruhiges Wasser, feiner Sand – ein idealer Strand für Familien an der Südostküste.

**Ostriconi**
Eine sehr gute Option für Urlauber, die am Strand ihre Ruhe haben wollen.

# REISE-INFOS

Zug auf dem Pont Séjourné

# FRANKREICH REISEPLANUNG



**Mit den folgenden Informationen zu Planung, Einreise und Aufenthalt sind Sie optimal auf Ihre Reise nach Frankreich vorbereitet.**

Auf einen Blick
Währung
Euro (EUR)
Ausgaben pro Tag
Sparsam
60 €
Preisbewusst
165 €
Luxus
>300 €
Mineral-wasser
1,50 €
Kaffee
2,50 €
Bier
5 €
Menü (2 Pers.)
45 €
Französische Ausdrücke
Hallo
Bonjour
Auf Wiedersehen
Au revoir
Bitte
S'il vous plaît
Danke
Merci
Sprechen Sie Deutsch?
Parlez-vous allemand?
Ich verstehe nicht.
Je ne comprends pas.
Strom
Die Stromspannung beträgt in Frankreich wie im restlichen Europa auch 230 Volt, 50 Hertz. Flache, zweipolige Stecker passen immer.

## Einreise

Für Bürger aus der Europäischen Union und der Schweiz gibt es bei der Ein- und Ausreise keinerlei Grenzkontrollen. Für Ihren Aufenthalt ist jedoch ein gültiger Personalausweis bzw. Reisepass erforderlich, um sich jederzeit ausweisen zu können. Auch Kinder jeden Alters benötigen einen eigenen Ausweis.

## Sicherheitshinweise

Aufgrund unvorhersehbarer Entwicklungen kann es zu Änderungen und Einschränkungen kommen. Aktuelle Hinweise zur Einreise sowie Sicherheitshinweise finden Sie beim deutschen Auswärtigen Amt (www.auswaertiges-amt.de), beim österreichischen Bundesministerium für europäische und internationale Angelegenheiten (www.bmeia.gv.at) oder beim Eidgenössischen Departement für auswärtige Angelegenheiten der Schweiz (www.eda.admin.ch).

## Zoll

Bürger der EU und der Schweiz dürfen Waren für den Eigenbedarf zollfrei aus- und einführen. An Flughäfen kann der Ausgang für EU-Reisende benutzt werden. Es besteht eine Anmeldepflicht, wenn Sie eine Bargeldmenge, die den Betrag von 10 000 Euro übersteigt, ein-oder ausführen wollen.

Informationen zum Zollrecht finden Sie auf der Website der französischen Tourismuszentrale **Atout France**.

**Atout France**
**W france.fr**

## Versicherungen

Frankreich-Besucher sollten entsprechende Versicherungen abschließen, die alle Eventualitäten abdecken: etwa Rechtsschutz, Diebstahl, Reisegepäck, Unfälle, Verspätungen von Flügen etc.

Gesetzlich krankenversicherte Bürger der EU-Staaten und der Schweiz haben ein Anrecht auf notwendige medizinische Behandlung in Frankreich. Bei der Abwicklung der Formalitäten hilft Ihre EHIC-Karte (European Health Insurance Card). Einige Leistungen,

darunter der Krankenrücktransport, sind damit nicht abgedeckt. Wer sicher sein will, schließt eine zusätzliche Auslandsreisekrankenversicherung ab.

## Impfungen

Impfungen sind für einen Besuch Frankreichs nicht erforderlich.

## Bezahlen

Die meisten Einrichtungen akzeptieren gängige Kredit-, Debit- und Prepaid-Karten, aber es ist immer eine gute Idee, auch etwas Bargeld mitzunehmen. In ländlicher Umgebung und in kleinen Läden können Sie manchmal nur bar bezahlen.

Die Telefonnummer des Sperr-Notrufs bei Verlust einer Kredit- oder Debitkarte lautet: +49 116 116.

In Restaurants gilt es als höflich, zwischen fünf und zehn Prozent des Rechnungsbetrags als Trinkgeld zu geben. Portiers und Zimmermädchen erwarten im Allgemeinen ein Trinkgeld von ein bis zwei Euro pro Gepäckstück beziehungsweise pro Tag. Es reicht aus, Taxifahrern ein bis zwei Euro Trinkgeld zu geben.

## Hotels

Frankreich bietet eine große Auswahl an Unterkünften. Buchen Sie zu Spitzenzeiten wie Weihnachten und Neujahr sowie in Skigebieten und Küstenstädten im Voraus. Örtliche Tourismusbüros können Ihnen bei der Unterbringung auf Bauernhöfen und in Ferienhäusern behilflich sein.

## Reisende mit besonderen Bedürfnissen

In Frankreich arbeitet eine Reihe von Organisationen daran, die Barrierefreiheit zu verbessern. Das **Office du Tourisme et des Congrès** in Paris listet leicht zugängliche Sehenswürdigkeiten und Routen für Besucher mit eingeschränkter Mobilität auf. **Jaccede** bietet Informationen zu barrierefreien Museen, Hotels, Bars, Restaurants und Kinos in Paris und anderen Städten, **Vianavigo** zu barrierefreien öffentlichen Verkehrsmitteln, einschließlich eines anpassbaren Routenplaners. **SNCF** informiert über barrierefreie Bahnreisen und bietet einen Buchungsservice für kostenlose Hilfe im TGV an. **Les Compagnons du Voyage** organisiert gegen eine geringe Gebühr eine Begleitung für Personen mit eingeschränkter Mobilität oder Sehbehinderung in allen öffentlichen Verkehrsmitteln. Weitere Informationen zu öffentlichen Verkehrsmitteln für Behinderte bietet **GIHP**.

**GIHP**
**W gihpnational.org**
**Jaccede**
**W jaccede.com**
**Les Compagnons du Voyage**
**W compagnons.com**
**Office du Tourisme et des Congrès**
**W parisinfo.com**
**SNCF**
**W accessibilite.sncf.com**
**Vianavigo**
**W vianavigo.com**

## Sprache

Viele Mitarbeiter in Touristinformationen und bei wichtigen Sehenswürdigkeiten sprechen Englisch. Deutsch ist weniger verbreitet. Es kann daher durchaus nicht schaden, sich ein paar französische Begriffe und Redewendungen anzueignen *(siehe S. 572f)*.

## Öffnungszeiten

**Mittag:** Einige Läden schließen um die Mittagszeit für ein oder zwei Stunden.
**Montag:** Manche Museen, kleine Läden, Restaurants und Bars haben Ruhetag, vor allem auf dem Land.
**Dienstag:** Die meisten Nationalmuseen und -denkmäler sind geschlossen.
**Sonntag:** Die meisten Läden sind geschlossen oder nur vormittags geöffnet.
**Feiertage:** Läden, Museen und Sehenswürdigkeiten sind in der Regel geschlossen.

### Feiertage

| | |
|---|---|
| **1. Jan** | Jour de l'an (Neujahr) |
| **März/Apr** | Pâques (Ostern) |
| **1. Mai** | Fête du Travail (Tag der Arbeit) |
| **8. Mai** | Fête de la Victoire (Tag des Sieges) |
| **14. Juli** | Fête Nationale (Nationalfeiertag) |
| **15. Aug** | Assomption (Mariä Himmelfahrt) |
| **1. Nov** | Toussaint (Allerheiligen) |
| **11. Nov** | Armistice (Waffenstillstandstag) |
| **25. Dez** | Noël (Weihnachten) |

# IN FRANKREICH UNTERWEGS

**Ob für eine Städtereise, einen Strandurlaub oder Ferien in der Natur – hier erhalten Sie Informationen zur Anreise und zu den Transportmöglichkeiten innerhalb Frankreichs.**

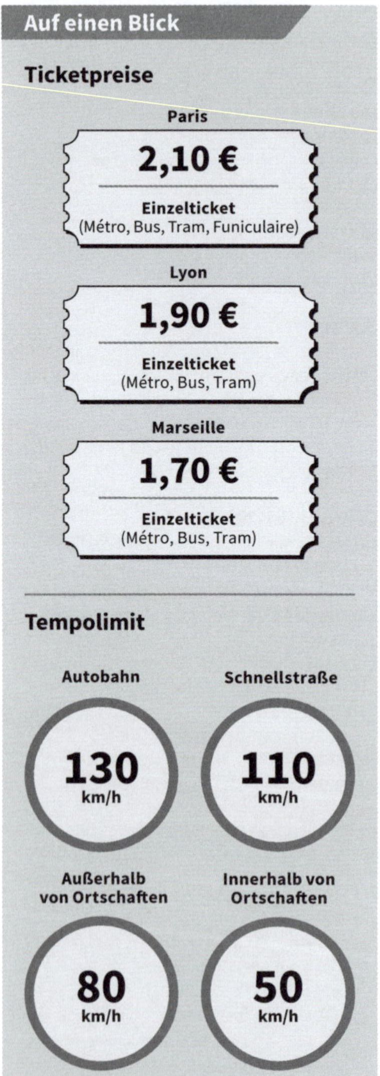

Auf einen Blick
Ticketpreise
Paris
2,10 €
Einzelticket
(Métro, Bus, Tram, Funiculaire)
Lyon
1,90 €
Einzelticket
(Métro, Bus, Tram)
Marseille
1,70 €
Einzelticket
(Métro, Bus, Tram)
Tempolimit
Autobahn
130 km/h
Schnellstraße
110 km/h
Außerhalb von Ortschaften
80 km/h
Innerhalb von Ortschaften
50 km/h


## Anreise mit dem Flugzeug

Fast alle großen internationalen Fluggesellschaften fliegen Paris an. Von den meisten Airports in Deutschland, Österreich und der Schweiz bestehen mehrmals täglich Direktverbindungen. Größter Flughafen Frankreichs ist der 30 Kilometer nordöstlich von Paris gelegene Aéroport Charles de Gaulle (CDG). Am Flughafen Orly (ORY) starten und landen vor allem Inlandsflüge und kürzere internationale Flüge. Auch in andere Großstädte wie Nizza, Lyon, Marseille und Toulouse gibt es direkte Flugverbindungen aus Mitteleuropa.

## Anreise mit dem Zug

### Internationale Züge

Mit seinen sechs großen Bahnhöfen zählt Paris zu den wichtigsten Eisenbahnknotenpunkten in Europa. Die schnellsten Verbindungen ans Reiseziel bieten Hochgeschwindigkeitszüge wie ICE und Thalys, die an das Schienennetz des französischen TGV angeschlossen sind. Züge aus Norddeutschland kommen an der Gare du Nord an, Züge aus Süddeutschland, Österreich und der Schweiz an der Gare de l'Est.

In Frankreich kann man auch mit **Interrail**-Bahnpässen reisen. In Schnell- und Nachtzügen sind allerdings Reservierungen im Voraus zwingend erforderlich.

**Interrail**
**W interrail.eu**

### Regionalzüge und TGV

Die französische Eisenbahngesellschaft **SNCF** verfügt über eines der besten Schienennetze Europas. Die Züge sind schnell, zuverlässig und decken alle Teile des Landes ab. Flaggschiff der SNCF ist der TGV, der die meisten Großstädte Frankreichs mit Höchstgeschwindigkeiten von über 300 km/h verbindet. Für alle TGVs muss man seinen Sitzplatz reservieren. Tickets erhält man bei der SNCF oder bei **Rail Europe**.

**Rail Europe**
**W raileurope.de**
**SNCF**
**W de.oui.sncf**

## Von den Flughäfen in die Stadt

| Flughafen | Entfernung zum Zentrum | Preis (Taxi) | Verkehrsmittel | Fahrzeit |
|---|---|---|---|---|
| Paris Charles de Gaulle | 25 km | 60 € | Bus/Zug | 45 Min. |
| Paris Orly | 19 km | 35 € | Bus/Zug | 25 Min. |
| Nizza (Nice) | 8 km | 35 € | Bus | 15 Min. |
| Lyon Saint Exupéry | 34 km | 55 € | Bus/Zug | 25 Min. |
| Marseille Provence | 27 km | 60 € | Bus/Zug | 25 Min. |
| Toulouse-Blagnac | 11 km | 25 € | Bus | 25 Min. |
| Bâle Mulhouse | 31 km | 50 € | Bus | 30 Min. |
| Bordeaux-Mérignac | 11 km | 40 € | Bus | 30 Min. |
| Nantes Atlantique | 12 km | 35 € | Bus | 22 Min. |
| Beauvais | 6 km | 15 € | Bus | 15 Min. |
| Lille Lesquin | 10 km | 25 € | Bus | 15 Min. |

## Zugverbindungen

Die Karte zeigt direkte Zugverbindungen zwischen einigen der größten Städte Frankreichs. Die unten angegebenen Fahrzeiten beziehen sich auf die jeweils schnellste Verbindung.

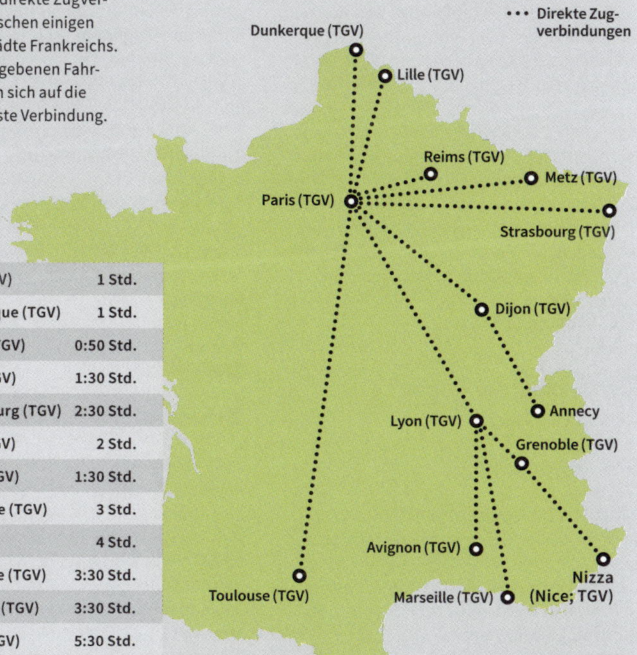

| | |
|---|---|
| Paris – Lille (TGV) | 1 Std. |
| Paris – Dunkerque (TGV) | 1 Std. |
| Paris – Reims (TGV) | 0:50 Std. |
| Paris – Metz (TGV) | 1:30 Std. |
| Paris – Strasbourg (TGV) | 2:30 Std. |
| Paris – Lyon (TGV) | 2 Std. |
| Paris – Dijon (TGV) | 1:30 Std. |
| Paris – Grenoble (TGV) | 3 Std. |
| Paris – Annecy | 4 Std. |
| Paris – Marseille (TGV) | 3:30 Std. |
| Paris – Avignon (TGV) | 3:30 Std. |
| Paris – Nizza (TGV) | 5:30 Std. |
| Paris – Toulouse (TGV) | 7 Std. |

## Anreise mit dem Bus

Frankreich ist auch per Bus bequem zu erreichen. International agierende Reisebusunternehmen fahren das Land von vielen Städten in Deutschland, Österreich und der Schweiz an. Die meisten Direktverbindungen bestehen mit Paris, dem Knotenpunkt des französischen Fernbusverkehrs. Zu den wichtigsten Anbietern gehört **Flixbus**. Eine Fahrt von Berlin nach Paris dauert bei sehr günstiger Verkehrslage ca. 12:30 Stunden, von München aus etwa 11:30 Stunden.

Auch der französische Fernbusbetreiber **BlaBlaCar** bietet viele Routen nach Frankreich und innerhalb des Landes an.

**BlaBlaCar**
**W blablabus.de**
**Flixbus**
**W flixbus.de**

## Boote und Fähren

Fährdienste verbinden das französische Festland mit Korsika und anderen Orten am Mittelmeer sowie mit den britischen Kanalinseln und anderen kleineren vorgelagerten Inseln. Zu den größten Anbietern für Fahrten zwischen dem französischen Festland und Korsika gehört **Corsica Ferries**. Die Fähren legen in Nizza und Toulon ab, das Unternehmen setzt auf allen Strecken auch Autofähren ein.

In einigen Teilen Frankreichs existieren ausgedehnte Netze mit Flüssen und Kanälen, auf denen man auch mehrere Tage lang gemütlich entlangschippern kann. Fahrten auf diesen Wasserwegen bietet **En-Peniche** an.

Sightseeing-Fahrten auf der Seine in Paris organisiert **Batobus**. Die Boote fahren je nach Jahreszeit alle 20 bis 45 Minuten und halten unweit von wichtigen Attraktionen wie Eiffelturm, Louvre und Champs-Élysées. Fahrgäste können einen Tag lang beliebig oft ein- und aussteigen. Die Boote von **Bateaux-Mouches** bieten Ausflugsfahrten auf der Seine an.

**Bateaux-Mouches**
**W bateaux-mouches.fr**
**Batobus**
**W batobus.com**
**Corsica Ferries**
**W corsica-ferries.fr**
**En-Peniche**
**W en-peniche.com**

## Öffentliche Verkehrsmittel

Der öffentliche Personennahverkehr ist in den Städten sehr gut ausgebaut, die meisten Großstädte betreiben einen Verbund aus mehreren Verkehrsmitteln (z. B. Métro, Bus und Tram). Diese werden in Paris von **RATP**, in Lyon von **TCL-SYTRAL**, in Toulouse von **Tisséo**, in Marseille von **RTM/Le Pilote**, in Lille von **Ilévia** und in Rennes von **Star** betrieben.

In diesen sechs Städten sind Métros unterwegs. Beachten Sie, dass nicht alle Bahnhöfe behindertengerecht ausgebaut sind. In vielen anderen Städten sind Busse das bevorzugte öffentliche Verkehrsmittel. Sie sind in der Regel nicht klimatisiert und vor allem im Berufsverkehr häufig überfüllt.

Tickets bekommt man auch online, was günstiger ist als der direkte Kauf beim Busfahrer. Wenn man sich mehrere Tage in einer Stadt aufhält, lohnt sich auch der Kauf einer Mehrfahrtenkarte – etwa eines Zehnerblocks *(carnet)* in Paris, den man u. a. in Bahnhöfen, Tourismusbüros und in *tabacs* bekommt. Vergessen Sie nicht, bei Bus- und Metrofahrten Ihr Ticket am Automaten zu entwerten.

**Ilévia**
**W ilevia.fr**
**RATP**
**W ratp.fr**
**RTM/Le Pilote**
**W rtm.fr**
**Star**
**W star.fr**
**TCL-SYTRAL**
**W tcl.fr**
**Tisséo**
**W tisseo.fr**

## Taxis

Taxistände befinden sich an großen Kreuzungen, vor Métro-Stationen sowie vor Bahnhöfen und Flughäfen. Man kann freie Taxis auch per Telefon, App oder Internet bestellen sowie auf der Straße anhalten (nicht jedoch in unmittelbarer Nähe eines Taxistands). Der Fahrpreis wird über das Taxameter ermittelt. Die günstigsten Tarife werden an Werktagen berechnet, nachts und an Wochenenden sind Taxifahrten teurer.

Der Fahrdienstleister **Uber** ist in ganz Frankreich verfügbar. In Paris, Lille, Lyon, Nizza, Bordeaux, Nantes, Toulouse, Straßburg und Marseille können Mitfahrgelegenheiten über die App **Heetch** gebucht werden.

**Heetch**
**W heetch.com**
**Uber**
**W uber.com**

## Auto fahren

Frankreich verfügt über ein gut ausgebautes Straßennetz. Auf den meist mautpflichtigen Autobahnen *(autoroutes)* kommt man schnell vorwärts. In Städten sollten Sie jedoch auf das Auto verzichten. Viele Staus und mühsame Parkplatzsuche kosten viel Zeit, das Netz von Einbahnstraßen kann verwirren. Zudem sind in vielen Städten Umweltzonen mit unterschiedlichen Zufahrtsbeschränkungen zu beachten.

## Anreise mit dem Auto

Autofahrer müssen den nationalen Führerschein und den Fahrzeugschein griffbereit haben. Zu empfehlen ist darüber hinaus die Mitnahme der grünen Versicherungskarte, die Sie von Ihrer Versicherung bekommen.

In Paris treffen Autobahnen aus allen Himmelsrichtungen zusammen, sie münden wie auch alle anderen Straßen nach Paris in den Autobahnring um die Hauptstadt, den Boulevard Périphérique. Er trennt die Stadt von ihren Vororten.

Die Zufahrtsstraßen vom Boulevard Périphérique nach Paris hinein werden heute noch nach ehemaligen Pariser Stadttoren *(portes)* benannt. Um den Autobahnring an der besten Ausfahrt zu verlassen, sollten Sie sich vorher genau orientieren.

Bei einem Unfall oder einer Panne wenden Sie sich am besten an einen Automobilclub wie den **ADAC**.

**ADAC**
**W adac.de**
**+49 89 22 22 22**

## Auto fahren in Frankreich

In den Zentren vieler Großstädte wurden Umweltzonen ausgewiesen, in die man nur mit der kostenpflichtigen Umweltplakette **Crit'Air** *(certificat qualité de l'air)* fahren darf. Diese Plakette ist auch für Autos mit ausländischem Kennzeichen vorgeschrieben. Für das Befahren der Zone ohne entsprechende Vignette werden Bußgelder verhängt. Eine Liste finden Sie auf der Website www.lez-france.fr.

Auf der Website **Urban Access Regulations in Europe** kann man sich über den aktuellen Stand der Verkehrsbestimmungen in französischen Städten informieren.

In Frankreich gibt es mittlerweile sehr viele Ladestationen für Elektroautos. Deren Standorte findet man u. a. über die Website **Open Charge Map**.

Nummern der *autoroutes* (Autobahnen) beginnen mit »A«, die der *routes nationales* (Nationalstraßen) mit »N«, die der *routes départementales* (Départementstraßen) mit »D«. Autobahnschilder sind blau. Besteht Mautpflicht, ist dies deutlich gekennzeichnet. Grenzüberschreitende Straßen werden als Europastraßen (E) bezeichnet.

**Crit'Air**
**W certificat-air.gouv.fr**
**Open Charge Map**
**W openchargemap.org**
**Urban Access Regulations in Europe**
**W de.urbanaccessregulations.eu**

## Autovermietung

Wer in Frankreich ein Auto mieten will, muss mindestens 21 Jahre alt sein und schon ein Jahr den Führerschein besitzen. Der nationale Führerschein wird akzeptiert. Mietwagenfirmen verlangen in der Regel als Sicherheit die Vorlage einer Kreditkarte. Mietautos dürfen nicht auf Fähren mitgenommen werden.

## Verkehrsregeln

In Frankreich ist es Vorschrift, ein Warndreieck, einen Verbandskasten und eine reflektierende Warnweste mitzuführen. Für alle Insassen (auch auf der Rückbank) besteht Anschnallpflicht. Die Benutzung von Mobiltelefonen am Steuer ohne Freisprechanlage sowie Geschwindigkeitsübertretungen *(siehe S. 554)* und Überschreitungen der erlaubten Alkoholgrenze von 0,5 Promille werden mit recht hohen Geldbußen belegt. Beachten Sie: In Frankreich ausgestellte Strafzettel werden auch in Deutschland nachverfolgt.

In französischen Städten ist das Hupen verboten. Ausgewiesene Busspuren dürfen nicht befahren werden.

## Fahrräder und Motorroller

Radfahren ist in Frankreich sehr populär, viele Städte sind fahrradfreundlich. Bekannte Verleihstellen sind etwa **Vélobleu** in Nizza, **Le Vélo** in Marseille, **Vélo'V** in Lyon und **Vélib'** in Paris. **Allo Vélo** in Paris vermietet E-Bikes.

Mit Motorrollern kommt man nicht nur auf Landstraßen, sondern auch im Stadtverkehr gut voran. Renommiert ist u. a. **Paris by Scooter**. Helme können beim Verleiher mit dem Fahrzeug gemietet werden. Für Motorrad- und Rollerfahrer besteht Helmpflicht.

**Allo Vélo**
**W allovelo.paris**
**Le Vélo**
**W levelo-mpm.fr**
**Paris by Scooter**
**W parisbyscooter.com**
**Vélib'**
**W velib-metropole.fr**
**Vélobleu**
**W velobleu.org**
**Vélo'V**
**W velov.grandlyon.com**

## Zu Fuß unterwegs

Zur Freude derjenigen, die die Gegend gern zu Fuß erkunden, ist Frankreich mit 60 000 Kilometern gut markierten Fernwanderwegen namens La Grande Randonnée gesegnet, die das ganze Land durchqueren und durch Täler, Berge, Weinberge und entlang der Küste führen.

Die beste Art, eine französische Stadt zu erkunden, ist zu Fuß. In vielen Städten, darunter auch Paris, liegen die meisten Sehenswürdigkeiten nur kurze Distanzen voneinander entfernt.

# PRAKTISCHE HINWEISE

**In Frankreich kommt man in jeder Hinsicht gut zurecht. Ein paar Verhaltenstipps und Hinweise auf die Gepflogenheiten vor Ort können jedoch nicht schaden.**

Auf einen Blick
Notrufnummern
Europäische Notrufnummer
112
Polizei
17
Ambulanz
15
Feuerwehr
18
Zeit
MEZ (Mitteleuropäische Zeit); von Ende März bis Ende Oktober MESZ (Mitteleuropäische Sommerzeit)
Leitungswasser
Falls nicht anders angegeben, ist Leitungswasser trinkbar. Trinken Sie nicht aus Brunnen.


### Websites und Apps

**Explore France**
Internetportal mit vielen Tipps rund um den Urlaub in Frankreich.
**W france.fr**

**PayByPhone**
App zum Bezahlen von Parkgebühren.

**Bonjour RATP**
App von RATP, dem Betreiber der öffentlichen Verkehrsmittel in Paris.

## Information

Auf der Website Explore France *(siehe Kasten links)* kann man sich schon vor der Reise informieren. Vor Ort helfen Touristenbüros weiter (in Paris die Filialen des **Office du Tourisme et des Congrès de Paris**). Sie informieren über Ausflugsmöglichkeiten und Verkehrsmittel und unterstützen bei der Suche nach Unterkünften.

**Office du Tourisme et de Congrès de Paris**
**W de.parisinfo.com**

## Persönliche Sicherheit

Frankreich ist im Allgemeinen ein sicheres Land. Seien Sie jedoch in den Haupttouristengebieten sowie in der Métro und den Stadtbussen während der Hauptverkehrszeit auf Taschendiebe gefasst. Wenn etwas gestohlen wird, melden Sie es so schnell wie möglich bei der nächstgelegenen Polizeidienststelle (Commissariat de Police) und bringen Sie einen Ausweis mit. Besorgen Sie sich eine Kopie des Berichts, um Ansprüche bei Ihrer Versicherung geltend zu machen. Wenden Sie sich an Ihre **Botschaft**, wenn Ihr Reisepass gestohlen wird, ein schweres Verbrechen oder ein Unfall vorliegt.

Frankreich ist ein vielfältiges, multikulturelles Land. Grundsätzlich akzeptieren die Franzosen alle Menschen, unabhängig von ihrer Herkunft, ihrem Geschlecht oder ihrer Sexualität. Die gleichgeschlechtliche Ehe wurde 2013 legalisiert, und Frankreich hat 2016 das Recht auf eine gesetzliche Geschlechtsumwandlung anerkannt. Paris und andere Großstädte haben eine florierende LGBTQ+ Szene. Das **Centre LGBTQI+ Paris Île-de-France** bietet Beratung und organisiert regelmäßig Veranstaltungen. Es gibt auch eine Bibliothek und eine Bar.

Die Ereignisse der vergangenen Jahre haben zu einer erhöhten Armee- und Polizeipräsenz in Paris geführt. An den meisten Hauptattraktionen müssen Sie mit Gepäckkontrollen rechnen. Häufig patrouillieren kleine Gruppen bewaffneter Wachen.

**Centre LGBTQI+ Paris Île-de-France**
**W centrelgbtparis.org**

**Deutsche Botschaft**
**13/15 Avenue Franklin D. Roosevelt, 75008 Paris** **+33 1 5383 4500**
**paris.diplo.de**
**Österreichische Botschaft**
**6 Rue Fabert, 75007 Paris**
**+33 1 4063 3063** **bmeia.gv.at/paris**
**Schweizer Botschaft**
**142 Rue de Grenelle, 75007 Paris**
**+33 1 4955 6700** **eda.admin.ch**

## Gesundheit

Oft können Apotheken kleinere gesundheitliche Probleme diagnostizieren und die entsprechende Behandlung vorschlagen. Privatkliniken in größeren Städten haben häufig Personal mit sehr guten Englischkenntnissen.

Die medizinische Notfallversorgung in Frankreich ist für EU-Bürger mit EHIC *(siehe S. 552f)* kostenlos. Wer seine Behandlung vor Ort selbst bezahlen muss, sollte eine detaillierte Rechnung fordern und diese später bei seiner gesetzlichen Krankenkasse einreichen.

## Rauchen, Alkohol und Drogen

Rauchen ist in öffentlichen Gebäuden untersagt. In Restaurants, Cafés und Bars darf nur auf der Terrasse im Freien geraucht werden.

Der Besitz von Betäubungsmitteln ist verboten und kann zu einer Gefängnisstrafe führen. Sofern nicht anders angegeben, ist der Alkoholkonsum auf der Straße erlaubt.

In Frankreich gilt eine Promillegrenze von 0,5 für Auto- und Radfahrer.

## Ausweispflicht

Sie müssen sich jederzeit ausweisen können. Von Personen, die bei einer Kontrolle keinen Reisepasses oder Personalausweises vorweisen können, kann die Polizei verlangen, sich innerhalb von vier Stunden mit dem Ausweis bei einer Polizeidienststelle zu melden.

## Etikette

Franzosen nehmen einige Höflichkeitsregeln genauer, als dies in manchen anderen Ländern Europas üblich ist. Gebräuchliche französische Ausdrücke für viele Situationen finden Sie im Sprachführer *(siehe S. 572f)*.

Betreten Sie Kirchen nur in angemessener Kleidung: Oberarme, Schultern und Knie sollten bedeckt sein.

## Mobiltelefone und WLAN

Alle in Europa gängigen Handys und Smartphones funktionieren in Frankreich. Roaminggebühren wurden in der EU und im EWR (nicht aber in der Schweiz) abgeschafft.

Es gibt viele kostenlose WLAN-Hotspots in Frankreich. Oft stellen Cafés und Restaurants ihren Gästen Gratis-WLAN zur Verfügung.

## Post

Ein beim Postunternehmen **La Poste** aufgegebener Standardbrief kostet 1,75 Euro und benötigt innerhalb der EU zwei bis drei Tage. Briefmarken *(timbres)* gibt es in Postfilialen sowie in Zeitungs- und Tabakläden.

**La Poste**
**laposte.fr**

## Mehrwertsteuer

Die Mehrwertsteuer beträgt meist 20 Prozent. Nicht-EU-Bürger können sich einen Teil rückerstatten lassen. Informationen bietet **Global Blue**.

**Global Blue**
**globalblue.com/destinations/france**

## Eintritt und Ermäßigungen

Wer Wartezeiten am Einlass vermeiden will, sollte sein Ticket vorab online erwerben. Solche Tickets können an einen bestimmten Tag und eine bestimmte Uhrzeit gebunden sein.

Am ersten Sonntag im Monat ist der Besuch einiger Museen kostenlos. Jugendliche unter 18 Jahren haben in zahlreichen Einrichtungen – z. B. in staatlichen Museen – freien Eintritt. EU-Bürger zwischen 18 und 26 sowie über 60 Jahren kommen oft in den Genuss von Ermäßigungen.

Der in verschiedenen Varianten erhältliche **Paris Pass** bietet freien Eintritt in über 75 Museen und Sehenswürdigkeiten. Im Großraum Nizza-Côte d'Azur sind viele Attraktionen und diverse Aktivitäten mit dem **French Riviera Pass** gratis. Die **Camping Card International** ermöglicht Ermäßigungen bei der Buchung von Campingplätzen.

**Camping Card International**
**campingcardinternational.com**
**French Riviera Pass**
**de.frenchrivierapass.com**
**Paris Pass**
**parispass.com**

# REGISTER

**Fett** gedruckte Seitenangaben verweisen auf Haupteinträge.

## G



## H



## I

# N



# O



# P

## Q



## R

## S



## T

## U



## V



## W



## Z

# SPRACHFÜHRER

## Notfälle

| | | |
|---|---|---|
| Hilfe! | **Au secours!** | [o sə'ku:r] |
| Stopp! | **Arrêtez!** | [arɛ'te] |
| Rufen Sie einen Arzt! | **Appelez un médecin!** | [a'ple œ̃ med'sɛ̃] |
| Rufen Sie einen Krankenwagen! | **Appelez une ambulance!** | [a'ple yn ɑ̃by'lɑ̃:s] |
| Rufen Sie die Polizei! | **Appelez la police!** | [a'ple la pɔ'lis] |
| Rufen Sie die Feuerwehr! | **Appelez les pompiers!** | [a'ple le pɔ̃'pje] |
| Wo ist das nächste Telefon? | **Où est le téléphone le plus proche?** | [u e lə tele'fɔn lə ply prɔʃ] |
| Wo ist das nächste Krankenhaus? | **Où est l'hôpital le plus proche?** | [u e lɔpi'tal lə ply prɔʃ] |

## Grundwortschatz

| | | |
|---|---|---|
| Ja | **Oui** | [wi] |
| Nein | **Non** | [nɔ̃] |
| Bitte | **S'il vous plaît** | [sil vu plɛ] |
| Danke | **Merci** | [mɛr'si] |
| Entschuldigung | **Excusez-moi** | [ɛksky'se mwa] |
| Guten Tag | **Bonjour** | [bɔ̃'ʒu:r] |
| Auf Wiedersehen | **Au revoir** | [o rə'vwa:r] |
| Guten Abend | **Bonsoir** | [bɔ̃'swa:r] |
| Vormittag | **le matin** | [lə ma'tɛ̃] |
| Nachmittag | **l'après-midi** | [laprɛmi'di] |
| Abend | **le soir** | [lə swa:r] |
| gestern | **hier** | [jɛ:r] |
| heute | **aujourd'hui** | [oʒur'dɥi] |
| morgen | **demain** | [də'mɛ̃] |
| hier | **ici** | [i'si] |
| dort | **là** | [la] |
| Was? | **Quoi?** | [kwa] |
| Wann? | **Quand?** | [kɑ̃] |
| Warum? | **Pourquoi?** | [pur'kwa] |
| Wo? | **Où?** | [u] |

## Nützliche Redewendungen

| | | |
|---|---|---|
| Wie geht es Ihnen? | **Comment allez-vous?** | [kɔ'mɑ̃-t ale vu] |
| Danke, sehr gut. | **Très bien, merci.** | [trɛ bjɛ̃ mɛr'si] |
| Ich freue mich, Sie kennenzulernen. | **Enchanté de faire votre connaissance.** | [ɑ̃ʃɑ̃'te də fɛr votrə kɔnɛ'sɑ̃:s] |
| Bis bald. | **À bientôt.** | [a bjɛ̃'to] |
| Das ist gut. | **C'est bien.** | [sɛ bjɛ̃] |
| Wo ist / sind …? | **Où est / sont …?** | [u ɛ / sõ: …] |
| Wie weit ist es nach …? | **Combien de mètres / kilomètres y-a-t-il d'ici à …?** | [kɔ̃'bjɛ̃ də 'mɛ:trə/kilo-'mɛ:trə ja'til di'si a …] |
| Welches ist die Richtung / der Weg nach …? | **Quelle est la direction pour …?** | [kɛl ɛ la dirɛk'sjɔ̃: pu:r] |
| Sprechen Sie Deutsch? | **Parlez-vous allemand?** | [par'le vu al'mɑ̃] |
| Ich verstehe nicht. | **Je ne comprends pas.** | [ʒə nə kɔ̃'prɑ̃ pa] |
| Könnten Sie etwas langsamer sprechen, bitte? | **Pouvez-vous parler moins vite, s'il vous plaît?** | ['puve vu par'le mwɛ̃ vit sil vu plɛ] |
| Tut mir leid. | **Excusez-moi.** | [ɛksky'ze mwa] |

## Nützliche Wörter

| | | |
|---|---|---|
| groß | **grand** | [grɑ̃] |
| klein | **petit** | [pə'ti] |
| heiß | **chaud** | [ʃo] |
| kalt | **froid** | [frwa] |
| gut (Adjektiv) | **bon, bonne** | [bɔ̃, bɔn] |
| gut (Adverb) | **bien** | [bjɛ̃] |
| schlecht | **mauvais** | [mo'vɛ] |
| genug | **assez** | [a'se] |
| geöffnet | **ouvert** | [u'vɛ:r] |
| geschlossen | **fermé** | [fɛr'me] |
| links | **gauche** | [go:ʃ] |
| rechts | **droite** | [drwat] |
| geradeaus | **tout droit** | [tu drwa] |
| nah | **près** | [prɛ] |
| weit | **loin** | [lwɛ̃] |
| früh | **de bonne heure** | [də bonœr] |
| spät | **en retard** | [ɑ̃ rə'ta:r] |
| Eingang | **l'entrée** | [lɑ̃'tre] |
| Ausgang | **la sortie** | [la sɔr'ti] |
| Toilette | **les toilettes, les WC** | [le twa'lɛt, le dublə've se] |
| mehr | **plus** | [ply] |
| weniger | **mois** | [mwɛ̃] |
| frei (nicht besetzt) | **libre** | ['librə] |
| frei (gratis) | **gratuit** | [gra'tɥi] |

## Telefonieren

| | | |
|---|---|---|
| Ich möchte ein Ferngespräch führen. | **Je voudrais faire un interurbain.** | [ʒə wu'drɛ fɛ:r œ̃n ɛ̃tɛryr'bɛ̃] |
| Ich versuche es später noch einmal. | **Je rappelerai plus tard.** | [jə raple'rɛ ply ta:r] |
| Kann ich eine Nachricht hinterlassen? | **Est-ce que je peux laisser un message?** | ['ɛskə jə pœ lɛ'se: œ̃ mə'sa:ʒ] |
| Bitte warten Sie. | **Ne quittez pas, s'il vous plaît.** | [nə ki'te pa sil vu plɛ] |
| Können Sie bitte etwas lauter sprechen? | **Pouvez-vous parler un peu plus fort?** | ['puve vu par'le œ̃ pœ ply fɔ:r] |
| Ortsgespräch | **communication locale** | [kɔmynika'sjɔ̃ lɔ'kal] |

## Shopping

| | | |
|---|---|---|
| Wie viel kostet das? | **C'est combien, s'il vous plaît?** | [sɛ kɔ̃'bjɛ̃ sil vu plɛ] |
| Haben Sie …? | **Est-ce que vous avez …?** | ['eskə vuz a've:] |
| Ich schaue mich nur um, danke. | **Je regarde seulement, merci.** | [ʒə rə'ga:rd sœl'mɑ̃ mɛr'si] |
| Akzeptieren Sie Kreditkarten? | **Est-ce que vous acceptez les cartes de crédit?** | ['ɛskə vuz aksɛp'te le kart də kre'di] |
| Wann öffnen / schließen Sie? | **A quelle heure ouvre / ferme le magasin?** | [a kɛl œ:r uvrə / fɛrm lə maga'zɛ̃] |
| teuer | **cher** | [ʃɛ:r] |
| billig | **pas cher, bon marché** | [pa ʃɛ:r bɔ̃ mar'ʃe] |
| Größe (Kleidung) | **la taille** | [la tɑ:j] |
| Größe (Schuhe) | **la pointure** | [la pwɛ̃'ty:r] |
| weiß | **blanc** | [blɑ̃] |
| schwarz | **noir** | [nwa:r] |
| rot | **rouge** | [ru:ʒ] |
| gelb | **jaune** | [ʒo:n] |
| grün | **vert** | [vɛ:r] |
| blau | **bleu** | [blø] |
| braun | **brun** | [brœ̃] |

## Läden

| | | |
|---|---|---|
| Antiquitätenladen | **le magasin d'antiquités** | [lə maga'zɛ̃ dɑ̃tiki'te] |
| Apotheke | **la pharmacie** | [la farma'si] |
| Bäckerei | **la boulangerie** | [la bulɑ̃ʒə'ri] |
| Bank | **la banque** | [la bɑ̃:k] |
| Buchhandlung | **la librairie** | [la librɛ'ri] |
| Fischgeschäft | **la poissonerie** | [la pwasɔn'ri] |
| Friseur | **le coiffeur** | [lə kwa'fœ:r] |
| Gemüseladen | **le marchand de légumes** | [lə marʃɑ̃ də le'gym] |
| Kaufhaus | **le magasin** | [lə maga'zɛ̃] |
| Konditorei | **la pâtisserie** | [la patise'ri] |
| Lebensmittelgeschäft | **l'épicerie** | [lepis'ri] |
| Markt | **le marché** | [lə mar'ʃe] |
| Metzgerei (Fleisch) | **la boucherie** | [la buʃə'ri] |
| Metzgerei (Wurst) | **la charcuterie** | [la ʃarky'tri] |
| Postamt | **la poste** | [la pɔst] |
| Reisebüro | **l'agence de voyages** | [la'ʒɑ̃:s də vwa'ja:ʒ] |
| Schuhgeschäft | **le magasin de chaussures** | [lə maga'zɛ̃ də ʃo'sy:r] |
| Supermarkt | **le supermarché** | [lə sypɛrmar'ʃe] |
| Tabakladen | **le tabac** | [lə ta'ba] |
| Zeitungskiosk | **le magasin de journaux** | [lə maga'zɛ̃ də ʒur'no] |

## Sightseeing

| | | |
|---|---|---|
| Bahnhof | **la gare SNCF** | [la ga:r ɛs ɛn se ɛf] |
| Bibliothek | **la bibliothèque** | [la bibliɔ'tɛk] |
| Busbahnhof | **la gare routière** | [la ga:r ru'tjɛ:r] |
| Fremdenverkehrsamt/ Tourismusbüro | **l'office du tourisme** | [lɔ'fis dy tu'rismə] |
| Garten | **le jardin** | [lə ʒar'dɛ̃] |
| Kathedrale | **la cathédrale** | [la kate'dral] |
| Kirche | **l'église** | [le'gli:z] |
| Kloster, Abtei | **l'abbaye** | [labe'i] |
| Kunstgalerie | **le galerie d'art** | [lə gale'ri da:r] |
| Museum | **le musée** | [lə my'se] |
| Rathaus | **l'hôtel de ville** | [lo'tɛl də vil] |
| Wegen Ferien geschlossen | **fermeture jour férié** | [fɛrmə'ty:r ʒu:r fe'rje] |

## Im Hotel

| | | |
|---|---|---|
| Haben Sie ein freies Zimmer? | **Est-ce que vous avez une chambre libre?** | ['ɛskə vuz a've yn 'ʃɑ̃:brə 'librə] |
| Doppel-/Einzel-zimmer | **la chambre à deux/à une personne(s)** | [la 'ʃɑ̃:brə a dø/a yn pɛr'sɔn] |
| mit Doppelbett | **avec un grand lit** | [a'vɛk œ̃ grɑ̃ li] |
| mit zwei Betten | **à deux lits** | [a dø li] |
| Zimmer mit Bad | **la chambre avec salle de bain** | [la 'ʃɑ̃:brə a'vɛk sal də bɛ̃] |
| Dusche | **la douche** | [la duʃ] |
| Schlüssel | **la clef** | [la kle] |
| Ich habe reserviert. | **J'ai fait une réservation.** | [ʒɛ fɛ yn rezɛrvɑ'sjɔ̃] |

## Im Restaurant

| | | |
|---|---|---|
| Haben Sie einen Tisch für …? | **Avez-vous un table pour …?** | ['ave vuz yn 'tablə pu:r …] |
| Ich möchte einen Tisch reservieren. | **Je voudrais réserver une table.** | [ʒə vu'drɛ rezɛr've yn 'tablə] |
| Die Rechnung, bitte. | **L'addition, s'il vous plaît.** | [ladi'sjõ sil vu plɛ] |
| Ich bin Vegetarier/in. | **Je suis végétarien/ végétarienne.** | [ʒə sɥi veʒeta'rjɛ̃ veʒeta'rjɛn] |
| Kellnerin | **Madame, Mademoiselle** | [ma'dam, madmwa'zɛl] |
| Kellner | **Monsieur** | [mə'sjø] |
| Speisekarte | **la carte** | [la kart] |
| Tagesmenü | **le menu à prix fixe** | [lə mə'ny a pri fiks] |
| Weinkarte | **la carte des vins** | [la kart de vɛ̃] |
| Gedeck | **le couvert** | [lə ku'vɛr] |
| Glas | **le verre** | [lə vɛ:r] |
| Flasche | **la bouteille** | [la bu'tɛj] |
| Messer | **le couteau** | [lə ku'to] |
| Gabel | **la fourchette** | [la fur'ʃɛt] |
| Löffel | **la cuillère** | [la kɥi'jɛ:r] |
| Frühstück | **le petit déjeuner** | [lə pə'ti deʒœ'ne] |
| Mittagessen | **le déjeuner** | [lə deʒœ'ne] |
| Abendessen | **le dîner** | [lə di'ne] |
| Hauptgericht | **le plat principal** | [lə pla prɛ̃si'pal] |
| Vorspeise | **l'entrée, le hors-d'œuvre** | [lɑ̃'tre, lə ɔr' dœ:vre] |
| Tagesgericht | **le plat du jour** | [lə pla dy ʒu:r] |
| blutig | **saignant** | [sɛ'ɲɑ̃] |
| medium | **à point** | [a pwɛ̃] |
| durchgebraten | **bien cuit** | [bjɛ̃ kɥi] |

## Speisekarte

| | | |
|---|---|---|
| **l'agneau** | [a'ɲo] | Lamm |
| **l'ail** | [aj] | Knoblauch |
| **la banane** | [ba'nan] | Banane |
| **le beurre** | [bœ:r] | Butter |
| **la bière (à la pression)** | [bjɛ:r a la prɛ'sjɔ̃] | Bier vom Fass |
| **le bifteck, le steak** | [bif'tɛk, stɛk] | Steak |
| **le bœuf** | [bœf] | Rindfleisch |
| **bouilli** | [bu'ji] | gekocht |
| **le café** | [ka'fe] | Kaffee |
| **le canard** | [ka'na:r] | Ente |
| **le chocolat** | [ʃɔkɔ'la] | Schokolade |
| **le citron** | [si'trɔ̃] | Zitrone |
| **les crevettes** | [krə'vɛt] | Garnelen |
| **le dessert** | [de'sɛr] | Nachspeise |
| **l'eau minérale** | [o mine'ral] | Mineralwasser |
| **les escargots** | [ɛskar'go] | Schnecken |
| **les frites** | [frit] | Pommes frites |
| **le fromage** | [frɔ'ma:ʒ] | Käse |
| **les fruits frais** | [frɥi frɛ] | frisches Obst |
| **les fruits de mer** | [frɥi də mɛ:r] | Meeresfrüchte |
| **le gâteau** | [gɑ'to] | Kuchen |
| **la glace** | [glas] | Eiscreme |
| **grillé** | [gri'je] | gegrillt |
| **le homard** | [ɔ'ma:r] | Hummer |
| **l'huile** | [ɥil] | Öl |
| **le jambon** | [ʒɑ̃'bɔ̃] | Schinken |
| **le lait** | [lɛ] | Milch |
| **les légumes** | [le'gym] | Gemüse |
| **la moutarde** | [mu'tard] | Senf |
| **l'œuf** | [œf] | Ei |
| **les oignons** | [ɔ'ɲɔ̃] | Zwiebeln |
| **les olives** | [ɔ'li:v] | Oliven |
| **le pain** | [pɛ̃] | Brot |
| **le petit pain** | [pə'ti pɛ̃] | Brötchen |
| **le poisson** | [pwa'sɔ̃] | Fisch |
| **le poivre** | ['pwa:vrə] | Pfeffer |
| **la pomme** | [pɔm] | Apfel |
| **les pommes de terre** | [pɔm də tɛr] | Kartoffeln |
| **le porc** | [pɔ:r] | Schweine-fleisch |
| **le potage** | [pɔ'ta:ʒ] | Suppe |
| **le poulet** | [pu'lɛ] | Hühnchen |
| **le riz** | [ri] | Reis |
| **rôti** | [ro'ti] | gebraten |
| **la saucisse** | [so'sis] | Würstchen |
| **sec** | [sɛk] | trocken |
| **le sel** | [sɛl] | Salz |
| **le sucre** | ['sykrə] | Zucker |
| **le thé** | [te] | Tee |
| **la viande** | [vjɑ̃:d] | Fleisch |
| **le vin blanc/rouge** | [vɛ̃ blɑ/ru:ʒ] | Weiß-/Rotwein |
| **le vinaigre** | [vi'nɛgrə] | Essig |

## Zahlen

| | | |
|---|---|---|
| 0 | **zéro** | [ze'ro] |
| 1 | **un, une** | [œ̃, yn] |
| 2 | **deux** | [dø] |
| 3 | **trois** | [trwa] |
| 4 | **quatre** | ['katrə] |
| 5 | **cinq** | [sɛ̃k] |
| 6 | **six** | [sis] |
| 7 | **sept** | [sɛt] |
| 8 | **huit** | [ɥit] |
| 9 | **neuf** | [nœf] |
| 10 | **dix** | [dis] |
| 11 | **onze** | [ɔ̃:z] |
| 12 | **douze** | [du:z] |
| 13 | **treize** | [trɛ:z] |
| 14 | **quatorze** | [ka'tɔrz] |
| 15 | **quinze** | [kɛ̃:z] |
| 16 | **seize** | [sɛ̃:z] |
| 17 | **dix-sept** | [di'sɛt] |
| 18 | **dix-huit** | [di'zɥit] |
| 19 | **dix-neuf** | [diz'nœf] |
| 20 | **vingt** | [vɛ̃] |
| 30 | **trente** | [trɑ̃:t] |
| 40 | **quarante** | [ka'rɑ̃:t] |
| 50 | **cinquante** | [sɛ̃'kɑ̃:t] |
| 60 | **soixante** | [swa'sɑ̃:t] |
| 70 | **soixante-dix** | [swasɑ̃t'dis] |
| 80 | **quatre-vingts** | [katrə'vɛ̃] |
| 90 | **quatre-vingts-dix** | [katrəvɛ'diš] |
| 100 | **cent** | [sɑ̃] |
| 1000 | **mille** | [mil] |

## Zeit

| | | |
|---|---|---|
| eine Minute | **une minute** | [yn mi'nyt] |
| eine Stunde | **une heure** | [yn œ:r] |
| halbe Stunde | **une demi-heure** | [yn dəmi'œ:r] |
| ein Tag | **un jour** | [œ̃ ʒu:r] |
| eine Woche | **une semaine** | [yn sə'mɛn] |
| ein Monat | **un mois** | [œ̃ mwa] |
| Montag | **lundi** | [lœ̃'di] |
| Dienstag | **mardi** | [mar'di] |
| Mittwoch | **mercredi** | [mɛrkrə'di] |
| Donnerstag | **jeudi** | [ʒø'di] |
| Freitag | **vendredi** | [vɑ̃drə'di] |
| Samstag | **samedi** | [sam'di] |
| Sonntag | **dimanche** | [di'mɑ̃:ʃ] |

DANKSAGUNG

Dorling Kindersley bedankt sich bei den folgenden Personen für ihren Beitrag zur vorherigen Ausgabe: Mary-Ann Gallagher, Carolyn Boyd, Robin Gauldie, Mike MacEacheran, Ruth Reisenberger, Daniel Robinson, Doug Sager, Lisa Voormeij, Hilary Bird, M. Astella Saw, Caroline Harrap.

# BILDNACHWEIS

Dorling Kindersley dankt folgenden Personen, Institutionen, Unternehmen und Bildarchiven für die Erlaubnis, ihre Fotos zu reproduzieren:

l = links; r = rechts; o = oben; u = unten; m = Mitte.

**123RF.com:** Jon Bilous 156o; Francesco Bucchi 177ur; Ildefonso Martin Burguillo 345or; Olivier Cretin 364ul; Pavel Dudek 482ul, 483o, 516ul, 521ul; freeartist 344 – 345u; Jakub Gojda 513o; Philippe Halle 208mro, /American War Memorials Overseas (uswarmemorials.org) 236mru; Melanie Lemahieu 397or; Luciano Mortula 208 – 209; stevanzz 11mr; Boris Stroujko 208ul, 292 – 293or.

**4Corners:** Matteo Carassale/© The Estate of Alberto Giacometti (Fondation Annette et Alberto Giacometti, Paris und ADAGP, Paris), London 2019 505ol; Francesco Carovillano 18o, 21o, 204 – 205, 312 – 313; Susanne Kremer 25o, 330 – 301, 490 – 491; Maurizio Rellini 498o.

**Alamy Stock Photo:** 7Horses 408 – 409u, 444 – 445u; A1 images/Brian Lawrence 282u; Abbus Acastra 442ul; ACTIVE MUSEUM 294um; age fotostock 264ul, 277ur, /Hoffmann Photography 528 – 529o, /Ian Cook 357u, /J. D. Dallet 444om, /Linh Hassel 529ur, /Javier Larrea 329u, 455u, /M & G Therin-Weise 29or; AGF Srl/ Charles Mahaux 447ur, /Giuseppe Masci/architect COOP HIMMELB(L)AU 370ul; Sarah Akad 180mro, 183mlo; Jerónimo Alba 345om, 396or, 412ul; All Canada Photos/Ian Cook 250 – 251u, 420ul; Todd Anderson 108mr; Andia 240mru, 264 – 265o, 434or, /© Mucem/Architects Rudy Ricciotti & Roland Carta/ Lighting : Yann Kersalé-SNAIK 494ul; Andrzej Gorzkowski Photography 173ul; Martyn Annetts 267ur; Antiqua Print Gallery 295um; ART Collection 293mlu, 301ur; Art Collection 2 293um; Arterra Picture Library 34ul, 243mo, 267ml, 269ul, 478ul, /Clement Philippe 275ur; Ashley Cooper pics 472mlo; ASK Images/ Compagnon Michel 386 – 387o; Aurelian Images 251or; B & Y Photography 513mro; Ian Badley 494mr; David Bagnall 383ur, /Statue von Cyrano de Bergerac von Mauro Corda © ADAGP, Paris und DACS, London 2019 434ul; Fraser Band/Foster + Partners 56u; D. A. Barnes 181ur; Barrey 44 – 45o; Peter Barritt 107mr; Martin Beddall 177ul; Nancy Hoyt Belcher 44ul; Biosphoto/Oscar Diez Martinez 460 – 461o; blickwinkel 53ul, 517or, 539ml; Eva Bocek 548 – 549u; Ceri Breeze 537ol; Eden Breitz 45ml, 121mu; Ed Buziak 59ur; Ryan Carter 368 – 369o; Marco Cattaneo 243or; Peter Cavanagh/© Architects Rudy Ricciotti & Roland Carta/Mucem 57ol; Chronicle 86ur, 149or; Classic Image 64um; ClickAlps Srls/Roberto Moiola 541mo; Jonathan Cohen 67mlu; Sorin Colac 220o; David Cooper 463or, Steven Cottam 41ml; CTK Photo/ Martin Sidorjak 43mru; Ian Dagnall 430o, 499or, 511ol; Ian G. Dagnall 28ol, 197u; Dan Burton Photo 436ul; DanieleC 320 – 321o; Danita Delimont 140ol, /Walter Bibikow 549or; David R. Frazier Photolibrary, Inc. 228or; DE ROCKER 146mro; Directphoto Collection 46 – 47o; dpa picture alliance 497or, 521mro; Andrew Duke 511mlo; edpics 224ol; Chad Ehlers 176mlo; Tor Eigeland 428ul; Elenaphotos 376o; John Elk III 294mlu; Julian Elliott 214ul, 295mu; EmmePi Travel 150 –151u; Sherry Epley 318ml; Keith Erskine 420mru; Everett Collection Inc 68mru; Findlay 188mru; Mick Flynn 303o; FORGET Patrick 255o; Peter Forsberg 51ur, 138 –139u; Peter Noyce FRA 415ur; freeartist 50or, 226u, 545ol; French Connection 462 – 463u; funkyfood London - Paul Williams 240 – 241o; Garden Photo World/David C. Phillips 432mlu; Jorge Garrido 241ur; Christine Gates 236ul; GAUTIER Stephane 180o, 210ol; GFC Collection 334ol, 369ur; GL Archive 149mo; Elly Godfroy 195u; Godong 50m, 373mlu; Roger Goodwin 546ol; Paul Christian Gordon 406or; Manfred Gottschalk 298o, 301or, 308or, 474o; Granger Historical Picture Archive 68um, 294mru, 358or, 423ur, /Nadar 202um; Olivier Parent/architects Olivier Félix-Faure, Antoine Félix-Faure und Philippe Macary von Grenoble Groupe6 377mr; Tony Gwynne 440m; Heitz Lucas 538 – 539o; hemis.fr/Azam Jean-Paul 49mru, 359or, 467o, /Ren Mattes 142ol, /Barrere Jean-Marc 466om, 485ur, /Berthier Emmanuel 262mro, 271ol, 282mru, /Blanchot Philippe 405ur, /Cavalier Michel 518o, /Cegalerba-Szwemberg 525u, /Charel Franck 325mru, /Chicurel Arnaud 40ol, 130ul, 139or, /Cormon Francis 353u, /Degas Jean-Pierre 484o, /Dozier Marc 41ol, 422ur, /Escudero Patrick 240mlu, 328ul, /Gardel Bertrand 43ul, 252ol, 155ol, 239ml, /Gerault Gregory 411o, /Guiziou Franck 17ul, 77, 144l, 184 –185, 203ur, 378mlu, 440ol, /Guy Christian 64mu, 317mro, 325u, 326u, 327ol, 348o, 348mlu, 351ol, 494mru, /Houze Philippe 195or, /Hughes Hervé 337ur, /Jacques Pierre 223o, /Leclercq Olivier 190mru, 192ml, /Lemaire Stephane 343mlu, /Maisant Ludovic 284 – 285u, /Mattes René 227ol, 252 – 253u, 271mro, 276 – 277u, 372 – 323u; Moirenc Camille 196or, 522u, /Rieger Bertrand 28 – 29m, 222ul, 256ol, 522mlu, /Soberka Richard 215o, /Sonnet Sylvain 53mr, 97u, 115ol, 157u, 193or, 398mro, /Spani Arnaud 464 – 465u, 478 – 479o, /Sudres Jean-Daniel 452ul; hitandrun/Greg Meeson/ © Succession Brancusi; ADAGP, Paris und DACS, London 2019 91mru; Oliver Hoffmann 254ul; Horizon Images/Motion 129or; Peter Horree 109ur, 183ur, 373ur; Kevin Howchin 279ul, 280ol; Michael Howes 306ul; Anthony Hucks 194o; Ian Dagnall Commercial Collection 423mr; IanDagnall Computing 149mru; Iconotec 239u; imageBROKER 41ur, 61mr, 98 – 99u, 297o, 311; imageBROKER/Mara Brandl 539mru, /Christian GUY 346 – 347, 352mlu, /Bernard Jaubert 430ur, /Martin Moxter 304o, /Martin Dr. Schulte-Kellinghaus 213um, 333or; imageimage 58 – 59o; Imageplotter 527or; Images & Stories 519ul; Images of Birmingham Premium 424 – 425o; incamerastock 31ol, 274o, 428 – 429u; Interfoto 241ul; isogood 198o; Ivoha 332 – 333u; Jam World Images 48ul; Eric James 407mru; Brian Jannsen 231; Jaubert French Collection 49or, 352or, 355o; Joly/Andia 328 – 329o; Jon Arnold Images Ltd/Doug Pearson 464ol, /Walter Bibikow 427mro; Juice Images 432 – 433u; Michael Juno 263mlo; John Kellerman 26mru, 179ol, 408ol; Keystone Pictures USA 149ur; Gareth Kirkland 438 – 439; Elena Korchenko 171o; Russell Kord 305mlu; Art Kowalsky 364mru; Andriy Kravchenko 12mlu; Les. Ladbury 250o; Emmanuel Lattes 458o; Hervé Lenain 213o, 294 – 295o, 300 – 301u, 302ul, 305u, 308 – 309u, 324ol, 346mlu, 350u, 396 – 397mo, 412 – 413o, 414 – 415o, 429or, 437o, 489or; LOOK Die Bildagentur der Fotografen GmbH, /Thomas Peter Widmann 543ul, /Konrad Wothe 547u; David Lyons 290o; Cro Magnon 345mro; Stefano Politi Markovina 480 – 481u; Regis Martin 367u; mauritius images GmbH 265u, 266 – 267u, /Ausloos 456 – 457u, /Steve Vidler 201or, 298mro; Mavenvision 54u; Gareth McCormack 52ul; MeloDPhoto 228 – 229u; Tuul und Bruno Morandi 151mru, */Frauenkopf mit Haarknoten* (1931) von Pablo Picasso © Succession Picasso/ DACS, London 2019 98or; Luciano Mortula 212ul, / Centre Pompidou in Paris: Studio Piano & Rogers; Fondazione Renzo Piano und Rogers Stirk Harbour + Partners 90 – 91u; David Murphy 273or; National Geographic Image Collection 101ol; Newscom/BJ Warnick 62mlo; NielsVK 537or, 542o; nobleIMAGES/ David Noble 459u; Nathaniel Noir 96mro; North Wind Picture Archives 67ur; Alexander Novikov 520o; Sylvain Oliveira 249ur; Panther Media GmbH 49mlo; François Pauletto 69mr; Pawel Libera Images 174 – 175o; Doug Pearson 502 – 503o; Peter Adams Photography Ltd 283o; Martin Philpott 381mro; Photo 12 65um; PhotoCuisine RM 364mr; Photononstop 113or, /Daniele Schneider 182u, 406 – 407u; picturesbyrob 458mro; Prisma/Fiedler Bernd J.

334–335u, /Raga Jose Fuste 435u, /© FLC/ADAGP, Paris und DACS, London 2019 336–337o; Profimedia. CZ a.s./Bauer Media/Kulinarni Studio 455ml; Realy Easy Star/Claudio Concina 243mro, /Alberto Fozzi 269mru, /Silvio Massolo/Picasso Museum; Antibes *Ulysse et les sirènes* (1947) von Pablo Picasso © Succession Picasso/DACS, London 2019 45ur; Simon Reddy 188mr; Mervyn Rees/Musée National d'Art Moderne im Centre Pompidou; Paris; France/*Le Rhinocéros* von Xavier Veilhan © Veilhan/ADAGP, Paris und DACS, London 2019 91mro; Fabrizio Robba 488–489u; robertharding 36–37o, 262ol, /Julian Elliott 398o, /Stuart Dee 112–113u; Maurice Rougemont 37mlo; sagaphoto.com/Forget Patrick 199ur; Samantha Ohlsen 62mr; Yolanda Perera Sánchez 66–67o; Maurice Savage 191mlo; Norbert Scanella 443ol; Peter Schickert 374ul; Richard Semik 480ol; shapencolour 429ol; Shawshots 121mru; SJH Photography 175ul; Kristen Soper 414um; Jacek Sopotnicki 202–203o; Richard Splash 34mr; Stockfolio 697 40–41u, 512u; Kumar Sriskandan 63mru; Boris Stroujko 466–467u; Süddeutsche Zeitung Photo 238ul; Thibaut 343or; travellinglight 278–279o; Reinhold Tscherwitschke 294mr; Yuri Turkov 67or; Frédéric Vielcanet 200u; Robin Weaver 263or, 266ol; Don White 74mu, 82mu; Stefan van der Wijst 299ul; John G. Wilbanks 150o; Scott Wilson 262–263o; Jan Wlodarczyk 224–225u, 388–389u, 536ol, 536–537o, 541ol, 541or, 544–545u; World History Archive 66mr, 240um; www.thierryrambaud.fr 248–249o; Xavier Fores - Joana Roncero 386ul; Zoonar GmbH 265ml.

**AWL Images:** Jon Arnold/Tour Eiffel-Illuminations Pierre Bideau 76ol, 116–117; Jan Christopher Becke 75, 102–103, 137or; Walter Bibikow 179mro; Marco Bottigelli 21ul, 338–339; Danita Delimont Stock 171ml; Guy Christian 456–457; Hemis 403o; Interfoto/Jean-Francois Hagenmuller 60–61o; Pierre Jacques 358–359u; Tom Mackie 472–473o; Carlos Sanchez Pereyra 74, 82–83; Spani Arnaud 550–551; George Theodore 4.

**Bridgeman Images:** Bibliothèque Nationale, Paris, France/Archives Charmet 66mu; Musee d'Orsay, Paris, France 178ul.

**Depositphotos Inc:** gevision 506o; packshot 173mlu; wjarek 128or; Xantana 446ul.

**Disneyland® Paris:** 177o; © Disney/Pixar 175mlu, 175ur; Bertrand Guay 52–53o.

**Dorling Kindersley:** Jules Selmes 131mr.

**Dreamstime.com:** Adisa 100ul; Anitasstudio 62mro; Antonel 496ol; Anyaberkut 81ml; Marius Dorin Balate 51or; Valery Bareta 496–497o; Bargotiphotography 120; Jennifer Barrow 32–33o; Ilona Melanie Bicker 78o; Stephane Bidouze 19mu, 258–259; Eva Bocek 538ul; Braniffman 211or; Theodor Bunica 188ul; Buurserstraat386 354–355u; Daliu80 272–273u, 284ol; Delstudio 454ur; Demerzel21 12–13u; Dennis Van De Water 160–161o, 161u; Davide Lo Dico 293ml; Matthew Dixon 128u; Dennis Dolkens 93mro, 170–171u; Dudlajzov 514ol; Pierre Jean Durieu 373or; Tatiana Dyuvbanova 147; Sergey Dzyuba 13o; Eddygaleotti 497mlo; Emicristea 24mu, 468–469, 476o; Evolove 126–127o; Eyewave 193mro; Felis 55ur; Fotografiecor 531mlu; Ed Francissen 269ur; Prochasson Frederic 34o, 514–515u; Freesurf69 420o; Frimufilms 140–141u; Giovanni Gagliardi 244–245o; Gawel 391; Giuseppemasci 241mu; Rostislav Glinsky 28ml, 94–95u; goga18128 26ul; Mikhail Gnatkovskiy 78ul; Gornostaj 163mro; Grafner 536–537mo; Ioana Grecu 125or; Guillohmz 172ur; Dieter Hawlan 176u; Alan Hill 20o, 286–287; Hornet83 494o; Imladris 402ul; Irina88w/*L'Oiseau Lunaire* (1968) von Joan Miró © Successió Miró/ADAGP, Paris und DACS London 2019 505ur; Izanbar 530ol; Valerijs Jegorovs 110u; Jojjik 10–11u; Jorisvo 26mr; Juliengrondin 19ol, 48–49o, 232–233; Aliaksandr Kazlou 124–125u, 149ol; Kloeg008 319or; Kmiragaya 142–143u; Maryna Kordiumova 107mru; Jan Kranendonk 198ur; Laudibi 367or; Bo Li 107ul; José Lledó 78mru; Madrabothair 80ur; Marcorubino 506ul; Markwatts104 42–43o; Maurizio De Mattei 106–107o; Oxana Medvedeva 32mr; Meinzahn 11o, 57mlo; MilaCroft 23o, 416–417; Milosk50 342–343o, 380–381u; Minnystock 317ol; Luciano Mortula 76mu, 132–133; MrFly 122ml; Christian Müller 18ul, 216–217; Sergey Novikov 152–153; Olgacov 268–269o; Dennis Van De Water/American War Memorials Overseas 236mr; William Perry 92ul, 93or, 95or; Philippehalle 378ul; Photobac 368ur; Photofires 172–173o; Pixattitude 63or; Beatrice Preve 60ul; Sharad Raval 396ol; Santi Rodriguez 65mlo; Rosshelen 22o, 55ol, 238–239o, 360–361; Eq Roy 112o; Rudi1976 370–371o; Saiko3p 400–401o; Scaliger 8mlu; Pramote Seemak 372mlu; Siraanamwong 137mlo; Darius Strazdas 148–149u; Dan Talson 69um; Travelling-light 426ul; Anibal Trejo 33or; Trudywsimmons 297mro; Tupungato 160um; Ukrphoto 136mro; Ivan Varyukhin 177ml, 319ol; Julien Viry 378–379o; Iryna Vlasenko 13ur; Xantana 276or, 452o, 454–455o; Jason Yoder 89ul; Zatletic 93m; Dušan Zidar 540–541u.

**Futuroscope, France:** Calune 404–405o.

**Getty Images:** Waring Abbott 89or; AFP/Fred Dufour 62ml, 63mlu, /Eric Feferberg 63ol, /Mehdi Fedouach 10mlu, /Bertrand Guay 39mru, /François Guillot 62mlu, /Boris Horvat 121ml, /Xavier Leoty 38–39o, 62mru, /Ludovic Marin 69or, /Jean-Pierre Muller 63mro, /Charly Triballeau 55mr; 420mr, /Nicolas Tucat 47ml, 47u; Ayhan Altun 89mr; Archive Photos 65or; Atlantide Phototravel 57ur; Patrick Aventurier 65ol; Bettmann 269or; Busà Photography/Centre Pompidou in Paris: Studio Piano & Rogers; Fondazione Renzo Piano und Rogers Stirk Harbour + Partners 91m; Guillaume Chanson 136–137u; Christophel Fine Art 66ol, 68ol; De Agostini DEA/Biblioteca Ambrosiana 121ul, /G. Dagli Orti 17o, 67mro, 166–167, /C. Sappa 86ul, 380ol; P. Deliss 89mro; DigitalVision/Matteo Colombo 16m, 70–71; EyeEm/Pheng Vang 10mo; Chuck Fishman 507ol; Owen Franken 36–37u; French Select/Bertrand Rindoff Petroff 111mlo; Gamma-Rapho/Jean-Patrick Deya 504ul, /Raphael Gaillarde 323or, /Pierre Marcellesi 58ul; hemis.fr/Jacques Pierre 346um, /Sonnet Sylvain 343ur; Heritage Images 66ur, 121mro; Historic Map Works LLC und Osher Map Library 64o; Hulton Archive 122ul; Hulton Deutsch 86ul; Icon Sport/Dave Winter 42ul; Keystone-France 69mlu; Reg Lancaster 39ml; Linda Goodhue Photography 26o; Raimund Linke 500–501o; Peter Macdiarmid 245or; MathieuRivrin 122–123; National Geographic Image Collection/Sisse Brimberg 422–423o; Tu xa Ha Noi 2–3; NurPhoto/Nicolas Liponne 366ul; Ocni Design 342ul; Pierre Ogeron 440–441u; Paris Match/Philippe Petit 46ul, 59mu, /Julien Weber 38ul; Photo Josse/Leemage 108ul; Photononstop/Daniele Schneider 462mlu; Patrick Aventurier/Architekt Rudy Ricciotti 496–497mo; Frank Scherschel 68mlo; Pakin Songmor 54ol; UIG/Andia 369ml, /Kike Calvo 452mru; Velo/Chris Graythen 63mlo; Veronique de Viguerie 86ur; Ian Waldie 68–69o; Westend61 508–509o; WireImage/Pascal Le Segretain 110-111o.

**iStockphoto.com:** AleksandarGeorgiev 397ol; AlexKozlov 162ul; Alphotographic 30ol; aluxum 8–9; aprott 524ol; Arndale 256–257u; asab974 78mr; bbsferrari 526–527u; bluejayphoto 6–7, 322–323u; Eric Cowez 22ul, 392–393; DaLiu 280–281u; davidf 80–81o; DawidKasza 37mru; E+/agustavop 87; eddygaleotti 502ur; espiegle 114–115u; FotoGablitz 306–307o; Pawel Gaul 32ol; gui00878 384–385o; Infografick 25ul, 532–533; Jag_cz 34mru; Janoka82 389or; JohanSjolander 28–29o; JonathanNicholls 191u; JoseIgnacioSoto 30–31m, 86mru; JurgaR 236o; KenWiedemann 240ml; LeoPatrizi 8ml; Maica 12o; MarcelloLand 158–159u; MargaretClavell 424ur; Maximastudio 364o; mtoome 11ur; NDStock 13mr; nevskyphoto 210–211u; Howard Oates 24ol, 448–449; olrat 164–165; Pascal_p10 388or; PictureReflex/La Grande Motte von Jean Balladur

© ADAGP, Paris und DACS, London 2019 486ol; peeterv 246o; RicoK69 270–271u; Juergen Sack 382o; Sasha64f 460u; Sean3810 86mro; stock_colors 61mru; syolacan 33ml; thehague 81ur; Grant Thomas 190–191o; Natalia Van Doninck 8mlo; Wailing-wailers12 188o; zefart/Studio Piano + Rogers; Fondazione Renzo Piano und Rogers Stirk Harbour + Partners 56ol; ZU_09 65ur.

**Musée de Louvre:** © Pyramide du Louvre, arch I. M. Pei 26mru, 106–107o, 107ul,

**RMN:** Grand Palais (Musée du Louvre)/Peter Willi/ Trésor de l'abbaye de Saint-Denis 109ol.

**Robert Harding Picture Library:** Barbara Boensch 429mlo; Stuart Dee 137ml; Julian Elliott 31or; Javier Larrea 452mr; Nick Servian 30or; Colin Sinclair 523o.

**Shutterstock:** Alexander Tolstykh 154–155u; Alizada Studios 50–51u; trabantos 486–487u; Katsiuba Volha 96o.

**SuperStock:** 4X5 Collection 108ol; age fotostock/ Heinz-Dieter Falkenstein 93ur, /Danuta Hyniewska 178–179u, /Javier Larrea/*Bild mit schwarzem Bogen* (1912) von Wassily Kandinsky, Centre Georges Pompidou, Paris, France 91ol; Biosphoto 159ol; hemis.fr/AZAM Jean-Paul 456mlu, /CAVIGLIA Denis 356mro, /DEGAS Jean-Pierre 356o, /GUY Christian 410u, /LEMAIRE Stéphane 171mro; imageBROKER/ Joachim Hiltmann 156um; robertharding/Godong 86fur; Universal Images 173mru.

**Kartografische Daten** Colourmap Scanning Ltd; Contour Publishing; Cosmographics; European Map Graphics; Météo-France; ERAMaptec Ltd (Dublin), mit Genehmigung angepasst an die ursprüngliche Erfassung und Kartierung durch Shobunsha (Japan).

## Umschlag

*Vorderseite und Buchrücken:* **Getty Images/iStock: ezypix**.
*Rückseite*: **Alamy Stock Photo:** imageBROKER m; **AWL Images:** Jon Arnold ml; **Dreamstime.com:** Frédéric Prochasson or.

Alle anderen Bilder © Dorling Kindersley

Dieser Reiseführer wird regelmäßig aktualisiert. Angaben wie Telefonnummern, Öffnungszeiten, Adressen, Preise und Fahrpläne können sich jedoch ändern. Der Verlag kann für fehlerhafte oder veraltete Angaben nicht haftbar gemacht werden. Für Hinweise, Verbesserungsvorschläge und Korrekturen ist der Verlag dankbar. Bitte richten Sie Ihr Schreiben an:

Dorling Kindersley Verlag GmbH
Redaktion Reiseführer
Arnulfstraße 124 • 80636 München
reise@dk.com

www.dk-verlag.de

**DK London** (aktualisierte Neuauflage)

**Mitwirkende** Jon Bryant, Ben Ffrancon Dowds, Lyn Parry, Ruth Reisenberger

**Lektorat** Georgina Dee, Halima Mohammed, Utkarsh Bansal, Nandini Desiraju, Tavleen Kaur, Chhavi Nagpal, Rachel Laidler, Anuroop Sanwalia, Dipika Dasgupta, Alison McGill, Shikha Kulkarni, Beverly Smart, Hollie Teague

**Gestaltung und Bildredaktion** Maxine Pedliham, Priyanka Thakur, Sarah Snelling, Laura O'Brien, Vinita Venugopal, Taiyaba Khatoon, Vagisha Pushp, Tanveer Zaidi

**Herstellung** Jason Little, Kariss Ainsworth

**Kartografie** Suresh Kumar, Subhashree Bharati

**Illustrationen** Stephen Conlin, John Lawrence, Maltings Partnership, John Woodcock





Zuerst erschienen 1994 in Großbritannien bei Dorling Kindersley Ltd., London





**Aktualisierte Neuauflage 2024 / 2025**





**Verlagsleitung** Monika Schlitzer
**Programmleitung** Heike Faßbender
**Redaktionsleitung** Stefanie Franz
**Herstellungskoordination** Antonia Wiesmeier

**Übersetzung** Susanne Traub-Schweiger, Garmisch-Partenkirchen; Gerhard Bruschke, München
**Redaktion** Dr. Gabriele Rupp, Krailling
**Schlussredaktion** Philip Anton, Köln
**Umschlaggestaltung** Ute Berretz, München

**Satz und Produktion** DK Verlag, München
**Druck** Leo Paper Products Ltd, China

ISBN 978-3-7342-0803-4

19 20 21 26 25 24

# Noch mehr von Vis-à-Vis

DK

## Nordamerika
Kanada
Florida
Hawaii
Kalifornien
Neuengland
New York
San Francisco
USA Südwesten & Nationalparks
Washington, DC

## Mittelamerika und Karibik
Costa Rica
Karibik
Kuba
Mexiko

## Südamerika
Chile & Osterinsel
Peru

## Westeuropa
Irland
Großbritannien
London
Schottland
Südengland
Niederlande
Amsterdam
Brüssel
Frankreich
Bretagne
Loire-Tal
Paris
Provence & Côte d'Azur
Südwestfrankreich

## Südeuropa
Italien
Florenz & Toskana
Gardasee
Ligurien, Genua und Cinque Terre
Mailand
Neapel, Pompeji & Amalfi-Küste
Rom
Sardinien
Sizilien
Südtirol
Umbrien
Venedig & Veneto
Spanien
Barcelona & Katalonien
Madrid
Mallorca
Nordspanien
Sevilla & Andalusien
Portugal
Lissabon

## Nordeuropa
Dänemark
Kopenhagen
Schweden
Norwegen

## Mitteleuropa
Deutschland
Berlin
Bodensee
Dresden
Hamburg
Österreich
Wien
Schweiz
Slowenien
Kroatien
Prag
Polen
Krakau
Budapest (Ungarn)

## Afrika
Ägypten
Marokko
Südafrika

## Südosteuropa und östliches Mittelmeer
Griechenland Athen & Festland
Kreta
Türkei
Istanbul
Zypern
Jerusalem (Israel)

## Süd- und Südostasien
Sri Lanka
Bali & Lombok
Kambodscha & Laos
Malaysia & Singapur
Thailand
Vietnam & Angkor

## Ostasien
Japan
Tokyo

## Australasien
Australien
Neuseeland

#dkvisavis

Frankreich
GROSSBRITANNIEN
A
B
C
D
1
2
3
4
5
6
7
Ashford
Dover
Southampton
Exeter
Bournemouth
Portsmouth
Brighton
Calais
Plymouth
Boulogne-sur-Mer
Le Touquet
A16
Ärmelkanal
Abbeville
Côte d'Albâtre
Dieppe
Amiens
Fécamp
Cherbourg
Yvetot
Le Havre
Rouen
Cotentin
Côte de Nacre
Côte Fleurie
A13
Seine
Beauvais
Coutances
Bayeux
Caen
Lisieux
Giverny
St-Lô
A84
Suisse Normande
A28
Évreux
Mantes
Île-de-Bréhat
Granville
Roscoff
Tréguier
Lampaul-Guimiliau
Morlaix
Guingamp
St-Malo
Avranches
Argentan
Dreux
Versailles
Mont-St-Michel
Parc Naturel Régional de Normandie-Maine
Rambouillet
Brest
Monts d'Arrée
St-Brieuc
N165
Dinan
Châteaulin
Fougères
Alençon
Chartres
Douarnenez
Quimper
Pontivy
Forêt de Paimpont
N12
Meyenne
A11
Vitré
Rennes
Laval
A81
Châteaudun
A10
Concarneau
Josselin
Le Mans
Lorient
Châteaubriant
Château-Gontier
Orléans
Vannes
Vendôme
Carnac
St-Benoît-sur-Loire
Loir
Belle-Île-en-Mer
Golfe du Morbihan
Angers
Blois
A11
A85
Tours
Loire
A71
St-Nazaire
Nantes
Loire
Saumur
Chenonceau
Langeais
Chinon
Cholet
Thouars
A10
Loches
A83
Vendée
Châtellerault
La Roche-sur-Yon
N137
Futuroscope
Châteauroux
Atlantischer Ozean
Parthenay
St-Savin
Poitiers
Les Sables-d'Olonne
Fontenay-le-Comte
Abbaye de Nouaillé-Maupertuis
A20
Marais Poitevin
Niort
N10
La Rochelle
Melle
Charroux
Guéret
Île d'Oléron
Bellac
Aulnay
Confolens
Rochefort
Saintes
Limoges
Cognac
Royan
Angoulême
Ussel
Mirambeau
St-Jean-de-Côle
Brantôme
Uzerche
Pauillac
A10
Bucht von Biscaya
Périgueux
Brive-la-Gaillarde
Tulle
Côte d'Argent
Blaye
Dordogne
A89
Lascaux IV
Bordeaux
Libourne
Sarlat
Turenne
Garonne
St-Émilion
Bergerac
Arcachon
Rocamadour
Gouffre
A63
Langon
A20
Figeac
Biscarosse
Villeneuve-sur-Lot
Abbaye de Ste-Foy
A62
Cahors
Les Landes
Agen
Abbaye de St-Pierre
A65
Gorges de l'Aveyron
N10
Roquefort
Condom
Korsika
Mont-de-Marsan
Larressingle
Montauban
Cap Corse
Garonne
Bastia
L'Île Rousse
Capbreton
Dax
Calvi
Borgo
Bayonne
Orthez
Aire-sur-l'Adour
Auch
Toulouse
Biarritz
Muret
Corte
Aïnhoa
Pau
Tarbes
Carcassonne
Cargèse
Aléria
St-Jean-Pied-de-Port
Oloron-Ste-Marie
A64
St-Gaudens
Lourdes
Mirepoix
Ajaccio
Côte Orientale
Luz-St-Sauveur
St-Bertrand-de-Commings
Foix
Pyrénées
Filitosa
Pamplona
Ax-les-Thermes
Sartène
Porto-Vecchio
Jaca
St-Michel-de-Cuxa
ANDORRA
Bonifacio
SPANIEN
La Seu d'Urgell
Huesca
Ripoll